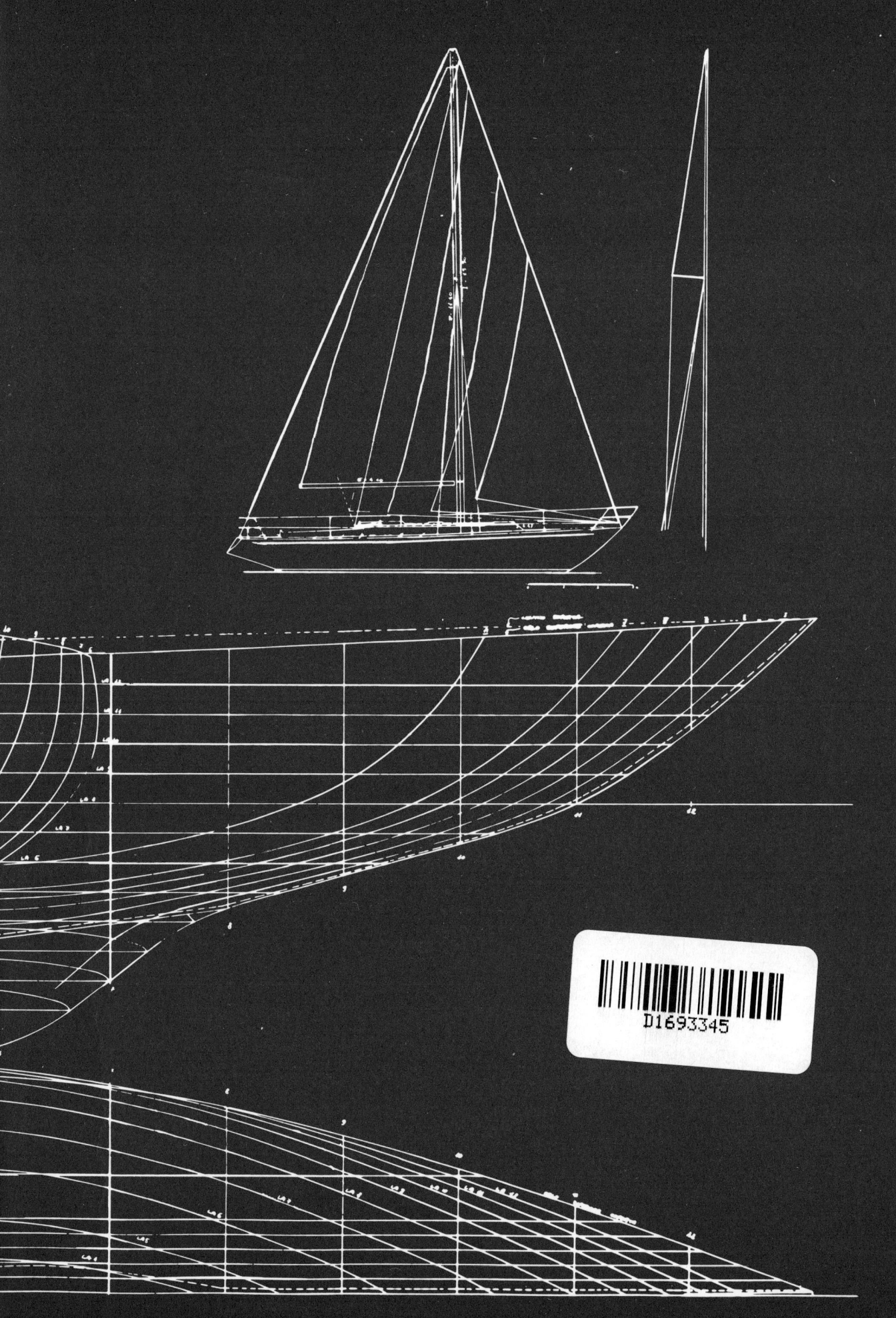

Sciarrelli   Die Yacht

Carlo Sciarrelli

DIE YACHT

Ihre Herkunft und ihre Entwicklung

Verlag
Delius, Klasing & Co
Bielefeld Berlin

Titel der italienischen Originalausgabe
LO YACHT
© 1970 U. Mursia & C., Milano Italy

Die Farbaufnahmen der Yachten FIREBRAND, STORMVOGEL, CARINA, BLUE LEOPARD und DRUMBEAT stammen von Beken (Cowes), jene von ASTARTE und AL NA'IR IV von Bert Richner (Mailand).
Die Aufnahme der ASTARTE II wurde von Alessandro Rasini zur Verfügung gestellt.
Außerdem danke ich dem Lloyd Italico & L'Ancora sowie Dr. Beppe Croce dafür, daß sie die Reproduktion von Gemälden aus ihren Sammlungen gestattet haben.

Deutsche Übersetzung: H. Rösing

ISBN 3-7688-0174-8
Die Rechte für die deutsche Ausgabe liegen beim Verlag Delius, Klasing & Co Bielefeld Berlin
Printed in Germany 1973
Druck: Kleins Druck- und Verlagsanstalt, Lengerich

Inhalt

Vorwort		6
I	Die ersten Yachten	9
II	Das 18. Jahrhundert	19
III	Die napoleonische Zeit	29
IV	Der Kutter	39
V	Die Slup	53
VI	Die America	69
VII	Der Schoner	77
VIII	Schmal und tief – breit und flach	101
IX	Der Segler und sein Boot	107
X	Neue Bootstypen	115
XI	Die Vermessungsformel und die Yacht	129
XII	Die internationale Rennformel	139
XIII	Die großen Yachten	149
XIV	Traditionelle Yachten	159
XV	Der Colin-Archer-Typ	175
XVI	Kreuzeryachten	187
XVII	Hochseeregatten	203
XVIII	Die neuen Hochsee-Rennyachten	213
XIX	Das „Vollblut"	247
XX	Die Rumpfform	261
XXI	Das Leichtdeplacement	287
XXII	Neue Hochsee-Regattayachten	307
XXIII	Moderne Vermessungformeln	323
XXIV	Die neuen Kreuzeryachten	329
XXV	Yachten von heute	343
Anhang 1	Linienrisse und Konstruktionspläne	383
Anhang 2	Das Kutterrigg	386
Anhang 3	Die IOR-Vermessung	393
Anhang 4	Die Konsumyacht	400
Fachwörterverzeichnis		405
Stichwörterverzeichnis		409

Vorwort

YACHT – *Ein kleines Segelschiff, dessen sich die Engländer für ihre Lustfahrten und für den Krieg bedienen.*
(*L'Art de Bâtir les Vaisseaux, Amsterdam 1719*)

YACHT – *Ein gedecktes Schiff, das gemeinhin einen Großmast fährt, dazu einen Fockmast und vorn ein Bugspriet und ein Segel am vorderen Stag. Es besitzt nur geringen Tiefgang und ist geschaffen für kurze Kreuzschläge; es dient normalerweise für Fahrten über kurze Distanzen, wird aber auch aus reinem Vergnügen zum Segeln benutzt.*
(*Dizionario Istorico, Teoretico e Pratico di Marina di Monsieur Saverien, Venezia 1769*)

YACHT – *Allgemein jede Art von Schiff, das ständig ausgerüstet ist und von seinem Eigner für den Sport benutzt wird.*
(*Dixon-Kemp, A Manual of Yacht and Boat Sailing, London 1895*)

YACHT – *Segel- oder Motorfahrzeug, gewöhnlich leicht und relativ klein, für Regatten und reine Vergnügungsfahrten.*
(*Encyclopaedia Britannica*)

Die Quellen dieser vier Bestimmungen des Begriffes „Yacht" stammen aus einem Zeitraum von nahezu drei Jahrhunderten. Die Definitionen stimmen überein in einem Punkt: Ihre Gemeinsamkeit besteht darin, daß Yachten vorwiegend zum Vergnügen auf dem Wasser benutzt werden, mögen Form, Abmessungen und Antrieb auch unterschiedlich sein.

Die Art und Weise, wie ein Fahrzeug zum Zwecke des Vergnügens eingesetzt wird, richtet sich stets nach dem Zeitgeschmack, den Möglichkeiten des Eigners und danach, wie es um das jeweilige Revier bestellt ist. Aber es gibt zweifellos Bootsformen, die unabhängig von solchen Bedingungen allen Erfordernissen des Yachtsegelns gerecht werden.

In den letzten drei Jahrhunderten wurden die Formen verfeinert, und der Yachtbau ist heute zur regelrechten Wissenschaft geworden, die sich nur aus Lehrbüchern – und seien es die besten – nicht erlernen läßt. Die Yachtkonstrukteure bestimmen die Bootsformen, indem sie jenen Entwicklungsmöglichkeiten folgen, die in der Luft liegen. Ihre Entwürfe werden vom jeweiligen Zeitgeschmack gebilligt und von den Ergebnissen der Regatten bestätigt; und jede erfolgreiche Änderung hat im Gefolge neue Formgebungen, diktiert vom Geschmack oder, wenn man will, diktiert von der Mode.

Die daraus resultierende Entwicklung wird vor allem von den Yacht-Zeitschriften registriert, nicht so sehr von den Büchern über den Schiffsbau. Die letzten Neuerungen, bedingt von den jüngsten Yacht-Erfolgen, haben, sobald ein Buch erscheint, längst zu neuen Ergebnissen geführt. Darum kann sich ein Buch über den Schiffsbau in erster Linie nur mit allgemein gehaltenen Darstellungen und Überlegungen zum Bau von Booten befassen, etwa über Rumpf und Rigg von Yachten. Und das erst macht es uns möglich, eine Yacht diesem oder jenem oder überhaupt keinem Typ zuzuordnen. Liest man nur Fachzeitschriften, dann neigt man nach einer gewissen Zeit dazu, in jeder Yacht eine Sache für sich zu sehen, bei der alles von Grund auf neu erfunden ist und bei der alle charakteristischen Merkmale diktiert worden sind vom Geschmack des Konstrukteurs.

Anliegen dieses Buches ist es auf der einen Seite, die Entstehung und Entwicklung der Yacht zu analysieren – angefangen bei solchen Schiffen, die eigentlich nicht als Yacht gebaut worden waren, sondern für andere Zwecke

– und andererseits die verschiedenen Linien zu verfolgen, die die Weiterentwicklung bis in unsere Tage maßgeblich beeinflußt haben. Freilich können dabei die einzelnen Epochen nicht in aller Ausführlichkeit dargestellt werden, denn allein das, was man „Kutter" nennt oder „Schoner", würde dann ein Buch füllen. Kurz, es handelt sich um ein sehr weites Feld.

Für die Anfangszeit konnte ich die verschiedenen Typen, wie sie in den einzelnen Ländern entstanden, zwar noch in zeitlicher Reihenfolge darstellen. Vom 19. Jahrhundert ab indes war es sinnvoller, die Yachten in die gebräuchlichsten Typen zu unterteilen, deren Entwicklung zu verfolgen und ihre besonderen Merkmale zu erläutern. Die Auffassungen über Yachtformen haben sich schließlich in unserem Jahrhundert – die Welt ist kleiner geworden! – einander so sehr angeglichen, daß hier das Studium der Fachzeitschriften ausreicht.

Ich hoffe, daß dieses Buch demjenigen, der es mit Interesse liest, das rechte Gefühl für die Beurteilung der Formen eines Bootes vermittelt. Diesem Zweck dienen auch die zahlreichen Abbildungen; mögen sie doch dem Leser beim zweiten Durchblättern des Buches wesentlich mehr sagen als zuvor.

Ich habe mich bemüht, sämtliche Bootstypen darzustellen, die in irgendeiner Weise bestimmend gewesen sind; und für jedes Boot, das wir kennen, findet man auch bildliche Darstellungen von näheren oder entfernteren Verwandten.

Alte Seeleute sagen von einem Bootsrumpf manchmal, wäre „so fein wie eine Yacht". Hier kling ein sehr lebendiges Gefühl für die Form eines Schiffes an, ein Gefühl, das mit ererbten Traditionen zu tun hat. Heute ist diese Art von verträumter Sensibilität im Aussterben begriffen. Zu groß ist das Angebot an verstandesbetonender Information und Auswahl. Eine Wahrheit findet nicht mehr die Zeit, die sie benötigt, um aufgenommen zu werden und in die Tiefe zu dringen.

Das erwähnte Gefühl trifft zwar die Wahrheit nicht immer; doch kann ein Schiff „die Form einer Yacht" haben, und die ist eben anders als die eines Schiffes, das anderen Zwecken dient. Das ist von jeher so gewesen, wenn auch nach Zeit und Ort unterschiedlich. Die Beurteilung eines alten Bootsrumpfes, der auf dem Trockenen liegt, das Verständnis für seine Form, der Vergleich mit anderen, die aus gleichen Vorstellungen heraus entstanden sind; die Fähigkeit, ihn mehr danach einzuschätzen, was er darstellt, als nach dem, was tatsächlich an ihm ist, das gehört zu dieser Sensibilität; und die, so hoffe ich, werden Text und Zeichnungen dieses Buches schulen helfen.

Den Darstellungen der einzelnen Typen habe ich einige allgemeine Bemerkungen vorangestellt. Man braucht sie als Grundlage für das Verständnis und um den roten Faden des Buches verfolgen zu können, dessen Sprache die nun einmal unentbehrliche Fachsprache ist.

Angefügt sind unter anderem ein Anhang über Baupläne und über das Rigg sowie ein kurzes Verzeichnis der im Text auftauchenden Fachbegriffe.

Daß die Sprache bisweilen ziemlich technisch wird, war nicht zu vermeiden; ich hoffe jedoch, daß sie ein jeder verstehen kann, der – weil er sich für Boote interessiert – mit der Fachterminologie einigermaßen vertraut ist.

Yachtsegeln bedeutet: Passion für die See und Leidenschaft für Segelschiffe. Und wer erst einmal Feuer gefangen hat, der kann nie genug davon sehen und hören. Nicht umsonst sagt man ja: Wer einmal in Salzwasser gebadet hat, der wird nie mehr trocken. Dieses Buch wurde für diejenigen geschrieben, die schon mit Salzwasser in Berührung gekommen sind und die, da es ihnen nun einmal nicht mehr gelingt, wieder trocken zu werden, immer mehr davon sehen und wissen wollen.

I   Die ersten Yachten

Die beiden im Nemisee in den Albaner Bergen wiederentdeckten Schiffe waren über 70 Meter lang, und man glaubt, daß sie für den römischen Kaiser Caligula (12 bis 41 n. Chr.) als Vergnügungsboote gebaut wurden. Die Galeere der Kleopatra (51–30 v. Chr.) bei der Schlacht von Aktium war bereits ein großes und prunkvolles Schiff.

Zu jeder Zeit gab es Schiffe, die ausschließlich dem Vergnügen dienten, und ihre technischen Merkmale waren jenen sehr ähnlich, die auf denselben Werften für Kriegszwecke, für den Handel und für die Fischerei gebaut wurden. Meist waren diese Schiffe besonders prächtig; die Schönheit ihrer Skulpturen und ihrer Ausschmückung ließ sie in der Erinnerung fortleben, aber eben nur als Teil des Werkes jener Künstler, die mit ihnen zum Ruhm ihres Auftraggebers beitrugen. Die Schiffe selbst traten dabei in den Hintergrund. Stets wird in den Annalen viel Wert gelegt auf die Beschreibung der Ausschmückung, während technische Angaben meistens fehlen.

Mit einem dieser Schiffe, die lediglich als Merkwürdigkeit in die Geschichte der Seefahrt eingegangen sind – nichts weist darauf hin, daß mit ihnen so etwas wie ein Wissen um das Segeln aus Vergnügen entstanden wäre –, ist das Schicksal gnädiger verfahren als mit den übrigen. Es ist die MARY von 1660.

Die MARY wurde in Holland gebaut und dem Prinzen Karl aus dem Geschlecht der Stuarts von der Stadt Amsterdam zum Geschenk gemacht. Der Prinz lebte damals in Breda im Exil, als ihn die Nachricht von seiner Ernennung zum König von England als Karl II. erreichte. Für die Reise nach Amsterdam wurde ihm für seine Familie und das Gefolge eine Flottille zur Verfügung gestellt. Der König zeigte großes Interesse für das Schiff, auf dem er reiste, und äußerte die Absicht, sich in England ein solches Schiff bauen zu lassen. Der Bürgermeister von Amsterdam beschloß daraufhin, dem König des befreundeten Landes ein würdiges Geschenk zu machen. So wurde ein Schiff, das für die Ostindische Kompagnie bestimmt war, aufgrund eines ordnungsgemäßen Beschlusses des Rates der Stadt als Abschiedsgeschenk für den illustren Gast erworben.

Der Segler war herrlich ausgeschmückt; als Heckzier führte er Statuen und Gesimse in der besten Manier des holländischen Barock, und achtern hatte er eine große Kajüte. An den Breitseiten standen Geschütze, die durch runde Öffnungen in der Verschanzung herausragten. Diese Öffnungen waren mit Girlandenornamenten verziert. Es gab eine große Hecklaterne, und Flaggen, Stander und Wimpel flatterten im Wind. Das Schiff wurde für die Königin, die es allerdings nicht sehr liebte, gewissermaßen als Ausgleich für die Seekrankheit, unter der sie litt, auf den Namen MARY getauft. Samuel Pepys, Sekretär der britischen Admiralität, spricht in seinen „Diarien" begeistert von der Wohnlichkeit, die man in den 18,30 m Länge untergebracht hatte, und von der Schönheit ihrer Einrichtung.

Es handelte sich um eine „Jaght" vom Typ der holländischen Segelschiffe, mit sehr vollen Formen, mit Seiten-

Holländische Yachten des 17. Jahrhunderts

schwertern, geringem Tiefgang und runden Spantschnitten. Solche „Jaghten" dienten verschiedenen Zwecken, auch zu Vergnügungsfahrten. Schiffe dieser Art waren in England bis dahin unbekannt. Der Adel liebte das Meer, baute sich ähnliche Schiffe wie die MARY und segelte mit dem König um die Wette. Aus dem holländischen „Jaght" (nach einem niederländisch-lateinischen Lexikon aus dem Jahre 1599 von „jaghen" – jagen oder verfolgen – abgeleitet) wurde im Englischen „Yacht", und „Yachting" bedeutete Segeln zum Vergnügen, Sportsegeln.

Die erste reine Yacht war also die MARY. Wir besitzen von ihr keine genauen Baupläne. Man kennt nur die folgenden Angaben:

Länge des Kiels	15,85 m
Breite	5,80 m
Raumtiefe	3,05 m
Tiefgang	2,31 m
Verdrängung	100 tons
Bewaffnung	8 Kanonen
Besatzung	80 Mann

Schiffe von der Art der MARY bestimmten über lange Zeit Form und Ausschmückung von Vergnügungsbooten, und dieser holländische Typ war tonangebend für die Nachbauten, die von den Adligen in Auftrag gegeben wurden. Die Holländer waren zu jener Zeit eine Seefahrernation von höchster Bedeutung. Sie besaßen an die 20 000 Schiffe, 10 000 davon allein in der Provinz Nordholland. Mit dieser eindrucksvollen Flotte hatten sie gewissermaßen das Monopol für den Seetransport, und das nicht nur der Zahl wegen, sondern auch wegen der Güte ihrer Schiffe und wegen der Seemannschaft ihrer Besatzungen. Der Florentiner Kaufmann Francesco Carletti, der von 1594 bis 1606 eine Reise um die Erde unternahm, schreibt in seinem Reisebericht:

Nach zwei Monaten guten Segelns über 3500 Meilen kamen wir am 7. Juli 1602 in (der niederländischen Provinz) Seeland an. Es ist kein Wunder, daß die Seeländer dermaßen sicher in der Seefahrt sind, daß ich es für ausgeschlossen halte, daß ihre Schiffe jemals Schiffbruch erleiden könnten. Vor allem sind sie äußerst erfahrene Seeleute und halten ihre Schiffe in bester Ordnung, ohne Störungen und ohne sie zu überladen. Was hingegen die Portugiesen mit ihren Schiffen tun – man könnte darüber lachen, wenn es nicht zum Weinen wäre; und wer es nicht gesehen hat, der möchte es nicht glauben, denn das geht über jedes menschliche Begreifen, und es ist wahrlich grausam, mit ihnen im Nebel auf dem Meere zu fahren.

Schiffen der alten Holländer müssen wir ein paar Zeilen widmen, einmal wegen der Bedeutung, die sie für die

Moderne holländische Yachten

Entstehung des Yachtsegelns hatten, und zum anderen, weil die Formen jener glanzvollen Zeiten sich unverändert erhalten haben bei den traditionellen holländischen Bootstypen unserer Tage – ein einmaliger Fall. Kennzeichen der holländischen Bootskörper waren die extrem vollen Formen, vornehmlich vorn, und ihr geringer Tiefgang. Zu jener Zeit besaßen gewiß sämtliche Segelschiffe volle Linien. Dennoch gab es den alten Gegensatz zwischen dem runden und dem langen und scharfen Schiff, das heißt, zwischen dem Segelschiff, das per definitionem schwer war und von hoher Tragfähigkeit, und dem mit Rudern angetriebenen Kriegsschiff, das feine und scharfe Linien hatte. Die holländischen Schiffe indes hatten eine extreme Breite, was mit der Notwendigkeit zu erklären ist, die Ladung in einem Schiffskörper geringen Tiefgangs zu befördern. Holland war damals wie heute das Land der Kanäle, und ein großer Teil des Verkehrs wurde und wird mit Schiffen auf den binnenliegenden Wasserwegen abgewickelt. Die Breite ist in geschütztem Wasser weniger nachteilig als großer Tiefgang. Diesen mußte man beschränken, und so war man gezwungen, ein System mit einer beweglichen Lateralfläche zu erfinden.
Die Lösung der Holländer ist einzigartig; sie besteht aus zwei Schwertern, die, eines zu jeder Schiffsseite, außen angebracht und normalerweise aufgeholt sind. Beim Kreuzen wird lediglich das Leeschwert gefiert, das sich naturgemäß an den Rumpf anlehnt und so in seiner Stellung verharrt.
Es ist interessant, daß von allen Seevölkern, die sich mit dem Problem geringen Tiefgangs auseinanderzusetzen hatten, einzig die Holländer auf die Seitenschwerter gekommen sind. Die Venezianer brachten auf ihren flachbodigen Schiffen den gesamten Lateralplan in einem aufholbaren Ruderblatt unter; die Engländer und Amerikaner zogen es vor, den Kiel aufzuschlitzen und hier die Fläche des beweglichen Schwertes durchzustecken. Niemals in der Vergangenheit ist die Lösung des einen Volkes durch die eines anderen übernommen worden.
Auch bei der Takelung hatten die Holländer originelle Einfälle. Sie entwickelten die Schratbesegelung und takelten ihre Boote mit wirkungsvollen Gaffelsegeln zu einer Zeit, in der noch Rah- und Lateinersegel vorherrschten.

Die Abbildungen in diesem Kapitel zeigen Yachten aus dem 17. Jahrhundert sowie typische holländische Schiffe aller Epochen. Man erkennt, wie für die Bootsbauer jenes Landes die Formen unveränderlich bleiben, und nur ganz wenige Nuancen gestatten es, ein Schiff zeitlich einzuordnen, wie etwa die Kleidung der Besatzung.
Die charakteristischen Merkmale der holländischen Schiffe sind praktisch allen aus der Vergangenheit überkommenen Typen gemeinsam, so wie man sie noch heute auf den Kanälen antrifft: volle Schiffsenden, wenig Tiefgang, mit Seitenschwertern. Sie sind massiv gebaut, müssen sie doch sehr haltbar sein, bei jedem Wetter und Tiefgang trockenfallen und darüber hinaus den kurzen Seegang in den Flußmündungen vertragen können. Wenn man sich diese ausschlaggebenden Eigenschaften und da-

Der Boeier des Zaren Alexander I.

zu das Streben nach hoher Ladefähigkeit vor Augen hält, dann versteht man, daß hier eine durchaus rationale Schiffsform geschaffen wurde.

Es gibt eine Unmenge verschiedener Typen, wobei die Unterschiede in ganz geringfügigen Einzelheiten liegen, die zu erkennen manchmal sogar selbst die Bootsbauer überfordert. Gelegentlich kann man in englischen Yachtzeitschriften in langen Folgen von Leserbriefen Streitgespräche verfolgen, bei denen es darum geht, wie unangebracht es sei, dieses oder jenes traditionelle holländische Schiff diesem oder jenem Typ zuzuordnen: Schiffe, die an verschiedenen Orten gebaut wurden, wären doch in dieser oder jener Einzelheit verschieden und müßten daher auch unterschiedliche Bezeichnungen tragen. Ich fühle mich allerdings außerstande, eine bis ins letzte gehende Analyse der einzelnen Typen vorzunehmen.

Hätte ich eine grundsätzliche Gruppierung vorzunehmen, würde ich die Schiffe nach der Art ihres Rumpfes einteilen. Da gibt es Fahrzeuge mit rundem und solche mit plattem Boden. Die ersteren verkörpern sich vornehmlich im „Boeier", die zweiten im „Botter".

Ein gutes Beispiel für einen Boeier ist der „Lemsteraak" (das ist der in Lemster gebaute Boeier, der gern als Yacht genommen wird) namens DE GROENE DRAECK, der 1957 für Prinzessin Beatrice der Niederlande[1] gebaut wurde. Die vollen Formen erinnern stark an das Trabakel der Adria. Der Innenraum ist enorm groß, sind doch sämtliche Spanten praktisch ebensogroß wie das Hauptspant. Die Schiffsenden sind außerordentlich voll gehalten, das Achterschiff weniger als das Vorschiff; die Engländer bezeichnen diese Form als „apple bow" (Apfelbug).

Ein schöner Botter ist die seinerzeit von Hermann Göring in Auftrag gegebene GROOTE BEER, die jetzt einem Amerikaner gehört. Die holländischen Bootsbauer sabotierten den Bau, indem sie die Arbeiten in die Länge zogen, und der Stapellauf verzögerte sich bis nach Kriegsende. Über Wasser und im Rigg erinnert das Schiff an den eben erwähnten Typ; der Plattboden und eine mehrfach hart gebrochene Kimm jedoch sind eine Besonderheit. Wahrscheinlich hat man versucht, es für das Trockenfallen besonders geeignet zu machen. Die Inneneinrichtung ist schlechthin prunkvoll.

Die Abbildungen zeugen von der besonderen Abneigung der holländischen Bootsbauer gegen alles, was gradlinig ist (wir befinden uns auf der Höhe des Barocks), die ge-

---

[1] Fürsten und Herrscher haben von jeher eine Vorliebe für die holländischen Schiffe gehabt. Der Herzog von Neuburg bestellte sich im Jahre 1632 einen genauen Nachbau der Yacht des Fürsten Friedrich Heinrich von Oranien, also noch vor Karl II., auch Karl XI. von Schweden (1655 bis 1697) besaß eine holländische Yacht. Der Zar aller Reußen, Peter der Große, kaufte einen Boeier in Holland, wohin er gegangen war, um sich mit dem Schiffsbau dort vertraut zu machen. (Er hatte mit eigenen Händen an einem Ostindienfahrer mitgebaut, der dann ihm zu Ehren PETER UND PAUL getauft wurde.) Hundert Jahre später erwarb auch Zar Alexander I. von Rußland in Holland einen Boeier.

Boeier De Groene Draeck

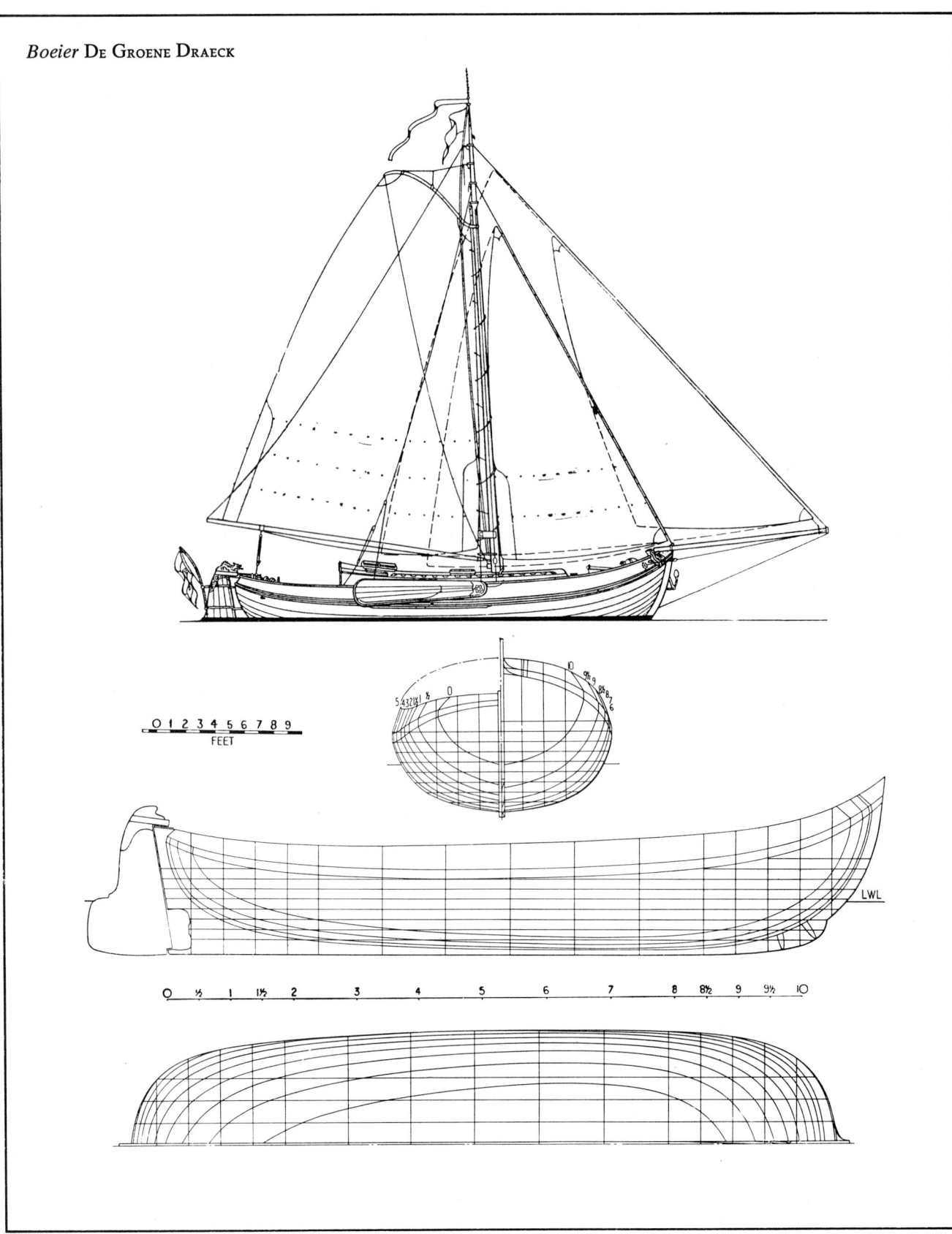

Botter Groote Beer

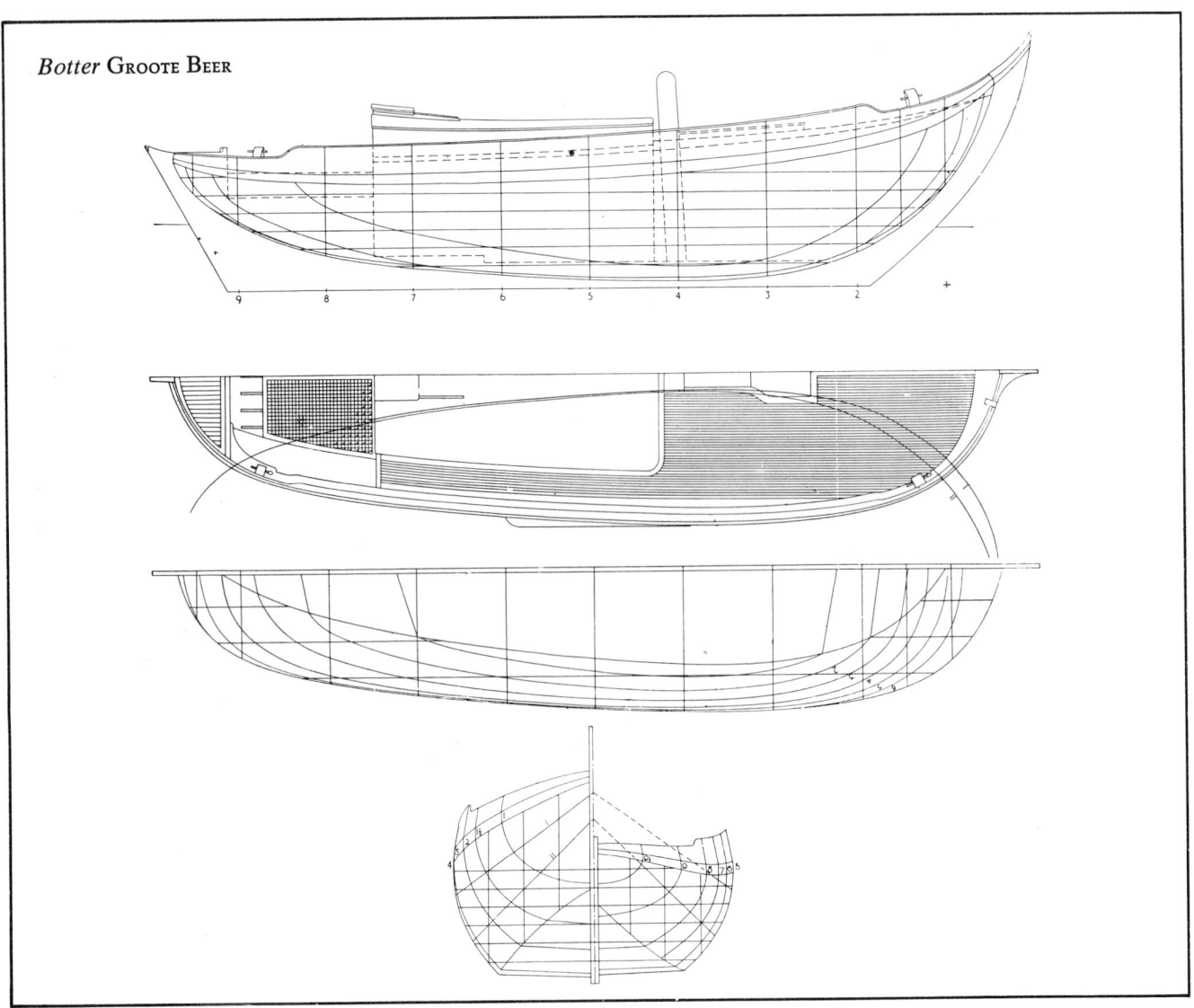

Botter Groote Beer

krümmte Form des Aufbaues, die Gaffel des Großsegels, der Ruderkopf. Sogar den Flaggenstock achtern hat man gebogen, anstatt ihn einfach schräg nach hinten zu neigen. Und die See-Eigenschaften dieser originellen Fahrzeuge? Es ist eine heikle Angelegenheit, seine eigene Ansicht zu einer Form zu sagen, die durch jahrhundertelange Überlieferung allgemein akzeptiert worden ist. Ich möchte mich daher auf anerkannte Autoritäten stützen:

... Sie sind eine Art von rechtwinkligem Parallelepipedon, bei dem man eigentlich weiter nichts getan hat, als die Enden abzustumpfen. Weder in Frankreich und noch weniger in England gibt es in der Tat solche Schiffe, und wenn wir hier und da eines unserer Schiffe mit gleichem Namen bezeichnen, dann nur auf Grund irgendeiner kleineren Ähnlichkeit, doch in Wirklichkeit unterscheiden sie sich von ihnen. Unsere Kaufleute ziehen Schiffe vor, die unten nicht so platt sind. Solche Schiffe können zwar weniger Last tragen, dafür sind sie aber um so schneller und besser imstande, sich in Kriegszeiten zu verteidigen und dem Feinde zu entgehen. – M. Boguer: Traité du Navire, de sa Construction et de ses Mouvements, Paris 1763.

Bojera – Flämische Schaluppe von geringer Seefähigkeit, mit Gaffeltakelung und einem Brett auf jeder Bordseite, um besser an den Wind gehen zu können und weniger abzutreiben. Dieses Fahrzeug ist mehr imstande, auf Flüssen zu fahren als auf dem Meere. – Dizionario Istorico, Teoretico e Pratico di Marina di Monsieur Saverien, Venezia 1769.

... (Der Boeier) bot am Wind ein trauriges Bild, es sei denn bei gutem Wind und günstigem Strom. Bei leichtem Wind konnte man verzagen ... Sobald Seegang aufkam, zeigte sich schnell, daß er dafür nicht gebaut war. Wenn er auf eine See traf, boxte er mit seinem quadratischen Bug kräftig dagegen, anstatt sich leicht darüber hinwegzuheben, und er kam vollständig zum Stehen ... Wir schafften in 24 Stunden ganze 26 Seemeilen, und das bei gutem Wind ... – Claud Worth: Yacht Cruising, London 1926.

... Ein Schiffbauer, der nichts von den holländischen Booten und ihrer Geschichte weiß, würde von einem Riß, sagen wir dem eines Boeiers, auf die Frage: „Für welche europäischen Gewässer wäre ein Boot wie dieses ideal?" mit dem ganzen Schwergewicht seiner teuer erworbenen Ausbildung antworten: „Für keines in Europa, für keines auf der Welt. Setzen Sie es nicht einmal in Ihrer Badewanne aufs Spiel." – Argus, Reflections in the Sea, in: Yachting Monthly, April 1953.

Das typisch holländische Boot, das einzige Segelschiff, das unverändert die Zeit bis in unsere Tage überdauert hat, ist weit davon entfernt, zur archäologischen Kuriosität zu werden. Es gibt davon in hoher Blüte stehende Klassen, die in Holland regelmäßig Regatten segeln: Tjotter, Hoogaars, Tjalk und Schokker.

II Das 18. Jahrhundert

Admiralitätsmodell aus dem Jahre 1671

Die holländischen Yachten sind in der Geschichte des Sportfahrzeuges ein Kapitel für sich. In der Linienführung neuartige und nicht nur wegen der reichen Ausschmückung erwähnenswerte Fahrzeuge treten um die Mitte des auf Karl II. folgenden Jahrhunderts kaum in Erscheinung. Unter ihm hatte es, das verdient festgehalten zu werden, eine bemerkenswerte Blütezeit regelrechten Regattasegelns gegeben, das in der Art, wie es durchgeführt wurde, mit dem modernen durchaus zu vergleichen ist. Die Yachten waren Eigentum des Königs und wurden im Bedarfsfall auch im Krieg eingesetzt.

Die ersten in England für den König und für die Großen seines Hofes für das Regattasegeln gebauten Yachten standen noch unter dem Einfluß der holländischen „Jaght", die das sportliche Segeln auf dem Meer eingeleitet hatte. Allerdings entfernten sich die in England in Auftrag gegebenen Yachten in zahlreichen Einzelheiten von der Linie ihrer holländischen Vorbilder. Sie besaßen keine Seitenschwerter, hatten stärker aufgekimmte Spantschnitte und meist feinere Linien, wenn sie auch in ihrer allgemeinen Erscheinung noch den Vorbildern ähnelten, die den Anstoß gegeben hatten zu dem Wunsch, ein solches Schiff zu besitzen und es im Wettkampf zu erproben. Die Abbildungen zeigen das Admiralitätsmodell[2] einer 1671 in Portsmouth gebauten Yacht. Die Hauptangaben:

---

[2] Die Admiralitätsmodelle (Admiralty Models) sind Originalmodelle, die zusammen mit den Bauplänen der Admiralität vorgelegt wurden. Sie enthalten Einzelheiten, die gewöhnlich in den Zeichnungen nicht vorhanden sind. Sie waren daher besonders gut ausgeführt; ein Teil der Beplankung war fortgelassen, um den Aufbau des Rumpfes sichtbar zu machen, und sie waren maßstabgerecht gebaut (meist 1/48).

Länge des Kiels	14,65 m
Breite	5,33 m
Raumtiefe	3,05 m
Bewaffnung	8 Geschütze
Verdrängung	74 Tonnen

Die Admiralitätsyacht ist in allen ihren Abmessungen etwas kleiner als die MARY, außer in der Seitenhöhe, die erheblich größer ist. In der Tat sind, wie am Modell zu sehen, die Spantschnitte sehr viel tiefer, und das Vorschiff hat eine ziemlich starke Aufkimmung; man kann sicherlich nicht mehr „Apfelbug" dazu sagen. Ganz und gar holländisch sind noch das Rigg und die Ausschmückung. Freilich sollte man hinsichtlich des Zierrats wohl besser vom Geschmack zu Zeiten des Barocks als vom holländischen Geschmack reden, denn in allen Ländern waren die Schiffe äußerst reich geschmückt, und es läßt sich gewiß nicht behaupten, die Engländer seien darin schlichter gewesen.

Mit dem 18. Jahrhundert treten die ersten Yachten mit eigenen Merkmalen in Erscheinung, und es beginnen sich die späteren Typen herauszukristallisieren: der Kutter, die Slup, der Schoner. Ich will hier nicht bei ihren besonderen Eigentümlichkeiten verweilen, ich werde sie später im einzelnen noch behandeln. Im Jahrhundert zuvor war der Begriff „Yacht" entstanden; jetzt bildete sich die Form heraus.

In der „Architectura Navalis" von Frederik Henrik Chapman[3] finden wir die Linien einiger Yachten aus der Mitte

---

[3] Die „Architectura Navalis Mercatorias" von Chapman, einem aus England stammenden Schiffbauer, der in Schweden wirkte, ist ein denkwürdiges Werk. 1786 in Stockholm erschienen, enthält es neben dem Text Pläne von rund 200 Schiffen: »varii generis, Mercatoriarum, Capulicarum, Cursariorum, Aliarumque, cuiuscumque conditionis vel molis, Formas et rationes exhibens.« Viele der großartigen Tafeln sind in der »Enciclopedia Francese« wiedergegeben. In diesem ersten modernen Buch über den Schiffbau zeigt Chapman verschiedene Methoden zur Berechnung des Schiffskörpers auf, die noch heute gebräuchlich sind. Die Tafeln sind in verkleinertem Maßstab neu herausgekommen. (Neuausgabe Verlag Delius, Klasing & Co Bielefeld.)

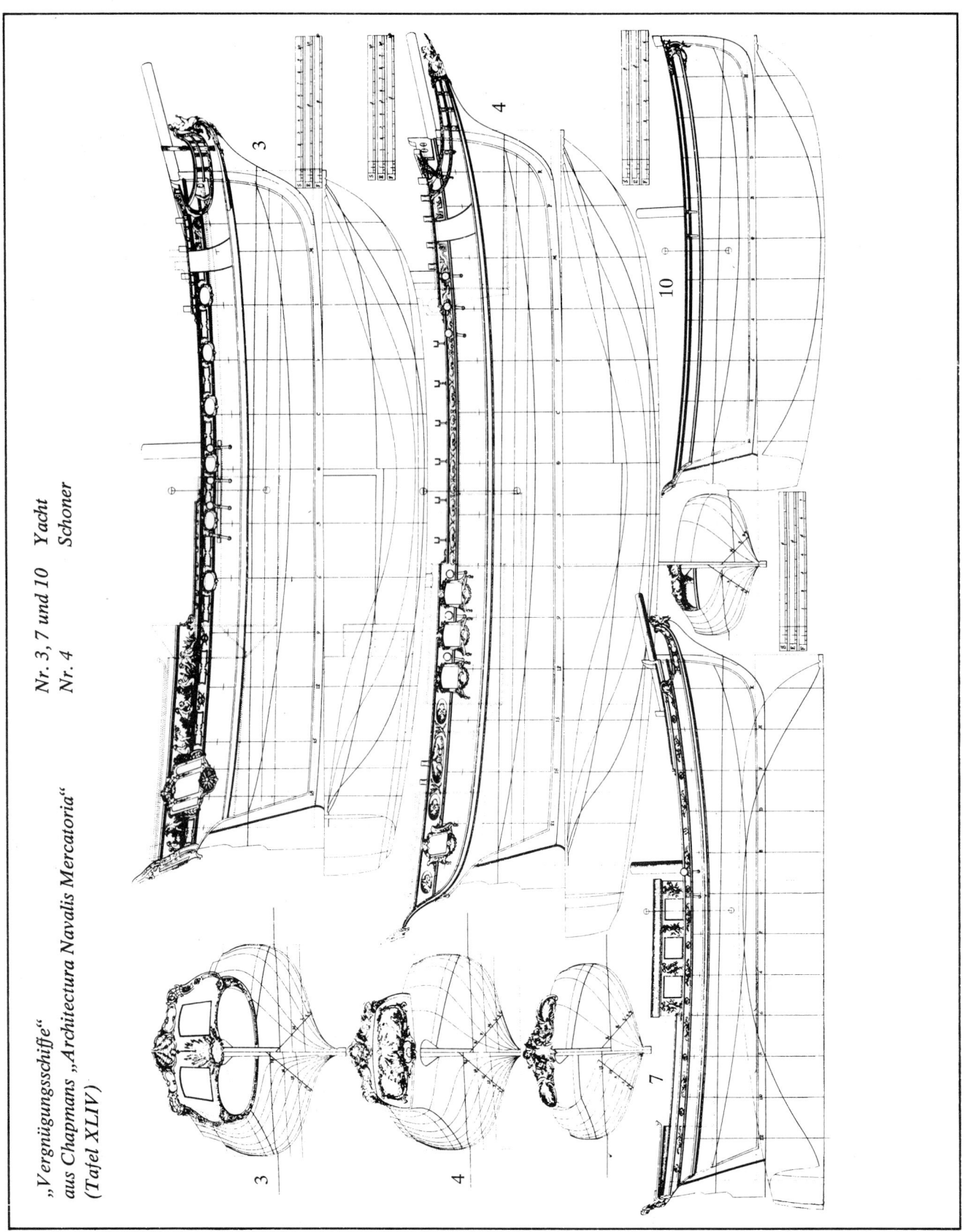

„Vergnügungsschiffe" Nr. 3, 7 und 10 Yacht
aus Chapmans „Architectura Navalis Mercatoria" Nr. 4 Schoner
(Tafel XLIV)

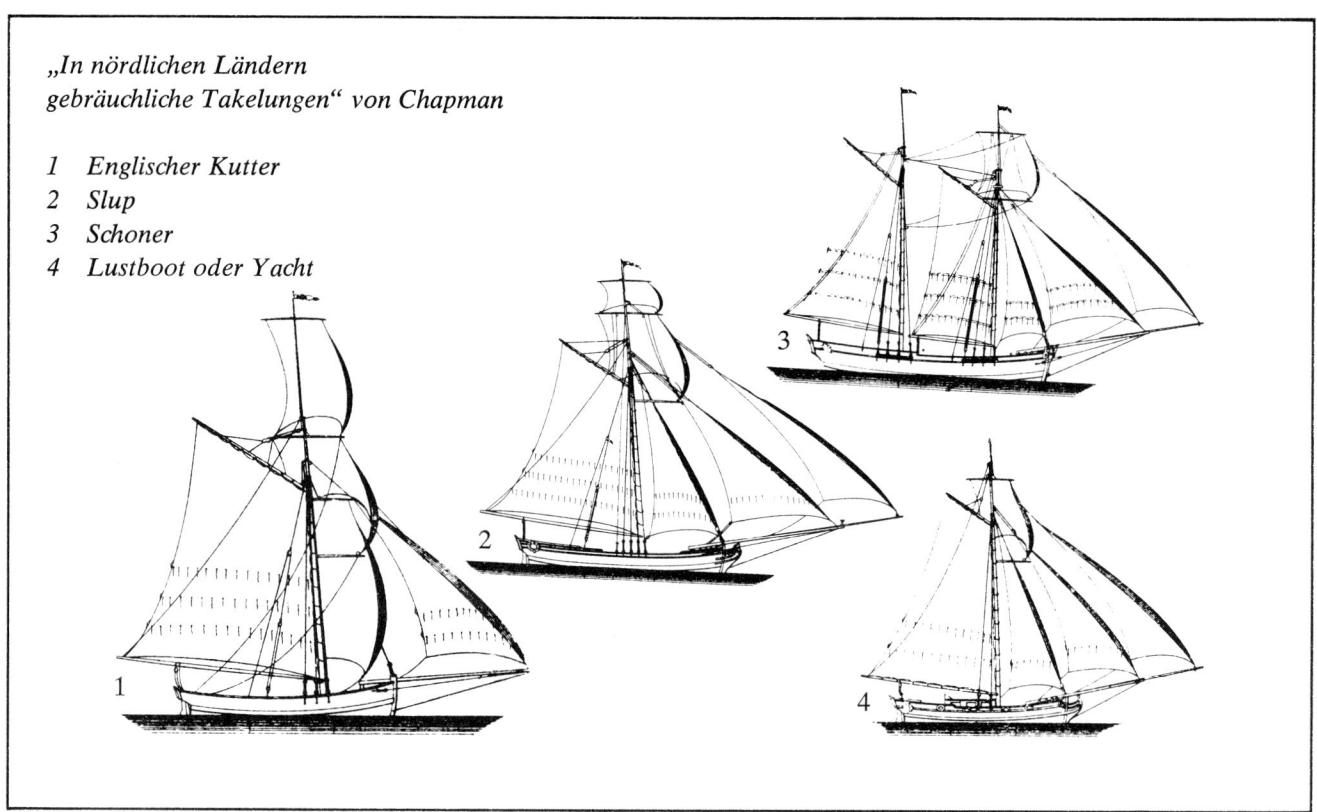

„In nördlichen Ländern gebräuchliche Takelungen" von Chapman

1 Englischer Kutter
2 Slup
3 Schoner
4 Lustboot oder Yacht

des 18. Jahrhunderts; abgesehen von den holländischen haben bei ihm die Yachten sehr schöne und im Vergleich zu den übrigen Schiffen neuartige Linien und vornehmlich Spantschnitte.

Deutlich kommt bei den Yachten das im Vergleich zu den Kriegs- und Arbeitsfahrzeugen geringere Volumen unter Wasser heraus, ebenso der weiche Übergang vom Bootskörper zum Kiel im Kielgang. Es handelt sich eben um schnelle Rümpfe. Bemerkenswert, daß die kleinste Yacht (Nummer 10 auf der abgebildeten Tafel XLIV) vorne eine viel feinere Wasserlinie hat als hinten, was die allgemeine Meinung entkräftet, zu jener Zeit hätten alle Schiffe die „Fischform" gehabt und seien vorne voller als hinten gewesen.

Fast alle haben einen gebogenen Kiel; ich will damit sagen, nicht einen gradlinigen wie die übrigen Schiffe – auch heute noch das Kriterium für Yachten. Man erreicht damit höhere Manövrierfähigkeit, wie man sie beim Wettsegeln und für kürzere Strecken braucht. Bei nahezu allen steht ein Teil des Ruderblattes über, wodurch die Steuerfähigkeit verbessert und der Lateralplan vergrößert wird. Das sind nach wie vor, zusammen mit den feinen Rumpflinien, die nur der Yacht eigenen Merkmale.

Als überflüssig empfindet man dagegen heute die wunderbare Rokoko-Verzierung, die sich um den Vorsteven schlängelt, dann in Windungen auf der Verschanzung und längs der Reling entlangläuft und schließlich am Heck wie ein Feuerwerk explodiert. Der romantische Geschmack der Klipperzeit mit dem ausfallenden Bug und seiner Galionsfigur hat uns vergessen lassen, daß seit jeher das Achterschiff der vornehme Teil des Schiffes ist, der am meisten ausgeschmückt, am meisten „bekleidet" wird.

Auf den größeren Yachten ist das Achterschiff für die Kajüte des Eigners erhöht, während die kleinen den Aufbau in der Mitte haben, dort, wo der Rumpf am geräumigsten ist. In diesem Falle ist das Achterschiff niedriger als der Bug, und der Sprung hat den gewöhnlichen Verlauf.

Diese Merkmale sind an das Baumaterial gebunden, das praktisch nur Holz war. Eisenteile waren auf ein Mindestmaß beschränkt. Das Bugspriet verläuft durch eine kräftige Führung aus Holz oberhalb des Vorstevens, an dem er mit einer Lasching aus geteertem Tauwerk befestigt ist. Das Ruder besteht vollständig aus Holz und wird nach oben schmaler. Die Pinne hat einen Schlitz und ist auf den Ruderkopf aufgezogen, so wie es auf den Schiffen von Venedig noch überkommen ist. Der Durchbruch

Yachten der Cumberland Fleet

durch das Deck des achteren, sehr kurzen Überhanges ist naturgemäß sehr groß und bildet einen Kreisbogen so, daß der Ruderschaft sich frei bewegen kann, wie man es unter der Heckverzierung am Ende des Achterstevens erkennt.

Ich finde diese Schiffe sehr schön, schön im absoluten Sinne, nicht im Vergleich zu Schiffen anderer Art und anderer Zeiten; einfach schön an sich, wie ein Kunstwerk. Und das sage ich nicht, weil ich beeindruckt wäre von der Ausschmückung, die wahrscheinlich eher zu einem Möbelstück am Hofe passen würde, sondern wegen der Reinheit der Formen. Diese Reinheit kann man sehr einfach auf die Probe stellen, indem man die Augen schließt und sich ein „Schiff" vorzustellen versucht, das dem entspricht, was eben ein Schiff ausmacht, und weiter nichts. Das Ergebnis kann nicht sehr viel anders aussehen als die Yacht Nr. 10, die wir uns angeschaut haben. Denkt man sich den Schmuck am Bug und das Ruder weg, kann man aus dem Rumpf allein nur schwer die Zeit und den Ort seiner Entstehung schließen. Es ist eine zeitlose Form, und das ist Kunst.

Zu den Bauzeichnungen des 18. Jahrhunderts gibt es keine Segelrisse. Für einen gegebenen Rumpf machte man sich wegen der Takelung keine Gedanken; das überließ man den Taklern, das war deren Sache. Der Konstrukteur legte auf der Zeichnung die Stelle für die Masten fest und gab den Namen des Schiffstyps an; damit war für ihn die Sache erledigt.

Chapman legt sich dort, wo verschiedene Möglichkeiten in Betracht kommen, genau fest, zum Beispiel: Fregatte als Vollschiff getakelt, Fregatte als Brigantine getakelt. Die Yacht, der Schoner und die Fregatte für Sportzwecke werden als „Lustfahrzeuge" eingestuft. Der Ausdruck „Yacht" ist noch nicht allgemein eingeführt; er bezeichnet noch das Segelschiff mit einem Mast, das von der holländischen „Jaght" herstammt.

Auf die Takelung kommt es an: Yachten können Vergnügungsfahrzeuge sein oder auch anderen Zwecken dienen. Es ist daher keinesfalls richtig und zu sehr vereinfachend, wenn behauptet wird – und das geschieht häufig – die Yacht als Sportfahrzeug sei im Holland des 17. Jahrhunderts entstanden. Hundert Jahre später verbreitete sich der anglisierte Begriff über die ganze Welt, und er hatte immer noch nicht die Bedeutung eines Fahrzeuges nur für Sportzwecke. Das einzige, was wir sicher wissen, ist, daß „Yacht" holländischen Ursprungs ist.

Das 18. Jahrhundert macht demjenigen, der die in dieser fruchtbaren Periode entstandenen Segelschiffe in Klassen einteilen will, die Arbeit nicht leicht. Im allgemeinen richtet sich die Bezeichnung nach dem Rumpf, aber das ist keineswegs die Regel. Auch die Takelung ist bestimmend. Bei Chapman finden wir eine große Tafel, auf der 24 Segelschiffe unter vollen Segeln abgebildet sind. Sie stellen die „verschiedenen Takelungsarten" dar, „die in den Ländern des Nordens am gebräuchlichsten sind".

Die Yacht ist slupgetakelt, mit Gaffelsegel, drei Vorsegeln und einem Rahsegel oben. Allerdings ist die Gaffel

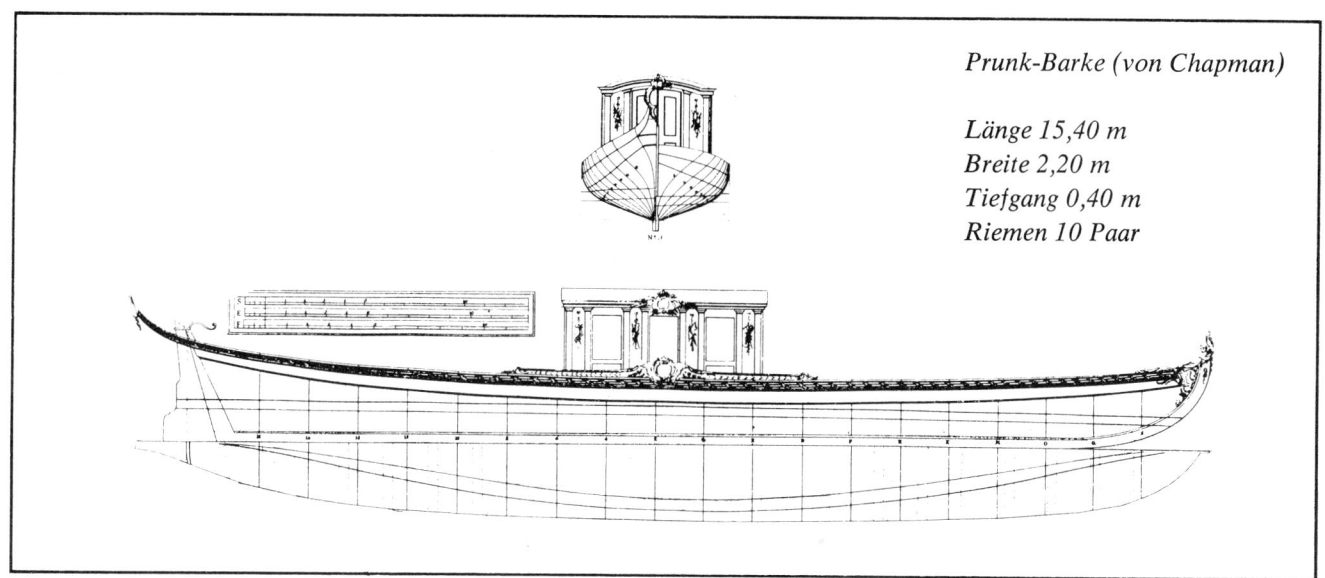

Prunk-Barke (von Chapman)

Länge 15,40 m
Breite 2,20 m
Tiefgang 0,40 m
Riemen 10 Paar

sehr kurz, was auf die holländische Herkunft hinweist, und – ein Merkmal, das noch etwa hundert Jahre lang der Yacht vorbehalten bleibt – das Großsegel ist an den Baum angeschlagen. Die Yacht des folgenden Jahrhunderts, die so genannt wurde, weil sie ausschließlich dem Vergnügen diente und nicht, weil sie dem Typ nach holländisch war, hatte ebenfalls meist das am Baum angeschlagene Großsegel, gegen das man auf den Gebrauchsfahrzeugen sämtlicher europäischer Länder immer eine Ablehnung zeigte.

Erst in der zweiten Hälfte des 19. Jahrhunderts kommt das am Baum angeschlagene Großsegel auf allen Segelschiffen allgemein in Gebrauch (mit Ausnahme der großen Rahsegler, die das Besansegel nicht fierten, sondern am Mast auftuchten).

Der erste Yachtklub wurde 1720 unter König Georg I. in dem irischen Hafen Cork gegründet: der „Water Club of the Harbour of Cork".

Das war der Anfang des organisierten Yachtsegelns in England, und dort wurden das ganze Jahrhundert über Regatten abgehalten. Die Geschichte des Yachtsegelns beginnt. England war das einzige reiche Land, in dem man sich weithin sportlich betriebenem Yachtsegeln zuwandte. Auf Bildern dieser Zeit sieht man eine große Zahl von Yachten, die an den Veranstaltungen des Clubs von Cork oder der etwas später gegründeten „Cumberland Fleet" teilnahmen. Man könnte geradezu von einem Massensport sprechen, wenn so etwas in jener Epoche, und besonders beim Yachtsegeln, überhaupt vorstellbar gewesen wäre.

Die eigentlichen Rennyachten jener Zeit waren alle vom gleichen Typ: Mast, Gaffelsegel, mehrere Vorsegel und auf den größeren oben auch ein oder zwei Rahsegel. Eine Takelung wie beim „englischen Kutter" von Chapman. Yachten dieser Art sollten noch lange die englische Bauweise repräsentieren, und wir werden uns damit noch ausführlich beschäftigen.

Was die Mitglieder dieser Clubs betrieben, war echtes und wahres Yachtsegeln im modernen Sinne. Die erste Regatta, bei der es um einen Pokal ging, ist die der „Cumberland Fleet" 1749. Es war ein Silberpokal, gestiftet von dem Prinzen von Wales, und die Wettfahrt ging von Greenwich nach dem Nore und zurück. Sie wurde von einem Boot gewonnen, das für diese Regatta gebaut worden war, der Princess Augusta, und der Eigner stiftete den Arbeitern, die das Boot gebaut hatten, den Gegenwert des Pokals in Geld.

Der Prinz von Wales begleitete das Rennen in seiner „Barge", einer für den Fluß gebauten Ruderyacht mit prächtig ausgeschmückter Kajüte. Auch die Gondel von Venedig könnte eine Barge gewesen sein, das „Boot zum Spazierenfahren" jener Zeit. Sämtliche Skulpturen der Barge des Prinzen waren im chinesischen Stil ausgeführt, und die Ruderer steckten in chinesischer Kleidung.

Der Vergleich zwischen der Barge und der Gondel ist nicht von ungefähr. Auf der Themse veranstaltete man

*Kutter
bei der Regatta
auf der Themse*

Segel- und Ruderregatten, und die Ruderboote erinnern in vielem an die von Venedig, so in der Kajüte und in ihrer Ornamentorik. Diese Regatten wurden „Regattas" genannt, ein Begriff, der zuerst nur für Wettfahrten der Gondeln in Venedig galt. Auch heute noch findet man in englischen Texten gelegentlich den Ausdruck „Regatta" anstelle von „Race".

Die Barge war auch bei den Eignern von Segelyachten sehr beliebt; sie hielten sie sich zum Spazierenfahren auf der Themse. Die Fahrzeuge hatten sehr feine Linien, runde Spantschnitte und eine normale Kielkonstruktion. Die Kajüte war hoch und reich geschmückt; sie ähnelte in jeder Hinsicht den „Kabinen"-Fahrzeugen, die der Maler Canaletto über die Kanäle Venedigs fahren ließ.

Die von Chapman gezeigten Barge sind um die 15 m lang und etwa 2,40 m breit. Ich habe den mittleren Typ als Beispiel gewählt. Bei Chapman findet sich auch die Zeichnung einer Rudergaleere von 37 m Länge, die als „Lustschiff zum Rudern" vorgestellt wird. Das Heck ist prächtig geschmückt, ein wahrhafter Rokokogartenpavillon.

Wir sind ein wenig vom Thema abgewichen. Die Barge ist der Vorläufer der Motoryacht und nicht etwa der Segelyacht, und über die Dampfyacht schließt sich der logische Kreis. Die Welt der Regatten von damals ist uns als ein sehr geziertes Spiel der Gesellschaft überliefert. In seinem klassischen Buch „Sixty Years of Yachts" schildert uns H. E. Julyan den Beginn des Yachtsegelns:

Der älteste Yachtclub der Welt ist der „Royal Cork Yacht Club"; er wurde 1720 unter dem Namen „Water Club of the Harbour of Cork" gegründet. Yachtsegeln war nicht sein einziger Zweck; die Mitglieder trafen sich alle zwei Wochen, um zu segeln und um zusammen zu speisen. Der Club zählte 25 Mitglieder, und eine seiner Regeln besagte, daß der Admiral des Clubs als seinen Anteil zum Essen mindestens zwei Dutzend Flaschen Wein beizutragen habe. Ein strenges Tabu wollte, daß beim Essen nicht über Segeln gesprochen werden durfte, und jeder Segelbruder, der von Booten redete, mußte eine Runde ausgeben.

Die Clubmitglieder segelten gewöhnlich mit ihren Booten in Kiellinie hintereinander her, der Admiral an der Spitze. Wenn er mit dem Skipper eines der Boote in Verbindung treten wollte, feuerte er so viele Kanonenschüsse ab, wie Boote zwischen ihm und dem Betreffenden lagen. Ein besonderer Spaß war es, wenn der Admiral einmal den Holländer spielte. Dazu setzte er die holländische Flagge, und die anderen mußten sie ihm abjagen. Das waren die Regatten zu Beginn des 18. Jahrhunderts.

Alles in jenem Jahrhundert apostrophiert man heute als anmutig und leichtfertig, und selbst so ernste Dinge wie Krieg und Seefahrt sind von solch abwertender Beurteilung nicht ausgeschlossen. Über den technischen Stand

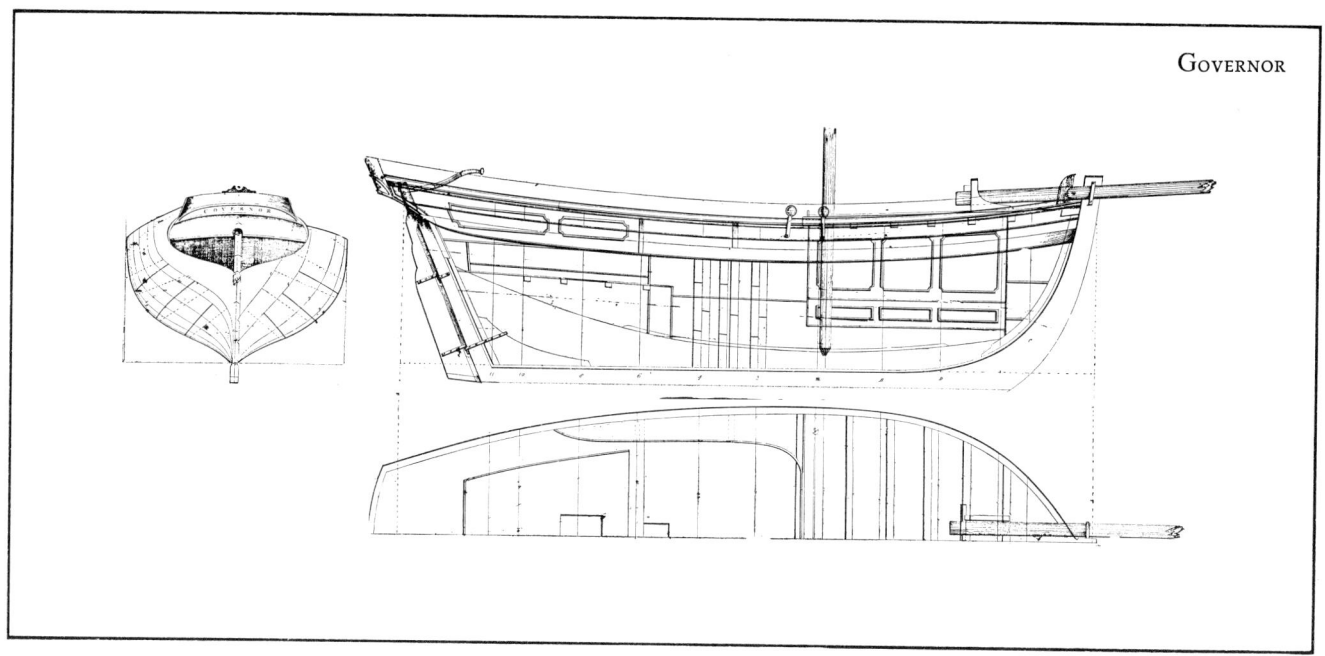

GOVERNOR

bei den Regatten der „Cumberland Fleet" (so nannten sich die Mitglieder des „Royal Thames Yacht Club", der unter dem Namen „Cumberland Society" entstanden war) kann man sich ein Bild machen, wenn man die Abbildung einer Regatta auf der Themse betrachtet.
Man sieht vier Kutter, die in kurzen Schlägen in der Nähe der London Bridge kreuzen. Die Boote sind fast gleich, sie tragen lediglich zwei Vorsegel und das Großsegel. Die übrigen Segel, mehr für achterlichen Wind geeignet, sind geborgen, und die Stengen sind gestrichen, außer auf dem Boot im Vordergrund. Man erkennt die Rah für die Breitfock, an der das Segel nicht angeschlagen ist; die Rah steht quer in einer Stellung, in der sie am wenigsten stört. Auf der Rückfahrt mit raumem Wind wurden alle Segel gesetzt, die Stengen wurden wieder hochgeholt. Die Stenge trug kein Toppsegel, sondern die Breitfock, die ganz an der Rah angeschlagen werden mußte. Ein schönes Stück Arbeit für eine Flußregatta!
Diese kleinen Kutter waren für das Segeln auf See getakelt, sie benötigten starke Besatzungen, und auf dem Fluß waren sie sicherlich nicht besonders schnell. Doch sollte man nicht vorschnell über die Leistungen dieser Boote urteilen. Denn schließlich stammt das Bild von einem Zeitgenossen, der es sicherlich vermieden hat, einen für damalige Verhältnisse undenkbaren Begriff vom Kreuzen gegen den Wind zu geben. Wer Regatten auf modernen Hochseeklassen mitgemacht hat, erkennt auf den ersten Blick, daß diese Boote sehr gut an den Wind gingen, und die Stellungen der Yachten auf entgegengesetztem Bug sind praktisch nicht anders als heute auch.[4]

Die Linien der Yachten, wie sie auf solchen Regatten gesegelt wurden, waren jenen der größeren Typen ähnlich. Es handelte sich um kleine „englische Kutter". Kennzeichnend für den Typ und interessant wegen der Einzelheiten im Geschmack der Zeit ist der Kutter GOVERNOR vom Ende des Jahrhunderts (man beachte die viereckige Füllung am Vorschiff und in Höhe der Bank für den Steuermann). Dieses Boot war von 1809 bis 1812 Dauergewinner des Pokals von Milford Haven.

Die Spantschnitte sind kraftvoll und Breite wie Verdrängung bemerkenswert groß. Das Vorschiff ist ziemlich voll, doch besteht nicht der geringste Zweifel daran, das die GOVERNOR ein sehr gutes und sehr schnelles Schiff gewesen ist. Formen und Abmessungen entsprechen etwa denen der Boote, die wir auf dem Bild gesehen haben. Länge 9,80 m, Breite 3,43 m – ein für seine Abmessungen großes Schiff mit ausgezeichneten Linien. Die Bootsbauer hatten bereits einen beachtlichen Stand im Yachtbau erreicht und verstanden ihr Handwerk.

---

[4] Der Künstler hat auf dem Bild sehr großen Wert auf die technischen Einzelheiten gelegt. Man beachte das vierte Boot, das, auf Steuerbordbug liegend, abfallen mußte, um dem auf Backbordbug vor ihm vorbeifahrenden Boot Raum zu geben. Wer Regatten gesegelt hat, weiß, was ich meine.

III Die napoleonische Zeit

Zollkutter der napoleonischen Zeit

Die Jahre des ausgehenden 18. und des beginnenden 19. Jahrhunderts sind für die seefahrenden Nationen Kriegsjahre. In dem Zeitraum von der amerikanischen Revolution bis zum Krieg von 1812 zwischen den Vereinigten Staaten und England lassen die Bedürfnisse der Kriegsführung viele neuartige Typen von kleinen, schnellen Segelschiffen entstehen. Es ist die Periode des Übergangs von den Formen der Klassizistik zu denen der Romantik, die bereits in der Luft liegt. Einige Schiffstypen verschwinden allmählich, andere verändern sich. Wieder andere, wie die holländischen, können sich dem Zug zum Neuen nicht anpassen, bleiben aber trotzdem erhalten. Bei den kleineren Schiffen ist das Beharrungsvermögen sehr stark. In diesen Jahren sehen wir die Boote aufkommen, die für die Geschmacksrichtung des ganzen Jahrhunderts bestimmend werden sollten.

Kriegszeiten sind keine Zeiten für das Yachtsegeln, aber die Yacht von damals war nicht das, was man heute darunter versteht. Wie wir gesehen haben, bedeutet noch nicht einmal das Wort, daß das Fahrzeug ausschließlich zum Vergnügen benutzt wurde. Die frühesten englischen Yachtclubs nannten sich „Water Club" oder „Sailing Society", d. h. Wassersportverein bzw. Segel-Gesellschaft. Die Boote für Clubkameraden entsprachen dieser Zweckbestimmung, doch unterschieden sie sich von den sonstigen Schiffen noch nicht in dem Maße, wie das heute der Fall ist.

Yachtsegeln im eigentlichen Sinne gab es im 18. Jahrhundert ausschließlich in England und in den Neuengland-Staaten Amerikas. In Amerika waren die Yachtsegler meist Seeleute, die es zu einigem Wohlstand gebracht hatten; ihre Boote waren vom Typ der Arbeitsfahrzeuge, und dieser Welt blieben sie verbunden. In der Geschichte des amerikanischen Yachtsegelns finden wir häufig den Wechsel zwischen Erwerbsfahrzeug und Yacht. Die Verteidiger des „America's Cup" segelten danach vielfach als Lotsenboote, Postschiffe, Schmuggler oder Sklaventransporter weiter.

Im England der ersten Jahre des 19. Jahrhunderts war es meist umgekehrt. Man suchte sich die Yachten unter solchen Bootsarten aus, die als schnell galten, Lotsen- und Fischerboote, Zollkreuzer und Schmuggler.

Die Geschichte des Yachtsegelns wird von den Yachtseglern geschrieben; aber im Amerika jener Zeit hören wir nicht allzuviel von großen Taten. Die Seeleute, die auch Yachteigner waren, hatten offenbar keine Lust, auf kleineren Schiffen unter größeren Unbequemlichkeiten das noch einmal zu versuchen, was sie auf ihren größeren Schiffen schon geleistet hatten. In England konnten die Clubs zur Zeit der Kontinentalsperre nicht viel ausrichten. Trotzdem ist dies ein sehr wichtiger Zeitraum in der Geschichte der Segelyacht, und zwar wegen der Vielzahl kleiner Schiffe, die aus den Erfordernissen des Krieges und des Schmuggels heraus entstanden waren.

Nach Beendigung des Krieges begann das moderne

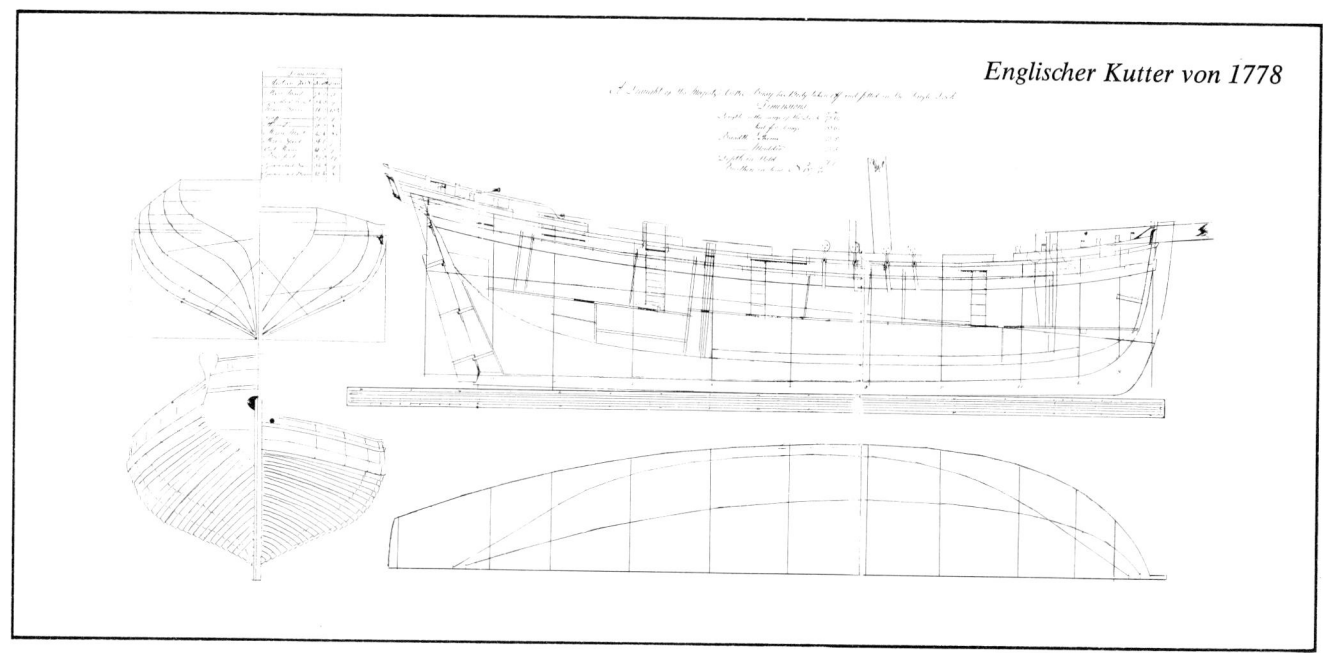

Englischer Kutter von 1778

Yachtsegeln, und man benutzte dazu jene Schiffe, die man schon vorfand, die erprobt und zum Yachtsegeln höchst geeignet waren.

In dieser Zeit entstand in England der „Kutter". Er ist das kleine Kriegsschiff schlechthin, zwischen 15 und 25 m lang, einmastig, stark gebaut und gut bewaffnet, trotzdem schnell und manövrierfähig.

Der „Revenue Cutter" der Zollbehörden zur Bekämpfung des Schmuggels ist einer der am meisten bekannten Typen. Sein Gegner war der „Lugger" mit zwei oder drei luggerbesegelten Masten.

Der Lugger selbst wurde als Yacht nicht benutzt, doch hat er mittelbar deren Entwicklung beeinflußt. Von ähnlichen Abmessungen wie der Kutter, war er immer ein klein wenig schlanker und feiner, gestreckter in seinen Linien. Man sieht, wer ausreißen muß, ist schon von Natur einfallsreicher und mehr darauf aus, seinen Untersatz zu verbessern, als derjenige, der ihn jagt.

Mit der Zeit gleichen sich die Linien einander an, und der Zoll setzt auch zahlreiche Lugger ein, um mit seinem Gegner gleichzuziehen. Es ist von Interesse, daß der Kutter mit seinem volleren Vorschiff, mit einem Mast und Rahsegeln bei raumem Wind besser, bei vorlichem Wind dagegen erheblich schlechter war. Die Taktik des Schmugglers bestand daher darin, bei Sichten eines „Revenue Cutters" an den Wind zu gehen und nach Luv zu flüchten.

Die Luggertakelung sieht zwar einfach aus, ist jedoch ziemlich schwer zu bedienen, weil man bei jedem Wendemanöver sämtliche Segel wegfieren und auf dem neuen Bug wieder setzen muß, damit sie in Lee des Mastes besser zum Stehen kommen. Daher kam dieses Rigg praktisch als Yachttakelung nicht in Betracht, wogegen das Kutterrigg allgemein übernommen wurde und während der nächsten hundert Jahre die eigentliche Takelungsart für Yachten blieb. Es sollte zum „national rigg" der Engländer und über eine Reihe von Entwicklungsstufen zum Rigg der modernen Yacht überhaupt werden.

Die Schiffskörper dieser Zeit haben volle Formen, vornehmlich vorn; das fast runde Hauptspant liegt weit vor der Schiffsmitte. Nicht zu vergleichen freilich mit den holländischen Vorschiffsformen; das Vorschiff des englischen Kutters ist das eines schnellen Schiffes, tief und – genau wie die übrigen Spantschnitte – steil aufgekimmt.

Das größte Rumpfvolumen liegt vorn, wie auch das gesamte Rigg. Das Bugspriet eines „Revenue Cutters" ist länger als die halbe Schiffslänge. Bemerkenswert auch die Breite. Bei Chapman findet sich die Zeichnung eines Kutters, der bei 17,70 m Länge 6,85 m breit ist. Der oben abgebildete Kutter von 1778 hat auf 24 m Länge eine Breite von 7,82, ein Drittel seiner Länge also; ein Lugger wäre niemals auf solch ein Verhältnis gekommen. Mit der Zeit wird die Breite geringer; es setzt sich die Erkenntnis durch, daß nicht allein das Luggersegel den Schmuggler befähigte, höher an den Wind zu gehen.

Pearl

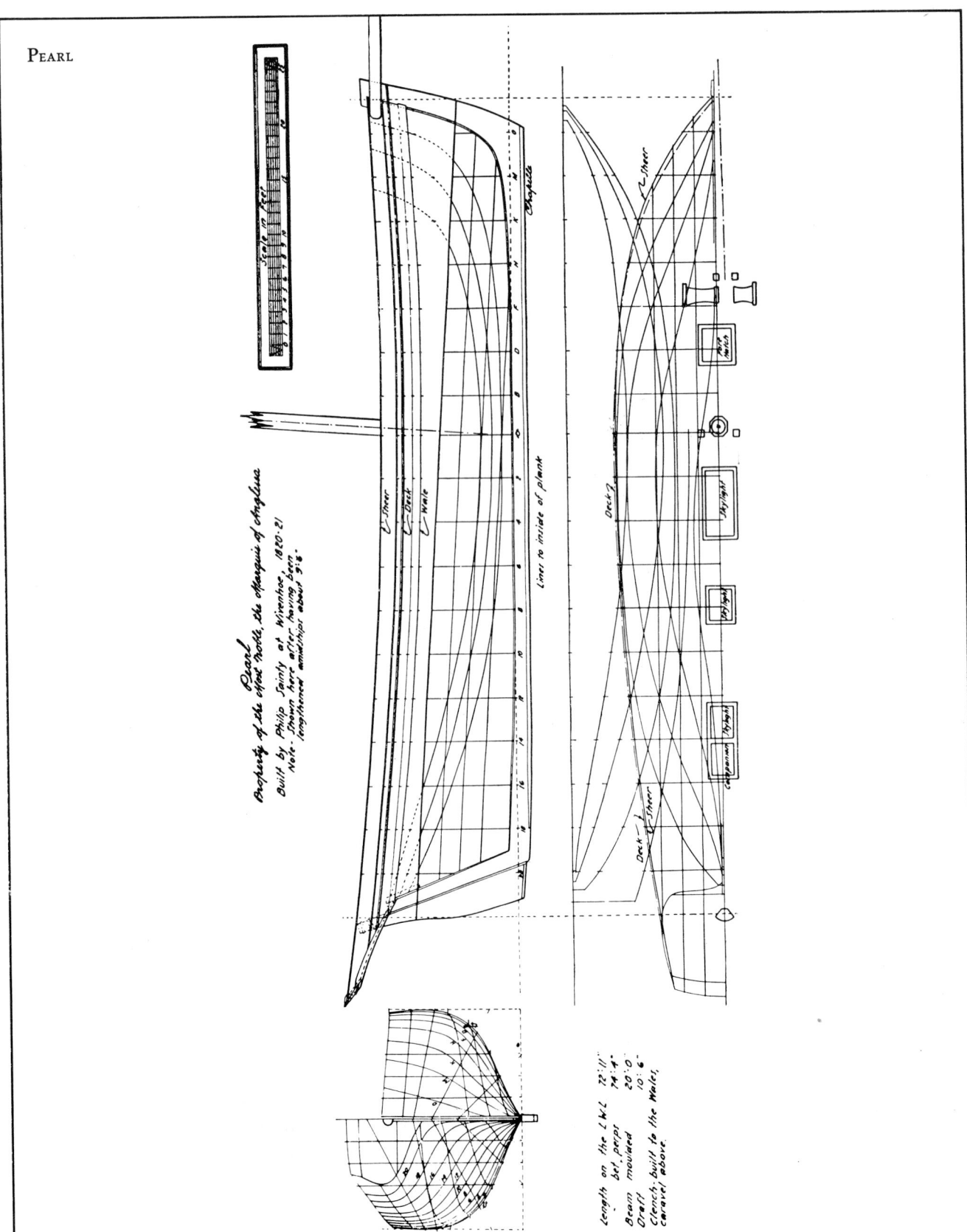

Die PEARL von 1820 ist der typische englische Kutter am Ende dieses Zeitabschnittes. Sie wurde für den Marquis von Anglesea ausschließlich als Yacht entworfen und gebaut. Auf einem zeitgenössischen Bild ist sie zusammen mit anderen Yachten der „Royal Yacht Squadron" zu sehen, wie sie am Ende des Krieges nach Cherbourg segelt. Sie stellt die letzte Verfeinerung des „Revenue Cutters" dar. Bei 22,60 m Länge ist sie 6,10 m breit. Ursprünglich hatte sie nur 19,50 m gemessen, war später aber verlängert worden. Beide Male ist die Breite nicht übertrieben, und obwohl das Hauptspant vor der halben Länge liegt, sind die Linien vorn feiner als am Ablauf hinten. Alle übrigen Merkmale entsprechen denen des „Revenue Cutter": glattes Deck, hohe Seitenwände, das Bugspriet seitlich des Vorstevens, gerader Kiel, kurzes Vorschiff, der Überhang achtern mäßig, aber doch wesentlich mehr ausgezogen als vorn. Das Rigg ist ein reines Kutterrigg: viereckiges Gaffeltoppsegel und eine Rah für die Breitfock. Ein wirklich schönes Schiff, das in allen Büchern jener Zeit erwähnt wird.

H. E. Julyan, der sein Leben lang Yachtmakler war, erinnert sich noch selbst an die PEARL und an die Leute, die sie bauten und fuhren:

*Ein Mann namens Sainty war vor Harvey Besitzer der Harvey-Werft. Er baute den berühmten Regattakutter PEARL von 175 Tonnen. Der Marquis von Anglesea wollte 1820 eine schnelle Yacht haben. Sainty saß gerade wegen Schmuggels, einem häufigen Vergehen jener Tage, im Gefängnis. Der Marquis mußte seinen ganzen Einfluß aufbieten, um Sainty vor dem Baubeginn seiner Yacht freizubekommen. Er schaffte das auch, doch Sainty sagte, er brauche dazu seinen Zimmermann, der ebenfalls saß. So wurde auch dieser entlassen, und die Yacht, die dann PEARL getauft wurde, konnte gebaut werden, und sie erwies sich als einer der schnellsten Segler ihrer Zeit.
Der Marquis war äußerst eigen, was das Deck der PEARL betraf. Eines Tages lud er einen Freund zum Mitsegeln ein. Dieser trug schwarze Lackstiefel, die Spuren auf dem Deck hinterließen, und der Marquis setzte eigens einen Mann ein, der dem Gast folgen und die Spuren beseitigen mußte. Die PEARL war dermaßen gut gebaut, daß wir sie noch 53 Jahre später verkaufen konnten. Als Sainty starb, wurde er auf dem Friedhof von Wivenhoe beerdigt, und auf seinem Grabstein stand geschrieben, daß er der Erbauer der berühmten PEARL des Marquis von Anglesea gewesen sei – das einzige Mal, soviel ich weiß, daß der Bau einer Yacht auf der Inschrift eines Grabsteins vermerkt ist.*

Auch auf der anderen Seite des Atlantiks entstehen ständig weitere Typen.

Bis zur Mitte des 18. Jahrhunderts wurden in den amerikanischen Kolonien große Fortschritte in der Entwicklung des Rumpfes „mit feinen Enden" (fine ended) gemacht. Die Amerikaner versuchten sehr bald, die Brücken zur europäischen Tradition abzubrechen, die sich noch immer nicht von dem niederländischen „Apfelbug" oder der extremen Verdrängung der englischen Schiffe lösen mochte.

Es läßt sich viel erreichen, wenn man sich von Traditionen frei macht, die eben nur Traditionen sind.

Der Rumpf der amerikanischen Schnellsegler, traditionell als Schoner getakelt, wies bereits zur Zeit Chapmans sehr feine Schiffsenden auf, und sein Hauptspant war steil aufgekimmt. Es ist der Typ, den wir als „scharf" bezeichnen, und er war seinesgleichen in Europa um 50 Jahre voraus. Es verwundert, warum die Europäer ihn nicht gleich bei solchen Schiffen nachgebaut haben, bei denen es auf Geschwindigkeit ankam. Statt dessen zog man es vor, die Segelfläche zu vergrößern. In Europa wog eben die Tradition schwerer als in den Kolonien.

Die BERBICE war ein amerikanischer Schoner, der 1780 in die britische Marine übernommen worden war. Die Engländer nahmen seine Linien ab, die einen viel feineren Verlauf zeigen als die des englischen Kutters jener Zeit. Der Vergleich ist augenfällig:

	Englischer Kutter	Schoner BERBICE
Deckslänge	22,45 m	22,20 m
größte Breite	7,82 m	6,25 m
Verdrängung	190 t	101 t

Bei gleicher Länge 20 Prozent weniger Breite und 46 Prozent geringere Verdrängung – ein großer Unterschied! Kein Zweifel, wie es um die potentielle Geschwindigkeit des amerikanischen Schiffes bestellt gewesen ist. Auch die BERBICE hatte ihre größte Breite sehr weit vorn, dabei äußerst feine Linien. Diese Feinheit ist vor allem darauf zurückzuführen, daß die Amerikaner leichter bauten, wodurch das Volumen unter Wasser kleiner und damit die benetzte Oberfläche weniger völlig wurde – das Gegenteil der holländischen Baugedanken.

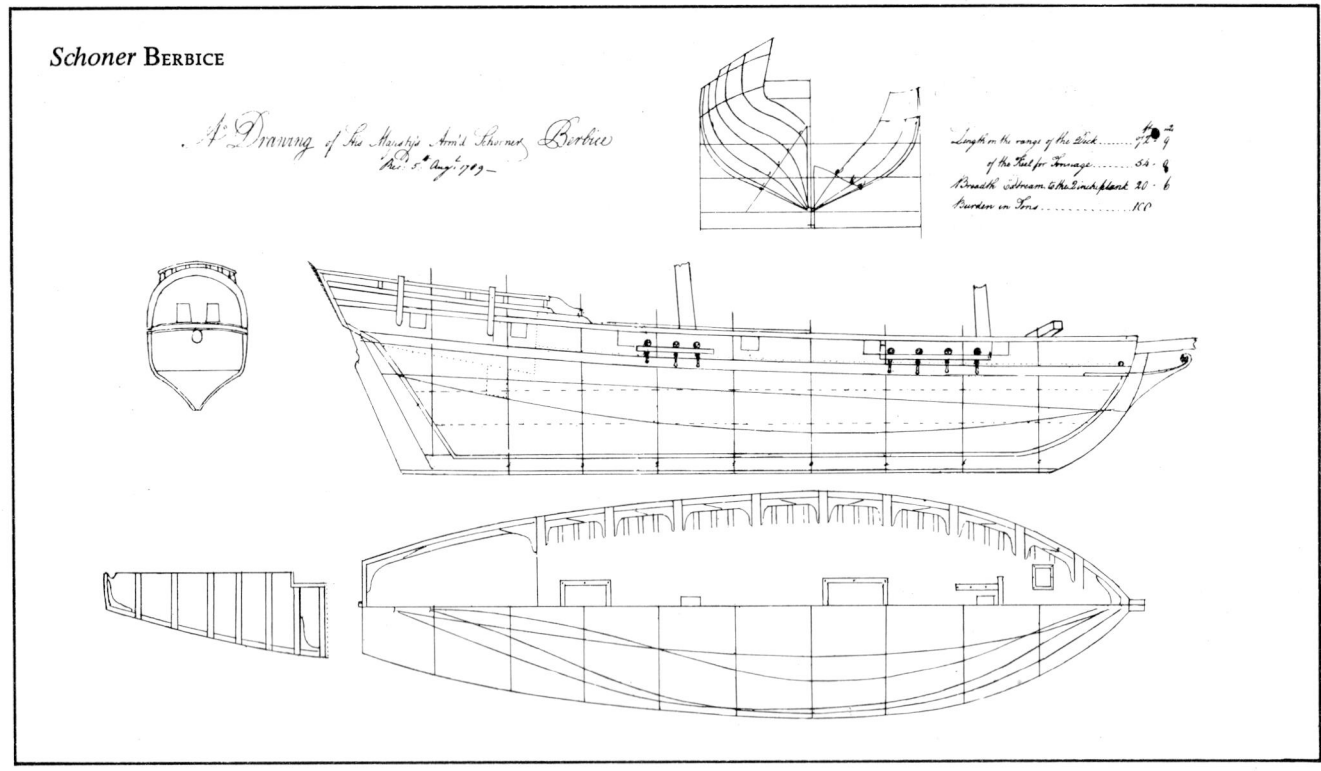

Schoner BERBICE

Die älteste amerikanische Yacht, die ich finden konnte, um sie der PEARL gegenüberzustellen, ist eine Yacht, die zwischen 1806 und 1807 entworfen wurde. Sie wurde von ihrem Eigner für Geschäftsreisen nach Kanton in China und zum Vergnügen benutzt. Sie besaß einen abgeschotteten Laderaum und achtern eine Kajüte (ohne Stehhöhe, die heute auf viel kleineren Fahrzeugen verlangt wird). Sie war etwas über 15 Meter lang und vier Meter breit. Wie bei den anderen amerikanischen Schonern, die wir schon kennen, hatte sie eine geringere Breite als die europäischen Kutter der gleichen Zeit; dieses Verhältnis sollte sich sehr bald umkehren. Die Form ist sehr schön, besser als die der PEARL. Die Wasserlinien und Senten sind weich, der Eintritt in die Wasserlinie ist fein, ein wenig feiner als der Austritt, doch liegt die größte Breite noch immer vor der halben Länge.

Die Spantschnitte zeigen eine erhebliche Aufkimmung. Die S-Kurve zwischen Kiel und Rumpf, die wir so gefällig bei den feingeformten Booten von Chapman gesehen haben, ist verschwunden; sie wird erst ein halbes Jahrhundert später wiederkommen. Dennoch geben diese Spantschnitte den Eindruck großer Stärke.

Bemerkenswert ist bei den amerikanischen Schiffen der starke Mastfall, der, wie man meinte, dazu beitrug, mit der dynamischen Wirkung des Windes auf die Segel das Vorschiff zu entlasten und die Segel besser zum Stehen zu bringen. Das reichlich schwere Tuch warf bei senkrechten Masten leicht von oben nach unten laufende Falten. Bis zu einem gewissen Grade sind das durchaus richtige Überlegungen.

Es hat nie Regatten gegeben zwischen Booten vom Typ PEARL und solchen vom Typ der „Yacht für Kanton". Wäre alles übrige gleich gewesen, hätte über das Ergebnis kaum großer Zweifel aufkommen können. Das Schiff des Kaufmanns hätte das des Marquis geschlagen; der Mann der Praxis hätte den Adel und die Tradition glatt überrundet.

Auf allen Gebieten in jener Zeit schickten die neuen Wahrheiten sich an, die Welt zu verändern: die Aufklärung, die Romantik, die soziale Frage.

Bei der Seefahrt war es vor allem die Welt der Fischer, der Schmuggler, der Lotsen, die anfing, sich zu verändern. Die für die Vergnügungsfahrten der Großen jener Zeit gebauten Yachten, denen man schwerlich das Prädikat „sportlich" geben konnte, waren dagegen um so reaktionärer und konservativer. Die königlichen Yachten sowie die des europäischen Adels hatten volle Formen, und wenn sie groß waren, waren sie als Vollschiff geta-

Yacht für Kanton

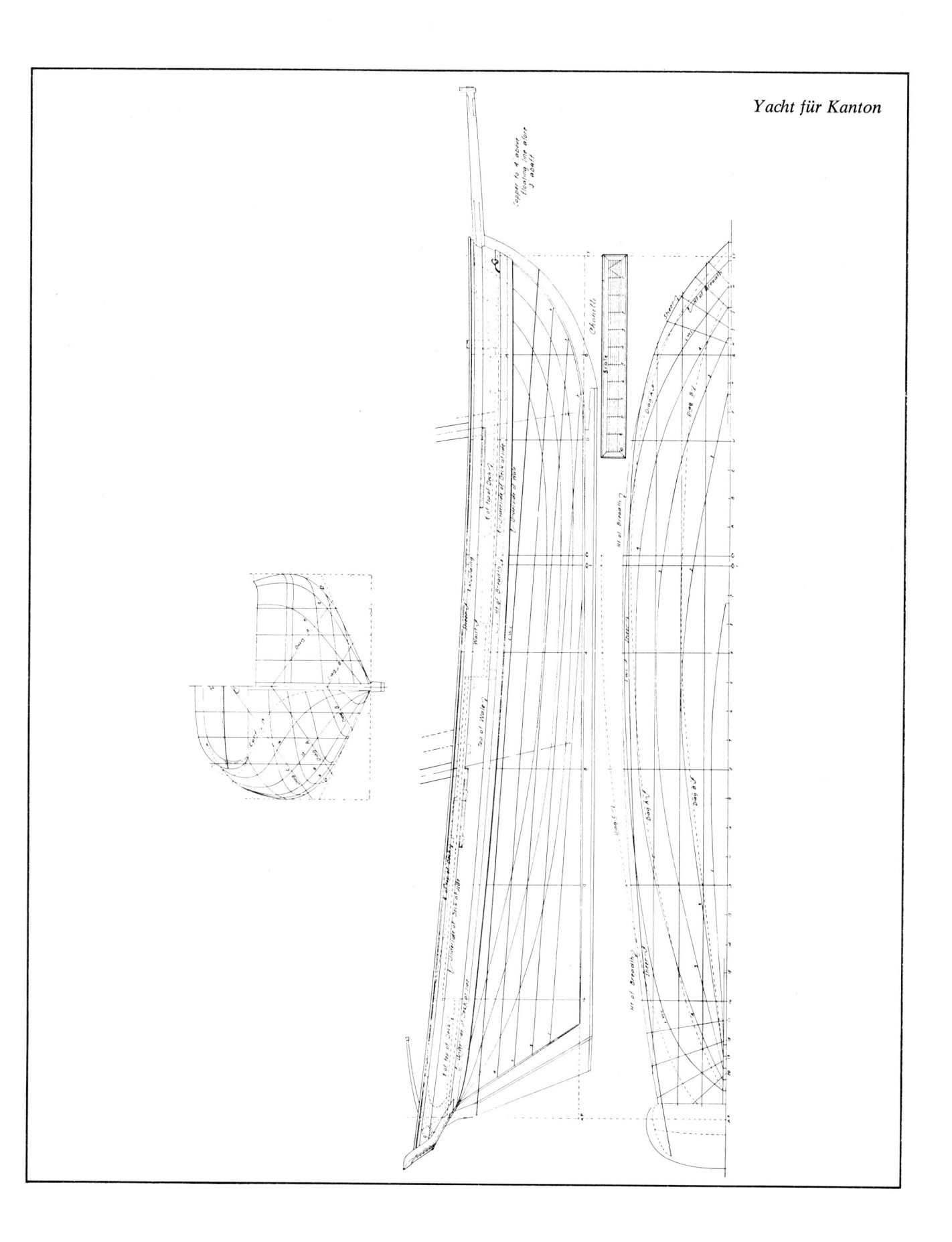

Eine königliche Yacht von 1717

kelt, mit drei Masten und Rahsegeln; waren sie kleiner, dann als Ketsch oder Yacht, wie die Holländer ein Jahrhundert zuvor, also die weniger wirksamen Takelungsarten.

Die Ausschmückung der königlichen Yachten behält bis zur Zeit der Dampfschiffe in den Einzelheiten den Stil des Barocks des 17. Jahrhunderts bei. Die ROYAL SOVEREIGN, 1804 in Deptford gebaut, wurde niemals mit den schwarzen und gelben Streifen bemalt wie alle übrigen königlichen Schiffe in dieser Zeit, sondern, wie 50 Jahre vorher, mit hellen Farben; und die Breitseitgeschütze zeigten ihre Mündungen durch die runden Löcher in der Bordwand, wie man sie seit etwa einem Jarhundert auf den Schiffen nicht mehr gesehen hatte.

Der Zweck solcher Yachten wird von Falconer in seinem „Universellen Wörterbuch der Marine" 1771 so erklärt:

YACHTEN – *Staatsschiffe, meist benutzt, um Fürsten, Gesandte und andere hohe Persönlichkeiten von einem Land in das andere zu fahren. Da es der vornehmste Zweck einer Yacht ist, die Passagiere unterzubringen, ist eine solche gewöhnlich mit einer ganzen Reihe bequemer Appartements mit gebührender Einrichtung versehen, die im Einklang zu sein hat mit dem Rang und der Zahl der Passagiere. Gemeinhin sind königliche Yachten als Ketsch getakelt, mit Ausnahme der dem Souverän vorbehaltenen, die als Vollschiff mit drei Masten getakelt ist. Im allgemeinen sind sie elegant ausgestattet und reich mit Skulpturen verziert, und sie werden immer von einem Kapitän der Marine Seiner Majestät kommandiert. Außer diesen gibt es viele andere Yachten kleinerer Abmessungen, die von den Zoll-, Marine- und Finanzbehörden oder als Vergnügungsfahrzeuge von Edelleuten benutzt werden.*

Der Fortschritt ist nichts für feine Leute, und von den königlichen Yachten ging keinerlei Anstoß aus für das richtige und eigentliche Yachtsegeln, das sich nach diesem Zeitabschnitt zu entwickeln begann. Im modernen Sinne war der Schmuggler, der mit seinem eigenen Lugger die Blockade durchbrach, viel eher ein „Yachtsegler".

Die Royal Sovereign *von 1804*

Mehr noch als am eben Vergangenen haben gekrönte Häupter stets Geschmack am Altertümlichen gehabt. Der Schraubendampfer Great Britain fuhr bereits seit zwölf Jahren über den Atlantik, als 1883 die Raddampferyacht Victoria and Albert gebaut wurde, und das dritte Schiff dieses Namens, das 1901 vom Stapel lief, hatte einen großartigen Klipperbug, der mit prächtigen Skulpturen geschmückt war.

Ich habe in diesem Kapitel einige „Royal Yachts" abgebildet. Wie die holländischen sind sie Bestandteile der Geschichte der Yacht. Im Grunde sind sie eher mit den Schiffen aus dem Nemisee und der Triere der Kleopatra verwandt als mit einer 12-m-R-Yacht.

Nach den napoleonischen Kriegen verschwinden diese Schiffe; das Dampfschiff wird ihre Zwecke erfüllen.

Nach dieser Zeit begann man, mit „Yacht" einzig und allein zum Vergnügen dienende Fahrzeuge zu bezeichnen[5], unabhängig von Rumpfform und Takelung. Als Yacht galten die drei Grundtypen, die im Laufe der Entwicklung der letzten Jahre entstanden waren: Kutter, Slup und Schoner.

---

[5] Will man die verschiedenen Bedingungen dieses Begriffs bis zum Ende dieses Zeitabschnitts auf einen Nenner bringen, dann findet man kaum einfache Definitionen, mit denen sich ein bestimmter Bootskörper und ein bestimmtes Rigg, die in den Einzelheiten dem Geschmack der Zeit entsprechen, verbinden ließe. Es ist schwierig, in einer Retrospektive wie dieser ein Boot unter der Bezeichnung vorzustellen, die es in seiner Zeit hatte, nach all den Veränderungen, die dieser Begriff im Laufe der späteren Zeiten durchgemacht hat. Die Yachten Karls II. hießen „Royal Yachts", weil sie dem König gehörten; sie dienten im großen und ganzen denselben Zwecken wie andere einmastige Segelschiffe mit gleicher Takelung, die ebenfalls Yachten genannt wurden. Auch so genaue Bezeichnungen wie Kutter oder Slup reichen nicht aus, um die Dinge eindeutig festzulegen; und wenn man versucht, eine einfache Definition für einen Begriff aufzustellen, kann man nur Verwirrung stiften.

E. P. Morris schneidet in seinem 1927 erschienenen Buch „The Fore-and-Aft-Rig in America" die Frage kurzerhand ab, als er bei dem Versuch, den Unterschied zwischen „pinnace" und „shallop" herauszuarbeiten, ins Gedränge kommt. Ich zitiere, sozusagen als Alibi für die Ungenauigkeiten in diesem Buch: „Wir müssen lernen, uns mit unseren Typenbezeichnungen zu begnügen und bei einer Reihe von Bootstypen eine gewisse Verschwommenheit in Kauf zu nehmen ... Was ist denn der genaue Unterschied zwischen einer Slup und einem Kutter? Worte sind Gefährten der Einbildung und keine Präzisionsinstrumente."

IV Der Kutter

Kutter Alarm

Kutter – *Ein kleines Segelschiff, gemeinhin im Kanal gebräuchlich, mit einem Mast und einem geraden, beweglichen Bugspriet, das bei Gelegenheit auf das Deck eingeholt werden kann.*
(Falconer, Universal Dictionary of the Marine, 1771.)

Kutter – *Ein einmastiges Segelschiff.*
(Steel, Elements of Mastmaking, Sailmaking and Rigging, 1794.)

Kutter – *Ein mit einem Mast und mit einem geraden, beweglichen Bugspriet getakelter Segler, dessen Bugspriet bei Gelegenheit an Deck geholt werden kann; abgesehen davon (wie von der Segelfläche) getakelt wie eine Slup.*
(Moore, Midshipman's or British Mariner's Vocabulary, 1801.)

Kutter – *Ein einmastiger Segler mit Großsegel, Fock, Klüver und Toppsegel, genannt „nationales Rigg" ... Das Bugspriet ist derart angebracht, daß es innerhalb und außerhalb der Betinge ein- und ausgefahren werden kann; daher die Bezeichnung „bewegliches Bugspriet".*
(Dixon-Kemp, Manual of Yacht and Boat Sailing, 1895.)

Der Kutter ist das eigentliche einmastige Segelschiff Englands.

Ursprünglich bezeichnete man mit „Kutter" eine bestimmte Art von Beibooten für größere Schiffe. Es war ein etwa neun Meter langes Ruderboot, gewöhnlich mit acht Riemen, mit sehr feinen Linien und mit Spiegelheck; es konnte auch sehr gut segeln. Das Rigg bestand aus zwei oder drei kurzen Masten mit Segeln mit losem Fußliek, wie bei den heutigen Rettungsbooten. Die Definition „Kutter" für solche Boote kam in der Mitte des 18. Jahrhunderts auf und findet sich auch in jüngeren Wörterbüchern, zusammen mit der ziemlich unklaren Bestimmung als „Segelschiff mit einem Mast".

Die frühesten Kutteryachten resultieren aus den besten Typen von kleinen Seglern, wie sie als Kriegsschiffe, Fischereifahrzeuge und besonders zur Bekämpfung des Schmuggels in Gebrauch waren. Von gleicher Art waren auch die Yachten, die in der zweiten Hälfte des vorigen Jahrhunderts eigens als Regattayachten gebaut wurden.

Der Ausdruck „Kutter" wird in jener Zeit noch weniger eindeutig gebraucht als der Ausdruck „Yacht"; er findet sich in Verbindung mit Arbeitsfahrzeugen, für Zollboote und für Sportfahrzeuge. Kutter ist das achtriemige Schiffsbeiboot, und diese Kutter, schnell und manövrierfähig, machten in England und Amerika Jagd auf die Schmuggler. Später wird der Zoll seine „Revenue Cutter" haben, regelrechte Kriegsschiffe mit einem Mast, ebenso getakelt wie die einmastigen Handelsschiffe, welche die gleiche Bezeichnung tragen; und die Kutteryacht zum Wettsegeln ist schließlich deren verfeinertes Abbild. Als jedoch der Zoll andere Typen von Segelschiffen für seine Arbeit ausrüstete, blieb der Ausdruck Kutter dafür bestehen. In Amerika trug der „Revenue Cutter" stets zwei Masten, denn das war dort die normale Takelung, und wurde dennoch nicht anders genannt[6].

Es würde hier zu weit führen, wollten wir all das näher untersuchen, was „Kutter" genannt wurde. Uns interessiert hier nur: Der Kutter ist die typisch englische Yacht. Er fährt einen Mast, ist in der zweiten Hälfte des 18. Jahrhunderts entstanden, und seine Merkmale sind diejenigen, die in den ersten Jahren des 19. Jahrhunderts die Yacht im eigentlichen Sinne kennzeichnen. Angesichts der Tatsache, wie klein die Welt des Yachtsegelns damals war, kann man sagen, daß der Kutter die europäische Yacht des 19. Jahrhunderts ist.

Ein schönes Beispiel für die ersten aus dem „Revenue Cutter" entstandenen Kutteryachten ist die PEARL, die wir schon gesehen haben. Sie stellt den Typ dar, der in der ersten Hälfte des 19. Jahrhunderts für die beiden Zwecke benutzt wurde, die damals dem Begriff „Luxus" am nächsten kamen: das Yachtsegeln und das Lotsen, das äußerst lukrativ war.

Der Lotsenkutter und die Kutteryacht entwickeln sich auf gleicher Ebene; oft vermischen sich ihre Merkmale, und der eine nimmt die Neuerungen auf, die aus den Bedürfnissen des anderen heraus entstanden sind. Das Rollreff, für die Lotsenboote entwickelt, weil diese nur schwache Besatzungen hatten, wurde auch auf Yachten allgemein eingeführt; auf den Kauffahrteischiffen benutzte man es nur selten. Es ist zwar widersinnig, aber jede durch die Vermessungsformeln bedingte Formveränderung bei den Yachten wurde auch bei den Lotsenbooten mitgemacht, die in ihren Formen lange die Verwandtschaft mit dem reichen Bruder erkennen ließen.

Die auf Seite 40 abgebildete ALARM ist ein schönes Beispiel für den Kutter des frühen 19. Jahrhunderts. Sie ist eine Yacht aus dem Jahre 1830, sie könnte aber ebensogut auch ein Lotsenkutter sein; große Segelfläche und hohe Verdrängung, Innenballast, langer und gerader Kiel. Die Spantschnitte sind sehr steil aufgekimmt, der Bug ist fast senkrecht und das Vorschiff ausgesprochen fein ausgebildet, verglichen mit den bisher vorgestellten Entwürfen. Glattes Deck mit lediglich einem Oberlicht in der Mitte und mit zwei kleinen Niedergängen. Das Ruder mit Pinne, die ziemlich kurz ist. Bei frischem Wind mußte man gewöhnlich zwei Rudertaljen zu Hilfe nehmen. Die Verschanzung ist sehr hoch, mit Geschützpfor-

---

[6] Die Rümpfe dieser Schiffe waren im Vorschiff sehr voll und in ihren Linien dem englischen „Revenue Cutter" ähnlicher als dem amerikanischen Schmugglerschoner. Wir stehen hier vor der gleichen Verzögerung der Entwicklung wie im Falle der Zoll-Schoner im Englischen Kanal.

Mosquito

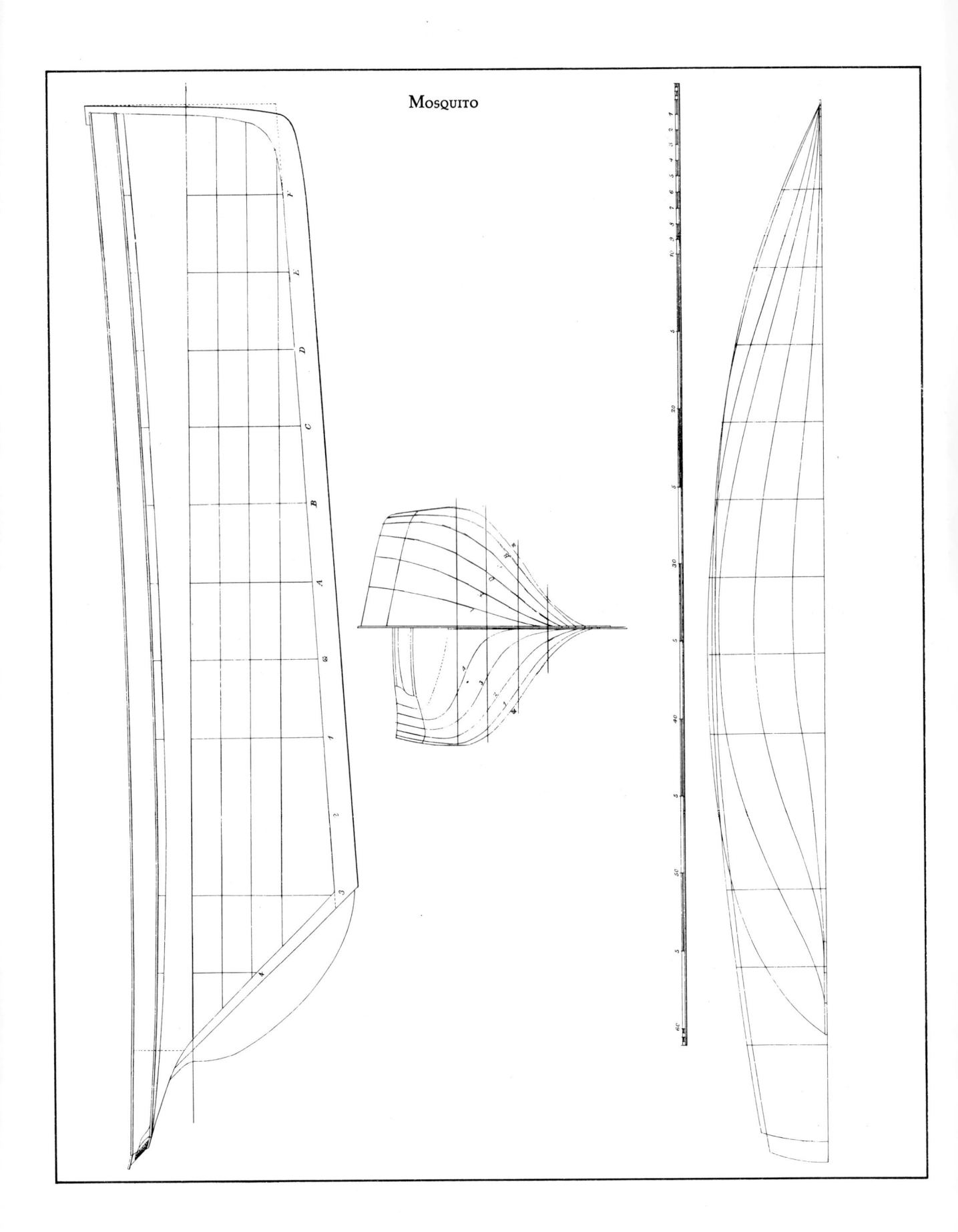

ten wie bei einem Kriegsschiff. Das Rigg unterscheidet sich ein wenig von jenem der Kriegs- und Arbeitsfahrzeuge; es ist klarer und für seine Ausmaße leichter. Die Stenge ist höher, die Gaffel länger – ein Zeichen dafür, daß der Segelriß für leichten Wind ausgelegt war. Die Länge des Bugspriets jagt uns heute einen Schauer über den Rücken.

In dieser Zeit beginnt man, die Yachten immer schlanker zu bauen. Die Themseformel (Thames Rule) bestrafte die Breite stark, berücksichtigte aber weder den Tiefgang noch die Segelfläche. Die Folge war, daß man die Breite verringerte und den Rumpf tiefer machte und mehr Ballast hineinpackte; und das sollte fast das ganze Jahrhundert so bleiben. Das Längen-Breiten-Verhältnis des „Revenue Cutters" lag bei 2,5 bis 3, bei der Pearl waren es 3,7, bei der Mosquito (1848) 4, bei der Madge (1879) 6 und bei der Spankadillo (1882) 7,2.

Die Mosquito hat für den Yachtbau besondere Bedeutung. Sie war die erste in Eisen gebaute Yacht, und ihre Linien unterschieden sich in bemerkenswerter Weise von den vorher üblichen. Die Wasserlinien waren etwas gänzlich Neues. Das Vorschiff war sehr fein, ein feineres hatte man bis dahin nicht gesehen, der Bug war so gut wie senkrecht. Die Regattaerfolge bestätigten die Güte der Form. Bei ihrem ersten Rennen schlug die Mosquito den Kutter Arrow, die derzeit beste Yacht.

Das war eine sehr interessante Begegnung, die uns einen Begriff gibt von der Suche nach dem Neuen, das damals in der Luft lag. Die Arrow wurde 1821 gebaut und hatte ein langes und abwechslungsreiches Dasein. Bis 1844 segelte sie auf dem Solent Regatten, danach lag sie im Itchen-Fluß verlassen auf dem Trockenen, ein damals an den Küsten Englands häufiger Anblick. Thomas Chamberlain sah diesen Bootsrumpf und verliebte sich in die Form des Hauptspants. Er erwarb das Ganze für 116 Pfund, was – so der Kommentar des Yachtkonstrukteurs Watson – „für ein Schiff nicht teuer war, aber ein schönes Stück Geld für ein Hauptspant". Ein neues Vor- und Achterschiff wurden angebaut, und 1846 begann jenes alte Hauptspant – das war alles, was von der alten Arrow übriggeblieben war – ein neues Leben.

Es hatte schon einmal einen Kutter gegeben, dessen Vorschiff feiner war als das Achterschiff, die Menai von 1826, 175 Tonnen; aber das setzte sich nicht durch und geriet in Vergessenheit.

Die wiederhergestellte Arrow behielt die herkömmliche Form nach der Regel „Kabeljaukopf und Makrelenschwanz" (cod's head and mackerel's tail).

Arrow und Mosquito haben sich oft gemessen, und manchmal gewann die Arrow.

Mosquito, Arrow, Alarm, Volante, Cynthia, Aurora – das sind die Namen von Kuttern, die häufig in den zeitgenössischen Berichten auftauchen. Die Mosquito, einer der regelmäßigsten Gewinner, war sehr oft auch dem Schoner America überlegen, von dem noch viel die Rede sein wird.

KRIEMHILDA

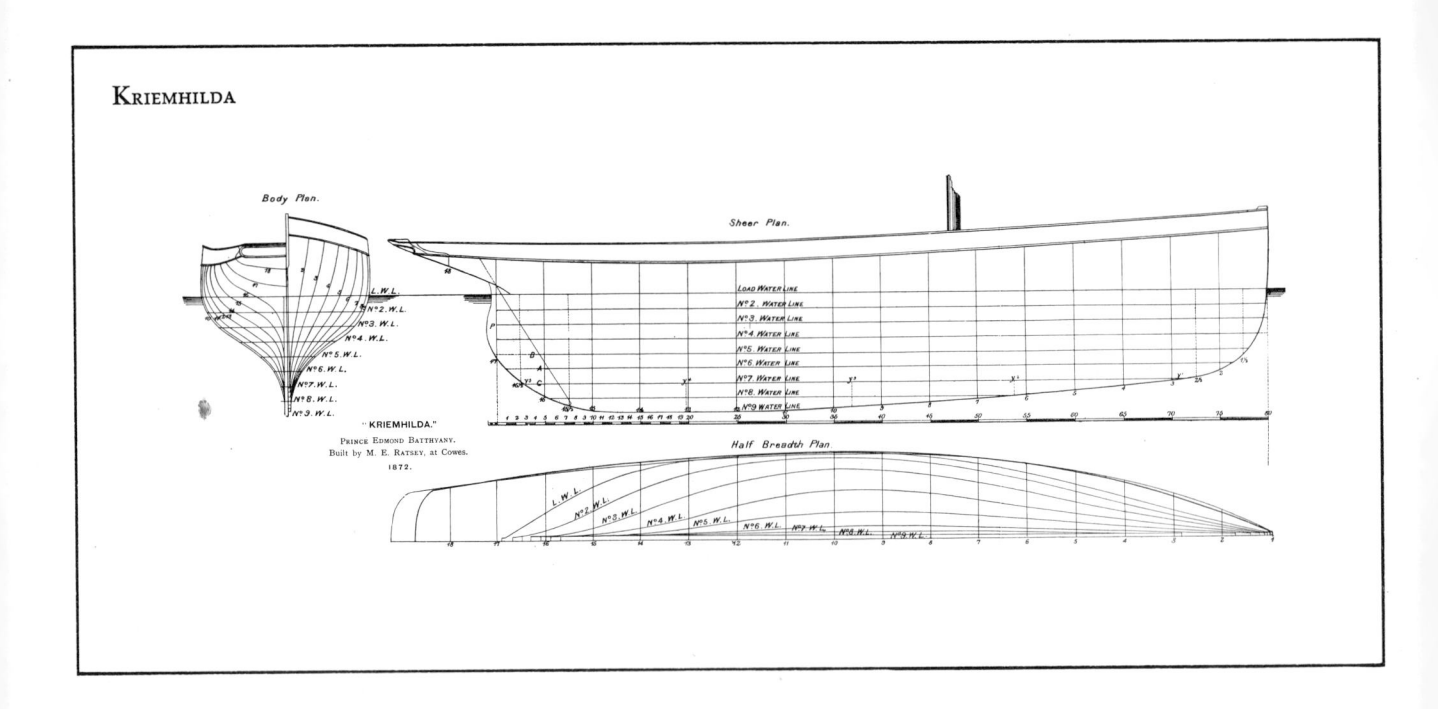

"KRIEMHILDA."
Prince Edmond Batthyany.
Built by M. E. Ratsey, at Cowes.
1872.

Dem Buch „Yacht Building" von Marret (1872) habe ich eine Beschreibung der Mosquito entnommen, die deshalb sehr interessant ist, weil sie einen Begriff davon gibt, wie sorgfältig die Yachtsegler von damals eine Regatta vorbereiteten:

Es ist zweifelhaft, ob die Mosquito zufriedenstellend ausgefallen wäre, wenn man sie aus Holz gebaut hätte. Der Kiel und der Kielgang waren aus schwerem Eisen und wogen mehrere Tonnen; das brachte, zusammen mit der geringen Stärke der Bodenplatten, wodurch der Ballast dicht an den Kiel herangelegt werden konnte, den Gewichtsschwerpunkt sehr tief nach unten und machte es möglich, ungeheuer große Segel zu fahren. In einem wichtigen Punkt unterschied sie sich von den meisten Rennyachten: Es gab viel Raum für Kammern, die Höhe unter Deck betrug 7 Fuß (2,13 m); und ganz im Gegensatz zu der allgemeinen Auffassung, daß Einbauten auf Rennyachten die Geschwindigkeit herabsetzten, besaß sie fünf durchgehende und zwei Halbschotten. Es dürfte für viele Yachtsegler interessant sein zu wissen, wie das Boot für die Regatta vorbereitet wurde; ich kann ihnen versichern, daß in keinem Falle eines der Schotten herausgenommen wurde. Manchmal wurden die Schott-Türen an Land gegeben, die Backskisten ausgebaut, und der Inhalt der Vorpiek und der Segellast wurde in die Hauptkajüte gebracht. Ebenso wurden das Spill, die Anker und alle schweren Ausrüstungsteile unter die Bodenbretter in der Kajüte gestaut. Der Hauptnachteil der Mosquito waren die übertrieben vollen Wasserlinien im Achterschiff, durch die eine starke Heckwelle auf der Leeseite erzeugt wurde.

Man muß damals schon mit viel Einsatzbereitschaft Regatten gesegelt haben, wenn man dermaßen viel Mühe darauf verwandte, ein Boot regattaklar zu machen. Was wir eben gelesen haben, widerlegt doch wohl einige Vorurteile über das Yachtsegeln in früheren Zeiten.

Das Rigg ist typisch: Großsegel mit losem Fußliek und nicht am Baum angeschlagen, der Baum reicht weit über das Heck hinaus. Die Gaffel ist ziemlich lang und wenig steil angestellt, so daß ein großes Toppsegel zwischen Gaffel und Stenge gesetzt werden kann. (Letztere kann gestrichen werden, sie läßt sich bei schlechtem Wetter fieren.) Das Toppsegelfall greift wie bei einem Luggersegel auf einem Drittel der Spiere an. Das innere Vorsegel, die Fock, wird am unteren Stag angeschlagen, dieses führt vom Steven zum Salingbeschlag; der Klüver wird nicht am Stag angeschlagen und lediglich mittels des Falls steifgesetzt, das auf Talje geschoren ist. Am Kopf des Segels befindet sich ein beweglicher Block.

Ebenso wie die Stenge ist auch das Bugspriet einziehbar. Das war auf den englischen Kuttern auch nötig mit ihren immer schlanker werdenden Vorschiffen, die sehr leicht unterschnitten und die – wegen des großen Gewichts des Riggs und weil beim Eintauchen des Vorschiffs eine nur geringe Antriebsvermehrung eintrat – ein der natürlichen

Genesta

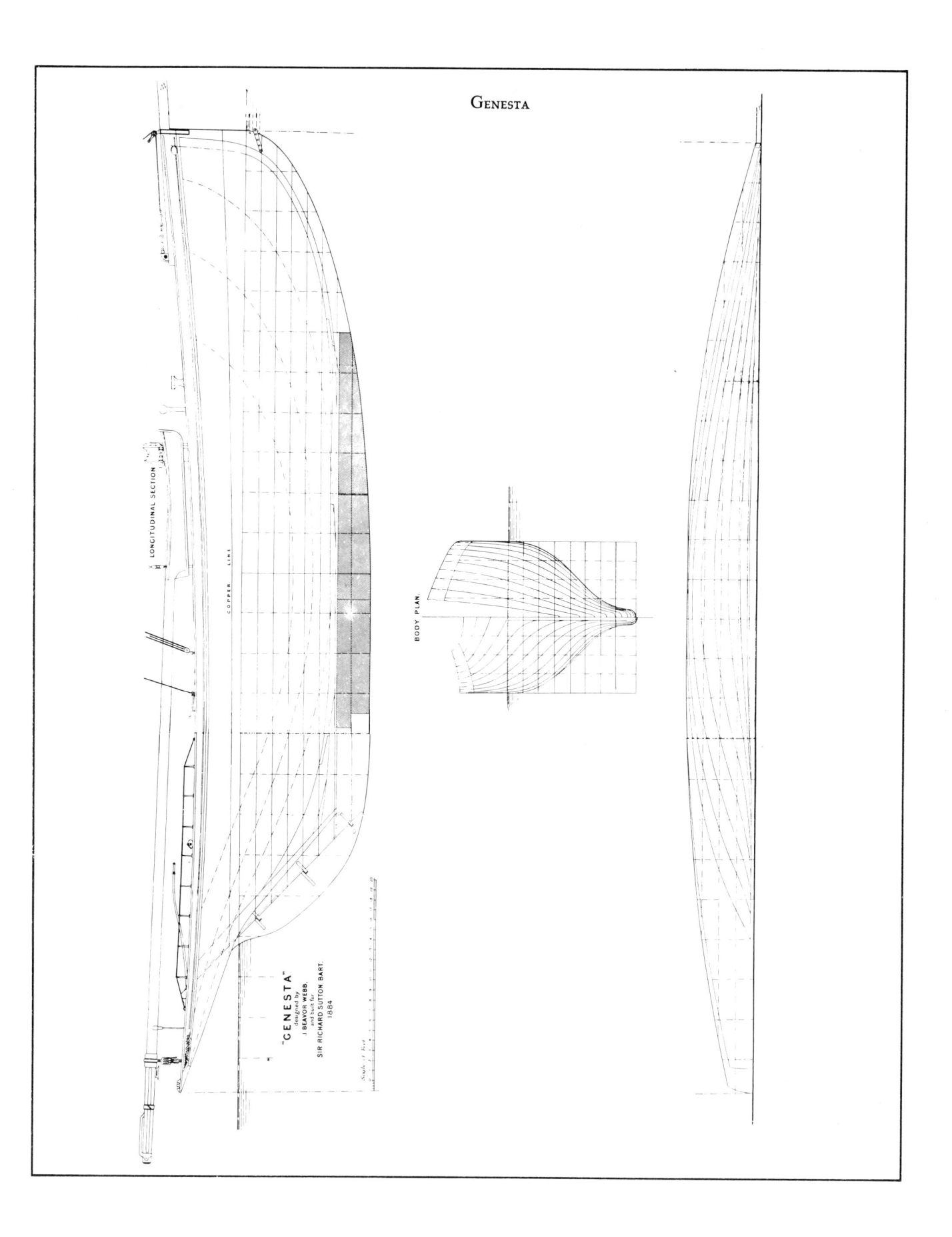

LONGITUDINAL SECTION

COPPER LINE

BODY PLAN

"GENESTA"
designed by
J BEAVOR WEBB
and built for
SIR RICHARD SUTTON BART.
1884

Bewegung der See entgegengesetztes Moment annehmen konnte.

Die Mosquito hatte eine Länge über alles von 20,70 m, eine Breite von 4,70 m und einen Tiefgang von 3,20 m, Verdrängung 70 t, Vermessung 50 t.

In diesen Jahren wird der Weg auf das „deep and narrow" (tief und schmal) hin angetreten, die Regel, die für die Konstrukteure von Kuttern zum ersten Gebot werden sollte.

Man bewegt sich in der von der Mosquito eingeschlagenen Richtung, indem man deren Neuerungen stärker betont. Die Spantschnitte werden immer steiler aufgekimmt, der auf das äußerste zugeschärfte Bug ist vollkommen senkrecht. Auch bei der Arrow wird das Vorschiff umgebaut und so schlank gemacht, wie es damals sein mußte (und wobei das Schiff fünf Meter länger wurde), um mit den neuen Booten mithalten zu können.

Kennzeichnend für die neue Form ist die Kriemhilda, die 1872 vom Stapel lief. Sie zeigt die logische Weiterentwicklung der englischen Baugedanken. Die Wasserlinie und die Spantschnitte sind sehr weich und haben einen glatten Verlauf. In der ersten Segelsaison zeigte die Kriemhilda, was sie konnte: zehn erste und ein zweiter Platz. Ihre Länge über alles betrug 28 m, die Breite 5,40, sie war aus Holz gebaut und hatte Außenballast. Nach heutigen Begriffen waren diese Kutter sehr groß. Die Wasserlinienlänge der Kriemhilda betrug 24,50 m, und das war damals eine durchaus übliche Abmessung für eine Yacht.[7]

Der Kutter Genesta (1884) setzt diese Entwicklung folgerichtig fort: Länge 27,80 m, Breite 4,35 m. Das Schiff war ein glückloser Vertreter Englands bei den Regatten um den America's Cup 1885. Alle Spantschnitte werden immer feiner. Der Bug ist ein regelrechtes Messer.

Obwohl dermaßen extrem, bietet die Genesta ein klares und gradliniges Bild. Die Linien sind sehr schön sauber. Man mußte das Gefühl haben, dem Wasser sehr nahe zu sein, wenn man auf so einem Kutter segelte. Der Freibord der Genesta ist ungewöhnlich niedrig: Das Deck liegt am tiefsten Punkt 1,10 m über Wasser und ist vollständig glatt. Die Ruderpinne, aus Eisen, ist 4 m lang, das Boot an dieser Stelle weniger als 3 m breit. Schon bei Ruderwinkeln unter 30° ragte der Griff über die Bordwand hinaus. Der Großbaum maß 22 m. Das Bugspriet war – eine Ausnahme – in der Mitte, das Wasserstag unter Wasser am Vorsteven befestigt. Der Überhang am

---

[7] Die Form der KRIEMHILDA ist so englisch, wie eine Yacht damals nur sein konnte. Ihr Name, die äußerst feinen Linien, die so stark aufgekimmten Spantschnitte haben etwas mit dem „gothic revival" zu tun, das damals in England seinen Höhepunkt erreicht hatte. Wenn der Leser Sinn dafür hat und mit dem englischen Geschmack jener Zeit vertraut ist, wird er gewiß mit mir sehr viel „Gotisches" beim Betrachten der Form dieser Yacht sehen.

Spankadillo

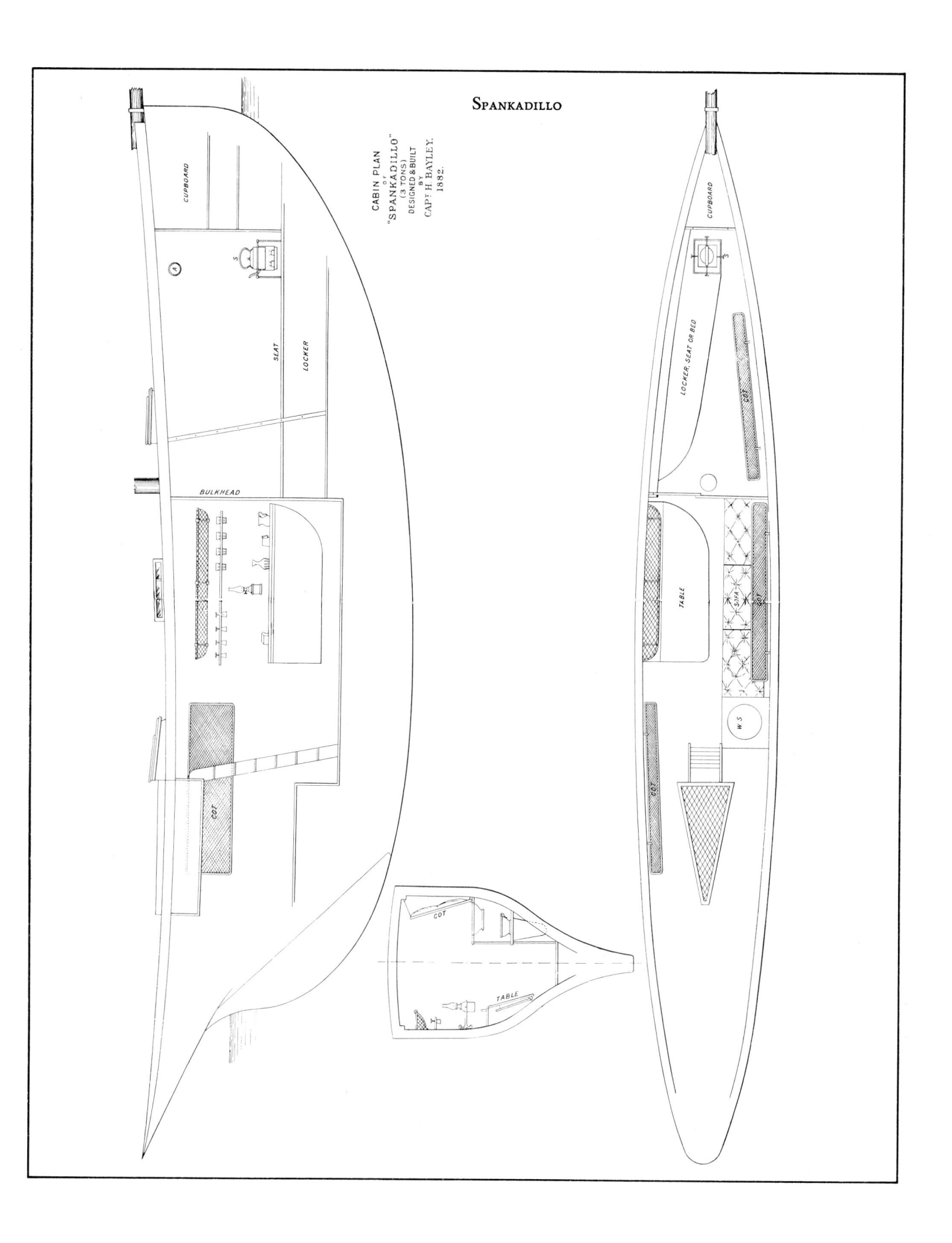

CABIN PLAN
OF
"SPANKADILLO"
(3 TONS)
DESIGNED & BUILT
BY
CAPT. H. BAYLEY.
1882.

LA MASCOTTE

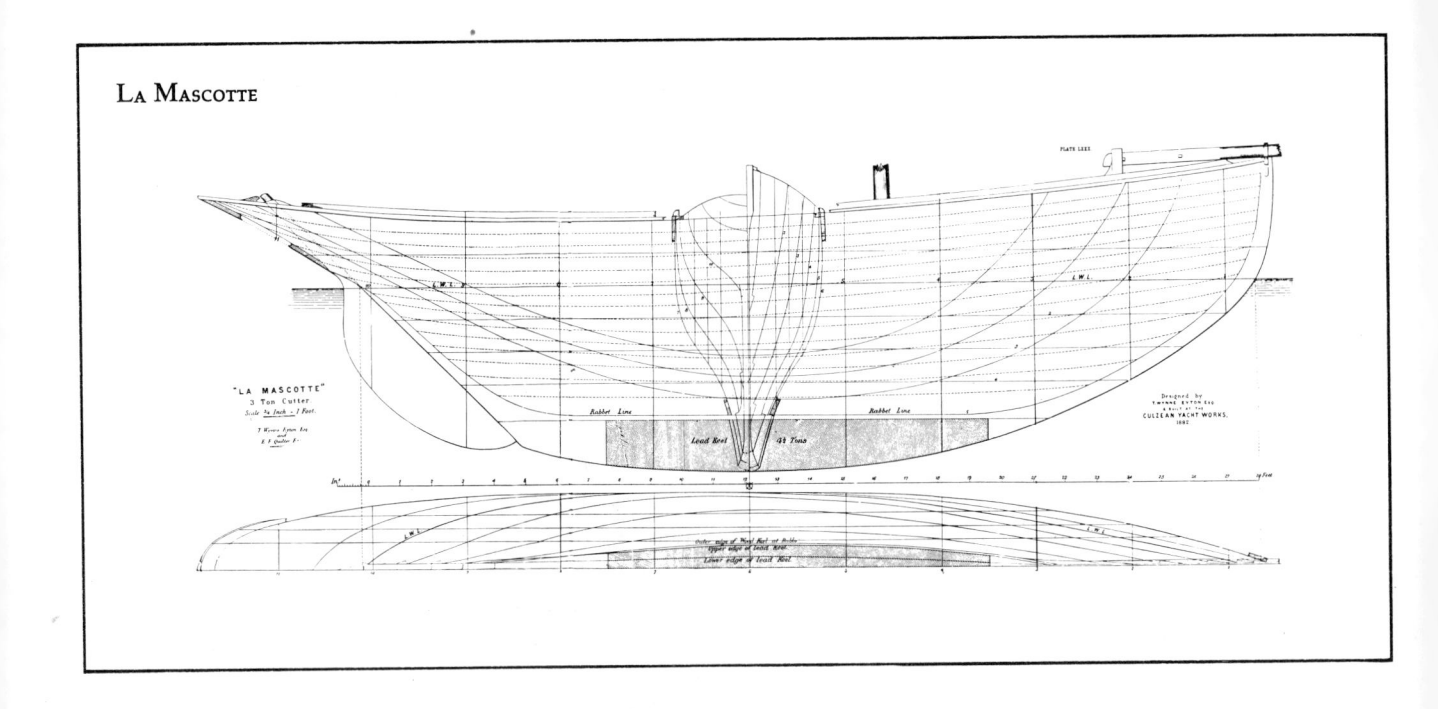

Achterschiff lief äußerst fein aus; das Boot hatte praktisch keinen Spiegel. Der hinterste Bauteil war massiv und fügte sich der Rundung des Decks an; er hatte ein äußerst feines Profil. Der Rumpf war kupferbeschlagen: Auf der Zeichnung ist oberhalb der Wasserlinie der obere Rand des Beschlages vorgesehen (copper line). Eine großartige Rennmaschine.

In den achtziger Jahren wurde der Höhepunkt des schmalen Typs erreicht. Enorm große Ballastmengen sorgten dafür, daß das Ganze aufrecht blieb. Man erreichte Ballastanteile bis zu 70 Prozent. Diese Kutter wurden „plank on edge" genannt, ein sehr bezeichnender Ausdruck aus der Sprache der Bootsbauer. „Edge" – das ist die schmale Seite eines Brettes (plank). Also Bretter auf der Schmalseite stehend und auf ihrer breiten Seite nicht abgestützt.

Manchmal liest man auch „lead's mine" (Bleibergwerk), womit der riesige Ballast gemeint war.

Bei ihrer großen Tiefe brauchten solche Schiffe keinen Decksaufbau, um innen auf Stehhöhe zu kommen: die SPANKADILLO von 1882, 11 m lang, hatte ein glattes Deck, es gibt nur kleine Aufbauten für die Niedergänge in das Deckshaus und in das Vorschiff und mittschiffs das Oberlicht über dem „Salon". Die Kojen mußten allerdings, wie auf der Zeichnung zu sehen, gegeneinander versetzt eingebaut werden; sich gegenüberliegende Kojen konnte man sich auf der SPANKADILLO nicht leisten, die bei 11 m Länge und 8,5 t Verdrängung, davon 5,5 t Blei, 1,52 m breit war. Der Tiefgang betrug 1,90 m.[8]

Sehr schön ist die Schilderung des Verhaltens dieser hochinteressanten Boote in „Thoughts on Yachts and Yachting" von Uffa Fox. Eingeladen, einen Nachbau des berühmten „plank on edge"-Kutters, die LA MASCOTTE von 1883, zu erproben, springt er vor Freude in die Luft. Als er an Bord kommt, ist sein Erstaunen groß über die gewaltige Tiefe des Innenraums und das fast vollständige Fehlen von Bodenbrettern. „Wieviel ‚headroom' und wie wenig ‚footroom', welche Höhe und wie wenig Fußboden, welch ein Platz für den Kopf und wie wenig für die Füße!"

Kaum stehen die Segel, und man beginnt an den Wind zu gehen, da kehrt sich die Situation um. Das ganze Innere wird zum Fußboden, die Höhe ist verschwunden.

Das Boot lag beim Segeln dermaßen weit über, daß die Besatzung unter Deck auf der leewärtigen Bordseite laufen mußte, über die Einrichtung, die Spinde und was sonst da war hinweg, anstatt auf den Bodenbrettern, die

---

[8] Es gibt eine kleine, typisch englische Story über die extrem schmalen Kutter jener Zeit. Ein amerikanischer Yachtsegler kommt nach Cowes, um diese berühmten Kutter zu sehen, von denen er so viel gehört hat. Er bewundert den Rumpf, das Rigg, die Bedienungseinrichtungen und will nun an Bord steigen – aber er macht einen zu langen Schritt und fällt auf der anderen Seite ins Wasser.

senkrecht standen. Die Geschwindigkeit allerdings nennt er „erregend".

Die Rümpfe der englischen Kutter sind sehr extrem geworden, und wenn man sie heute sieht, könnte man sie absurd finden. Aber je schmaler und länger eine Yacht war, desto mehr lief sie. Und wenn ein Boot gewinnt, gibt es keine logischen oder technischen Überlegungen mehr. Entschuldigungen braucht man erst, wenn die Dinge schlecht laufen; der schmale und tiefe Kutter hatte seine Überlegenheit über seine Vorgänger gezeigt. Allein die Mosquito, so bemerken die Berichterstatter von damals, konnte sich weiterhin einigermaßen erfolgreich mit den Neuen messen.

Das Rigg hatte sich, wie alles übrige auch, laufend weiterentwickelt. Man beginnt das Großsegel an den Baum anzuschlagen, die Toppsegel mit der kleinen Rah oben werden allmählich durch andere, ähnliche, ersetzt, bei denen aber die obere Spiere senkrecht steht und über die Stenge hinausragt, und sehr oft auch mit einer Spiere am Unterliek, um damit eine längere Grundfläche zu bekommen als die Gaffel, an der sie festgezurrt wurde.

Die Zahl der Segel, die ein Kutter setzen konnte, war überwältigend. Ein Großsegel, ein Sturmgroßsegel, die drei Toppsegel, nämlich das normale Dreikanttoppsegel, das mit der Spiere am Oberliek und das mit einer weiteren Spiere am Unterliek (gaff topsail, sprit topsail und club topsail), zwei Focksegel, drei Klüver, zwei Flieger, eine riesige Ballon-Fock und ein Spinnaker. Alles in allem 14 Stück. Das war die „Garderobe", mit der die Galatea 1886 zum America's Cup antrat.

Dieser Typ des englischen Kutters des 19. Jahrhunderts war so extrem, daß seine für ihn so charakteristischen Besonderheiten an den Begriff Kutter gebunden blieben. Der Kutter hatte das einziehbare Bugspriet, das fast immer neben dem Vordersteven angeordnet war. An diesem war ein eiserner Ring befestigt, durch den das Bugspriet gesteckt wurde; zugleich eine Verstärkung der Stelle, an der es aus dem Rumpf austrat. Die Seitenstagen des Bugspriets waren zum Einstellen auf Taljen gesetzt; das innere Ende lag nicht an einer Beting an, sondern lief zwischen zwei Betingen durch, die so angeordnet waren, daß die äußere Nock immer in Schiffsmitte blieb, das obere Vorstag also nicht aus der Mitte kam. Das Bugspriet konnte auf diese Weise nach innen gleiten und wurde in der gewünschten Stellung mittels eines eisernen Steckers festgehalten.

Ein solches Manöver, das gewöhnlich bei starkem Seegang ausgeführt wurde, war bestimmt keine Kleinigkeit, denn der äußerst scharfe Bug schaffte es ja nicht, aus dem Wasser zu kommen. Das Bugspriet der Mosquito war 14,4 m lang und an der stärksten Stelle 33 cm dick. In eingezogener Stellung ragte er 3,80 m über den Vordersteven hinaus, wahrlich harte Arbeit. Damit ein solcher Knüppel in eingeholtem Zustand Platz hatte, waren die Deckseinrichtungen, einschließlich der vorderen Nieder-

Vorschiff eines Kutters

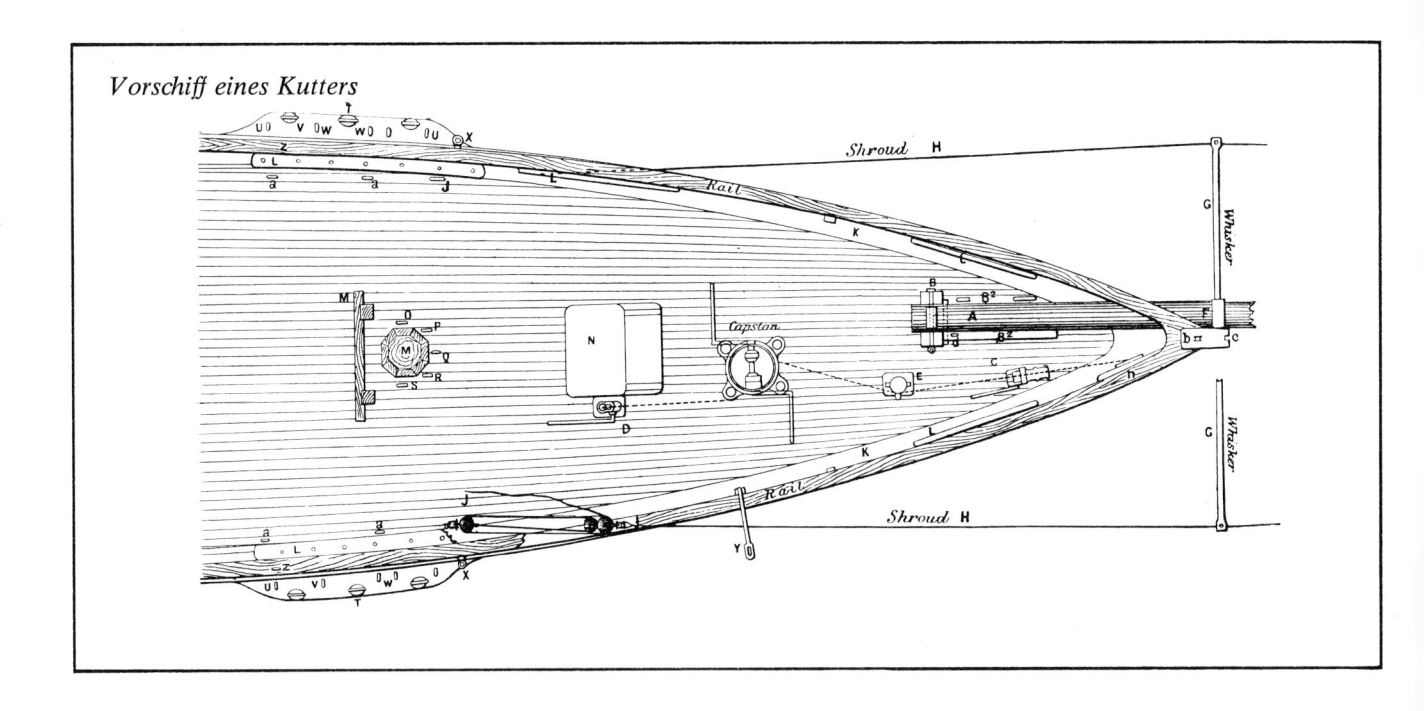

gänge, außer Mitte auf der entgegengesetzten Decksseite angeordnet.

Das Wasserstag war so gut wie nie eine Kette, wie damals auf den großen Segelschiffen. Zur Zeit der Mosquito bestand es, wie das gesamte stehende Gut, aus geteertem Tauwerk, an dessen Stelle erst in der zweiten Hälfte des Jahrhunderts Drahttauwerk treten sollte.[9]

Dieses Bugspriet ist eines der kennzeichnenden Bestandteile des Kutters. Bei den Definitionen am Anfang dieses Kapitels haben wir gesehen, daß für den Konstrukteur Dixon Kemp beim Kutter das Rigg das Bestimmende ist, das „national rig" mit Großsegel, Toppsegel, zwei Vorsegeln und mit dem beweglichen Bugspriet. Ohne dieses ist ein Boot kein Kutter. Die Amerikaner haben auf ihren Yachten gleicher Größe niemals ein Bugspriet in dieser Weise angeordnet.

Die Besegelung des Kutters behandele ich im Anhang ausführlich. Hier liegt der Ausgangspunkt für eine moderne Rennyacht. Auf den Kuttern ging man erstmals scharf an die Grenzen des noch Möglichen, um jenes „Etwas Mehr" herauszuholen, das beim Kampf zwischen fast gleichwertigen Booten so notwendig ist. Die große Dehnbarkeit des Vorsegeldreiecks gestattete verschiedene Kniffe. So hielt man gewöhnlich das Wasserstag so stark durchgesetzt, daß die Nock des Bugspriets fast das Wasser berührte; das Vorstag wurde dadurch länger, so daß man daran einen größeren Ballon anschlagen konnte.

Auf den Lithographien jener Tage sieht man, wie das Bugspriet, dieser enorme Knüppel von etwa 25 m Länge, nach unten gebogen ist wie eine Peitsche.

Auf dem Kutter Niobe, Baujahr 1865, erscheint ein neues Segel zur besseren Ausnutzung achterlichen Windes. Man nannte es Spinnaker nach dem Erfolg, den es im nächsten Jahr auf dem Kutter Sphinx hatte, dessen Namen die Seeleute immer wie „Spinx" aussprachen. Das Segel der „Spinx" wurde zum „Spinker" und der „Spinker" zum „Spinnaker". Vor dieser Erfindung setzten alle Segelboote raumschots mit Vorliebe die Breitfock, und die lediglich gaffelgetakelten Kutter[10] führten eine Rah für die Breitfock, die bei günstigem Wind gesetzt wurde. Es wurde auch eine verkleinerte Breitfock gefahren, die lediglich an der Luvseite des Großsegels stand, wie es auf

---

[9] Die ersten Metallwanten aus verzinktem Draht erschienen auf dem Kutter CYMBA, den Fife 1852 gebaut hatte; das Schiff besaß 20 t Innenballast und 3 t Außenballast aus Blei – etwas ganz Neues.

[10] Das Kutterrigg und, ganz allgemein, das Gaffelrigg wird „for and aft" genannt, „vor und hinter dem Mast", um es von der Rahtakelung oder dem „square rig", den vierkantigen Segeln an quer vor dem Mast stehenden Bahnen, zu unterscheiden. Da das „for and aft"-Rigg meistens auf den Yachten und die Rahtakelung auf den Handelsschiffen gebraucht wurde, war der Yachtsegler ein „for and aft sailor". Der Spinnaker ließ das letzte Rahsegel von den Yachten verschwinden; auf den Handelsschiffen sollte er nie Eingang finden.

Vorschiff eines Kutters

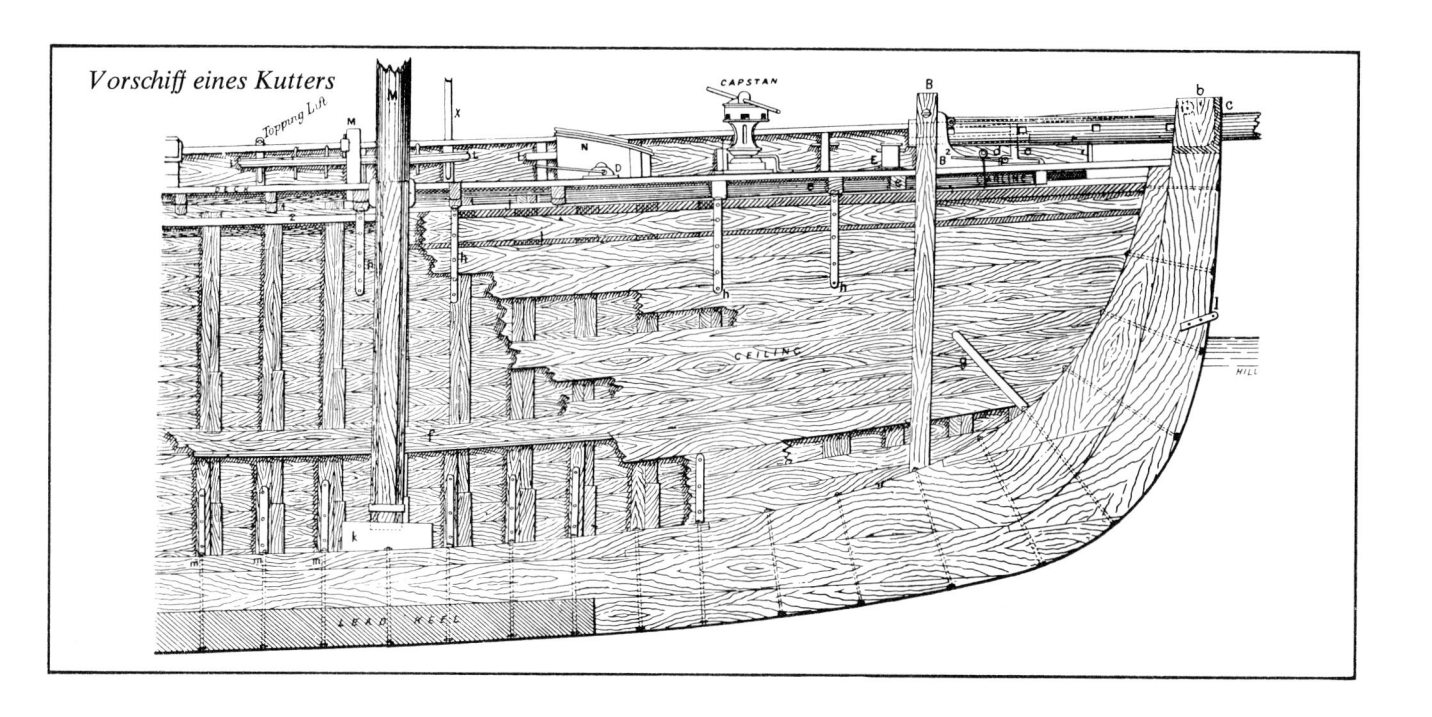

dem Stahlstich des Kutters Phantom bei einer Regatta auf der Themse im Jahre 1854 auf Seite 26 zu sehen ist. Das wahre, das wichtigste Kennzeichen des Kutters war es, tief und schmal zu sein. Im 19. Jahrhundert sagte man Kutter, wenn man ein schmales und tiefes Boot meinte, mit feinen Linien, ungeeignet zum Fischfang oder zum Warentransport oder zu irgendeiner anderen Verwendung als eben zum Segeln. Praktisch bedeutete das Wort einfach „Yacht" und damit die ganze Welt ästhetischer Formen, die dazu gehörte.

Ich habe mir diese Ausdrucksweise beim Lesen der Bücher jener Zeit zu eigen gemacht, und die damit verbundene Gefühlswelt ist mir verständlich geworden. Übrigens bejahe ich sie, denn meiner Meinung nach spiegelt auch kein Fahrzeug, mit dem je Yachtsegeln betrieben wurde, den Begriff „Yacht" so vollkommen wider wie der englische Kutter mit seinem geraden, senkrechten Vorsteven[11], seinem sehr feinen Vorschiff, mit seitlichem Bugspriet, mit den zwei Vorsegeln und dem Toppsegel; schwarz, niedrig auf dem Wasser liegend, äußerst schlank, eben eine Yacht.

Es war für mich ein seltsames Erlebnis, als ich vor langer Zeit aus dem, was ein alter Bootsbauer aus Lussino (Kroatien) redete, so etwas wie ein Echo aus jener Welt heraushörte. Er erzählte mir von den Einzelheiten eines Bootes, an dem er als junger Mann mitgearbeitet hatte.

„Ein Kutter von 30 m mit zwei Masten." – „Ah", sagte ich, „also ein Schoner." – „Nein, ein Kutter, schmal und tief, 30 m lang, mit zwei Masten."

Nach dem „plank on edge" konnte man in dieser seit über einem Jahrhundert verfolgten Richtung nicht mehr weitergehen. Aus dem Kutter des 18. Jahrhunderts war die Genesta geworden, und mit ihrer Form kam das Ende. Es kam die Auseinandersetzung mit den Ideen von der anderen Seite des Atlantiks, die neuen Vermessungsformeln fingen an, die Segelfläche zu berücksichtigen, und der schwere und stark belastete Bootskörper des Kutters verlangte mehr Segel, als die Formel es zuließ. Die überhängenden Vorschiffe kamen auf, die kürzeren Kiele, die kleineren und fest eingebauten Bugspriete.

Der Kutter ging den gleichen Weg, den sein Gegner von der anderen Seite des Ozeans, die amerikanische Slup, ebenfalls ging.

---

[11] Der vollständig senkrechte Vorsteven tritt erstmalig bei den Kuttern in Erscheinung; es gibt ihn nicht bei den Schiffen anderer Zeiten und nirgendwo sonst auf der Welt. Als Bezeichnung von Booten mit einem solchen Schiffskörper kommt der Ausdruck „plumb stemmer" auf.

V   Die Slup

SPRAY

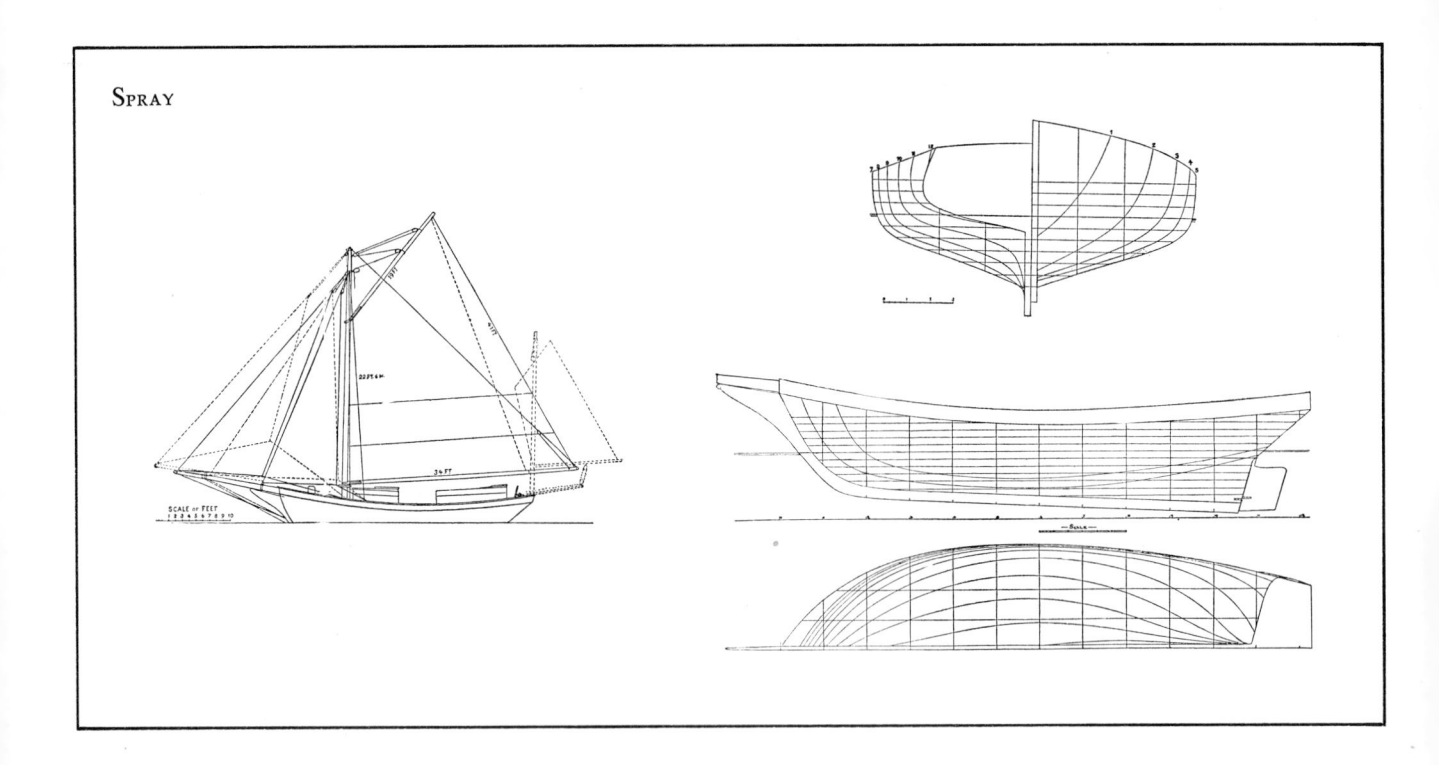

„Am Tage danach war ich in Fairhaven gegenüber von New Bedford und wurde gewahr, daß mein Freund mich irgendwie auf den Arm genommen hatte. Aber ihm war sieben Jahre lang das gleiche passiert. Das ‚Schiff' war weiter nichts als eine uralte Slup namens SPRAY, von der die Nachbarn sagten, sie sei im Jahre Eins gebaut worden." – Ich denke, alle wissen um welches Schiff es sich handelt und woher dieses Zitat stammt. Es ist das, was der Kapitän Joshua Slocum im Winter 1892 beim ersten Zusammentreffen mit dem Schiff sagte, auf dem er seine berühmte Weltumsegelung machen sollte, über die er in seinem herrlichen Buch „Sailing Alone Around the World" berichtet:

„Ich hatte mich entschlossen, eine Weltumsegelung zu machen, und als ich am 24. April 1895 sah, daß der Wind gut war, lief ich mittags aus, lichtete den Anker, setzte die Segel und verließ Boston, wo die SPRAY den ganzen Winter über ruhig gelegen hatte."

Ich meine, die Reise der SPRAY ist die bedeutendste von allen Einhandreisen um die Welt, und das nicht nur, weil sie die erste gewesen ist. Zunächst einmal wegen dieses unvergleichlichen Buches und dann wegen der außerordentlichen Güte und der Anspruchslosigkeit des Bootes. Die Slup SPRAY – Länge über alles 12,70 m und größte Breite 4,30 m – erwies sich als ungewöhnlich schnell:
„Am 14. Juli abends brach die Besatzung bei bester Laune in den Ruf aus: ‚Segel in Sicht!' Es war eine Schonerbark, die drei Strich voraus in Luv stand, der Rumpf noch unter der Kimm ... Am 15. früh war die SPRAY dicht bei ihr ... Als die Sonne unterging, stand sie ebensoweit achteraus, wie sie am Abend zuvor voraus gewesen war." – Und das wiederholte sich immer wieder: „Bei leichtem Wind", schreibt Slocum, „war ich gegenüber den großen Schiffen sehr im Vorteil."

Die SPRAY hatte außerdem eine einmalige Eigenschaft: Sie segelte wochenlang ohne Rudergänger mit festgesetztem Ruder ohne irgendeinen Mechanismus zum Selbststeuern.

Sie war die typisch amerikanische Slup vom Anfang des Jahrhunderts. Wahrscheinlich war sie als Austernfischer gebaut. Trotzdem war sie zu wesentlich weiter reichenden Unternehmungen fähig; sie verkörperte die überkommenen Erfahrungen von mehr als einem Jahrhundert der Entwicklung des kleinen einmastigen Schiffes von großer Ladefähigkeit, mit vollen Formen, großer Verdrängung, bemerkenswerter Breite und großer Segelfläche, geeignet für Langreisen und mit hervorragenden Eigenschaften, was Seeverhalten und Geschwindigkeit anbelangt.

Englische Slup von 1730

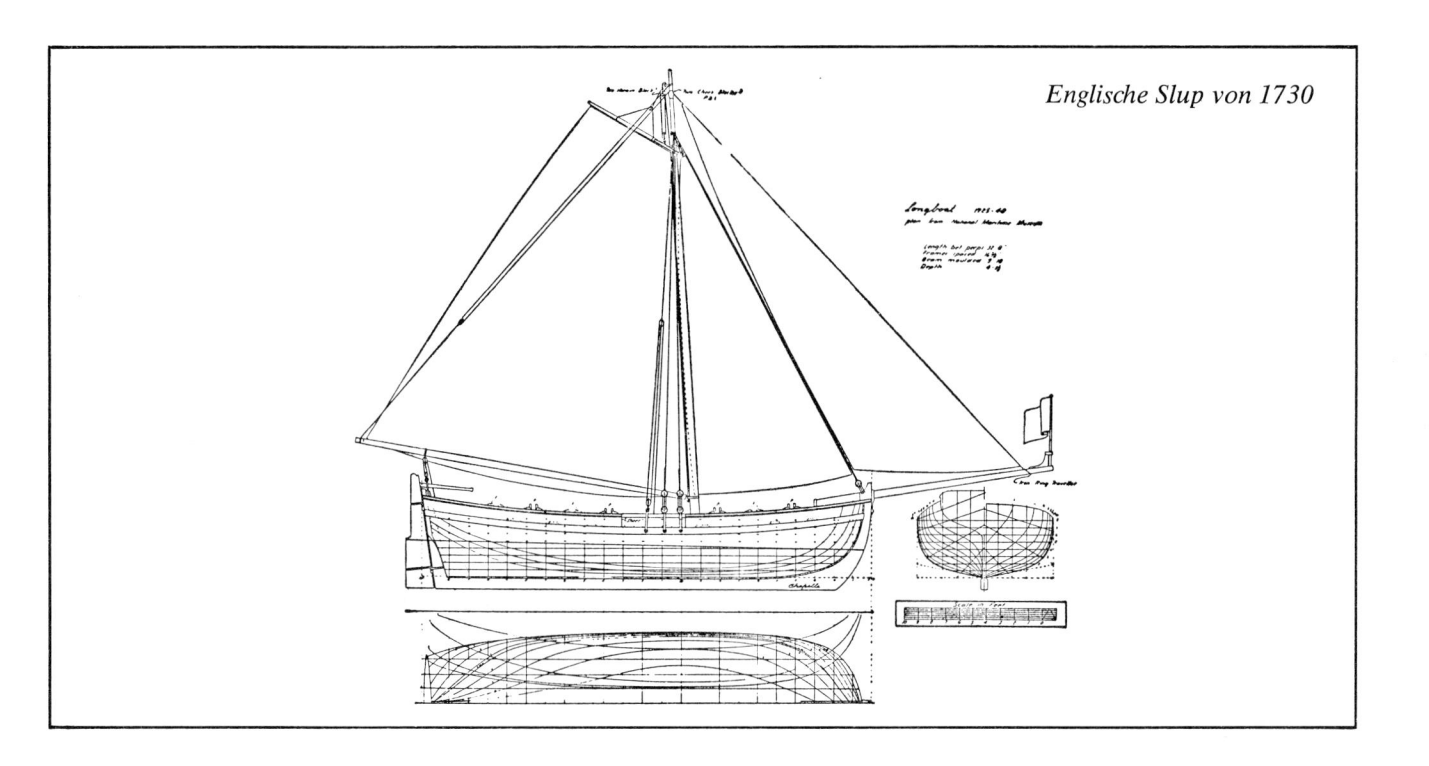

Die frühesten Slups kamen aus Holland. Mit „Sloep" bezeichnete man ein kleines Schiff von der für Holland typischen vollen Form, mit einem Mast, Sprietsegel und Vorsegel. Auf den zeitgenössischen Bildern sehen wir oft eine Schar von kleinen Sloeps, die um die großen Schiffe, das eigentliche Thema des Bildes, herumsegeln.[12]

Im 18. Jahrhundert war „Slup" ebenso wie „Kutter" die Bezeichnung für eines der Schiffsbeiboote. Es gibt sie auch in anderen Marinen; die Franzosen sagen „chaloupe" und die Italiener „scialuppa". Der Rumpf und das Rigg liegen bereits zu Beginn des Jahrhunderts fest. Einem Buch von H. I. Chapelle[13] habe ich die abgebildete Zeichnung der Slup eines Linienschiffes der britischen Marine um 1730 entnommen. Das Rigg ist, mit Ausnahme des an den Baum angeschlagenen Großsegels, genau das gleiche wie das der Spray, als sie fast 200 Jahre später zu ihrer Weltreise auslief. Auch die Linien sind durchaus verwandt. Die Spray hat ihr Hauptspant etwas weiter hinten und ist ein wenig breiter. Sie ist mehr ein Segelschiff als das andere Boot, das auch zum Rudern bestimmt war. Der nach vorn geneigte „Klippersteven" der Spray war eine Zugabe Slocums.

Bei Chapman finden sich mehrere Konstruktionspläne von Slups, kleineren Schiffen zwischen 12 und 20 m mit den typischen Formen der Zeit, getakelt mit Großsegeln, drei Vorsegeln und zwei kleinen Rahsegeln an der Stenge. Wie irreführend die Bezeichnungen in jener Zeit sind, sieht man aus der Benennung „Slup oder Yacht" für eines der Fahrzeuge, das den übrigen sonst in jeder Hinsicht ähnelt.[14]

---

[12] Sämtliche existierenden Arten von Segelbooten lassen sich auf holländische Vorbilder des 16. und 17. Jahrhunderts zurückführen. Die Yacht war die „Jaght", der Kutter ein „Kotter", die Slup eine „Sloep" und so weiter. Es ist auch nachzuweisen, daß die Holländer das Gaffelsegel erfanden, das Focksegel und anderes. Diese Erfindungen sind nicht weniger bedeutsam als die des Kompasses, des Schießpulvers, des Holzschnittes und der Montgolfiere durch die Chinesen.

[13] Chapelle ist ein moderner amerikanischer Konstrukteur, der Bücher über die Geschichte des amerikanischen Segelschiffes geschrieben hat. Sie enthalten eine Fülle von Konstruktionszeichnungen und Rekonstruktionen, die er selbst gezeichnet hat. Meiner Ansicht nach sind es, ebenso wie die des großen Chapman, die besten Arbeiten auf diesem Gebiet, die jemals veröffentlicht worden sind. Ich empfehle sie vorbehaltslos dem Leser, der seine Kenntnisse auf dem Gebiet, das ich hier behandle, vertiefen möchte.

[14] Das 18. Jahrhundert ist bei den Formen der Schiffskörper und bei der Entwicklung von Typen sehr folgerichtig, die Takelung hingegen hat gewöhnlich für die Bezeichnung des Schiffes keine Bedeutung. Auch dreimastige Kriegsschiffe mit Rahsegeln,

Arbeitsslup von New York

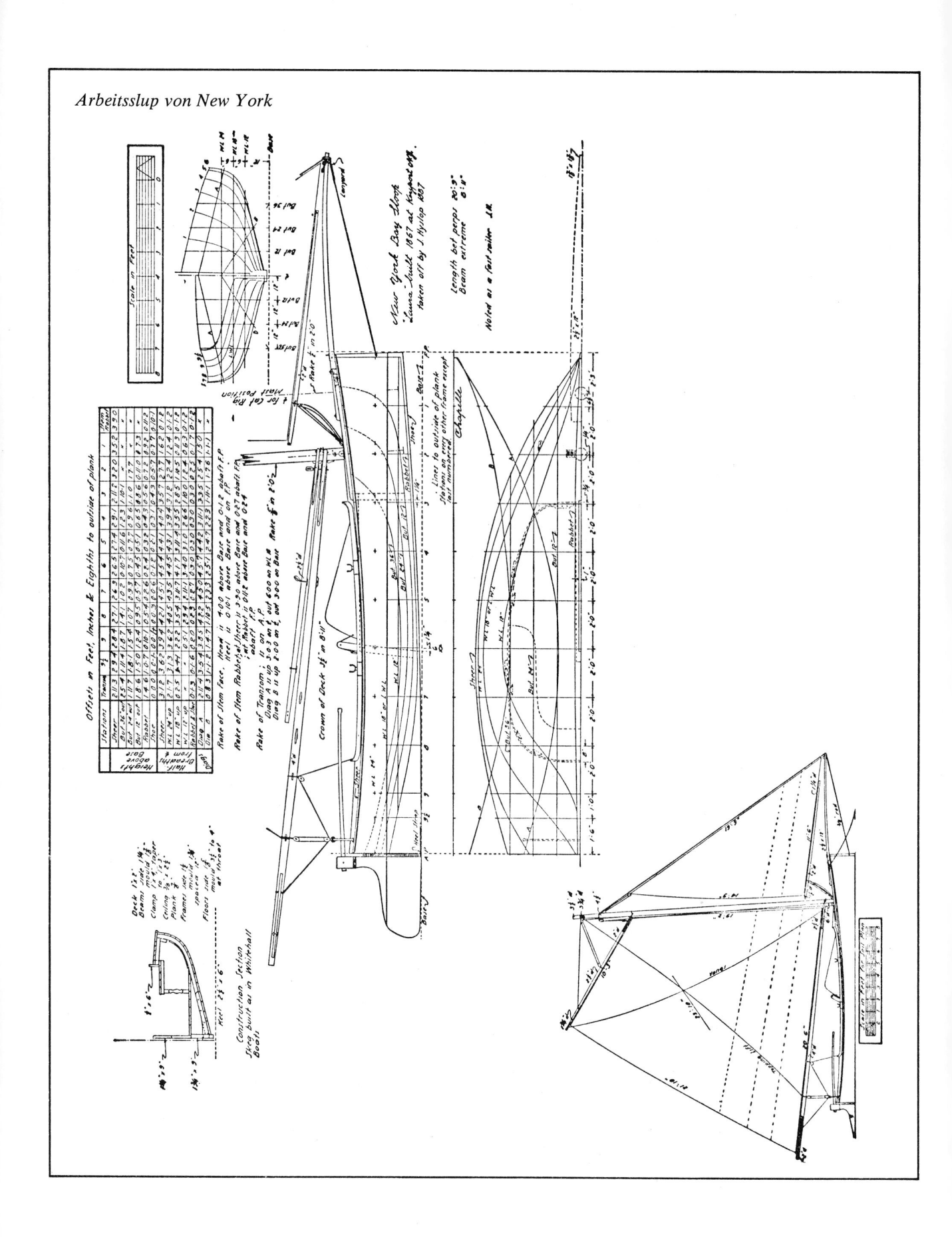

*Der „Sandbagger" Z*OE

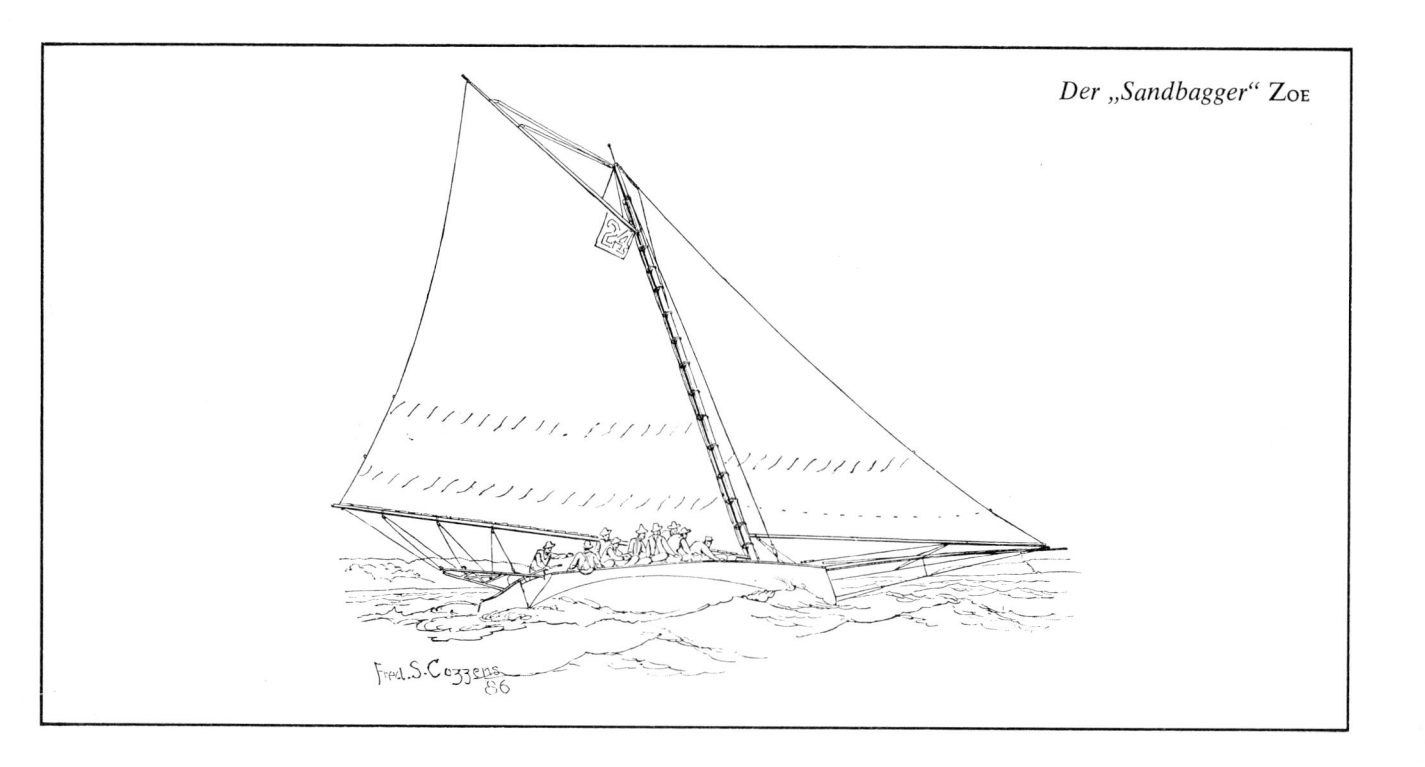

Es scheint, als schließe der Gebrauch der einen Bezeichnung den der anderen aus; vermutlich richtete man sich bei der Wahl der Takelung nach dem Zweck, für den das Fahrzeug bestimmt war.

Während der ganzen Kolonialzeit bis in den Anfang des 19. Jahrhunderts hinein wurden in Amerika „Slups" verwendet, wenn es auf Geschwindigkeit ankam. Besonders geschätzt waren die Slups von Jamaika und den Bermudas; aus ihnen sollte später der amerikanische Schoner hervorgehen. In ganz Neuengland ist die Slup der einmastige Segler schlechthin. Sie wird auch in beachtlichen Größen gebaut. Die Slups, die 1820 bei New York auf dem Hudson River liefen, waren etwa 25 m lang und 8 m breit. Eine schöne Breite für diese Größe. Die meisten hatten ein aufholbares Schwert und geringen Tiefgang.

Die Slup SPRAY war das erste Boot, das mit nur einem Mann an Bord um die Erde segelte; die erste Weltumsegelung einer amerikanischen Slup geht auf die Jahre 1794 bis 1796 zurück, als die 18-m-Slup UNION um die Erde segelte. Die amerikanischen Slups hatten schon eine Reihe von bemerkenswerten Reisen zu verzeichnen. 1785 war die EXPERIMENT von China um Kap Hoorn zurückgesegelt. Nach dieser Reise wurde die Slup LADY WASHINGTON (90 t) zusammen mit dem Vollschiff COLUMBIA (212 t) an die Pazifikküste entsandt. Sie rundeten zusammen Kap Hoorn und verloren sich dann, und es war die Slup, die im Zielhafen auf das Vollschiff wartete. Jahrelang machte sie Reisen zwischen der amerikanischen Küste und China.

Die SPRAY schließt den Kreis dieser Art von Slups mit der ersten, ausdrücklich als „Yachtreise" unternommenen Einhandweltumsegelung, durchgeführt von einem etwa 51 Jahre alten Handelsschiffskapitän.

Zu Beginn des 19. Jahrhunderts verschwindet in Europa die Bezeichnung Slup, so wie in Amerika der Ausdruck Kutter verschwunden war. Die Slup ist ganz und gar das einmastige Segelfahrzeug der Neuenglandstaaten. Eine Fülle der verschiedenartigsten Arbeitsfahrzeuge entsteht, stark besegelt, mit scharfen Linien, bestens zum Yachtsegeln geeignet. Ihr Mittelpunkt war New York. Der er-

---

mit acht bis 18 Kanonen, die ausschließlich an Oberdeck aufgestellt sind, werden Slups genannt. (Wir würden dazu Korvette sagen.) Die gleiche Betrachtungsweise, allerdings im umgekehrten Sinne, werden wir im folgenden Jahrhundert finden. Nunmehr werden die Segelschiffe ohne Rücksicht auf die Rumpfform nach ihrer Takelungsart benannt. (Die klassizistische Zeit schätzte die Form und legte mehr Wert auf sie; für die Romantik war das Antriebsmittel wichtiger.) – Es hat keinen Sinn (wie ich das häufig und letzthin auch in dem Buch von Björn Landström „Das Schiff" gefunden habe), ein Schiff des 18. Jahrhunderts Brigantine, Schonerbrigg oder Schonerbark zu nennen; niemand hätte damals gedacht, solch einen Ausdruck zu benutzen.

Der „Sandbagger" Parole

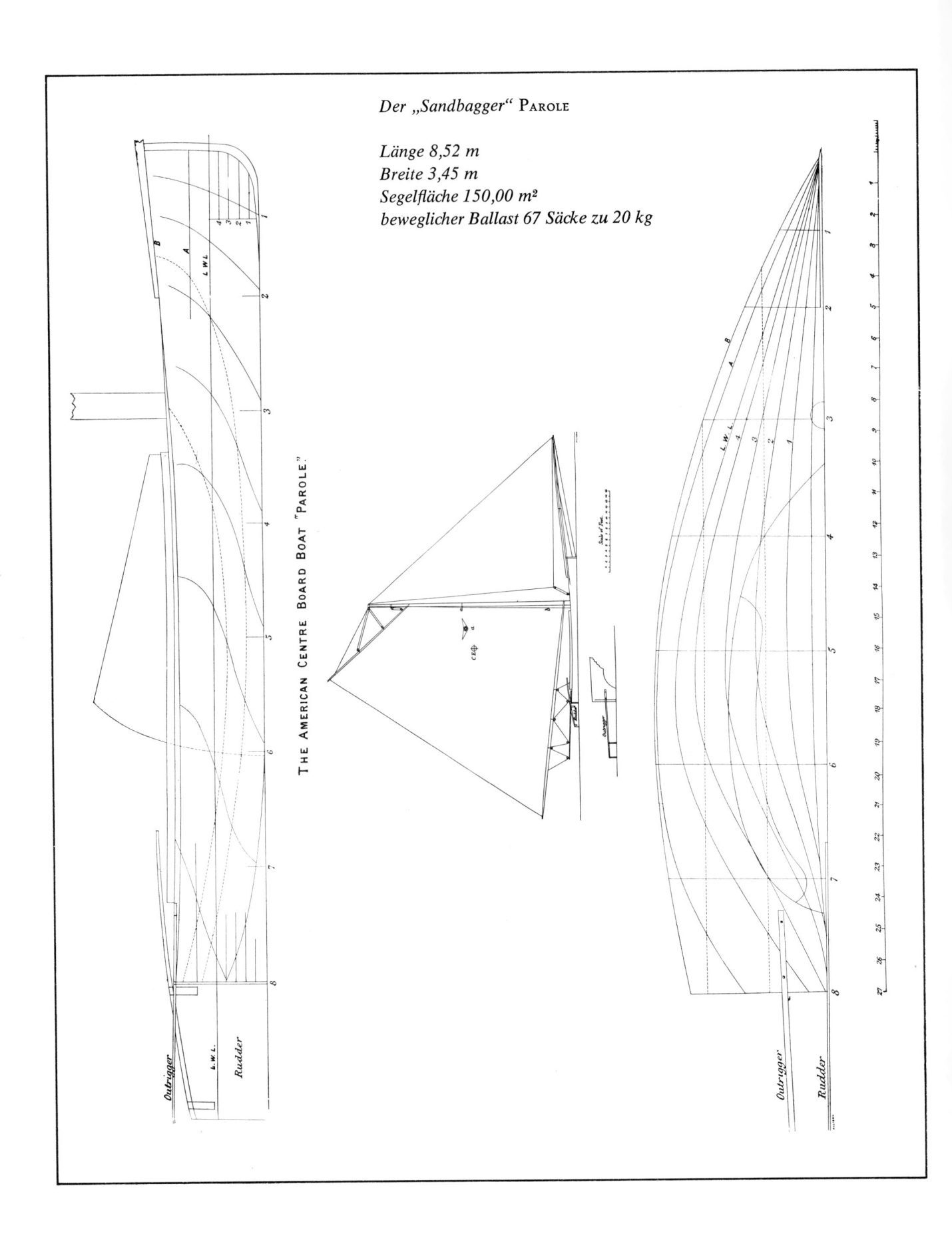

Länge 8,52 m
Breite 3,45 m
Segelfläche 150,00 m²
beweglicher Ballast 67 Säcke zu 20 kg

Ein Arbeitscatboot von 1870

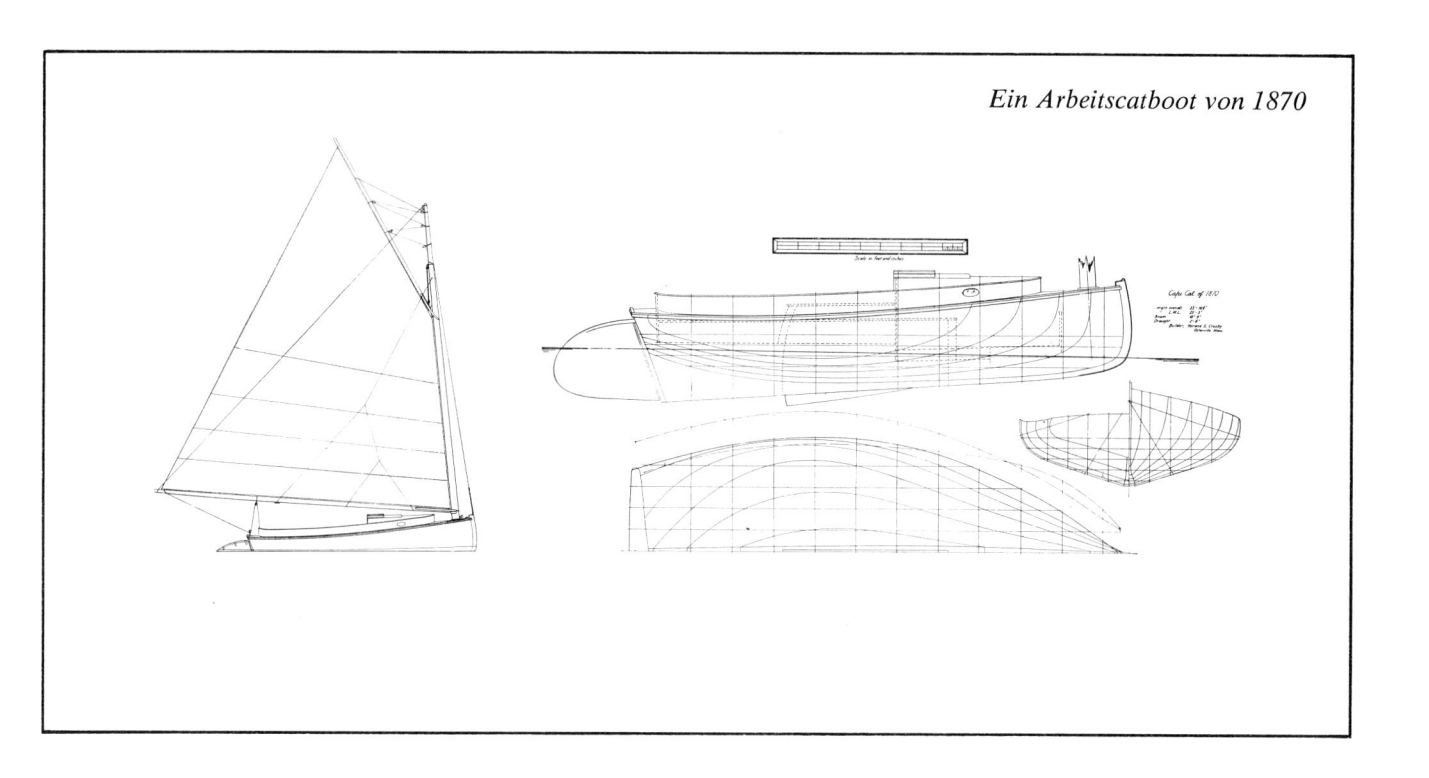

ste amerikanische Yachtclub war der „New York Yacht Club", 1884 gegründet, und man kann sagen, daß seine Geschichte die des Yachtsegelns in Amerika ist. Vorbilder für die Yachten waren die Fahrzeuge der umliegenden Buchten. Nicht geringen Einfluß hatte die Tatsache, daß viele geschützte Gewässer in der Nähe lagen, viele Schlupfwinkel bei Schlechtwetter, genug Wind und wenig Seegang.

Es gab aber auch Probleme für Yachten mit größerem Tiefgang, weil in der Nähe des Clubs nur wenige Liegeplätze mit ausreichender Wassertiefe vorhanden waren.

Die Arbeitsfahrzeuge, für den ausschließlichen Gebrauch in den Buchten ausgelegt, waren in ihrer Art raffinierter als die reinen Yachten. Die klassische Slup der Bucht von New York hat das aufholbare Schwert, sie ist breit und reichlich besegelt. Ich entnehme dem Buch „American Small Sailing Craft" von Chapelle den Text der Seite, auf der er den Typ der „New York Sloop" behandelt, jenes Arbeitsfahrzeug, aus dem einmal die extremsten Yachten werden sollten:

Das wichtigste kleine slupgetakelte Boot, das für den Fischfang benutzt wurde, war die New Yorker Slup, die über 30 Jahre lang mit ihrer Rumpfgestaltung und ihrem Rigg den Entwurf von Segelyachten wie von Arbeitsfahrzeugen beeinflußte. Die Slups von New York kamen um 1830 heraus, als das aufholbare Schwert eingeführt wurde. Diese Boote wurden rings um die Bucht von New York gebaut, vornehmlich an der New-Jersey-Küste. Das Modell verbreitete sich rasch, und gegen Ende des Bürgerkrieges erscheint die Slup im „New York Style" mit aufholbarem Schwert und geringem Tiefgang entlang der gesamten Westküste des Long Island Sound, im nördlichen New Jersey und verbreitet sich von dort aus nach Süden bis in die Gewässer des Delaware und der Chesapeake Bay. Nach dem Kriege taucht sie unter den Fischerbooten des Südens auf, und in den siebziger und achtziger Jahren ist diese Art von Slup längs der ganzen Küste in Gebrauch, an den Küsten der Südstaaten und im Golf von Mexiko; schließlich erscheinen die Boote in San Francisco. Der Typ wurde übrigens östlich von Cape Cod sehr beliebt. Die „New York Sloop" war ein Fahrzeug mit ganz bestimmten Merkmalen – großem Schwert und geringem Tiefgang, viereckigem Heck und bemerkenswerter Aufkimmung; der Spantschnitt bildete ein großes abgeflachtes V. Ursprünglich waren die Bootsenden senkrecht, und der Bug war ein wenig eingezogen. In den fünfziger Jahren wurden allmählich V-förmige Achterschiffe und kurze Überhänge eingeführt, besonders bei den Booten von 25 Fuß (7,60 m) Deckslänge.

Die Besegelung bestand lediglich aus einem Vorsegel und Großsegel, mit nicht allzu langer Gaffel, und einem sehr

Catboot FANNY *von Boston*

großen Baum, an dem das Segel angeschlagen war. Das sehr große Vorsegel wurde an einem langen, aus einem Brett gefertigten Bugspriet gefahren, das nach unten gebogen war. Auf den ersten Booten stand der Mast ziemlich weit vorn, er wanderte im Laufe der Zeit mehr nach hinten. Viele der Boote unter 25 Fuß hatten keine Wanten und nur ein einziges Vorstag.

Als das Regattasegeln in der Bucht von New York während der vierziger und fünfziger Jahre aufblühte, wurde man auf die kleinen Arbeitsslups aufmerksam. Diese Fahrzeuge waren sehr schnell und zuverlässig. Das Modell ging durch die Hand von Yachtkonstrukteuren, die daraus allmählich ein Rennboot machten, mit starker Aufkimmung und hohlen Spanten. Die Vorschiffslinien waren sehr fein und das Achterschiff kurz und oft ebenfalls fein. Die Boote waren gewaltig besegelt; um sie bei frischem Wind aufrecht zu halten, benötigte man als Ballast in Säcke gefüllten Sand, der an der Luvbordwand aufgestapelt wurde. Es waren wahrhafte Regattamaschinen, die in ruhigem Wasser große Geschwindigkeit entwickelten. Sie wurden als „Sandbagger" (Sandsnackboote) bekannt, und bei ihren Regatten wurden hohe Wetten abgeschlossen. Die größten lagen um 28 Fuß (8,50 m), und die kleinsten waren 20 Fuß (6,20 m) lang. Die Linien dieser Boote erinnern stark an die von modernen Rennjollen, allerdings waren die Sandbagger im Verhältnis breiter und konnten mehr Tuch tragen. Das Modell dieser Art von Rennbooten – die „New York-Sloop" – ging auf größere Boote über und galt um 1870 als der „national type" der Yacht. Er blieb bis 1880 verbreitet, als ein tiefergehendes und schwereres Modell Mode wurde.

Die Sandbagger-Yachten waren ein extremer Typ, und es wurden an sie sonderbare Aufgaben gestellt:

Die SUSIE S., *die dadurch berühmt wurde, daß sie an einer Regatta mit Wetten teilnahm, was ihr eine unerwünschte Publizität verschaffte, hatte einen Ballast aus 25 oder 28 Sandsäcken zu je 20 kg. Die Regattabesatzung für ein Boot von 28 Fuß war 17 Mann stark, sie wurde vor allem für das Schiften des Ballastes gebraucht. Die Sandbagger-Besatzungen waren gewöhnlich Stauer aus dem Hafen, und die Regatten konnten nur schwerlich als gentlemanlike bezeichnet werden.*

Man stelle sich den Ton bei einer Preisverteilung mit soviel Sackträgern vor! Eine Einschränkung wurde in den letzten Jahren eingeführt, um etwas Ordnung in diese Regatten zu bringen: Der Ballast war beliebig, aber der beim Start an Bord befindliche Ballast mußte nach der Regatta wieder an Land gebracht werden. Diese Regel

Die Slup MARIA

ließ sich leicht umgehen, indem man beim Überholen des Bootes ein paar Säcke „verlor", wenn der Wind nachließ. Es gab Leute, die benutzten auch wasserdichte Säcke, die man je nach Lage entleeren oder füllen konnte. Für den Eigner war es kein Problem, solche Unregelmäßigkeiten nicht zu bemerken. Denn normalerweise blieb er an Land, um die Wetten einzustreichen.

Die Slup vom Cape Cod ist ein anderer weiterentwickelter Typ mit aufholbarem Schwert und großer Breite. Ihr Hauptmerkmal ist das Rigg mit nur einem Segel, wobei der Mast fast auf dem Vorsteven steht. Ursprünglich ein Fischerboot, wurde sie sehr oft als Yacht gebraucht. Im Wettbewerb mit der New Yorker Slup erreichte sie nie deren Extreme. Sie war unter dem Namen „Catboat" oder einfach als „Cat" bekannt.

Der berühmteste Konstrukteur von Catbooten war Bob Fish, der den Typ vervollkommnete. Einer seiner Rümpfe, die UNA, kam 1852 nach England. Er beeindruckte alle Welt, auch den Yachtkonstrukteur Dixon-Kemp:

Die Leute in Cowes fanden, die UNA *wäre eine Sache, die zu schön sei, um wahr zu sein. Zu sehen, wie sie bei dem einen Boot hinten herumging, bei dem anderen vorne vorbeisegelte und sich zwischen die Boote quetschte, wo man kaum glaubte, daß ein Aal sich hindurchwinden könnte, das machte in Cowes Furore... Die* UNA, *mit ihrem Segel, zeigte sich derart schnell und manövrierfähig, daß es in weniger als einem Jahr in Cowes auf dem Solent eine ganze Flotte von Booten ihres Typs gab. Die Klasse wurde „Una" genannt, nach jenem Boot, das Lord Conygham eingeführt hatte, und heute gibt es kein Boot, das zum Segeln in geschütztem Wasser beliebter wäre.*

Das gleiche spielte sich in Deutschland ab. Das Cat hatte großen Erfolg, man nannte es dort „Bubfish". Es ist nicht ausgeschlossen, daß die Olympiajolle 1936 von ihm beeinflußt war.

Es handelte sich, wie aus den Abbildungen zu ersehen, um sehr charakteristische Boote, etwa halb so breit wie lang, mit riesigen Segeln und von großer Formstabilität. An der ursprünglichen Form änderte sich nichts. Ein solches Boot akzeptiert man, oder man sucht sich etwas anderes.

Man sieht sie heute noch hier und da, immer mit den typischen Merkmalen: kurzes und hohes Vorschiff, der Bug häufig leicht eingezogen, sehr großes Ruder, dessen Pinne unterhalb des Decks durch den Spiegel geht, offener Aufbau und Plicht von abgerundeter Form; der Baum ist lang und ragt weit über das Heck hinaus, auch bei den Booten mit Marconi-Segel. Höchst sonderbare Fahrzeuge!

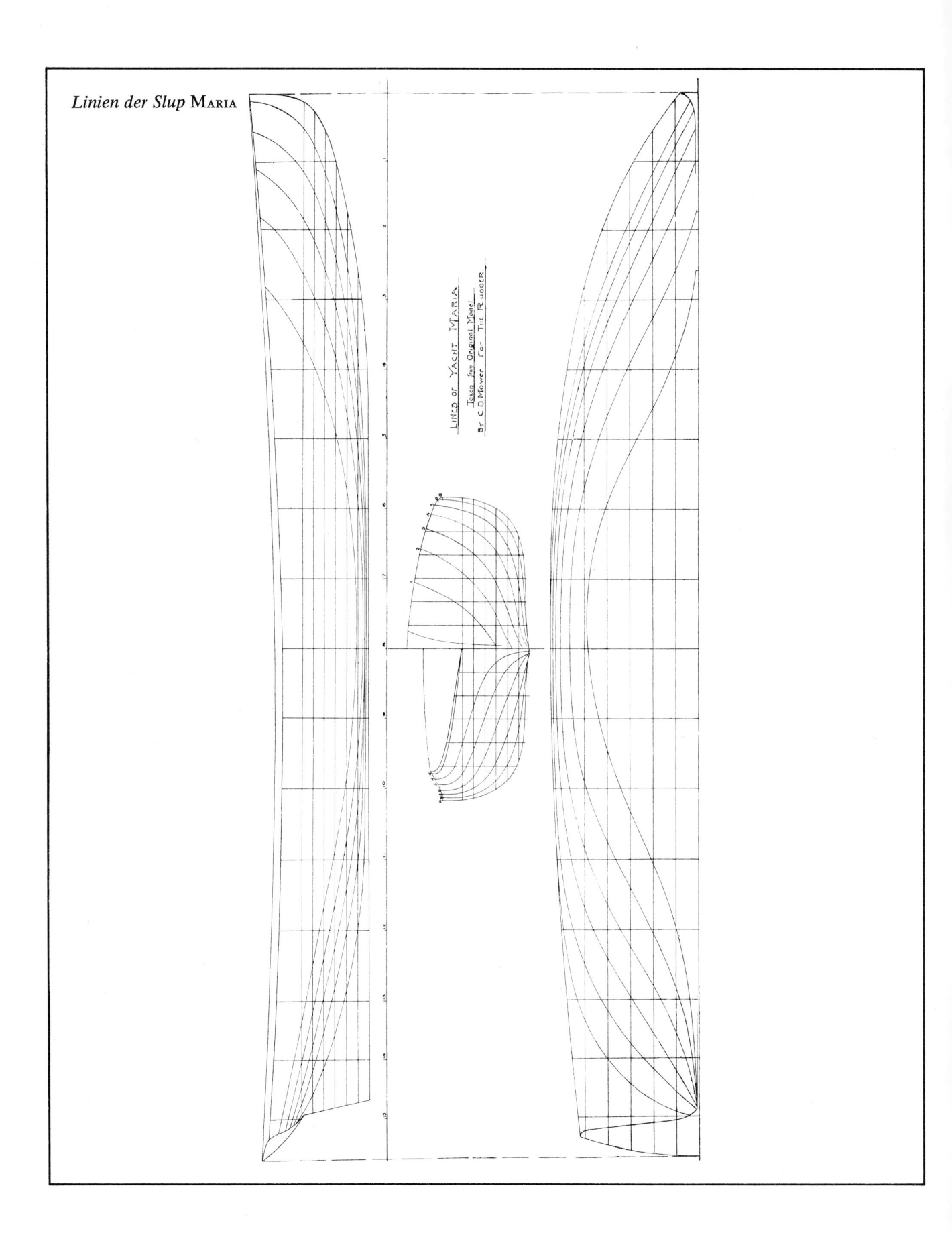

Linien der Slup Maria

GRACIE

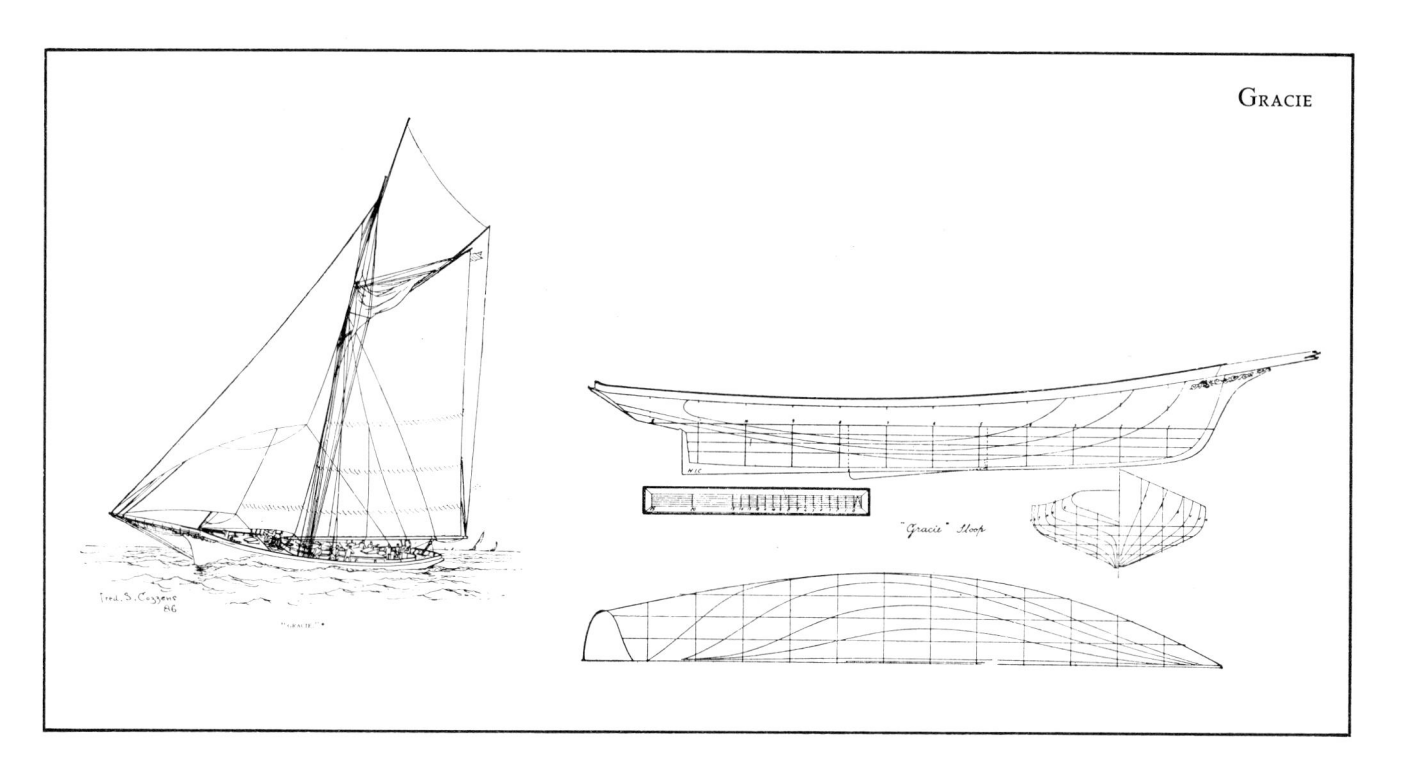

Die eigentliche Slupyacht ist ein sehr schönes Boot, der große und würdige Gegner des englischen Kutters.

Eine der ersten großen Slups war die MARIA von 1846, ein schönes Beispiel für die große amerikanische Schwertslup. Sie wurde von George Steers für John C. Stevens entworfen.

Die MARIA war sehr berühmt und viele Jahre lang der Champion von New York. Nach den Linien der großen Flußslups gebaut, war sie äußerst flach, 28 m in der Wasserlinie lang, 8,10 m breit und ging ohne Schwert 1,50 m tief. 1850 wurde ihr Vorschiff verlängert, ihre Abmessungen waren danach: Lüa 34,50 m, LWL 32,80 m, Breite 8,10 m, Verdrängung 147 t.

Ihr Konstrukteur verwendete viele Neuerungen bei ihrer ungeheuerlichen Takelage. Hier einige Angaben:

Gesamthöhe des Riggs von der Wasserlinie	40 m
Länge des Mastes	28 m
Durchmesser des Mastes	0,82 m
Überstand des Bugspriets über den Vorsteven	8,25 m
Durchmesser	0,62 m
Länge des Baumes	20 m
Durchmesser des Baumes	0,73 m

Ein Baum von solcher Länge wurde mit besonderer Sorgfalt angefertigt. Er war der erste hohle Baum, aus 31 langen, 6,5 cm starken Stücken zusammengesetzt, die so angeordnet waren, daß die Stöße versetzt waren, und diese wurden mit keilförmigen Hartholzleisten abgedichtet. Das Ganze wurde durch eiserne Faßreifen zusammengehalten.

Auf den Leitwagen für die Großschot waren gegen ein Ausreißen Gummirollen gelagert; die Pinne war nur 3,60 m lang (!), weil es hinten ein zweites Schwert für den Trimm gab. Die Platte des Hauptschwertes war aus Gußeisen (sie brach bei der ersten Regatta, wodurch Stevens die 500 Dollar Wettgeld verlor, die er gegen den Schoner COQUETTE, den Champion von Boston, gesetzt hatte); es wog sieben Tonnen, und die Ketten, die es hielten, waren zum Gewichtsausgleich an Spiralfedern befestigt.

Nach dem Umbau versuchte man etwas Neues: Außenballast. Das Problem wurde gelöst, indem man ihn mit Hilfe eines einzigartigen Verfahrens an der Außenhaut anbrachte. Im Mittelteil des Rumpfes wurde auf sechs Meter Länge ein zweiter Boden eingebaut, der 12 cm unter dem eigentlichen Boden lag. Dann wurden in den ursprünglichen Boden Löcher gebohrt, durch die das Blei gegossen wurde. Der zweite Boden wurde entfernt, das Blei blieb infolge des in den Löchern verbliebenen Teils fest am Schiffsboden haften; es wurde geglättet und das

MADCAP

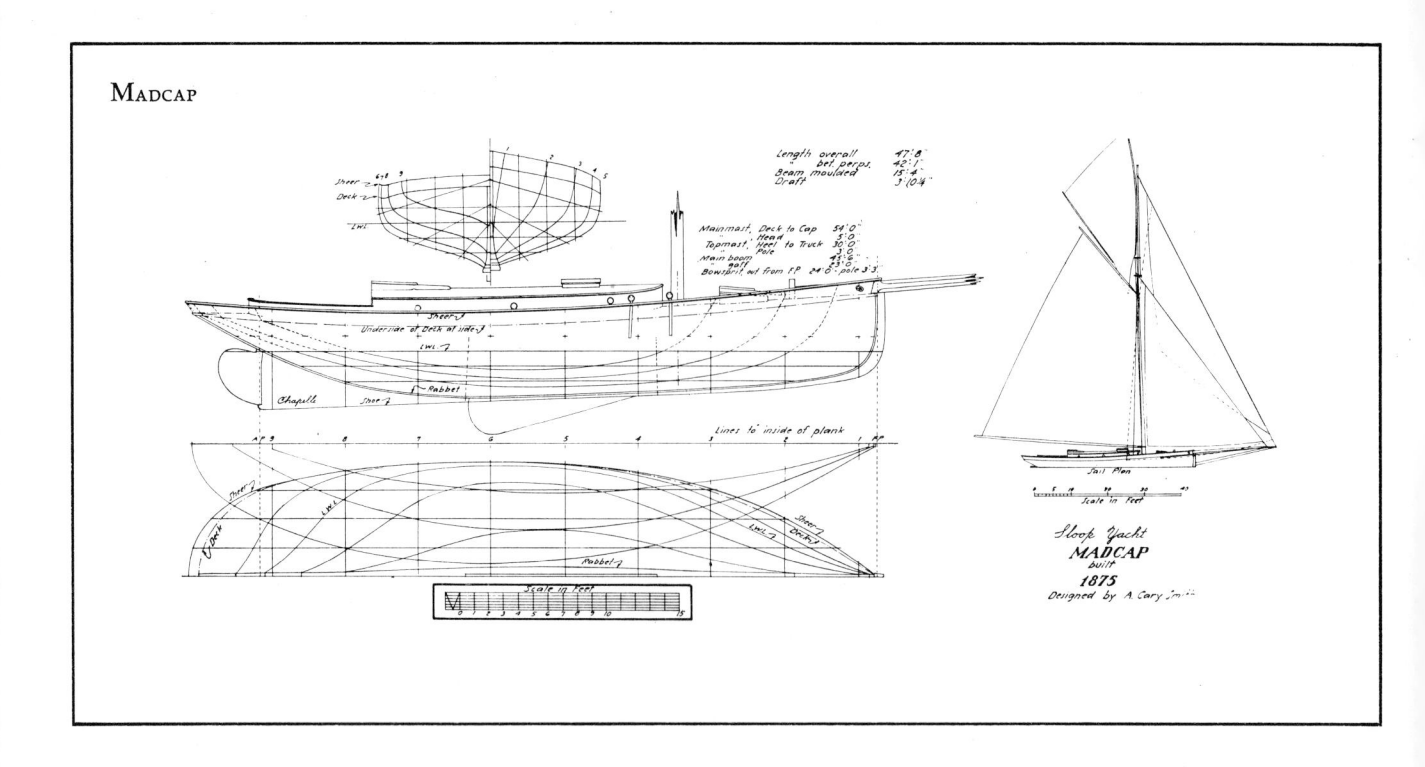

ganze Unterwasserschiff einschließlich des Bleiballastes mit Kupfer beschlagen.

Ein neues und großartiges Schiff, das viele Regatten segelte. Es existierte als Yacht bis 1865, wurde dann verkauft und ging mit der ganzen Besatzung in einem Sturm verloren, als es mit einer Ladung Kokosnüsse auf der Heimreise von Honduras war.

Als Slup trug die MARIA ein Großsegel von 540 m² und eine Fock von 200; Besatzung nur 15 Mann. 50 Jahre später hätte eine Slup von dieser Größe mindestens 50 Leute an Bord gehabt. Das Schwert wurde von zehn Mann bedient; bei frischem Wind konnte das Großsegel nur durchgesetzt werden, wenn man in den Wind ging. Allerdings wurde das Boot so nur in der Regatta gesegelt und erzielte dann außerordentliche Leistungen. Einmal wurden 16 Knoten gelogt. Die MARIA war die erste „racing machine" Amerikas.

Die Slup der folgenden Jahre ging über das hinaus, was man erfolgreich mit der MARIA erprobt hatte. Das amerikanische Rezept für ein schnelles Segelboot war sehr einfach: broad and shallow (breit und flach). Das ging in der Praxis auf Kosten der Sicherheit. Aber wenn ein Eigner Regatten segeln wollte, mußte er mitspielen. Je breiter und flacher ein Boot war, um so mehr wurde gewonnen – das war die Wirklichkeit der Regattafelder.

Als Beispiel für die Slup, broad and shallow, bringe ich die GRACIE von 1866: Länge über alles 18,40 m, Länge in der Wasserlinie 17,50 m, größte Breite 5,70 m, Tiefgang mit aufgeholtem Schwert 1,52 m. Der Vergleich mit dem englischen Kutter der gleichen Zeit drängt sich auf. GRACIE ist Zeitgenosse der KRIEMHILDA. Beide Yachten sind ziemlich gleich breit, und die englische ist um 10 m länger.

Die MADCAP ist von 1875, Länge über alles 14,50 m, Breite 4,70 m, Tiefgang 0,90 m. Verglichen mit der englischen SPANKADILLO ist das amerikanische Boot um 25 Prozent länger, dabei aber dreimal so breit, Tiefgang weniger als die Hälfte: Zwei Welten!

Die Segelfläche der MADCAP ist außergewöhnlich. Der Topp der Stenge ist rund 24 m über der Wasserlinie, die obere Spiere des Toppsegels noch 3 m höher. Das Bugspriet ragt 7 m weit über den Bug nach vorn, das ist etwa die halbe Bootslänge.

Das Rigg unterscheidet sich nicht sehr von dem des Kutters. Die Slup führte normalerweise ein einziges Vorsegel, häufig mit Baum, aber bei starkem Wind nahm man auch sehr oft zwei Vorsegel wie beim Kutter. Das Bugspriet allerdings war immer fest und lang in Bootsmitte; charakteristisch war der quadratische Querschnitt am inneren Ende, der außerhalb des Vorstevens ein kurzes Stück achteckig geformt war und dann bis zum vorderen

MARY

Mosquito

PURITAN

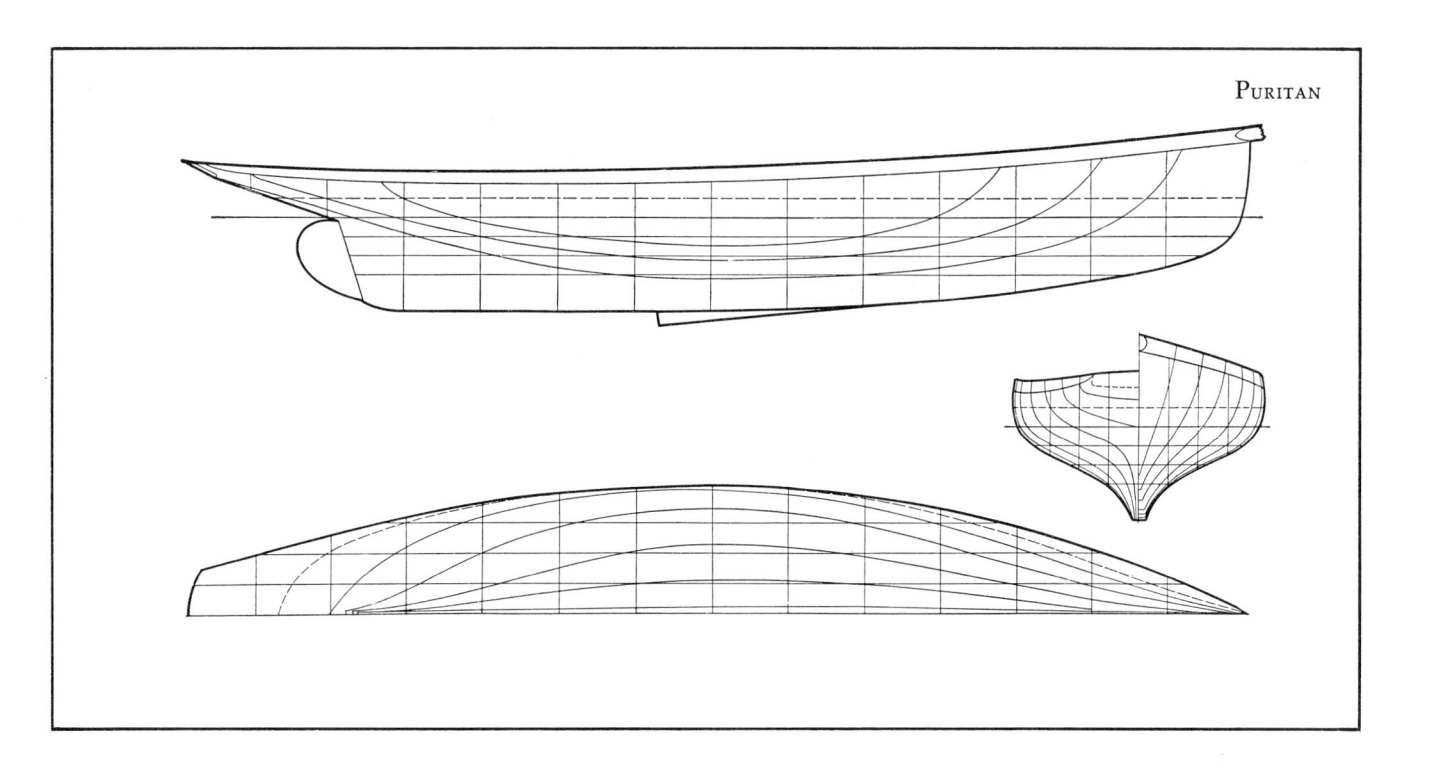

Ende kreisförmig verlief. Das Vorsegel ließ sich daher nicht wie beim Kutter mit Hilfe eines laufenden Ringes ausholen. Man mußte zum Setzen und Bergen nach draußen. Auf dem Stich der GRACIE unter Segel sind die Fußpferde für die Bedienungsleute längs des Bugspriets zu erkennen, ebenso die Bändsel zum Festmachen des geborgenen Segels. Am hinteren Ende des Baumes sind ebenfalls Fußpferde zu sehen für den Mann, der die Reffbändsel bediente. Das große Toppsegel, das mit den Spieren, ist noch nicht ganz gesetzt, und das normale Toppsegel wird gerade geborgen. Am Mastfuß stehen Leute an den Fallen.

Die Zeichnung stammt von 1886, sie ist von Cozzens signiert, dem anerkannten amerikanischen Yachtmaler des 19. Jahrhunderts.

Zeitgenossin des englischen Kutters GENESTA, deren Linien wir gesehen haben, und ihr Gegner beim America's Cup von 1885 war die PURITAN. Sie gehörte nicht zu den ganz extremen Booten. Man experimentierte damals mit der Slup vom „compromise type", der weniger breit war und etwas tiefer ging, aber immer ein Schwert hatte. Die PURITAN (1885), von Edward Burgess gezeichnet, war über alles 28,40 m lang, maß 25 m in der Wasserlinie und war 6,90 m breit, Tiefgang 2,56 m. Verglichen mit den übrigen amerikanischen Slups war sie um mindestens 2 m schmaler. Doch war sie immer noch fast 3 m breiter als ihr englischer Gegner.

Diese Begegnungen sollen in einem der nächsten Kapitel beschrieben werden. Zur Zeit der PURITAN hatten schon einige stattgefunden, und der Meinungs- und Gedankenaustausch hatte Früchte getragen. Die Auffassungen über die Rümpfe von Rennbooten näherten sich einander, und der Kompromiß bei der PURITAN ist ein ausgezeichnetes Beispiel dafür. Wenn sie auch auf der amerikanischen Linie bleibt, so sind wir doch nicht sehr weit vom Kutter entfernt. Das Rigg, mit Ausnahme des festen, in der Mitte liegenden Bugspriets, trägt englische Züge: zwei niedrige Vorsegel, der Klüver dicht am Stag gefahren, mit beweglichem Block am Fall. Der hintere Überhang ist lang und fein, der Vorsteven praktisch der gleiche wie bei den englischen „plumb stemmer".

Das war der Anfang vom Ende jener Krise, die mit dem Eintreffen der ersten amerikanischen Yacht, des Schoners AMERICA, in England eingesetzt hatte.

VI Die America

Der Schoner AMERICA

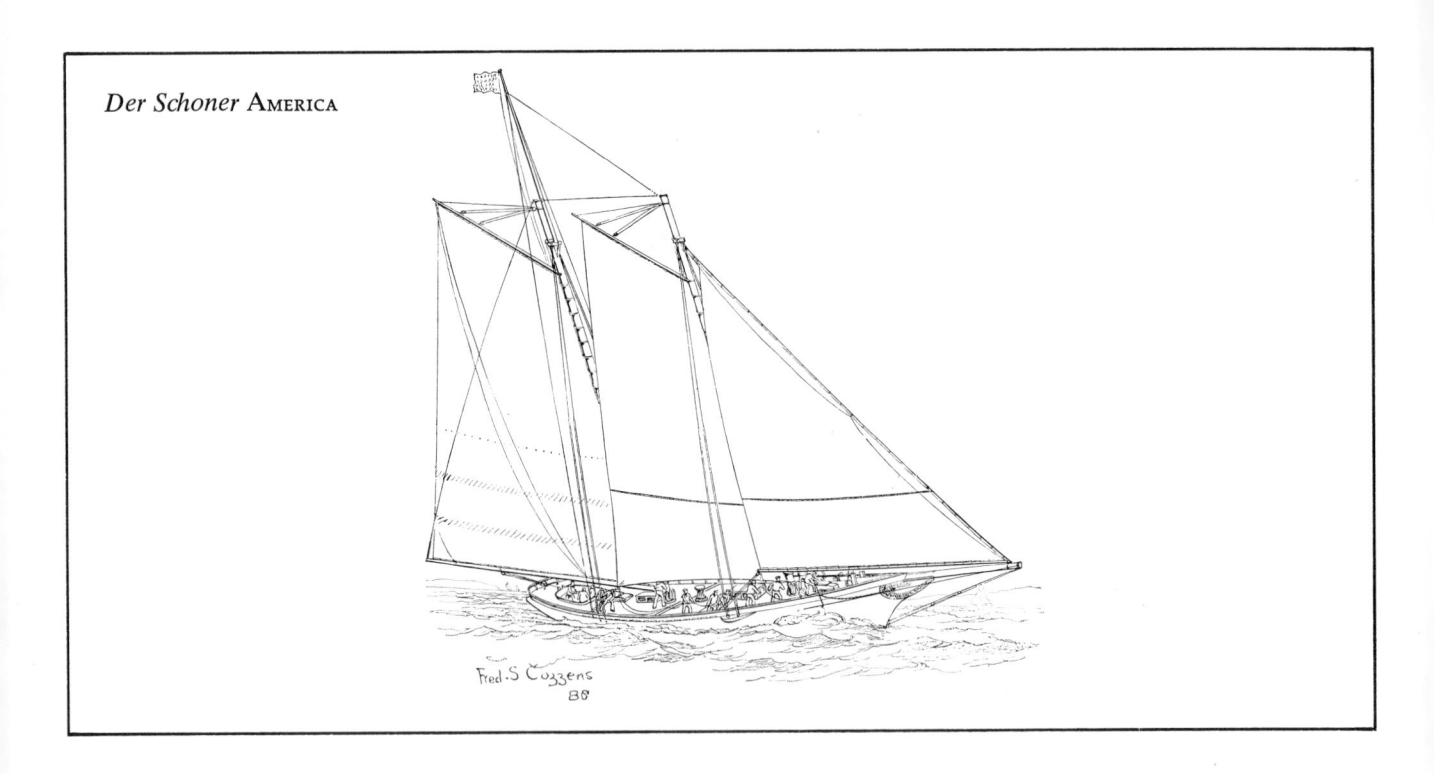

Am 15. 5. 1851 machte uns die „Illustrated London News" das Vergnügen, die Zeichnung einer Yacht zu zeigen, die in New York im Bau war zu dem Zweck, sich mit den Yachten der alten Welt zu messen; ihre Form erschien uns so neuartig und dermaßen im Gegensatz zu unseren Auffassungen zu stehen, daß viele Leute sie für die fixe Idee eines wildgewordenen Enthusiasten hielten.
Gegen die englischen Yachten antreten? – Du liebe Zeit – sie wird beim Abfall landen, wenn sie hierher kommt!
So die Kommentare, die überall zu hören waren. Es gab keinen Yachtsegler von der Insel Unst bis zur Insel St. Agnes, der darauf gewettet hätte, daß England geschlagen würde, schmählich geschlagen – bei einer Begegnung in seinem ureigenen Element. Andererseits kursieren gerade jetzt Geschichten von den Baltimore-Klippern, den Lotsenbooten und den amerikanischen Klippern, und man entdeckte auch den „bona fide"-Club in New York.
Sollte dieser neue Klipper eingetroffen sein? Die „New York Spirit of the Times" beantwortete am 22. 6. diese Frage und verkürzte das Warten, indem sie berichtete, das „Wunder" hätte bereits gesegelt. Die fieberhafte Erwartung wurde durch die Notiz abgekühlt, es sei bereits über den Atlantik gesegelt und läge gut und sicher in Le Havre.

Nun wurde das vergnügte Gelächter zum gequälten Lächeln. Wir konnten das Unternehmen nicht länger mehr als ein Narrenstück betrachten. Ein englischer Lotse hatte es begleitet, war auf ihm gesegelt; nach seiner Meinung handelt es sich nicht um ein Märchen oder um ein Geisterschiff, sondern ganz einfach um ein „Wunder".
Die englischen Yachtsegler fragten sich, welcher Segler sich mit ihm messen sollte. Die Yachtkorrespondenten entdeckten sehr bald, d. h. noch bevor der Yankee-Klipper hier leibhaftig in Erscheinung getreten war, daß wir keinen in England gebauten Segler mit „neuen und verbesserten Prinzipien" hatten, der diesem amerikanischen Wunder entgegentreten konnte, obwohl wir uns nach 30 Jahren des Regattasegelns laut rühmten, wir seien unbesiegbar. Und nach welchen neuen und verbesserten Prinzipien wir einen Segler hätten bauen müssen, der sich mit diesem amerikanischen Wunder hätte messen können, darüber gab es bei uns gerade keine besonderen Erleuchtungen, und es hätte, fürchte ich, auch keine gegeben, wäre es nicht zu uns gekommen...

Dieser Bericht von Vanderdeken, dem bedeutendsten englischen Yachtjournalisten des 19. Jahrhunderts, klingt wie ein Romananfang von Jules Verne. Der Gegenstand all dieser Besorgnisse – das „Ungeheuer", der „Narwal" – war in diesem Fall ein amerikanischer Schoner von

Die Linien des Schoners America

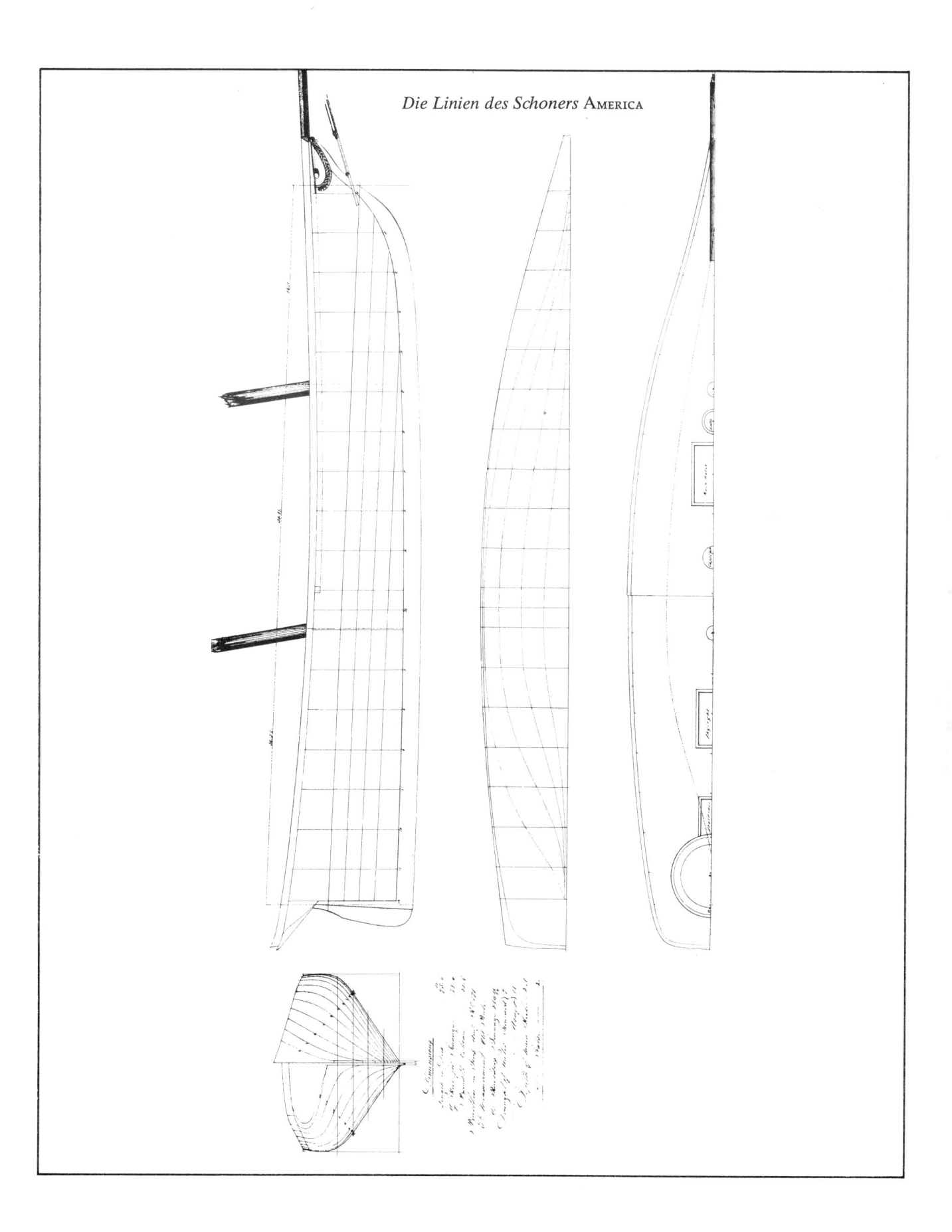

171 t, über 30 m lang. Georg Steers, der Sohn eines englischen Schiffbauers, der 1819 während der Schiffbaukrise – eine Folge der Blockade – nach den Vereinigten Staaten ausgewandert war, hatte ihn gezeichnet. Der Sohn blieb beim Handwerk des Vaters, und sein Talent wurde weit geschätzt. Eines seiner ersten Projekte war die GIMCRACK, auf der 1844 der „New York Yacht Club" gegründet wurde.
Mehrere Jahre schon hatten die Gebrüder Stevens, die Begründer des Clubs, eine Begegnung zwischen amerikanischen und englischen Yachten im Sinn. Aus diesem Gedanken entstand die AMERICA, die auf der Werft von William Brown 1851 gebaut wurde.

Der Schoner AMERICA ist die wichtigste Yacht in diesem Buch und die am meisten gefeierte – von ihrem ersten Auftreten an bis heute. Ihre Expedition nach England wurde zur Legende.
Unter dem Kommando von Dick Brown, einem New Yorker Lotsen, lief die AMERICA im Juni 1851 aus, jenem Jahr, in dem England seine in der Welt erworbene Stellung mit der großen Weltausstellung feierte. George Steers war an Bord mit seinem Sohn und seinem Bruder James; er führte das Reisetagebuch, das beim New York Yacht Club aufbewahrt wird.
Die am häufigsten registrierten Geschwindigkeiten sind 8, 10, 12 und 13 Knoten; man findet nur ganz selten weniger als 4 Knoten verzeichnet. Hier ein paar Auszüge:
24. Juni. Um 1 Uhr nachmittags 2 Reffs in das Großsegel, Toppsegel gesetzt, die ganze Zeit schwerer Regen. Logablesung um 2 Uhr: 12 Knoten ... Ab 4 Uhr morgens leichter Wind um West, Kurs Südost. In den letzten 24 Stunden 240 Seemeilen abgelaufen. Um 4 Uhr schütten wir das Reff aus, um 6 Uhr überholen wir ein Schiff auf gleichem Kurs, vermutlich die LADY FRANKLIN. So endet dieser Tag.
28. Juni. Beginnt mit sehr leichtem Wind. Alle bearbeiten das Achterdeck und die Plicht mit Gebetbüchern.[15] *Um 3 Uhr überholen wir die englische Brigantine CLYDE aus Liverpool und sprechen sie an. Wir hatten sie um 10 Uhr vormittags voraus in Sicht bekommen, und um 6 Uhr nachmittags kam sie achteraus aus Sicht. Der Kapitän sagt: „Sie läuft wie der Wind."*
8. Juli. Um 2 Uhr morgens setzten wir die Breitfock, das Stagsegel und das Toppsegel. Wir haben drei Segler in Sicht, darunter ein großes Schiff mit allen Segeln, die es tragen kann, 3 Royals, und wir lassen es stehen wie eine Mole. Wir wären gerne näher an ihm vorbeigelaufen, um den Namen lesen zu können ...

So überholt die AMERICA alle Schiffe, die sie antrifft, und kommt nach 26 Tagen und 6 Stunden (Durchschnittsgeschwindigkeit der ganzen Reise 7 kn) in Le Havre an, wo sie für die kommenden Regatten klargemacht wird. Ein englischer Kutter, die LAVEROCK, trifft ein, um zu beobachten.

Auf einem Am-Wind-Kurs von 4 Meilen liefen wir ihm eine halbe Meile davon. Dieser Kutter hat 80 Tonnen und ist hier in Cowes von Mr. White gebaut worden. Er läuft hier unter dem Namen „White's Improvement". Er verließ den Hafen, wir blieben dort. Der Kommodore ist gestern zusammen mit seinem Bruder und Mr. Hamilton nach London gereist. Vor der Abreise hat er einen Brief an den Kommodore der Royal Yacht Squadron in Cowes geschickt, in dem er seine Ankunft mitteilt sowie seine Bereitschaft und seinen Wunsch zum Ausdruck bringt, mit jedem britischen Schoner und jeder beliebigen Yacht anderen Typs des Vereinigten Königreichs um die Wette zu segeln, sei es nur zum Vergnügen oder auch um jeden Einsatz. Ich warte auf eine Antwort, um sie ihm nachzuschicken.

Am 27. Juli werden die Amerikaner der Königin vorgestellt. „Die Königin ist von kleiner Statur, sagen wir 4 Fuß, 10 Zoll (1,47 m), und sieht keinesfalls besonders gut aus."

Sie segeln eine örtliche Regatta auf der PEARL des Marquis von Anglesea mit. – „... Ich glaube ganz ehrlich, mit der AMERICA hätten wir die ganze Flotte geschlagen, und zwar nur mit dem Großsegel und der Fock."

Als Preis wird ein Pokal im Werte von 100 Guineen ausgesetzt; er soll ohne jede Vergütung von Rigg oder Verdrängung ausgesegelt werden; das Rennen ist für alle Yachten offen. Die Regatta, einmal um die Insel Wight herum, soll am 22. August gesegelt werden.
In der Zwischenzeit wird der Gegner unter die Lupe genommen. Großes Interesse erregen die Feinheit des Vorschiffes und der extreme Fall der Masten.
Die AMERICA gefällt sehr. In der Zeitung „Bell's Life", die ein Essen zu Ehren der Amerikaner gegeben hatte,

---

[15] Holystone, der Kalkstein, mit dem Teakdecks gescheuert werden.

hieß es: „Sie entspricht jenem Schönheitsideal, das wir in den Romanen von Cooper zu finden gewohnt sind."

Am 22. 8. morgens die Regatta. Als Gegner acht Kutter und sieben Schoner. Der größte davon ist der Dreimastschoner BRILLIANT von 392 t, der kleinste der Kutter AURORA von 47 t; darunter berühmte Kutter wie die ARROW (184 t), die VOLANTE (48 t) und die ALARM (193 t). Die AMERICA liegt mit ihrer Verdrängung von 170 t in der Mitte.
Wie damals üblich, erfolgt der Start mit den Yachten vor Anker, Segel festgemacht. Die Boote liegen in zwei Reihen: die Kutter hundert Meter vor den Schonern. Beim Vorbereitungsschuß müssen die Yachten Segel setzen, beim Startschuß Anker lichten.
Die AMERICA hatte keinen guten Start. Ihre Segel kamen nur langsam hoch, und sie nahm als letztes Boot Fahrt auf. Beim Nab-Leuchtturm, der ersten Bahnmarke, lag sie an 5. Stelle. Die ersten Boote ließen die Tonne an Steuerbord, wie das üblich war. Die AMERICA ließ sie an Backbord und gewann damit viel Raum. Der erste, der Kutter ARROW, läuft auf Grund, und die ALARM bleibt zur Hilfeleistung bei ihm. Die nächsten beiden Kutter, FREAK und VOLANTE kollidieren miteinander. Das Glück lächelte den Engländern an diesem Tage nicht.
Bis zu den Needles kam der Wind von vorn. Die AMERICA zeigte, was sie am Wind wert war, und distanzierte sich um mehrere Meilen vom Rest der Boote.
Als sie von Westen kommend wieder in den Solent einlief, wurde der Königin, die an Bord der königlichen Yacht VICTORIA AND ALBERT auf das Ergebnis wartete, jenes Signal überbracht, das in den USA in die Geschichte einging: „AMERICA first, Your Majesty. There is no second."

Das war die erste Begegnung zwischen englischen und amerikanischen Yachten, und es gab eine große Sensation. Der Oberst Peel hielt im Unterhaus eine eindrucksvolle Rede, in der er sagte: „Der Sieg der AMERICA ist wahrlich eine nationale Schande."
In ihrer Niedergeschlagenheit merkten die Engländer nicht, daß man viele Dinge übersehen hatte, die durchaus zum Trost hätten gereichen können. Die vier besten Kutter hatten Havarien; die AMERICA hatte die Nab-Tonne falsch gerundet, aber ein Protest von der BRILLIANT wurde nicht angenommen, weil man – in der Meinung, jeder wüßte, wie die Boje üblicherweise gerundet wurde – nicht daran gedacht hatte, die Amerikaner davon in Kenntnis zu setzen; und in die Ausschreibung hatte man es auch nicht aufgenommen.

Und ganz so vernichtend war die Niederlage auch nicht gewesen: Im Ziel betrug der Abstand zwischen der AMERICA mit ihren 170 t und der AURORA von 47 t acht Minuten. Mit der heutigen Vorgabe hätte die AURORA einen bemerkenswerten Vorsprung herausgesegelt.
Am 28. August ein neuer Schlag: In einem privaten Rennen schlug die AMERICA mühelos den Schoner TITANIA. Zwei Tage später kaufte sie der Lord de Blacquiere für 4000 Pfund.

Die AMERICA wies Neuerungen in der Rumpfform auf, die nach ihrem Regattaerfolg zum Gegenstand nachdenklicher und polemischer Äußerungen wurden. Verglichen mit der MOSQUITO erwiesen sich die Flächen der Wasserlinien und des Hauptspants im Verhältnis zur Länge als sehr viel kleiner; Steers hatte einen Schiffskörper von großen Abmessungen bei kleinem Volumen geschaffen, der dank der verhältnismäßig leichten Bauweise sehr fein war, ohne dabei schmal zu sein. Das Längen-Breiten-Verhältnis war dem der MOSQUITO gleich, nämlich 4,4. Die MOSQUITO, auf die Länge der AMERICA gebracht, wäre ebenso breit gewesen wie diese, aber um 50 Prozent schwerer. Tatsächlich klagte man bei der AMERICA über schlechte Wohnlichkeit und mangelnde Innenhöhe, die man bei einem Schiff von 30 m Länge eigentlich hätte verlangen können.
Das Hauptspant lag viel weiter hinten, als man das je in England gesehen hatte. Über diese Besonderheit hat man sich etwas zu sehr ausgelassen, und man liest häufig, ein so feines Vorschiff habe es vor der AMERICA nicht gegeben. Wir wissen, daß das nicht stimmt. Aber das war der Augenblick, dieser „Neuerung" zur offiziellen Anerkennung zu verhelfen.
Leichte Verdrängung, geringer Tiefgang, feine Linien: Nimmt man alles in allem, so läßt sich sagen, daß die Amerikaner als Vertreter der Yachten von großer Formstabilität – breit, schwer und mit wenig Tiefgang – eine Yacht gebaut hatten, um die Vertreter der entgegengesetzten Theorie, eben die Engländer, zu schlagen. Ihrer Form nach war sie amerikanisch, doch mit ihrer steilen Aufkimmung, der Feinheit der Überhänge übertraf sie noch die englischen Yachten herkömmlicher Bauart, nahm sie sogar die extremen Formen der Zukunft vorweg.
Die große Neuerung war allerdings der Schnitt ihrer Segel. Die englischen Segelmacher mußten zugeben, daß sie so etwas noch nie gesehen hatten. Das Gewebe war aus Baumwolle, während für die Segel der Kutter noch ein Flachsgewebe verarbeitet wurde. Das Großsegel war am

Die America *zur Zeit des Bürgerkrieges*

Baum festgeschlagen, und sämtliche Segel hatten einen schmaleren Schnitt. Die America brachte das Baumwollsegel nach Europa und, als letzten Schrei der Segelmacher von der anderen Seite des Atlantiks, die Abnäher, die bei der größeren Anzahl von Nähten die Formfestigkeit vermehrten.

Diese Serie von Neuerungen hatte den Sieg über die englischen Boote gebracht. Nachdem man sie übernommen hatte, war das Leben für die amerikanischen Schoner nicht mehr so leicht. Im Juli 1852 wurde der Pokal der Königin von Arrow gewonnen, Mosquito wurde zweite, America dritte.

Das Dasein der America war lang und glückhaft. 1853 wurde sie von Lord Templeton erworben und in Camilla umbenannt. Nach einem Jahr Kreuzfahrten rottete sie in der Nähe von Cowes vor sich hin. 1858 wieder zu Wasser gebracht, wurde sie in eine Werft verholt, wo sie in englischer Eiche von Grund auf instandgesetzt wurde. Dadurch wurde sie gewiß viel stärker, als sie am Tage ihres Stapellaufs gewesen war. Die Engländer konnten allerdings an ihrem Rigg nicht den gleichen Gefallen finden wie an ihrem Rumpf. Sie verkürzten die Masten und gaben ihr Flachsegel nach englischem Schnitt.

Während des amerikanischen Bürgerkrieges fühlte sich der englische Eigner zur Sache der Südstaaten hingezogen, und dadurch erklärt sich die Tätigkeit des Schiffes unter dem Namen Memphis auf der Seite der Südstaaten. Sie wurde versenkt und nach Wiederherstellung von den Nordstaaten eingesetzt. Das zeitgenössische Foto zeigt sie in einem amerikanischen Hafen, bestückt mit der drehbaren Kanone, dem typischen „pivot gun" der Blockadebrecher. Sie erhielt wieder ihren ursprünglichen Namen und beteiligte sich an der Blockade von Charleston, wo sie den Schoner Davy Crockett beim Versuch, die Blockade zu durchbrechen, kaperte.

Von 1864 an diente sie der Marineakademie in Annapolis als Schulschiff. Nachdem sie von 1870 bis 1913 wieder an Regatten teilgenommen hatte, kam sie in Boston aus dem Wasser. 1921 kehrte sie zur Marineakademie zurück, wo sie zum Gegenstand der Verehrung durch die Yachtsegler wurde. 1946 wurde sie abgewrackt.[16]

Über die America ist viel geschrieben worden, und ihre Geschichte erscheint zu jedem „America-Cup-Race" regelmäßig in den Yachtzeitschriften. Das ist der Grund, warum ich nicht so ausführlich auf die Geschichte dieser

Die AMERICA
vor dem Abwracken

hochinteressanten Yacht eingegangen bin, wie sie es eigentlich verdiente.

Heute segelt ein Nachfahre der AMERICA in den USA. Das Schiff gleichen Namens wurde 1967 so genau wie möglich nachgebaut, und der Rumpf, der auch im Schlepptank getestet wurde, ist nach wie vor ausgezeichnet und „funktioniert" immer noch. Auf den Bildern, die in den Zeitschriften erschienen sind, zeigt sich die AMERICA von einer zeitlosen Schönheit. Sie kommt uns auch heute noch praktisch und modern vor, viel mehr als etwa die ARROW oder die MOSQUITO.

Ich komme auf den Anfang dieses Kapitels über die AMERICA zurück und schließe es ab mit den Angaben und einer Bemerkung von Vanderdeken:

„Dienstag, den 31. Juli 1851, darf man als den Beginn einer neuen Ära des englischen Yachtsegelns bezeichnen; jener Tag, an dem die AMERICA zum ersten Male bei uns auftrat, und das Aufsehen, das sie erregte, bewies hinreichend, daß das Schiff in jeder Hinsicht von unserer Auffassung dessen abwich, wie eine seetüchtige und schnelle Yacht zu sein hätte. Der Ausspruch eines alten und erfahrenen Yachtseglers, wie der Marquis von Anglesea einer ist, wird noch viele Jahre lang unter den Yachtseglern kursieren: ‚Wenn das Schiff richtig ist, dann müssen wir alle falsch gelegen haben!'"

AMERICA, Schoner, 171 t

Länge über alles	100,0 Fuß (30,40 m)
Tiefgang hinten	10,0 Fuß (3,05 m)
Tiefgang vorn	5,6 Fuß (1,68 m)
Raumtiefe	9,0 Fuß (2,74 m)

In den Kabinen: Möbel in eingelegtem Rosenholz, in poliertem Rosenholz und poliertem amerikanischen Nußbaum und grünem Seidensamt.

---

[16] Das einzige Stück, das heute noch von der AMERICA existiert, ist ihre Heckzier, ein geschnitzter Adler. Er war von dem englischen Eigner abgenommen worden, der Wirt eines „pubs" in Ryde hatte sie erworben und sie 50 Jahre lang als Wirtshausschild benutzt. Dann kaufte ihn die „Royal Yacht Squadron" und schenkte ihn dem New York Club, in dessen berühmtem Modellraum er seinen Platz gefunden hat.

VII Der Schoner

*Holländischer „Schoone"
des 17. Jahrhunderts*

Die AMERICA, die erste Yacht, die über den Atlantik ging, um sich mit den Europäern zu messen, war ein Schoner. Nicht nur ihr Name sagt etwas über ihre Herkunft aus, auch ihr Typ. Das Schonerrigg ist das eigentliche „national rig" der Amerikaner.[17] Über den Ursprung des Schoners gibt es eine Anekdote, die manchmal von amerikanischen Geschichtsschreibern gebracht wird. Sie spielt im Jahre 1713 in Glouchester, Massachusetts.

Der Kapitän Andrew Robinson, eine bekannte Persönlichkeit in der Geschichte der Stadt, Kämpfer gegen die Indianer, Seemann, Schiffbauer, Erbauer von Grenzforts, ließ einen Segler neuer Art vom Stapel laufen, den er „erfunden" hatte. Als das Schiff ins Wasser glitt, rief einer der Zuschauer: „Oh, how she scoons!", was im örtlichen Slang etwa so viel bedeutete wie: „Wie leicht liegt sie auf dem Wasser; sie schwebt ja förmlich!" Darauf Robinson: „A scooner let her be!" – Was immer Robinson von sich gab, es wurde unsterblich; wir befinden uns noch in der legendären Zeit der amerikanischen Geschichte, und Robinson war der Pecos Bill des Ortes. Aus „scooner" wurde „schooner", und so ist das Wort auf uns gekommen. (Im Deutschen wird es „Schoner" geschrieben.)

Die Story ist alles andere als gesichert, aber zu der Zeit, in der sie spielt, ist der Ausdruck tatsächlich aufgekommen. Das Segelschiff mit den feinen Linien, wie wir es bei der BERBICE von 1780 gesehen haben, gab es nur in den Neuenglandstaaten, und es gab bei den europäischen Schiffen nichts Entsprechendes oder irgend etwas, wovon sich diese Formen herleiten ließen.[18]

Bezeichnungen, die dem Wort Schoner ähnelten, gab es bereits in Europa, etwa den alten holländischen Ausdruck „schoone", der ein kleines zweimastiges Segelschiff bezeichnete, mit vollen Formen und Seitenschwertern. Der Vergleich mit dem amerikanischen Schiff gleichen Namens ist für uns ohne Bedeutung, abgesehen vielleicht von Ähnlichkeiten in dieser oder jener Einzelheit des Riggs. Es erschiene mir auch unzulässig und leichtfertig, hier eine Priorität geltend zu machen und zu beweisen, daß auch der amerikanische Schoner sich von holländi-

---

[17] Der Ausdruck „Schoner" ist nicht immer ganz eindeutig. Aber ich möchte hier damit jenen ganz eindeutig definierten Typ bezeichnen, der sich in Neuengland herausgebildet hat und den ich eigentlich „amerikanischen Schoner" nennen sollte. – Schoner gab es auch bereits zur Zeit Chapmans in Europa, ebenso wie hundert Jahre später die englischen Schoner, die gegen die AMERICA segelten. Dennoch ist der Schoner ebensosehr amerikanisch wie der Kutter englisch, mögen sich auch für das Gegenteil noch so viele Nachweise finden lassen.

schen Vorbildern ableiten ließe. Wie gewöhnlich hatten die Holländer als erste die Idee gehabt, doch hatten sie sie schlecht verwirklicht und ließen die Sache auf sich beruhen.

Der europäische Schoner in der Mitte des 18. Jahrhunderts ist ein mittelgroßes Fahrzeug mit zwei Masten, Gaffelsegeln und mit Linien, die jenen der anderen, anders getakelten, aber für ähnliche Zwecke benutzten Schiffe gleichen. Der amerikanische Typ wurde bekannt, als in den Neuenglandstaaten gebaute Schoner in den Dienst der britischen Marine traten. Der Ausdruck Schoner verschwand damit in Europa nicht, aber man gewöhnte sich daran, in dem amerikanischen Prototyp mit seinen feinen Linien den eigentlichen Schoner zu sehen; ein Schiff, bei dem es auf Geschwindigkeit ankam, etwa für den Kaperkrieg, den Sklavenhandel, den Lotsendienst, für Schmuggler und zum Yachtsegeln.

Es war allgemein anerkannt, daß niemand es mit den amerikanischen Schonern an Schnelligkeit und Seetüchtigkeit aufnehmen konnte. Diese Beurteilung finden wir in vielen Büchern jener Zeit.

In den Jahren zwischen dem Unabhängigkeitskrieg und dem Krieg gegen England 1812, als man überall hinter neueren, schnelleren Schiffen her war, erlebte der Schoner eine bedeutende Verfeinerung.

„Die große Göttin der Amerikaner, die Geschwindigkeit", sagte Chapelle, „führte vor allem anderen die Hand der Konstrukteure und Schiffbauer, als sie die Freibeuter- und Sklavenschiffe bauten, die schnellsten Schiffe, die in Neuengland gebaut wurden."

Der Preis für die Schnelligkeit waren Einbußen an Festigkeit und Haltbarkeit, an Ladefähigkeit und Bewaffnung. Man meinte, es sei sicherer, einem Gefecht auszu-

---

[18] Auch die Schoner von Chapman haben sehr feine Linien, und sie sind, so meine ich, wohl schöner als ihre amerikanischen Zeitgenossen. Doch möchte ich sie nicht heranziehen, um damit etwa eine Priorität oder Überlegenheit oder auch nur die Gleichzeitigkeit bei der Entwicklung des Schoners in Europa aufzuzeigen. Sie sind eine Sache für sich, und mir sind in keinem Falle zeitgenössische Rumpfformen bekannt geworden, die so feine Linien haben, daß man sie diesem bestimmten Typ zuordnen könnte. Es ist möglich, daß sie unmittelbar von dem amerikanischen Schoner abstammen, der in Europa bereits bekannt war, und daß dieser Ursprung nicht sehr deutlich wurde, weil diese Entwürfe unvermeidlich den Stempel des großen Chapman tragen.

HORNET

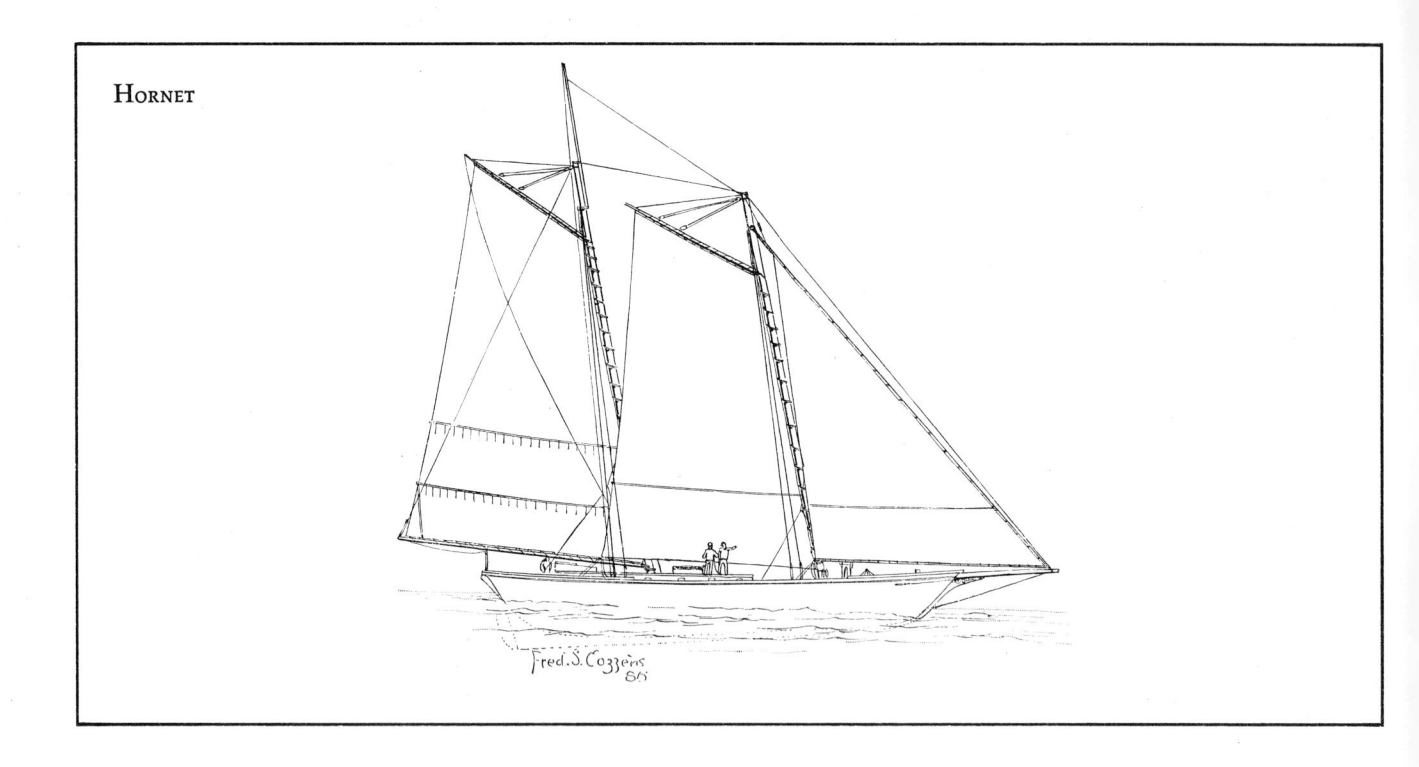

weichen, als sich absichtlich mit einem bewaffneten Schiff der britischen Marine einzulassen.
Chapelle zeigt uns viele Schonerrisse aus diesen Kriegszeiten und macht Angaben, die von großem Interesse sind für alle, die die Entwicklung dieses hervorragenden Segelschiffes verfolgen möchten.
Die Schiffsenden werden immer feiner, der Freibord niedriger, große Segelflächen, am Fockmast das normale Schonersegel, dazu auf den größeren Schiffen eine vollständige Rahtakelung.[19]
Der Schiffskörper war bedeutend leichter als bei entsprechenden europäischen Schiffen, auch deshalb, weil man einfache Spanten anstelle der doppelten verwandte; Deck und Takelung waren so leicht es nur ging ausgeführt. Masten mit sehr starkem Fall nach hinten – ursprünglich eingeführt, um die Am-Wind-Segel besser zu tragen, erwies sich dieses Rigg auch sonst als überlegen – blieben für lange Zeit das Merkmal der amerikanischen Schiffe.

Die Fahrzeuge, mit denen die Konstrukteure am meisten experimentierten, waren die Lotsenboote mit Abmessungen zwischen 14 und 18 Metern.
Einige dieser Boote waren wahrhaftige Rennmaschinen, die heute bei der Hochseeregatta wegen mangelnder Sicherheit von der Wettfahrtleitung nicht zugelassen werden würden. Sie waren gewöhnlich als einfache Gaffelschoner getakelt, mit großem Vorsegel, die Fock ohne Baum, und mit starker Überlappung über das Schonersegel; das Schonersegel ohne Baum; das Toppsegel an einer kurzen Stenge.
Viele von ihnen hatten überhaupt kein stehendes Gut, keine Wanten, kein Stag; Vor- und Stagsegel des Großmastes nicht angeschlagen, mit freiem Vorliek.
Hatte man eine längere Reise vor, bekam der Fockmast ein Rahsegel und eine Stenge wie der Großmast. Zur Zeit des Beginns der Französischen Revolution erwarben Engländer und Franzosen einige dieser Lotsenschoner, um sie als Postschiffe oder Freibeuter einzusetzen; der Ruf der Lotsenboote von Virginia hatte sich herumgesprochen. In jenen Kriegszeiten bestand große Nachfrage nach solchen kleinen Schonern von der anderen Seite des Atlantiks, und meines Wissens ist keiner von ihnen verlorengegangen.

---

[19] 50 Jahre später hätte man Schiffe mit dieser Takelung nicht mehr „Schoner", sondern „Brigantine" genannt. Bis dahin hatte sich, wie wir wissen, die Bezeichnung eines Schiffstyps nach der Rumpfform gerichtet, auch wenn das Rigg von den für diesen Typ gebräuchlichen abwich.

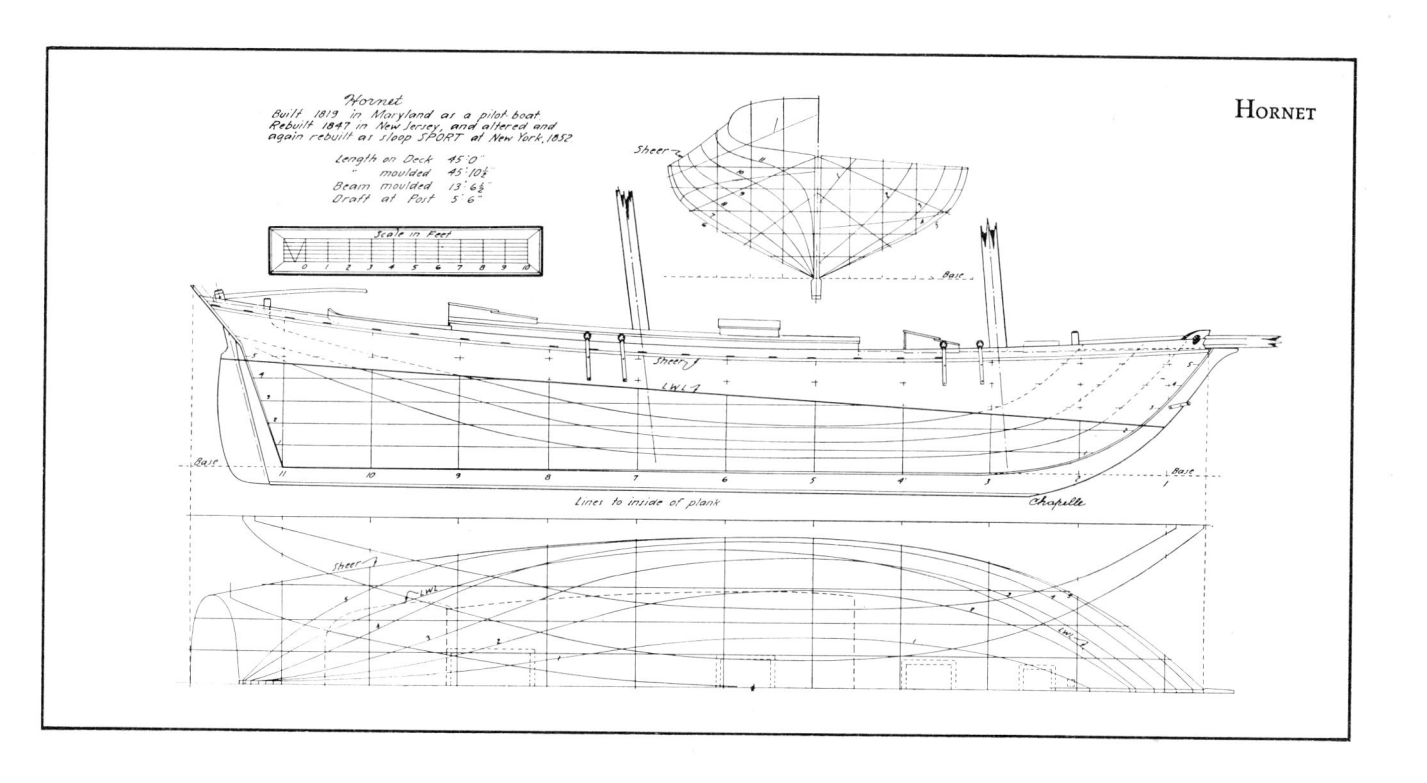

Eine der frühesten amerikanischen Yachten, deren Pläne[20] wir besitzen, ist der Schoner HORNET, der 1819 in Maryland als Lotsenschoner gebaut wurde. Seinen Namen finden wir viele Jahre lang in den Annalen des amerikanischen Yachtsports. Coffin beschreibt in „American Yachts and Yachting" eine Regatta, an der die HORNET teilnahm. Ich zitiere ein paar Sätze, weil es von Interesse sein mag, etwas aus der Welt des Rennsegelns in New York zu erfahren. Teilnehmer dieser Regatta ist auch die GIMCRACK, auf der 1844 der New York Yacht Club gegründet wurde. Coffin schrieb seinen Bericht 1887.

Vor Beginn des folgenden Sommers hatte der Club sein Clubhaus in den Champs-Elysées, Hoboken; und über 20 Jahre lang waren hier Start und Ziel der Regatten. Tausende von Menschen kamen dahin, um die Zieldurchgänge zu erleben ... Die Bahn wurde gebildet von je einem Markboot vor den Champs-Elysées und auf der Höhe von Stapleton, S. I.; von dort ging es zu einer Marke vor dem Strand von Long Island, dann nach Southwest-Spit und auf dem gleichen Wege zurück ... Der größte Schoner war die COQUETTE, 76 t, die größte Slup die MIST, 44 t. Das einzige Boot, das das Rennen innerhalb der zugelassenen Zeit von acht Stunden beendete, war die MIST. Diese Regatta ist in den Annalen des Clubs als „the first annual regatta" verzeichnet ...

Die Vorgabe war die gleiche wie am Tage zuvor, 45 Sekunden je Tonne. Schoner und Slups gingen gleichzeitig durchs Ziel, und wie wir gesehen haben, waren die Slups besser.

---

[20] Es ist an sich nicht ganz richtig, von „Plänen" amerikanischer Yachten dieser Zeit zu sprechen. Die bei den amerikanischen Schiffbauern bevorzugte Technik bestand darin, die Linien von einem „Halbmodell" abzunehmen, dessen Form mit Hilfe der sogenannten „Daumenregel" (rule of the thumb) bestimmt wurde. Das heißt, man richtete sich nach dem Augenmaß, dem Formensinn desjenigen, der das Modell herstellte. – Es gibt zwar auch die eine oder andere Zeichnung aus dieser Zeit, aber sie sind sehr selten. Die von mir gezeigten amerikanischen Pläne sind sämtlich neuen Datums und von erhaltenen Halbmodellen abgenommen. – Im New York Yacht Club ist, wie schon erwähnt, ein Modellraum, in dem die früher zum Bau von Yachten benutzten Modelle ausgestellt sind. – Viele der zeitgenössischen Zeichnungen von amerikanischen Yachten wurden ebenfalls von den Modellen abgenommen oder von den seinerzeit in England an den Schiffen selbst durchgeführten Vermessungen; man benutzte sie für Vergleiche mit den eigenen Konstruktionen, die man regelrecht nach maßstabgetreuen Entwurfszeichnungen baute. – Ein großer Teil der amerikanischen Zeichnungen in diesem Buch wurde von Chapelle gezeichnet, den ich ob seiner Kenntnisse wie seiner Akkuratesse nicht genug loben kann.

DREAM

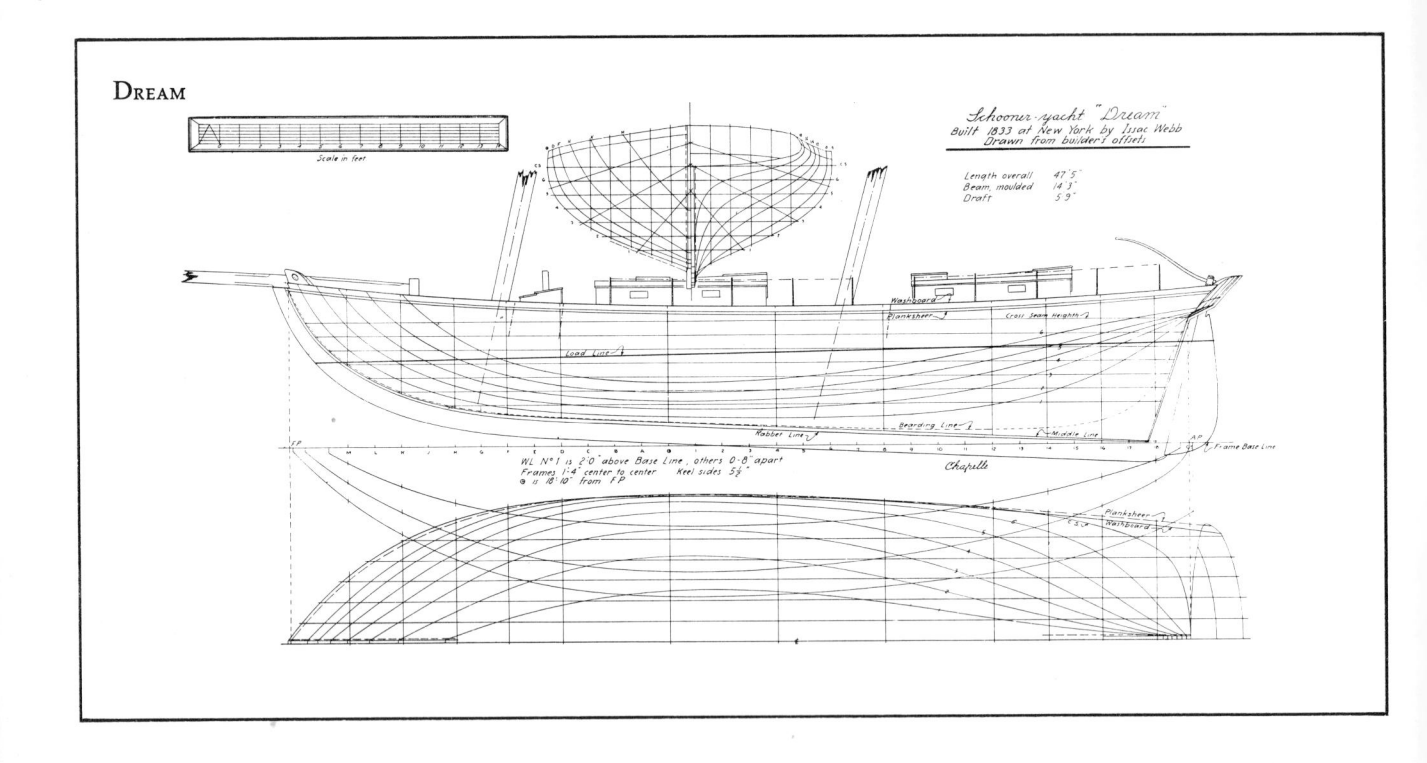

Der Club hatte am folgenden Tage, dem 18. 7. 1846, eine weitere Regatta. Diesmal waren am Start die Schoner GIMCRACK, HORNET, MINNA, BRENDA, CYGNET, SIREN *und* COQUETTE *sowie die Slups* PEARSALL, MIST, ANN MARIA *und* DART. *Ich glaube, daß* PEARSALL, ANN MARIA *und* DART *Berufsfahrzeuge waren, die gleichberechtigt mit den Clubfahrzeugen teilnehmen durften.* GIMCRACK *wurde erste,* MIST *zweite,* HORNET *dritte,* DART *vierte. Der Schoner* HORNET *des Mr. A. Barker, 25 t, siegte nach berechneter Zeit und gewann ein Stück Silber im Werte von 200 Dollar.*

Dritte und vierte bei diesem Rennen waren Berufsfahrzeuge, und sie schlugen sich gut. Die GIMCRACK, die erstes Schiff im Ziel wurde, war ein Entwurf von George Steers, dem Erbauer der AMERICA. Die HORNET war über Deck 13,75 m lang, 4,13 m breit, Tiefgang 1,67 m. Es ist die Zeit, in der die amerikanischen Boote breiter werden als die englischen.

Der älteste Entwurf einer New Yorker Yacht, deren Linien abgebildet sind, ist die DREAM von 1833. Sie wurde von Isaac Web in der Halbmodelltechnik entworfen. Ein sehr erfolgreiches Boot.

Die Masten haben einen noch stärkeren Fall nach achtern als die der HORNET, die Spantschnitte sind weniger aufgekimmt. Auch der Schoner betritt den Weg in Richtung „breit und flach".

„Breit und flach" war im Hafen von New York eine Notwendigkeit, und da ein großer Teil der Yachtsegelei in dieser Bucht betrieben wurde, nahm die amerikanische Yacht diese Richtung.

Das zweite Segelzentrum war Boston, und aus den dortigen Lotsenbooten entstand die Schoneryacht von Boston, ein sehr viel ausgeglicheneres Fahrzeug. Diese beiden Bootstypen waren im Rigg praktisch gleich und in ihren Linien einander ähnlich. Der wesentliche Unterschied lag in den Spantschnitten, die bei den Bostoner Booten sehr viel tiefer waren.

Der Klipperschoner[21] der Bostoner Lotsen setzte sich in den Jahren nach 1840 durch, als der aus Dänemark eingewanderte Schiffbauer Louis Winde dort anfing. Er entwarf berühmte Schoner. Die Yacht COQUETTE von 1846, die wir bei der Regatta gegen die HORNET vor New York sahen, schlug die große Slup MARIA. Nach Ende ihrer Laufbahn als Yacht in New York wurde sie nach Boston verkauft und segelte dort als Lotsenboot weiter.

Die VOLANTE, Jahrgang 1855, ist vom gleichen Typ. Wir

VOLANTE

ARROW

COQUETTE

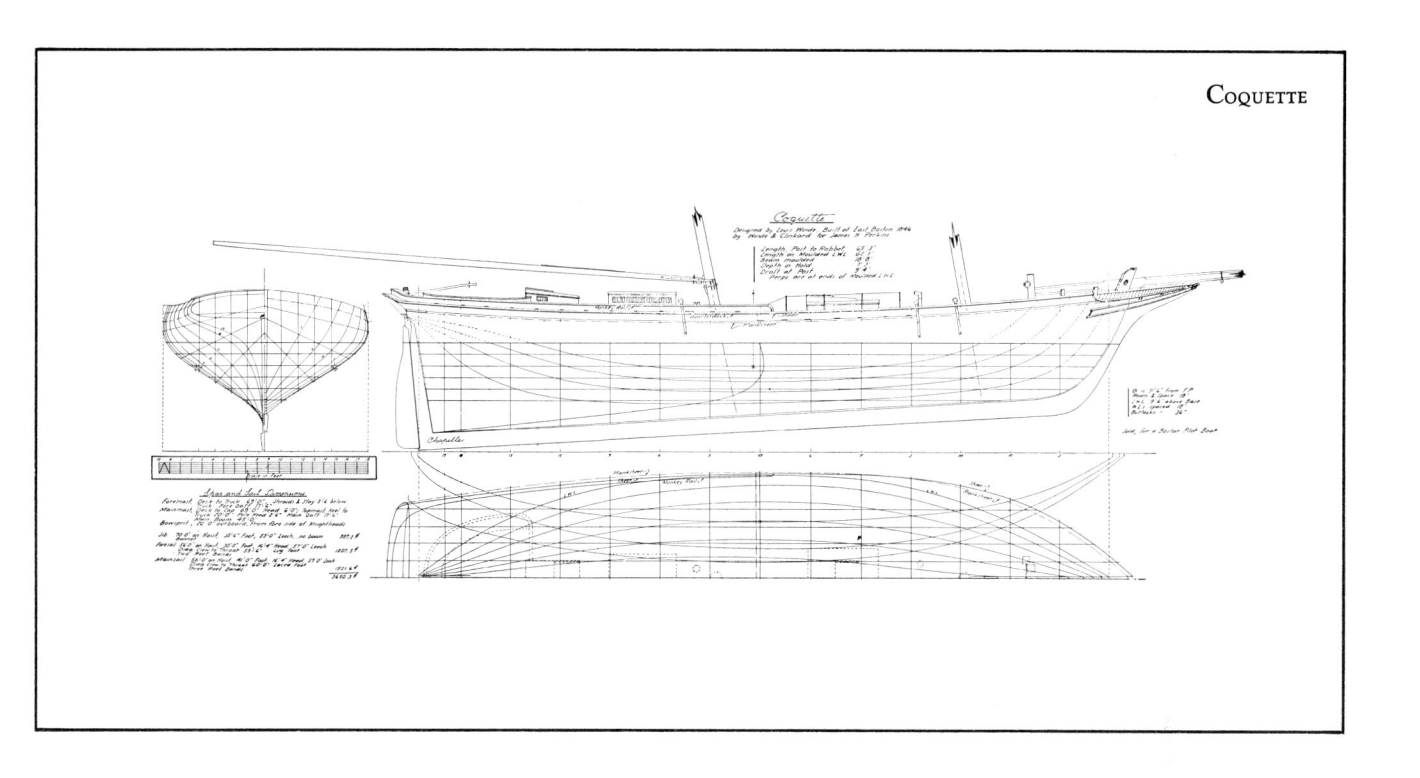

stellen fest, daß diese Schoner sich von der gleichaltrigen AMERICA ziemlich stark unterscheiden. Sehr viel breiter und mit ungleich weniger Tiefgang, haben sie dennoch die am meisten ins Auge fallenden Merkmale der AMERICA: geringer Freibord, kurze Überhänge, senkrechter Achtersteven, extremer Mastfall nach achtern. VOLANTE wie AMERICA haben einen nach außen offenen Klippersteven, und das nicht nur im Steven selbst, sondern auch an der Sponung. Das ist allerdings kein ausschließlich amerikanisches Merkmal, es findet sich zu jener Zeit auch in Europa.

Der Ballast lag innen, meistens Kies, manchmal auch Sand oder Steine. Mancher von den ganz großen Schonern fuhr überhaupt keinen Ballast.

---

[21] Der Ausdruck „Klipper" – er bedeutet in der alten Seemannssprache „etwas, das schnell dahingleitet" – erschien in den ersten Jahren des Jahrhunderts nach dem Krieg von 1812 für die schnellen amerikanischen Schiffe. Ursprünglich verstand man darunter den Klipperschoner, den am schärfsten gebauten Segler der Zeit. Um die Mitte des Jahrhunderts bezeichnete das Wort „Klipper" vor dem Namen des Schiffstyps ein besonders schnelles Schiff des betreffenden Typs (so ähnlich wie heute das Wort „Sport" bei Automobilen). Die berühmtesten sind die Klipperschiffe der Teerennen; sie waren als Vollschiff getakelt, drei Masten mit Rahsegeln.

In Amerika tauchte der Außenballast später auf als in England. Das erste Lotsenboot mit Außenballast war die HESPER, die D. J. Lawlor in Boston gebaut hatte. Chapelle hat dieses hochinteressante Schiff in der Märzausgabe 1834 der Zeitschrift „Yachting" sehr schön beschrieben:

Der berühmteste aller Lotsenschoner von Lawlor ist die HESPER, deren Geschwindigkeit und Seetüchtigkeit ans Wunderbare grenzten. Der größte Ehrgeiz eines Lotsen oder eines Fischerfahrzeuges war es, „einmal die HESPER zu schlagen". Das war nun allerdings oft eine an den Tatsachen vorbeizielende Illusion – bei vielen Regatten hatte die Besatzung der HESPER nicht einmal eine Ahnung, daß gerade eine Regatta gesegelt wurde. Richtig gesegelt, ging die HESPER besser am Wind als jeder ihrer Zeitgenossen, und bei starkem Wind war sie praktisch unschlagbar. Dieser Schoner wurde 1884 gebaut und wich von der sonst bei Lawlor üblichen Bauweise ab. Er war im Verhältnis zu seiner Breite viel tiefer als alle übrigen Schoner und ziemlich schmal. Während der Bauzeit äußerten sich mehrere Lotsen deshalb recht besorgt wegen seiner Stabilität. Diese Besorgnisse waren nicht ganz unbegründet, denn die HESPER brauchte schließlich einigen Außenbal-

VOLANTE

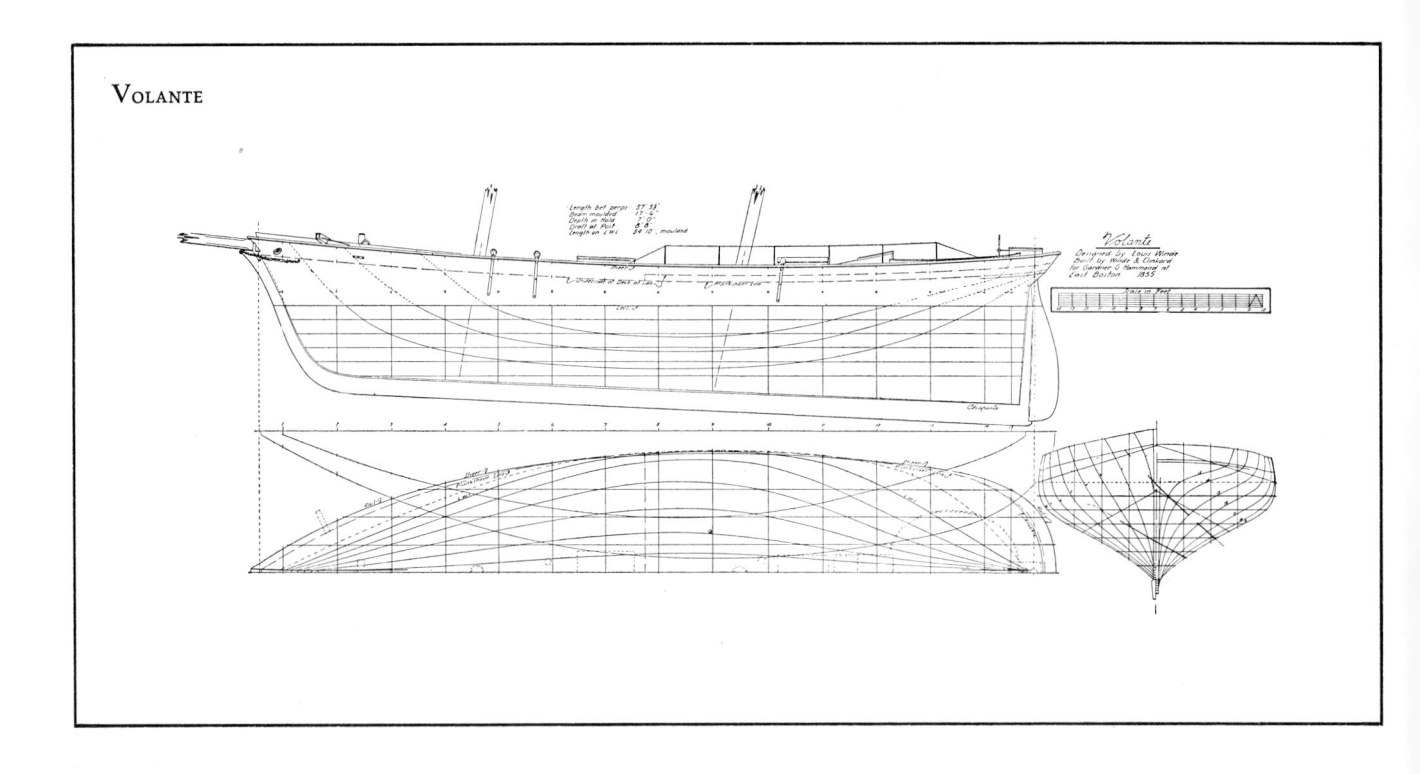

last, und für den konnten sich die Lotsen nicht begeistern. Auf der anderen Seite war sie ein so guter Segler, daß dieser Mangel darüber in Vergessenheit geriet: Jahrelang war sie der Stolz der Lotsen von Boston.

Die HESPER war 32 m über alles lang und 7 m breit. Sie war größer als der durchschnittliche Lotsenschoner mit etwa 25 m. Ihr kommt weniger als Bostoner Lotsenschoner Bedeutung zu als vielmehr deshalb, weil sie eine Verbindung der amerikanischen mit der englischen Rumpfform darstellt. Der Vorsteven, hoch und gerade, gewiß nicht eben elegant, aber doch ein Ausdruck großer Kraft, ist typisch europäisch. Der Einfluß der Ideen von jenseits des Ozeans hatte der HESPER keineswegs geschadet.

Ein einziges Mal in ihrem Dasein wurde sie bei starkem Wind geschlagen. Dadurch wurde der Schoner sehr berühmt, dem gelungen war, was sämtliche Schoner Neuenglands jahrelang vergeblich versucht hatten. Das Schiff, dem solche Ehre zuteil wurde, war ein Gloucester-Fischer, die CARRIE E. PHILLIPS, ein Entwurf von Edward Burgess.[22]

Die Geschichte von der Erfindung des Schoners spielt 1713 in Gloucester, und das ist kein Zufall. Aus vielen Gründen deckte sich der Begriff des amerikanischen Schoners mit dem des Gloucester-Schoners, jenem Fischerfahrzeug der Neufundlandbänke, dem Schiff der „Captains Courageous" von Kipling.

Der Typ leitet sich von den berühmten Baltimore-Klippern her, den schnellen Schonern von Baltimore. Während des Krieges gegen England wurden die meisten Transporte von diesen Schiffen durchgeführt und in den Jahren unmittelbar danach praktisch der gesamte Handelsverkehr mit dem Ausland. Über den Baltimore-Klipper wurde der Schoner „exportiert".

In allen Ländern Europas fing man an, die schnellsten von ihnen nachzubauen, vornehmlich in England und Schottland. Die Holländer mit ihrer Tradition, langsame Segelschiffe zu bauen, übernahmen die amerikanischen Verbesserungen nicht, sondern bauten, gleichzeitig mit ihren „Apfelbugen", die amerikanischen Schoner nach, wenn es durchaus schnelle Schiffe sein mußten.

---

[22] Die Konstrukteure dieser Fischerfahrzeuge waren große Schiffbauer. Burgess, der 1886 die CARRIE E. PHILLIPS entworfen hatte, zeichnete 1885 PURITAN, den Verteidiger des America's Cup.

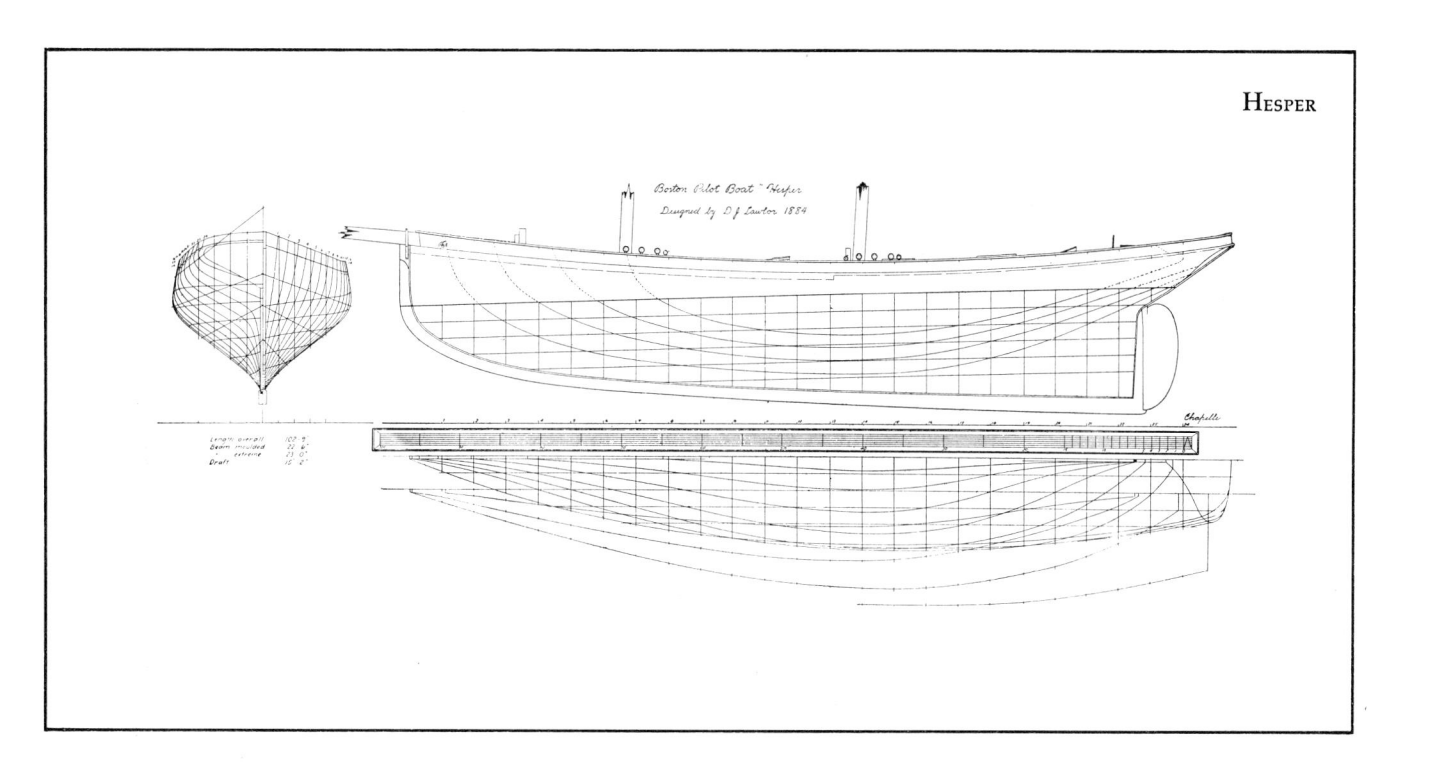

Der Gloucester-Fischer war der erste „clipper-fisherman". Obgleich ein Arbeitsfahrzeug, glaube ich, sollte ihm mehr als nur eine kurze Betrachtung gewidmet werden, weil er von allen amerikanischen Arbeitsfahrzeugen der Typ ist, der noch heute weithin am bekanntesten ist, der Typ, der bis in die neueste Zeit als Modell für Schoneryachten genommen wurde.
Noch bis vor wenigen Jahren nannte man die traditionellen Schoner „fisherman-schooner", und ohne weitere Erläuterungen verstand man darunter den Gloucester-Schoner.

Der erste Klipperschoner von Gloucester war die ROMP, Baujahr 1847. Sie hatte einen niedrigen Freibord, großen Tiefgang, wenig überhängende Schiffsenden, die oben ziemlich voll, in der Wasserlinie aber fein waren. Ihr Erbauer, Andrew Story, konnte sie eine Zeitlang nicht loswerden, und als das Schiff schließlich verkauft wurde, war es schwer, eine Besatzung dafür zu finden. Was man der ROMP vorwarf, war, sie sei zu fein gebaut, um sicher zu sein. Als sie auf den Bänken auftauchte, sprach sich herum, wie sie alle Schoner geschlagen hatte, denen sie dort beim Fischen begegnet war. Wenige Jahre später, als der „Run" auf das kalifornische Gold eingesetzt hatte, wurde die ROMP verkauft. Bis zum Ende ihrer Tage beförderte sie Goldsucher.

Die ROMP leitete das Verschwinden der „banker schooner" ein, die so lange auf den Bänken blieben, bis sie ihren Raum voll gesalzener Fische hatten, wobei sie die ganze Zeit über vor Anker lagen. Der „market schooner" kam auf, mit feineren Linien und entsprechend geringerer Ladefähigkeit; er brachte frischen Fisch möglichst schnell an Land. Während des Fanges lag er mit den übrigen Fischern in harter Konkurrenz.

Ein guter Vertreter dieses Typs ist der Klipperschoner FLYING FISH von 1860. Die Geschwindigkeit wurde erreicht durch allerdings nicht übertrieben feine Linien, die jedoch für ein Schiff mit Innenballast schon bemerkenswert waren. Der Ballast bestand größtenteils aus der Fischladung (je nach der Fangmenge wurde ein Teil des Kies- oder Stein-Ballastes über Bord geworfen). Wahrscheinlich trug aber die große Segelfläche noch mehr zur Geschwindigkeit bei, in Verbindung mit einem Schiffskörper, dessen Spantschnitte für eine möglichst starke Besegelung ausgelegt waren.

Der Segelriß der FLYING FISH gibt einen Begriff davon,

welch hohen Preis an gespanntester Aufmerksamkeit diese Sucht nach immer mehr Schnelligkeit forderte. Der Markt war absolut frei; der Fischer, der später einlief, verkaufte nichts und hatte umsonst gearbeitet.

Die FLYING FISH hat sehr extreme Abmessungen. Rumpflänge 22,60 m, größter Tiefgang 2,65 m, also $1/7$ der Wasserlinienlänge. Der Großtopp lag 29 m über der Wasserlinie. Die Grundlinie der Segelfläche von der Nock des Klüverbaums bis zur Nock des Großbaums überragte die Deckslänge um 20 m, war also etwa doppelt so lang wie das Boot. Die Segelfläche betrug 750 m².

Die CARRIE E. PHILLIPS, die Siegerin über die HESPER, war nicht weniger besegelt. Wie die HESPER hatte sie einen senkrechten Vorsteven, und sie gilt als die Vertreterin einer bestimmten Richtung der achtziger Jahre. Der Rumpf ist tiefer, der Kiel verläuft in leichter Krümmung. Beim Rigg viel Neues: die Masten weniger geneigt, am Bugspriet kein Klüverbaum und – zum ersten Male auf einem Fischerfahrzeug – Wanten und Stagen aus Drahttauwerk.

James B. Conolly hat die Gloucester-Fischer in seinem Buch „American Fisherman" präzis und mit Anteilnahme beschrieben. Wir finden darin Tatsachen und Anekdoten von einer sportlichen und menschlichen Tüchtigkeit, die in anderen Bereichen der Arbeitswelt ihresgleichen sucht. Das Leben dieser Fischer war außer von allerhärtester Arbeit auch noch von ihrer Frömmigkeit geprägt. Der Winter auf den Bänken war furchtbar. Nach den Sturmnächten, die vor Anker abgeritten wurden,

Flying Fish – *Segelriß*

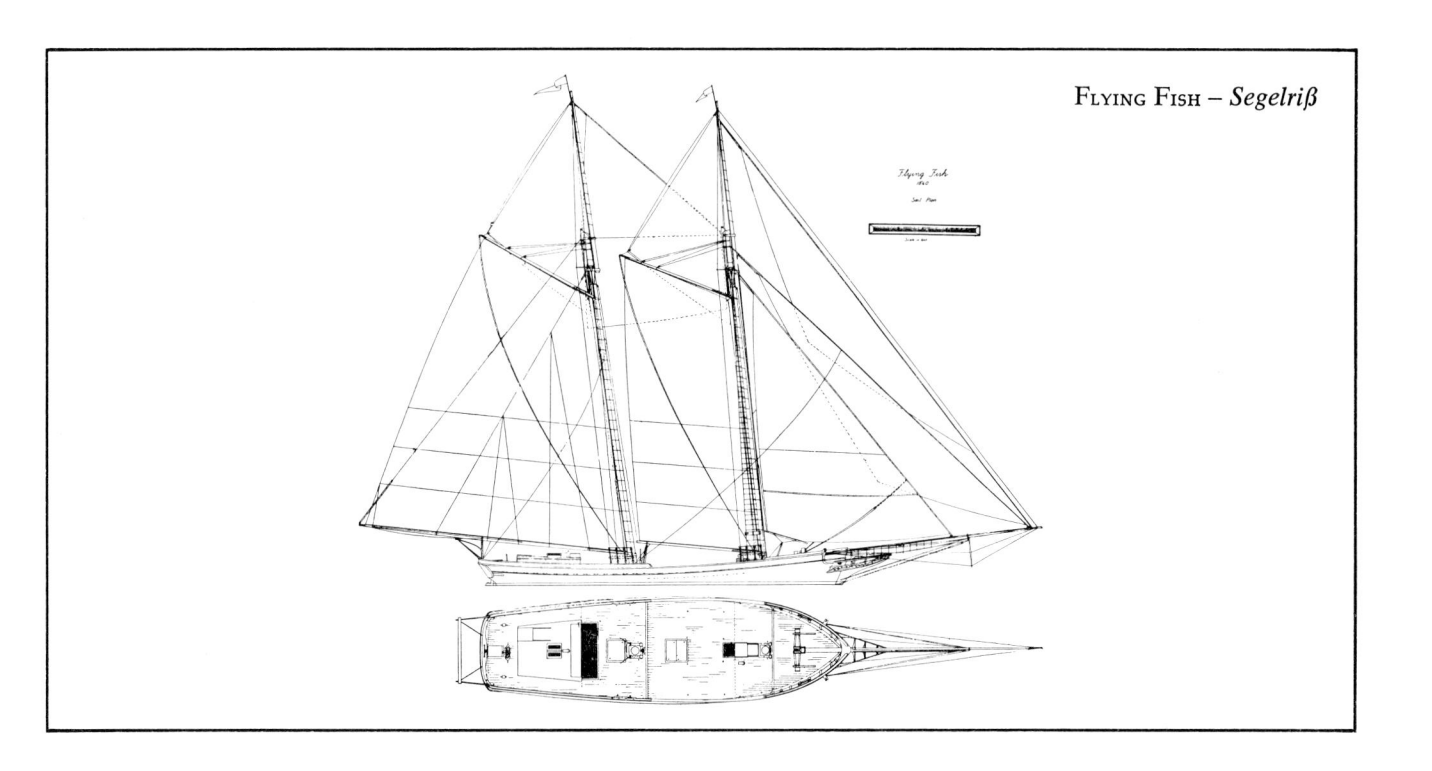

zählte man die Verluste. Auf der George's Bank fehlten eines Morgens 14 Schoner mit 140 Mann.

Auch unter solchen Verhältnissen hielt man die Feiertage streng ein; nur wenige Skipper ließen am Sonntag die Netze einholen. Das war das tägliche Leben. Doch lag über allen ein großartiger Sportsgeist, der den der passioniertesten Regattasegler bestimmt übertraf. Das ganze Leben stand unter dem Zeichen eines ständigen Wettkampfes. Es galt, die Konkurrenz auf der Rückreise von den Bänken zum Markt zu schlagen.

Die Fischer hielten jedoch untereinander auch Regatten ab:

1882 gab es in Gloucester eine solche Regatta. Nach dem amtlichen Wetterbericht wehte ein 60-Knoten-Wind, und die Kapitäne von Gloucester liefen zur Regatta aus mit allen Segeln oben und der moralischen Verpflichtung, alles stehen zu lassen, „was Gott, der Herr, nicht von oben holt". Er holte eine ganze Menge herunter an diesem Tag. Die Harry Belden *büßte bei dieser harten Regatta vier Vorsegel und beide Toppsegel ein, und am Ziel übertönte der Ruf eines hingerissenen Fischers den brausenden Sturm: „Die* Belden *gewinnt! Die tapfere* Belden *geht über die Linie und liegt auf der Seite, und die Besatzung sitzt draußen, auf dem Kiel!"*

Die Harry Belden von 34 m Länge über alles war berühmt geworden, weil sie einmal 18 Meilen in 70 Minuten gelaufen war und für die Reise von der George's Bank nach Boston – also für 154 Seemeilen – genau zehn Stunden gebraucht hatte.

Die folgenden Berichte bestehen aus persönlichen Erinnerungen:

Die Columbia *war der schönste Schoner, den ich je gesehen habe. Als sie zum ersten Male vor Gloucester ankerte, gehörte ich zu denen, die gern auf einem Poller saßen und ihre Linien betrachteten. Sie war großartig! Und sie unter Segeln zu sehen, wenn ihr Bug in glattem Wasser bei frischem Wind näher kam, und sie so zu sehen, von vorn und von Lee, wenn sie ihr Vorschiff aus dem Wasser hob – nun, in solchen Momenten war sie die Poesie in Person.*

Die Rümpfe der „fishermen" waren ganz aus Eiche, nur das Deck war Pitchpine. Die Bauteile waren größtenteils miteinander verdübelt; man zog diese Bauweise Eisen- und Bronzebolzen vor. Auch zeugten die einzelnen Konstruktionsmerkmale von jener sportlichen Vorurteilslosigkeit, die das ganze Leben des Schiffes bestimmte.

FLYING FISH – *Linien*

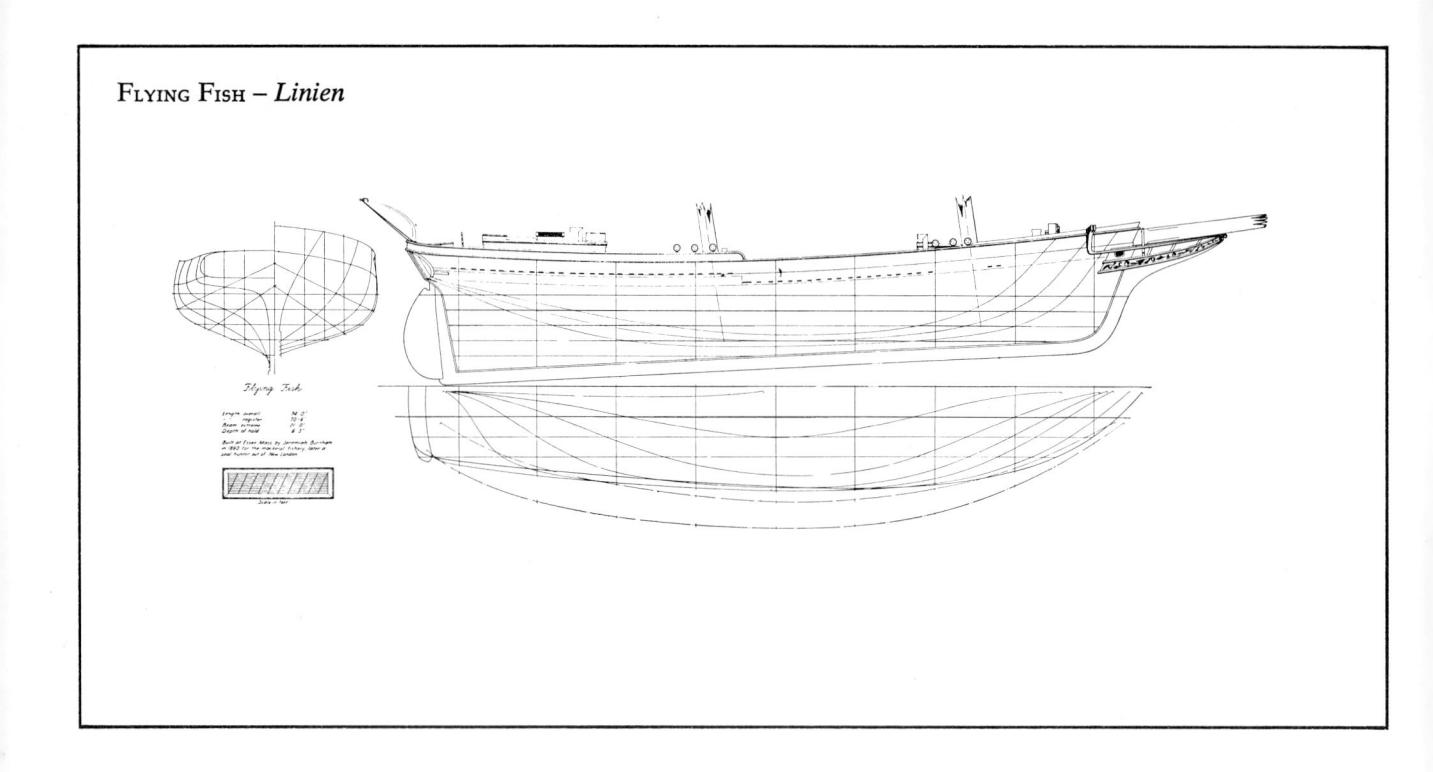

Es waren schon besondere Leute diese Schiffszimmerleute von Essex. Jetzt handelt es sich um die Masten. In früheren Jahren wurden sie von weit hergeholt, von Georgia und von Oregon, damit man das richtige Holz hatte. Alec Griffin, ein Skipper von Gloucester, hatte seine Zweifel an der Stärke seiner Masten. Er segelte unter der Küste von Neuschottland auf dem Weg zu den großen Bänken, als er in einen Wintersturm geriet. „Das gibt eine gute Probe", sagte Kapitän Alex, „um herauszufinden, was meine Knüppel taugen." Sprach's und trug sein ganzes Tuch gegen den Wind und prügelte sein Schiff erst auf einem, dann auf dem anderen Bug unter Vollzeug die ganzen 50 Stunden lang, die es wehte. Nun, die neuen Masten standen noch. „Die hauen hin", sagte Alec.

Die CARRIE E. PHILLIPS überdauerte zwölf Jahre. Sie ging 1899 auf See verloren. Die wunderschöne COLUMBIA hatte das gleiche Schicksal, sie blieb mit der ganzen Besatzung auf See. Solche Fälle waren nicht selten und sind bezeichnend für die amerikanische Seefahrt. Die Göttin Geschwindigkeit wollte ihre Opfer, und das war der Preis dafür, daß man diese Schiffe dermaßen überzüchtet hatte. Und doch waren der Lotsen-Schoner und der Gloucester-Fischer ganz ausgewogene Typen. Sie waren bestimmt nicht mit den extremen Regattaschonern des Typs „skimming dish"[23] von New York zu vergleichen.

Schoneryachten im weitesten Sinn dieses Wortes sah man in Amerika von dem Tage an, an dem besagter Zuschauer bei jenem Stapellauf in Gloucester dem Typ seinen Namen gab. Die Linien waren jenen des Baltimore-Klippers nachgebildet, den Lotsen von Boston und New York, dem Gloucester-Fischer.

Die erste als solche gebaute Schoneryacht war die ONKAHYE von 1840.[24] Sie war von ihrem Eigner, Robert Livingstone Stevens, entworfen worden. Einem der Brüder Stevens, die die Reise der AMERICA organisiert hatten. Die ONKAHYE war 30 m lang und 6,79 m breit. Sie hatte ein aufholbares Schwert. Man hatte bei ihr versucht, die Vorteile eines Schiffes mit Schwert und hoher Formstabilität mit denen eines schmalen, tiefen Schiffes mit

---

[23] „Skimming dish" ist die Bezeichnung für den extremen Typ des „broad and shallow", des breiten und flachen amerikanischen Rumpfes. „Skimming dish" bedeutet wörtlich „ein Teller, der auf dem Wasser gleitet"; es war der Gegensatz zum „plank on edge", zum englischen Extrem der „Brettkante".

[24] Der Name ist indianisch und bedeutet „Tanzende Feder".

CARRIE E. PHILLIPS

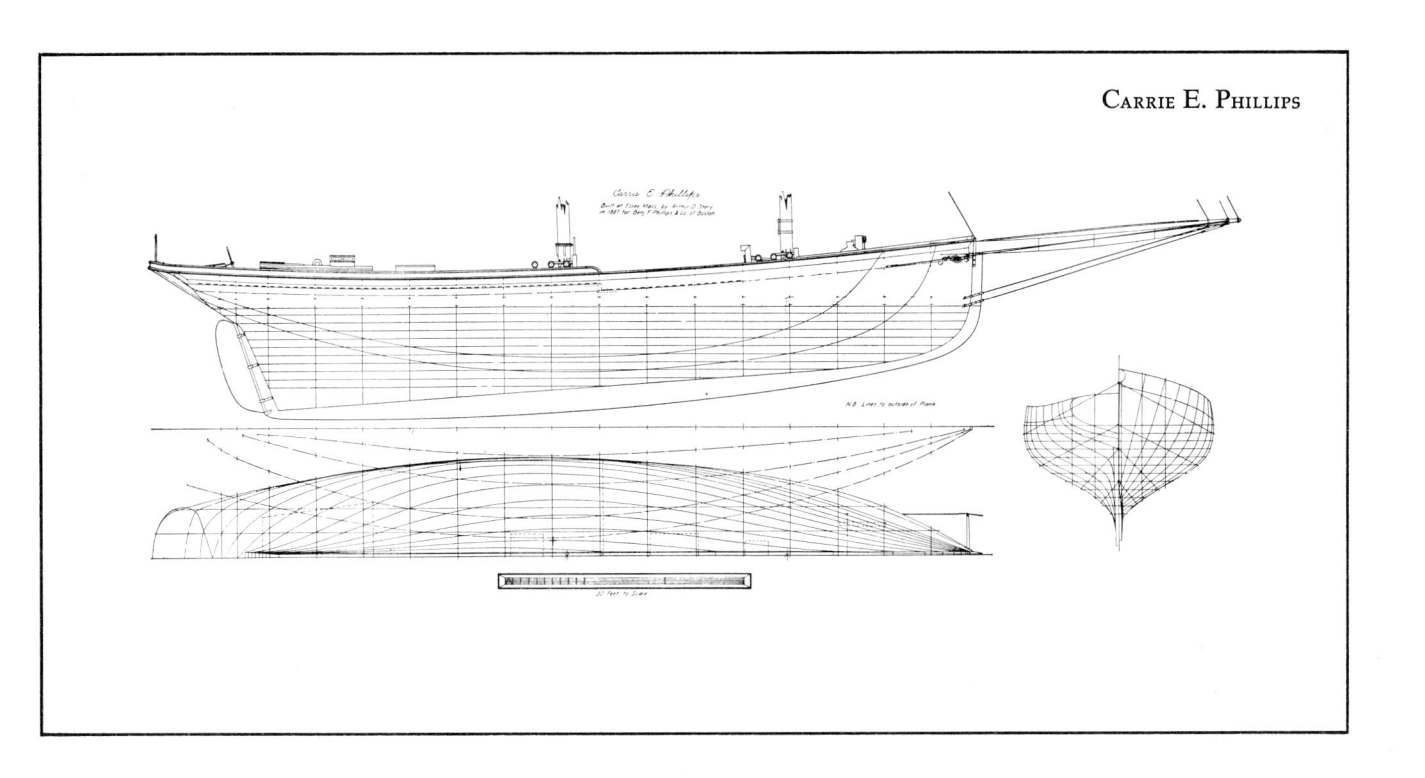

großem Ballast zu kombinieren. Um das zu erreichen, gab Stevens der ONKAHYE die Spantrisse, die wir in der Zeichnung sehen: große Breite in der Wasserlinie und darunter so etwas wie ein schmales Unterwasserschiff, das an den breiten und flachen Teil, der in der Wasserlinie endet, angefügt ist; in diesem unteren Teil viel Innenballast.

Der Gedanke ist im Keim bereits der gleiche wie bei einer modernen Yacht mit Ballastkiel und keilförmigen, sehr breiten Spantflächen in der Mitte; er war aber seiner Zeit noch zu weit voraus und noch gebunden an das Material, aus dem die Arbeitsfahrzeuge gebaut waren.

Die ONKAHYE erwies sich als außerordentlich schnell und steif, allerdings ging sie nur ungern über Stag. Sie machte mit einer der schnellsten Brigantinen und einem Lotsenboot zusammen ihre Probefahrten und war beiden weit überlegen. Doch hielt ihr Rigg, das in Abmessungen und Material – geteertes Hanftauwerk und volle Masten – dem entsprach, was damals üblich war, dem unerhört starken Schlingern infolge ihrer übergroßen Stabilität nicht stand. Eines Tages hatte die ONKAHYE eine sonderbare Havarie: Bei überschnellem Schlingern wurden ihre Masten herausgerissen, und sie wurde, glattrasiert wie ein Leichter, in den Hafen geschleppt.

1843 wurde das Schiff an die Marine verkauft; es erhielt Rahsegel am Fockmast und die beiden Geschützpforten, die wir auf der Zeichnung sehen. Nach einer Kollision ohne Menschenverluste vor der Brasilküste 1848 wurde sie aufgegeben.

Den Brüdern Stevens war es beschieden, amerikanische Yachtgeschichte zu machen. Ihre nächste Yacht war die GIMCRACK. Der Bau wurde dem jungen George Steers übertragen, der damals 24 Jahre alt war und bereits viele erfolgreiche Slups und Schoner entworfen hatte. Die GIMCRACK war 15,50 m über alles und 15 m in der Wasserlinie lang, dabei 4,10 m breit. Sie ging 2,30 m tief und hatte, allerdings nur in den ersten Jahren, ein festes Schwert, das 1,20 m tief ging. Das Schiff hatte einigen Erfolg. In dem Bericht von Coffin haben wir gesehen, wie sie 1846 die HORNET nach gesegelter Zeit geschlagen hat. In ihrer allgemeinen Erscheinung erinnert sie etwas an die AMERICA, doch zeigen weder Rumpf noch Rigg viel Eleganz, und mit ihrer größeren Schwester kann sie sich nicht messen. Ihr größtes Verdienst ist, daß sich 1844 die Begründer des New York Yacht Club in ihrer geräumigen Kajüte versammelten.

Danach entwarf Robert L. Stevens die große Slup MARIA.

ONKAHYE

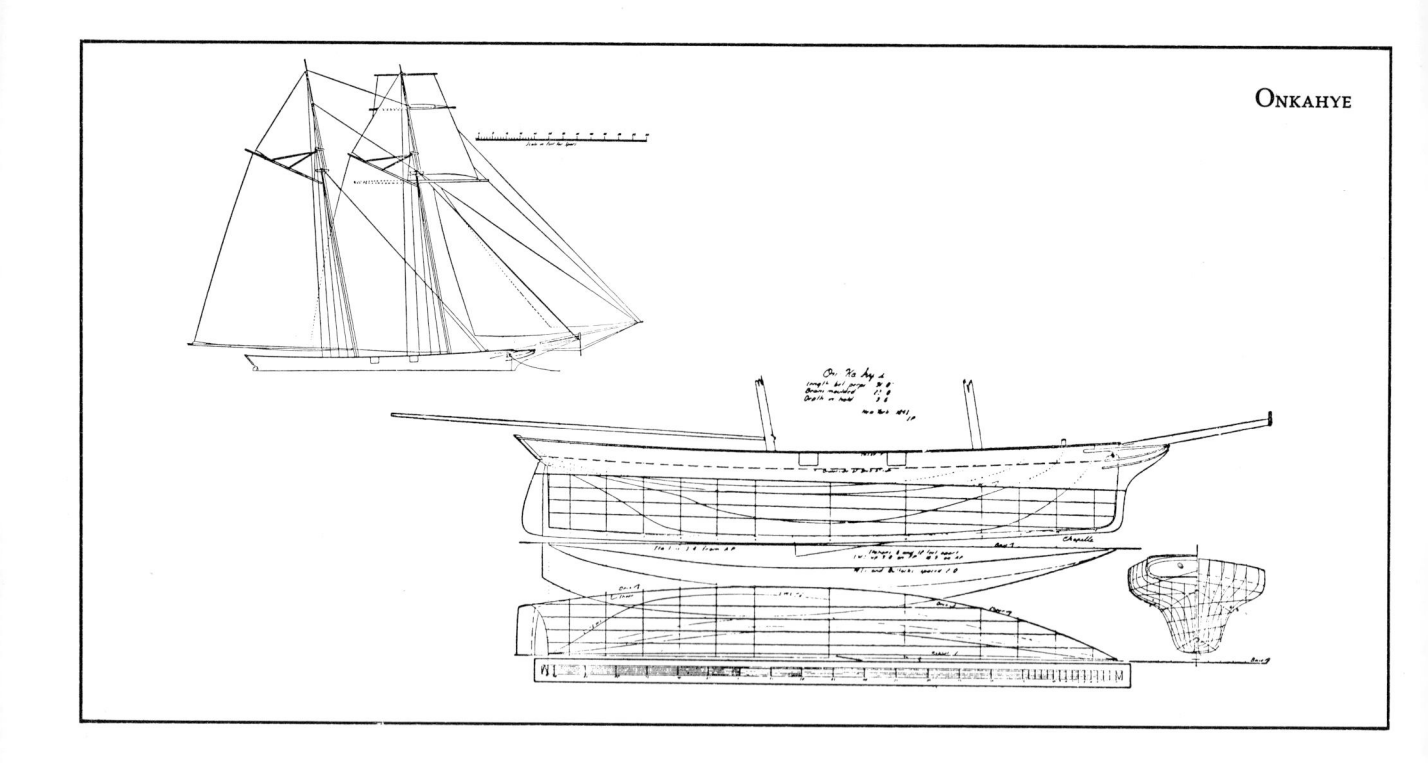

Die MARIA wurde 1861 zum Schoner umgeriggt, nachdem sie mehrere Male ihren Mast verloren hatte, der die gewaltige Segelfläche nicht tragen konnte – ein sehr häufiges Vorkommnis bei den großen Rennslups. Wurden sie zu Fahrtenbooten umgebaut oder als Handelsschiffe verkauft, dann kam der Großmast des Schoners hinzu, und der ursprüngliche Mast wurde zum Fockmast. Die MARIA existierte unter diesem Rigg weiter, bis sie 1870 als Fruchtsegler mitsamt der Besatzung auf See verlorenging. Sämtliche Slups, die America's-Cup-Regatten segelten, wurden später zu Schonern.[25]

Ein schönes Beispiel für eine Schoneryacht der fünfziger Jahre ist die WANDERER, über die Chapelle in „Yachting" (März 1955) berichtet. 1856 erbaut, erinnern ihre Linien ein wenig an die der großen Klipper-Schiffe. Abmessungen: 33 m über alles, 7,50 m breit, Tiefgang 3,20 m.

---

[25] In England wurde der große Rennkutter, wenn er zum Fahrtensegeln umgebaut wurde, zur Yawl, indem er einen ganz kleinen Treibermast mit Luggersegel erhielt. Damals war die Yawl ein typisch englisches Rigg. Später wechselten Perioden amerikanischer Vorliebe für die Yawl mit solchen englischer Abneigung (und umgekehrt) einander ab. Und so ist es noch heute.

Aus den Abmessungen der Takelage ergab sich, daß der Topp der Stenge 33 m über Deck lag.

Die WANDERER ist wegen ihrer bemerkenswerten Schnelligkeit und wegen der seltsamen Art ihrer Eigner, Yachtsegeln zu betreiben, in die Geschichte eingegangen. William C. Corry, Mitglied des New York Yacht Club, und Charles A. L. Lamar benutzten sie zu ausgedehnten Kreuzfahrten, deren Zweck im Winter 1858 ans Licht kam. Die Herren betrieben mit ihrer Yacht einen einträglichen Sklavenhandel von Afrika. Die Gerechtigkeit gebietet zu sagen, daß der Club Herrn Corry deshalb hinauswarf. Der Schoner WANDERER gehörte während des Bürgerkriegs auch zur Federal Navy. Danach war das Schiff in der Indienfahrt beschäftigt und ging durch eine von seinen Eignern verursachte Ramming verloren. „Eine Laufbahn, wie sie ein Drehbuchautor von Hollywood nicht schöner hätte ausdenken können", meint Chapelle.

Soweit es sich aus den Plänen erkennen läßt, ist bei dem Rigg interessant, daß das Schonersegel mit und ohne Baum gefahren werden konnte, und ohne Baum überlappte es das Großsegel weit wie eine moderne Genua. Offenbar war die eine Besegelung für Reisen und die andere für Regatten oder überhaupt zum Schnellaufen be-

GIMCRACK

stimmt. Sklavenfahren hieß, besonders grimmig Regatta zu segeln. Der Hals der großen Fock wurde nicht am Vorstag gesetzt, sondern am Kopf des Bugspriets[26]; ihre Grundlinie war 14 m lang. Ein Vorsegel dieser Art hieß wegen seiner kolossalen Größe „Jumbo".

Der schnellste amerikanische Schoner des Jahrhunderts, ohne aufholbares Schwert, war die SAPPHO von 1867. Sie wurde auf der Werft Poillon nach einem Modell von William Townsen aus Brooklyn für eigene Rechnung der Werft gebaut mit dem Ziel, einen unschlagbaren Bootskörper zu schaffen, der sich gut verkaufen ließ. Die Spekulation stand auf solidem Boden. Mit einer Wasserlinienlänge von 37 m war die SAPPHO der größte Schoner der Welt.

Ihre Laufbahn begann nicht eben glückhaft. Die erste Regatta, bei dichtem Nebel und Flaute, wurde von dem Schoner EVA gewonnen, der sie als einzige innerhalb der vorgeschriebenen Zeit beendete. Bei der zweiten Regatta wurde sie von der PALMER, mit aufholbarem Schwert, geschlagen. Die Erbauer, die den erhofften Käufer nicht gefunden hatten, dachten daran, das Schiff nach England zu schicken, wo – der America's Cup hatte es gezeigt – die amerikanischen Schoner leichtes Spiel hatten und berühmt geworden waren. Ein Verkauf würde dort ein leichtes sein.

Man zog das Unternehmen bis ins einzelne genauso auf wie die Fahrt der AMERICA. Das Boot wurde für die Regatta rund um die Insel Wight 1868 gemeldet.

Die Regatta wurde nach Art des „sweepstake" gelaufen, das heißt: Jeder Teilnehmer zahlte einen Einsatz, und der Sieger strich alles ein. Einsatzsumme: 2 Pfund, Höchstzeit: 9 Stunden. Es gab keine Begrenzung für die Segel, nur Rahsegel waren nicht erlaubt. Gewertet wurde die berechnete Zeit, maximale Vorgabe 20 Minuten. Die Kutter erhielten einen um zwei Drittel erhöhten Tonnagewert.

Es gab nur fünf Meldungen, und die SAPPHO war die größte von allen.

---

[26] In der Zeichnung von Cozzens ist die WANDERER nicht so getakelt wie bei Chapelle. Auf der Zeichnung hat sie drei Vorstagen mit den dazugehörigen Vorsegeln. Vielleicht handelt es sich hier um eine spätere Änderung – die Zeichnung ist von 1886; möglicherweise gibt die Rekonstruktion von Chapelle auch die am meisten verbreitete Takelung auf diesem Schonertyp an. – Auf der Zeichnung von Cozzens ist zu sehen, daß die Schoten der Breitfock ausgebaut sind wie bei einem modernen Spinnaker.

WANDERER

Nach dem Start hatte das Unternehmen der SAPPHO mit jenem der AMERICA nichts mehr gemein. Die Amerikaner wurden letzte. Hier die Ergebnisse:

Schoner CAMBRIA	199 t	6 h	12 min	18 sek
Schoner ALINE	216 t	6 h	19 min	26 sek
Kutter OINARA	165 t	6 h	22 min	42 sek
Kutter CONDOR	135 t	6 h	25 min	45 sek
Schoner SAPPHO	381 t	8 h	–	–

Mit Abstand letztes und schlechtestes Schiff also: Dieses Ergebnis brachte die Engländer auf den Gedanken, einen Schoner nach Amerika zu schicken, um zu versuchen, den America's Cup zurückzuholen.
Die amerikanischen Chronisten erklären den Mißerfolg mit zu geringem Ballast und schlechten Segeln. Coffin kommentiert die Sache so:

Die SAPPHO hätte tatsächlich nicht starten sollen. Der Mann, der sie übernommen hatte, war ein guter Seemann und durch und durch Geschäftsmann, aber kein Regattasegler, und seine Niederlage verbaute jegliche Verkaufsmöglichkeit, so daß die Yacht unverkauft in unser Land zurückkehren mußte. Nach der Rückkehr wurde sie von W.P. Douglas, dem jetzigen Vizepräsidenten des NYYC, erworben; sie wurde unter Aufsicht des Kapitäns R. Fish verbreitert[27] *und begann eine neue, erfolgreiche Laufbahn.*

Von da an wird die SAPPHO die berühmteste amerikanische Yacht. Sie erreicht ungewöhnliche Geschwindigkeiten. Bei der Atlantiküberquerung 1869 hatte sie ein Etmal von 316 Seemeilen, und ihr Log zeigte manchmal 16 Knoten an – eine sehr hohe Geschwindigkeit, fast

---

[27] Ich habe das an sich nicht übersetzbare Wort „hipped" mit „verbreitert" umschrieben. Im Sachwörterbuch zu Dixon-Kemp's „Manual of Yacht and Boat Sailing" von 1895 wird der Ausdruck so definiert: „... ein Schiff in der Wasserlinie breiter machen". Der Ausdruck stammt aus Amerika und wurde in England im Zusammenhang mit der berühmten amerikanischen Yacht SAPPHO allgemein bekannt. Nach ihrer Niederlage durch die englische Yacht CAMBRIA bei der Regatta um die Insel Wight wurde das Schiff nach New York gebracht und „hipped", das heißt, die Außenhaut wurde in der Schiffsmitte abgenommen und jedes Spant dicker gemacht, um mehr Breite in die Wasserlinie zu bekommen. Die Verdickung ist auf den Spanten befestigt, und auf ihr wird die Außenhaut angebracht.

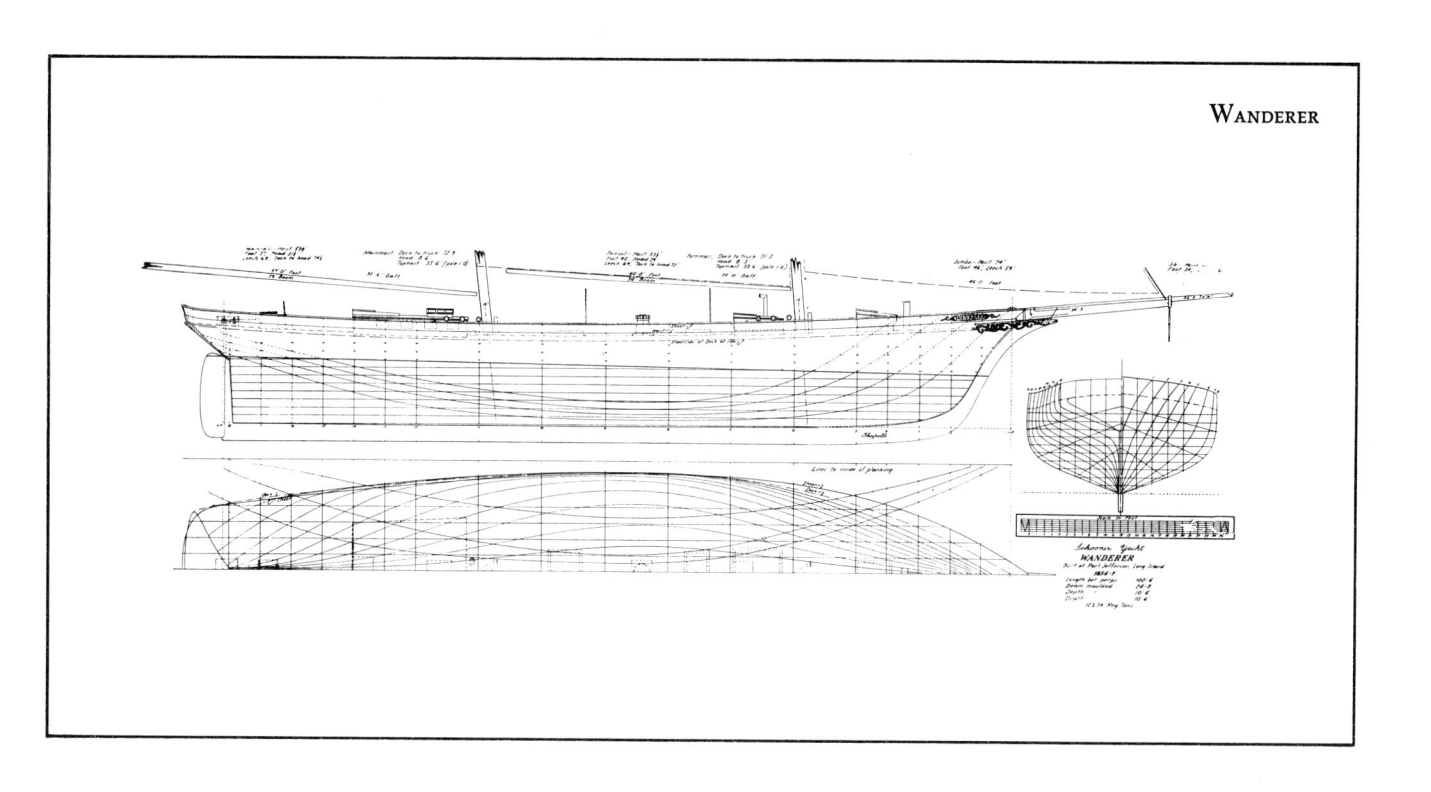

schon Gleitfahrt, doch durchaus glaubhaft, wenn man ihre außerordentlich kraftvolle Linienführung und die reichlich bemessene Segelfläche betrachtet.

1870 taucht die umgebaute Sappho in England auf und fordert James Ashbury, den Eigner der Cambria, heraus. Dieser nimmt die Herausforderung für drei Regatten an, jede um einen Pokal von 50 Guineen. Zwei Wettfahrten mit 60 Seemeilen Kreuzstrecke, die dritte auf Dreieckskurs mit 20 Seemeilen Seitenlänge. Ashbury lehnt es ab, nach berechneter Zeit zu segeln, und verzichtet damit auf die nicht geringe Vorgabe, die ihm zukam, denn die Cambria hatte 199 Tonnen, die Sappho dagegen 310. Beim ersten Rennen liegen die Amerikaner so weit vorn, daß die Cambria nach 40 Meilen aufgibt. Beim zweiten gibt es einen Protest. Der Engländer macht geltend, daß die Bahn nicht genau gegen den Wind geht; die Wettfahrtleitung beruft sich darauf, ihr Bestes getan zu haben, und außerdem ändere das nichts an der Chancengleichheit. Cambria erscheint nicht am Start, und Sappho segelt allein. Im dritten Rennen wieder ein vernichtender Sieg: an der ersten Bahnmarke vier Minuten Unterschied, an der zweiten 100 Minuten, an der dritten werden keine Zeiten mehr genommen.

Die Ehre des amerikanischen Schoners war gerettet.

Der andere Typ der Schoneryacht ist der mit Schwert. Äußerst breit „broad and shallow", ebenso ins Extrem getrieben wie die Slup von New York.

Nach dem Bürgerkrieg war die Yacht, die einem praktischen Zweck diente, wie jene der amerikanischen Yachtsegler – Seeleute und reiche Kaufleute bis hin zur Zeit der America – nicht mehr gefragt. Das Yachtsegeln wurde zum Sport der Reichen, auch wenn sie keinerlei Beziehung zur See hatten. Der große Rennschoner war zum Statussymbol geworden.

Allerdings blieb der reiche Amerikaner immer ein rabiater Segler. Die großen Schoner der Reichen waren ebenso extreme Fahrzeuge wie die kleinen Sandbagger der Wetter. In dieser Zeit kam aber auch die Gepflogenheit auf, sich eine Yacht zu kaufen und sie wie ein Rennpferd laufen zu lassen; der Eigner blieb zum Wetten an Land.

Das dabei umlaufende Geld und dieser ganze Betrieb mit den „bezahlten hands", welche die Boote in der Regatta segelten, ließen die Bootsabmessungen proportional zur schwindelnden Höhe der Wettsummen anwachsen. Favoriten waren die Schoner mit Schwert. Einige waren ursprünglich Slups gewesen und später zu Schonern umgerigt worden, wie die Magic, die als Slup Madge geheißen hatte und 1870 Pokal-Verteidigerin gewesen war.

Sappho

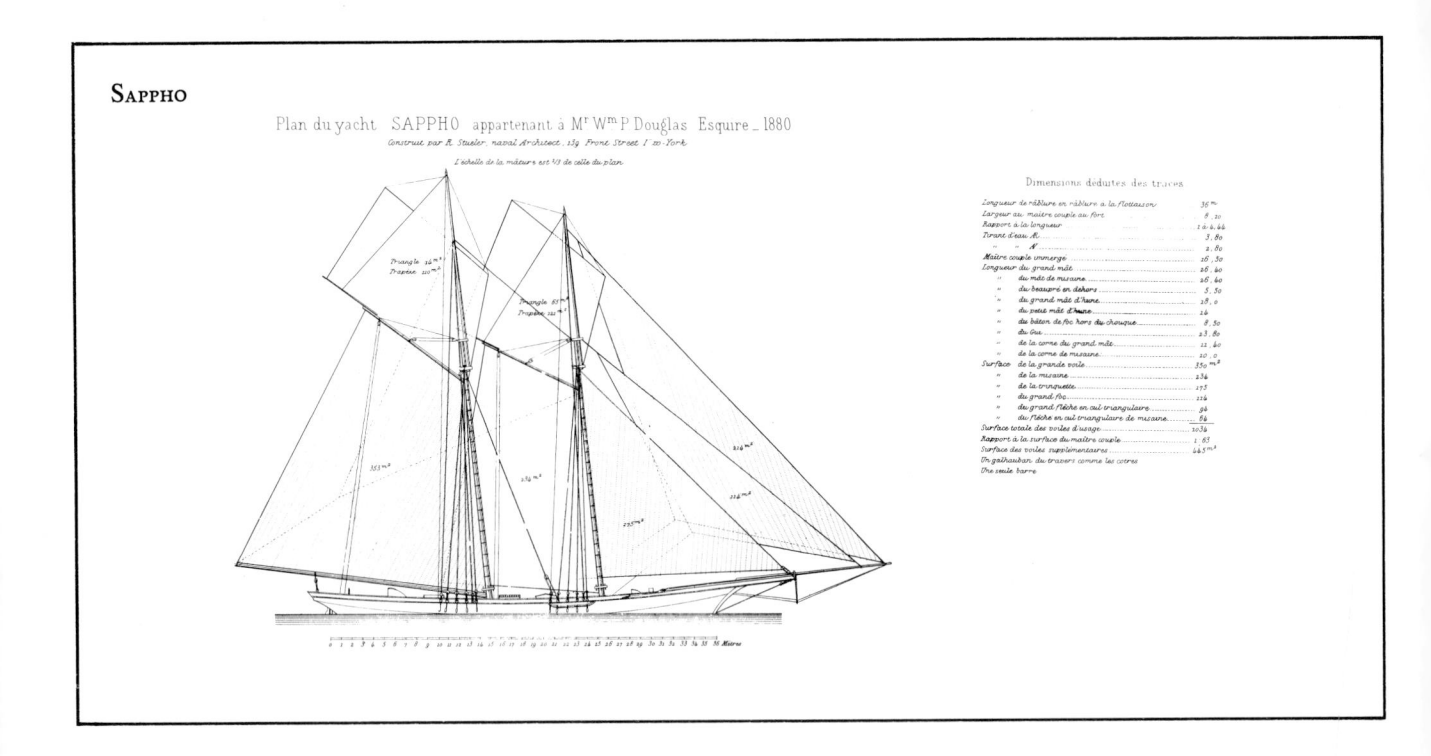

Die CLYTIE von 1877 war vom gleichen Typ.
Es sind sehr breite Fahrzeuge mit geringem Tiefgang. Die MAGIC war in der Wasserlinie gleich lang wie die CLYTIE, nämlich 22,50 m. Die Schiffe waren 6,10 bzw. 2,30 m breit, ihr Tiefgang mit aufgeholtem Schwert betrug 2,00 bzw. 2,30 m.

Das waren die Boote, die gewannen. Sehr oft hatten sie keinen Innenballast und niemals Außenballast. Die Linien waren äußerst fein, auch im Ablauf des Achterschiffs, was bei einem dermaßen breiten Rumpf keine leichte Sache ist. Die hohe Formstabilität gestattete extrem große Segelflächen. Es waren regelrechte Rennmaschinen.

Ein dermaßen überzüchteter Schiffstyp hatte die Grenzen der Vernunft überschritten und war gefährlich geworden.

Die EVA, jener von Bob Fish entworfene Schoner, der die SAPPHO bei ihrer ersten Regatta geschlagen hatte, kenterte 1866.

Ein anderer Schoner von Bob Fish, dem großen Konstrukteur von Sandbaggern, kenterte 1869. Die GRAYLING kenterte auf ihrer Jungfernfahrt 1883.

Der schrecklichste Unfall jedoch widerfuhr der MOHAWK, die im Jahre 1876 gebaut wurde. Coffin schreibt darüber:

Es war während des Treffens im Hafen von Glencove, als die telegrafische Nachricht vom Kentern der MOHAWK den Club erreichte. Alle, denen die Yacht bekannt war, erklärten das sofort für ausgeschlossen. Man war allgemein der Ansicht, daß die Masten über Bord gehen würden, bevor das Boot kenterte. Doch wurde die erste Nachricht bestätigt, und Trauer legte sich über die Kreuzfahrt, die gerade beginnen sollte. Im einzelnen hatte sich der Vorfall folgendermaßen abgespielt: Die MOHAWK lag vor Stapleton vor Anker, sämtliche Segel, auch das riesige Toppsegel, gesetzt. Der Eigner, William F. Garner, war mit seiner Frau und einigen Freunden an Bord. Die Yacht war im Begriff abzusegeln, der Anker war kurzstag gehievt, und die Vorsegelschoten waren dichtgeholt, um den Anker gleich bei Aufnehmen der Fahrt auszubrechen – das Spill war nicht stark genug. Das Ruder lag nach Luv, als eine starke Bö von Nordosten über die Yacht herfiel. Da ohne Fahrt, konnte sie nicht in den Wind drehen. Sie legte sich immer weiter über, bis sie kenterte und sank. Garner ertrank bei dem Versuch, seine Frau aus der Kajüte zu befreien. Der Ballast war übergegangen und hatte die Frau eingeklemmt,

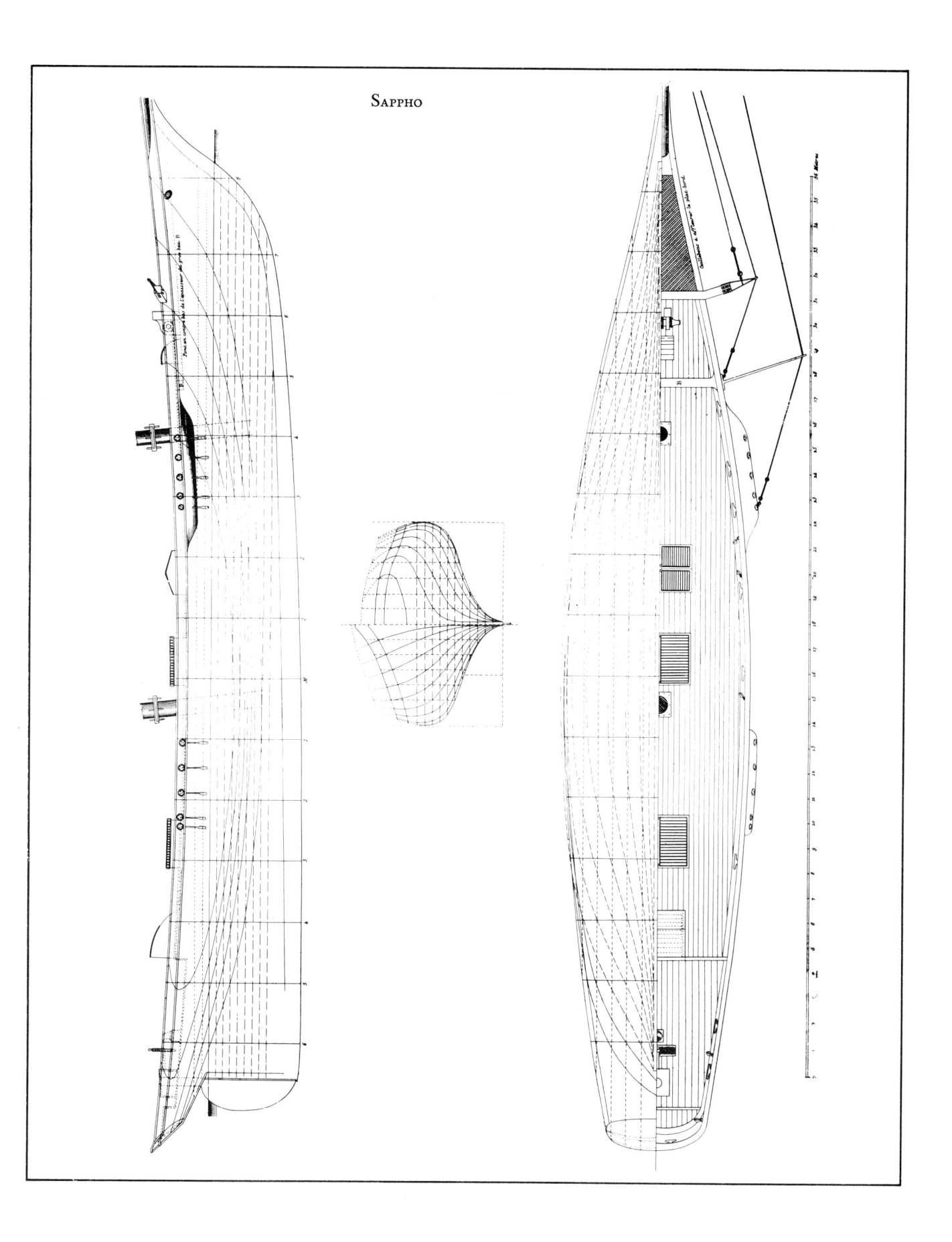

SAPPHO

97

MAGIC

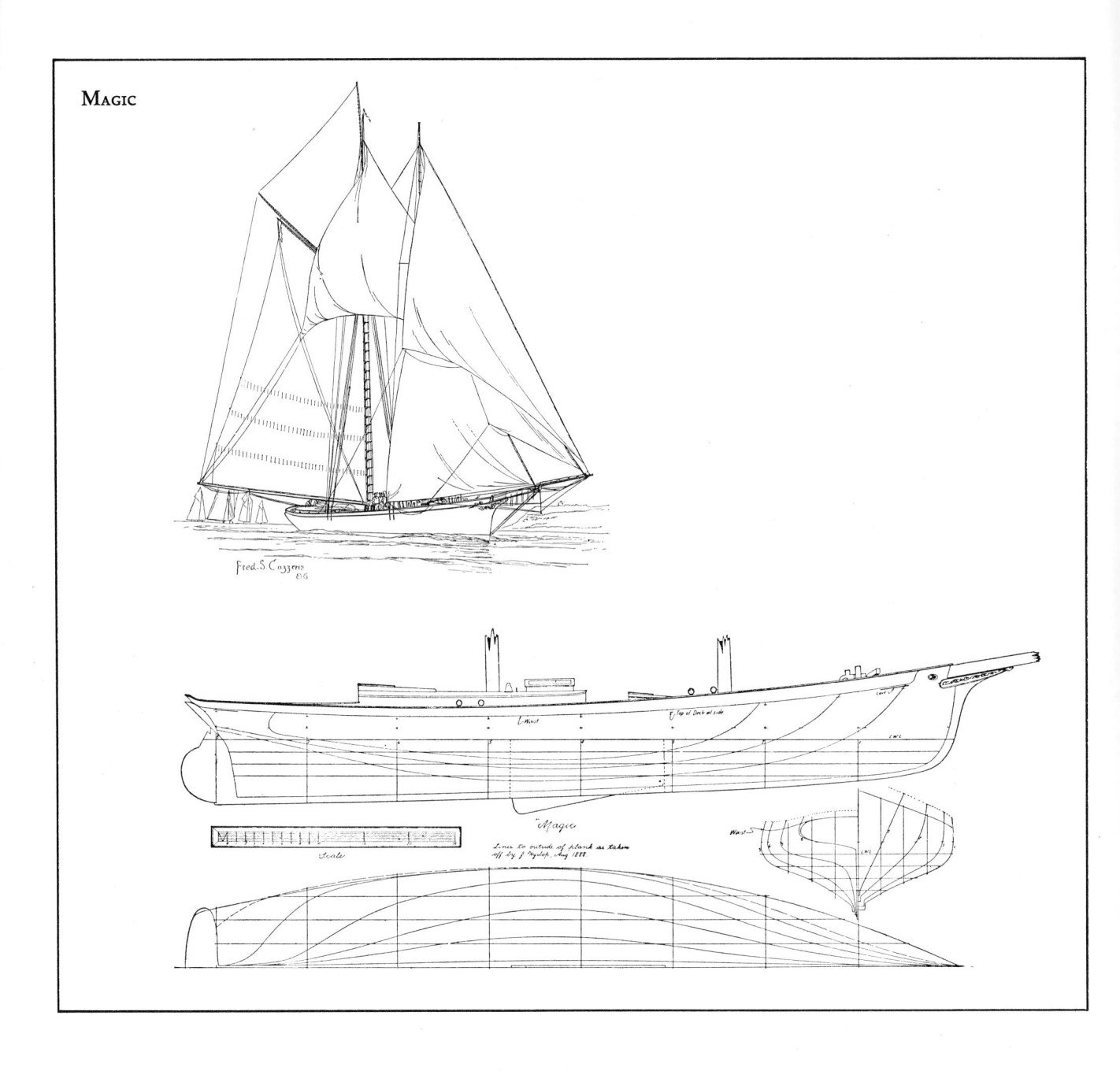

so daß alle seine Anstrengungen vergebens blieben, und auch sie verlor ihr Leben.

Coffin ist ein Anhänger des Schoners mit geringem Tiefgang und hoher Formstabilität, und er ist verwundert darüber, daß Derartiges geschehen konnte. Seine Schilderung der MOHAWK gibt die Ansicht von Anhängern der Schiffe mit aufholbarem Schwert wieder:

Am 9. 6. 1865 lief der unglückliche Schoner MOHAWK vom Stapel. Es war ein regnerischer Nachmittag, die Yacht blieb beim Ablauf stecken, und für die Stapellaufgäste – eine Versammlung eleganter Damen und Herren, für die Mr. Garner einen großen Dampfer gechartet hatte – war es eine nasse und ungemütliche Angelegenheit.
Um einen Begriff von der enormen Segelfläche dieses berühmten Schoners zu geben, kann ich versichern, daß von der Toppsegelstenge bis zur Wasserlinie 50 m und vom Baumende bis zum vorderen Ende des Klüverbaums 72 m gemessen wurden; und trotzdem war die Yacht das

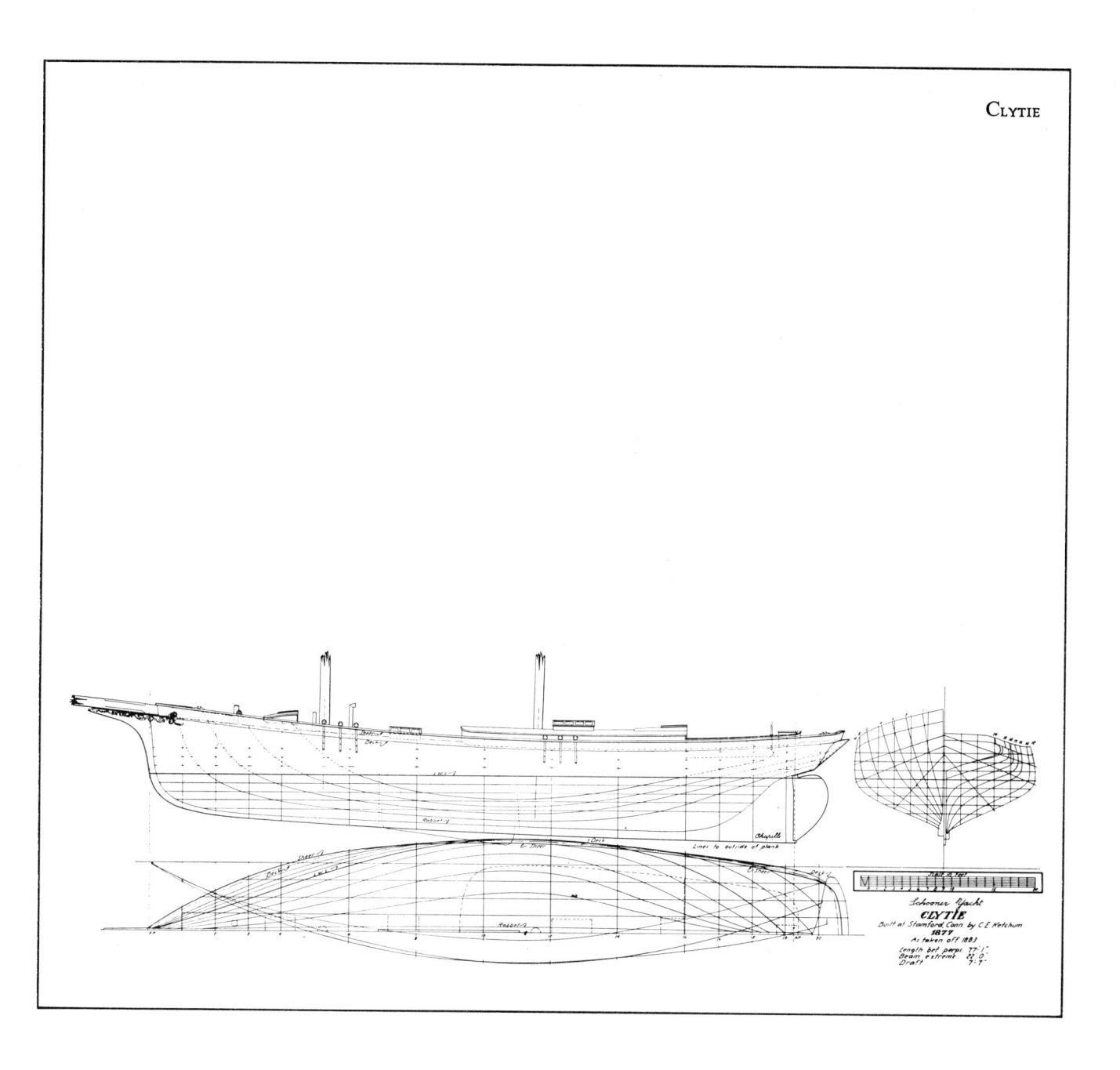

stabilste Schiff, auf das ich je meinen Fuß gesetzt habe. Die Wasserlinienlänge betrug 37 m, die Decksbreite 2,80 m.[28]

Ich bin auf ihr mit den drei Untersegeln ungerefft gesegelt, und das Wasser lief entlang des Schandecks, als alle anderen Yachten zwei Reffs eingesteckt hatten und ihr Schanzkleid durchs Wasser zogen. Die MOHAWK besaß die höchste Anfangsstabilität von sämtlichen bei uns gebauten Yachten, und ihr Kentern ist nur durch gröbste Dummheit verursacht worden.*

Die Auffassungen Coffins sollten in den folgenden Jahren immer weniger Zustimmung finden. Die extremen Yachttypen, Engländer wie Amerikaner, starben aus. Die Engländer konnten keine schmaleren Boote mehr bauen, ebensowenig wie die Amerikaner noch flachere.

---

[28] Die MOHAWK war 40 m über alles lang und ging mit aufgeholtem Schwert 1,80 m tief.

VIII Schmal und tief – breit und flach

Amerikanischer Kutter BEDOUIN

Englischer Kutter MADGE

Die klassische Periode der Yacht endet um 1890. Die Romantik hat jene „historischen" Yachten hervorgebracht, deren Namen allein genügen, um eine ganze Welt von Geschmacksvorstellungen und die mit ihnen verbundenen Formgebungen vor uns entstehen zu lassen. Yachten, von denen es nur Lithographien gibt oder deren Stahlstiche wir betrachten können.

Die Schiffe, die in der Erinnerung fortleben, diejenigen, die etwas auszusagen hatten, gehören einem extremen Typ an, durchaus klar in ihrer technischen Formgebung und eindeutig in dem, was die Besonderheiten des Typs ausmachte. Entweder gehören sie zum englischen Typ „deep and narrow", oder sie gehören zum amerikanischen Typ „broad and shallow". Wir kennen sie aus den voraufgehenden Kapiteln, und sie waren allesamt „richtig", waren schön und stark.

Ich vermag nicht zu sagen, welcher der beiden Typen der bessere wäre. Es hat zwischen ihnen viele Kämpfe gegeben, und die Geschichte des America's Cup könnte beweisen, daß der amerikanische Typ besser war als der englische. Immer wieder ist die Geschichte des America's Cup geschrieben worden; es gibt viele Bücher über dieses Thema und geschichtliche Rückblicke in den Yachtzeitschriften, die bei jeder neuen Preisverleihung neu geschrieben werden. Die Schlußfolgerungen sind immer sehr eindeutig. Die Amerikaner haben stets gewonnen, und ihre Regatten waren weiter nichts als schlichtes Spazierenfahren einer Slup oder eines Schoners, hinter dem – und zwar sehr weit dahinter – sich ein müder, höchst lahmer englischer Kutter abquälte. Das Beharren der Europäer auf dieser Bootsform könnte den Anschein unfaßlicher Sturheit erwecken. Dann aber ließe sich die äußerst hitzige Polemik in Amerika zwischen den „cutter crancks", den Anhängern des Kutters, und denen der üblichen Slup, des „skimming dish", nicht erklären. Der America's Cup ist nur eine Seite in der Geschichte der Kämpfe zwischen diesen Typen, und nur an diese erinnert man sich heute noch.

Der Kutter wurde nach Amerika „exportiert", vor allem dank P. R. Marett's Buch „Yachts and Yacht Building", das 1872 in London herauskam. Es ist das erste Buch über den Entwurf von Yachten und wurde in Amerika sehr gut aufgenommen. Die darin enthaltenen Beispiele behandeln die wichtigsten Yachten der Zeit, und in der Auswahl der Zeichnungen finden sich vornehmlich Kutterlinien.

1870 läuft der erste amerikanische Kutter, die eiserne VINDEX, vom Stapel, erklärtermaßen eine Neuauflage der MOSQUITO.
Der Kutter wird beobachtet, erprobt, diskutiert. Zehn Jahre später hat er sich etabliert. Einer der ersten ist die BEDOUIN von 1881.
Ein typisch englischer Kutter, in Amerika entworfen und gebaut. Er hat das einholbare Bugspriet, den senkrechten Vorsteven und all die anderen Merkmale, die wir kennen. In den amerikanischen Büchern dieser Jahre wird die Vorliebe für den nationalen Typ lebendig. Coffin stellt uns in seinem Buch „American Yachts and Yachting" einen amerikanischen Kutter wie folgt vor:

Es war im Juni dieses Jahres (1878), als Mr. Pepgras den Kutter YOLANDE baute, den zweiten echten englischen Kutter, der hierzulande gebaut wurde. Ich nenne sie einen Kutter, weil nach allgemeiner Übereinkunft diese Bezeichnung für die tiefe und schmale Yacht gilt, die in Rumpf und Rigg jenen einmastigen Seglern ähnlich ist, die in England so häufig sind, und um sie von den breiten und flachen, mit Schwert versehenen Slups zu unterscheiden. Freilich sollte eigentlich das Rigg für die Bezeichnung maßgebend sein, wie bei anderen Schiffen, Vollschiffen, Schonern, Brigantinen usw. auch; hier aber brauchen wir einen Ausdruck, um den Rumpftyp zu definieren, und dazu bedienen wir uns des Wortes „Kutter". Die YOLANDE war ihrer ganzen Konzeption und Verwendung nach ein Kutter, ein Kutter in Rumpf und Rigg. Die Anhänger der englischen Yacht waren so sehr bestrebt nachzuweisen, daß der Kutter jede andere Schöpfung schlagen könnte, daß jede Slup, die sich als schnell erwiesen hatte, Kutter genannt wurde, und heute ist der Begriff einigermaßen verwaschen. Wenn ich von Kutter rede, meine ich Yachten wie MURIEL, YOLANDE, BEDOUIN, WENONAH, STRANGER, MADGE, CLARA und andere, aber nicht solche wie HURON, THETIS, PURITAN, MAYFLOWER und so weiter.

Die YOLANDE war von M. Roosevelt Schuyler in Auftrag gegeben worden, dem prononciertesten Vertreter des Kutters, den wir jemals hierzulande hatten. Schuyler war ein Fanatiker; er glaubte nicht nur, der Kutter besitze überlegene Eigenschaften, er behauptete sogar, daß sämtliche anderen Typen vollkommen verkehrt seien und keinerlei gute Eigenschaften besitzen könnten. Die YOLANDE maß bei 9,30 m Lüa 7,63 m in der Wasserlinie, hatte eine Breite von 2,29 m und einen Tiefgang von 1,53 m. Sie hatte einen tiefen gebogenen Kiel, ganz aus Blei, der 3950 kg wog, dazu 590 kg Bleiballast innen, der an die Spanten angepaßt war.
Schlecht zu handhaben und vollständig unbrauchbar auf flachem Wasser, hatte die YOLANDE auch ihre guten Seiten. Sie war sicherer und innen bequemer als jede andere Yacht gleicher Länge: sie konnte noch segeln, wenn das Wetter die durchschnittliche Schwertyacht zwang, Schutz zu suchen. Andererseits konnten bei gutem Wetter die Schwertyachten gleicher Länge mit Leichtigkeit im Kreis um sie herumsegeln. Mr. Schuyler stellte ihre guten Eigenschaften unter Beweis, als er anfing, sie zu segeln, wenn der Schnee fiel; und er zeigte, daß das Boot die Schwertyachten bei Schlechtwetter sehr bequem schlagen konnte.

Die von Coffin erwähnte MADGE ist ein englischer Kutter, dessen Geschichte jener des Schoners AMERICA sehr ähnelt, wenn sie auch sehr viel weniger bekannt ist.

Am 16. August 1881 traf der Dampfer DEVONIA ein. An sich keine bemerkenswerte Begebenheit, aber die Tatsache, daß er den kleinen schottischen Kutter MADGE als Decklast brachte, macht sein Eintreffen zu einem wichtigen Ereignis für die Geschichte des amerikanischen Yachtsegelns; denn die Ergebnisse der in der Folge gesegelten Regatten erschütterten den Glauben des amerikanischen Yachtseglers an die Überlegenheit des breiten und falschen Schwertbootes. Es spielt keine Rolle, ob ihre Erfolge mehr oder weniger dem Glück zu verdanken waren; es waren Siege, und die amerikanische Slup war zum ersten Male geschlagen worden, und keinerlei Entschuldigung kann das aus der Welt schaffen. Dieses kleine Boot war 1879 von Watson in Gowan gebaut, es war 14 m über alles lang, 2,35 m breit und ging 2,45 m tief.
Drei Regatten gegen die Slups SCHEMER und WAVE wurden veranstaltet. Ich habe nie den geringsten Zweifel daran gehabt, daß jede dieser beiden Yachten, sofern sie in tadellosem Regattatrimm waren, die MADGE geschlagen hätte. Doch wurden die Regatten zu Ende der Saison gesegelt; die Segel standen schlecht, und man glaubte dermaßen wenig an die Chancen der MADGE, daß man überhaupt nicht dafür gesorgt hatte, die Boote in anständigen Regattatrimm zu bringen. Bei der ersten Regatta hatte die amerikanische Yacht ein geliehenes Toppsegel, das stand wie „ein auf einer Spillspake aufgehängtes Zahlmeisterhemd", um einen Vorschiffsausdruck zu gebrauchen; und der Fachmann, darauf angesprochen, sagte: „Ach, das reicht aus, mit jedem Lappen kann man diesen Eimer da schlagen", wobei er verächtlich zur MADGE hin-

über zeigte, die dort vor Anker lag mit einem so vollkommenen Stell Segel, wie ich es nie gesehen hatte. Vor den Regatten ließen sich die schottischen Schlauköpfe jedesmal, wenn MADGE eine der amerikanischen Slups traf, leicht schlagen, und vor der ersten Regatta hatte keiner von uns ihre Segel gesehen.

Keine Frage, sie war ein elegantes kleines Schiff, und sie wurde glänzend gesegelt. Die Eigner der SCHEMER und WAVE steckten für die nächste Saison viel Geld in ihre Boote, aber der Kapitän Duncan war nach Hause gefahren, und der Eigner der MADGE war zu schlau, um das Boot ohne ihn segeln zu lassen.

Die MADGE besiegte alles, was gegen sie segelte. Die SCHEMER, das stärkste der besiegten Boote, war eine typische Slup, Länge 12 m, Breite 4,30 m, Tiefgang mit aufgeholtem Schwert 91 cm.

Daraufhin wurden in Amerika viele Kutter in Bau gegeben. Doch ist die Geschichte mit dem Schoner AMERICA viel freundlicher umgegangen als mit dem Kutter MADGE, und das Glück war mit den Kuttern, die um den America's Cup kämpften, nicht mit den Slups, die ihn verteidigten. Die Geschichte vergißt auch gern, daß der 47-t-Kutter AURORA bei der berühmten 53-Seemeilen-Regatta um die Insel Wight 1851 nur acht Minuten nach der 171-t-AMERICA einkam.

Die PURITAN, eine Slup vom „compromise type", die den Kutter GENESTA geschlagen hatte, war – ein Ergebnis der Lektion durch die MADGE – gegenüber der traditionellen Slup in vielen Dingen verändert worden. Das Rennen von 1885 wurde zwischen einem amerikanischen „Kompromiss" und dem typisch englischen „plank on edge-Kutter" GENESTA gelaufen.

	PURITAN	GENESTA
Länge über alles	28,70 m	29,30 m
Länge Wasserlinie	24,70 m	24,70 m
Breite	6,90 m	4,57 m
Tiefgang	2,60 m	3,97 m
Segelfläche	865 m²	780 m²
Verdrängung	105 t	141 t
Ballast	48 t	70 t

Sieger war die PURITAN; zwischen den beiden Booten bestand keine wirkliche Gleichwertigkeit. Der Kutter hatte die gleiche Wasserlinienlänge wie die Slup, aber 34 Prozent mehr Verdrängung und 10 Prozent weniger Segelfläche. Es ereignete sich auch dieses Mal, was bis heute einen großen Teil der Geschichte des berühmten Pokals ausmachte. Die guten See-Eigenschaften des englischen Typs trugen bei den drei Regatten nicht das Geringste dazu bei, das kostbare Salonstück zu gewinnen.

Bei dem einzigen Rennen mit starkem Wind führte GENESTA fast bis ins Ziel, als die PURITAN, die das Toppsegel geborgen und die Stenge gestrichen hatte, ihrem Konkurrenten gegenüber aufzukommen begann, weil das englische Boot unter seinem Vollzeug aufs Wasser gelegt wurde; die Engländer hatten nämlich im Vertrauen auf ihre Unschlagbarkeit bei solchem Wetter alles stehen lassen. PURITAN siegte mit einer Minute Vorsprung. Die GENESTA beteiligte sich in der folgenden Woche an den Regatten des New York Yacht Clubs und segelte vier Siege heraus. Dann kehrte sie nach England zurück. Überliefert ist, was der Skipper in seinen Aufzeichnungen über die Rückreise bemerkte:

Die GENESTA ist ein Wunder. Ich habe so etwas an Seefähigkeit noch nie gesehen. Die Reise war wegen ihres wundervollen Verhaltens unter den angetroffenen Verhältnissen eine einzige Kette von Überraschungen für mich. Wir hatten auf der gesamten Reise starke und veränderliche Winde und hohe See, und es war erstaunlich zu sehen, wie dieser kleine Teufel durch das Wasser ging. Er machte die 3300 Meilen in 19 Tagen und 10 Stunden, mit einem Schritt von 7 Knoten gegen schwere See auf der ganzen Reise. Wir sind die ganze Zeit über, mit zwei oder drei Ausnahmen, unter gerefften Segeln gefahren. Das Verhalten des Schiffes war großartig. Es hätte nicht besser sein können, und täglich kam eine neue gute Eigenschaft ans Licht.

In der Tat müssen die Bewegungen der GENESTA sehr weich gewesen sein angesichts ihres Tiefgangs, ihrer Breite und der Feinheit des Vorschiffs. Ich denke, sie muß sehr naß gesegelt haben, doch das betraf ja nur die „paid hands", die vielen bezahlten Leute, die an Bord waren.

Wechselfälle des Glücks also, aber die aufsehenerregendsten Siege stets auf der Seite der Amerikaner.
Immer waren es die Engländer, die mehr an der nationalen Bootsform festhielten, kaum verunsichert durch die Ergebnisse der Regatten. Vielleicht lag das an der Glorie von Abukir und Trafalgar, an dem Ruhm der englischen Flagge, die auf See herrschte.

Puritan *und* Genesta

Die Regattaregeln selbst schlossen Yachten aus, die sich vom Gewohnten zu weit entfernten und damit das Establishment des Sports störten. Die Royal Yacht Squadron hatte eine Bestimmung, die festlegte:

Keine Yacht mit Vorrichtungen zum Aufholen des Kiels oder mit irgendeinem anderen System zur Veränderung der Unterwasserform wird zu Regatten um Preise zugelassen, die von der Royal Yacht Squadron ausgesetzt sind.

James Ashbury glaubte an Betrug, als er bei den Cup-Regatten 1870 mit seiner Cambria geschlagen wurde, weil er sich noch immer an die Regel gebunden fühlte, nach der Yachten mit Schwert verboten waren. Der Cup ging an die Magic, die mit aufgeholtem Schwert bei ihren etwa 26 m Länge über Deck nur 1,90 m tief ging.

Die Amerikaner behielten den Cup bei sich; gleichwohl hatten sie ihren Preis dafür zu zahlen. Wie wir gesehen haben, wurden ihre Yachten unbrauchbar.

Die Begegnung zwischen Madge und Schemer hatte gezeigt, daß die guten Schiffe der extremen Typen im Grunde gleichwertig waren. Die amerikanische Slup war bei leichtem Wind und ruhigem Wetter begünstigt, der englische Kutter bei starkem Wind und See von vorn. Es waren insbesondere die gleichartigen Riggs, die, optimal getrimmt, den Ausschlag gaben.

Betrachten wir die Breite der Konkurrenten um den America's Cup jener Jahre:

1885	Puritan	6,90	Genesta	4,57
1886	Mayflower	7,15	Galatea	4,57
1887	Volunteer	7,06	Thistle	6,18
1893	Vigilant	8,02	Valkyrie II	6,78
1895	Defender	7,02	Valkyrie III	7,98

1895 ist das englische Boot das breitere von beiden. Die Zeit der nationalen Typen ist vorbei.

IX Der Segler und sein Boot

Salon der G̲a̲l̲a̲t̲e̲a̲

Zwei Gentlemen plaudern an der Clubbar. Fragt der eine: „Was kostet es dich, deine Yacht zu halten? Ich wüßte es gern, weil ich mir eine anschaffen möchte." Darauf der andere: „Kannst du dir nicht leisten. Wer fragt, was es kostet, soll sich keine Yacht kaufen."

Diese kleine Episode soll sich zur Zeit Königin Victorias zugetragen haben.
Schauplatz hätte ohne weiteres die Royal Yacht Squadron sein können, und die Anekdote könnte durchaus authentisch sein. Es gibt einen kleinen Vers, der die Regel der Royal Yacht Squadron für die Auswahl bei der Meldung zu Regatten kennzeichnen soll:

> *Nothing less then 30 T*
> *Mast ever race with our burgee.*[29]

Mitglieder der R.Y.S. waren die vornehmsten Leute, die auf den obersten Sprossen der gesellschaftlichen Stufenleiter standen. Das Clubhaus steht in Cowes auf der Insel Wight. Die Squadron wurde 1815 von einer Gruppe von Personen gegründet, die „daran interessiert waren, Yachten auf Salzwasser zu benutzen". Man wollte den Club ein für allemal von der Cumberland Society abgrenzen, die auf der Themse segelte.
Mitglied zu sein, war für eine wichtige Persönlichkeit gesellschaftliche Pflicht; dabei kam man aber auch nicht umhin, Yachtsegeln zu betreiben. Anekdoten wie diese waren im Schwange:

Skipper: „Wollen Sie das Ruder nehmen, Sir?"
Mitglied der R.Y.S.: „Nein danke, ich nehme nichts zwischen den Mahlzeiten."

Kern dieser Geschichte ist die Abneigung des Yachtseglers von damals, mit dem Berufsseemann auch nur das Geringste zu tun zu haben. Es wurde empfohlen, in Gegenwart der Mannschaft nichts in die Hand zu nehmen; der „Amateur" durfte nicht zeigen, daß er in der Lage war, irgend etwas mit seinen Händen zu tun. Man konnte schon einmal das Ruder übernehmen, aber nur für einen Augenblick und sozusagen mit spitzen Fingern. Ein Gentleman versteht nichts von dem, was einer zu tun hat, der dafür bezahlt wird; und der Seemann hat das Recht, sich eine schlechte Meinung von seinem Eigner zu machen, wenn der etwas tut, was ihm, dem Seemann, zu tun obliegt.
Die Zeitschrift „Veteran Yachtsman" ließ keine Gelegenheit aus, um den jungen Eigner daran zu erinnern, daß sein Skipper der „vulgären und ungebildeten" Klasse an-

---

[29] Kein Boot unter 30 Tonnen darf unter unserem Stander wettsegeln.

Messe der CORSARO

gehörte, und empfahl, zur Besatzung „respektvollen Abstand" zu halten. Der wichtigste Rat war, niemals und aus keinem Anlaß vor der Besatzung seemännische Ausdrücke zu benutzen: „... sie würden doch bloß mißverstanden, und man macht sich nur lächerlich vor der Mannschaft".

Die Yacht – und das ist eigentlich durchaus gerechtfertigt – wurde angesehen wie ein Pferd. Niemand wundert sich heute, wenn der Besitzer eines Rennpferdes nicht der Jockey ist; und ebensowenig ist irgendwer empört, daß nach einem Sieg der Besitzer die Siegprämie einstreicht.

Auch die Yachten segelten häufig ums liebe Geld. Man betrachtete das Yachtsegeln damals mit denselben Augen wie ein Pferderennen. Heute hat sich der Geist beim Segeln stark gewandelt, im Gegensatz zum Pferdesport. Früher bewertete man jedoch – ebenso wie ein Pferd – eine Yacht am Ende der Saison danach, wieviel Geld sie verdient hatte, und was heute möglicherweise Anstoß erregen würde (wobei ich nicht sagen kann, wieviel Anstoß), war damals ein äußeres Merkmal, wonach sich der Ruhm wie der Stolz des Eigners berechnen ließ.

Darum befand sich der Eigner nicht unbedingt an Bord während der Regatten; wenn aber doch, dann wollte er eine mit allem Komfort eingerichtete Kajüte haben. Auf dem Bild links oben sehen wir die Inneneinrichtung einer berühmten englischen Yacht, bestens geeignet als Kulisse für einen Film über D'Annunzio oder auch als Appartement für einen indischen Nabob. Grüne Pflanzen, Leopardenfelle, Kissen, Vorhänge, Lüster. Schwer vorstellbar selbst auf einer großen Dampfyacht, handelt es sich hier um den Salon des „plank on edge-Typs" GALATEA, englischer Herausforderer für das „America-Cup-Rennen" im Jahre 1885.

Auch die Yacht auf der anderen Abbildung ist sehr berühmt. Es ist die größte italienische Yacht des 19. Jahrhunderts. Das Bild ist ein Aquarell, betitelt „Messe der CORSARO". Es stammt aus dem Buch „Reise der Corsaro nach San Salvador" von Kapitän Enrico D'Albertis. Dekorationen in Blumendessins, ein ganzes Zeughaus von gekreuzten Säbeln und Streitäxten an der Wand, die Hängelampe am Decksbalken und die unvermeidlichen Seekarten, Parallellineale und Zirkel, die unbeachtet in einer Ecke herumliegen. Mit der Schräglage der Lampe und des am Türgriff aufgehängten Futterals für das Doppelglas macht uns der Künstler deutlich, daß die CORSARO segelt. Der Tisch hat, wie man sieht, eine Neigung gegen den Fußboden; er ist kardanisch aufgehängt. Der übliche Ausdruck „Salon" für den Mittelraum der Yacht war durchaus angebracht.

Die Grenze zwischen Luxus und Notwendigkeit kennzeichnet eine jede Epoche und Klasse. Dixon-Kemp beklagt sich in seinem „Manual of Yacht and Boat Sailing"

FOAM

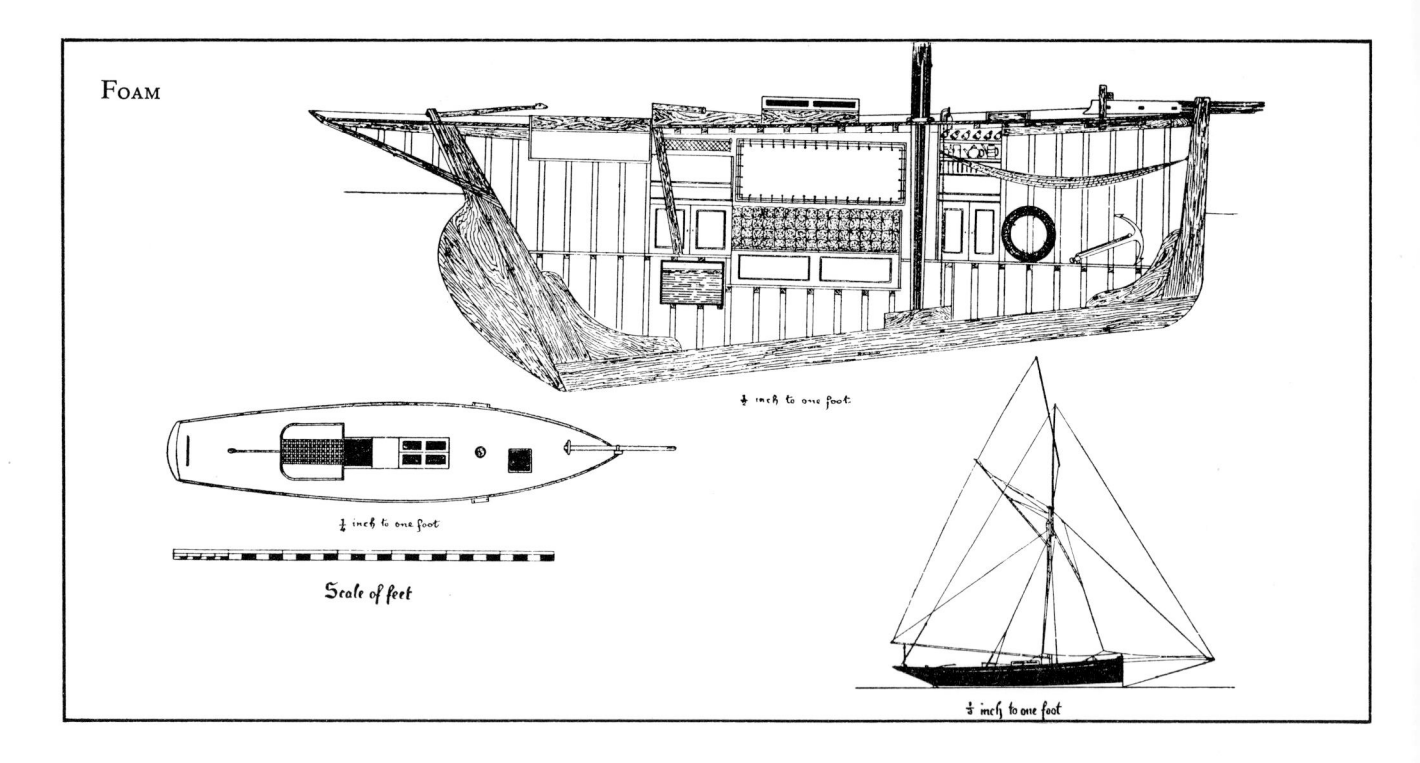

von 1895 über die Launen der Yachtsegler mit folgenden Worten:

Was ein richtiger Yachtsegler sein will, der wird wohl für gewöhnlich des Morgens ein paar Stunden bei seiner Toilette zubringen, umgeben von dem ganzen Luxus, den die Kunst des Ausstatters aufzubringen vermag; haufenweise Samtteppiche, Damastatlas, Kristallpokale, Aquarelle, Dresdner Porzellan und ein Kammerdiener. Wer einen solchen Aufwand braucht, sollte sich einen Schoner oder eine Yawl kaufen, oder eine Dampfyacht, denn auf einem kleinen Boot ist für so etwas kein Platz.

Offenbar war die GALATEA schon groß genug, um (wenn auch mit der auf einer Rennyacht gebotenen Kargheit) die Blumentöpfe, die Atlasvorhänge und die Porzellanteller an den Wänden zu rechtfertigen.

Die kleinen Schiffe sind für uns viel eher zu begreifen; man kann sich vorstellen, daß man auf ihnen tatsächlich an Bord sein konnte, wenn man sie nicht bloß aus der Ferne mit den Augen des Historikers betrachtet. Sie sind selbstverständlich schmal und tief; sie benötigen kein Deckshaus; ihr Inneres ist in jeder Hinsicht ein „Inneres". Es gibt keine richtigen und wirklichen Aufbauten; alles bleibt unter Deck.

Man muß sich wohlfühlen in der kleinen FOAM von Claude Worth. Der „Salon" hat zwei Polsterbänke einander gegenüber, freilich so schmal, daß sie als Kojen nicht zu benutzen sind. Als solche dienen Rohrkojen aus Segeltuch, man sieht sie an der Bordwand hochgeschlagen. Wenn sie heruntergeschlagen waren, reichten sie fast bis in die Bootsmitte – das Boot war 2,10 m breit. Wie es die Tradition vorschreibt, beherbergt die Vorpiek außer den Segeln, dem Tauwerk und den Ankern auch noch die Kombüse und den Bootsmann mit seiner Hängematte. Die FOAM war trotz ihrer geringen Größe ein echter Kutter. Wie man sieht, lag auch ihr Vorluk außer Mitte auf der dem Bugspriet entgegengesetzten Seite; dessen zwei Stellungen sind auf der Zeichnung durch die beiden querschiffs liegenden Öffnungen bezeichnet.

Für das Leben an Bord gab es sehr praktische, man darf wohl sagen „moderne" Einrichtungen. Dixon-Kemp zählt bei der Innenausstattung ein WC, Pumpen und Sofakojen auf. Er bringt als Beispiel die Inneneinrichtung der SPANKADILLO, jenes „plank on edge", das wir schon kennen, und befaßt sich eingehend mit einer Reihe von Einzelheiten:

Eine Yacht alten Stils von drei Tonnen ist infolge ihrer geringen Breite nicht einfach einzurichten; und es bedarf großer Erfahrung und Überlegung, um alles derart zusammenzubringen, daß ein brauchbarer Raum geschaffen wird, in dem es sich leben läßt. Immerhin hat man das

a) Klappwaschtisch
b) Kochherd (Patent Rippingille)

erreicht, und die SPANKADILLO, die 1884 von Kapitän H. Bayly gebaut und ausgerüstet wurde, gibt (wie die Zeichnung oben beweist) einen guten Begriff davon, was sich auf einem so kleinen und engen Schiff machen läßt.

Unmittelbar hinter dem Mast ist ein Schott mit einer Schiebetür als Durchgang zum Vorschiff. Ganz vorn befindet sich ein Spind mit zwei Regalen, wo alle losen Dinge wie Seestiefel, Lampen usw. verstaut sind, wenn sie nicht benutzt werden. Die Vorpiek hat zwei Bulleyes, eines davon ganz vorn, durch das Luft und Licht in das Vorschiff gelangen.

An der Backbordseite befindet sich eine große Backskiste, die gleichzeitig als Koje ausgebildet ist, und an Steuerbord eine Klappkoje. Der Ölherd in der Kombüse, ein Rippingille-Patent, ist kardanisch aufgehängt, was auf einer kleinen Yacht notwendig ist, wenn man auch bei bewegter See kochen will. Der Herd kostet 10 Schillinge und die kardanische Aufhängung in einem Eisenwarengeschäft ungefähr ebensoviel. Der Brennstoffbehälter hat zwei durchbrochene Zwischenwände, die so angeordnet sind, daß sie ein Kreuz bilden, damit das Öl bei starken Bewegungen der Yacht nicht zu sehr hin und her schwappt. Es gibt auch noch einen Spirituskocher zum Eierkochen oder Wasserwärmen.

In der Kajüte ist an Steuerbord ein 2,10 m langes Sofa, darunter drei Backskisten, davon die vordere für Konserven usw., in der Mitte Flaschen und hinten Zeug. Auch die Polster in drei Stücken.

Über dem Sofa die 61 cm breite Eignerkoje; tagsüber wird sie unter die Decksbalken hochgeschlagen.

Am hinteren Ende des Sofas befindet sich der Waschstand mit einer emaillierten Waschschüssel, einem Klappspind usw., wie auf der Zeichnung zu sehen ist. Der Spiegel darüber gehört nicht zum Waschstand, er ist ein Stück für sich.

In der Kajüte an Backbord steht der an einer Konsole befestigte Tisch. Auf dem Tisch sind zwei Haken, die in Ösen an der Konsole fassen. Die Tischbeine hängen an Scharnieren. Wie aus dem Grundriß ersichtlich, kann der Tisch aufgeschlagen oder ausgehakt und beliebig an anderer Stelle aufgestellt werden.

Auf der Konsole finden die Dinge für allgemeine Benutzung ihren Platz (Pfeifen, Tabak, Wasser- und Whiskyflaschen).

Die kardanisch aufgehängte Lampe ist von der üblichen Art, man kann sie auch auf den Tisch stellen. Beiderseits der Lampe ist ein kleines Netz für Karten und ähnliches.

Achteraus vom Tisch befindet sich eine weitere 53 cm breite Klappkoje.

Der am weitesten hinten liegende Teil der Kajüte, zu dem eine Eingangsöffnung führt, ist für Segel und Ausrüstung vorgesehen, die auf Grätings lagern, um sie vom Schmutz *der Bordwand freizuhalten. Haken für Bekleidung können angebracht werden, wo der Eigner es wünscht.*

Der sorgfältige Kapitän Bayly hat für eine Toilette offensichtlich keinen Platz gefunden – wegen der geringen Breite, wie Dixon-Kemp meint.

Auf einer Yacht von der Länge der alten Dreitonner, die aber 2,40 bis 3,00 m breit sind, wäre ein Waschraum mit WC vorn an der Steuerbordseite eine gute Einrichtung.

Nicht alle Yachtsegler waren wie die in der zitierten Anekdote. Der Eigner der SPANKADILLO war bestimmt auch im heutigen Sinn ein Sportsmann.
Vanderdeken widmet in „Yachts and Yachting" von 1873 der besten Einrichtung einer größeren Yacht ein volles Kapitel.
Der Vorpiek müsse genügend Raum bieten, damit die Seeleute darin essen, trinken, schlafen und sich waschen können, ohne sich gegenseitig zu stören. Auch sei daran zu denken, daß unter den Bodenbrettern die Behälter für den Koks untergebracht werden müssen, „der mit Sorgfalt zu stauen ist, damit nicht das kleinste Stück in die Bilge gerät, wo es die Abflußlöcher für das Wasser verstopfen, das Ansaugen der Pumpen behindern oder gar die Pumpen beschädigen könnte".
Es wird empfohlen, die Unterbringung jedes einzelnen an Bord kommenden Gegenstandes zu überlegen, vor allem, wenn es sich um Frischfleisch handelt, das – genau wie bereits zubereitetes Fleisch oder Butter usw. – einen besonderen Vorratsraum haben müsse. Hier sei Sorgfalt am Platz, denn „es verdirbt schnell und verbreitet dann schlechte Düfte und wird für die Menschen unbekömmlich und übelerregend". Weiter wird angeraten, Wände und Decke der Kombüse (aber auch solche in ihrer Nähe) wegen der Feuergefahr mit Zink oder Blei auszukleiden; auch den Mast, wenn er sich in der Nähe befindet. Ferner meint Vanderdeken:

Der Kapitän sollte eine geräumige Kammer von angemessener Größe haben; und das nicht nur, um ihn der Besatzung gegenüber gebührend hervorzuheben, sondern auch, weil er ausreichenden und bequemen Platz braucht, um seine Karten, Bücher und nautischen Instrumente unterzubringen; er soll ja nicht nur in der Kammer leben, er muß darin auch alle mit der Navigation der Yacht verbundenen Arbeiten ausführen. Er benötigt also einen Klapptisch von guten Abmessungen, um darauf die Karten ausbreiten, seine Berechnungen durchführen, das Logbuch schreiben und dergleichen Dinge mehr erledigen zu können.

Es wird weiter empfohlen, sämtliche Instrumente in der Kapitänskammer unterzubringen, einschließlich derer, die – wie der Kompaß, zum Beispiel – sich auch noch einmal oben befinden. „Ein Skipper drängt sich nicht gern zwischen den Eigner und seine Gäste, um nach dem Barometer zu sehen, insbesondere dann nicht, wenn die sich gerade vergnügen."
Die Pantry für den Steward liege gewöhnlich gegenüber der Kapitänskammer, die Kombüse müsse von hier aus leicht zugänglich sein. Sie solle mit Regalen versehen sein, damit alles, was für das Frühstück, das Dinner und den Tee benötigt wird, seinen festen Platz hätte, mit senkrechten Einschnitten, damit beim Schlingern und Stampfen alles auf seinem Platz bliebe und nichts zerbräche; Tassen und Gläser auf Borten mit Löchern, in denen sie festgehalten würden; jede Anrichte oder jedes Regal in der Pantry müsse eine um 45° geneigte Ablage haben, damit ein darauf abgestellter Gegenstand unter keinen Umständen bei der Krängung umfallen könne.
Der Salon dient der Repräsentation:

Auf den Kuttern sind 11 bis 12 Fuß (3,33 m bis 3,65 m) eine gute Länge für diesen Raum. Das gibt 2,10 m mehr für das Sofa und etwa 75 cm für die Breite der Anrichten an den Enden. Die Einrichtung dieser Kajüten richtet sich weitgehend nach dem Geschmack des Eigners; viele geben ihr eine Wegerung, die der Rundung der Bordwand folgt, doch sind gewiß rechteckige Füllungen, durch die der Eindruck eines Zimmers entsteht, die bessere Lösung.

Ein Yachteigner von großer Erfahrung, ein Freund von mir, der sich aus Liebhaberei viel mit der Einrichtung seiner Kajüte beschäftigt hat, meint, daß in der Regel vertikal angeordnete Füllungen den Raum scheinbar vergrößern, weil das Auge jetzt nicht mehr der gekrümmten Seitenwand folgt, sondern durch eine optische Täuschung der Eindruck entsteht, die Kajüte sei ein großes quadratisches Zimmer, in dem die Sofas kaum in Erscheinung treten. Das gleiche habe ich selber beim Vergleich zweier Yachten festgestellt, die in dieser Hinsicht verschieden eingerichtet waren; die Kajüte mit den senkrechten Füllungen schien größer zu sein als die mit der an der Bordwand entlanglaufenden Wegerung.

Wenn man die Sofas und die Anrichte nicht rechtwinklig, sondern im stumpfen Winkel miteinander verbinde, erziele man den Eindruck von Helligkeit und Platz. Aus dem gleichen Grunde bekäme die Anrichte eine unten durchbrochene Schlingerleiste. Es wird empfohlen, die Sofas an der äußeren Kante der Bodenbretter anzuordnen, jedoch etwas versetzt zueinander, um mehr Breite zu gewinnen, und die Sitzfläche an die Wegerung heranzuführen; hinter den Rückenlehnen sollte es keine Spinde geben, weil sie doch immer zu klein und zu nichts nutze wären. Aber Backskisten unter dem Sofa seien gut, allerdings nur zur Unterbringung von Proviant.

Spiegel lassen eine Kajüte doppelt so groß erscheinen, und es können zwei hübsche Bücherborde über der Anrichte eingebaut werden, mit Füllungen und Spiegeln auf den Türen. Sind nämlich Verkleidungen mit Spiegeln über dem Sofa, dann wird die Illusion noch erhöht – ich kenne keine elegantere Methode, um einen Salon einzurichten. Diese Spiegel kann man auf See mit Holzblenden schützen; man kann um die Ränder der Spiegel einen Gummistreifen legen und damit die Möglichkeit des Zerbrechens verringern. Ich habe Yachten, die überall mit Spiegelfüllungen ausgestattet waren, harte Beanspruchungen durchmachen sehen, ohne daß der geringste Schaden entstanden war, außer durch Feuchtigkeit von hinten, wenn sie nicht durch luftdichte Verschalungen geschützt waren. Diese Schäden kommen oft vor, wenn die Aufbauten nicht tadellos kalfatert sind. Man kann jedoch die Feuchtigkeit ganz fernhalten, indem man die Scheiben in luftdichte Halterungen einsetzt, jedoch vor den Scheiben, die eingebaut werden müssen.
Ahornfüllungen mit Mustern in hellem Mahagoni wirken in einem Salon sehr schön; dazu als Kontrast Atlasstoff und Rosenholz, denn alles in Mahagoni, das erschiene zu schwer und massiv. Aber die schönste Ausstattung, die ich gesehen habe, war aus poliertem Nußholz.
Im großen und ganzen ist im Salon poliertes Holz dem gestrichenen vorzuziehen. Es ist schwer, den Anstrich gut instand zu halten, man muß ihn jedes Jahr erneuern; poliertes Holz dagegen hält so lange wie das Boot, und die Investition zahlt sich am Ende aus.
Holzschnitzereien zum Schmuck sollten mit Zurückhaltung angebracht werden; sie nehmen Staub an und sind schwer sauberzumachen. Und außerdem sieht ein übertriebener Aufwand an den Wänden nicht besonders gut aus. Je einfacher die Bearbeitung unter Berücksichtigung harmonischer Farbzusammenstellung zwischen dem Holz und den Samt- oder Stoffbezügen des Sofas ist, desto vornehmer und eleganter wird sie wirken. Vergoldete Schnitzereien sollte man äußerst sparsam verwenden.

Die Inneneinrichtungen der Rennyachten zur Zeit Vanderdekens sind einfacher als jene zur Zeit der Mosquito, bei der vor jeder Regatta die Einrichtung ausgebaut wurde. „Wir sehen nur noch selten Schränke, schwere Trennwände, reiches Schnitzwerk und die ganze Masse von Material, das man bisher in Kojen verbaute, dafür aber viele Kajüten, bei denen man an der Einrichtung gespart und Opfer an Bequemlichkeit gebracht hatte." Die Yachten sind immer im Regattazustand, ohne Überladung. Der Eigner einer Rennyacht duldete kein überflüssiges Gewicht an Bord, er hielt das Boot ja einzig und allein, um zu gewinnen. So ein Segler gehörte in den Augen eines Fahrtenseglers einer fremden Rasse an; mit ihm war nicht zu reden. Sein Platz war einzig der Solent, Cowes, die Royal Yacht Squadron. Er war kein Seefahrer, er war ein „pot hunter", ein Pokaljäger.
Vanderdeken tritt für ihn ein und wehrt sich gegen den Versuch, ihn abzuwerten.
Angesichts der Segelfläche, die sie tragen, und des schlechten Wetters, das sie durchstehen, vollbringen die Yachten Taten, die sich denen der Korsaren, der Schmuggler, der Sklavenschiffe durchaus zur Seite stellen lassen. Wer meint, Regattasegeln sei ein Zeitvertreib für Faule, „der ist ein elender Zyniker".

Es ist die Zeit der Romantik, und der feine Mann, der „Yachting" betreibt, darf es sich erlauben, nicht das geringste von der Handhabung seiner Yacht zu verstehen in seiner glänzenden Rolle als Edelmann, als Humanist, Patriot, als Seefahrer und Held:

Seht die Yachten, die Jahr für Jahr auf der Suche nach dem Abenteuer über die Erde streifen! Welcher Teil des Erdballs hat nicht unseren edlen königlichen Stander flattern sehen! Sie waren am Kap Hoorn und am Kap der Guten Hoffnung, in den arktischen Regionen und in den heißen; Jäger, Naturforscher, Gründer von Kolonien und Pioniere des Handels. Und dienten sie nicht auch im Krimkrieg als Warentransporter und zu mancherlei Hilfeleistung, wenn die leidende Truppe danach verlangte? Nicht vergessen dürfen wir die Tat eines tapferen Yachtseglers im Mittelmeer, der mit seinen kleinen Kanonen und der kühnen Schar seiner Besatzung ein Massaker von Christen durch aufgebrachte Fanatiker verhinderte. Und wenn wir auch weiter nichts sein können als eine Marine zum Vergnügen – sollten die Umstände es erfordern, dann hat es den Yachtseglern niemals an Unternehmungslust, an selbstlosem Einsatz und an Kühnheit gemangelt.

X   Neue Bootstypen

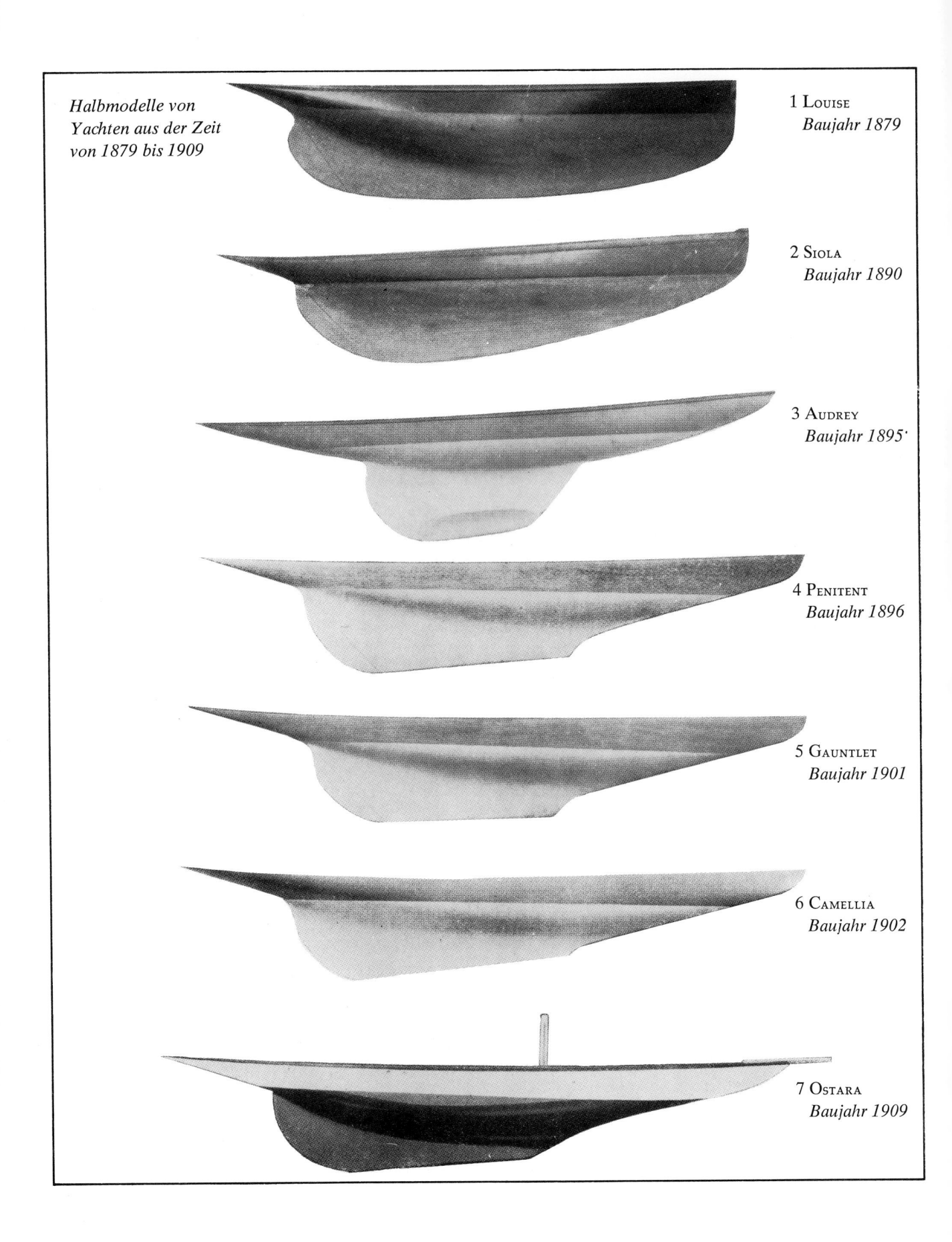

Halbmodelle von Yachten aus der Zeit von 1879 bis 1909

1 Louise
Baujahr 1879

2 Siola
Baujahr 1890

3 Audrey
Baujahr 1895·

4 Penitent
Baujahr 1896

5 Gauntlet
Baujahr 1901

6 Camellia
Baujahr 1902

7 Ostara
Baujahr 1909

Kiel der HILDA

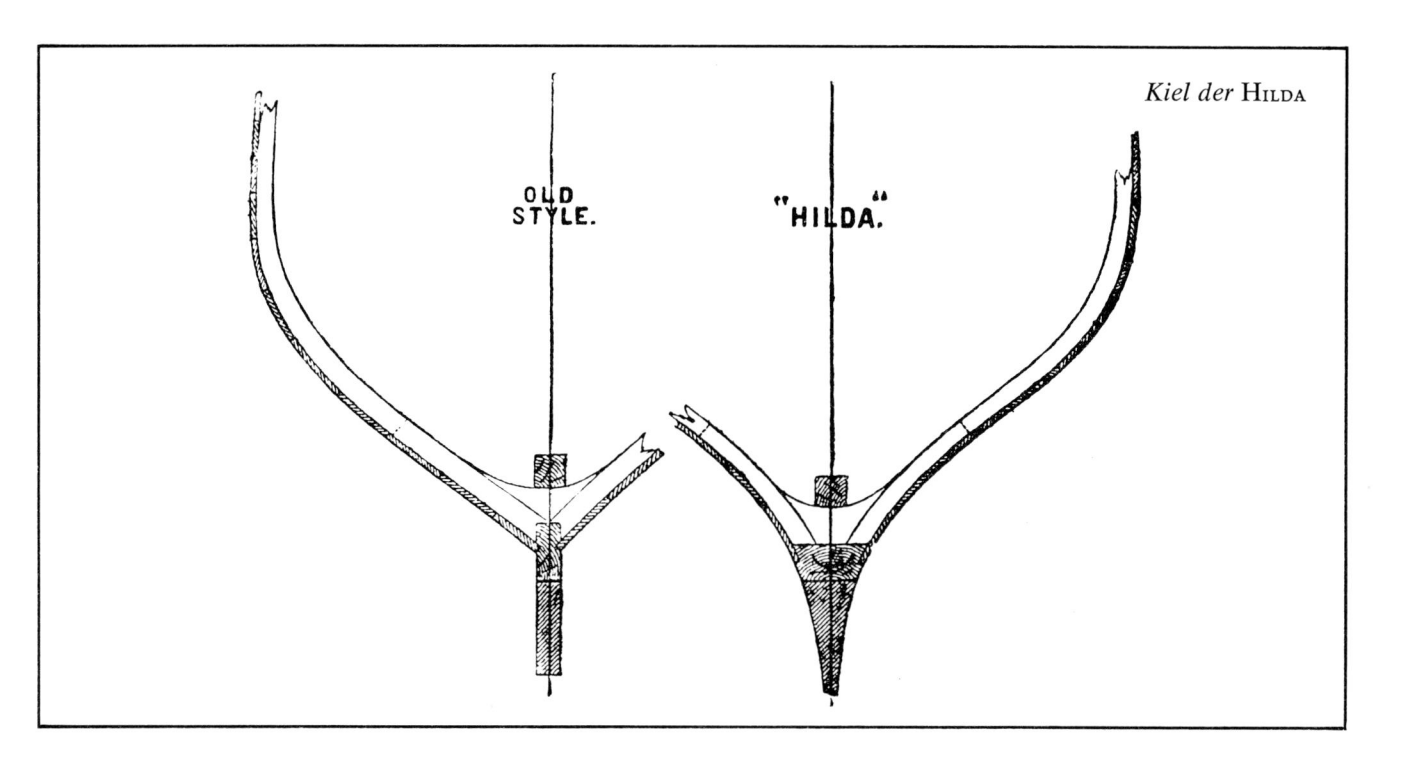

Der Seemann ist wie alle Menschen, die ganz ihrem Beruf leben: konservativ. Es hat immer viele Leute gegeben, die jegliche Veränderung im Aussehen einer Yacht verdammten, so wie heute manche finden, die Eintonner seien Ungeheuer, Anzeichen für den Niedergang der Yachtsegelei. Die Bücher der Zeit, mit der wir uns beschäftigen, lassen den Schmerz des alten Yachtmannes wieder lebendig werden, der unter den entschlossenen Schlägen der Neuerer ein Stück nach dem anderen von dem verschwinden sehen mußte, was einst den ruhmvollen englischen Kutter ausmachte.

Die Reihe der abgebildeten Halbmodelle spannt den Bogen über 30 Jahre. Den Typ des ersten, von 1879, kennen wir bereits sehr gut; es ist ein „Kutter" mit allen Merkmalen dieses Typs, dem lotrechten Vorsteven, dem langen und gekrümmten Kiel, den tiefen Spanten und was sonst noch dazu gehört. Das zweite Modell, von 1890, ist offensichtlich noch vom gleichen Typ, doch ist hier bereits etwas weggelassen worden. So hat es keinen „forefoot" mehr, jenen am tiefsten liegenden und steil aufgekimmten Teil des Vorschiffes, der beim herkömmlichen Kutter besonders tief reicht, ein wahres Messer.[30]

Von diesem Vorfuß erwartete man einen guten „grip" des Vorschiffes, ein gutes Festhalten am Wasser, denn das bedeutete gute Kursstabilität und ruhiges Beiliegen bei schlechtem Wetter. Aber verbunden damit war eine große benetzte Fläche, und die ist bei leichtem Wind nachteilig.

Bei den folgenden Booten ist immer mehr weggelassen worden. Die Yacht Nr. 3 von 1895 hat noch weniger Vorfuß, und das Ruder ist weiter nach vorn gewandert; die benetzte Fläche ist sehr klein geworden, und den prächtigen senkrechten Vorsteven gibt es nicht mehr.

Der Löffelbug hat ihn abgelöst. Die nächsten drei Yachten folgen unbeirrbar der gleichen Richtung, es gibt nun keine entscheidenden Änderungen mehr. Der neue Typ ist da.

Die Merkmale des traditionellen Bugs sind bei den neuen Booten fast gänzlich verschwunden. Der erste Schritt hatte sich mit der Veränderung im Aufbau des Kiels abgezeichnet, als nämlich ständig schwererer Außenballast verlangt wurde. Auf den Yachten Karls II. war der Ballast stets innen; es war Bleiballast, Musketenkugeln vom königlichen Arsenal. Die Revenue-Kutter und die der Schmuggler hielten es schlichter: Sie nahmen Steine vom Strand.

---

[30] Zuweilen führt man das Wort „Kutter", das sich mit dem Begriff „schneiden", „schneidend" deckt, auf die besonders scharfen Formen des Vorschiffes zurück. So einfach ist es aber nicht, wie wir bereits wissen, denn auch der Revenue-Kutter hieß trotz seines vollen Vorschiffs so, und der „Kutter" als Beiboot unterschied sich nicht wesentlich von der „Slup" der gleichen Zeit.

JULLANAR

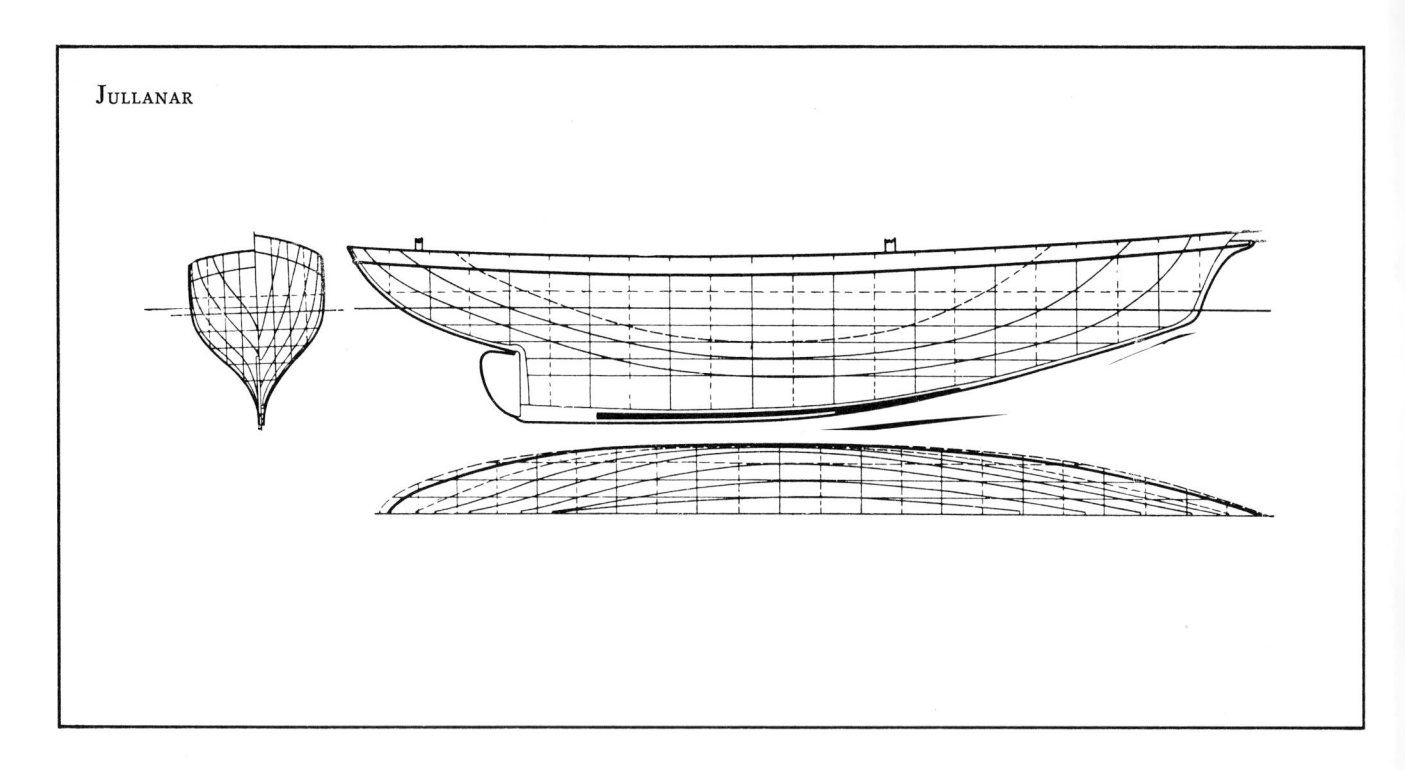

Mit dem Aufkommen der immer schmaleren Kutter mit immer steilerer Aufkimmung wurde der Ballast zu einem schwer zu lösenden technischen Problem. Die AMERICA hatte gußeiserne Barren, die zwischen die Spanten paßten; auf den englischen Kuttern derselben Jahre fing man gleich mit Bleibarren in der Bilge an, und zwar in Behältern, die an der Bordwand befestigt waren. Man konnte diesen Ballast umstauen und so das Boot je nach Wind und Seegang „weicher" oder „härter" machen.
Vanderdeken gibt in »The Yacht Sailor« viele Empfehlungen über die rechte Anwendung dieser Maßnahmen. Man sollte stets zwei oder drei Tonnen Schrotkugeln aus Blei in Beuteln bereit haben.

Man achte darauf, daß jeder Beutel in einem weiteren Beutel aus schwerem Tuch steckt, mit Griffen aus Tauwerk an jeder Seite, damit man sie bewegen kann. Es ist ganz verkehrt, große Säcke zu machen und zwei oder drei von den Beuteln, in denen der Schrot geliefert wird, in sie abzufüllen; denn die Beutel sind schon groß und schwer genug, und sie lassen sich besser stauen. Außerdem sind größere Säcke reiner Mord an denen, die den Ballast umstauen sollen, und das muß sachte geschehen, man darf ihn nicht mit Gewalt von einem Platz auf den anderen schmeißen. Wenn man mit dem beweglichen Ballast zu grob arbeitet, gibt es Erschütterungen im Boot, das Ganze schadet dann mehr als es nützt. Für die Handhabung sind leichte und handliche Beutel am besten. Ich versichere, es ist nicht zu verachten, wenn man am Wind drei Tonnen Schrot in Beuteln auf der Luvseite liegen hat.

1856 wurde der bewegliche Ballast verboten.
Mit dem festen Ballast wurde ständig weiterexperimentiert.

Normalerweise benutzt man Eisen und Blei. Ich habe auch Sand, Kiesel, Schwefelerz, Kupferabschnitte oder Steinblöcke gesehen, letztere jedoch niemals auf einer guten Yacht; man nimmt sie lediglich, um zu sparen, wenn es schwierig ist, Eisen oder Blei zu finden. Manchmal legt man auch nach unten eine Lage Eisen und darüber Kiesel oder Schwefelerz.

Daher wird empfohlen, beim Kauf einer Yacht auf der Hut zu sein und die unteren Lagen des Ballastes zu untersuchen; mancher habe zu spät bemerkt, daß unter einer Lage Metall nur noch Kieselsteine waren. Das beste sei immer Blei. Mit Ausnahme von Gold, Quecksilber und Platin ist es das schwerste aller bekannten Metalle.
Das günstigste Gewicht für die Bleibarren liege bei etwa 50 Kilo. Empfohlen werden dreieckige Stücke, von denen immer zwei einen Würfel bilden.
Eines wird vor allem angeraten: Der Ballast müsse „le-

THISTLE

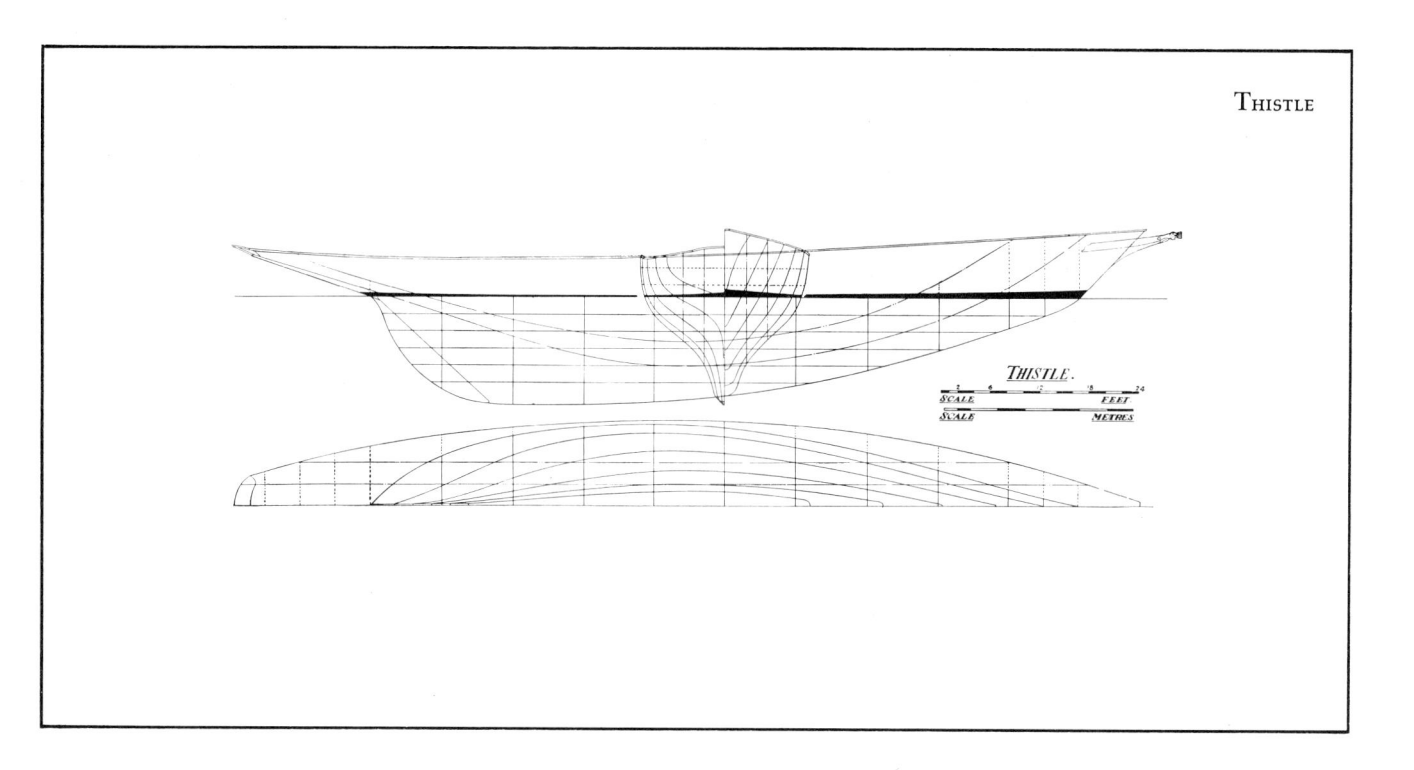

ben". Wenn der Ballast eins wäre mit dem Bootskörper, dann würde das Boot „hart", im Seegang unempfindlich. „Ein solcher Rumpf wird kein Leben in sich haben."

Dieses „künstliche Leben" soll dadurch zustande kommen, daß man den Ballast auf elastisches Material legt, so daß die Metallmasse lebendig wird und nicht nur ein totes Gewicht im Inneren des Bootes ist.

Es werden Korkabschnitte oder Gummistücke empfohlen. Lord Montague gibt 1850 in „Yacht Architecture" den Ratschlag, den Ballast federnd zu lagern.
Vanderdeken hat viel Zutrauen zu dem beweglichen bzw. elastischen Ballast und große Erfahrung damit: „Ich habe gefunden, daß eine Hängematte voller Beutel mit Bleiballast an einer Niedergangsprosse aufgehängt und nach vorn und hinten geschaukelt, bei Flaute überraschende Resultate hervorrufen kann."
Ein großes Problem dieser Ballast; und es wird immer größer, je geringer die Breite wird. Wir kennen die amerikanischen Experimente auf der ONKAHYE und der MARIA. 1876 wurde auf dem Kutter HILDA erstmalig etwas eingebaut, was beschrieben wurde als „ein Boden von Blei anstelle eines Bleikiels". Der Kiel paßte sich der Form der Spanten genau an, es gab keinen Winkel mehr zwischen dem Kiel und dem Kielgang. Der erste moderne Yachtkiel. Diese Ausführung brachte sämtliche Systeme von Innenballast zum Verschwinden; er blieb entweder als ein geringer Prozentsatz des Außenballastes oder wurde gar nicht mehr gefahren.
Die Bootskörper wurden erheblich teurer. Verbesserungen kosten Geld.
Die erste Yacht, die in England mit der Tradition brechen sollte, war die JULLANAR von 1876. Zwar war ihr Hauptspant das eines der herkömmlichen „plank on edge", aber das Rumpfprofil war durchaus neuartig, an Vor- und Achterschiff war kräftig abgeschnitten worden. Die Yacht hatte große Erfolge, und der Konstrukteur erwarb sich als Yachtbauer einen Namen. Er erklärte zu dem neuartigen Längsriß, er sei nicht entstanden, um die Formel auszunützen, sondern um die längste Wasserlinie, die geringste benetzte Fläche und den kürzesten Kiel herauszubekommen. Sein Name war Bental, seines Zeichens Konstrukteur von Landmaschinen und ein leidenschaftlicher Yachtsegler.
Der Klipperbug, bisher ausschließlich beim Schoner zu finden, und die Verringerung der benetzten Fläche, dazu eine immer größere Breite, das waren die Merkmale der neuen englischen Kutter. G. L. Watson berücksichtigte sie 1887 in dem Entwurf der THISTLE, die im selben Jahre erfolglos gegen die VOLUNTEER mit ihrer mehr traditionellen Form um den America-Pokal segelte. Es zeigte sich, daß das englische Boot, obwohl auf allen Kursen an Schnelligkeit überlegen, nicht genügend Lateralplan be-

Satanita

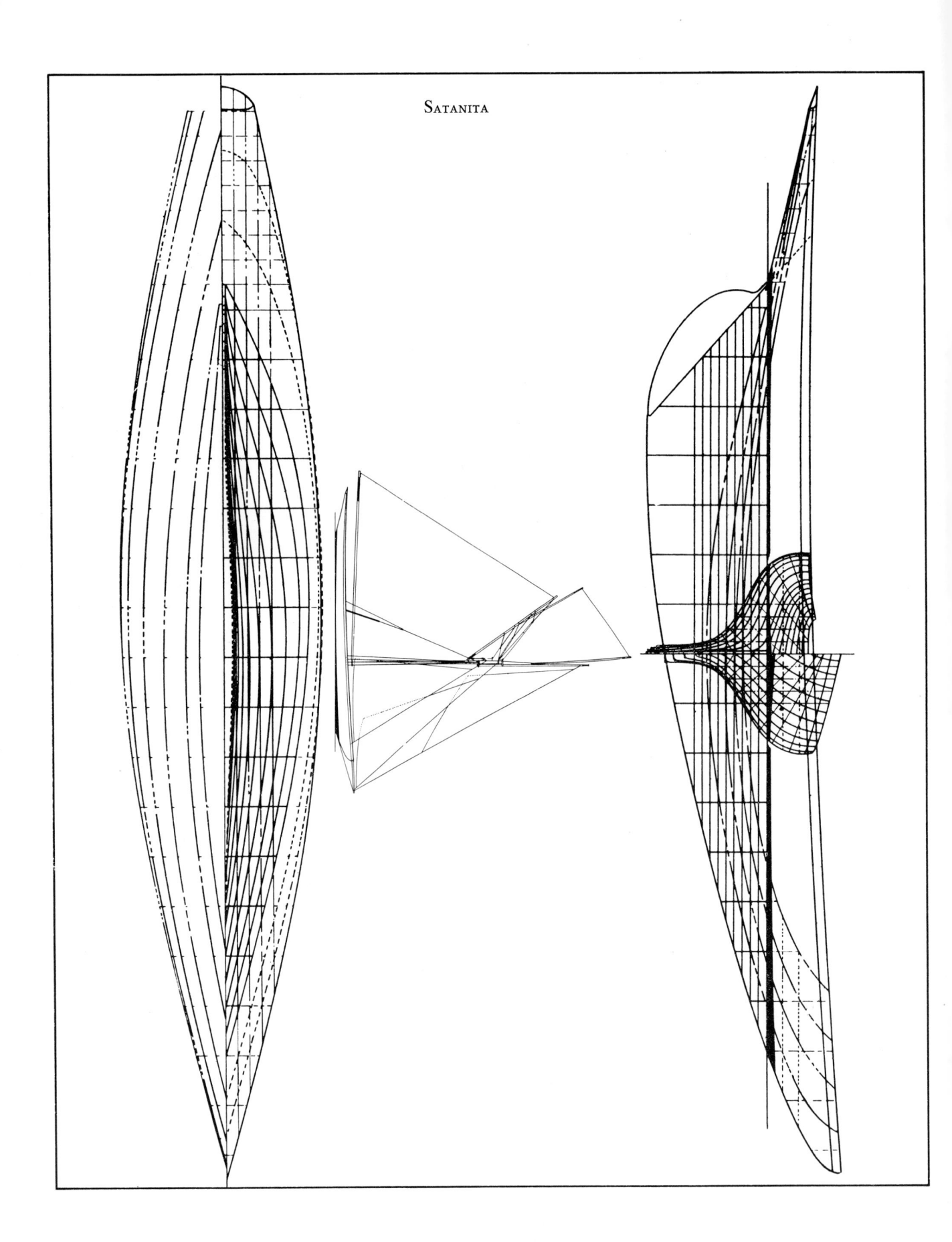

saß und am Wind infolge starker Abdrift zu viel Höhe verlor. Der mit der Jullanar entstandene Bootstyp bedurfte noch einiger Retuschen. Man dachte nach, und 1893 kamen die beiden schönsten englischen Kutter des neuen Typs heraus, die Satanita, der größte je gebaute Kutter, und die Britannia, die erste moderne Yacht.

Die Satanita von J. M. Soper maß 40 m über alles und 20,50 m in der Wasserlinie; Breite 7,47 m, Tiefgang 4,53 m, Verdrängung 128 t, Segelfläche 940 m².
Gewaltige Abmessungen in jeder Hinsicht. Der Großbaum war 28 m lang, das Toppsegel kam auf eine Höhe von 45 m über Wasser. Der Bugspriet war überaus kurz im Vergleich zu den alten Kuttern und ragte nur 5 m über den Vorsteven hinaus.
Rekordabmessungen und Rekordleistungen. Bei einer der ersten Trimmfahrten auf dem Solent wurden bei ruhigem Wasser 16 Knoten geloggt.
Wunderschöne und ganz weiche Linien. „Wineglass-section", kelchförmiger Spantschnitt, die Wasserlinien sehr fein, das Vorschiff in logischer Weiterführung des Unterwasserprofils weit ausladend.
Ein Rumpf von großer Schönheit, wenngleich man sich eine zu geringe Anfangsstabilität bei Krängung vorstellen kann als Folge der ausladenden Seitenwände, wodurch die Breite oben größer als in der Wasserlinie wird. Acht Jahre zuvor hatte man bei der Genesta mit ihren senkrechten Seiten den gegenteiligen Eindruck, doch war die Satanita bereits in der Wasserlinie verhältnismäßig sehr viel breiter als jeder „plank on edge".

Die Britannia war von G. L. Watson, dem Erbauer der Madge und der Thistle gezeichnet worden – ein in der Entwicklungsgeschichte der Yacht sehr bedeutender Name. Sie wurde für König Eduard VII., damals noch Prinz von Wales, gebaut. Die Engländer sahen in ihr die bedeutendste und für den großen Yachtsport dieser Zeit repräsentativste Yacht, das große „Vollblut" für den Solent, die Royal Yacht Squadron, die königliche Familie, kurz, für die ganze Welt der Werte einer Aristokratie des Meeres.

Die Abmessungen erreichten nicht ganz die der Satanita:

Länge über alles	37,20 m
Länge in der Wasserlinie	26,50 m
Tiefgang	4,57 m
Segelfläche	1000 m²
Verdrängung	156 t

Sie hatte von Anfang an große Erfolge, die lange anhielten. Sie errang eine außergewöhnliche Zahl an Siegen.

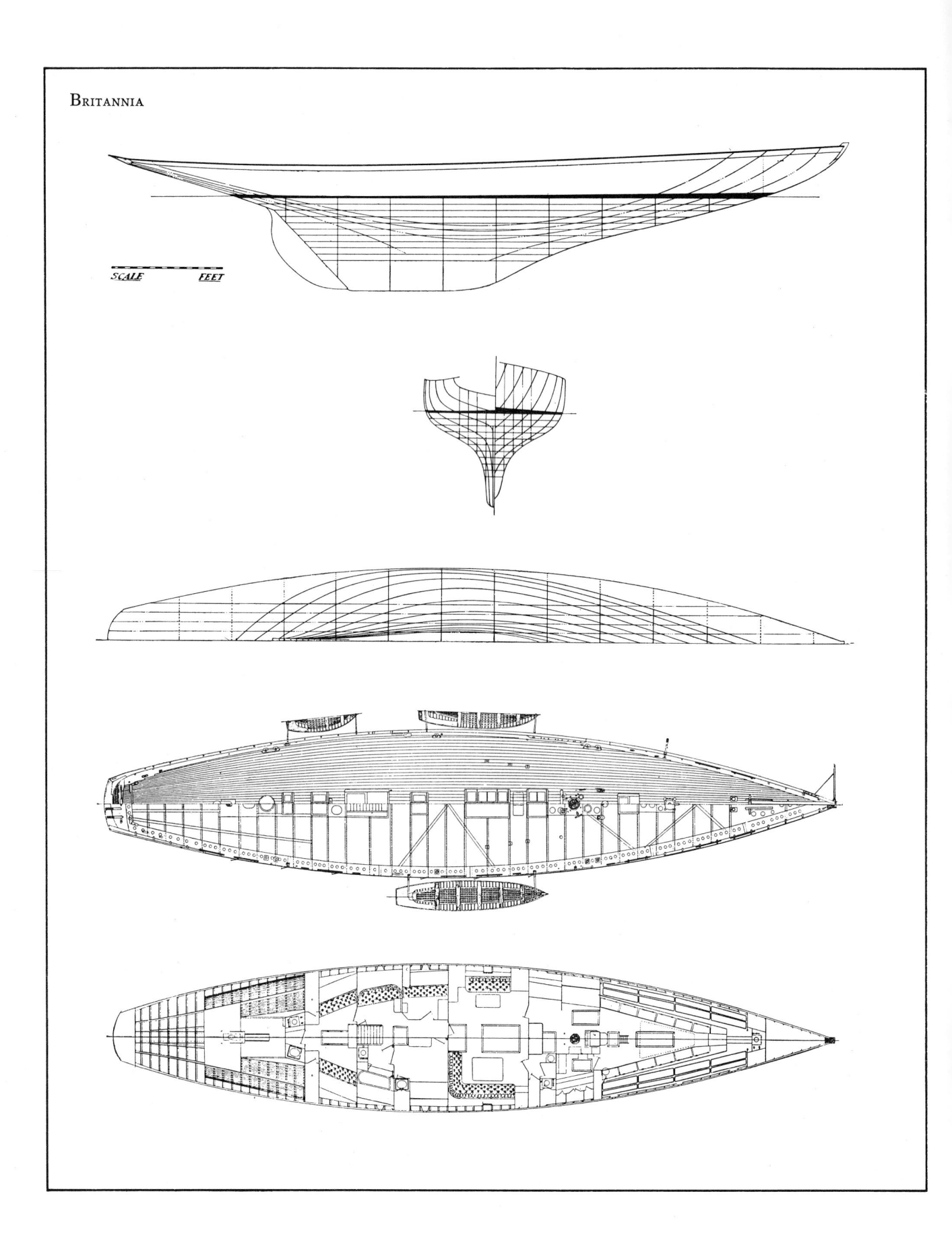

BRITANNIA

SCALE   FEET

BRITANNIA

1893 verteidigte sie die Ehre der englischen Yachten, als sie die amerikanische NAVAHOE schlug. 1894 kam die große amerikanische Yacht VIGILANT nach England, die im Jahre zuvor den America's Cup erfolgreich verteidigt hatte. Von 17 Regatten gewann die BRITANNIA elf, eine die SATANITA und fünf die VIGILANT. Danach wurde sie ins Mittelmeer überführt. Diese Reise machte sie ohne Gäste unter der Führung eines ausgezeichneten Skippers, eines früheren Fischers. In der Biskaya kam sie in schwere See. Alles wurde nach unten geholt und in den Salon gestaut; das Deck war ständig überspült, die Lichter erloschen dauernd. Sie kam am Abend vor dem Start in Cannes in Marseille an. Alle arbeiteten schwer, um das Schiff aufzuklaren. Eine Nacht wird gesegelt, dann ist die BRITANNIA in Cannes, startklar. Dort wurde Überflüssiges an Land gegeben, und der Prinz von Wales stieg ein. Die BRITANNIA siegte in dieser Regatta und auch in den weiteren sechs, an denen sie teilnahm.

Die Linien der BRITANNIA sprechen für sich. Hier ist ein Rumpf, dessen Schönheit auf den ersten Blick gefällt. Wenn wir die später aufkommenden Bootstypen, die in diesem Buch gezeigt werden, der BRITANNIA gegenüberstellen, wird sie diesem Vergleich immer gewachsen sein. Es dürfte nicht einfach sein, einen Rumpf zu schaffen, bei dessen Anblick uns eine solche Form überholt vorkäme.

Die Güte dieser Form war zeitlos. Nicht so das Rigg, das alle durch Wissenschaft und Mode bedingten Veränderungen mitmachte. Das letzte Rigg, 1931, war ein Marconi-Rigg. Der Topp des neuen Mastes lag 53 m über dem Wasser.

Sie war die Familienyacht Georgs V., als Julyan sie besuchte. Alles an Bord, fand er, war, wenn man daran dachte, wem sie gehörte, sehr schlicht.

Als ich an Bord der BRITANNIA kam, war ich überrascht, wie einfach die Kabinen waren. Da war keinerlei Luxus, nur poliertes Mahagoni und weißer Schleiflack, versilberte Rahmen, Schutzleisten usw. Tapeten mit Blumenmuster, Vorhänge aus weißem Musselin; einziger Luxus ein Klavier aus Sandelholz.

Bei der Anordnung der Kammern hatte man mehr Wert auf Bequemlichkeit als auf große Anzahl gelegt. Es gab nur Kojen für vier Personen und ein Bad (was zur Zeit des Baues der BRITANNIA auf Segelschiffen unbekannt war), in das von der Kammer des Prinzen aus eine Tür führte. Die BRITANNIA hatte eine Ruderpinne – heute wollen alle das Rad. Im äußeren Aussehen unterschied sich die BRITANNIA von den übrigen Yachten ihrer Klasse einzig durch das königliche Wappen am Spiegel, sofern sie nicht die Admiralsflagge der Royal Yacht Squadron oder den Rennstander des Prinzen führte.

Julyan berichtet eine Anekdote, die das ungezwungene Auftreten des Königs kennzeichnet:

Die Royal Yacht Squadron stellte hohe Ansprüche an das Auftreten ihrer Mitglieder. Als einmal ein Mitglied einen wichtigen Bootsbauer aus Cowes an Bord nahm und bis Cherbourg mitfahren ließ, machten ihm die anderen Vorwürfe, weil er sich mit einem Menschen der unteren Klassen eingelassen hatte. Was hätten diese Herren wohl gesagt, wenn sie gewußt hätten, daß ihr Admiral einen Bootsbauer eingeladen hatte, mit ihm zu speisen, als er an Bord war?

Eines Tages während der letzten Segelsaison, als König Georg V. auf der BRITANNIA *segelte, war Charles Nicholson an Bord. Der König ging zum Lunch nach unten und ließ Mr. Nicholson holen, der an Deck war, und lud ihn ein, mit ihm zu essen. Mr. Nicholson sagte dem Steward, er ließe dem König danken und ihm mitteilen, er hätte ein paar Butterbrote mitgebracht. Der König bestand aber darauf, daß Mr. Nicholson mit ihm äße. Als Mr. Nicholson in den Salon herunterkam, sagte der König zu ihm: „Bitte essen Sie, Mr. Nicholson, mein Vater hatte bei der Regatta immer eine warme Mahlzeit, und ich habe diese Angewohnheit übernommen."*

Charles Nicholson war damals der bedeutendste englische Yachtkonstrukteur und Besitzer der größten Yachtwerft der Erde.

Die BRITANNIA überdauerte 43 Jahre; viele Engländer halten sie für die bedeutendste Yacht, die je gebaut wurde, und das nicht nur wegen der gesellschaftlichen Stellung ihrer Eigner. Ihr „neues" Vorschiff gefiel im ersten Jahr nicht, aber sehr bald wurde ihr Bootskörper zum Ausdruck für die Schönheit einer Yacht – ein einziger Mast, das glatte Deck, der niedrige, schwarz gemalte Rumpf mit seinen Überhängen. Der König, ewig siegreich, am Ruder.

Nach dem ersten Weltkrieg modernisierte Nicholson die BRITANNIA; er machte das Schanzkleid niedriger, entfernte den Kupferbeschlag, der über eine Tonne wog, und machte den Rumpf glatter und dichter, indem er die herkömmlichen Kalfatnähte durch Mahagonileisten ersetzte, die über den Kalfatfaden in die Nähte gepreßt und geglättet wurden. Rund 3000 Meter Leisten wurden verbraucht.

So begann sie ihre Laufbahn gegen die neuen Yachten. Julyan hatte seine Freude daran, kannte er die „Old Britty" doch gut:

Ich war bei der Cowes-Regatta, als die BRITANNIA *ihr 200. Rennen gewann, und ich werde das Schauspiel nie vergessen...*

König Georg hatte bis zu seinem Tode mit der BRITANNIA *Regatten gesegelt und viel Geld in sie gesteckt. Er hatte gewünscht, daß die Yacht nach seinem Tode niemandem mehr gehören sollte, und sie wurde bei der Marvin-Werft in Cowes aufgelegt.*

Am 10. Juli 1936 wurde die BRITANNIA *für ihre letzte*

GLORIANA

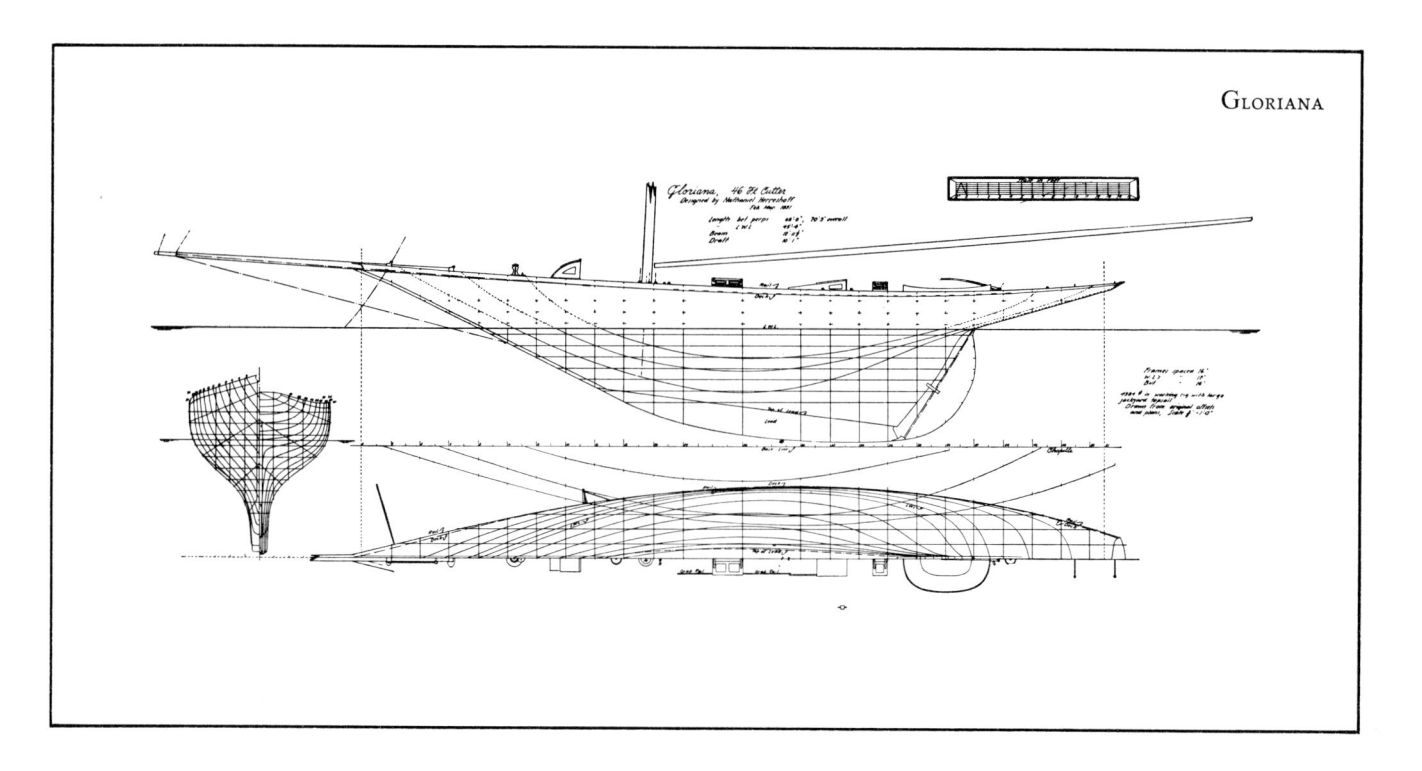

Reise zu Wasser gebracht. Der Bootsbaumeister pflückte einen Strauß Waldblumen und befestigte ihn am Heck, während ein paar Jungen, denen der Meister erlaubt hatte, sich die Yacht anzusehen, halfen, sie abzusetzen. Sie wurde abgeschleppt, die Bronzeplakette, die an den Besuch der Königin Victoria erinnerte, wurde abgenommen und nach London geschickt.

Zwei Tage später schleppten zwei Zerstörer sie südlich der Insel Wight ins offene Wasser. Dort wurde eine Sprengpatrone im Inneren gezündet, und die BRITANNIA *versank, im Meer begraben, wie es der Wunsch ihres Eigners gewesen war.*

In Amerika einige Jahre später die gleichen Neuerungen. Die große Rennyacht hatte sich weit entfernt von der traditionellen Slup und auch vom „compromise" der PURITAN.

Klippersteven, stark gebogener Kiel und wenig „Vorfuß" – man ging den gleichen Weg wie in England. 1891 erreichte der neue Typ seinen Höhepunkt mit der GLORIANA von Nathaniel Herreshoff, dem „großen Zauberer", der sämtliche Pokal-Verteidiger zwischen 1893 und 1920 zeichnete.

Herreshoff, das größte Erfindergenie in der Geschichte der Segelyacht, war Erbe der amerikanischen Regel, nach welcher der Konstrukteur seinen Entwurf machte, indem er die Güte der Form mit dem Gefühl seiner Fingerspitzen nach dem von ihm eigenhändig angefertigten Halbmodell beurteilte. Zu einer Zeit, in der der Schleppkanal in Wissenschaft und Praxis allgemein Eingang gefunden hatte, hielt er nicht einmal etwas von Zeichnungen, sondern verließ sich allein auf sein Auge und baute so die stärksten Yachten der Welt.

Herreshoff war ein Genie im eigentlichen Sinne dieses Wortes. Er hatte Ingenieurwissenschaft studiert und war mathematisch außergewöhnlich begabt. Er erfand ein System für die Zeitberechnung und legte es in Tabellen zur Errechnung der Ausgleichswerte bei Regatten nieder, die jahrzehntelang benutzt wurden. Er projektierte die ersten schnellen amerikanischen Dampfmaschinen, und 1885 erreichte seine Dampfyacht STILETTO 26,5 Knoten. Er ließ die Stahlkonstruktion mit geschweißten Spanten patentieren, baute die ersten Leichtmetallmasten, die ersten platten Hecks bei Motorbooten, die erste moderne Mastschiene.

Er baute auf seiner Werft in Bristol alles: Cat-Boote, Katamarane mit angelenkten Rümpfen, Gleitboote, große Yachten; und was er auch produzierte, es war etwas Neues und trug seinen Stempel. Die drei Jahrzehnte von 1890 bis 1920 waren die „Herreshoff-Ära" des amerikanischen Yachtbaus.

Sein Verfahren beim Entwurf eines Rumpfes war sehr einfach und ganz auf seine persönliche Art zugeschnitten. Er zeichnete nach einigen vorhergegangenen Flächenberech-

DILEMMA

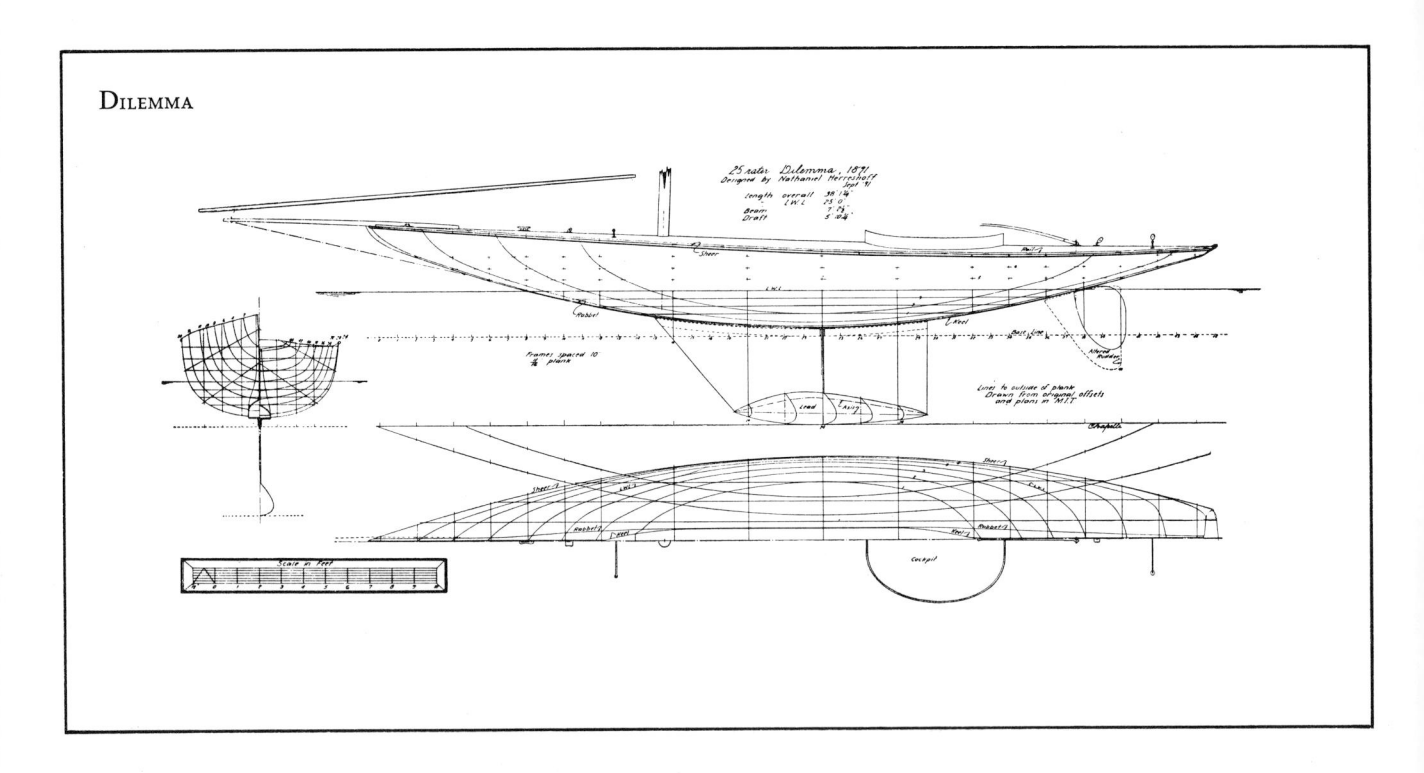

nungen das Hauptspant und den Längsriß freihändig mit Bleistift auf und übertrug das dann auf einen Block aus weichem Fichtenholz, der aus willkürlich übereinandergelegten Schichten zusammengeleimt war; diese Schichten entsprachen nicht den Wasserlinien, sondern hatten lediglich den Zweck, die erforderlichen Abmessungen zu erhalten. Dann, indem er sich auf seine Fähigkeit verließ, die entstehenden Formen allein mit Augenmaß abzuschätzen, arbeitete er mit dem Hohleisen. Von dem fertigen und geglätteten Modell wurden die Spantschnitte mit einem Pantographen (seine Erfindung) abgenommen und die halben Breiten herausgearbeitet. Mit ihnen arbeitete dann der Anreißer, der in diesem Punkt die Arbeit übernahm. Die Halbmodelle waren äußerst akkurat, doch sind keine Kurven oder Koeffizienten seiner Rümpfe nachgeblieben. Nur Tabellen mit Tausenden von halben Breiten und Halbmodellen.

Die GLORIANA entstand 1891 nach dem gleichen Verfahren. Das Augenfälligste an diesem Entwurf war das – mehr als auf jedem Boot zuvor – ausfallende Vorschiff mit angedeutetem Klippersteven, ohne die bei den Zeitgenossen übliche Andeutung eines „Höckers" unterhalb der Wasserlinie. Man nannte diese Art „Vorschiff à la GLORIANA" und baute es nach, wo immer es sich machen ließ.

Die Überhänge wurden immer schlanker.

Die GLORIANA maß 21,40 m über alles und 13,85 m in der Wasserlinie, sie war 3,95 m breit und mit 410 m² Segelfläche für ihre Länge stark besegelt. Tiefgang 3,10 m. Sie war schmaler und tiefer als sogar die englischen Kutter. Sie gewann ihre erste Regatta 1891 in New York und ersegelte in diesem Jahr nur erste Preise. Ihr Vorschiff, dem allein man ihre Überlegenheit zuschrieb, wurde auch auf bereits fertigen Yachten eingebaut, was ein schönes Geld kostete, aber das nahm man in der Gewißheit einer sicheren Verbesserung in Kauf. Im Jahr darauf zeigte sich, daß nicht alle umgebauten Yachten besser geworden waren. Die GLORIANA war, abgesehen davon, daß ihre Überhänge größer waren als die der anderen, auch viel leichter. Sie war ein Kompositbau, mit stählernen Spanten und doppelter Außenhaut; die äußere Lage war nicht kalfatert, um eine glattere Außenhaut zu erhalten.

Die GLORIANA wurde freilich nicht so berühmt wie die BRITANNIA. Für Herreshoff war sie weiter nichts als ein Schritt in der Entwicklung der Rennyacht, ein Experiment wie alle Yachten, die er baute. Ein weiteres Jahr später schon konnte die GLORIANA nicht mehr gegen die neuen, immer leichteren und stärker besegelten Boote ankommen. Der Gedanke, der der GLORIANA unter Ausnutzung der Rennformel zugrunde lag, war ins Galoppieren geraten. 1891 hatte Herreshoff bei der DILEMMA den Flossenkiel (fin-keel) erfunden, jener Slup mit dem spindelförmigen und überaus leichten Rumpf, unter dem der

INDEPENDENCE

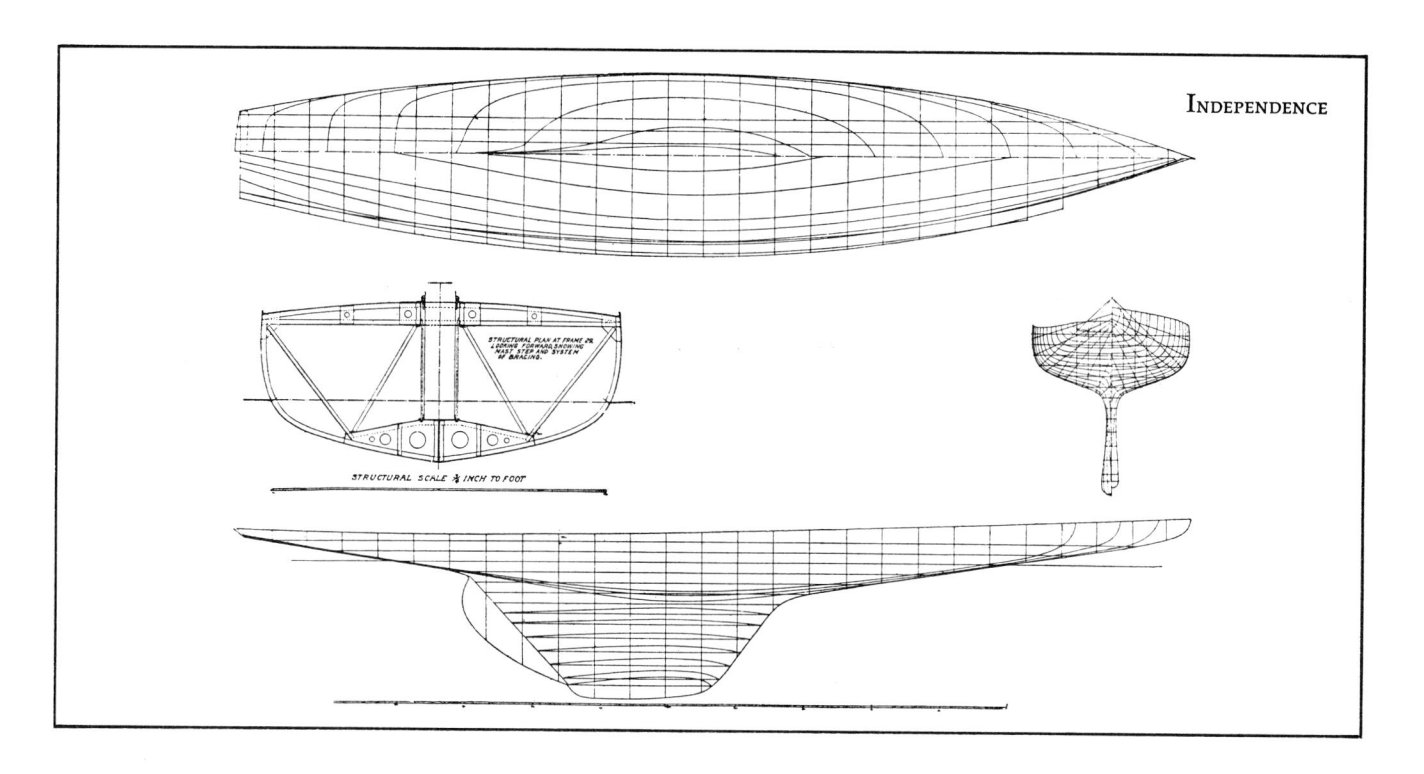

Ballast an einer Platte aufgehängt war, die mittels eines Flansches außen an den Rumpfboden gebolzt wurde. Diese Kielform lebt noch in der Star-Klasse fort, aber zur Zeit Herreshoffs wurde sie auch bei den großen Slups verwandt, die an den Ausscheidungen um den Verteidiger des America-Pokals 1893 teilnahmen. Ausgewählt wurde die VIGILANT von Herreshoff, unter den vier Bewerbern das einzige Kielboot mit Schwert.

Den ganz leichten, rund 38 Meter langen Wulst-Kielern mangelte es nicht an Schnelligkeit, doch wegen ihrer ständigen Havarien waren sie wenig verläßliche Boote.

Die VIGILANT mit ihren mehr traditionellen Linien war in ihrer Bauweise allerdings durchaus neuartig. Der Rumpf war über Wasser aus Stahl und unter Wasser vollständig aus Bronze.

Herreshoff hatte eine große Vorliebe für die Metallbauweise, denn sie gestattete ihm die kühnsten Experimente. 1901 ließ er das verwegenste Boot für die Verteidigung des America-Pokals bauen, das es je gegeben hat: die Slup INDEPENDENCE, eine gigantische Version des extremsten Typs. Länge über alles 43 m, Länge in der Wasserlinie 27,20 m, Breite 7,27 m, Tiefgang 6,10 m.

In ihrem Flossenkiel war ein Außenballast von über 80 Tonnen untergebracht, rund 55 % des Gesamtgewichts von 150 Tonnen. Der Rumpf war aus Bronze, die Spanten aus Nickelstahl. Die tragenden Bauteile im Inneren wurden durch Metallrohre und Zugstangen verstärkt. Das Deck war aus Aluminium. Derartige Verbindungen verschiedener Metalle vertragen sich schlecht wegen der galvanischen Ströme, die sie in wenigen Jahren zerstört hätten. Aber die Beanspruchung unter Segel machten den Rumpf noch kurzlebiger. Bei den Probefahrten begannen die Verstärkungsrohre und Zugstangen zu reißen, und das Boot machte gefährlich Wasser. Eine ganze Anzahl von ihnen wurden ersetzt, doch genügte der Verband den Beanspruchungen durch das Rigg immer noch nicht. Der Mast war 35 m lang, Durchmesser 56 cm, der Baum 33 m, Durchmesser 51 cm. Die Fläche des Großsegels betrug 715 m², die Gesamtsegelfläche 1300 m². Die Stenge war 48 m über Wasser. Drei Monate nach dem Stapellauf wurde das Schiff an Land geholt und abgewrackt.

Auch die VIGILANT hielt sich nur sehr kurze Zeit, im folgenden Jahr wird sie in England von der BRITANNIA geschlagen. Die Yachten in Amerika waren schon wieder sehr viel leichter und flacher, ihre Überhänge noch viel größer geworden. Die Formel hatte ein „Loch", weil sie die Verdrängung nicht berücksichtigte.

Die Formel wurde von Jahr zu Jahr wichtiger für die Festlegung der Form einer Rennyacht und wirkte sich mittelbar auch auf die Kreuzeryachten aus. Jede Yacht, die entsteht, trägt den Stempel der Formel, innerhalb deren Grenzen sie entworfen wurde.

XI Die Vermessungsformel und die Yacht

Der erste Schritt beim Studium einer Wissenschaft ist, ihre Maßeinheiten kennenzulernen. Ohne sie kann es keine Wissenschaft geben, ohne Vergleichsgrößen wäre alles vom Zufall regiert, etwaige Ähnlichkeiten ließen sich nicht auf Gesetzmäßigkeiten zurückführen.

Auch die Form der Yacht ist Wissenschaft geworden nach allem, was Technik und Erfahrung bis heute herausgebracht haben. Eine Wissenschaft für sich, ein Sonderzweig neben dem eigentlichem Schiffbau. Die Geschichte der Yacht wird begleitet und bestimmt von der Suche nach einer Maßeinheit, nach einer Zahl als Ausdruck ihrer Größe.

Wie groß ist eine Yacht? Innerhalb welcher Grenzen sind zwei Yachten unterschiedlicher Eigenschaften beim Wettsegeln meßbar? Welchen Wert hätte ein Vergleich zwischen ihnen? Mit welchem Zahlenwert ließe sich die Güte einer Yacht im Verhältnis zu einer anderen ausdrücken? Es gibt Werte wie die Länge (aber welche Länge, die über alles oder die in der Wasserlinie?) oder die Verdrängung, die mehr aussagen als andere. Doch genügen sie für sich genommen noch nicht. Eine Yacht ist nicht bloß deshalb stärker als eine andere, weil sie länger ist oder schwerer oder stärker besegelt.

Allen Sportarten gemeinsam ist das Bedürfnis nach gültigen Maßeinheiten, die man benötigt, um Vergleiche anstellen zu können. So werden, wie wir wissen, die Boxer nach ihrem Körpergewicht, die Rennpferde nach ihrem Alter innerhalb eindeutig bestimmter Grenzen bemessen.

Die Maßeinheit für ein Schiff ist seine Verdrängung. Man besaß bereits jahrhundertelang Erfahrung mit der Bestimmung der Verdrängung von Handelsschiffen, als man anfing, nach einer Formel zu suchen, in welche sich die besonderen Kennzeichen der Yachten einbringen ließen, um so eine Vermessungsformel zu gewinnen. Im Jahre 1855 bediente sich der Royal Thames Yacht Club in England erstmals einer ausschließlich für Yachten entwickelten Formel. Wir kennen sie noch heute unter der Bezeichnung T. M. (Thames Measurement), und man findet sie immer noch häufig bei den Angaben für neugebaute Yachten.

Die Formel lautet:

$$T.M. = \frac{\text{Länge} - \text{Breite} \times \text{Breite} \times \frac{1}{2}\text{Breite (in Fuß)}}{94} = \text{tons}$$

Die Zahl, die herauskommt, das Produkt von drei linearen Größen, ist ein Würfel, der in Themse-Tonnen ausgedrückt wird.

Bei Meldung der Boote zu den Regatten war allein eine Größe maßgebend: die Verdrängung. Wenn, wie das fast immer der Fall ist, Boote unterschiedlicher Tonnage gegeneinander segelten, dann gaben die Yachten mit der höheren Tonnage denen mit kleinerem Wert einen „Ausgleich". Sieger wurde die Yacht mit der geringsten berechneten Zeit. Praktisch das gleiche wie heute.

Die Tabellen mit den verwandten Ausgleichswerten wurden 1843 von G. H. Ackers zusammengestellt, einem Mitglied der Royal Yacht Squadron. Es gab 45 Sekunden Vorgabe je Tonne und Seemeile zwischen Slupen und Kuttern. Je höher die Tonnage, desto größer wurde dieser Wert.

Wer mit Regatten und Handikaps wenig vertraut ist, dem mag die Sache unnötig verwickelt vorkommen, doch ist ohne Vermessungsformel ein Wettsegeln zwischen Yachten, die nicht vollständig gleich sind, ohne den geringsten Sinn.

Die Themse-Tonne ist eine Weiterentwicklung der jahrhundertelang für Handelsschiffe benutzten Formel. Sinn der Vermessungsgröße eines Handelsschiffes war, seine Fähigkeit als Lastträger zu bezeichnen; die Maßeinheit, die zur Grundlage genommen wurde, um diese Ladefähigkeit auszudrücken, war die Tonne.[31]

Die Tonne, englisch *ton,* hat den Ausdruck tunnage oder *tonnage* entstehen lassen. Wenn es heißt „vermißt in Tonnen", denkt man an ein in Tonnen ausgedrücktes Gewicht, aber es bedeutet etwas gänzlich anderes.

Bereits im 14. Jahrhundert wurden auf den Raumgehalt in Tonnen Steuern erhoben. Nach der alten Formel wurde die Aufnahmefähigkeit des Laderaums in Kubikfuß aus dem Produkt der drei inneren Abmessungen eines Schiffes errechnet; doch führte die Schwierigkeit der Ausmessung des Inneren eines Laderaums, vornehmlich der Höhe nach, 1764 zu einer Neubearbeitung der Formel. Es wurden Abschläge für die Länge eingeführt, um die Zuschärfung an den Schiffsenden auszugleichen, und die Höhe wurde gleich der halben Breite angenommen, womit man den mittleren Abmessungen der Schiffe Rechnung trug. Daraus ergab sich die Formel:

$$\frac{L - \frac{3}{5}B \times B \times \frac{1}{2}B}{94}$$

Die Formel ist noch unter der Bezeichnung B. O. M. (Builder's Old Measurement) in Erinnerung.

Zur Zeit der Entstehung des Yachtsports war sie in Kraft und hatte großen Einfluß auf den Yachtbau. Die Regel war entstanden zur Vermessung bereits gebauter Schiffe, doch wurden die Entwürfe für die in der Folgezeit gebauten Yachten darauf angelegt, daß die Anwendung der Formel eine möglichst günstige Vermessung ergab.

Der Weg dahin war sehr einfach. Man mußte diejenigen Maße möglichst groß halten, die nicht vermessen wurden, und die übrigen soweit angängig verringern. Man konnte die Segelfläche vergrößern, die Raumhöhe, die Verdrängung. Die Länge L war die des Kiels und mußte auf den geringsten Wert gebracht werden. Das erklärt, weshalb die Ruder der Kutter der Mosquito-Zeit so außergewöhnlich schräg gestellt waren; das trifft aber nicht etwa für den Schoner America zu, dessen Ruderkoker annähernd senkrecht stand. Das am meisten ins Gewicht fallende Maß der Formel war die größte Breite, die mit ihrem Quadrat einging. Das ist die Ursache für das Aufkommen der „plank on edge" bei den englischen Yachten. Die Themse-Formel brachte die Tendenz zur Verkürzung des Kiels zum Verschwinden – sie begann bereits gefährliche Formen anzunehmen –, als die Länge über Deck für das Maß L festgelegt wurde; das Gewicht von B blieb das gleiche.

Ist eine Formel erst einmal eingeführt, dann ist es sehr schwierig, sie zu ändern, so sonderbare Ergebnisse sie auch zeitigen mag. Das Widerstreben der Eigner ist zu überwinden, die auf einmal mit einem veralteten Boot dastünden. Wer soviel Geld in sein Schiff gesteckt hat, das sich als gut und regattatüchtig gezeigt hat, der hat jeden Grund, dem Formelausschuß keine freie Hand zu lassen, der ihm bei einer Änderung keinen Pfennig zurückgibt.

Die Änderungen, die in der Folgezeit herauskamen, veränderten die Formel in ihrem Wesen nicht. Der ganz schmale Typ wurde weiterhin bevorzugt, und die englischen Boote gingen den Weg weiter, den wir schon kennen. Die Jullanar, Jahrgang 1877, war ein wunderbares Beispiel für die Ausnutzung der Formel, äußerst schmal und die gesamte vermessene Länge nutzbar, alles übrige kleingehalten. Vor 1855 hätte der rule cheater, der Formelbetrüger, den senkrechten Ruderschaft Typ Jullanar fast auf Rumpfmitte gehabt, um L kleinzuhalten.

Dann, plötzlich, erscheint nach 1886 ein neuer Yachttyp, überhängendes Vorschiff, größere Breite, in Ausnutzung der neuen Formel, die der englische Konstrukteur Dixon-Kemp 1880 vorgeschlagen hatte und die von der Yacht Racing Union 1886 angenommen wurde:

Die neue Formel war schlicht das Produkt aus der Wasserlinienlänge mit der Segelfläche (SA = sail area); weg-

$$\frac{L \times SA}{6000}$$

gefallen war die Decksbreite, welche die Form der englischen Yachten mehr als ein Jahrhundert lang maßgebend bestimmt hatte. Zum neuen entscheidenden Faktor war die Segelfläche geworden; es galt nun, sie rationell auszunutzen und so klein wie unumgänglich zu halten. Der Faktor 6000 wurde eingeführt, um den Ausdruck für die Vermessungsgröße der tatsächlichen Tonnage anzugleichen.

In den USA wurden die Yachten ursprünglich ebenfalls nach dem alten Vermessungssystem für die Handelsschiffe vermessen. Die Suche nach einer für Rennyachten besseren Formel fällt in die Zeit der ersten Regatten des New York Yacht Clubs, 1845.

Anfangs setzte man die Vermessungszahl der Verdrängung gleich, die als der vornehmste Ausdruck für die Einschätzung des Wertes einer Yacht angesehen wurde. Das ist auch durchaus berechtigt, solange man nicht anfing, Yachten rein unter dem Gesichtspunkt der Formelausnutzung zu bauen. Die damals verwandte Methode ist mir nicht bekannt; es wäre sehr interessant, sie zu kennen. Die Bootsrümpfe von Abmessungen, wie wir sie kennengelernt haben, wurden regelrecht auf der Helling gewogen. Der Ausgleich betrug 45 sek/Tonne.

---

[31] M. Saverien erklärt in seinem „Dictionaire de la Marine" von 1769 unter dem Wort „vermessen" das alte Vermessungssystem: „Sämtliche Schiffe müssen sogleich nach ihrer Fertigstellung von vereidigten Zimmermeistern und von Leuten, die in solchem Geschäft tüchtig sind, vermessen werden, und diese stellen das Zeugnis für die Tragfähigkeit des Schiffes aus. Die Art, derer sie sich befleißigen, ist die folgende: Sie messen mit einem Maßstab, welcher in Fuß geteilt ist, die Länge des Schiffes vom Vorsteven bis zum Achtersteven. Sodann messen sie mit dem gleichen Maßstab seine größte Breite am Hauptdeckbalken und seine Höhe an nämlichen Punkt, und zwar von der Linie, auf welcher die Breite bestimmt wurde, bis hinunter in die Bilge. Nachdem diese Maße genommen sind, multiplizieren sie die Länge mit der Breite und das Produkt mit der Raumhöhe. Wenn sie dann schließlich die letzte Ziffer dieses am Ende herausgekommenen Produkts abtrennen und den Rest durch zehn teilen, dann haben sie die Zahl der Quintale (jedes zu 100 Pfunden), welche die Ladung des Schiffes ausmacht. Diese Zahl reduziert man auf Tonnen, welche die Tragfähigkeit des Schiffes ausmachen, indem man sie durch 200 teilt und dann die letzte Ziffer fortstreicht und die Hälfte des Restes nimmt."

Man hatte also versucht, die Tragfähigkeit eines Handelsschiffes als Gewichtsmaß nach Pfunden oder als Raummaß nach Tonnen auszudrücken. Auch heute noch wird die Größe der Handelsschiffe nach dem für Ladung verfügbaren Raum gemessen, ausgedrückt in Registertonnen. Eine Registertonne ist gleich 2,832 Kubikmeter.

Ein „rule cheater" von 1850

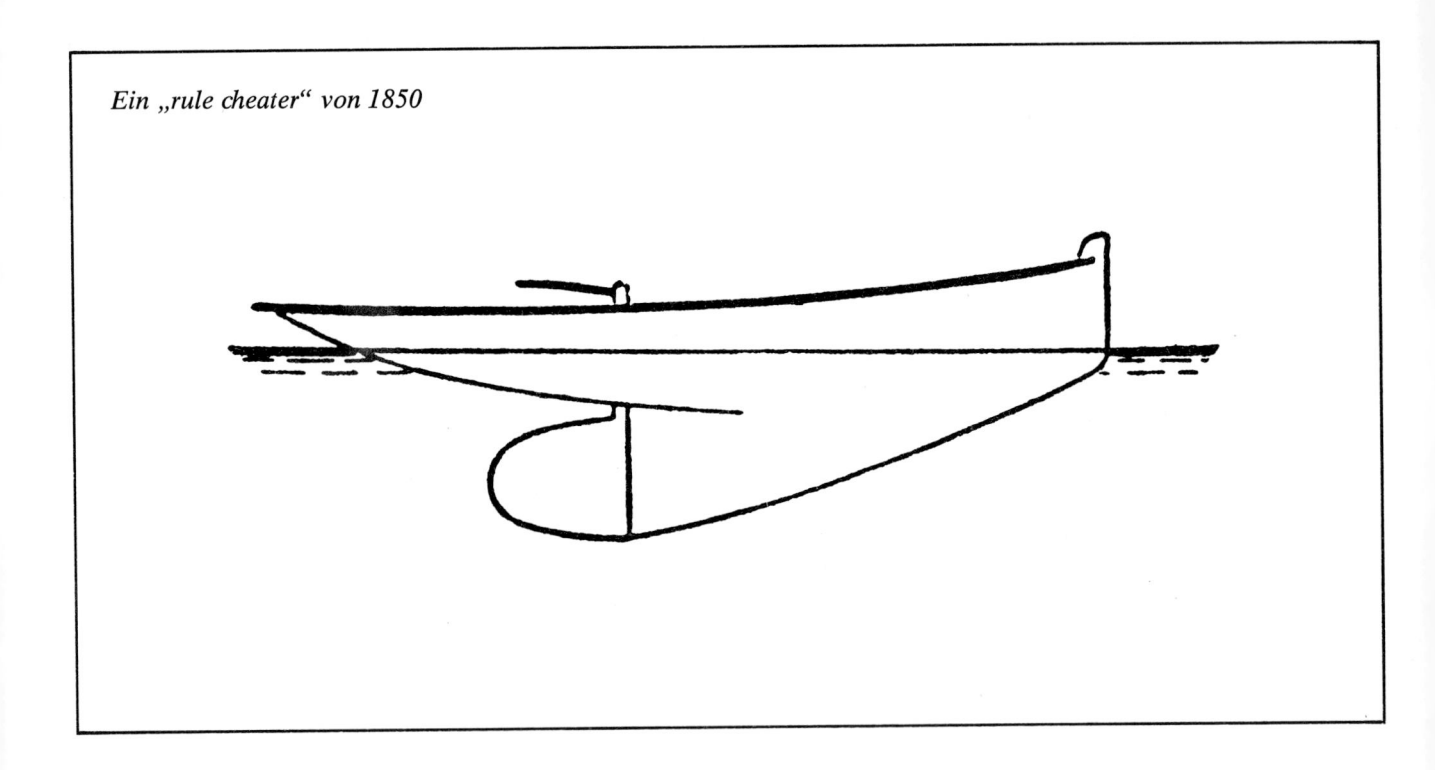

Nicht alle Clubs wandten das gleiche Verfahren an. Zwischen 1850 und 1870 gab es Regatten, bei denen sich der Ausgleich lediglich nach der Segelfläche oder nach der Länge über alles richtete. 1850 kam der New York Yacht Club auf die Vermessung für Handelsschiffe zurück, doch ging dabei die Raumtiefe mit ihrem tatsächlichen Wert ein und nicht mehr mit der halben Decksbreite:

$$\frac{L - \frac{3}{5}B \times B \times D}{95} = \text{tons}$$

Ergebnis aller dieser Formeln war, daß die nationale Neigung zum „breit und flach" überspannt wurde. Wenn lediglich die Verdrängung gemessen wird, ist es vorteilhaft, keinen Ballast zu haben und sich hinsichtlich der Stabilität auf die Breite zu verlassen. Große Breite und viel Segel. Wird nur die Länge gemessen, ist es von Vorteil, viel Segel und wenig Verdrängung zu haben, mithin ein breites Boot und ohne Ballast. Die an sich nutzlose Bewertung der Raumtiefe ließ die Boote noch flacher werden. B blieb wegen des Segeltragevermögens groß.

Zeiten überzüchteter Boote sind Zeiten einfältiger Vermessungsformeln. So 1859: L × B, Länge der Wasserlinie mal Breite. Riesige Segel und kein Tiefgang. Ideal ist der „skimming dish", die fliegende Untertasse.

1870 war man sich überall darüber klar, daß irgend etwas getan werden mußte, um zu weniger extremen Formen zu gelangen und sich nicht auf das Glatteis von harmlos klingenden, aber so gefährlichen Formeln locken zu lassen. Man kehrte zur Verdrängung zurück, um alle bisherigen Experimente ungültig zu machen, und fing von vorn an.

1873 glaubte man, mit der „Cubic Contents Rule" (der Inhalts- oder Volumenformel) den Weg zum Gleichgewicht gefunden zu haben. Grundlage der neuen Formel war eine Überlegung, die wegen ihrer „Handgreiflichkeit" einen gewissen Zauber ausübte. Sie trug die schöne Bezeichnung „Gips-Formel". Man gab denen, die die Form machten (Amerika lehnte Konstruktionszeichnungen nach wie vor ab), etwas Gips, um daraus die beste Form zu modellieren. Zwei Formen, für die eine gleiche Gipsmenge verbraucht wurde, würden dann formelgleich sein. Mit anderen Worten: Aus einer gegebenen Gipsmenge war die beste Form herzustellen, die sich dann in kurzer Zeit den anderen gegenüber durchsetzen würde.

Diese Form, bei der das Volumen des gesamten Rumpfes bis zum Deck galt, ergab ganz besonders extreme Bootskörper, da man die Form der Sandbagger auch auf größere Yachten übertrug. Die berühmt gewordenen Unglücksfälle ereilten Yachten, die nach dieser Formel entstanden waren.

Um geringstes Volumen des Bootskörpers zu erreichen, wurden die Seitenhöhe, der Tiefgang und die Überhänge verkleinert. Minimal der Ballast, weil er das eingetauchte Volumen vergrößerte. Es blieb nur das Segel, stabilisiert durch große Breite. Die Wohnlichkeit im Inneren erzielte man durch einen hohen Aufbau. Hohe Aufbauten und hohes Waschbord zum Schutz gegen die See, vorn und hinten abgerundet, nahmen einen großen Teil der Decksfläche ein. Das sind die typischen Merkmale der amerikanischen Slupen und Schoner, die wir auf den Abbildungen gesehen haben.

Das Unglück der Mohawk und anderer amerikanischer Yachten beschleunigte das Tempo. Früher als in England, 1882, nahm der Seawanhaka Yacht Club in New York die Dixon-Kemp-Formel an mit einer Änderung des festen Faktors und Berücksichtigung der Länge in der Wasserlinie:

$$\frac{L \times SA}{4000}$$

Nach langem Tasten waren Engländer und Amerikaner zum gleichen Schluß gekommen.

Keine Formel ist vollkommen. Die alten Regeln fanden unter den besten Seglern ihre stärksten Verteidiger. „Eine Auflage auf die Segel bedeutet eine Auflage auf die Leistung." Die extremsten Boote des alten Typs siegten mit dem Mut und der Tüchtigkeit derer, die sie segelten, und Segel verkleinern hieß, daß die Besatzung schlechter war als der Konstrukteur.

Die Vermessung nach „sail tons" (Tonnage nach Segelfläche) dauerte in der ursprünglichen Form nur kurz an, aber ihr Erscheinen verhalf in Amerika den compromise zum Leben und in England dem Kutter mit dem überhängenden Vorschiff wie die Thistle, die Satanita, die Britannia.

Die Länge L, die in der Wasserlinie gemessen wurde, begünstigte die Überhänge, die Vermessung der Segelfläche ließ die Verdrängung kleiner werden. In der Epoche der „plank on edge" konnte man ein Boot beballasten und schwermachen und sich dann auf die größere zur Verfügung stehende Kraft verlassen, die man mit Vergrößerung der Segelfläche bekommen konnte. Eine Beschränkung der Segelfläche bedeutete eine Beschränkung der

„Scow" von 1891

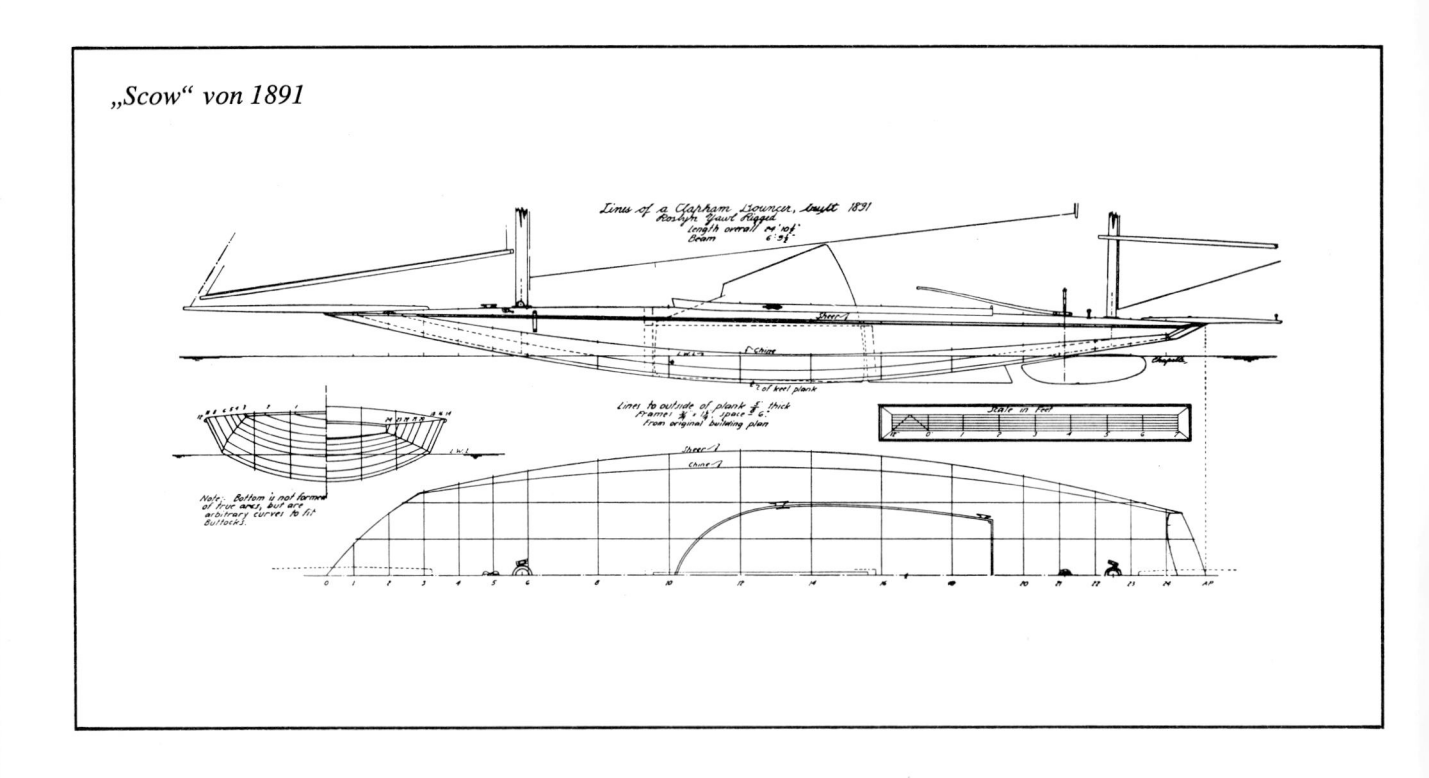

Verdrängung, weil diese beiden Größen sich gegenseitig bedingten.

Die Suche nach der besseren Formel hielt an. Die Boote mit der vermessenen Länge in der Wasserlinie bekamen allmählich immer größere Überhänge. Wenn die Länge in der Wasserlinie begrenzt war, legte man sich auf die Länge über alles. In New York wurde die „Regel der mittleren Länge" erprobt, bei der die Segelfläche herausgenommen war, die den alten Seeleuten so weh getan hatte. Die Länge über alles wurde zu der der Wasserlinie addiert und das Ergebnis halbiert. Wer bei der einen oder anderen übertrieb, sollte bestraft und die Überhänge damit besser ausgewogen werden.

Auch diese Regel hielt sich nur kurz. Doch schälte sich als eindeutige Forderung heraus, daß eine Zahl, die das Vermögen einer Yacht zum schnellen Segeln ausdrückt, ein Längenmaß sein mußte. Der vorrangige Faktor für Geschwindigkeit einer Segelyacht ist ihre Länge, und die Vermessungsformel muß eine theoretische Länge ausdrücken, die um so größer ist, je höher die mögliche, die potentielle Geschwindigkeit einer Yacht ist.

Der Seawanhaka Yacht Club in New York nahm als erster im Jahre 1883 eine Formel an, die eine „Racing Length" ausdrücken sollte, eine theoretische Länge. Die Formel ist eine Neuauflage der Dixon-Kemp-Formel mit den gleichen Faktoren, die in der Art miteinander verbunden werden, daß als Ergebnis eine lineare Größe herauskommt:

$$\text{Racing Length} = \frac{L + \sqrt{SA}}{2}$$

1884 wurde die lineare Formel auch vom New York Yacht Club mit etwas unterschiedlichem Koeffizienten angenommen. 1890 änderte er sie dahin ab, daß sie mit der andern übereinstimmte.

Die GLORIANA und die BRITANNIA sind die besten Beispiele für die ersten nach der neuen Formel entstandenen Boote.
Die DILEMMA ist der Vertreter der „rule cheater", Boote, bei denen die „Löcher" in der Formel Pate gestanden hatten.

Katamaran von 1898

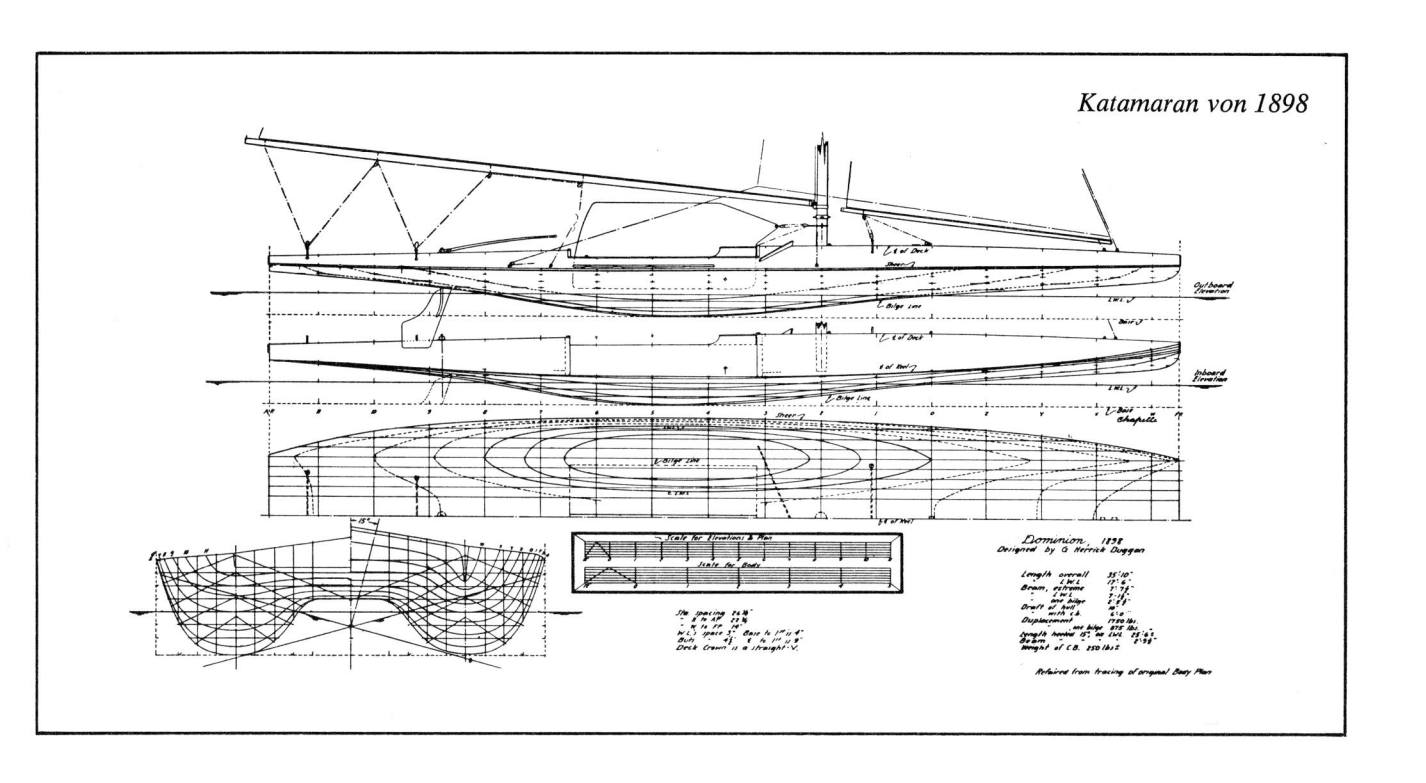

Das ging so vonstatten: Die Formel „übersah" die Verdrängung, und die Verdrängung wurde immer kleiner. So konnte man die vermessene Segelfläche verringern. Die in der Wasserlinie gemessene Länge L führte zu Booten mit immer längeren, aber extrem niedrig liegenden Überhängen, die die wirksame Wasserlinie verlängerten, kaum daß das Boot Fahrt aufnahm. Dabei die Tendenz zu abgerundeten Wasserlinien auch im Vorschiff; der Längsriß zeigte am Beginn und am Ende der Wasserlinie ein konkaves Profil, damit verkürzte sich die vermessene Wasserlinie.

Außer dem Flossenkieler war es die „Scow", die mit ihrer Bootsform an der Formel kräftig „verdiente". Scow nannte man ein Boot, bei dem Leichtbauweise, geringe Seitenhöhe und Breite zum Extrem getrieben waren, ohne Rücksicht auf die Wasserlinien, die fast rechteckig verliefen. Solange das Boot bei raumem Wind aufrecht segelte, kam es ins Gleiten. Wenn es am Wind krängte, tauchte dank der Leichtbauweise nur ein geringer Teil des Rumpfes ein, ein Streifen längs der Bordwand, die infolge ihrer flachen Krümmung feine Linien und damit geringen Widerstand aufwies.

Ein anderer Typ, der gut in die neue Formel paßte, war der Katamaran, der damals schon in Amerika sehr beliebt war. Äußerst leicht, der Längsriß mit den hohlen Linien, wie wir sie eben kennengelernt haben, und lange, flache, das Wasser fast streifende Überhänge.

Eine Yacht nach der Themse-Formel wurde „tonner" genannt. Je nach Vermessungsgröße waren es 10-Tonner, 50-Tonner usw. Boote nach der neuen Formel hießen „rater". Die hier besprochenen Boote waren 1/2-Rater, 5-Rater, 20-Rater.

Ein berühmter 5-Rater ist die DACIA, von C. E. Nicholson 1892 entworfen. Sie ist schwerer und seetüchtiger als viele ihrer Zeitgenossen und interessant wegen ihres Kielprofils à la Eintonner. Die DACIA machte 33 erste Preise bei den 39 Regatten, die sie 1892 segelte.

Die kleinen Rater wie die DACIA hatten sehr oft keinen Bugspriet, der gewissermaßen in das lange Vorschiff eingezogen war. Die beinahe senkrecht stehende Gaffel gab dem Großsegel eine annähernd dreieckige Form. Sie waren alles andere als seegängige Boote.

H. C. Folkard bemerkt 1906 in „The Sailing Boat" zu den Auswirkungen der zu jener Zeit gültigen Vermessungsformeln:

Dacia

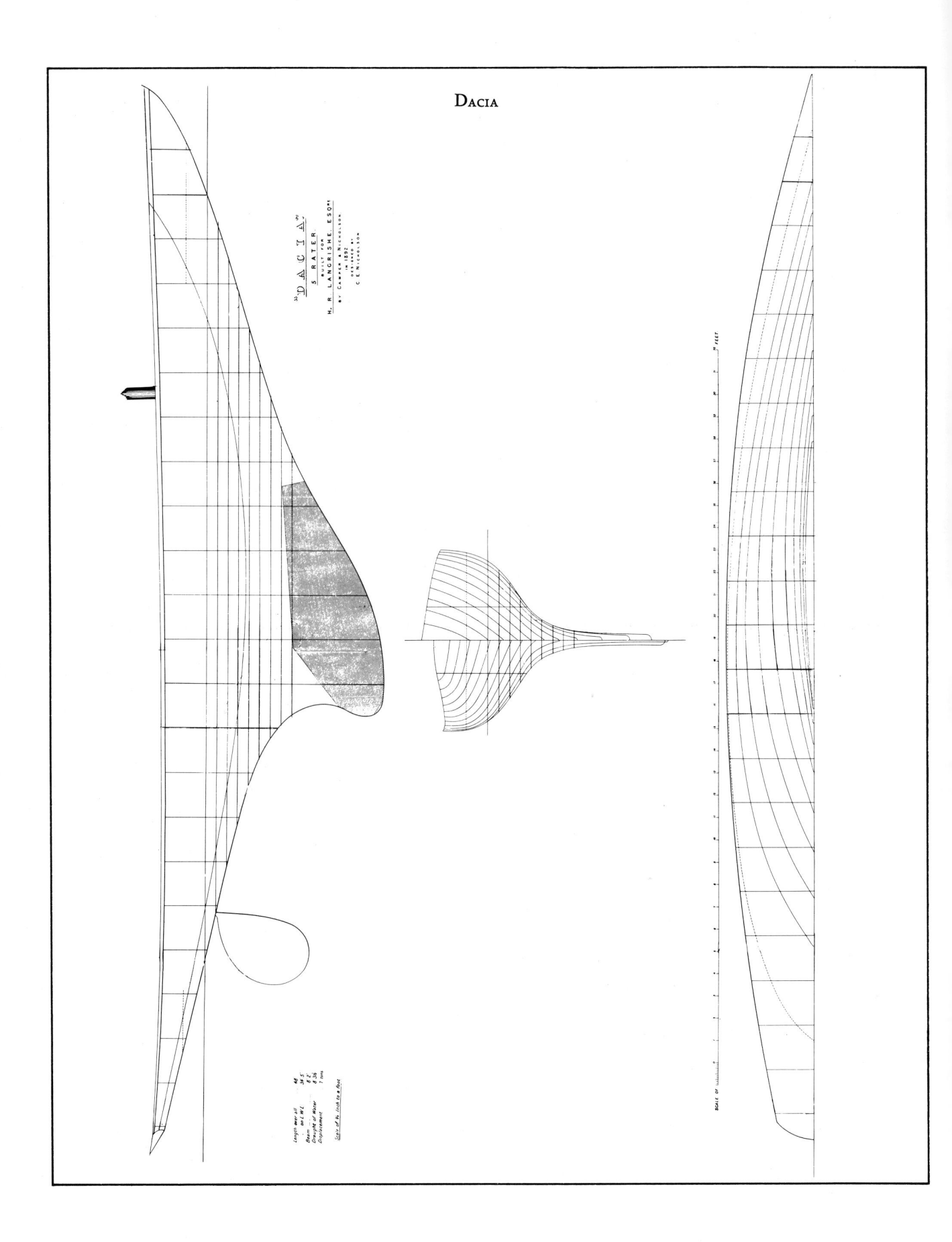

"DACIA"
5 RATER
BUILT FOR
H. R. LANGRISHE, ESQ.
BY CAMPER & NICHOLSON
IN 1892
DESIGNED BY
C. E. NICHOLSON

Unter den modernen Regeln, nach denen eine künstliche Wasserlinie zur Basis für die Länge geworden ist, mit einem linearen Wert für die Segelfläche, ist heute ein sogenannter 5-Rater ebenso groß wie vor 50 Jahren ein 10-Tonner; und der 5-Rater benötigt eine ebenso starke Besatzung wie seinerzeit einer der erwähnten 10-Tonner.

Die Einführung der Wasserlinie als Längenmaß hat sich bei den kleinen Klassen verheerend ausgewirkt; Jahr für Jahr nimmt die Tendenz zu, die Elastizität der Regeln auszunutzen, indem die Abmessungen oberhalb und unterhalb der Wasserlinie bis zu dem Punkt vergrößert werden, daß bei den letzten Produktionen der Scheitelpunkt des Winkels, der durch die Markierung der Wasserlinie und den Steven gebildet wird, kaum noch wahrnehmbar ist. Wenn das Boot krängt, wird seine Wasserlinie sofort erheblich länger.

In Entwurf und Gestaltung der kleinen Rennboote dieser Klasse wird keine Bequemlichkeit der Inneneinrichtung verlangt: Das einzige Ziel ist, einen Rumpf herauszubringen, der den Champion der Saison an Geschwindigkeit in den Schatten stellt. Und zu diesem Zweck wurde die Leichtigkeit der Konstruktion auf die Spitze getrieben; alle Details mit Ausnahme des Ballastes wurden leichtgemacht. Man weiß, daß, je leichter das Material, aus dem das Boot gebaut ist, dieses um so höher aufschwimmt. Infolgedessen sind, da ja die Konstruktionswasserlinie (die auf den Bootskörper markiert ist) als Grundlinie für die Vermessungslänge des Rating dient, Schwimmlage und geringstes Baugewicht die wichtigsten Gesichtspunkte geworden. Die Boote und sämtliche Bauteile wurden so leicht wie möglich hergestellt. Die Boote glichen Streichholzschachteln und verformten sich schon nach kurzer Zeit unter Einwirkung der Segel in den Regatten. Die oberen Plankengänge wurden auseinandergerissen, oder die Nähte öffneten sich, wenn das Boot im Kampf um den Sieg bei frischem Wind im Seegang beansprucht wurde.

Segelboote dieses Typs sind gewiß an Tagen mit mäßigem Wind und glattem Wasser die schnellsten; sie gehen leicht über Stag und sind unter Segel sehr steif.

Soviel zum Flossenkieler. In England wurden häufig auch Boote ähnlich den Wulstkielern, aber mit beweglichem Schwert gebaut. Mit sehr langen Überhängen, schmal und mit runden Spantschnitten, ohne die geringste Stabilität.

Von einigen dieser Boote wird behauptet, sie seien unkenterbar; von anderen, die kentern können, sagt man, sie seien unsinkbar. Die ersteren sind sicher den zweiten vorzuziehen; und die anderen, sollten sie tatsächlich unsinkbar sein, bringen vielleicht das Leben der Besatzung nicht in Gefahr. Es ist jedoch besser, das nicht allzuoft zu probieren.

Am gefährlichsten sind die Boote, die sowohl kenterbar als auch sinkbar sind, und das weniger wegen Fehler in der Form als vielmehr wegen ihrer übertrieben großen Segelfläche. Häufig ist der Grund zu wenig Ballast im Verhältnis zur Segelfläche. In anderen Fällen gibt der Rumpf nicht genügend Stabilität her, was deutlich macht, daß das Boot ganz und gar unfähig war, bei starkem Wind Segel zu tragen.

Sind also die Formen der Yachten vom Zufall abhängig, geboren aus den Launen derjenigen, die die Regel aufstellen? Die englischen Yachten waren schmal und tief, weil es die Themse-Formel verlangte, und die amerikanischen Yachten waren breit, weil die Jury des New York Yacht Clubs es so wollte.

Ein derartig einfacher Gedankengang reicht nicht aus, um die Entwicklung eines Ausdrucksmittels für den Geschmack einer Epoche zu erklären, wie ihn die Yacht im hohen Maße darstellte.

Die Yacht ist, ebenso wie die Formel, ein Kind der Welt, die sie geschaffen hat. Die ersten Vermessungsformeln waren in England und Amerika gleich, aber die späteren Ergänzungen überspannten den nationalen Typ, weil der Yachtsegler es so wollte. Die Themse-Formel hat die Form der englischen Yacht geprägt, aber es waren ja auch die Engländer, welche die Formel erfunden hatten. Dem gleichen Geschmack, der diese Formel haben wollte, sagte eben jener Typ der Yacht zu. Sehen wir uns die Lithographie der Mosquito unter Segel einen Augenblick an (Seite 66). Gewiß ist ihre Form das, was die Formel wollte, aber was könnte dieses Boot anderes sein als englisch?

Die Amerikaner kamen von der ausschließlichen Bewertung der Verdrängung zu jener der Segelfläche, von der Länge über alles als einziges Maß zu dem des Rauminhaltes des Rumpfes, aber alle diese Formeln trieben den nationalen Typ weiter. Das 19. Jahrhundert war das Jahrhundert des Chauvinismus.

Es läßt sich schwer behaupten, die Mathematik habe die Yacht geschaffen. Der Geschmack jeder Epoche war es, der die Yacht mit der Mathematik gemäß den Regeln verschmolz, die Methode und Tradition diktierten.

XII Die internationale Rennformel

Dublin Bay 25 ft.

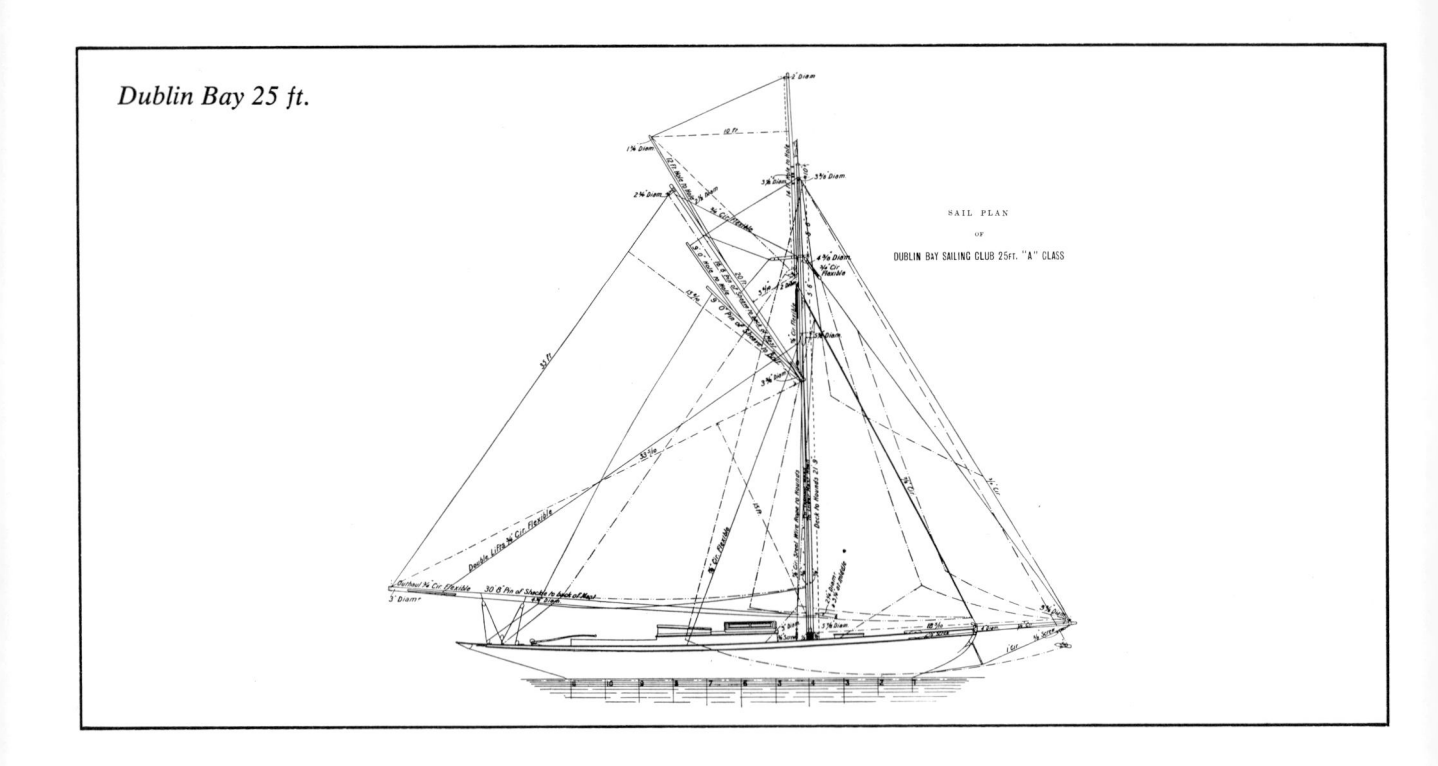

Die erste Reaktion auf die Yacht, die nur eine Saison durchhielt, war die Schaffung von Klassen gleichartiger Boote, nach einheitlichen Plänen gebaut. Mit dieser „One Design" oder Einheitsklasse suchte man die Notwendigkeit eines Handikaps zu umgehen. Folkard stellt 1907 in seinem Buch 23 solcher Typen vor, zum Teil waren es One-Design-Klassen, zum anderen „Restricted Classes", Klassen, bei denen eine Reihe von Abmessungen festgelegt war.

Einige davon waren recht groß und ausgezeichnete Fahrtenboote, wie zum Beispiel die 20-tons-Clyde von A. Mylne mit ihren 15,25 m Länge. Ein paar von diesen Klassen existieren noch. So die „Redwing-Class", von C. E. Nicholson 1896 entworfen, 7 m lang, interessantes Experimentierfeld für das Rigg, im Rumpf Einheitsklasse, aber lediglich zwei Begrenzungen für den Segelriß: eine Gesamtfläche von 18,50 m² und rotfarbige Segel (Redwing). Und dann die „Dublin Bay 25-footer": eine Klasse von 1898, Entwurf von William Fife. Es werden noch Regatten mit Booten mit dem Originalrigg wie die ersten gesegelt. Es sind prachtvolle Boote, und ihre Linien sind durch keine Formel abgeändert worden.

1967 habe ich mir bei den Ergebnissen der englischen Regatta auf dem Solent, über die in den Yachtzeitschriften berichtet wurde, aufgeschrieben, daß die erste RORC-Regatta des Jahres von einem im Jahre 1898 für 465 Pfund gebauten DB 25 gewonnen wurde. Neu war praktisch allein das auf Marconi-Segel abgeändert Rigg.

Die Formeln entwickelten sich weiter, und ihr Anwendungsgebiet erweiterte sich mehr und mehr. Die am Schluß des Jahrhunderts üblichen Formeln für die Boote eines einzigen Clubs sind nicht mehr zeitgemäß. Das Yachtsegeln wird international, und in immer neuen Ländern beginnt es als organisierter Kampfsport verstanden zu werden. Die europäischen Yachten segelten im allgemeinen nach den englischen Formeln, und sie waren vom englischen Typ, seltener amerikanisch. Wenn es sich nicht um reine Fahrtenyachten handelte, waren es Rater, mit allen ihren uns bekannten Vorzügen und Mängeln.

Die ersten Maßnahmen gegen die überleichte Bauweise der Rater wurden in England ergriffen. Die Yacht Racing Association setzte 1896 eine neue, von dem Marinearchitekten R. E. Froude entwickelte Formel in Kraft. Sie lief unter der Bezeichnung „Linear Rating", weil sie aus einer

Dublin Bay 25 ft.

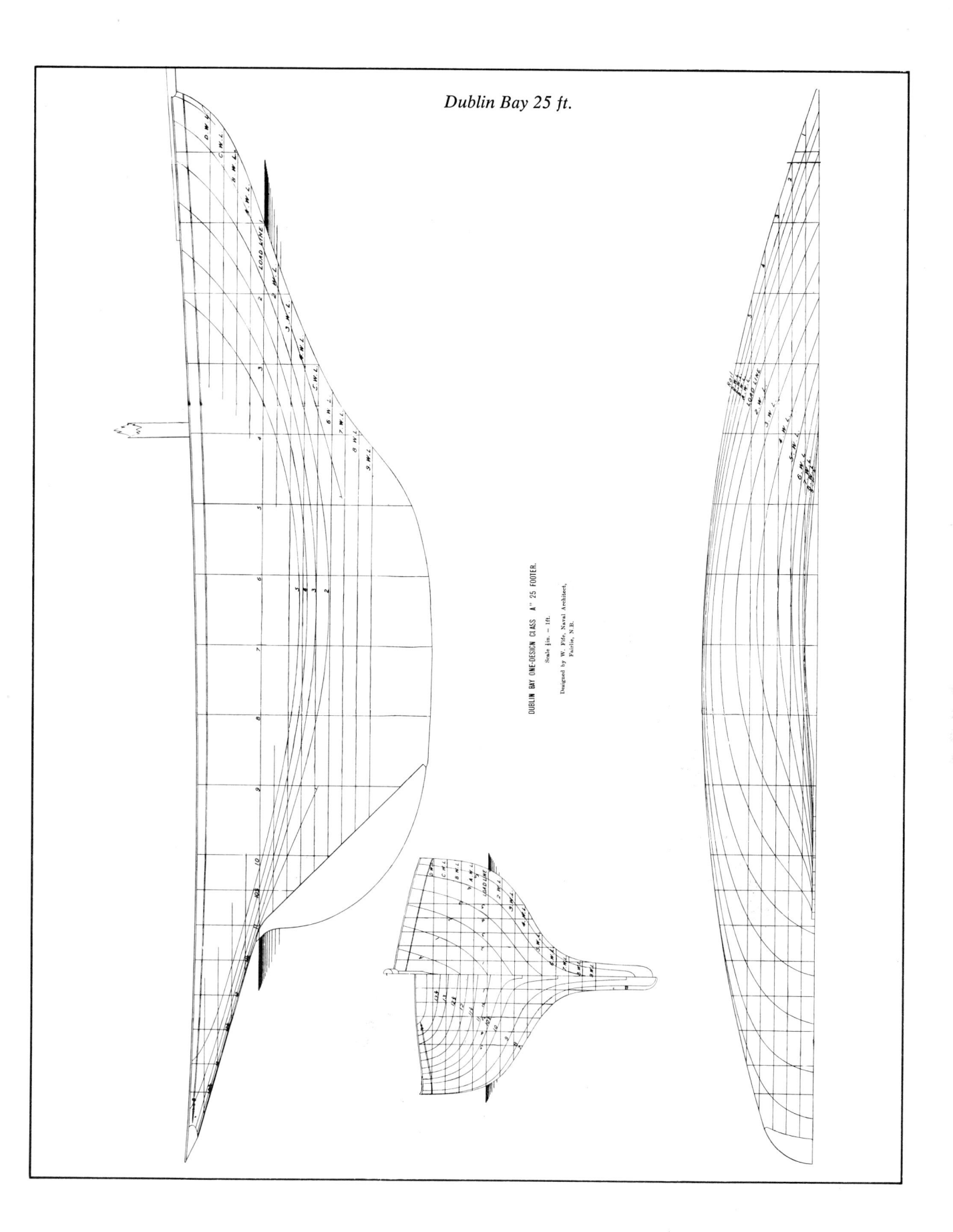

DUBLIN BAY ONE-DESIGN CLASS A" 25 FOOTER.
Scale ½in. = 1ft.
Designed by W. Fife, Naval Architect,
Fairlie, N.B.

Summe von linearen Werten gebildet wurde. Sie enthielt die immer üblichen Werte Länge in der Wasserlinie, Breite und die Wurzel aus der Segelfläche. Da die Verdrängung an die Größe der noch tragbaren Segelfläche gebunden war, machte man dadurch, daß deren Gewicht in der Formel kleiner wurde, den Weg zu schwereren und stärker besegelten Rümpfen frei. Ein neuer Faktor trat in Erscheinung: das Gurtmaß G (skin girth) des Hauptspants, das heißt das Abwickeln des Umfangs des Spantschnitts von der einen auf die andere Seite des Rumpfes. Am schwersten wurde der Flossenkieler durch den neuen Faktor bestraft, denn bei ihm, der keinen allmählichen Übergang vom Rumpf zur Kielplatte besaß, mußte die Abwicklung enorm groß werden. Es gab langsam wieder Boote mit dem traditionellen Hauptspant zu sehen. Hier die Formel:

$$\text{Linear Rating} = \frac{L + B + 0{,}75\,G + 0{,}5\,\sqrt{SA}}{2}$$

Im großen und ganzen änderten sich die Boote nicht sehr, was die leichte Bauweise betrifft. Das Gurtmaß genügte dazu noch nicht.
Die zusätzliche Einführung eines Faktors, der den flachen Spantschnitt der Leichtbauyachten bestrafen sollte, wurde von A. Benzon, einem dänischen Yachtsegler, vorgeschlagen. 1901 wurde die alte Formel um den Wert „d" erweitert; das ist die Differenz zwischen dem Gurtmaß G und der „Kette" (cain girth), nämlich die Länge einer straff um den Rumpf gespannten Kette. Das, um Yachten größerer Verdrängung zu begünstigen, bei denen die Differenz dank dem tiefen V der Spantfläche gering war. Die lineare Vermessungsformel lautete:

$$\frac{L + B + 0{,}75\,G + 4d + 0{,}5\,\sqrt{SA}}{2{,}1}$$

Amerika übernahm die neuen europäischen Formeln nicht. Es gab zwar in den USA und in Kanada einige Versuche dazu, doch verschwand die Formel vollständig, als 1903 die Herreshoffsche Formel eingeführt wurde. In dieser wurde der alte, in Amerika von jeher so beliebte nationale Faktor, die Verdrängung, wieder hervorgeholt, um damit die Auswüchse der Leichtbauweise drastisch auszuschalten.

$$\text{Rating} = \frac{L \times \sqrt{SA}}{5\,\sqrt[3]{D}}$$

In ihrem überaus langen Dasein unterlag diese „Univer-

sal Rule" verschiedenen Änderungen. Wir werden berühmten Yachten begegnen, die nach dieser Formel gebaut wurden: sehr schmal, schwer, mit langen Überhängen, deren Spantflächen unten rund waren, im Gegensatz zum Hauptspant, das eine außergewöhnlich starke Aufkimmung hatte. In der neuen Formel verschmolzen sich die Merkmale des Flossenkielers (fin keel) mit denen des „plank on edge".
1906 entsteht die internationale Vermessungsformel („International Rule").
Die Suche nach einer internationalen Formel wurde von Heckstall-Smith vorangetrieben, ein Name von hoher Bedeutung für die Gestaltung der Yacht dieses Jahrhunderts. Er hat niemals eine Yacht gezeichnet, doch war sein Einfluß auf die Formeln richtungsweisend für die Entwicklung der modernen Yacht. Die Moral der Geschichte des Yachtbaues der letzten hundert Jahre ist praktisch: Der Konstrukteur verfeinert die Formen, aber der Gesetzgeber gibt die Richtung an, ohne sich vielleicht ganz klar zu sein über die möglichen Folgen.
Eine internationale Konferenz mit Vertretern aus elf Ländern wurde in London abgehalten. Damals hatte jedes europäische Land eine eigene Vermessungsformel, doch unterschieden sich diese nur unwesentlich voneinander. Praktisch benutzte man überall die englischen Linearformeln, mit unterschiedlichen Korrekturfaktoren. Nur ein europäisches Land, Frankreich, hatte die englische Formel nicht eingeführt, sondern benutzte das amerikanische System.

Die Konferenz stellte klar, daß eine Formel zu schaffen sei, die jeder möglichen Hintertür einen Riegel vorschob, speziell bei der Verdrängung. Zum Begriff „Yacht" gehörte, daß sie bewohnbar war. R. E. Froude hatte über die Vermessungsformel hinaus die folgende bleibende Begriffsbestimmung für eine Yacht aufgestellt: Eine Yacht muß ein Segelschiff sein, bei dem sich Schnelligkeit mit Wohnlichkeit verbindet.
„Skimming dish" und „fin keel" besitzen nicht beide Eigenschaften; sie sind keine Yachten, sondern „Regatta-Maschinen".

Und selbstverständlich: Was bewohnbar und schnell ist, muß auch stark und seetüchtig sein.
Die in der Grundformel berücksichtigten Faktoren werden um den Freibord F (freeboard) erweitert, und die Formel lautete nunmehr:

$$\text{Rating} = \frac{L + B + {}^1/_2 G + 3d + {}^1/_3 \sqrt{SA} - F}{2}$$

6-m-R-Yacht

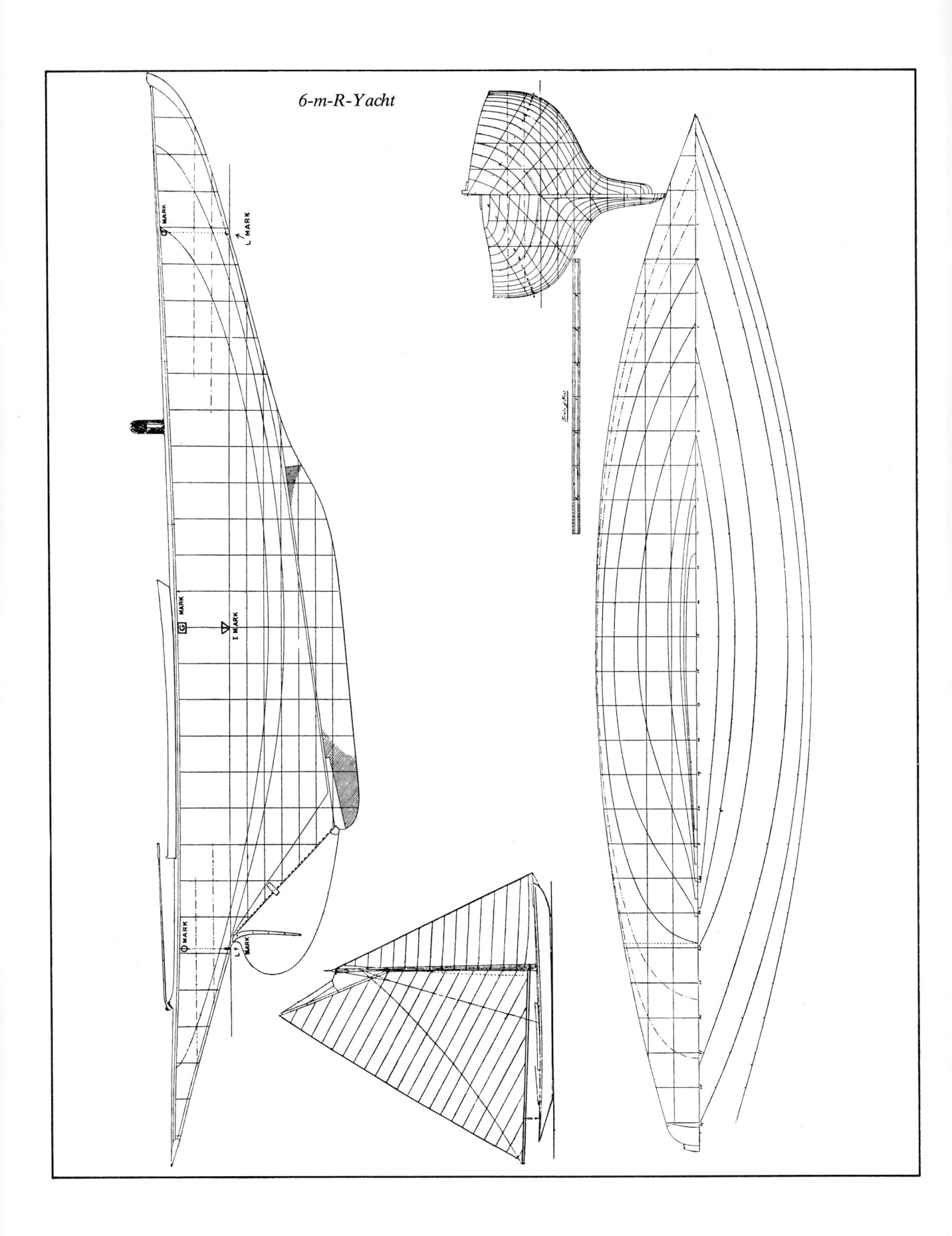

Die internationale Rating wurde in Metern ausgedrückt, sämtliche Maße waren linear.

Die Regeln für die Anwendung der Formeln gingen sehr weit ins einzelne. Sie berücksichtigten die Konstruktion des Bootskörpers, für die eine Klasse von Lloyd's, des Germanischen Lloyd oder des Büros Veritas verlangt wurde, ebenso wie jede kleinste Einzelheit der Inneneinrichtung.

Man begann, die nach der neuen Formel vermessenen Yachten in Gruppen zu unterteilen. Sie wurden R-Klassen genannt und in zehn Gruppen unterteilt; 23-, 19-, 15-, 12-, 10-, 9-, 8*-, 7-, 6*- und 5*-m-Klassen. Für die mit Sternchen bezeichneten Klassen wurde den Yachtclubs eine besondere, befürwortende Empfehlung gegeben.

1906 fand in Paris eine Konferenz statt, auf der über internationale Wettfahrtregeln entschieden werden sollte. Die International Yacht Racing Union (IYRU) wurde gegründet, die heute noch das wichtigste Organ für Entscheidungen auf diesem Gebiet ist. Was damals dort entschieden wurde, das wurde zum neuen Gesetz für alle europäischen Rennyachten:

Gültige Bestimmung für die Vermessung ist das „Internationale Reglement für die Vermessung von Yachten" und seine Durchführung. Es soll zehn Jahre lang, vom 1. Januar 1908 bis 31. Dezember 1917, in Kraft bleiben.

Das Gewicht Englands offenbart sich bei der Formulierung der Regeln. Die nunmehr entstandene Yacht war schlank, tief, mit den Überhängen der BRITANNIA und den Spantschnitten des „plank on edge".

Dixon-Kemp stellt 1913 im „Manual of Yacht and Boat Sailing and Architecture", bezüglich der neuen internationalen Regeln (die Regeln nehmen etwa 150 Buchseiten ein) mit Stolz die Situation des Yachtsports wie folgt dar:

	Zahl	Tonnen
Vereinigtes Königreich	2 959	53 025
Kolonien	311	4 563
Belgien und Holland	191	2 543
Dänemark	107	1 755
Frankreich	363	6 300
Deutschland und Österreich	599	8 371
Italien	76	1 726
Norwegen und Schweden	300	4 369

„Nicht weniger als 3257 Yachten mit 69 976 Tonnen wurden im UK gebaut, in Deutschland und Österreich zur

8-m-R-Yacht

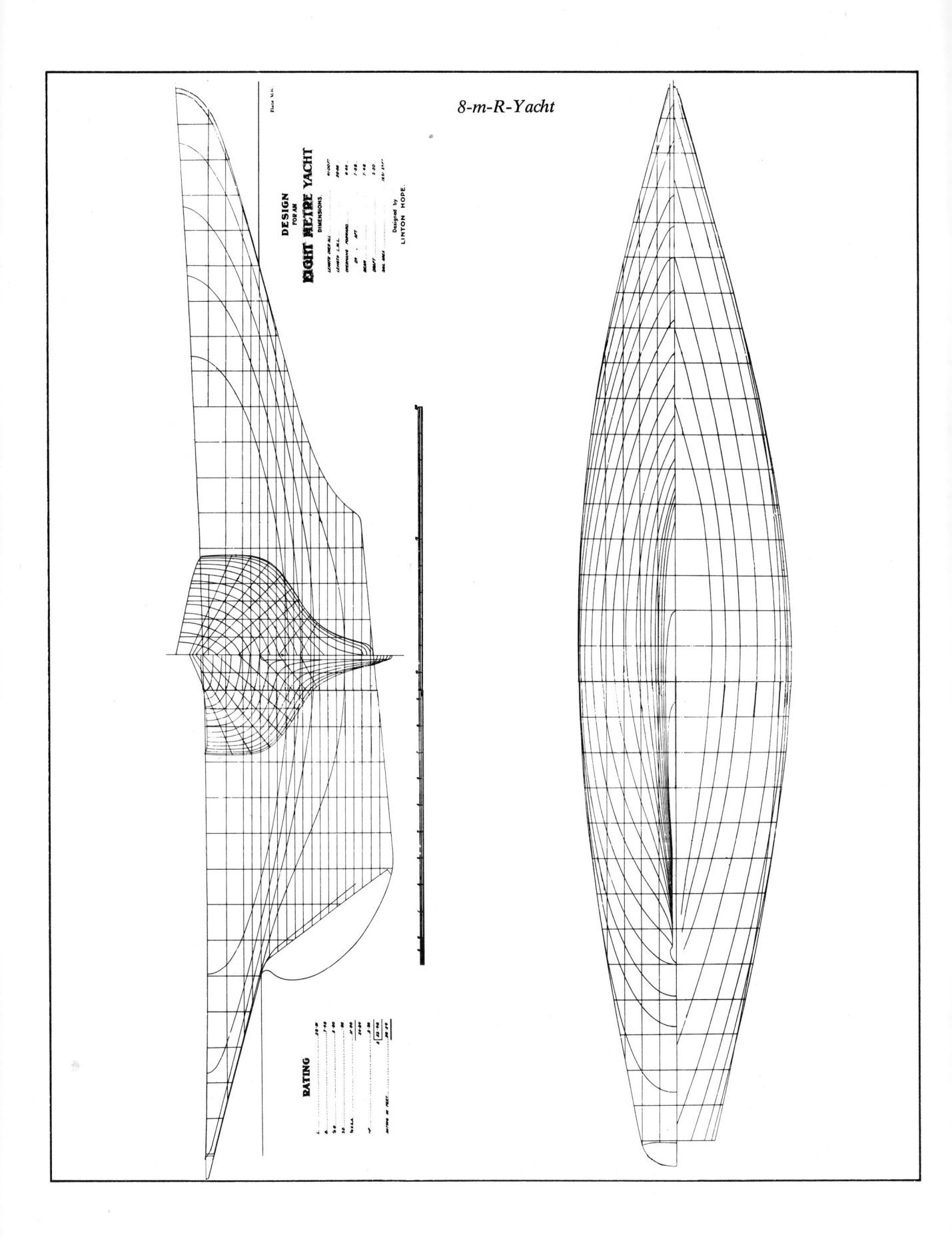

gleichen Zeit 600, aber mit nur 6022 Gesamttonnage."
Nach dem Kriege, 1919, wurde die Formel abgeändert. Es war der Versuch, die Meter-Yachten breiter zu machen und mit weniger steiler V-Form.

$$\text{Meter-Formel 1919} = \frac{L + \tfrac{1}{2}G + 2d + \sqrt{SA} - F}{2{,}5}$$

Eine weitere Änderung erfolgte 1934. Das Gurtmaß G fiel weg, weil man festgestellt hatte, daß damit der Tiefgang zu sehr bestraft wurde.

$$\text{Meter-Formel 1934} = \frac{L + 2d + \sqrt{SA} - F}{2{,}37}$$

Wer dieser langen Abhandlung über die Vermessungsformeln gefolgt ist und sich die sieben Fotografien der Halbmodelle zwischen 1879 und 1909 auf Seite 116 noch einmal daraufhin ansieht, der wird aus der Gestaltung der einzelnen Modelle die ihnen jeweils zugrunde liegenden Grundgedanken klar erkennen.
Das oberste Halbmodell ist ein Tonner der Themse-Formel, ein typischer englischer Kutter, 2 und 3 sind Rater nach der Dixon-Kemp-Formel. Nr. 2 zeigt die Tendenz zu leichterer Bauweise, man hat am Längsriß bereits Abschnitte vorgenommen. Nr. 3 ist schon ein ganz leichter Flossenkieler. 4, 5 und 6 sind Variationen des gleichen Gedankens. Sie sind schwerer als der Flossenkieler, haben mehr Masse und einen längeren Kiel. Man bemerkt den Einfluß des Faktors d der linearen Formel. Nr. 7 ist ein 15-m-R-Boot. Es ist Modell 4, 5 und 6 ähnlich, hat aber mehr Volumen im Bereich des Hauptspants, Kennzeichen der modernen Yachten.

Die R-Formel existiert zwar noch, doch gibt man die R-Yachten mehr und mehr auf. Die Kosten sind zu hoch für diese großen Boote, die ausschließlich auf Dreiecks-Regatten zu gebrauchen sind und wenig Bequemlichkeiten zum Fahrtensegeln bieten.
Die 12-m-R-Klasse hatte ihr Comeback, nachdem sie für die America-Pokal-Regatten 1957 ausgewählt worden war. Die Kosten für eine 12-m-R-Yacht sind heute enorm hoch; man spricht von mehreren Millionen Mark. Eine der Zahl, doch nicht ihrer Bedeutung nach begrenzte Klasse.
Die Meter-Klassen haben mehr als 60 Jahre überdauert. Eine schöne Lebensdauer für eine Formel, die man erdacht hatte, um den „fin keel" zu bestrafen.

Die Verwandtschaft der Meter-Yacht mit der englischen Yacht der vorhergehenden Vermessungsformel ist offensichtlich, doch hat die Meter-Yacht, so kann man sagen, einen moderneren und internationalen Bootskörper. Dem gegenüber handelt es sich bei allem übrigen um Denkmäler der Vergangenheit, zuweilen von höchster Vollendung, aber heute hätten sie keinen Sinn mehr. Für uns ist eine 8-m-Yacht eine Maschine, die weiter nichts als schnell sein soll. Wenn man sich jedoch ein Fahrtenboot von sechs Tonnen ohne Motor mit hoher Manövrierfähigkeit und guten Leistungen bei jedem Wind, auch dem leichtesten, vorstellt, dann schneiden diese alten Boote mit den großen Überhängen gar nicht einmal so schlecht ab.
Ich schulde dieser Klasse einiges; lernte ich doch das „Dickschiff" auf 8-m-R-Yachten der ersten Formel, auf Hochtakelung umgerigt, kennen. Auf kaum einem anderen Boot wird man so sehr das Gefühl haben können, ein Vollblut unter sich zu haben, wie auf einer alten Yacht der internationalen Meter-Klassen.

Wir haben den Vermessungsformeln ganze zwei Kapitel gewidmet. Sie sind keine unterhaltende Lektüre, und bei den Yachtseglern nicht gerade beliebt. Die erste Yacht im Hafen, das „first ship home", die schnellste von allen, ist jedenfalls die am meisten sympathische Erscheinung des Yachtsegelns; aber ihre Leistung besagt nichts, es sei denn, sie habe das Nadelöhr der gültigen Formel passiert.
Die Gesetze der Hydrodynamik haben uns gelehrt, daß eine Yacht um so schneller ist, je größer sie ist, und wer etwas gegen die Formel hat und sich ihrem Spruch nicht unterwerfen will, der darf über eine Regatta zwischen verschiedenartigen Booten nicht urteilen. Die Form einer Yacht und ihre potentielle Geschwindigkeit sind unter dem Gesichtspunkt der zu ihrer Zeit geltenden Formel zu sehen; dabei wird diejenige Yacht die beste sein, die unter den Fesseln, in die sie bereits vor ihrem Entstehen geschlagen ist, die besten Ergebnisse bringt.
Die Formel ist der Schlüssel zum Verständnis einer Yacht. Man beschwere sich nicht darüber, daß sie gekünstelt ist. Die einfachen Formeln haben nur extreme, kurzlebige Bootstypen hervorgebracht. Man versuche sich einmal eine Rennyacht vorzustellen, die ohne jede Formel entsteht, ohne die geringste Fessel, sowohl für die Länge als auch für die Segelfläche und die Kosten.
Mit höchster Wahrscheinlichkeit würde der Segler mit dem dicksten Geldbeutel gewinnen.

Wenn ich es recht bedenke, möchte ich allerdings meinen, daß daran auch die Formeln nichts ändern können.

XIII Die großen Yachten

Der Rater, der sich ein Jahr lang hält und dann erledigt ist, weil er nicht mehr gewinnt, der für andere Zwecke nicht brauchbar ist, weil er dabei zu Bruch geht, ist nicht allein die Yacht der Jahrhundertwende; es sind Jahre, in denen das Geld überall locker sitzt, man will Neues schaffen, neue und große Gedanken drängen ans Licht. Die „Belle Epoque" mit ihrem Glauben an das Neue und an den Fortschritt hat ebenso großartige wie große Yachten hervorgebracht. Wir haben die BRITANNIA und die SATANITA gesehen, sehr groß und dabei doch sportlich. Schiffe mit ihren nicht endenwollenden Decks, ohne Aufbauten, mit kleinen Oberlichtern, mit Luken, die sich verlieren zwischen den endlosen Reihen der Decksnähte; der Leib eines gestorbenen Wales.

Der Eigner und seine Gäste saßen auf veritablen Stühlen an Deck. Um elf Uhr wurde in Lee des Deckshauses der Sherry gereicht, man erging sich an Deck. Das war die „deck chair era", das Zeitalter der Decksstühle.

Die Besatzungen waren groß. Dixon-Kemp behandelt die Frage der „paid hands" viele Seiten lang, war dies doch eines der wichtigsten Probleme des Yachtseglers.

„Für Regatten befindet sich die untenstehende Tabelle in Einklang mit den heutigen Gewohnheiten. In den Zahlen nicht enthalten sind Skipper, Koch und Steward und selbstverständlich die Amateure.

Rating	Bezahlte Leute
6 m	1
7 m	2
8 m	3
10 m	4
12 m	6 bis 7
15 m	8 bis 9
19 m	14
23 m	22
A	30 bis 32

Im übrigen ist es üblich, Koch und Steward bei Regatten an Deck zu holen, um beim „Tampenreißen" mit anzufassen, und wenn sie das brav machen, haben sie Anspruch auf das „racing money" wie die Seeleute.

Auch dieses „racing money", die Regattaprämie, ist geregelt.

Die Frage des „racing money", des Zuschlags für die Besatzung an Regattatagen, lange Zeit umstritten, wird im großen und ganzen heute einheitlich gehandhabt. Früher gab man 1 Pfund 5 Shilling für den Skipper plus 10 Shilling pro Mann je Regatta, gleich ob gewonnen oder verloren.

Andere geben 1 Pfund für den ersten Platz, 10 Shilling für den zweiten, 5 für den dritten und nichts, wenn die Regatta verloren wird.

Nach unserer Meinung sollte man dem Skipper 2 Pfund für einen Sieg und 10 Shilling für eine verlorene Regatta geben und der Besatzung 1 Pfund für den Sieg und 5 Shilling für eine verlorene Regatta. Eine andere Lösung ist, der Besatzung immer dasselbe zu geben, gleich ob gewonnen oder nicht. Und dem „sailing master" 5 oder 10 % der gewonnenen Preissumme und nichts, wenn nichts gewonnen wurde[32].

Die Schiffe der Meterklasse, die wir genannt haben, waren sehr groß, und die große Anzahl ihrer Seeleute war berechtigt. Eine 19-m-R-Yacht maß etwa 30 Meter über Deck und verdrängte mehr als 70 Tonnen – eine Besatzungsstärke von 14 Mann war also angemessen. Die Regel war ein Mann für 60 bis 70 m² Segelfläche. Die großen Kutter wie SATANITA und BRITANNIA hatten bei Regatten zwischen 50 und 70 bezahlte Leute an Bord.

Man stelle sich die Szene vor, als 1894 die SATANITA bei einer Regatta auf dem Solent die VALKYRIE II rammte und sie augenblicks versenkte. Auf dem Schauplatz riefen mindestens 60 Schiffbrüchige um Hilfe.

Der Seemann auf einer Rennyacht hatte ein sehr hartes Leben. Wir lesen von Yachten, die 20 bis 30 Regatten gewonnen haben; außer am Sonntag war jeden Tag Regatta. Und das Rigg bedienen hieß Stengen streichen, 20 bis 30 Meter hoch aufentern, ein Großsegel von fast 1000 m² dichtholen.

Eine berühmte Episode bei einer America-Pokal-Regatta hat das, was von den Besatzungen der großen Kutter verlangt wurde, in die Geschichte eingehen lassen. Es war auf der unglücklichen VALKYRIE II, unglücklich auch als Pokal-Herausforderer im Jahre vor ihrer Versenkung. Ich zitiere aus „Racing for the America's Cup" von P. K. Kemp.

---

[32] Es sei daran erinnert, daß damals um Geldpreise gesegelt wurde.

Die Regattastrecke war 15 Meilen Kreuz und zurück. Der Wind nahm zu, es gab kräftige Böen und schwere See. Der Startschuß schickte die Boote um 12.27 Uhr auf die Bahn, und als die beiden Yachten sich auf der Startlinie mit dichtgeholten Schoten den Wind wegnehmen wollten, sah man, daß VIGILANT sich die Luvstellung gesichert hatte. In diesem Augenblick legte der Kapitän Cranfield ganz plötzlich das Ruder über und brachte die VALKYRIE durch kräftiges Anluven in die Luvstellung. Das war gute Regattataktik und brachte den Herausforderer hinter der Boje in günstige Position.

Auf der Kreuzstrecke bestimmte die VALKYRIE das Geschehen nach ihrem Gutdünken. Sie lag höher am Wind und lief die gleiche, wenn nicht sogar mehr Fahrt als die Verteidigerin. Beide Yachten führten die kleinen Toppsegel über dem einmal gerefften Großsegel, und beide trugen genau das, was sie tragen konnten. Auf dem ganzen Weg zur Luvtonne liefen sie in Gischtwolken gehüllt, die Besatzungen auf der Luvseite aufgereiht, und die Boote legten sich in den Böen weit über. Jeder Mann an Bord war bis auf die Haut naß, aber das kümmerte keinen; es war herrliches Segelwetter, und das Rennen war ungeheuer spannend.

Alle an Bord der VALKYRIE waren guter Stimmung. Die Boje war nahe, und der Abstand wurde immer größer. Es schien, als habe sich das Glück den Engländern zugewandt. Sie waren sicher, sie würden ihre Stellung auf den 15 Meilen des Kurses zurück halten können, und das hätte ihnen bequem zum Sieg gereicht.

Die VALKYRIE ging mit 600 Yards Vorsprung um die Boje. Das schien der sichere Sieg zu sein, denn auf raumen Kursen war das Boot schneller und konnte sich noch einen Zeitverlust erlauben, falls die VIGILANT anfangen sollte, sie abzudecken.

Die Zeiten an der Boje: VALKYRIE 2.06.40
                        VIGILANT 2.08.35.

Der Rücklauf zur Startlinie war voller Aufregungen. Was sich abspielte, ist gewissermaßen zum klassischen Ereignis des Yachtsegelns geworden, über das viele Hundert Male berichtet worden ist.

Es begann mit dem Spinnaker der VALKYRIE. Er wurde nach englischer Art gesetzt, das heißt nicht aufgetucht. Er verfing sich an den Decksklampen und kam mit einem kleinen Riß nach oben. Bei dem böigen Wind vergrößerte sich der Riß schnell, und nach wenigen Minuten zerriß der ganze Spinnaker. Die Reste wurden geborgen und ein neuer gesetzt. Das war ein Leichtwetter-Spinnaker. Es dauerte nicht lange, und auch er ging in Fetzen. Der Wind war zu stark, der Spinnaker platzte einfach. Nun blieb nur noch der „Bugspriet-Spinnaker", der Ballon, übrig, und der wurde als letzte Aushilfe gesetzt. Er war beträchtlich kleiner als ein normaler Spinnaker, doch er hielt am Ende und half dem Boot sicherlich zu laufen. Man versuchte nicht, das Reff auszuschütten oder ein größeres Toppsegel zu setzen.

Auf der VIGILANT wurde ganz schnell etwas veranlaßt. Als sie hinter der VALKYRIE um die Boje ging und man den englischen Kutter mit dem günstigen Wind wie einen D-Zug abbrausen sah, war man sich darüber klar, daß hier nur noch eine Verzweiflungstat etwas retten könnte. Der Spinnaker wurde eingebunden vorgeheißt, aufgerissen und für den richtigen Kurs geschotet. Da das Klüverfall unklar war, wurde ein Mann zum Klarieren nach oben geschickt. Gleichzeitig wurde ein weiterer Mann zum Masttopp hinaufgeschickt, um das große Toppsegel festzumachen und das Fall nach unten an Deck zu geben. Ein dritter Mann wurde nach oben geschickt, um die Toppsegelschot zu scheren und auch diese an Deck zu geben.

Während das alles vor sich ging, hangelte sich ein durch eine Sicherheitsleine gesicherter und mit einem Messer bewaffneter Seemann am Baum entlang und zerschnitt die Reffbändsel. Seine Sicherheitsleine war über den Masttopp geschoren, damit man ihn wieder an Deck holen konnte, falls er auf dem runden Baum ausrutschte.

Als all das fertig war, schlug der Rest der Besatzung die Fallen am Toppsegel an, und das Segel war ganz frei. Das große Toppsegel stand oberhalb des Großsegels, als dieses ausgerefft wurde, so daß es im gegebenen Moment klar war. Kaum war das Großsegel oben, wurde ein kleines Toppsegel aufgeheißt, überall wurde auf ein Zeichen hin geholt, und das große Toppsegel kam an Deck herunter.

Solch ein Manöver hatte man beim Yachtsegeln noch nie gesehen. Die VIGILANT lief unter allem Tuch, das sie tragen konnte, und war schnell neben dem Herausforderer. Sie riskierte ihren Mast mit sämtlichen Segeln, doch das Rigg hielt, und sie konnte alles bis zum Schluß tragen. Hand über Hand kam sie an die VALKYRIE heran, überholte sie und ging in Führung. Sie blieb vorn und ging unter dem Press des letzten Quadratmeters ihrer Segel zwei Minuten und 13 Sekunden vor der VALKYRIE über die Linie. Nach Abzug der Vorgabe siegte sie mit 40 Sekunden.

An Deck der Valkyrie

Eine klassische Episode.
Aus den Zeiten an den Bojen läßt sich die Durchschnittsgeschwindigkeit auf beiden Strecken für diese großen Kutter hinreichend genau ermitteln. Für die 15 Seemeilen Kreuzstrecke brauchte die schnellere Valkyrie zwei Stunden und sechs Minuten. Durchschnittsgeschwindigkeit 7,12 Knoten ohne Berücksichtigung des durch die Kreuzschläge verlängerten Weges. Das bedeutet, daß die Valkyrie am Wind sicherlich 10 bis 11 Knoten gelaufen haben muß. Raum machte die Vigilant die 15 Seemeilen in 1 Stunde 18 Minuten und 21 Sekunden. Durchschnittsgeschwindigkeit 11,5 Knoten.

Das Deck eines großen Kutters unter den geschilderten Bedingungen, ohne Handlauf, ohne nennenswerte Verschanzung und ohne Aufbauten, bot mit seiner Schräglage etwa den Komfort eines Hausdaches. Dazu noch das Wasser, das alles überflutete. Die Ruderpinne war vier bis fünf Meter lang, und der Rudergänger konnte von seinem Platz aus nicht nach Luv sehen. Man kann die Kollision zwischen der Valkyrie und der Satanita schon verstehen.

Die Form der großen Yacht ist praktisch die der kleinen Rennyacht. Wir haben die 40 Meter langen Flossenkieler gesehen; eine 23-m-Yacht ist in ihren Linien so scharf wie ein 6-m-R-Boot und hat das gleiche Rigg. Einziger Unterschied sind die Abmessungen.

Die Zeitgenossen preisen die Einfachheit unter Deck im Vergleich zu den um 30 Jahre älteren Yachten. In der Tat, es ist so.

Die von Dixon-Kemp gebrachte Zeichnung zeigt die Einrichtung einer 23-m-R-Yacht nach der alten Formel, ein Entwurf von William Fife. Abmessungen:

Länge über alles	33,60 m
Breite	6,40 m

Die Vorpiek ist sehr groß und reicht bis zum Mast. Darin 17 Kojen und das WC für die Besatzung. Dahinter die Kammer des Skippers, Kombüse und Pantry, abgeschlossen durch ein von Bordwand zu Bordwand reichendes Schott, welches das Vorschiff von dem „Residenz-Teil der Yacht" (so Dixon-Kemp) trennt.

Hinter dem Schott Nr. 2 kann der Eigner nach Belieben das hinsetzen, was ihm paßt. Er hat zehn bis elf Meter, in denen er sich austoben kann, mit guter Höhe und Fußbodenbreite, um die Kajüte im Einklang mit seinen Ideen

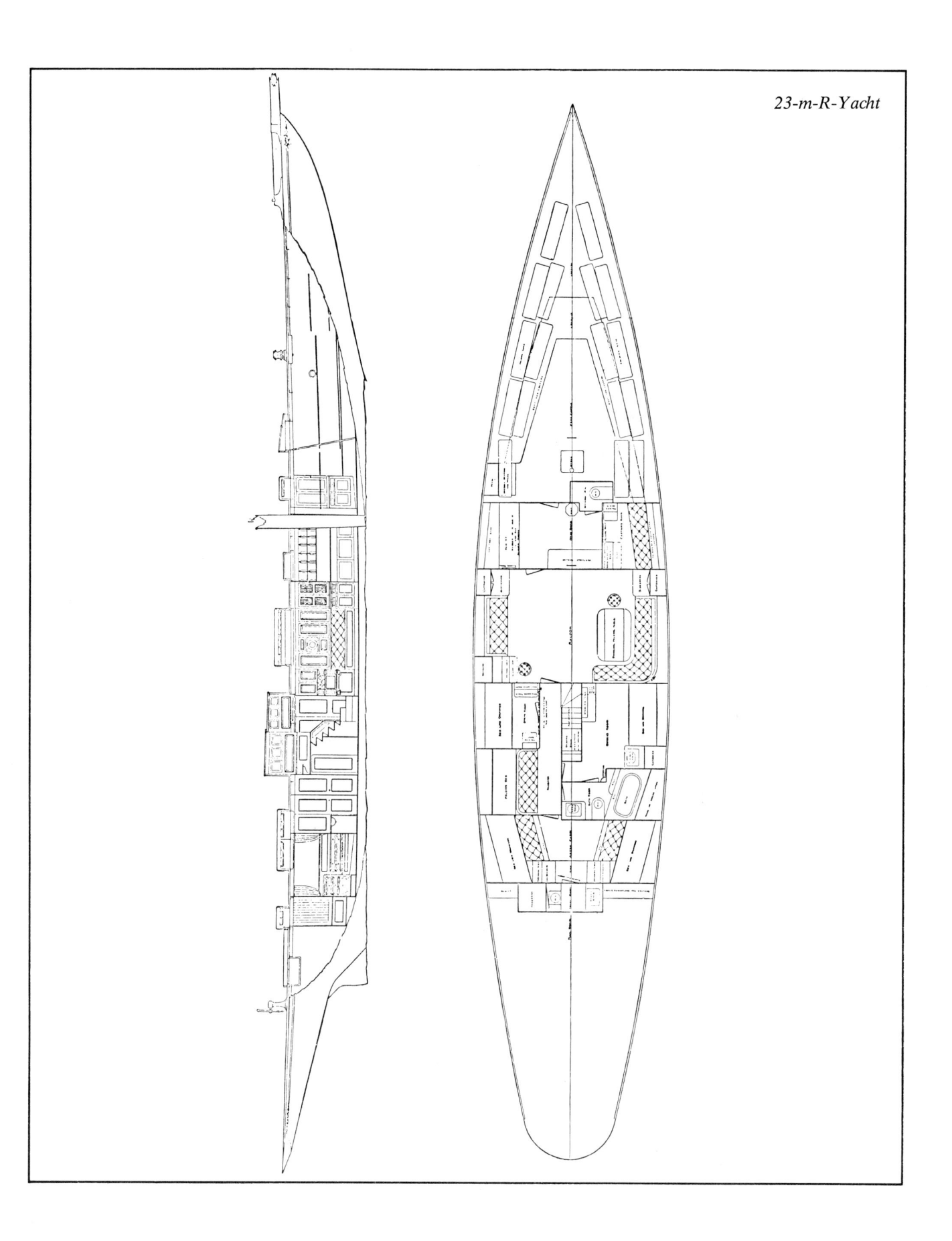

23-m-R-Yacht

zu gestalten. Der eine Eigner mag gerne mit vielen Gästen segeln; in diesem Falle ist es leicht für ihn, die Zahl der Kammern zu erhöhen. Ein anderer möchte nur ein oder zwei Freunde an Bord haben und hat lieber weniger Kammern und mehr Raum.
Die Einrichtung des Entwurfs von William Fife ist die beliebteste. Hier finden wir hinter dem Schott Nr. 2 einen großen Salon mit einem Oberlicht. Wenn wir von dort an Deck nach achtern weitergehen, kommen wir zum Deckshaus mit dem Niedergang – das ist eine enorme Bequemlichkeit auf den modernen Rennyachten. Es wurde nach der Zeit der BRITANNIA, AILSA und SATANITA eingeführt, die es noch nicht hatten. Das Deckshaus ist groß und luftig. Es bildet einen Rauchsalon an Deck und ist auf der Regatta bei schlechtem Wetter ein angenehmes, trockenes Refugium für den Eigner und seine Freunde, und auf einer 23-m-R-Yacht sind die Damen und die „nicht nautischen Personen" in dieser kleinen Kabine durchaus gut aufgehoben, wenn der Baum über ihren Köpfen übergeht und Blöcke, Tauwerk und Taljen in dem Handgemenge eines Wendemanövers losgelassen sind. Es ist unsere Meinung, daß von seiten der Konstrukteure bis heute nicht genügend Aufmerksamkeit auf die Bequemlichkeit dieses Deckshauses verwandt wurde, und wenn auch zuzugeben ist, daß seit dem Aufkommen der großen Kutter von 1893 große Fortschritte gemacht worden sind, so haben die tüchtigen Konstrukteure sich doch recht wenig Mühe gegeben, die Einrichtung des Deckshauses zu verbessern, ohne dabei sein Gewicht und seine Abmessungen größer werden zu lassen.

Die großen Aufbauten von heute liegen in der Luft! Ein Zeitalter schickt sich zum Sterben an!
Jede Kammer hat ihr Oberlicht, die Kammern sind in „heller Eiche". Die Bäder sind besonders gut ausgeführt:

Badewannen und Waschbecken sind aus versilbertem Messing, das tatsächlich ebenso leicht sein kann wie Aluminium, nur ist es haltbarer. So ist ein 23-m-Rennkutter unter Deck bequem, und die Kammern sind derart gut eingerichtet und durch Schotten voneinander getrennt, daß man, abgesehen von der großen Zahl von Segeln, sagen kann, es handele sich hier um ein besonders praktisches Fahrtenboot.

Eine richtige Kreuzeryacht ist der Schoner CICELY von 263 Tonnen, auch er vom Reißbrett von William Fife. Jahrgang 1902, Linear Rating 95,67 Fuß.

Cicely

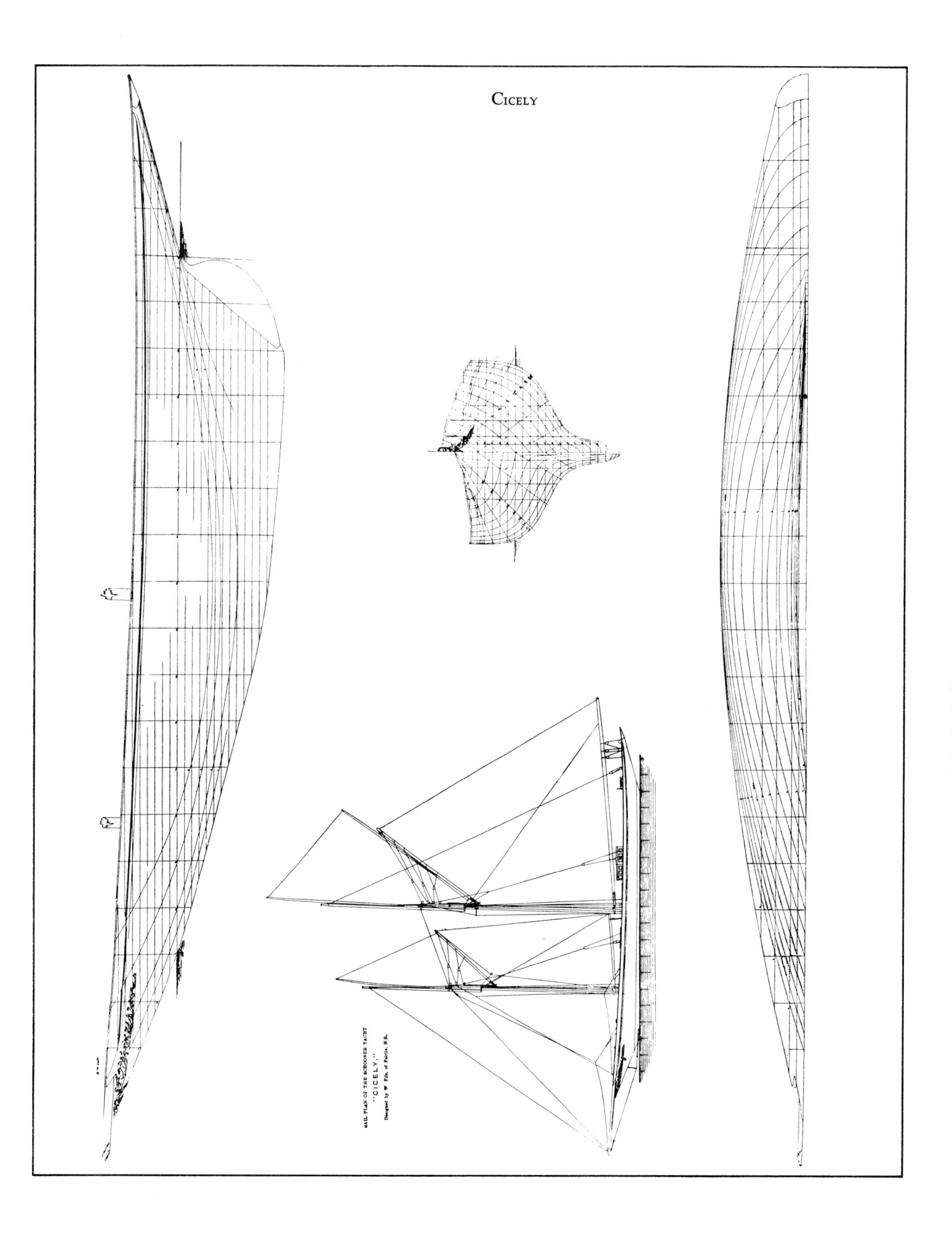

CICELY

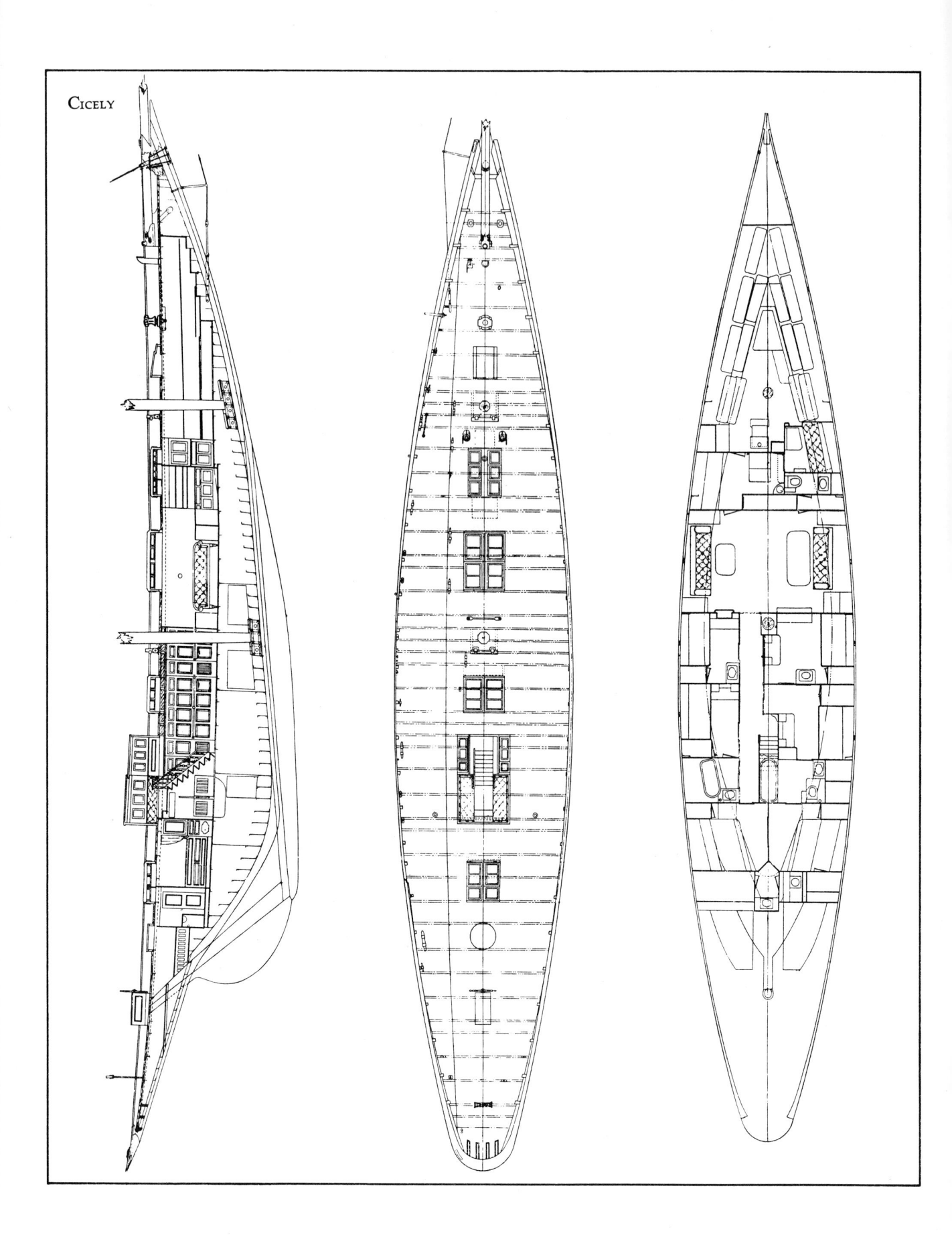

Länge über alles	41,00 m
Länge Wasserlinie	28,10 m
Breite	7,17 m
Ein paar Vermessungsmaße:	
Grundlinie des Großsegels	23,50 m
Länge des Spinnakerbaums	17,50 m
Segelfläche	910 m²

Die CICELY stammt aus demselben Jahr wie das sechste Halbmodell auf unserer Abb. auf S. 116. Sie wurde nicht ausschließlich für Regatten entworfen, doch bemerken wir die Kennzeichen der erfolgreichen Yachten dieses Jahres an ihr – eine Regel, die zu jeder Zeit Gültigkeit hat. Lange Überhänge, stark geneigter Kiel. Dank dieser starken Neigung konnte das Gurtmaß verkleinert werden, das am Hauptspant gemessen wurde; dort also war geringer Tiefgang vorteilhaft. Die dabei eingebüßte Lateralfläche wurde nahe dem Ruder wieder ausgeglichen. Selbst für das Auge desjenigen, der den Grund für die Gestaltung zahlreicher ihrer Eigenheiten kennt, bleibt die CICELY ein makelloses und wunderschönes Schiff. Sie ist ganz „Yacht", auch im Sinne von Aufwand und Üppigkeit, der sich mit diesem Wort verbindet. Sehr groß, zwei Masten, ein wahres „Lustschiff", wie die Dänen sagen würden. Üppig, aber diskret; an Deck ist lediglich der kleine Aufbau für den Niedergang mit zwei Sofas, dann geht es über eine kleine Wendeltreppe (gedrechselte Geländerstützen) nach unten. Das Leben spielt sich in den Räumen unter Deck ab. Ein langer Gang (Handläufe, quadratische Wandtäfelung) zwischen den Kammern, Wannenbäder, dann, in der Mitte, der Salon. Man beachte den Stil des Divans. Danach das übliche Trennschott für die „privacy" der Gentlemen. Kapitänskammer, Pantry, Toilette und 14 Klappkojen.

Es ist ein Kompositbau: Spanten, Mastspuren, Decksbalken aus Stahl, das übrige Holz.

Die Linien und Spantschnitte sind sehr klar. Der Name Fife ist vor allem berühmt wegen der großen Eleganz seiner Yachten. Die Yachten von Watson oder Nicholson sind stark, die von Fife aristokratisch.

Höchst elegant auch das Rigg mit den sehr nahe beieinanderstehenden Masten, dem Stampfstock und der Verstagung des Bugspriets, der Wurf der Galionsfigur – verhalten, aber festlich.

Eine Yacht von großer Klasse.

XIV Traditionelle Yachten

DYARCHY

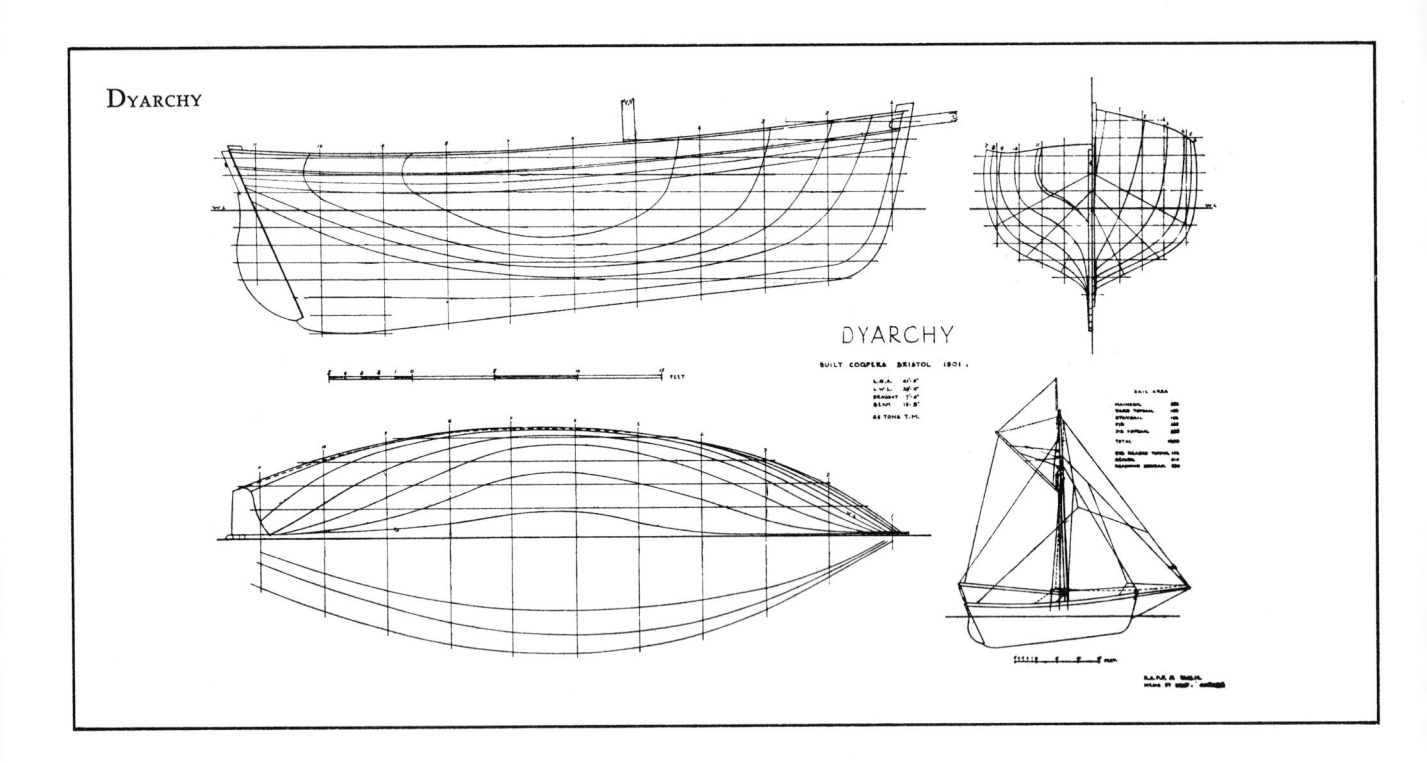

Jedes Boot ist gut zum Fahrtensegeln.
Eine Behauptung, die den passionierten Fahrtensegler in die Luft gehen läßt vor Empörung über die Ignoranz dessen, der so etwas sagt. Er weiß aus langer Erfahrung, daß es ein „bestes" Fahrtenschiff gibt, ein einziges, nämlich das, welches er seit Jahren im Kopfe hat. Es ist genau das Boot, das er gerade hat, nur einen Meter länger.

Allein beim Regattaboot wird der Wahrheitsbeweis angetreten. Beim Fahrtenboot drückt sich die Bewährung in der Zufriedenheit des Eigners aus. Und welcher Eigner wäre wohl mit seinem Schiff nicht zufrieden?

Es ist nicht der Sinn dieses Buches, das beste Boot zu empfehlen. Wir wollen vielmehr die Entwicklung der Yacht verfolgen an Hand der am meisten repräsentativen Typen von anerkanntem Wert. Das ist der Grund, warum ich bisher ausschließlich englische und amerikanische Yachten vorgeführt habe. Für die bis jetzt behandelten Zeiträume haben die übrigen Länder keinen Yachttyp beigesteuert, der es gerechtfertigt hätte, an ihrer Stelle ausgewählt zu werden. In diesem Jahrhundert tritt der Segelsport auch in anderen Ländern in Erscheinung, doch sind es stets die in England und Amerika gebauten Yachten, die den Weg weisen. Ich habe es mir außerdem zur Aufgabe gemacht, neben der am meisten repräsentativen Yacht auch die mit den am schönsten geratenen Linien, die ich finden konnte, zu zeigen, denn, wenn durch eingehende Betrachtung des Vergangenen der Sinn für die Formen geschärft werden soll, dann sollten dies auch die besten Verkörperungen der Ideen der jeweiligen Zeit sein. Wenn also ein Leser in dieser Abhandlung Lücken findet, dann kann es sein, daß ich etwas vergessen oder nicht gewußt habe, aber auch, daß ich absichtlich etwas ausgelassen habe.

Bei der Auswahl der Fahrtenboote, die etwas geleistet haben, was ihren Namen in die Geschichte eingehen ließ, muß man schon recht weitgreifen. Da mögen verwickelte psychologische Gründe mitspielen. Ich habe allerdings nicht die Absicht, mich hierein zu vertiefen; aber gerade die großen Vagabunden der Meere, die die großen Reisen, die Weltumsegelungen allein oder mit geringer Unterstützung gemacht haben, die haben sich für ihre Unternehmungen meistens die sonderbarsten Untersätze ausgesucht. Und immer haben sie gewußt, warum, und sie haben ihre Wahl mit soliden Gründen untermauert.
Eric Hiscock, der auf seinen verschiedenen Booten namens WANDERER mehrmals um die Erde gesegelt ist, eine Autorität auf diesem Gebiet, sagt einleitend in seinem „Segeln über sieben Meere":

Große Reisen und erfolgreiche Ozeanüberquerungen wurden von kleinen Segelbooten aller Formen und

CARIAD

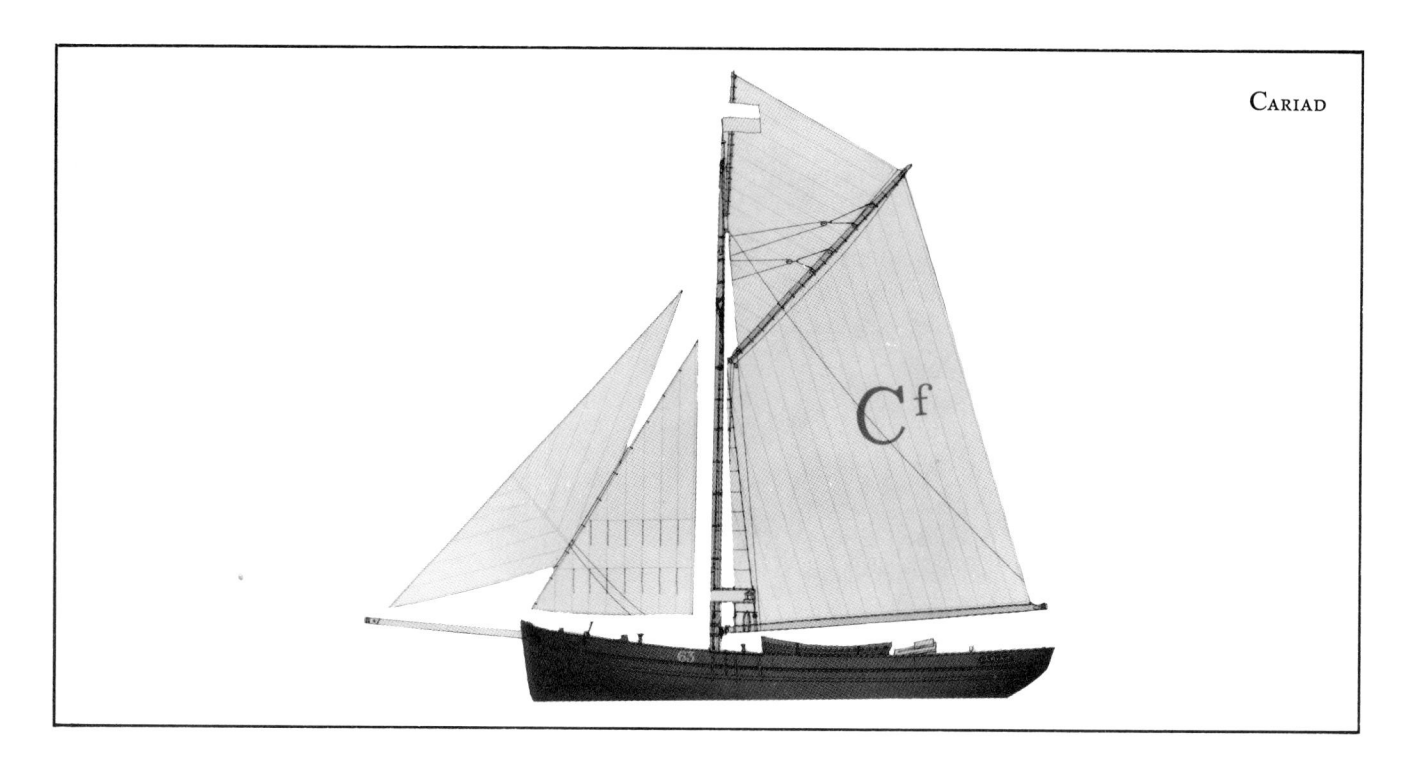

Typen gemacht. Drei der berühmtesten und gegensätzlichsten waren die SPRAY von Slocum, ein ungeheuer breites Boot von der Form einer Untertasse, die TILIKUM von Voss, ein schmales, aus einem Baumstamm ausgehöhltes Kanu als Dreimastschoner getakelt, und die KON-TIKI von Heyerdahl, ein Floß aus Balsastämmen mit einem einzigen Rahsegel.

Die SPRAY ist in dieses Buch aufgenommen worden, bei den beiden anderen muß man den Hut ziehen vor denen, die sie segelten. Es hat aber keinen Sinn, Zeit mit der Untersuchung ihrer Formen zu verlieren.
Die Boote, die große Einhandreisen gemacht haben, sind in den meisten Fällen nicht für jemanden zu empfehlen, der Reisen von 50 Meilen machen will; sie sind in der Handhabung zu gefährlich und schwierig, es sei denn, man hätte eine starke Besatzung.

Viele hervorragende Boote der berühmt gewordenen Reisen wurden aus Berufsfahrzeugen ausgewählt, von Typen, die sich als seetüchtige Fahrzeuge einen Namen gemacht hatten. Die normalen Fahrtenboote waren auch sehr oft umgebaute Berufsfahrzeuge, oder sie waren nach den Linien eines der herkömmlichen Typen gebaut. Oder aber, und das ist die andere Möglichkeit, man sieht ihnen die Verwandtschaft mit der gerade modernen Rennyacht an, mit allen Auswüchsen, die die Suche nach der besten Ausnutzung der geltenden Formel nahelegte. Hiervon war schon die Rede, aber es gilt für jede Zeit.
Erst das Auftreten des Motorseglers wird die große Umwälzung für die Fahrtenyacht bringen, wird sie mit allein ihren eigenen Merkmalen auf eine andere Ebene heben.

Die Berufsfahrzeuge von der englischen Küste, die ausgewählt wurden, um zu Yachten umgebaut zu werden, gehörten den verschiedensten Typen an; es wäre interessant, sie Revue passieren zu lassen. Es gibt viele sorgfältige und tiefschürfende Veröffentlichungen darüber.
Ich möchte mich auf den wichtigsten Vertreter beschränken, den Lotsen-Kutter von Bristol, der wegen seiner Schnelligkeit und Seefähigkeit am meisten gepriesen wurde.
Auch zu der Zeit, als die Kutter-Yacht schon ihre Form gefunden hatte und diese Form sich erheblich von denen des Revenue-Kutters oder der Fischerboote unterschied, war die Meinung weit verbreitet, daß, ebenso wie der „plank on edge" die beste Rennyacht, der „pilot cutter" die beste Fahrtenyacht wäre.
Und das ist durchaus gerechtfertigt; die Lotsenboote waren sehr schöne Schiffe, und die Bristol-Kutter waren am meisten geschätzt.
K. Chatterton spinnt 1912 in seinem „Fore and Aft", die bedeutendste Untersuchung über Schiffe mit Gaffel-

takelung in aller Welt, ein Garn höchsten Lobes, wenn er auf den „pilot cutter" kommt.

Und nun kommen wir zum Bristol-Kanal, der Heimat einiger der schönsten „fore-and-after" der Welt in Gestalt der Lotsenkutter. Drei Dinge machen es, daß diese Schiffe wohl ohnegleichen sind unter den Seglern, gleich welchen Landes und Hafens. Diese drei Qualitäten lassen sich zusammenfassen in den Merkmalen Geschwindigkeit, Seefähigkeit und Manövrierfähigkeit, und das sind die Gründe, warum dieser Kuttertyp für den modernen Yachtsegler eines der solidesten Modelle darstellt, will man ihm helfen, wenn er auf der Suche nach einem nicht zu großen Boot ist. Ich habe diese prächtigen Boote in vollgestopften Häfen mit der Leichtigkeit eines Raters manövrieren sehen. Und außerdem sind sie so gebaut, daß sie mit jedem schlechten Wetter fertig werden können.

Die Arbeit der Lotsenboote bestand darin, mit zwei oder drei Mann an Bord auf die offene See zu gehen. Kam man in die Nähe des Schiffes, das einen Lotsen brauchte, wurde das Beiboot zu Wasser gelassen (auf den alten Lotsenbooten war die über einen halben Meter hohe Verschanzung im Bereich des Beibootes abnehmbar), und der Lotse ging an Bord. Wenn das Schiff Fahrt aufnahm, fing der Kutter das Beiboot ein und nahm es wieder an Deck. Der letzte Lotse, der auf ein Schiff stieg, überließ den Kutter und das Beiboot einem einzigen Mann, der sie dann in den Hafen zu bringen hatte.

Diese Arbeit und diese Boote wurden von denen, die sie mit eigenen Augen gesehen haben, sehr bewundert, und was darüber schriftlich überliefert ist, gibt ein Bild von ihren Qualitäten.

Auf den Lotsenkuttern hatte ständige Erfahrung alles auf Arbeitsersparnis ausgelegt. Der Rumpf war bis zum Ende des Jahrhunderts vom alten Typ mit langem, geradem Kiel, häufig mit dem Ruder außen, wie auf der DYARCHY, die zwar von 1901 stammt, aber noch von der alten Art ist. Sie sieht sehr stark und schwer aus, ohne S-Schlag zwischen Kiel und Bordwand und ohne Überhänge, doch hatte sie sehr feine Linien. Die See-Eigenschaften eines solchen Rumpfes stehen außer Frage.

Häufiger war das Achterschiff mit mäßigem Überhang und mit leicht gebogenem Vorsteven, wie bei der CARIAD von 1904.

Geschwindigkeit oder Kursstabilität waren nicht die auffallendsten Merkmale. Auf den Zeichnungen ist zu erkennen, daß es an den Großsegeln der Kutter keine Reffbändsel gab. Ihnen verdanken wir die Erfindung der Reffwinde, mit der ein einziger Mann das Segel reffen konnte. Das gesamte Rigg war sehr vereinfacht. Es gab keine Backstagen, der Baum ragte über das Heck nicht hinaus, und sehr häufig besaß der Bugspriet weder Seiten- noch Wasserstagen.

Die Länge liegt zwischen 10 und 17 m, die Breite zwischen 3,40 und 4,25 m, der Tiefgang zwischen 2,10 und 2,45 m. Sie hatten fast ausschließlich Innenballast aus Eisenschrott. Man war bestrebt, den Gewichtsschwerpunkt nicht zu tief zu legen, damit das Fahrzeug nicht „hart" wurde und sich leicht aufschlingerte. Wenn der Kutter in See bei einem Schiff längsseits ging, konnte das Schlingern schwere Schäden an Rigg und Rumpf verursachen.

Die Weichheit der Bewegungen der Kutter ist legendär geworden. Chatterton bringt die Story, nach der ein Lotse ihm erzählte, daß, als er in der Höhe von Lundy in einem mittleren Sturm beigedreht lag, eine Streichholzschachtel auf dem polierten Tisch sich überhaupt nicht rührte.

Ein großer Ruf, und ein berechtigter, denn der „pilot cutter" ist ein schönes und seetüchtiges Schiff, dessen Anblick seinen Zauber und die Lobreden verständlich macht.

Die Lotsenkutter wurden nicht nach Zeichnung entworfen, sondern nach dem alten Verfahren mit Halbmodellen. Der erste nach Zeichnung gebaute Lotsenkutter soll die FAITH von H. Clayton, einem bekannten Yachtkonstrukteur, gewesen sein. Unsere Zeichnung zeigt ein sehr schönes Schiff, aber nicht ganz rein im Typ. Man bemerkt etliche „Yachtmerkmale"; das Vorschiff ist etwas länger, und der Vorfuß ist etwas beschnitten. Das Rigg ist das der Lotsenboote. Die Vermessungsformeln machten sich auch bei den Berufsfahrzeugen bemerkbar.

Die FAITH war ein Luxus-Lotsenboot. Es wird meist behauptet, die alten Lotsenkutter hätten wegen ihres minderwertigen Materials eine Lebensdauer von nicht mehr als zehn Jahren gehabt. Tatsächlich aber war es ein reiches Gewerbe, und mit der Zeit wurden die Boote immer raffinierter. Die FAITH hatte Außenballast und eine wohldurchdachte Inneneinrichtung, sogar mit Eignerkammer.

Die mit der FAITH aufgekommene Form des Lotsenbootes wird zur Form der englischen Fahrtenyacht dieses Jahrhunderts und noch für die Zeit zwischen den beiden Weltkriegen. Auch am Rigg gibt es wenig Änderungen.

FAITH

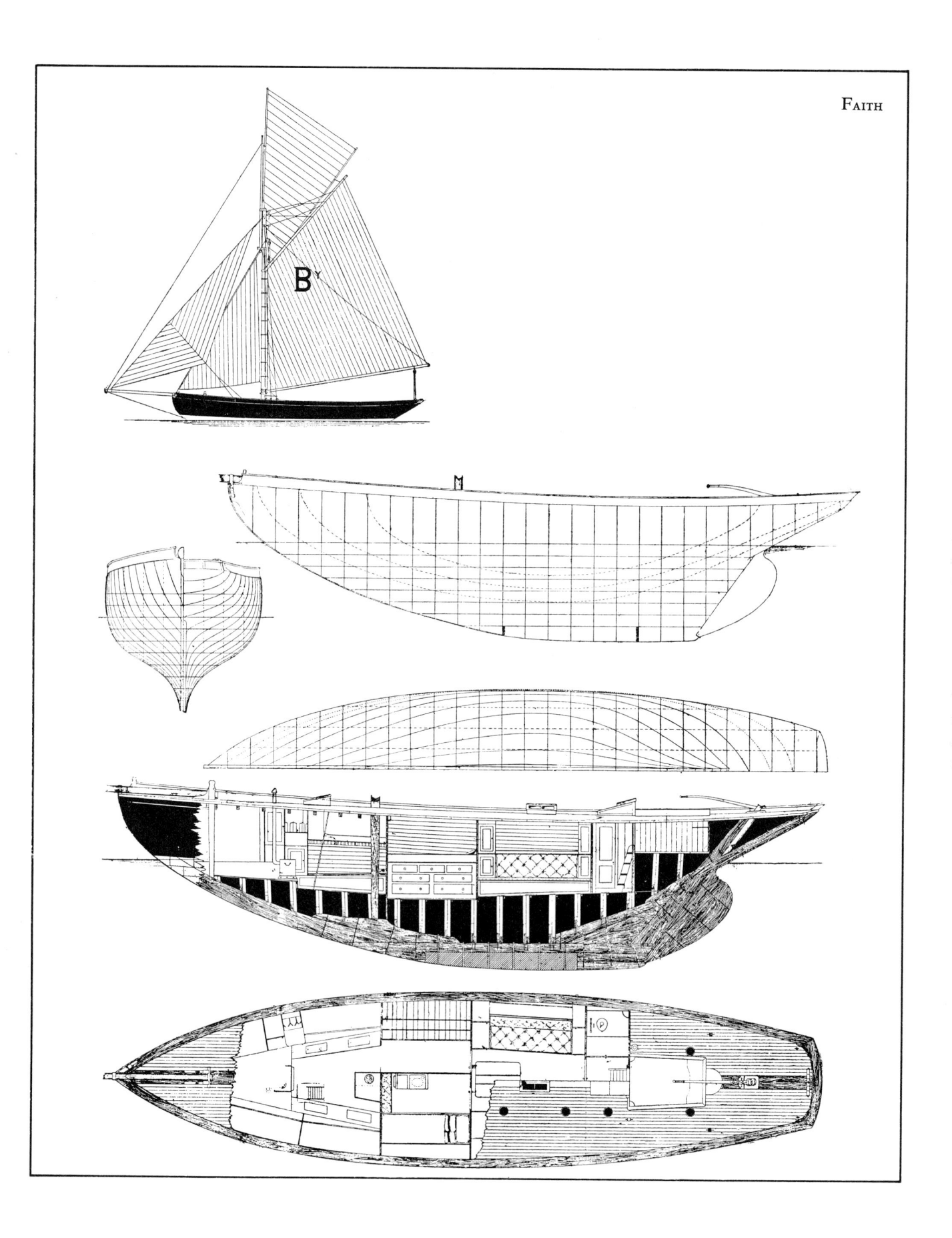

Die Hochtakelung setzte sich auf den Fahrtenbooten nur zögernd durch.

Typisch für diese Familie ist die 42-t-Lexia von 1930, ein Entwurf von Frederik Shepard[33].

Länge über alles	18,30 m
Länge Wasserlinie	15,25 m
Breite	4,12 m
Tiefgang	2,74 m
Segelfläche	185 m²

Sie ist getakelt wie die Faith 30 Jahre früher und ähnelt ihr in fast allem. Sie ist etwas schmaler, doch ihre Abmessungen spiegeln den englischen Begriff von einer seegehenden Yacht wider.

Die Lexia fuhr viel zur See, ihr Eigner lebte lieber an Bord als in seinem Hause. Auf ihrer Reise 1932 berührte sie Madeira, Las Palmas, die Jungferninseln, Nassau, Miami, Boston. Die Bermuda-Regatta wurde gestartet, und Lexia beteiligte sich, um als neuntes von 28 Booten auf den Bermudas anzukommen. Einige Tage später lief sie nach England aus und machte an ihrer Boje fest, von der sie sechs Monate zuvor losgeworfen hatte. Sie war nicht für Regatten gebaut, hatte aber viel Erfolg. Einen Monat nach ihrem Stapellauf segelte sie das Fastnet-Rennen mit und belegte den zweiten Platz als erstes englisches Boot. Gewonnen hatte die amerikanische Dorade.

Anders als ihre Vorgänger hatte Lexia den gesamten Ballast außen. Selbst auf modernen Fahrtenyachten ist es nicht ungewöhnlich, 2 bis 3 % des Gesamtgewichts als beweglichen Innenballast anzuordnen, man kann sich damit Probleme beim Trimmen und Stauen ersparen.

---

[33] Ein Shepard-Entwurf, der diesen Yachttyp sehr berühmt machen sollte und der vielleicht der FAITH eher ähnlich ist als der LEXIA, ist die LIVELY LADY, auf der Alec Rose 1968 seine Einhand-Weltumsegelung machte.

[34] Ich hoffe, Chapelle wußte nicht, daß der Spitzname „Dago", den italienische Einwanderer bekamen, sich wahrscheinlich von „dagger", Dolch, ableitet.

[35] Das rundspantige Fahrzeug wird in Amerika wie in England „boat" genannt, das mit plattem Boden meistens „bateau", französisch, oder seltener „gundalow" oder „gondolo", offenbar venezianischer Herkunft. Es dürfte nicht uninteressant sein, daß auch in der Adria das kleine Rundspantboot „barca" genannt wird, wogegen ein flachbodiges „battello" heißt.

Die Lexia ist traditionell in jeder Hinsicht. Kurzes Vorschiff und langer Überhang achtern, große Seitenhöhe, Bugspriet, geringe Segelfläche und niedriger Mast; dem ganzen Aussehen nach ein richtiges Seeschiff. Das Deck ist fast glatt: viele, aber sehr kleine Oberlichter, rechteckig wie das Deckshaus mit seinen zwei Sofas und den großen Fenstern, wie wir sie auf den großen Kuttern 30 Jahre vorher bewundert haben.

Von den traditionellen englischen Kuttern, die in diesem Buch abgebildet sind, ist die Lexia der modernste, der letzte. Und es ist der erste Entwurf, in dem wir eine neue Einzelheit entdecken. Auf dem Einrichtungsplan ist ein Hilfsmotor eingezeichnet.

Wieder geht ein Zeitalter seinem Ende entgegen.

In Amerika gab es eine Fülle von Berufsfahrzeugen, die geeignet waren, Fahrtenyacht zu werden. Wir haben die extremen Yachten vom Typ „skimming dish" gesehen, die sich von den Arbeitsslupen kaum unterscheiden, Fischerfahrzeuge wie das Cat-Boot, mit aufholbarem Schwert und riesigen Segeln, das die Engländer in Cowes mit seiner Beweglichkeit verblüfft hatte. Die Bücher von Chapelle über amerikanische Boote sind eine Überraschung und ständiger Genuß für denjenigen, der Geschmack an diesen Dingen hat und in ihnen herumstöbert. Großartige Schiffe wie der Walfänger von Tancock, schmal und sehr lang, als Schoner getakelt, die Fluß-Slupen vom Hudson, der Spray ähnlich, die Bermuda-Slupen, schwer, breit und mächtig besegelt, die Scharpies mit glattem Boden und die Kanus von Chesapeake, die aus einem Baumstamm ausgehöhlt sind. In Kalifornien bauen die italienischen Fischer einen Gozzo mit Lateinersegel, Spitzgatter, wie sie an den Küsten Norditaliens üblich waren, der sich als „Frisco felucca" oder auch als „Dago boat" vorstellt[34]. Es gibt Aufnahmen aus dem Jahre 1889 von den italienischen Fischern auf ihren Booten am Strande von Monterey; sehr stolz, mit schwarzem Hut und Backenbart. Eines der Boote heißt Italia, es führt am Heck die amerikanische Flagge, und an der Lateiner-Rah flattert eine riesige italienische Flagge im Wind mit der Aufschrift Roma Capitale ... Der Rest ist unleserlich, heißt aber sicher D'Italia. Eine sehr rührselige Angelegenheit.

In den amerikanischen Yachtzeitschriften, besonders in „Rudder", findet man viele von den örtlichen Typen abgeleiteten Fahrtenboote; beliebt ist der Knickspantrumpf, der bei den Berufsfahrzeugen sehr häufig vorkommt[35]. Amerika ist reich an Booten, die an Ort und

America

SAPPHO

Lexia

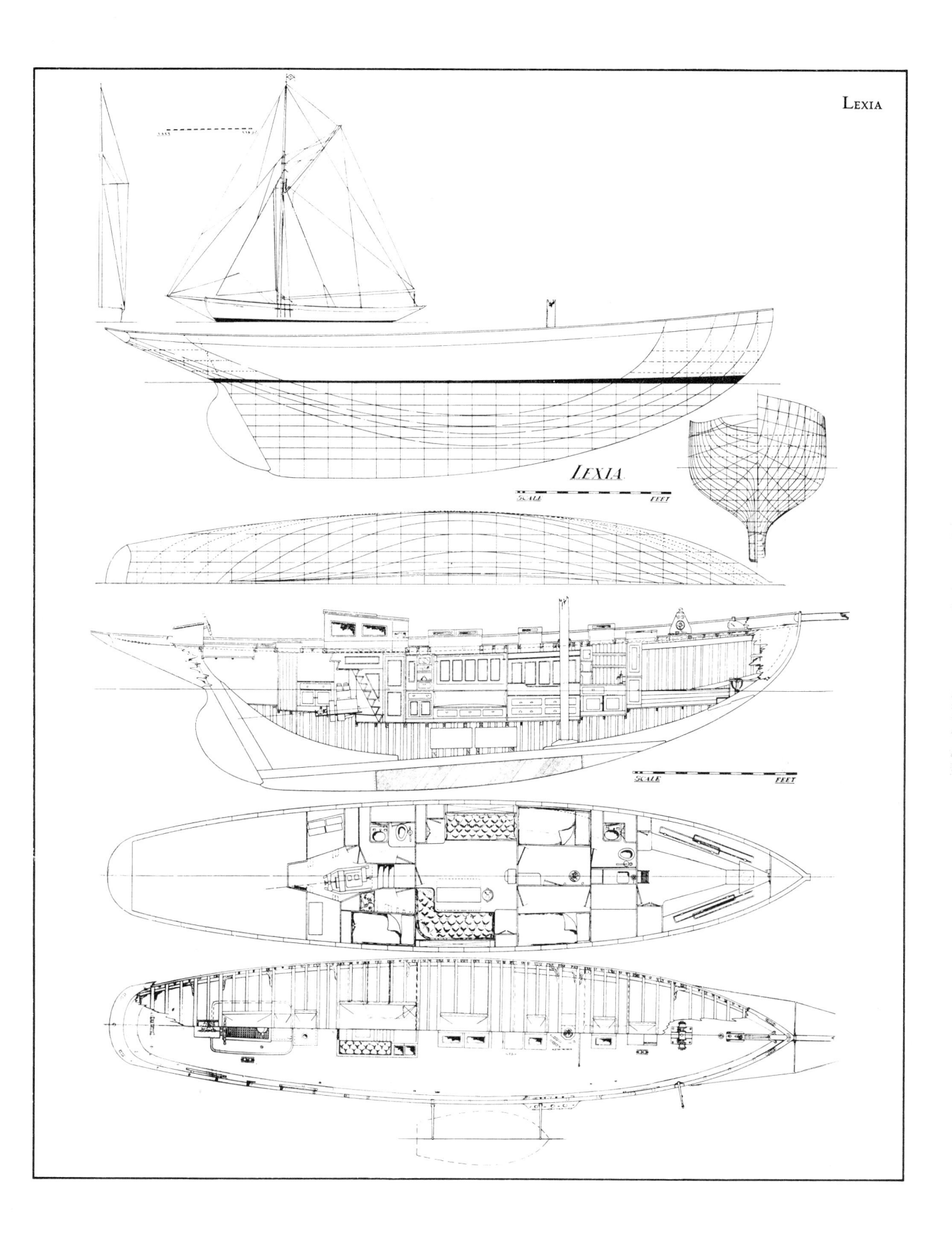

Lexia

INGOMAR

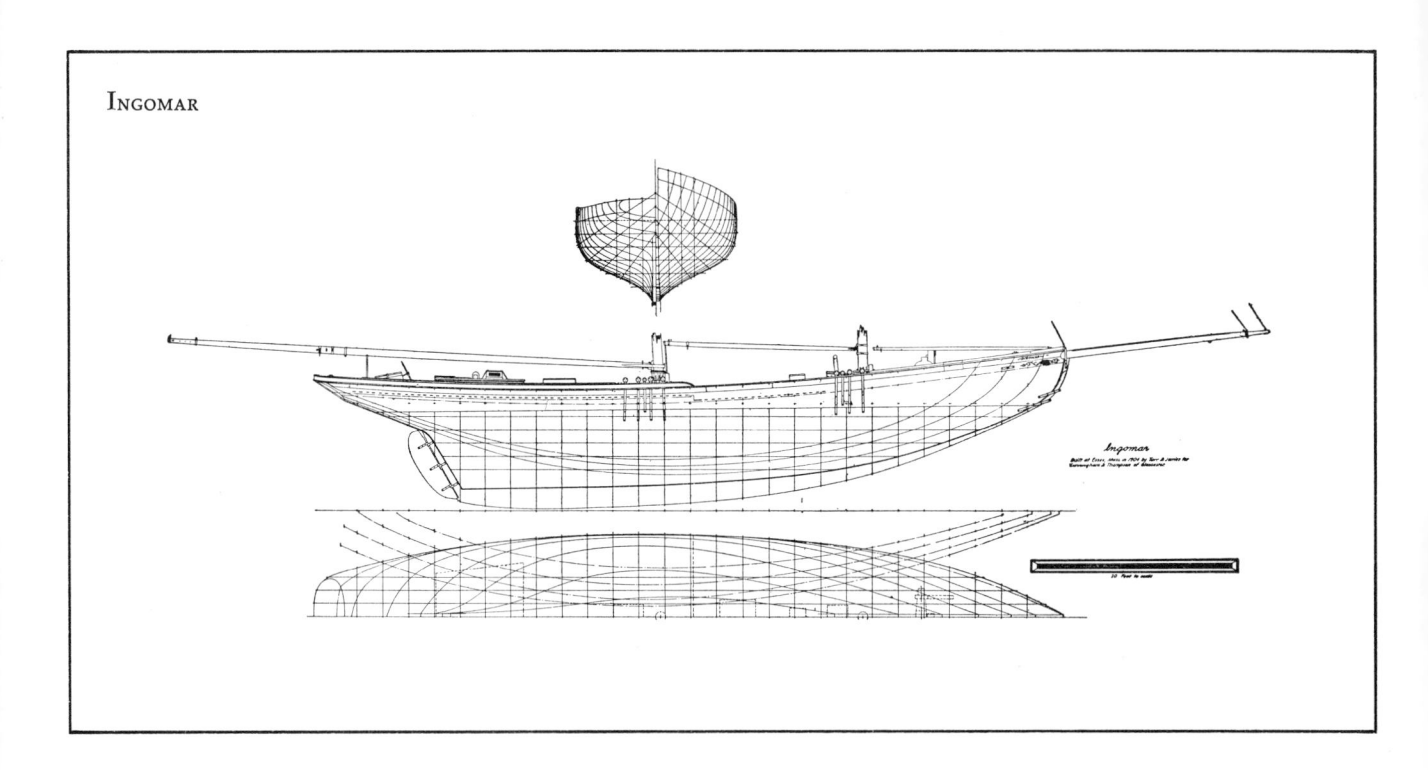

Stelle entstanden sind und dabei die Spuren einer Überlieferung tragen, die von weither gekommen ist.

Ein Schiff ragt aus der Vielzahl heraus: der wahrhaft nationale Typ. Das ist der Schoner von Gloucester.

Wir sahen bereits die ersten Klipper-Schoner für den Fischfang. Klipperbug oder manchmal auch senkrechter Vorsteven, wenig Überhang, breit und sehr stark besegelt. Der mit der Jahrhundertwende entstehende Typ gleicht mehr einer Rennyacht als irgendeinem Berufsfahrzeug. Er ist schmaler, der Kiel ist kürzer, die Enden feiner, weite Überhänge, abgerundeter Löffelbug.

Die ersten Schoner modernen Typs wurden von Thomas McManus aus Boston entworfen, einem Fischhändler, Yachtsegler und Schiffbauer aus Berufung. Es ist nicht sicher, ob die Herreshoffschen Flossenkieler und seine GLORIANA als Grundlage für den neuen Typ des Fischerschoners genommen wurden, doch wies die erste Serie der neuen Schoner, die noch unter der Bezeichnung „Indian Headers" bekannt sind, weil sie die Namen indianischer Häuptlinge trugen, die neuen Merkmale auf, die mit der Vermessung nach Verdrängung und Segelfläche und mit den linearen Formeln herausgekommen waren. Wir kennen diese Merkmale. Fort mit der steilen Aufkimmung des Vorschiffs, der gebogenen Unterkante des Kiels, der, wenn überhaupt, nur auf einer ganz kurzen Strecke gradlinig verlief. Die Spantschnitte erhalten eine starke Aufkimmung, Überhang auch vorn. 1901 führte McManus einen Typ ohne Bugspriet ein, den „knockabout". Es sei daran erinnert, daß auch das am weitesten verbreitete Rennboot jener Zeit, der Rater der Linearformel, keinen Bugspriet besaß.

Ein typischer „Indian Header" von McManus ist die INGOMAR von 1904. Sie ist ein sehr großes Schiff: Länge über alles 32 m, Breite 7,80 m, Verdrängung beladen 143,36 t.

Einige Angaben über das Rigg: Großmast von der Mastspur zum Flaggenknopf 27 m, Durchmesser 46 cm; Bugspriet 9 m außerhalb des Bootskörpers, Durchmesser 40 cm; Großbaum 23 m, Durchmesser 33 cm.

Von gleichem Typ, 1910 gebaut, ist die ELSIE, die berühmt wurde, weil sie, als Berufsfahrzeug entstanden, als Vertreterin von Gloucester für die Fischerregatten ausgewählt wurde. Die ELSIE schlug in einer Regatta die gewaltige BLUENOSE aus Kanada. ELSIE ist ein Beispiel für die bis zum äußersten gesteigerte Raffinesse der Fischerschoner von Gloucester. Die Kraft eines solchen Rumpfes bedarf keiner Erläuterung. Wenn die Schönheit eines Schiffsrumpfes sich danach richtet, wie wirksam er dem Zweck, für den er gebaut wurde, Ausdruck zu geben vermag, dann ist ELSIE eine großartige Regattayacht[36].

In der Tat waren die Schoner, die auf den Neufundland-Bänken fischten, in jeder Hinsicht regelrechte Regattafahrzeuge; der Wettlauf um den Markt war Regatta im

ELSIE

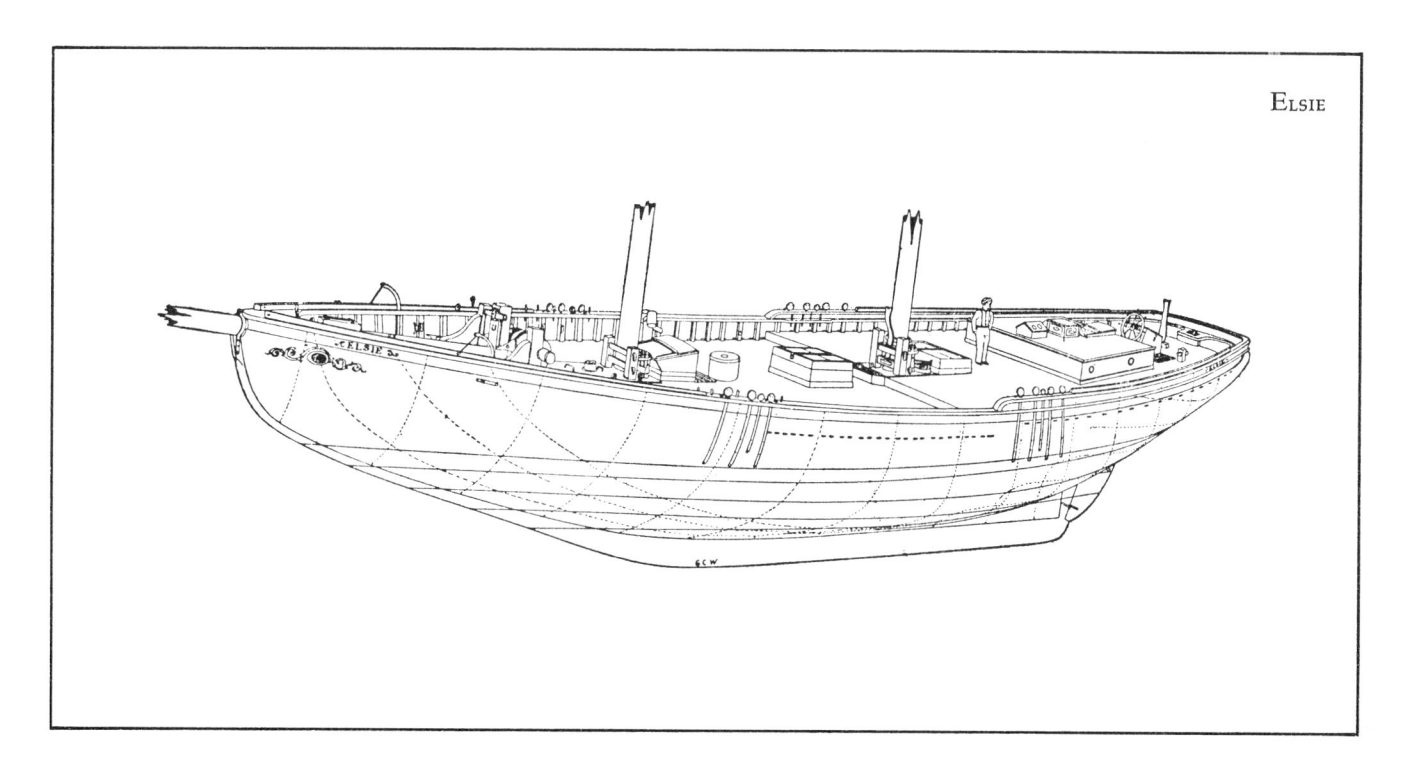

wahrsten Sinne des Wortes, und die Schiffe waren in Rumpf und Rigg optimal. Aus den besten Schonern einer Flotte wurde der Herausforderer ausgewählt, und die Champions der einzelnen Flotten kämpften gegeneinander. Nach 1920 wurde der „racing fisherman" eigens für die Regatta gebaut; während der übrigen Zeit des Jahres war er auf Fischfang.

Der berühmteste „racing fisherman" ist die BLUENOSE[37], der Champion von Neuschottland bei dem International Fisherman Race. Die Stadt Halifax forderte 1921 die Fischer von Gloucester heraus. Die Grundlage für diesen Kampf war 1920 gelegt worden, als ein Rennen um den America-Pokal abgesagt wurde. Teilnehmer daran waren die RESOLUTE und die SHAMROCK IV, und der Start wurde verschoben, weil es mit 6 Windstärken wehte. Das verdroß die Fischer, die an diesem Tage arbeiteten wie immer.

Champion von Halifax war die DELAWANA, der von Gloucester die ESPERANTO, die erst kurz vor dem Rennen regattaklar gemacht wurde, nachdem sie 110 Tonnen gesalzenen Fisch angelandet hatte, das Ergebnis einer Fangreise von zehn Wochen. Für den Fisch wurde Kies als Ballast an Bord gegeben, und das klargemachte Schiff lief nach Halifax aus. ESPERANTO siegte für Gloucester.

Neuschottland gab bei seinem besten Konstrukteur, W. J. Howe, einen Herausforderer in Auftrag, der in der Lage sein sollte, den Pokal wieder zurückzuholen. So wurde der große Schoner BLUENOSE gebaut, der größte und raffinierteste „racing fisherman", den man sich vorstellen kann.

Die Abmessungen der BLUENOSE:

Länge über alles	43,60 m
Länge Wasserlinie	34,15 m
Breite	8,23 m
Tiefgang	4,83 m
Verdrängung	290 t
Segelfläche	930 m²

Die Auflage für den Konstrukteur bestand darin, ein Fischerboot zu bauen, das 210 Tonnen gesalzenen Fisch von Westindien nach Europa befördern konnte. In Gloucester wurden so große Fischerfahrzeuge nicht gebaut; der Fisch wurde meist frisch zum Hafen gebracht, und

---

[36] Ich erinnere daran, daß auch ELSIE ein Opfer auf dem Altar der amerikanischen „Göttin Geschwindigkeit" war. Ihre Geschichte schließt mit den lakonischen Worten: „lost at sea".

[37] Bluenose, blaue Nase, ist der Spitzname für die kanadischen Seeleute aus Neuschottland.

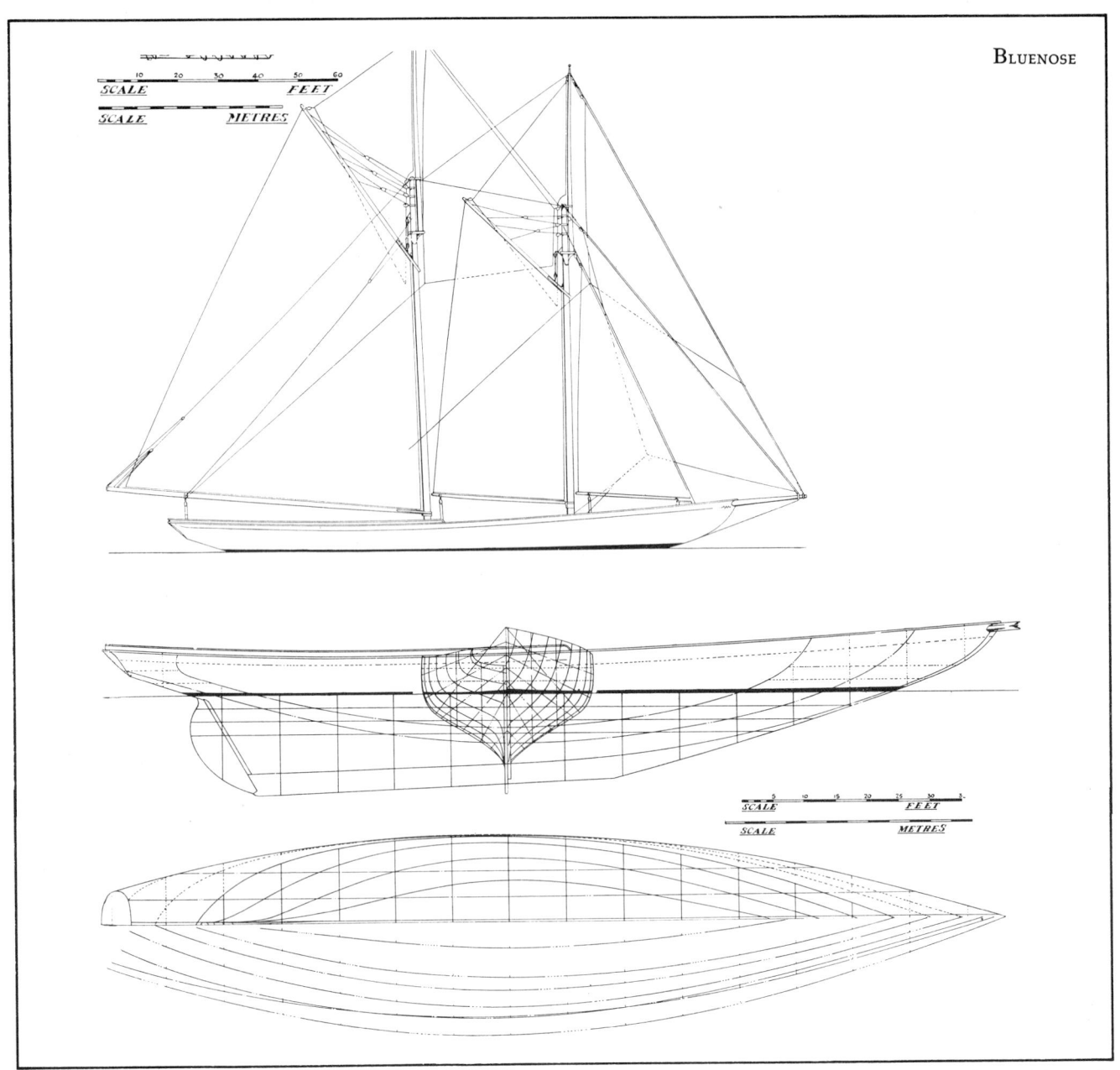

zwar so oft wie möglich. Mit ihren Abmessungen war die BLUENOSE unschlagbar; sie siegte 1921 und behielt von da an den Pokal für immer.

In den Augen der Fischer von Gloucester war die BLUENOSE kein richtiges Fischerboot. Sie war nur gebaut, um Regatten zu gewinnen. Tatsächlich hatte die kanadische Regierung einen Betrag dafür ausgesetzt, das Schiff im Regattazustand zu halten; trotzdem spielte sich ihr Dasein auf den Bänken nicht anders ab als das der übrigen Fischer. Besatzung 21 Mann, von denen 16 im Dory arbeiteten; die übrigen fünf blieben an Bord, einer davon war der Koch. Einige Angaben über das Material für den Rumpf: doppelte Spanten 23 x 30 cm, 70 cm Abstand, Stärke der Außen- und Innenbeplankung jeweils 10 cm. Die Stärke der Spanten ist größer als ihr Abstand zueinander. Die Außenhaut ist mithin an den meisten Stellen 43 cm dick. Der Ruderschaft ist aus Holz, Durchmesser 35 cm.

Diese Angaben und die Zeichnung stammen aus den Büchern von Uffa Fox, der an Bord der BLUENOSE war, auch zu Regatten. Hier sein Bericht über die Regatta von 1922, an der er teilnahm:

Wir kamen nach Gloucester, eine Stadt, die ich schon

immer zu besuchen gewünscht hatte wegen der Schoner, die auf die großen Bänke zum Fischfang gehen und die schönsten Segelboote der Welt sind. Auf Schnelligkeit entworfen und gebaut, müssen sie außerdem sehr gute Seeschiffe sein, denn ihre Arbeit führt sie auf die Bänke, auf denen die See bei Stürmen in schweren Brechern übergeht. Wir hatten Glück; es war die Zeit des International Fishing Schooner Race. Daher die vielen Menschen, die wir beim Essen trafen. Und morgen sollte die HENRY FORD für Amerika gegen die kanadische BLUENOSE um die Nordatlantische Meisterschaft segeln.
Die erste Wettfahrt wurde bei leichtem Wind gesegelt, und HENRY FORD siegte mit zwei Minuten Vorsprung. Dann kamen zwei sonnige Tage mit steifem Wind. BLUENOSE gewann beide Male mit sieben Minuten. Wir machten das erste Rennen auf dem Zerstörer PAULDING und die beiden anderen auf der ISHERWOOD mit, und auf diesen beiden Schiffen konnten wir jederzeit nicht nur die Windgeschwindigkeit messen, sondern, da wir uns querab von den Schonern hielten und unsere Fahrt nach der ihren einrichteten, auch deren Geschwindigkeit. Der Lauf am letzten Tag war der wichtigste. Auf der ersten Strecke, voll und bei, lief die BLUENOSE 13,5 Knoten bei Windstärke 5. Die gleiche Strecke beim zweiten Umlauf mit

Seafarer

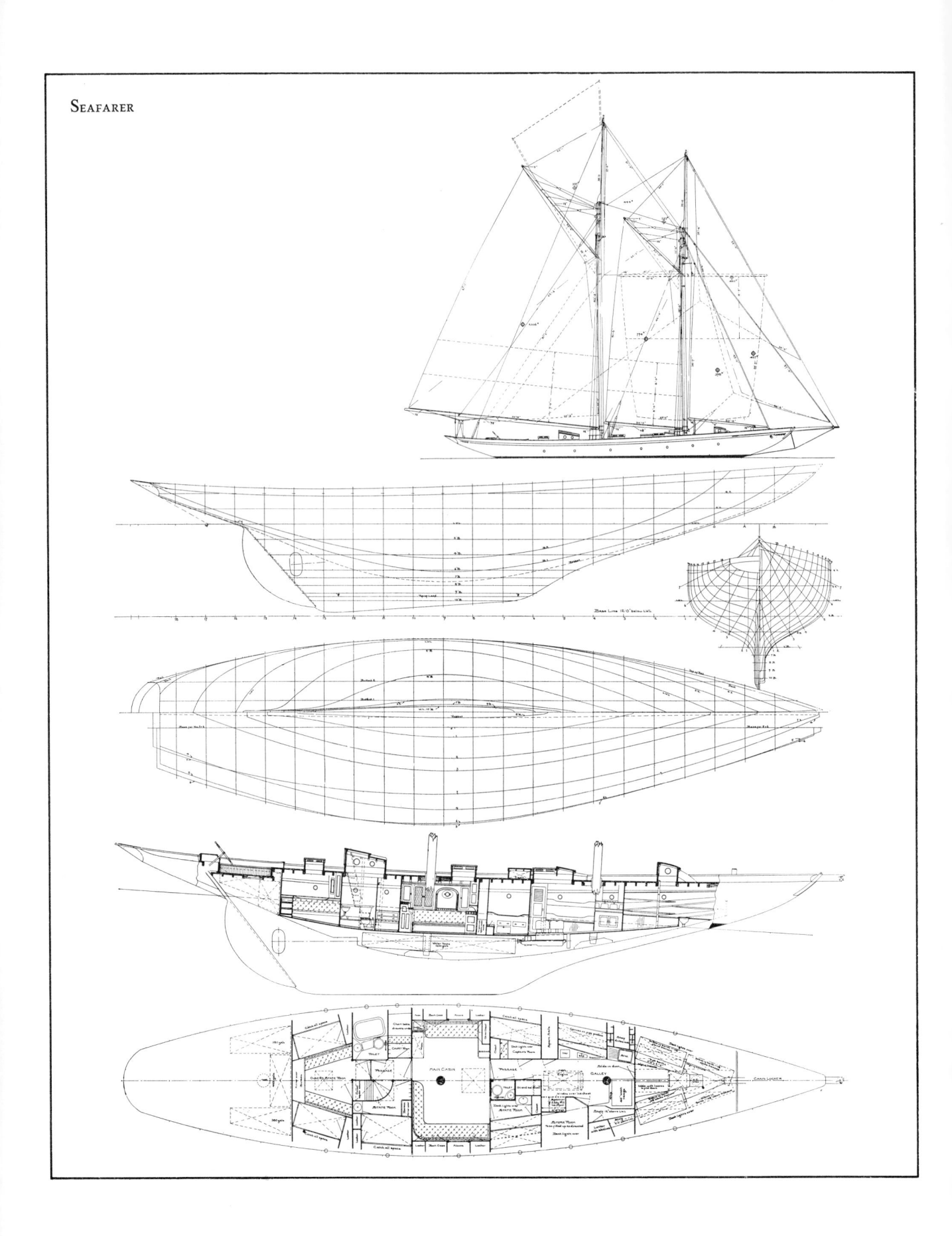

ZACA

allem Zeug oben wie Klüver, Fock, Flieger, Schonersegel, Schonertoppsegel und Fischermannsegel[38] ging nicht schneller, obwohl es auf 6 aufgefrischt hatte. Auf dieser Strecke verlor HENRY FORD *die Stenge des Toppmastes und damit auch den Flieger und das Schonertoppsegel; sie wurde aber deshalb nicht langsamer, und kurz darauf nahm auch die* BLUENOSE *die gleichen Segel weg, lief aber ebenfalls mit 13,5 Knoten weiter.*

Ein großartiges Modell für die großen amerikanischen Yachten. Die Schoneryacht dieses Typs war als „fisherman type" bekannt.

Der seegehende Schoner ist die Yacht für sportliche Männer, die aber auch sehr reich sein müssen. Ein Schiff mit sehr klaren Linien, glattem Deck und wenigen Aufbauten. Der Fisherman-Typ ist ein großer Schoner, wie die CICELY. Innen üppig ausgestattet, ohne daß jedoch die sehr feinen Linien dadurch irgendwie in Mitleidenschaft gezogen wurden. Die SEAFARER ist ein gutes Beispiel für den ausschließlich als Kreuzeryacht und nicht als Regattaboot gebauten amerikanischen Schoner: lang-gezogen, niedrig, mit weiten Überhängen. Ein Fahrtenschiff mit guten Segeleigenschaften.

Abmessungen:

Länge über alles	27,90 m
Länge Wasserlinie	19,50 m
Breite	5,80 m
Tiefgang	3,50 m

12 t Blei im Kiel, 2 t Blei und 18 t Zement- und Eisenballast innen. Mit einem 30-PS-Motor läuft das Schiff bei ruhigem Wasser 5 Knoten.

Das Rigg entspricht dem Typ, langer Großbaum (15,50 Meter), der über das Heck hinausragt, großes Toppsegel am Großmast, Baumfock, eine Breitfock für lange Raumstrecken. In Boston gebaut, machte sie als Jungfernreise eine Fahrt nach San Francisco, über das Mittelmeer, Suez, den Indischen Ozean und den Pazifik.

Eine Yacht dieses Typs, in Kalifornien gebaut, ist die ZACA[39]. Sie war ein berühmter Schoner und segelte in den dreißiger Jahren 27 000 Seemeilen um die Erde, von San Francisco nach San Francisco.

36 m über alles und 27,50 m in der Wasserlinie lang, 7 m breit. Eine große Yacht vom Fisherman typ, der nunmehr allein zum Modell der großen internationalen Kreuzeryacht geworden war.

---

[38] Das Stagsegel der Schoner läuft unter der Bezeichnung „fisherman staysail", das für die Schoner von Gloucester typisch ist.

[39] Sie gehörte eine Zeitlang dem Filmschauspieler ERROLL FLYNN, und man las damals oft von ihr in den Klatschberichten über den Schauspieler, der gern an Bord lebte.

XV Der Colin-Archer-Typ

Norwegisches Fischerboot von 1873

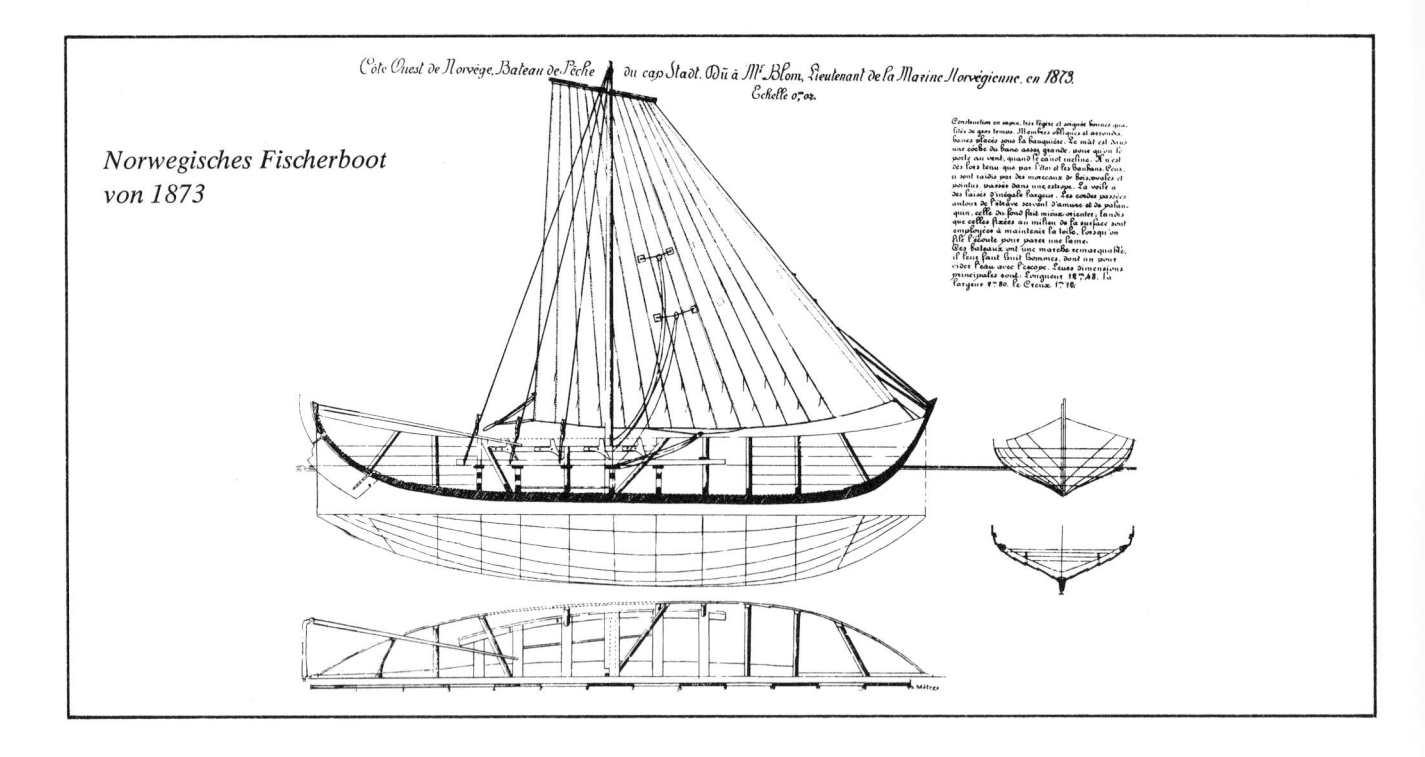

Für viele, die sich für die See begeistern, die aber Regatten und alles, was dazugehört, nicht schätzen, ist das nordische Boot, das mit dem Spitzgattheck, das beste Fahrtenboot.

Die Vorliebe für dieses Schiff ist weltweit. Von allen werden sie bewundert, weil sie hervorragende Seeschiffe sind, sicher, bequem und gänzlich ungeeignet für Regatten. Ihr auffallendstes Merkmal ist ihr Achterschiff, und mit ihrer Form verbindet sich die Vorstellung von Sicherheit. Die Rettungsboote, die oben bleiben müssen, wenn das große Schiff untergeht, haben ein Spitzgattheck, und bei sehr vielen Hochsee-Kreuzeryachten fiel die Wahl erprobter und erfahrener Seeleute auf den norwegischen Typ.

Man kann daher mit Gewißheit behaupten, daß das nordische Boot mit dem Spitzgattheck das Seeboot par excellence ist.

Rümpfe dieser Art lassen ihren Ursprung bei den Schiffen der großen Wikingerzüge erkennen. Diese Schiffe sind bis in die Einzelheiten bekannt, hat man doch einige von ihnen fast unversehrt ausgegraben, nachdem sie jahrhundertelang die Grabstätte der Seefahrer gewesen waren, die sie zu ihren Lebzeiten benutzt hatten.

Man hat Schiffe verschiedener Epochen gefunden, eines von 200 bis 300 nach Christus in Nydam, eines um die Zeit von 800 bei Oseberg und eines um 900 bei Gokstad. Alle sind sie in ihren Hauptmerkmalen gleich. Sehr schön in den Linien, machen sie den Eindruck von seetüchtigen und manövrierfähigen Schiffen. Der Freibord ist sehr niedrig, wahrscheinlich weil sie für die Fjorde als Ruderschiffe gedacht waren, und als solche sind sie vollkommen. Mit diesen Schiffen waren wagemutige Nordländer in allen Teilen der Welt und auch, das ist nunmehr gesichert, in Amerika.

Die Wikingerschiffe waren sämtlich von diesem einen Typ. Man sollte eigentlich eher von Booten als von Schiffen reden. Sie waren ungedeckt; das größte bisher gefundene, das Gokstadschiff, ist 24 m lang und wurde von 32 Leuten gerudert. Nach der Feinheit der Linien des Rumpfes zu urteilen, betrug seine Geschwindigkeit mit Rudern bis zu 8, mit Segeln bis zu 10 Knoten.

Der Rumpf war bereits in prähistorischer Zeit zur Vollkommenheit gelangt. Das Altertum hat ihn uns in seiner letzten Ausformung überliefert. Bis ganz zum Ende des vergangenen Jahrhunderts befuhren diese niedrigen, langen Ruderschiffe die Gewässer der Fjorde Norwegens. Das typische Fischerboot war ein offenes Fahrzeug mit Spitzgattheck und einem Rahsegel, dessen Unterliek viel länger war als die Rah, mit dem Ruder in der Mitte, dessen Pinne jedoch an der Steuerbordseite lag[40].

Die Linien sind stets die gleichen. Sehr schöne Spantschnitte, mit flacher V-Form, oben ausladend, ein langes, feines Achterschiff, sehr hohe Wasserlinien. Es sind

Norwegisches Rettungsboot von 1909

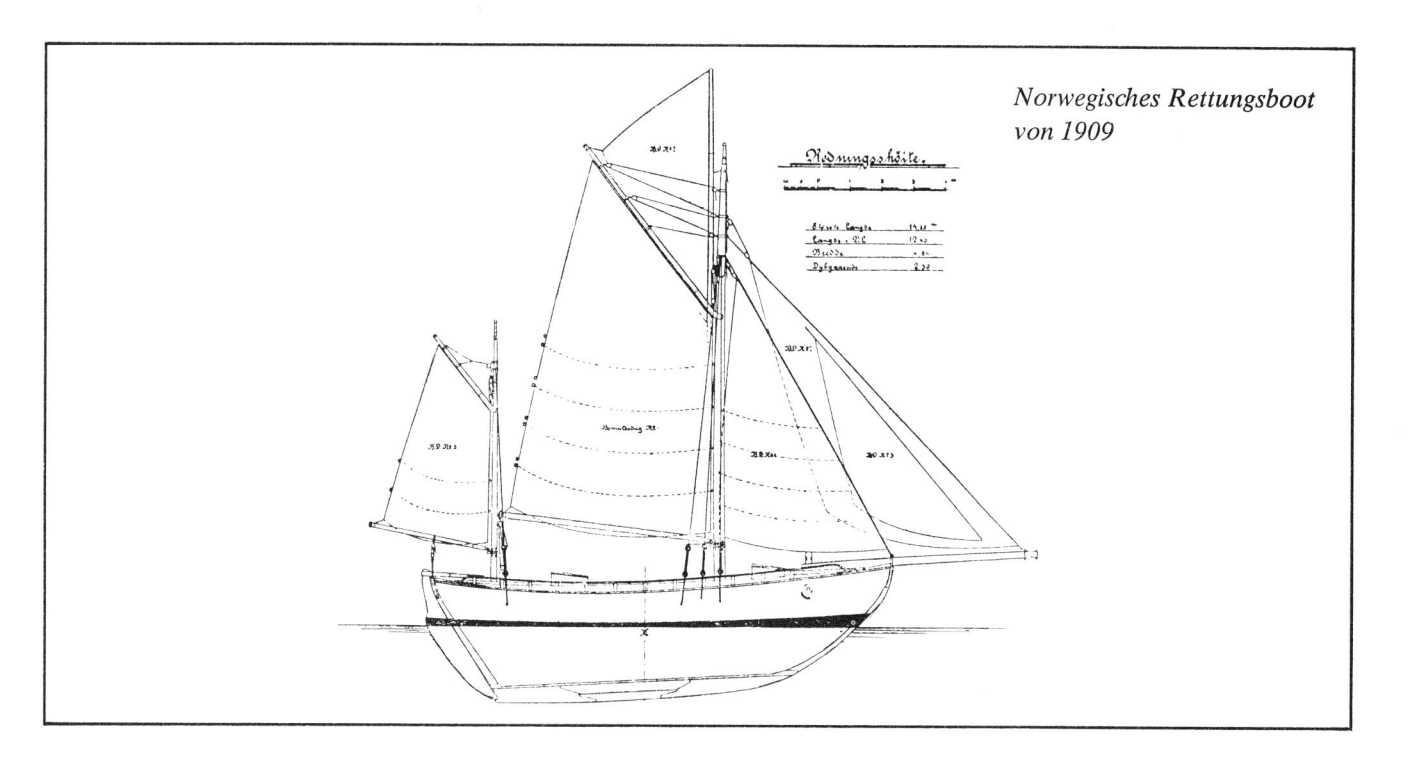

Schiffe mit klaren und schlichten, aber vollkommenen Formen.

Die Schiffbauhistoriker erklären die Achterschiffsform als unmittelbar von den für die See bestimmten Booten der Steinzeit stammend, die, anders als die Einbäume, die im Seegang zu starr und zerbrechlich waren, aus Häuten gebaut waren, wobei Vor- und Achterschiff notwendigerweise symmetrisch sein mußten, damit man sie mit hinreichender Festigkeit „zusammennähen" konnte. Diese Erklärung hat viel für sich. Die nordischen Schiffe, obgleich aus Holz, sind durchaus elastisch gebaut. Die geklinkerte Bordwand ist genäht, und die Spanten sind von der Bordwand abgesetzt und nur an wenigen Punkten mit ihr verbunden; so kommt ein im Seegang „lebendiger" Rumpf zustande, also einer mit den gleichen Eigenschaften wie die Fellboote. Die Klinkerbauweise ist auch heute noch im Norden sehr beliebt und die dort am häufigsten vorkommende Bauweise.

Seeleute sind sehr konservativ, und niemand ist mehr Seemann als die Nordleute. Auf den Shetlandinseln und in Schottland stammen die Einwohner von den Normannen ab, und sie benutzten von jeher Fischerboote dieser Art. Im August 1849 nahm die Admiralität die hohen Verluste der Fischerboote nach einem Sturm zum Anlaß für eine Untersuchung, mit dem Ergebnis, daß der Verlust so vieler Menschen auf die Art der jahrhundertelang benutzten Boote zurückzuführen war.

Der gleiche Alarm wurde zu Ende des Jahrhunderts in Norwegen geschlagen, dem letzten Teil der Welt, wo die Fischer mit mittelalterlichen Ruderbooten auf die offene See gingen. Die Norwegische Gesellschaft zur Förderung des Fischfangs beauftragte den englischen Schiffbauer Colin Archer, zu den Lofoten zu reisen und sich die dort gebräuchlichen Boote anzusehen und Verbesserungen vorzuschlagen.

Colin Archer sprach sich gegen die Benutzung von Riemen zur Fortbewegung aus und schlug gedeckte Boote mit größerem Freibord und mit Eisenballast, auch außen, vor.

Das unter der Bezeichnung „Colin Archer" bekannte Boot ist das „redningsskőite", das norwegische Rettungsboot.

Das erste wurde 1892 gebaut. Aufgabe dieser Boote war es, die felsigen und meist vereisten Küsten zu überwachen, ständig in See, auch während der schlechtesten

---

[40] Die rechte Schiffsseite wird nach dem ursprünglich an dieser Seite angebrachten Steuerruder „Steuerbord" genannt. Diese Bezeichnung gibt es mit geringen Abweichungen in allen nordischen Ländern, wo sich der normannische Einfluß mehr bemerkbar machte als im Mittelmeer; dort kennt man den Ausdruck nicht.

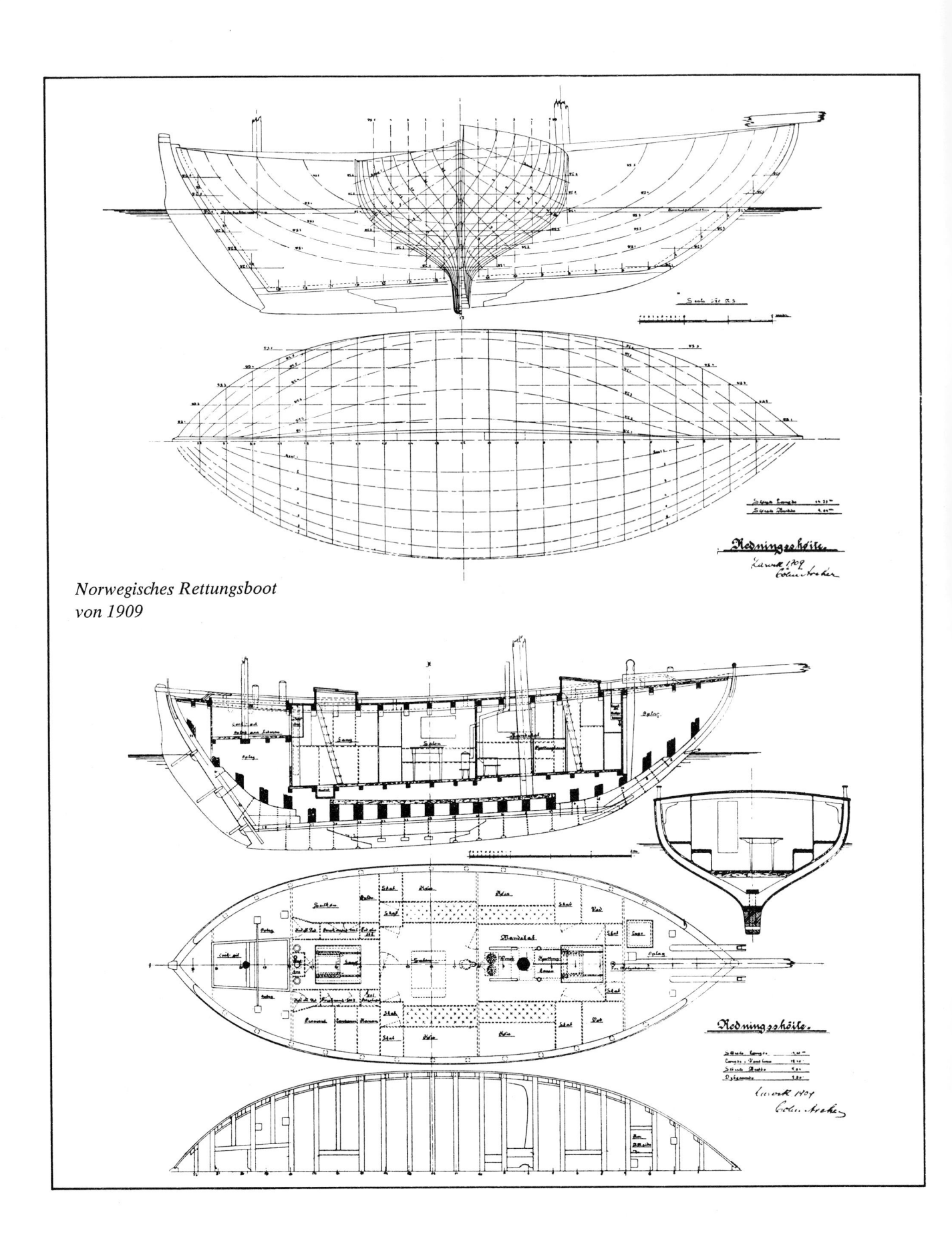

*Norwegisches Rettungsboot
von 1909*

Norwegisches Lotsenboot

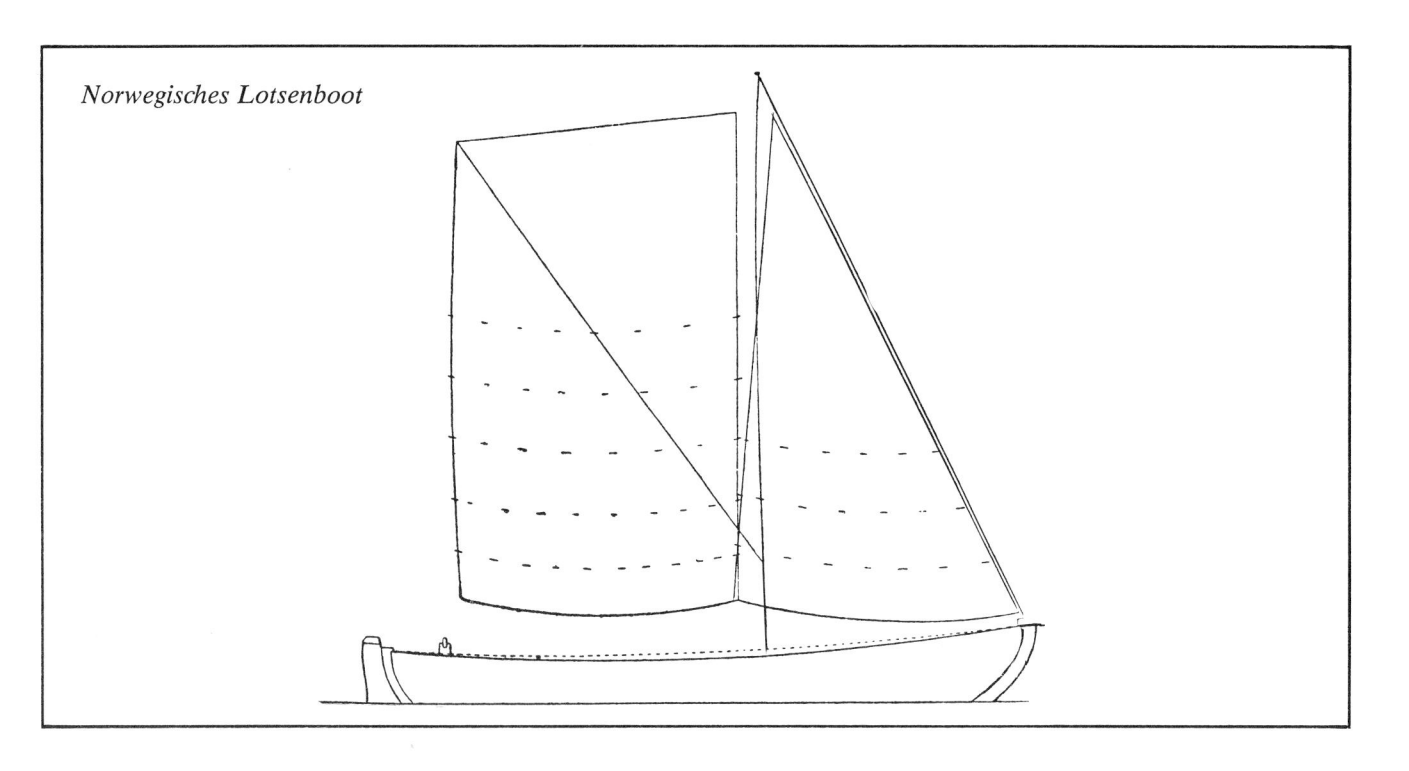

Jahreszeit. Die Besatzung lebte an Bord. Die Colin Archer gestellte Aufgabe war es, ein in jeder Hinsicht, auch unter den schwierigsten Verhältnissen brauchbares seegängiges Boot zu schaffen.

Das Rettungsboot auf den Zeichnungen Seite 177/178 ist ein echter Colin Archer aus den ersten Jahren unseres Jahrhunderts. Seine Abmessungen sind:

Länge über alles	14,45 m
Länge Wasserlinie	12,40 m
Breite	4,80 m
Tiefgang	2,30 m
Verdrängung	27 t
Außenballast (Gußeisen)	5 t

Besatzung vier Mann. Haupteinsatzzeit sind die sechs bis sieben kältesten Monate des Jahres.

Ihre Hauptaufgabe war die Unterstützung der Fischerboote. An Deck sieht man achtern die vier Betinge für die Schlepptrossen. Sie schleppten die Fischerboote unter Land, die bei plötzlich aufkommendem starkem ablandigem Wind mit ihren Riemen nicht mehr gegenan kamen und ohne Hilfe rettungslos auf See getrieben wären.

Die Linien dieser Boote zeigen ihre Verwandtschaft mit den überlieferten Bootsformen des Nordens, jedoch nach einem mehr realistischen Maßstab abgewandelt. Spantschnitte und Wasserlinie sind die der Wikinger, die Verhältnisse der Rumpfabmessungen hingegen entsprechen jenen der englischen Lotsenkutter. Sehr schwer, mit hohem Freibord und glattem Deck; das Schanzkleid läuft nicht bis zu den beiden Steven durch, es bricht vorher ab (wahrscheinlich, um das Schleppen zu erleichtern); und als nationales Charakteristikum das Spitzgattheck mit aufwärts verlaufendem Sprung. Wie man sieht, ist das Ruder ebenfalls gebogen, und der oberste Fingerling liegt in der Wasserlinie, bevor der gekrümmte Teil des Achterstevens beginnt. Bei hartgelegtem Ruder beschreibt der Ruderkopf einen Bogen und entfernt sich vom Bootskörper. Das ist typisch und ein erfreulicher Anblick.

Das Boot ist als Yawl getakelt mit ziemlich großem Treiber (oder als Ketsch mit kleinem Besan, wie man will). Das Großsegel ist nicht am Baum angeschlagen. Der Klüver fährt nicht am Stag, der Mast hat einen leichten Fall nach vorn, sehr englisch.

Die älteste Zeichnung von Colin Archer, die ich finden konnte, ist die eines Lotsenbootes. Sie wurde 1895 im „Manual of Yacht and Boat Sailing" veröffentlicht. Colin Archer selbst schreibt dazu:

Ich bezweifle, daß ein englisches Boot gleicher Größe in

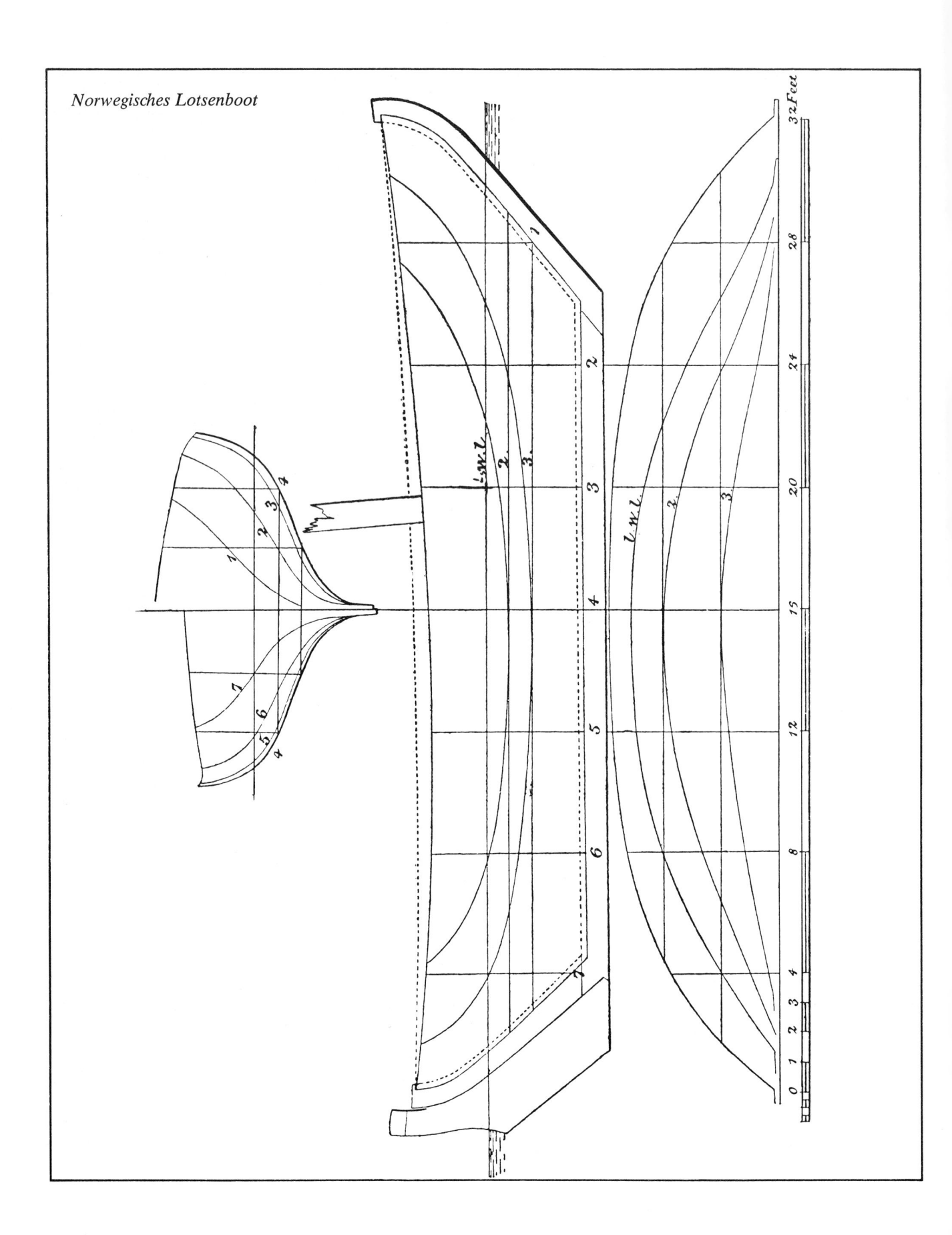

Norwegisches Lotsenboot

*Norwegisches Rettungsboot
von 1909*

jedem Wetter und mit kleiner Besatzung so gut zu handhaben ist. Ein Lotse und sein Boy (dies ist ein terminus technicus – es kann auch ein alter Boy sein) gehen mit dem Boot in See und bleiben dort (vielleicht eine Woche lang), bis sie ein Schiff finden. Wenn das eintritt, so etwa auf halbem Wege zwischen Naze bei Harwich und Skagen, geht das Boot längsseits, der Lotse springt an Bord, und dem Boy bleibt es überlassen, das Boot, so gut er kann, nach Hause zu bringen. Das Segel ist ein Sprietsegel, und trotz seiner gewaltigen Größe rechnet man damit, daß ein Mann damit in jeder Lage fertig werden kann.

Gesamtlänge des Mastes	10 m
Durchmesser in Deckshöhe	28 cm
Durchmesser am Topp	11,5 cm

Es gibt keine Wanten, lediglich das Vorstag. Mit Vor- und Großsegel sind die Boote ausgeglichen, raumschots tragen sie meist noch ein oder zwei Klüver und ein an einer langen Stenge angeschlagenes Toppsegel.

Vom gleichen Typ wie die Lotsenboote sind auch die neuen Fischerboote, sehr stark, in Eiche gebaut, die Bordwand 32 mm dick. Das Boot auf der Zeichnung hat folgende Abmessungen:

Länge über alles	10,00 m
Länge Wasserlinie	9,20 m
Breite	3,40 m
Fläche des Großsegels	47 m²
Verdrängung	7,6 t

Die Wertschätzung dieser Boote und ihrer See-Eigenschaften ist mit einem Ruhmesschimmer verklärt worden. Ihre Vorzüge sind unbestritten. Es sind gewaltige Seeschiffe, und die Arbeit, die sie verrichteten, war hart und verdient unsere Anerkennung. Das Foto, das eines dieser „redningsköite" zeigt, wie es sich unter kleinen, dunkelgefärbten Segeln mächtig seinen Weg über die eisige See bahnt, spricht für sich. Alles drumherum ist feindlich, doch der Mann im Vordergrund, schwer in seinem Ölzeug verpackt, hält Ausguck. Diese Männer und diese Schiffe wachen auf der See, die für den Fischer manches von ihren Schrecken verloren hat.

Diese Lobrede stammt von mir, das ist die Tonart, die ich überall finde, wenn von dem norwegischen Boot die Rede ist. Die größten Verdienste werden dem Spitzgattheck zugeschrieben; und jemand, der uns mit Colin Archers Namen kommt, mit dem Nordmeer oder den Wikingern, wird gleich die Argumente dessen ins Lächerliche ziehen, der es wagen sollte, diese Schiffe nicht zu preisen.

Ich verspüre gewisse Hemmungen bei meinen Anmerkungen über die Yachten vom Typ Colin Archer. Ich habe sie segeln gesehen und habe auf ihnen gesegelt, und doch kann ich zu keinem Urteil über ihre Eigenschaften kommen. Sie sind gebaut, um ruhig in der See zu liegen, und darin sind sie großartig. Hervorragend ausgeglichen, liegen sie niemals hart auf dem Ruder, aber sie sind ganz schlechte Segler im Vergleich zu der englischen oder amerikanischen Form mit dem volleren Achterschiff.
Ihre Linien leiten sich aus denen der Ruderboote ab, die in jahrhundertelanger Erfahrung geformt wurden, und damit sind sie im höchsten Maße für die mit Rudern erreichbaren Geschwindigkeiten geeignet.

Feine Linien, starke Aufkimmung und zugespitztes Achterschiff sind für Ruderboote charakteristisch. Überträgt man das nun auf breite und schwere Boote, dann wird ein solches Boot kein gutes Ruderboot mehr sein können (was einer Segelyacht ja auch nichts nützte), ohne jedoch deshalb ein besseres Segelboot geworden zu sein; denn ein solches muß ein langes Achterschiff haben, bei dem der Rumpf auch bei Krängung eine feine und langgestreckte Form beibehalten kann. Die Leistungsfähigkeit eines Segelschiffes hängt von seiner Länge ab, und ein Spitzgatt zu bauen bedeutet, daß man für das gleiche Geld einen kürzeren und weniger leistungsfähigen Bootskörper mit weniger Rauminhalt bekommt. Vor allem aber wird er bei schwerer See von achtern weniger seetüchtig sein, weil ein spitzes Heck nicht den genügenden Auftrieb mitbringt, um von der See angehoben zu werden. Ein feines Schiffsende vorn taucht immer mehr ein als ein volles, und ein Boot mit zwei „Vorschiffen" wird dazu neigen, an beiden Enden einzutauchen. Es fiele schwer nachzuweisen, daß das Achterschiff eines englischen Lotsenbootes weniger sicher sei als ein Spitzgatt, wenn eine See von achtern aufläuft. Allerdings ist das englische Lotsenboot dem Colin Archer-Typ einwandfrei unterlegen, wenn es darum geht, ohne Fahrt zu liegen. (Und das ist nun wieder ein Vorteil für ein Boot, das auf eine Fischerflotte achtet, oder auch für ein Rettungsboot auf offener See.)
Ich möchte die Ansicht zweier Autoren darüber bringen, die ich in diesem Buch häufig zitiere:

Es ist nicht ganz sicher, wieviel Gewicht dem Spitzgatt als Charakteristikum für die Seefähigkeit zuzumessen ist. Man kann mit beiden Achterschiffsformen gleichermaßen seefähige Fahrzeuge konstruieren, doch hat das Spitzgatt einige Vorteile: Es ist billig zu bauen, und man erzielt mit ihm unter den Verhältnissen der offenen See leichter ein vollkommenes Gleichgewicht in der Längsrichtung und damit ein besseres Liegen in schwerer See. Einwände betreffen in der Mehrzahl einen gewissen Verlust an Anfangsstabilität, bedingt durch mangelnden Auftrieb im Achterschiff und den Verlust an Decksfläche wie auch an Innenraum. Letzten Endes ist die Wahl der Achterschiffsform Auffassung- und Geschmacksache.
  H. I. Chapelle („Yachting", 1932)

Sind wir heutzutage bereit zu garantieren, daß das Spitzgatt seetüchtiger ist als jede andere Achterschiffsform? Es gibt dafür weder im historischen noch technischen Bereich irgendeinen für uns überzeugenden Beweis. Seetüchtigkeit war für die Fischer von Brixham, Lowestoft und Ramsgate sowie für die Lotsen von Bristol ebenso lebensnotwendig wie für die Boote, die vor der Küste Skandinaviens die gleiche Arbeit verrichteten. Trotzdem setzte sich das Spitzgatt bei den Booten der englischen Küste nicht durch, sofern nicht skandinavische Einflüsse vorlagen. Je mehr man sich in die Frage vertieft, desto mehr kommt man zu der Überzeugung, daß das Spitzgatt eher eine Auffassungssache ist als ‚eine zwingende Antwort auf das, was die See verlangt.
  Phillips-Birt („An Eye for a Yacht")

Angesichts der Absicht dieses Buches, das Gefühl für die Form einer Yacht zu vermitteln, kann das Kapitel über die nordischen Boote notgedrungen nur unvollständig sein, denn die Diskussion über diese Boote ist nach wie vor offen und die Urteile gehen immer auseinander. Befürwortung und Ablehnung, beide stark, halten sich die Waage.
Hier noch ein Urteil aus „Yachting Monthly" vom Mai 1962, von Argus (Phillips-Birt) unterzeichnet:

Wir hegen eine abergläubische Vorliebe für die überlegenen See-Eigenschaften des Spitzgatts, des Kanu- oder Kreuzerhecks oder wie sonst man es nennen mag. Das spitze Achterschiff, so sagt man, „teilt, zerschneidet die See", wenn sie von achtern kommt. Ich habe nie ein Achterschiff die See „zerschneiden" gesehen. Wenn die See genügend hoch ist, um lästig zu werden, dann ist sie zu groß, um von einer kleinen Spitze am hintersten Ende des Bootes zerschnitten zu werden. Die Rettungsboote haben das Spitzgatt, doch liegt der wahre Grund dafür nicht in der besseren Seefähigkeit, sondern in der relativen Unverletzlichkeit, wenn das Boot bei dem großen Schiff im Seegang längsseits liegt, weil der gefährlichste

GALATEA

BRITANNIA

Amerikanischer „Colin Archer" von 1952

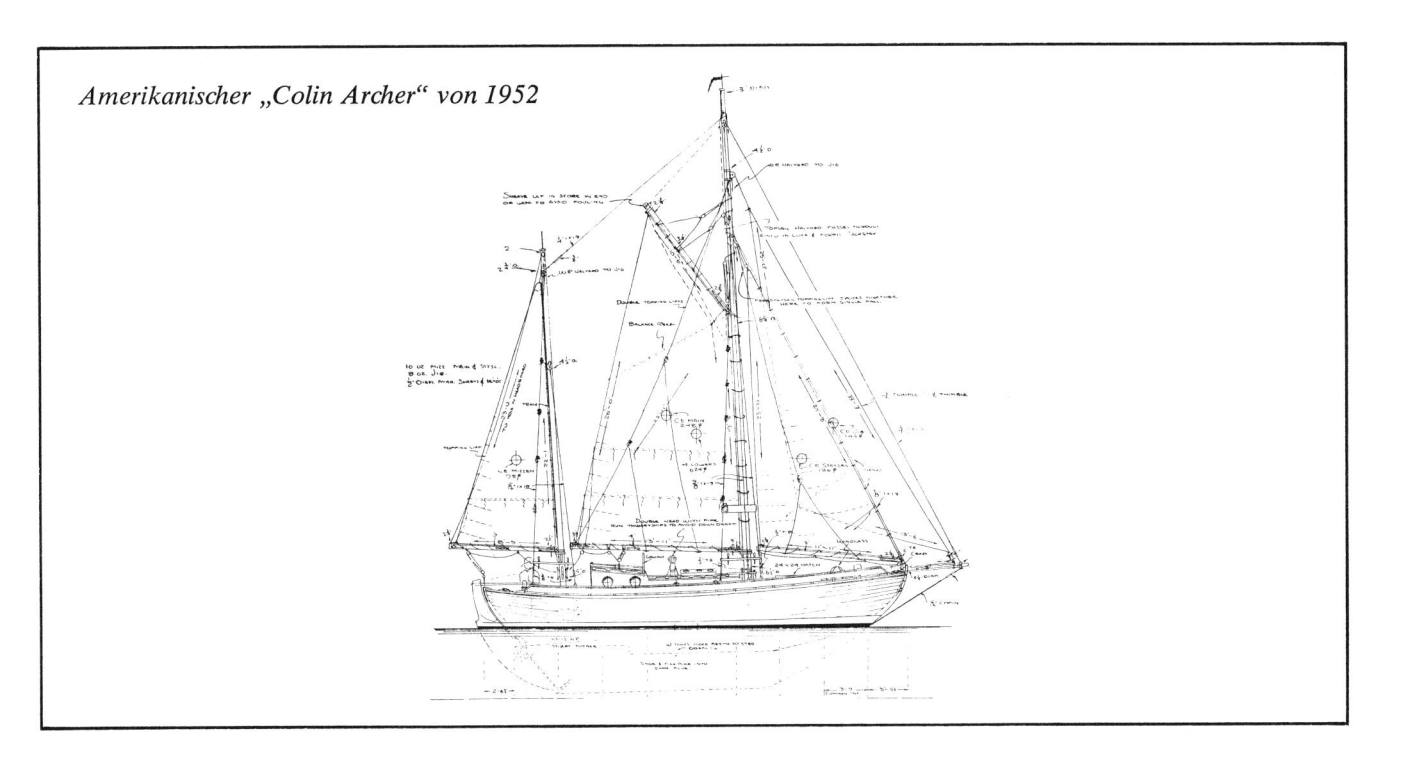

Moment für das Boot dann kommt, wenn es zu Wasser gelassen wird; das große Schiff ist ihm gefährlicher als der Seegang. Das skandinavische Spitzgatt, vor dem die Leute gewissermaßen vor Ehrfurcht erschauern, ist eigentlich ein sehr kurz geratenes Kanuheck mit dem Ruder außen. Aber dieses kurze Achterschiff ist wunderbar gestaltet und genügend füllig für ausreichenden Auftrieb. Auf der anderen Seite mangelt es dem wohlbekannten holländischen Botter mit seinem langgestreckten Spitzgatt und dem füllingen Vorschiff in gefährlicher Weise an Auftrieb achtern, und er kann von einem normalen Seegang unter der Küste, der schräg von achtern kommt, quergeschlagen werden und vollaufen. Besser das Spiegelheck, sogar ein schlechtes.

Eine Form, die es verdient, diskutiert zu werden, und die viel diskutiert wird. Die Meinungen gehen weit auseinander, doch bleibt das skandinavische Boot die bevorzugte Wahl für Hochseefahrten: Alain Gerbault ließ sich ein solches Boot bauen, nachdem er auf seiner FIRECREST, einem schmalen und tiefen englischen Kutter von Dixon-Kemp, um die Welt gesegelt war. Ein Colin Archer-Typ war die TEDDY, auf der Erlin Tambs mit seiner Frau und dem an Bord geborenen Sohn seine berühmten Ozeanreisen machte; ein Colin Archer auch die KARIN III, die 1950 an der Transatlantik-Regatta teilnahm.

Der Colin Archer ist ein Bootstyp nach dem Geschmack zahlreicher Yachtsegler, die das Fahrtensegeln lieben, auch heute noch.

Der amerikanische Konstrukteur W. Garden hat viele Boote des Typs gezeichnet, die in allen Teilen der Welt bis in die letzte Zeit gebaut wurden. Der Entwurf des Colin Archer-Typs von Garden von 1952 (oben) trägt durchaus skandinavische Züge: Klinkerbeplankung, Spitzgatt, hinten offene Verschanzung, Bugspriet; auch der Klüver nicht am Stag angeschlagen (allerdings zum Einrollen), wenig Änderung am Rigg. Der Besan ist ein Hochsegel, das Großsegel ist am Baum angeschlagen, Niederholer für Großsegel und Fock, die (nach amerikanischer Art) am Baum gefahren wird.

Das Gardensche Boot ist das gleiche wie das von Colin Archer von 1892. Unwandelbarkeit ist eine Eigenschaft der skandinavischen Boote. Das Ruderboot von 1873 gleicht jenem von 200 n. Chr., das Segelboot von 1952 jenem von 1900.

Viele Konstrukteure der Vergangenheit haben auf Vorbilder aus der Geschichte zurückgegriffen, aber kein moderner Konstrukteur würde ein Boot so zeichnen wie Chapman 1765, oder Herreshoff 1880 oder Kemp 1890, nicht einmal wie Nicholson 1935. Allein bei Colin Archer gilt diese Regel nicht. Die nordischen Rettungsboote werden nach wie vor geschätzt und gepriesen, und es wird noch viel Zeit vergehen, bis der Colin Archer-Typ aufgehört haben wird zu existieren.

XVI Kreuzeryachten

Das Kanu Rob Roy
auf dem See Genezareth

Nach dem äußeren Erscheinungsbild eines Schiffes muß sich im großen und ganzen seine hauptsächliche Funktion beurteilen lassen. Wenn eine Yacht für Hochseereisen bestimmt ist, müssen ihre Linien den Ausdruck handfester Seetüchtigkeit vermitteln, nicht aber den zarter Anmut oder schneller Beweglichkeit.

So lautet die Regel, die sich, laut K. C. Barnaby, Autor eines bedeutenden, modernen Buches über den Schiffbau, der Konstrukteur zu eigen machen muß[41].

Wenn auch nur unbewußt, so ist dies die Richtschnur jedes Konstrukteurs, der die Form festzulegen hat, so auch das Äußere einer Kreuzeryacht.

Daher hat das Fahrtenboot in seiner Form so vieles von den herkömmlichen Berufsfahrzeugen mitbekommen, zumindest in seiner frühen Gestalt, jener des Zeitabschnittes, mit dem wir uns hier beschäftigen. Doch ist es nicht jenes Arbeitstier der See, ärmlich ausgerüstet, vom Seewasser zerfressen; einfach und robust im Rigg gibt uns die Kreuzeryacht ein Gefühl von Seetüchtigkeit, die sich auf Erfahrung gründet, die jeder Beanspruchung in schlichter Stärke gewachsen ist[42].

Die Tradition führt die Hand dessen, der Kreuzeryachten zeichnet. In Amerika schaut er auf die Gloucester-Schoner, in Europa auf die englischen und französischen Lotsenboote und auf die Boote Skandinaviens. Die Rennyacht in ihrer letzten erfolgreichen Gestalt ist ständiges, doch nie erklärtes Vorbild, denn der Vergleich zwischen einem für die Seefahrt bestimmten Boot mit einer aus der Formel entstandenen Yacht fiele zuungunsten des ersteren aus.

Die Formen sind daher überaus verschiedenartig; es gibt Kreuzeryachten der sonderbarsten Art, die einen sind mehr oder weniger genaue Nachbildungen von Berufsfahrzeugen, andere von Rennyachten, oder sie besitzen die Merkmale mehrerer miteinander verschmolzener Arten.

Die Spankadillo war als Fahrtyacht gebaut und eine

---

[41] Kenneth C. Barnaby, „Basic Naval Architecture", London 1954.

[42] Die Verwendung dürftigen Materials zwingt stets zu Überdimensionierung.

der optimalsten „plank on edge" ihrer Zeit. Trotzdem sind Äußerungen überliefert, nach denen ihre Form für das Seeverhalten bei schlechtem Wetter besonders gut geeignet gewesen sei. Sie war ein „trockenes, starkes Schiff, dem hartes Wetter nichts anhaben kann und das noch bei einer See hoch am Winde segelt, bei der größere Boote des entgegengesetzten Typs Schwierigkeiten haben, gegenanzukommen ... Feine Linien und ein guter Freibord gestatten es dem Kutter, die See gut zu nehmen; die hohe Seitenwand und die geringe Breite halten das Deck bei jeder Krängung trocken. Ihre Bewegungen sind weich wie die eines Schaukelstuhls".

Das Boot, dessen Formen am weitesten von denen der Spankadillo abweichen, ist die Spray von Slocum. Slocum ist von der Überlegenheit seiner Form über andere überzeugt: „Die Yachtsegler werden Einwände haben gegen die gedrungenen Schiffsenden, deren Vorteil bei schwerer See besonders zutage tritt. Die Spray hat ein volles Vorschiff und ein abgeschnittenes Heck, also das Gegenteil des Kutters. Nach Slocum lag eben hierin die Güte seines Bootes. Wenn euch das Leben lieb ist, dann gebt einem für die hohe See bestimmten Boot nicht zu viel Überhang achtern." Und doch war es ein „plank on edge", die von Dixon-Kemp entworfene und der Spankadillo nicht allzu unähnliche Firecrest, mit der Alain Gerbault seine berühmte Weltumsegelung machte.

Zwischen diesen beiden Typen, der Rennyacht mit den feinen Linien und dem völligen Berufsfahrzeug, liegen die ganzen übrigen Möglichkeiten, samt und sonders von erprobter und erwiesener Leistungsfähigkeit.

Die große Kreuzeryacht richtet sich selten nach originellen Vorstellungen oder nach Vorbildern, die von den zur Zeit als allgemeingültiges Modell anerkannten Typen abweichen. Das gilt gleichermaßen für die große Rennyacht wie überhaupt für große Bauwerke jeglicher Art. Sehr hohe Kosten fördern meist nicht die Freude an Abenteuern.

Wir haben die großartige Cicely, die Seafarer gesehen, glänzende Schiffe, doch könnte man sagen: unpersönlich. Der kleine Seekreuzer dieser Zeit hingegen zeugt von Überlegung, ist Maßanfertigung für den Eigner.

Die kleinste Kreuzeryacht des 19. Jahrhunderts ist das Kanu, das nicht als kleines Ruderboot gedacht ist, vielmehr ist es ein wahrer und echter Mini-Seekreuzer. Der Royal Canoe Club faßt die Eigner zusammen und gibt

Haze

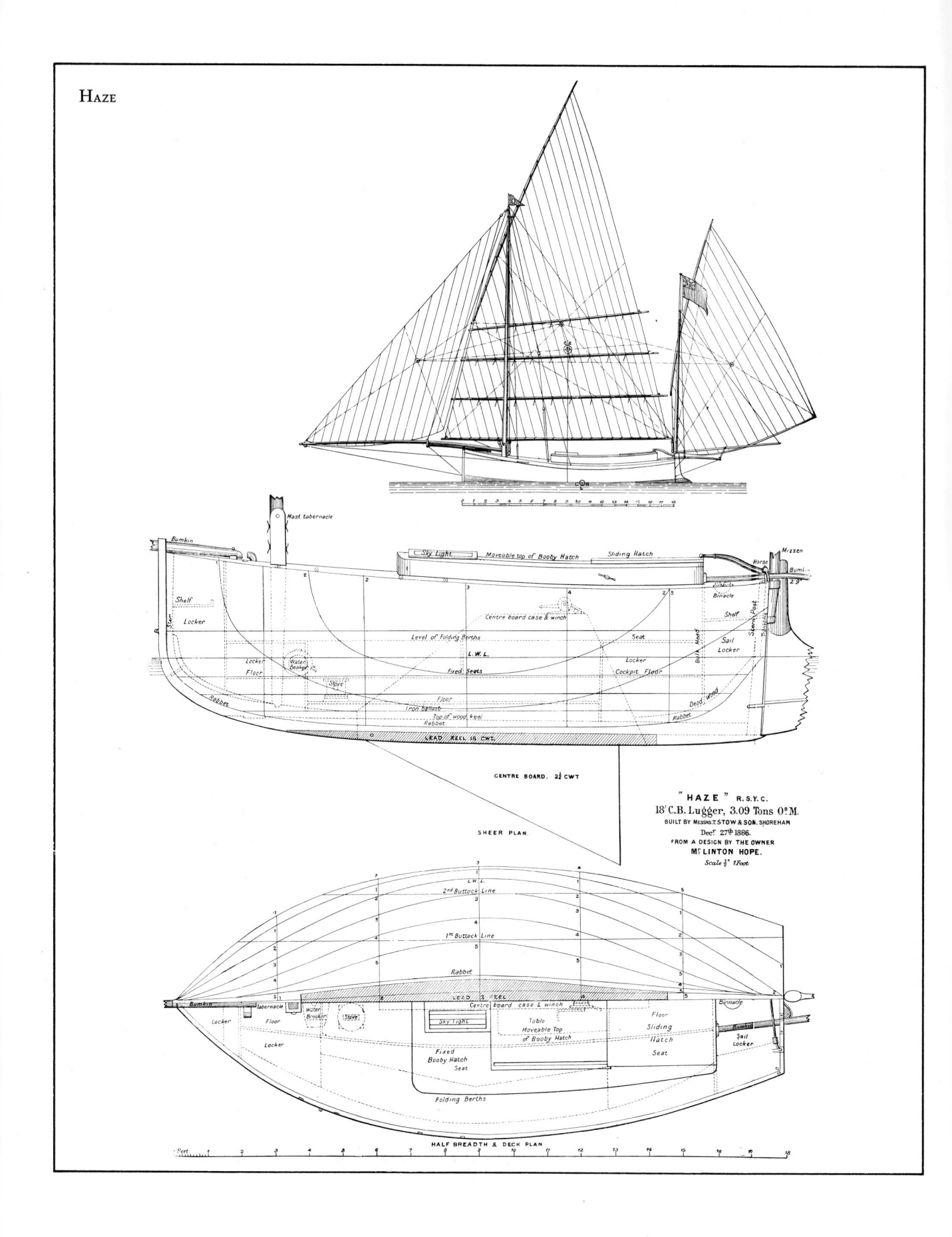

"HAZE" R.S.Y.C.
18' C.B. Lugger, 3.09 Tons O.M.
BUILT BY MESSRS. T. STOW & SON, SHOREHAM
Dec. 27th 1886.
FROM A DESIGN BY THE OWNER
Mr. LINTON HOPE.
Scale ½" 1 Foot

AERE PERENNIUS

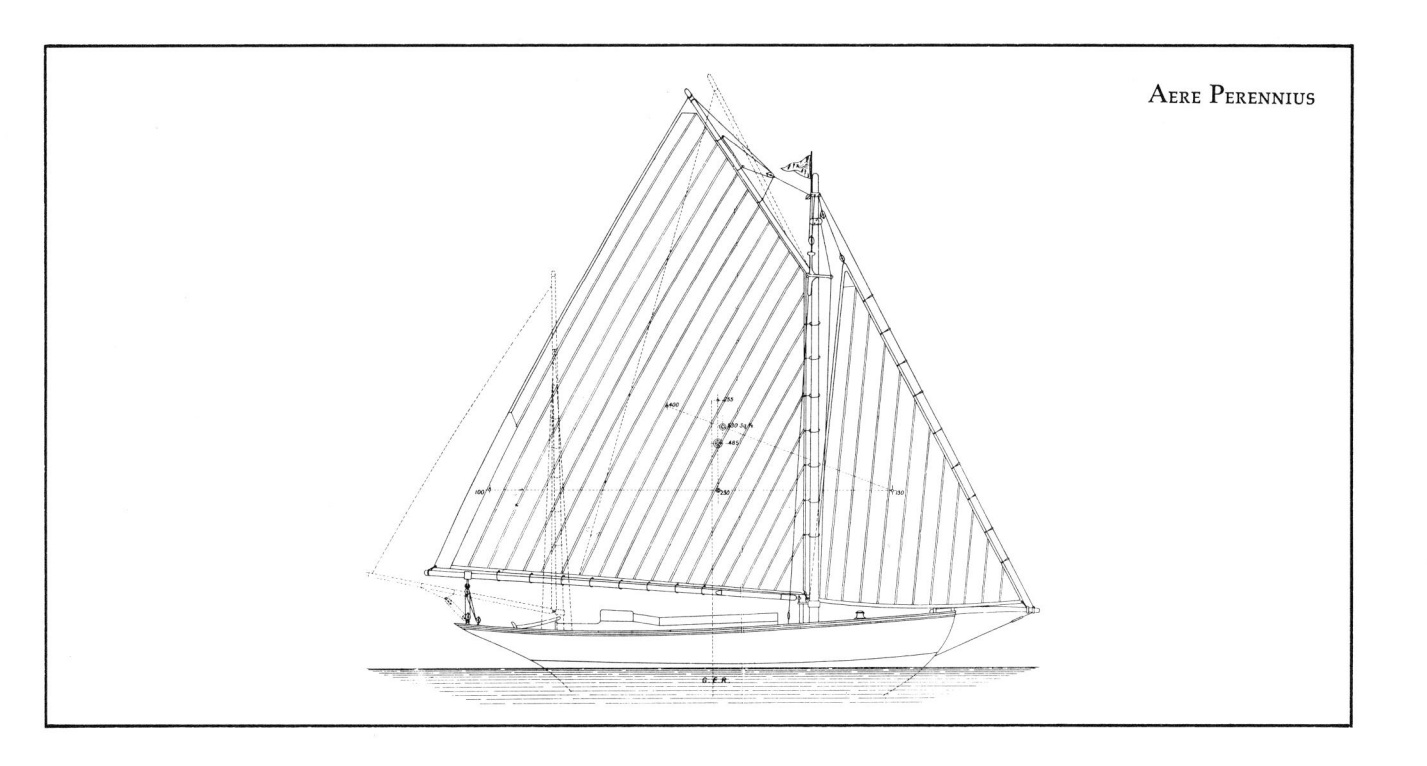

Bauvorschriften heraus. Ein Kanu muß zum Paddeln (nicht zum Rudern) und zum Segeln eingerichtet sein, die Besatzung sitzt in Vorausrichtung. Es muß auch für offenes Wasser geeignet und von zwei Personen zu tragen sein, wenn es leer ist. Es muß ein spitzes Heck haben. Soweit die Bestimmungen der British Canoe.

Die Kanus wurden in Vermessungsklassen eingeteilt. Ein „Cruising Canoe" hatte eine Maximallänge von 4,09 m, Breite 1,07 m, Rating 0,3. Die Rating der größeren Klasse, der „Canoe Yawl", durfte 0,5 nicht überschreiten.
Solche Boote wurden für Spazierfahrten, für längere Touren und auch für regelrechte Forschungsreisen benutzt. Die klassischen Werke darüber sind die Bücher von J. Macgregor, in denen er über seine Einhandreisen mit dem Kanu ROB ROY berichtet. Das erste, „1000 Meilen mit dem Kanu ROB ROY", 1870, war ein großer Erfolg und machte viel Menschen erst mit den Möglichkeiten eines kleinen und transportablen Bootes bekannt.

Es folgten „ROB ROY auf dem Jordan, dem Nil, dem Roten Meer und dem See Genezareth" und schließlich „ROB ROY auf der Ostsee", alle geschrieben in der Art des Reisenden des 19. Jahrhunderts, der alles aufzeichnet, abschreibt, der die besuchten Länder kartographisch aufnimmt, die Trachten der Eingeborenen, die Vögel, die Fische abbildet.

Unsere Abbildung auf Seite 188 aus einem seiner Bücher zeigt die ROB ROY auf dem See Genezareth.

In unserer Erinnerung lebt das 19. Jahrhundert ausschließlich als das Zeitalter der großen Yachten. Doch gab es in Ländern wie Amerika und England, wo das Sportboot allgemein verbreitet war, Yachten jeglicher Größe. Konstrukteure und begeisterte Yachtsegler befaßten sich sehr oft mit der kleinen Kreuzeryacht als „single-handed cruiser". Die Reisen der ROB ROY und eine Umsegelung Englands einhand mit der 19-t-Yacht ORION im Jahre 1887 zeigten, welche Möglichkeiten es für einen Mann auf einem Boot selbst bei Reisen in Küstengewässern gab.

Das Einhandsegeln mit jeder nur denkbaren Art von Booten ist weit verbreitet, und viele der Takelungen, die

Aere Perennius

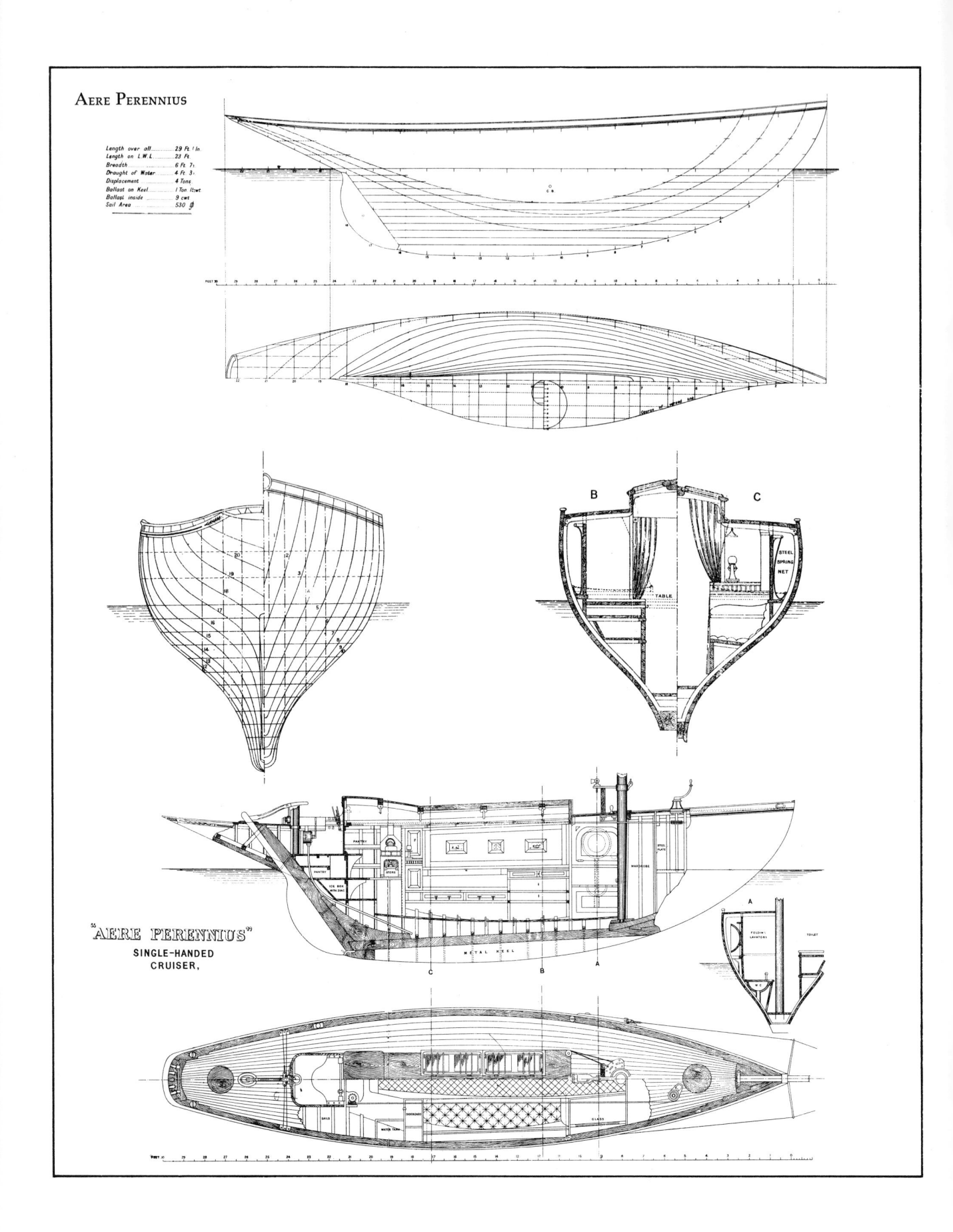

Length over all	29 Ft. 1 In.
Length on L.W.L.	23 Ft.
Breadth	6 Ft. 7½
Draught of Water	4 Ft. 3½
Displacement	4 Tons
Ballast on Keel	1 Ton 11 cwt
Ballast inside	9 cwt
Sail Area	530

"AERE PERENNIUS"
SINGLE-HANDED CRUISER.

zur Erleichterung der Bedienung gewählt wurden, würden heute jedermann erschrecken.

Kinton Hope, ein bedeutender Yachtkonstrukteur, entwarf 1886 für sich das Einhandboot HAZE. Das Boot war 5,50 m lang, hatte ein aufholbares Schwert und 44 m² Segelfläche. Die Anordnung der Segelfläche wirkt sehr gekünstelt, besonders wenn man bedenkt, daß sich hier ein professioneller Konstrukteur an einer Lösung versucht hat, die ein Mindestmaß an Arbeit sicherstellen sollte. Das Vorsegel wird, wie bei den Kuttern, nicht am Vorstag gefahren, es gibt aber ein Stag zum äußeren Ende des Bugspriets. Das Großsegel ist ein Luggersegel nach Art der chinesischen Dschunkensegel mit „Latten", die in Wirklichkeit 6 m lange, oval geformte Spieren aus Fichtenholz sind. Der Baum ist 6,10 m lang, die Rah 6,70 m. Der Treibermast steht außenbords, er ist in zwei am Spiegel befestigte Ringe gesteckt. Der Klüverbaum ragt 4,30 m über den Vorsteven hinaus.

Ein recht exzentrisches Rigg, doch nicht komplizierter als manche andere.
Die HAZE hat mit fast sämtlichen Kreuzerkanus und Einhandbooten ein typisches Merkmal gemeinsam: Der Aufbau verläuft in gleicher Höhe bis nach achtern und kann mit einem Luk vollständig geschlossen werden. Unten sind eine Kombüse, vorn einige Spinde, ein Wasserfaß und zwei Kojen.

1885 gewinnt ein schwedischer Entwurf einen Wettbewerb für Einhandkreuzer, die AERE PERENNIUS. Die Ausschreibung verlangte eine Höchstlänge von 9,15 m und die Eignung zum Einhandsegeln. Die Abmessungen des Siegers:

Länge über alles	9,13 m
Länge Wasserlinie	7,02 m
Breite	2,05 m
Tiefgang	1,30 m
Verdrängung	4,08 t

Das Boot ist schmal und tief mit harmonischen Linien. Abgesehen vom Löffelbug ist es ganz der Typ des alten Kutters, dessen gute Eigenschaften man bewahren wollte. Der Aufbau ist niedrig, schmal und lang, mit Oberlichtern über dem Salon. Das Cockpit ist winzig; in Reichweite befinden sich die Lenzpumpe, die mit Taljen einstellbare Ruderpinne und die Großschoten; beiderseits sind Nagelbänke. Die Fallen laufen ins Cockpit, ebenso wie die Bedienung für das Ankerspill (Schnecke und starre Welle). Bei einem derart eingerichteten Boot kann man, selbst wenn es vor Anker liegt, vom Cockpit aus allein Segel setzen.
Wahlweise kann auch ein Yawlrigg genommen werden.
Ansprechend sind auch die Einzelheiten der Inneneinrichtung. Wegen der geringen Breite keine festen Kojen. Was auf der Zeichnung zu sehen ist, sind Sofas. Die Koje ist, wie auf dem Querschnitt erkennbar, an die Bordwand hochgeschlagen und liegt hinter der Verschalung mit den quadratischen Feldern. Sie ist aus elastischem Stahlgeflecht gefertigt.
Es gibt noch mehr Annehmlichkeiten. Rundes Waschbecken, das oberhalb des WC hochgeschlagen wird, Spiegel, Konsolen mit unterbrochenen Borden, Vorhänge.
Ein hübscher Entwurf.

Eine andere Rumpfform ist die der SEAL, Baujahr 1910, entworfen von dem Engländer Albert Strange, einem sehr befähigten und fortschrittlichen Yachtsegler und Konstrukteur aus Liebhaberei. Das Boot hat ein spitzes Heck, dessen Form jedoch in keiner Weise mit dem nordischen Typ zu vergleichen ist. Ihre Linien sind die des typisch englischen Bootes wie die FAITH und die LEXIA.

Ein Heck dieser Form nennt man Kanuheck. Das Ruder liegt innen, der Überhang hat die Querschnitte eines normalen überhängenden Achterschiffs[43].
Die Abmessungen der SEAL sind:

Länge über alles	11,45 m
Länge Wasserlinie	9,33 m
Breite	2,74 m
Tiefgang	1,83 m
Verdrängung	11,90 t
40 % Außenballast	

---

[43] Man beachte, wie sehr die Spantschnitte nach hinten abflachen, während bei den nordischen Booten die Aufkimmung zum Achterschiff hin, ebenso wie nach vorn, immer steiler ist als die des Mittelschiffs. Die nordischen Boote haben wie die Rettungsboote zwei Vorschiffe, die SEAL dagegen hat ein spitz zulaufendes Achterschiff. Das Kanuheck ist die englische Version des nordischen Hecks, den nach der örtlichen Tradition gestalteten Rümpfen angepaßt, denen man möglichst weitgehend das Aussehen des so hochgeschätzten Colin Archer-Typs geben wollte.

SEAL

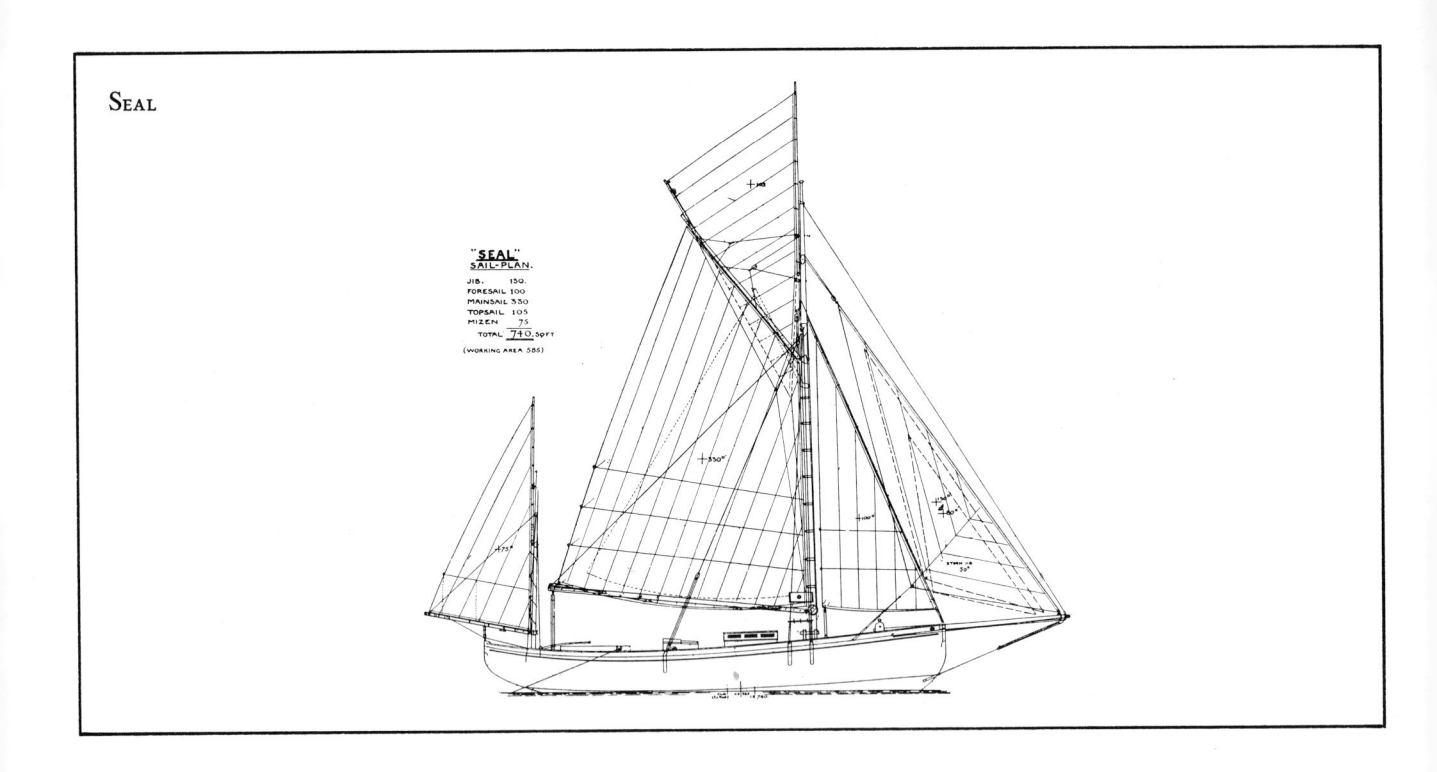

"SEAL"
SAIL-PLAN.
JIB. 130.
FORESAIL 100
MAINSAIL 330
TOPSAIL 105
MIZEN 75
TOTAL 740. SQFT
(WORKING AREA 585)

Auch die SEAL fände man heute als Kreuzeryacht reichlich schmal. Alle früheren Kreuzeryachten kommen einem heutzutage, da die Boote auch einen Motor haben, zu schmal, zu tief und zu sportlich vor.
Bei der SEAL gefällt mir das Aussehen des Decks besonders gut, es ist glatt wie bei den großen Booten. Das Cockpit ist klein, quadratisch und von einem hohen Waschbord umgeben. Die Sitzbank ist, wie bei der AERE PERENNIUS, nach vorne gerichtet, ein weiteres bei den nordischen Booten sehr häufiges Merkmal. Dann, nach vorn zu, ein Stück glattes Deck; das „doghouse" ziemlich hoch, ist eine verkleinerte Ausgabe des Aufbaus der großen Yachten. Dann ein Oberlicht, über dem das Beiboot umgedreht gestaut werden kann. Das Deck ist erfreulich anzusehen, die Decksnähte laufen parallel zur Mittschiffslinie und nicht zur Bordwand wie auf den modernen Yachten.

Auch die Inneneinrichtung entspricht jener der größeren Yachten. Achtern die Toilette, in der Mitte der Salon, dann das Schott, davor der Mast und die Vorpiek mit Kombüse und Klappkojen. Die Segelfläche ist nicht groß, 69 m². Das Großsegel mit losem Fußliek, wie auf den alten Kuttern, dazu ein kleines Sturmgroßsegel mit steiler Gaffel. Der Klüver wird an einem Ring ausgeholt und ist nicht am Stag angeschlagen. Alles Merkmale des traditionellen Typs. Das kleine Treibersegel hat eine senkrecht stehende Gaffel und erhält dadurch die Dreiecksform eines Hochsegels.
Der Entwurf ist sehr akkurat, und wer diese Art von Booten zu schätzen weiß, für den lohnt sich eine eingehende Betrachtung. Es handelt sich hierbei um ein schönes Beispiel für eine Kreuzeryacht, wie die Segler vor 50 Jahren sie besonders liebten.

Die DISCOVERY wurde 1909 von John G. Alten, Boston, entworfen, einem der bedeutendsten amerikanischen Yachtkonstrukteure. Der englischen Kreuzeryacht haben wir den Kutter ansehen können, hier haben wir die amerikanische Slup in reinster Ausprägung vor uns.

Man vergleiche den Segelriß der DISCOVERY mit dem der SPRAY von Slocum. Alten hat eine „Yachtversion" des berühmten Bootes geschaffen. Allerdings hatte Slocum den herkömmlichen Bootskörper mit dem Rigg der zu jener Zeit in Neuengland verbreiteten Slupen, vornehm-

Seal

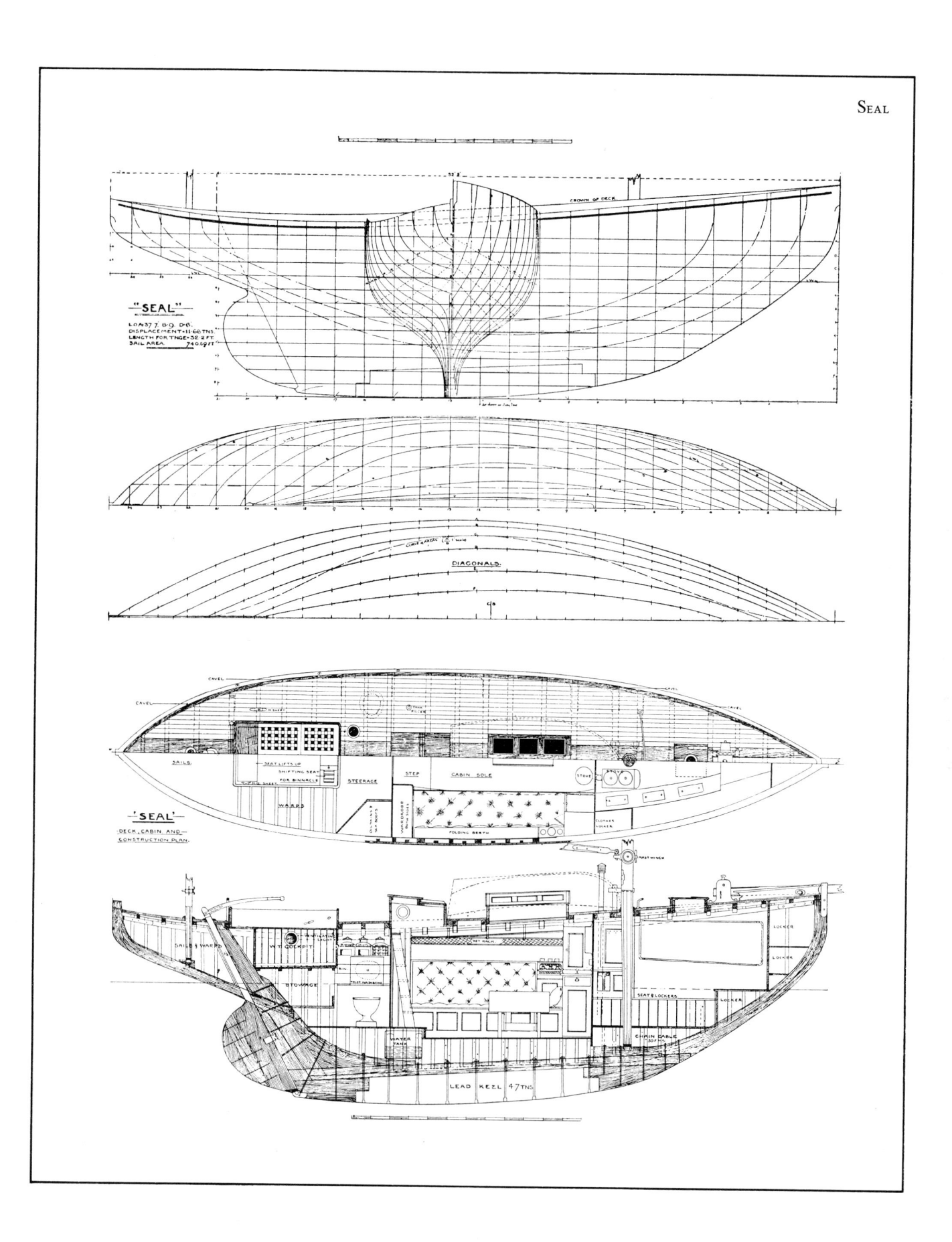

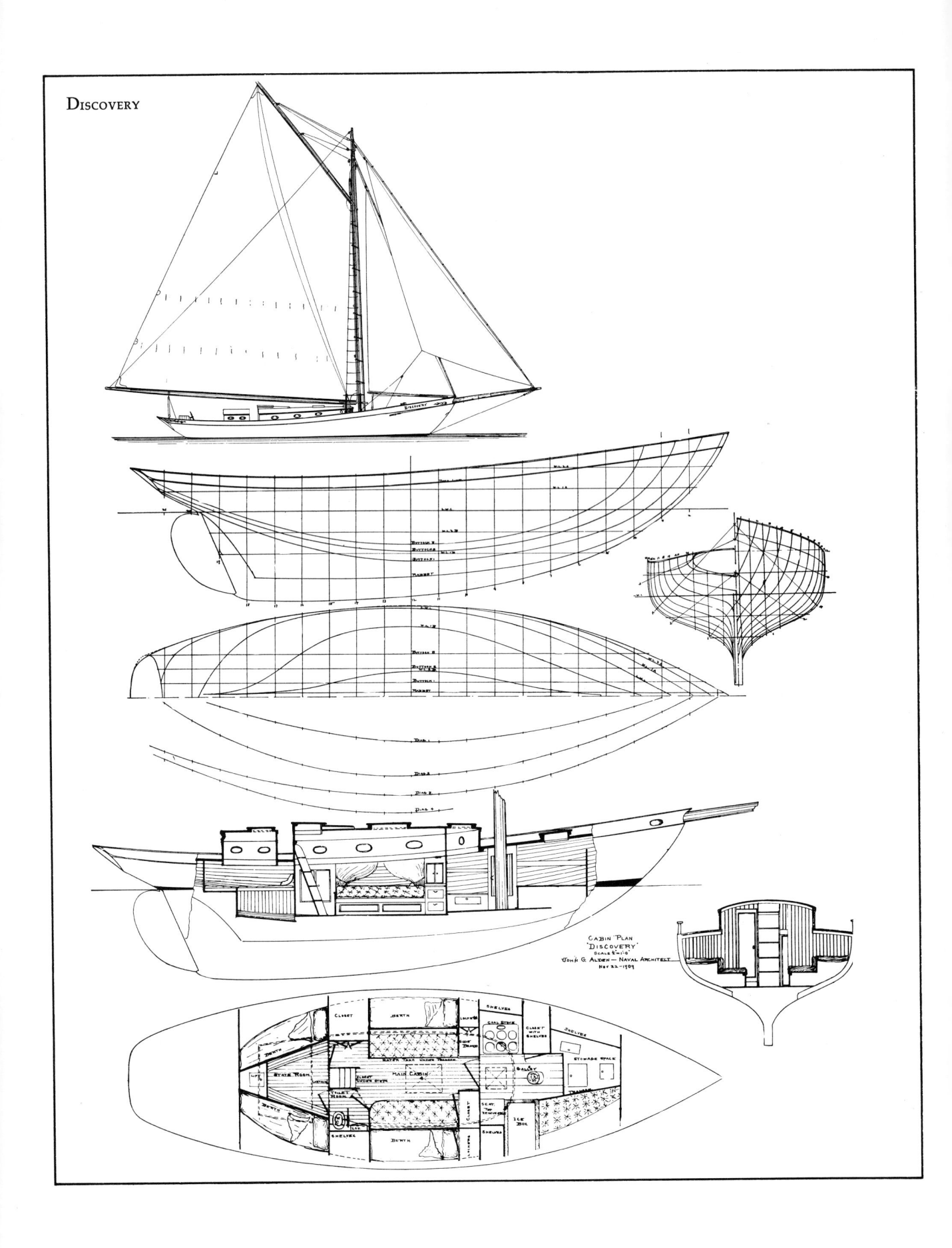

Discovery

lich der Slupen der Gloucester-Fischer, verbunden. Die beiden Boote haben sehr große Ähnlichkeit miteinander. Von der SPRAY sind der starke Mast mit nur zwei Wanten und ohne Stenge sowie der lange Baum. Einziger Unterschied ist die für die amerikanische Yacht typische Baumfock.
Die Achterkajüte (Alten nennt sie „stateroom") ist von dem großen Deckshaus durch ein kurzes Stück durchlaufendes Deck abgesetzt wie auf der SPRAY; gleich ist auch die Anordnung des Ruderrades hinten.

Innen bietet das Boot bei seiner Breite viel Platz, der gut ausgenutzt ist. In der großen Kajüte sind an den Bordwänden zwei feste Kojen mit Vorhängen, und vor den Kojen ist noch Platz für zwei weitere feste Sofakojen. Unter den Kojen die Wassertanks. Im Vorschiff befinden sich eine große Eisbox, die Kombüse (Kohlenherd), Spinde und eine feste Koje, alles in polierter Zypresse.
Die Linien sind die der SPRAY, allerdings ein wenig weicher. Die Spantschnitte zeigen einen wohlgestalteten Übergang zwischen dem Bootskörper und dem Kiel; das Vorschiff ist beträchtlich feiner, der achtere Überhang kurz.

Das Boot ist außerordentlich schwer gebaut und von hoher Formstabilität. Der Eisenballast liegt vollständig innen, wodurch dieser Bootstyp sehr viel billiger sein kann als der englische. Die Verbände sind sehr stark, die Außenbeplankung ist 32 mm dick, dazu eine Innenbeplankung von 20 mm. Alten versichert, daß ein solches Boot ein Leben lang hält und den Beanspruchungen nicht unterliegt, unter denen Bootskörper mit Außenballast zu leiden haben.

Diese Slup ist ein gutes Beispiel für ein seetüchtiges Boot billiger Bauweise, typisch amerikanisch; ein raffiniertes Arbeitsboot oder eine einfache Yacht. Diese Grenze ist bei der Slup ebenso fließend, wie sie es bei den Schonern vom Fisherman-Typ gewesen ist.
Ein sehr behagliches Boot, das gut in der See gelegen haben und auch sehr schnell gewesen sein muß. Der Rumpf ist größer, als seine Abmessungen ihn erscheinen lassen, wenn man einen Kutter derselben Länge zum Vergleich nimmt. Weniger Ballast, geringerer Tiefgang, gleiche Verdrängung, größere Breite. Praktisch mehr Bootskörper.

Hier die Abmessungen der DISCOVERY:

Länge über alles	13,15 m
Länge Wasserlinie	10,35 m
Breite	3,90 m
Tiefgang	1,90 m
Verdrängung	15,9 t
Ballast	4,5 t

Eine schöne Kreuzeryacht ist die FLAME von Nicholson. Ein großes Schiff von 14,50 m Wasserlinienlänge, 33 t. Ein typischer Kutterrumpf, ähnlich vielen anderen von der Form, wie sie in der LEXIA fortlebt. Schmal und tief, sehr langgestrecktes Achterschiff, glattes Deck mit Oberlichtern über den Wohnkammern, ein Niedergangsluk achtern und eins auf dem Vorschiff. Ein sportliches und starkes Schiff von einer Form, der man es auf den ersten Blick ansieht, daß es bei jedem Seegang weiterlaufen kann.
Das Boot ist yawlgetakelt, die Kreuzerversion des Kutters. Damals sah man in der Yawl kein zweimastiges Fahrzeug (in der Tat ist sie das auch nicht, Zweimaster sind die Ketsch und der Schoner, aber nicht die Yawl), man betrachtete sie vielmehr als „Kutter mit Treibersegel". Wir haben gesehen, daß die Regattakutter, wenn sie als Rennboote ausschieden, dergestalt gerigt wurden. Die FLAME, ein Kreuzerkutter, war von Anfang an als Yawl getakelt.

Nach heutigen Begriffen wäre die FLAME ein großes Boot, doch läßt sie sich, im Vergleich zu ihren großen Zeitgenossen, durchaus unter die kleinen Kreuzer einreihen. Dixon-Kemp preist ihre Inneneinrichtung, die dem Segler alles bietet, was er braucht. Das Innere wird uns als „ein Beispiel des multum in parvo" vorgestellt.
Ich bringe die FLAME, weil der Entwurf der Inneneinrichtung der schönste ist, den ich für diesen Zeitraum habe finden können.

Die Anordnung ist die übliche. Wenn man den Niedergang hinabsteigt, hat man nach achtern zu die Eignerkammer mit zwei Kojen, einem Waschtisch und einer Badewanne unter den Bodenbrettern. Neben dem Niedergang eine Koje und das WC. Nach vorn schließt sich der Salon an. Dann das Schott und das normal eingerichtete Vorschiff. Klappkojen, Spinde und Kapitänskammer. Bemerkenswert an der Zeichnung ist die Art der Füllungen – Möbeltischlerei im Geschmack der Zeit. Unter den Kojen sind Backskisten, die mit den gleichen Motiven

Flame

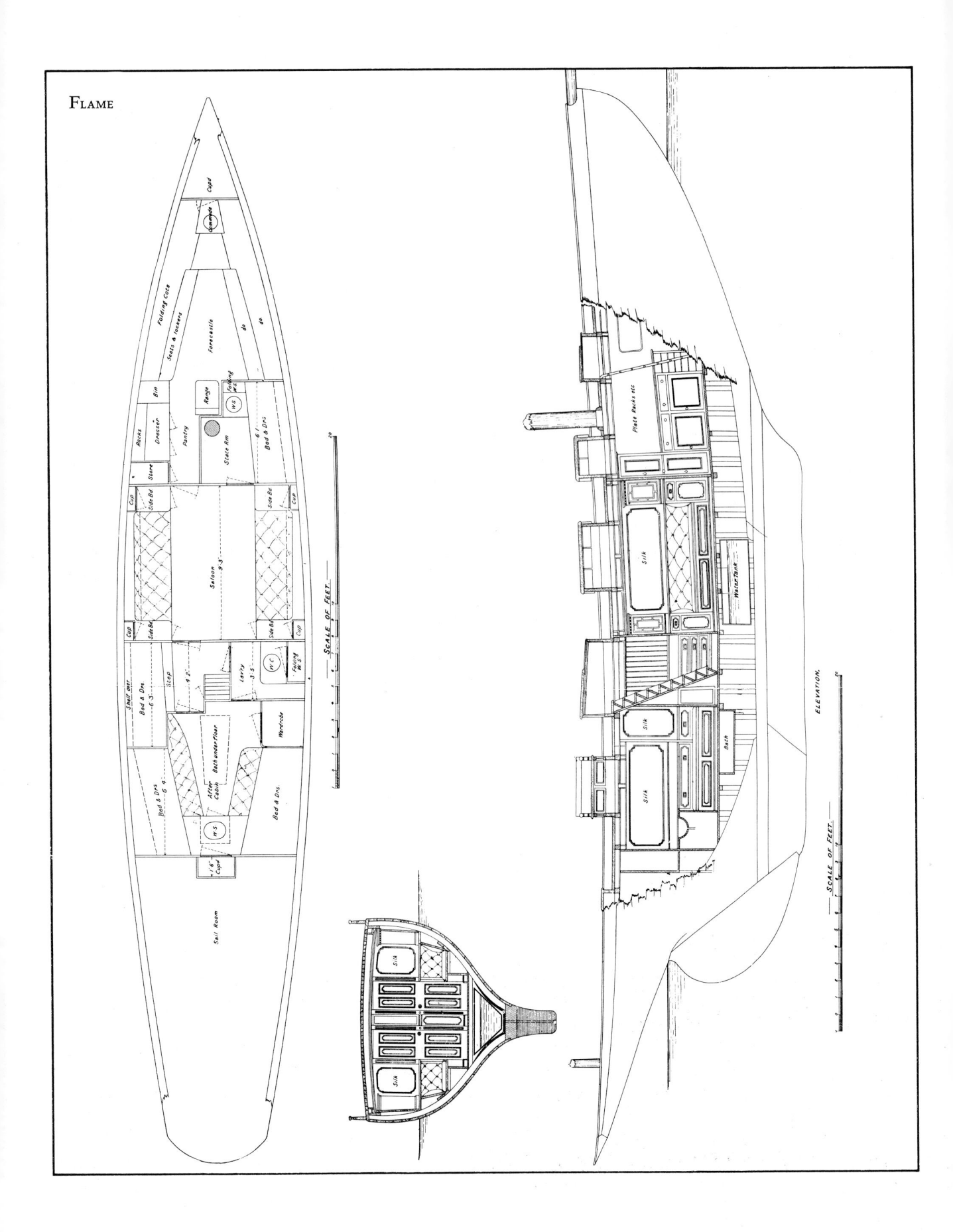

verziert sind wie die Türen. Die Spindtüren und die Anrichten im Salon zeigen ein anderes Motiv. Auf den oberen Teilen der Wandbekleidung rund um die Kojen und auf den Schotten liest man die Anweisung des Konstrukteurs für das Material: „silk", Seide.

Eine Auswahl der Kreuzeryachten aus dem Zeitalter der Gaffelgroßsegel, die eine nähere Betrachtung verdienten, würde ein Buch für sich füllen, und es wäre ein großartiges Buch für diejenigen, die das Meer lieben.
Diese Schiffe, außerhalb der Vermessungsformeln gestaltet, sind manchmal hochinteressante Beispiele für persönliche Lösungen von eigenständigem Geschmack und von Würde, ohne die Fesseln durch vorgegebene Muster. Es gibt verkleinerte Ausgaben der großen Yachten darunter und Vergrößerungen von kleinen Bootskörpern typischer Art, persönlich gefärbte Auslegungen von Rennbooten und Berufsfahrzeugen.
Das „character boat", das Schiff mit persönlicher Prägung, ist der Ehrgeiz des Mannes, der die Regatten nicht mag. Bei einem großen Teil dieser Yachten ist es nicht gelungen, das zu verwirklichen, was man mit ihnen im Sinn gehabt hatte. Wo das aber gelungen ist, sind Boote von ungewöhnlicher Schönheit entstanden, die auch dann schön sind, wenn man sie außerhalb des Zusammenhanges mit ihrer Zeit und mit dem Geschmack betrachtet, den sie repräsentieren.
Für mich kommt die DYARCHY von 1937 diesem Ideal am nächsten. Sie steht stellvertretend auf ganz hohem Niveau für alle „character boats" dieses Jahrhunderts.
Das vollkommene Boot, wir wissen es, soll demjenigen gleichen, das man vorher hatte, nur soll es einen Meter länger sein[44]. Die DYARCHY war bei Giles von einem Mr. Pickney in Auftrag gegeben worden, der schon Eigner des Bristol-Lotsenkutters gleichen Namens gewesen war, den wir auf Seite 160 gesehen haben. Im großen und ganzen erinnert die neue DYARCHY an die alte, nur ist sie ungefähr um den bewußten Meter länger.
Die Giles gestellte Aufgabe war, die alte DYARCHY in moderner Ausgabe neu zu schaffen, wobei das neue Boot nicht darauf ausgelegt zu sein brauchte, auch im Winter in See zu stehen wie die Lotsenboote. Die Abmessungen des alten Bootes waren:

---

[44] Die Engländer haben eine Regel für die Länge des idealen Bootes: 1 Fuß für jedes Jahr, das der Eigner alt ist.

Länge über alles	12,50 m
Länge Wasserlinie	11,58 m
Breite	3,85 m
Tiefgang	2,13 m
Segelfläche	115 m²

Die Abmessungen der neuen DYARCHY:

Länge über alles	13,97 m
Länge Wasserlinie	11,58 m
Breite	3,73 m
Tiefgang	2,29 m
Segelfläche	131 m²

Ein wenig länger über alles, ein bißchen schlanker und etwas mehr Segelfläche. Alles in allem ungefähr das gleiche Schiff.

Für mich muß ein Boot groß genug sein, um mit angemessener Bequemlichkeit darauf segeln zu können, und nicht größer, als daß man, wenn notwendig, noch allein damit fertig werden kann. Als Dilettant habe ich keine feste Vorstellung davon, wie die Formen beschaffen sein sollen, außer daß das Boot gut segeln soll, daß es Reisen mit anständiger Geschwindigkeit machen und daß eine passable Anzahl von Menschen und viel Ausrüstung bequem untergebracht werden können. Schließlich ein Spiegelheck, bei dem sich das Ruder leicht abnehmen läßt, wenn das Boot auf dem Schlick trockenfällt, was ich oft tue.
Soweit der Eigner.

Beim Rigg – die einzelnen Segel durften nicht größer sein als 50 m² – war zwischen hochgetakeltem Yawl- und Kutterrigg mit Gaffelgroßsegel und großem Toppsegel zu entscheiden.
„Ich bin zu faul, um mich mit einer Yawl herumzuschlagen, und so gewann der Kutter mit Gaffel."
Das Ergebnis war ein Schiff, das zwar nichts Außergewöhnliches geleistet hat, das aber doch zu einer der bekanntesten Kreuzeryachten wurde. Seine Güte steht auch heute noch außer jeder Frage. Ich kenne eine Reihe von Seglern, die behaupten, die DYARCHY sei die schönste Kreuzeryacht, die je in einem Fachblatt gezeigt sei.
Das Boot wurde in Schweden gebaut, der Rumpf ganz aus Eiche. Das Innere wurde vom Eigner entworfen. Eine

Dyarchy

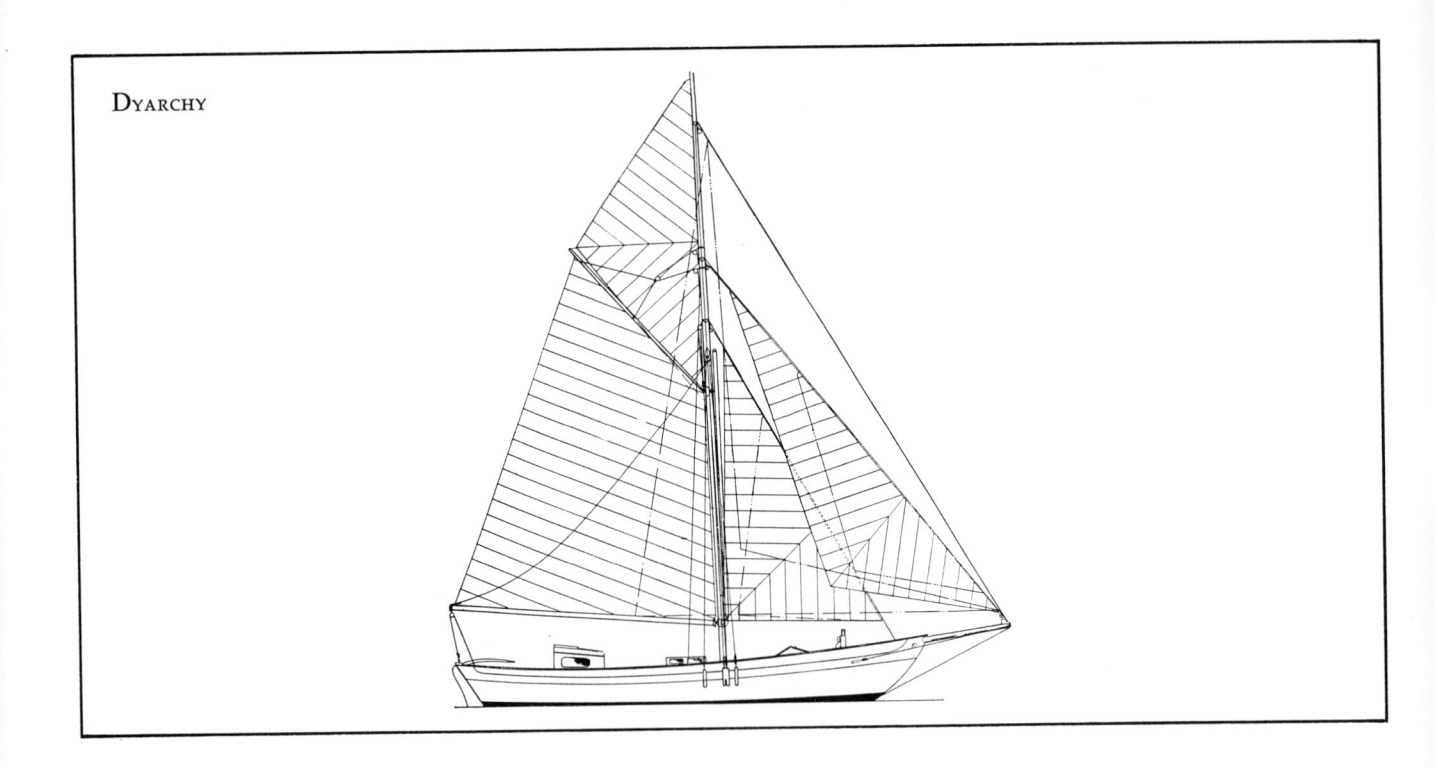

Yacht von 24,5 Tonnen mit vier Kojen. Ins Vorschiff führt ein Niedergang zu der Toilette und zu der vorderen Zweibettkammer; dahinter ein Salon mit Sofas (die weder irgendwie hochzuschlagen noch zu verbreitern sind) und runde Lehnsessel. Weiter die Kombüse, der Kartentisch und zwei Kojen unter dem hinteren Aufbau, dessen Bodenbretter erhöht sind; darunter ein nicht umsteuerbarer Albin-Motor.
Nie habe ich ein Boot gesehen, bei dem die herrschaftliche Verachtung der Unterbringungsmöglichkeiten für Kojen und für die „Hilfspferde" dermaßen weitgegangen wäre.

Die Einrichtungen habe ich ausgedacht; und weil ich unter der Enge des alten Bootes gelitten habe, bin ich zum anderen Extrem übergegangen. Die neue Dyarchy *ist so eingerichtet, daß vier Personen bequem darin schlafen können, und es verging lange Zeit, bis es sich herumsprach, daß weitere zwei (ich hoffe unbequem genug) im Salon schlafen können.*

Auch das Rigg ist originell, der Mast ist aus einem Stück, ohne Stenge, und das Toppsegel führt sich beim Heißen von selbst in die Mastnut ein, in der das Fall läuft. Der kleine Klüver ist am Stag angeschlagen, aber Segel und Stag werden mit einem Ring ausgeholt. Ein scheinbar simples Rigg, doch sehr durchdacht und brauchbar.

Die Dyarchy *segelt außerordentlich trocken. Das nach oben ausfallende Vorschiff scheint die Seen fortzurollen, und praktisch kommt kein Wasser nach achtern. Die Bewegungen sind weich und sanft.*

Es ist heute nicht leicht, die Einfachheit eines Gaffelriggs zu begreifen mit Segeln, die als klein und für einen Mann leicht zu handhaben bezeichnet werden, weil sie nur 50 m² groß sind, und einen Eigner, der mit seiner 60-jährigen Mutter und niemandem sonst an Bord zur See fährt.
Mr. Pickney, Kommodore des Royal Cruising Clubs, ist ein Seefahrer von großer Erfahrung. Die Dyarchy segelte häufig nach Spanien und in die Ostsee, viel gepriesen und oft fotografiert. Die Hiscocks erwähnen sie verschiedentlich in ihren Büchern.
Auch ich finde, die Dyarchy ist die schönste Kreuzeryacht, die heute noch schwimmt.

Dyarchy

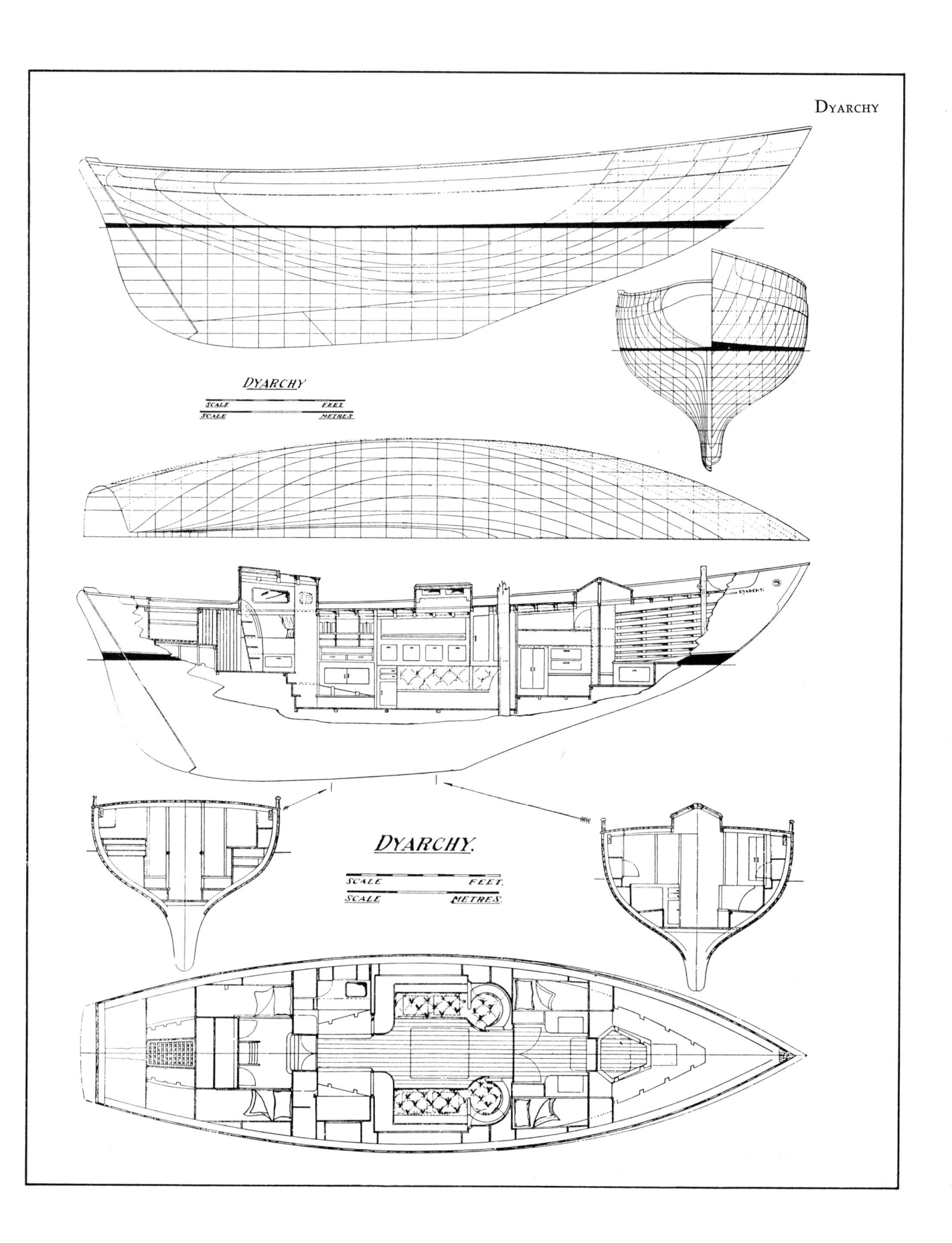

Dyarchy

SCALE ——— FEET
SCALE ——— METRES

Dyarchy.

SCALE ——— FEET.
SCALE ——— METRES.

XVII Hochseeregatten

Ailsa

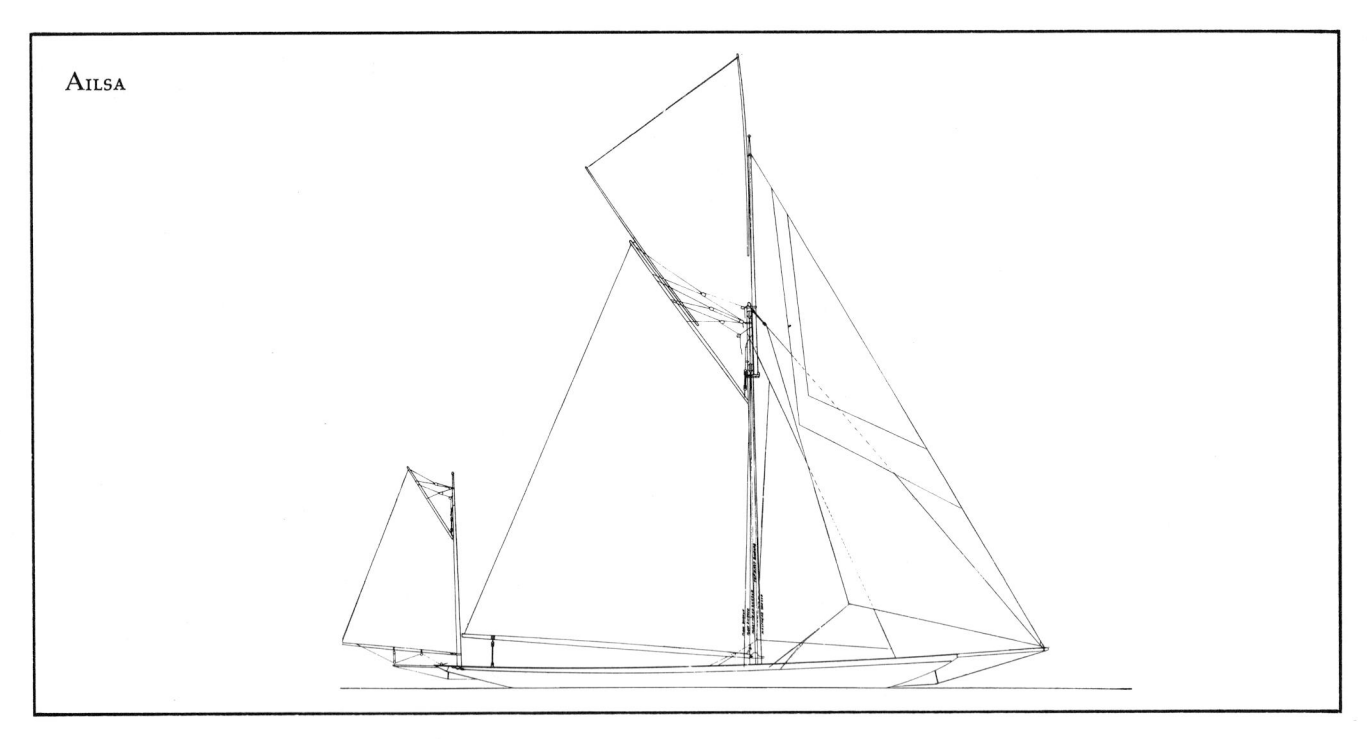

Zwischen den beiden Weltkriegen entsteht der „ocean racer", die Hochseerennyacht. Sie ist in besonderer Weise ein Ausdruck der modernen Yacht, die bisher letzte Entwicklungsstufe des Sportbootes. Zugleich wandelt sich der Typ des Yachtseglers, der sich auf seinem Schiff anders verhält als der frühere. Die „bezahlten Hände" werden immer weniger, der Mannschaftsraum im Vorschiff wird immer kleiner; allmählich wandern die Kombüse und die Anrichte nach achtern, die Aufbauten werden auf Kosten der Decksfläche größer, damit immer mehr „Leute von Rang" in immer kleiner werdenden Booten untergebracht werden können. Der Bootsrumpf verliert etwas von jener leichten Grazie des „Schmetterlings der See", er wird schwerer, seetüchtiger, praktischer.
Die Yacht schickt sich an, bürgerlich zu werden.

Hochseeregatten sind keine Neuerung unseres Jahrhunderts. Die erste Transatlantikregatta wurde 1866 von drei amerikanischen Schonern gesegelt. Drei Eigner setzten auf ihre 30-m-Schiffe Henrietta, Fleetwing und Vesta, echte Schoneryachten aus New York, die für die damalige Zeit enorme Wettsumme von 30 000 Dollar. Start war am 2. Dezember, und die Regatta wurde ungeheuer hart. Sturm und Schnee. Von der Fleetwing holte sich die See mit einem Schlage sechs Mann. Bemerkenswert ist, daß die Schiffe unter der normalen Regattabesegelung starteten und daß auf der Überfahrt mit der gleichen Härte gesegelt wurde wie bei den Regatten unter der Küste. Wir haben gesehen, welche Segel die Boote von New York trugen!

Sieger war die Henrietta, sie hatte die 3016 Seemeilen von Sandy Hook bis Lizard in 13 Tagen, 21 Stunden und 55 Minuten abgesegelt. Das ergibt die überaus hohe Durchschnittsgeschwindigkeit von 9,02 Knoten.

Die schnellste Reise machte die Vesta, ein Schoner von ganz extremem Typ mit Schwert; aber sie verfehlte ihren Landfall, verlor durch den Strom unter der Küste ihren Vorsprung von fast einem Tag und ging als dritte durchs Ziel.

Doch ist diese Regatta im 19. Jahrhundert ein Einzelfall. Das Yachtsegeln war noch aristokratisch, und man schätzte diese Art von Wettkämpfen nicht.

1905 stiftete Kaiser Wilhelm II. einen Pokal für eine Transatlantikregatta unter Segeln ohne Handikap, die für Boote jeder Art offen war. Es kamen elf Konkurrenten, zwei Dreimast-Schoner, fünf Zweimast-Schoner, eine Yawl, ein Toppsegelschoner, ein Vollschiff und eine Dreimast-Schonerbark. Das war das große seglerische Ereignis des Jahres, und in den Ausgaben von „The Rudder" von 1905 sind die Logbücher der Konkurrenten und die Kommentare der Journalisten abgedruckt, die beim Start waren. Die Amerikaner setzten auf die Atlantic unter dem Kommando von Charlie Barr, einem fähigen schottischen Berufsskipper, der dreimal

HAMBURG

VALHALLA

ATLANTIC

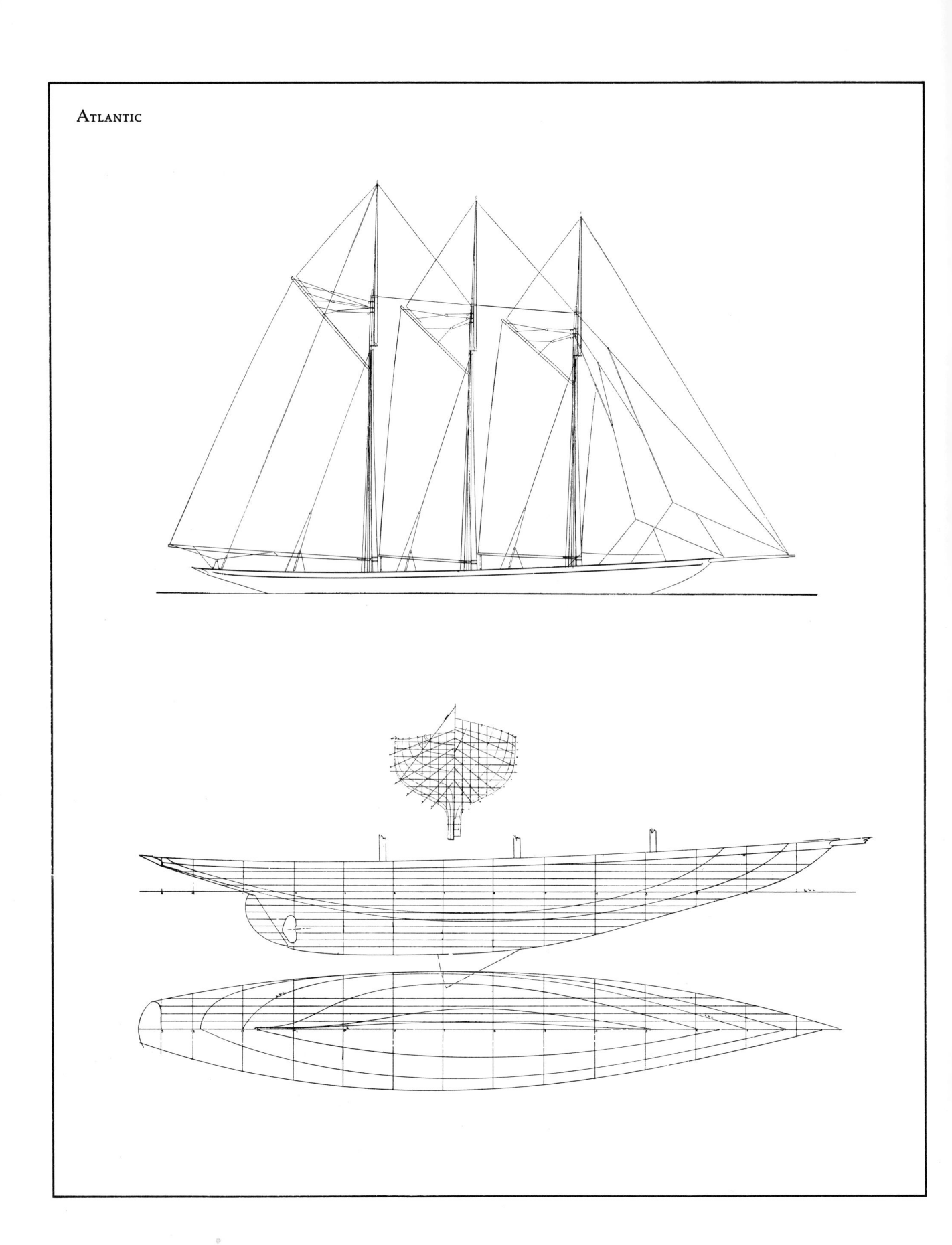

JOLIE BRISE

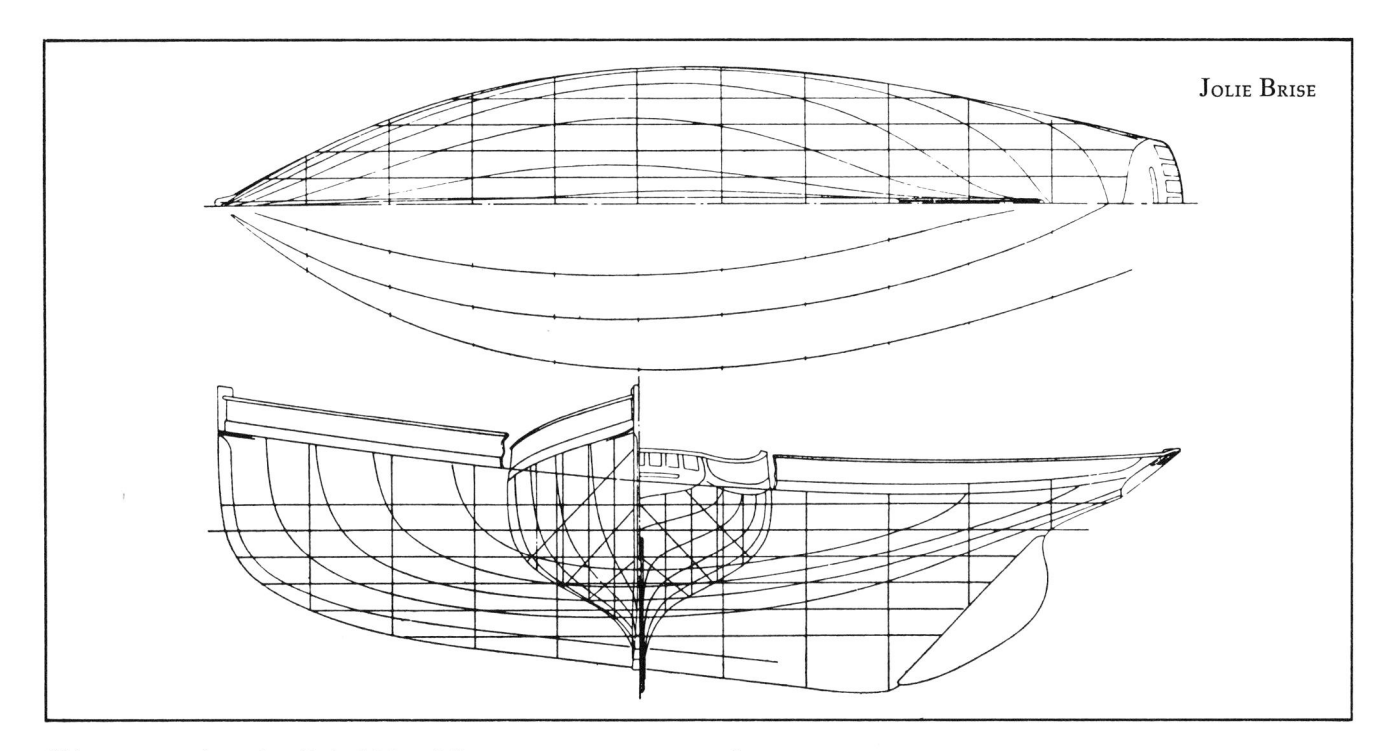

Skipper von America-Pokal-Verteidigern gewesen war. Die Yachten waren sehr unterschiedlich und ließen die Möglichkeiten der betreffenden Typen deutlich werden. Erste beim Start war die Yawl AILSA, ein Regattaboot von Fife, Gewinnerin von Preisen in der 99-Fuß-Klasse. Länge über alles 38,75 m, Breite 7,75 m, Segelfläche 928 m². Ein Boot mit sehr feinen Linien in der besten Tradition von Fife. Der Chronist fragt sich, wie ein dermaßen extremes Boot zu einer Atlantikregatta überhaupt zugelassen werden konnte, mit einem Freibord von 1,60 m und einer Ruderpinne, die fast 5 m lang war. Die AILSA wurde bald von der HAMBURG überholt, die von den Beobachtern als der für die ATLANTIC am meisten zu fürchtende Gegner eingeschätzt wurde wegen der Art und Weise, in der sie sich in der aufkommenden Brise verhielt und sich, ohne von der durcheinanderlaufenden See aufgehalten zu werden, entschieden an die Spitze des Feldes setzte. Die deutsche HAMBURG, ex RAINBOW, war ein Schoner von Watson, Länge über alles 48,20 m, 7,32 m breit und mit 1740 m² Segelfläche. Sie hatte sehr feine Linien.

Letzte beim Start war die größte Yacht, das Vollschiff VALHALLA, die am langsamsten manövrierte. Sie machte einen Fehlstart und wurde zurückgerufen. Eine Stunde danach ging sie erneut über die Linie. Die VALHALLA war die einzige richtig als Vollschiff getakelte Yacht der Welt. Sie gehörte dem Count of Crawford von der Royal Yacht Squadron und hatte hundert Mann Besatzung. Über alles 75 m lang und 11,30 m breit, Segelfläche 2680 m².

Die HAMBURG kämpfte einen Tag und eine Nacht lang mit der ATLANTIC um den ersten Platz, den diese dann einnahm und bis zum Ziel hielt.

Die Yachten trafen auf Eisberge und Stürme, und die Regatta war außerordentlich schnell. Von der Position des 23. bis zu der des 24. März loggte die ATLANTIC 341 Seemeilen in 23,31 Stunden, ein Durchschnitt von 14 Knoten und 13 Meilen mehr als der noch bestehende Rekord der DAUNTLESS mit einem Etmal von 328 Seemeilen im Jahre 1887.

Am 26. Südweststurm. Die See bricht gefährlich an Deck. Vier Beutel Öl wurden längs der Luvseite ausgebracht, beigedreht wurde nicht. Nach vier Tagen besserte sich das Wetter, und Kapitän Barr konnte endlich zur Koje gehen.

Die ATLANTIC wurde von jedem Schiff, das sie unter der englischen Küste traf, festlich begrüßt. Alle dippten die Flagge, grüßten mit der Sirene und begleiteten die Yacht. Sie war das erste Schiff und noch niemand sonst in Sicht. Die Ziellinie war querab von dem deutschen Torpedoboot PFEIL, das ein Glückwunschsignal vorheißte, als die ATLANTIC in Sicht kam. Die Amerikaner beantworteten es mit einem Danksignal. Eine halbe Stunde später gingen sie über die Linie.

Die HAMBURG war zu der Zeit bei den Scillyinseln und

JOLIE BRISE

ging 22 Stunden später durch. Zwei Tage danach waren sämtliche Yachten angekommen. Erstes Schiff dieser Gruppe war die große VALHALLA, die bei dem Sturm viel gewonnen hatte und 22 Stunden nach der HAMBURG einkam.

Die von der ATLANTIC gesegelte Zeit ist auch heute noch ein schwer zu brechender Rekord für Atlantiküberquerungen: zwölf Tage, vier Stunden und eine Minute. Durchschnittsgeschwindigkeit 10,32 Knoten.

Die ATLANTIC wurde 1903 von William Gardner gezeichnet und in Stahl gebaut. Sie ist ein modernes, sehr großes Sportsegelschiff. Die Linien sind die einer sehr scharf gebauten Schwertyacht vom „compromise type", aber mit den etwas flacheren Spantschnitten des Raters. Sie hat einen Hilfsmotor. Ihre Abmessungen sind beachtlich:

Länge über alles	56,50 m
Länge Wasserlinie	41,50 m
Breite	9,00 m
Tiefgang ohne Schwert	5,50 m
Segelfläche	1700 m²

Maße, die demjenigen, der die normalen Abmessungen von Yachten gewohnt ist, schon nicht mehr ganz begreiflich sind.

1906 schlägt Thomas Fleming Day, Herausgeber der amerikanischen Yachtzeitschrift „The Rudder", dessen Atlantiküberquerung mit der Knickspantyawl SEABIRD noch in Erinnerung ist, eine Regatta von New York zu den Bermudainseln vor. Es ist das erste moderne Atlantikrennen. Drei Yachten nehmen teil, die größte 12,20 m über alles lang, die kleinste 8,55 m, die Jahre später nicht mehr zugelassen worden wäre, weil sie die Mindestlänge von 35 Fuß (10,60 m) nicht erreichte.

1907 sind es zwölf Starter, 1908 fünf, ebenso 1909, 1910 zwei, danach wird das Rennen eine Reihe von Jahren nicht mehr gesegelt. Die Zeit war für diese Art von Regatten noch nicht reif. 1923 wird das Bermuda-Rennen mit 22 Booten am Start aufs neue belebt. Nun ist die Zeit reif. Der neue Yachtsegler wird jedes Jahr lieber zu diesen Regatten gehen, und jedes Jahr werden die Teilnehmerzahlen weiter anwachsen.

25 Starter 1928, 42 im Jahre 1930. Heute ist das Bermuda-Rennen eines der wichtigsten seglerischen Ereignisse der Welt.

Das erste Fastnet-Rennen wird 1925 gesegelt. Start in Cowes, um die Wendemarke Fastnet Rock vor der SW-Spitze Irlands, dann zurück ins Ziel vor Plymouth, insgesamt 600 Seemeilen. Am ersten Rennen nehmen sieben Yachten teil, am zweiten elf, am dritten 15. Die Ver-

La Goleta

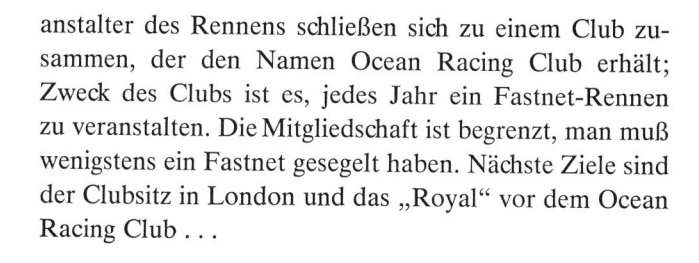

Tally Ho

anstalter des Rennens schließen sich zu einem Club zusammen, der den Namen Ocean Racing Club erhält; Zweck des Clubs ist es, jedes Jahr ein Fastnet-Rennen zu veranstalten. Die Mitgliedschaft ist begrenzt, man muß wenigstens ein Fastnet gesegelt haben. Nächste Ziele sind der Clubsitz in London und das „Royal" vor dem Ocean Racing Club . . .

Heute bedarf die Abkürzung RORC keiner Erläuterung. Die meisten europäischen Seekreuzer wurden bis vor kurzem nach der RORC-Formel vermessen, die zur Vermessung der am Fastnet-Rennen teilnehmenden Boote geschaffen worden war und wegen ihrer Vorzüglichkeit dann zur Vermessungsformel in aller Welt wurde, außer in den USA. Unter dieser Formel und mit der Praxis der Hochseeregatten entsteht und entwickelt sich die Yacht für den neuen Segler, der auch Seemann ist, der mit der Familie zur See fährt, Ozeanüberquerungen macht, der an Bord seine Briefe schreibt, schläft, kocht, lebt.

Die ersten Yachten, die zum Fastnet gemeldet werden, sind ganz unterschiedlich, und jeder sieht man ihre Herkunft an. Beim ersten Fastnet waren unter den Konkurrenten als einzige richtige Yachten ein schlanker Kutter von Nicholson und ein Spitzgatter von Shepard. Ferner ein Colin Archer, zwei Lotsenboote von Bristol, ein Westcountry-Boot. Die Siegerin, die berühmte Jolie Brise, war ein Lotsenkutter von Le Havre.

Die Jolie Brise war in jeder Hinsicht ein Kutter der alten Art. Sie ist eher der Pearl von hundert Jahren zuvor vergleichbar als jeder anderen Yacht ihrer Zeit. 1913 von Paumelle in Le Havre gebaut, beginnt sie ihre Laufbahn als Lotsenboot und besitzt dessen Merkmale: langen Kiel, große Verdrängung, nicht besonders große Segelfläche.

Die Linien sind sehr schön, ihr Eigner E. G. Martin, Mitbegründer des RORC, war von ihren See-Eigenschaften begeistert, pflegte aber zu sagen, daß er nicht viel von ihr übernähme, würde er ein neues Schiff bauen. Die Jolie Brise litt im höchsten Maße unter dem Mangel der Lotsenboote, wenn sie auf der offenen See gebraucht wurden: dem äußerst geringen Freibord. Bei ihren 14,60 m Länge in der Wasserlinie lag der tiefste Punkt der Bordwand nur 1,20 m über Wasser, und davon waren 44 cm die Höhe der Verschanzung. Das ist ein Zwanzigstel der Wasserlinie. Eine Hochseeyacht von heute hat mindestens den doppelten Freibord. Das heißt, an Bord wurden die Seestiefel schon bei Windstärke 3 hervorgeholt.

Nichtsdestoweniger hält die Jolie Brise einen einmaligen Rekord. Sie siegte 1925, 1929 und 1930 im Fastnet.

Ein letzter großartiger Beweis für die Güte des alten typischen Kutters in einem seiner schönsten Vertreter.

Mit dem Wort Fastnet verbindet sich die Vorstellung von hartem, feindlichem und scheußlichem Wetter – das gehört nun einmal dazu.

Klassisch in dieser Hinsicht war das Rennen von 1927. 15 Meldungen, darunter zwei Amerikaner. Die englischen Boote sind wie gewöhnlich von ganz ungleichem, meist herkömmlichem Typ. Die beiden Amerikaner waren Schoner vom Fisherman-Typ. Von höchster Anschaulichkeit ist der Bericht, den ich aus „An Eye for a Yacht" von Phillips-Birt zitiere:

Das Fastnet 1927 wurde in dem schauderhaften Wetter eines der wildesten englischen Sommer gesegelt. Von den 15 Teilnehmern, die unter gereeften Segeln vor Cowes am 13. August starteten, suchten 13 Schutz vor dem dann folgenden harten Wind, und nur zwei Yachten – der amerikanische Schoner La Goleta *von R. Peverly und die* Tally Ho *von Lord Stalbridge – beendeten das Rennen.*

Alfred Loomis, der auf der La Goleta *mitsegelte, hat uns einen brillanten Bericht überlassen: „Gegen Mittag des 15., nach zwei Tagen, kämpften sich die Yachten im Kanal gegen Winde vor, die meistens Stärke 8 hatten. Die Stunden vergingen, und als wir uns hoch am Wind an Lizard vorbeiklemmten, sahen wir die* Nicaor *(den anderen Amerikaner) mit Segeln, die uns klarmachten, daß es wirklich blies. Sie war ein Schoner, für die hohe See geschaffen, und sie lag unter den Vorsegeln beigedreht ...* Jolie Brise, *die wir am Morgen gesehen hatten, wie sie sich nach Falmouth durchkämpfte, war verschwunden, und der einzige Gegner war* Tally Ho, *die unter gerefftem Großsegel und Sturmfock auf Lizard zu kreuzte. Hoch über dem Gischt der See schien sie ruhig zu liegen wie eine Kirche, und wir betrachteten sie in schweigender Bewunderung. Fürwahr ein Gegner ...*

Sie war offensichtlich etwas später unser einziger Gegner. Kurze Zeit war sie sogar das einzige Boot, das weitersegelte. Denn die Goleta *ging vor den Wind und lief ab, um unter Falmouth Schutz zu suchen. Aber ernste Bedenken waren stärker. In Amerika könnten wir vielleicht einlaufen, weil die See zu schwer war; aber was würden die Engländer sagen?" So setzten die Yachten die lange Kreuz zu dem weit entfernten Felsen von Fastnet fort.*

13 Teilnehmer waren mit verschiedenen Schäden in den Hafen zurückgesegelt und überließen es einem typischen „fisherman", den John G. Alten entworfen hatte, und einem typischen englischen Kutter, der zwar von Albert Strange als Yacht entworfen, aber doch ein richtiger Lotsenkutter war, eines der härtesten Rennen in der Geschichte des Yachtsegelns zu laufen. „Draußen, auf der traurigen Leere des Atlantiks", so schreibt Maurice Griffith, der mitsegelte, „wurde ein Duell zwischen zwei Yachten ausgefochten, tapfer und kühn wie eine Saga des Meeres."

Nach ein paar Tagen der Angst längs der Küste liefen die beiden Yachten nach sechs Wettfahrttagen mit 52 Minuten Abstand über die Linie. Tally Ho, *das kleinere Boot, siegte nach berechneter Zeit. Der Mitbegründer des RORC sagte später, daß* Tally Ho *und* La Goleta *Geschichte gemacht hätten, niemand hätte vorher eine solche Regatta gesegelt.*

Die Tally Ho und die Jolie Brise sind der Schwanengesang der Kutter der alten Art. Der gerade Vorsteven und der seitliche Bugspriet verschwinden allmählich. Die neue Yacht hat ein immer längeres Vorschiff und ein mehr „yachtmäßiges" Rigg. Viele Bugspriete werden gänzlich abgeschafft. Auch für die Hochsee wird die Neuerung angenommen, die um 1925 bei den Dreiecksregatten der Gewinner gewesen war. 1930 ist die Hochtakelung kein Experimentierrigg mehr für einen „ocean racer". Ein typischer englischer Kutter aus der Zeit der ersten Hochsegel ist die Patience von Charles Nicholson. 1931 gebaut, läßt sie die Abstammung vom „plank on edge" erkennen, wenn auch abgeschwächt durch die Erfordernisse der Internationalen Formel. Die Merkmale sind immer noch die gleichen: langer Kiel mit abgeschnittenem Vorfuß, Löffelbug, jedoch viel kürzer als das sehr weit überhängende Achterschiff. Sämtliche Spantschnitte sind sehr tief, auch die weiter hinten, wodurch die Wasserlinien sehr fein werden. Mir gefällt diese Art von Rumpf sehr mit seinen schlichten und kraftvollen Linien.

Glattes Deck, Oberlichter und der rechteckige Aufbau („doghouse", Hundehütte, genannt) über dem Niedergang in der Mitte des Schiffes. Unten nach achtern zu Kammern, weiter vorn der Salon, vor dem Mast das Schott zum Vorschiff, hier Klappkojen für vier Seeleute. Abgesehen von der Takelung gleicht die Patience der Flame, 31 Jahre zuvor einer der ersten Entwürfe Nicholsons. Das große Hochsegel überdeckt die Fläche des Groß- und Toppsegels beim Gaffelkutter, die übrigen Merkmale des Kutterriggs sind geblieben; es gibt noch die Backstagen, die am Beschlag für die Vorsegel und ganz oben am Masttopp angreifen, der Mast ist nach hinten nicht abgestagt, es gibt drei Vorsegel wie früher. Im ganzen sieht das Schiff sehr englisch aus; die traditionelle Schönheit ist nach den neuen Satzungen überarbeitet, doch hütete man sich gut vor Übertreibung.

Die Abmessungen sind die eines großen Schiffes:

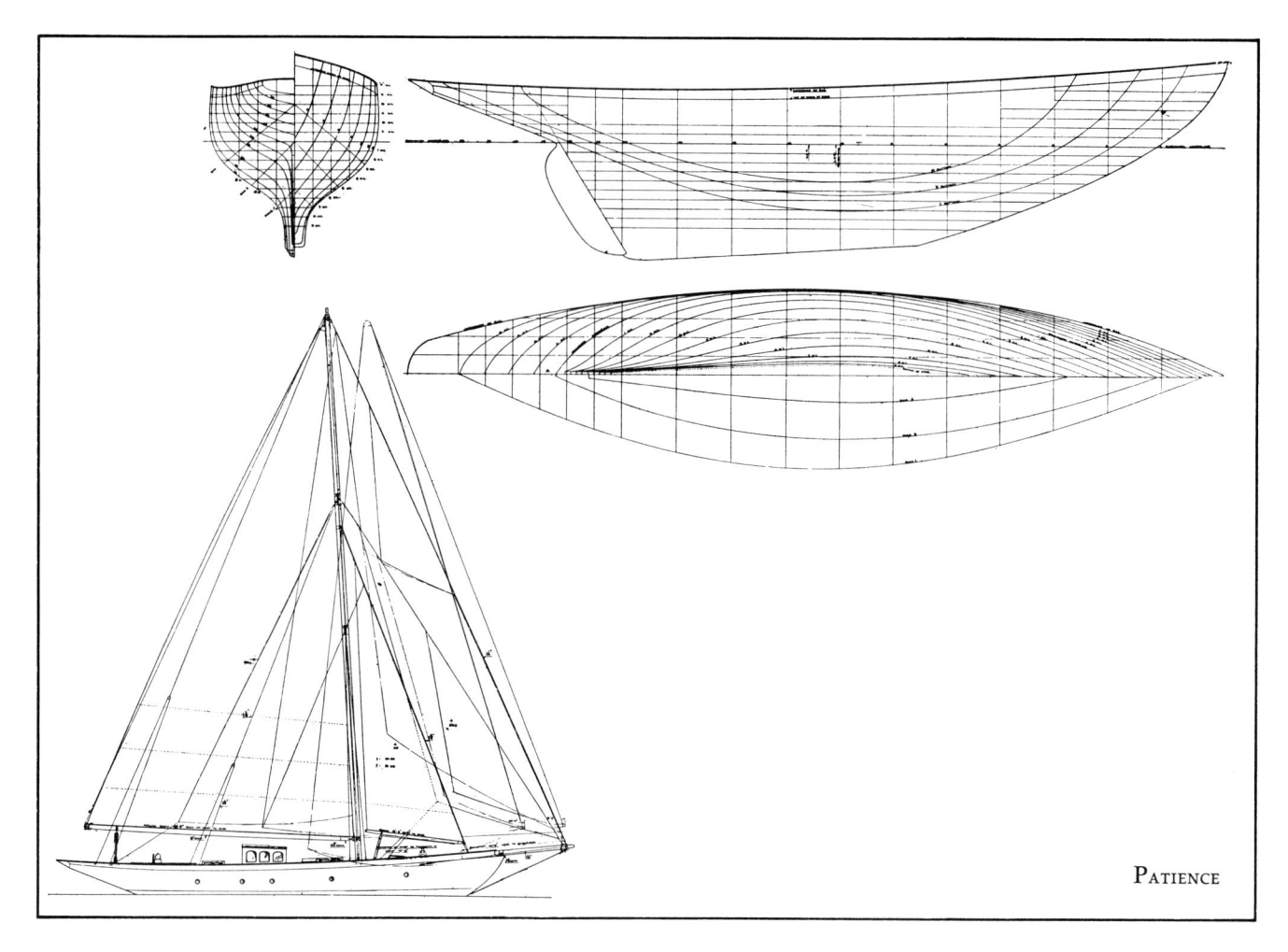

Länge über alles	20,75 m
Länge Wasserlinie	15,25 m
Breite	4,22 m
Tiefgang	2,85 m
Segelfläche	203 m²
Verdrängung	20,3 t

Die PATIENCE nahm am Fastnet-Rennen 1931 teil, das eine bedeutende Auseinandersetzung zwischen Yachten verschiedener Art war.

17 Boote gingen an den Start, die meisten als Hochseeyachten entstanden und alle möglichen Ideen verkörpernd: neun Engländer, sechs Amerikaner, zwei Franzosen.

Die PATIENCE war „first ship home", eine Minute und 18 Sekunden vor der amerikanischen HIGHLAND LIGHT.

Die beiden Boote, von gleicher Länge in der Wasserlinie und ähnlich im Rigg, hatten die ganzen 600 Seemeilen der Regattastrecke in Sicht voneinander gesegelt und beendeten das Rennen mit wenigen Metern Abstand.

Das Ergebnis nach berechneter Zeit war für die PATIENCE eine Katastrophe. Sie wurde siebte.

Die neuen Formeln ließen den traditionellen Typ nicht mehr am Leben. 1933 war die alte FLAME „first ship home". Sie hatte die gleiche Hochtakelung bekommen wie die PATIENCE. Vollständig gleich im Aussehen hatten diese beiden Schiffe auch das gleiche Geschick bei den Ergebnissen: Sie schafften es nicht, ihre Zeit gegen die später kommenden Boote herauszusegeln. 1933 wurde die FLAME dritte nach berechneter Zeit.

Beide Male wird das Fastnet-Rennen von demselben amerikanischen Boot gewonnen, dessen Auftreten wegen seiner Modernität Sensation gemacht hatte:

Das war die „kleine" amerikanische Yawl DORADE von 10 m Wasserlinienlänge, der Entwurf des jungen aufstrebenden amerikanischen Bootsbauers Olin Stephens.

XVIII Die neuen Hochsee-Rennyachten

DORADE

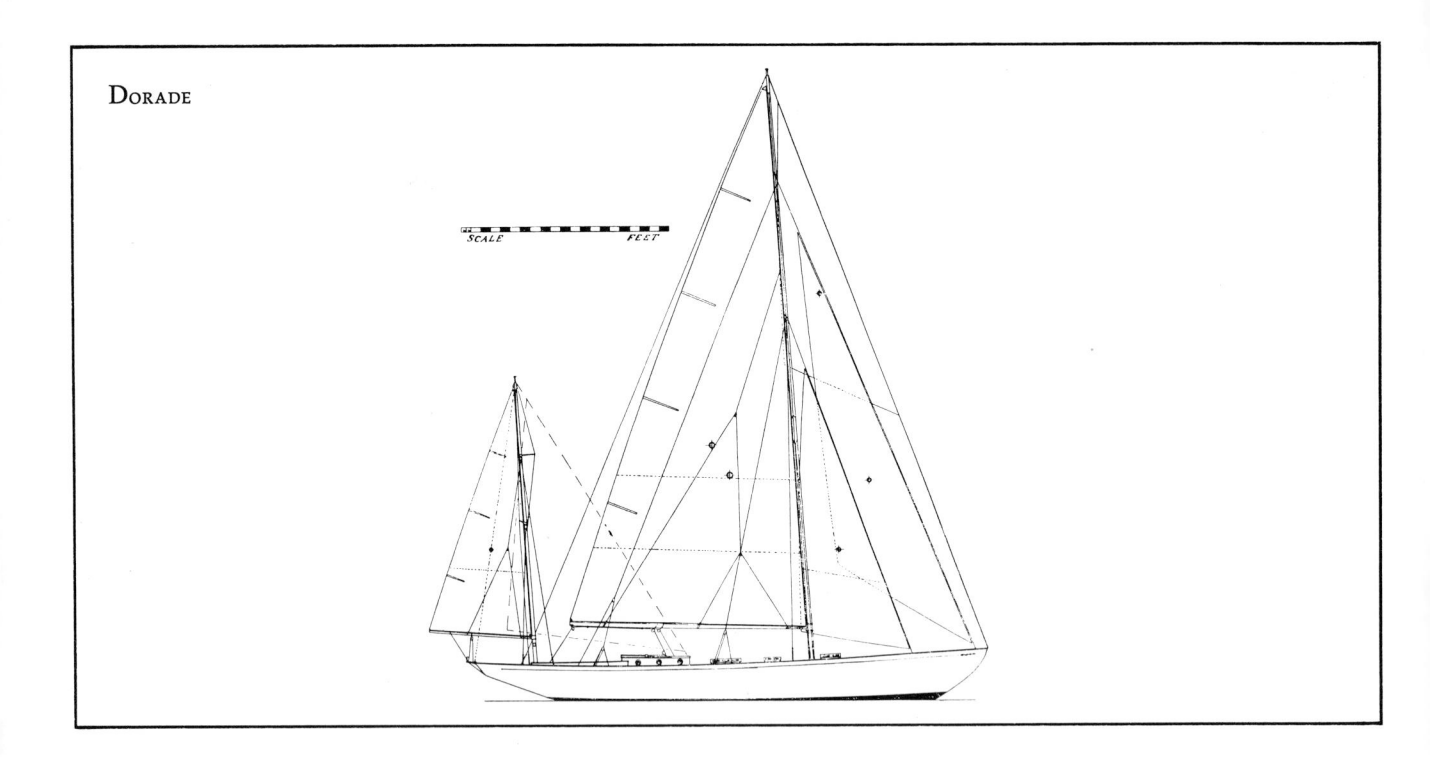

Die Amerikaner kamen zum Fastnet-Rennen, und die Engländer segelten das Bermuda-Race. JOLIE BRISE war die erste Yacht aus Europa, die 1926 ein Bermuda mitsegelte. 1931 wieder dabei, beendete sie die Regatta nicht infolge eines Vorfalls, der als eines der großen Beispiele für die Kameradschaft unter Seglern in Erinnerung ist: Die JOLIE BRISE ging bei dem amerikanischen Schoner ADRIANA längsseits, auf dem Feuer ausgebrochen war. Die Besatzung der amerikanischen Yacht stieg auf die englische über (bei dem gefährlichen Manöver fiel ein Mann der ADRIANA über Bord und verlor sein Leben). Für diese Rettung zeichnete der Präsident der Vereinigten Staaten den Eigner der JOLIE BRISE mit einer goldenen Medaille aus.

Um den Besuch von der anderen Seite des Atlantiks zu fördern, beschloß der RORC 1929, das Fastnet-Rennen nur alle zwei Jahre laufen zu lassen, in den Jahren mit ungerader Jahreszahl, in denen das Bermuda-Rennen nicht gesegelt wurde. Man beschloß ferner, die Überführungsfahrten über den Atlantik zu diesen Regatten auszunutzen und alle drei Jahre ein Transatlantikrennen auf den Veranstaltungskalender zu setzen. Das Transatlantikrennen 1933 wurde von der DORADE gewonnen, die auch die Fastnet-Regatta des gleichen Jahres und das von 1931 gewann. Dazwischen segelte die DORADE auch das Bermuda-Race und kam als erste in ihrer Klasse ein.

Die DORADE gilt als die erste moderne Yacht. Sie erscheint 1931 in Europa zum Fastnet-Rennen, gesegelt von den Brüdern Rod und Olin Stephens. Der Konstrukteur Olin Stephens wird bis zum heutigen Tage einer der führenden Köpfe in der Entwicklung der Yacht sein.
Der erste Sieg bringt die Bedenken wegen der Unsicherheit der DORADE, fein und grazil wie sie ist, zum Verstummen. Sie hatte Fastnet als erste gerundet, war auf der Strecke zurück von den großen Yachten geradeeben eingeholt worden und ging nur eine Stunde hinter der 5 m längeren PATIENCE durchs Ziel. Die „Times" sollte sie zur „erstaunlichsten kleinen Hochseerennyacht, die je gebaut wurde" erklären.
Uffa Fox kannte sie gut und widmete ihr ein Kapitel in seinem „Sailing, Seamanship and Yacht Construction":

Ich sah die DORADE *zum ersten Male zwei Tage vor der*

DORADE

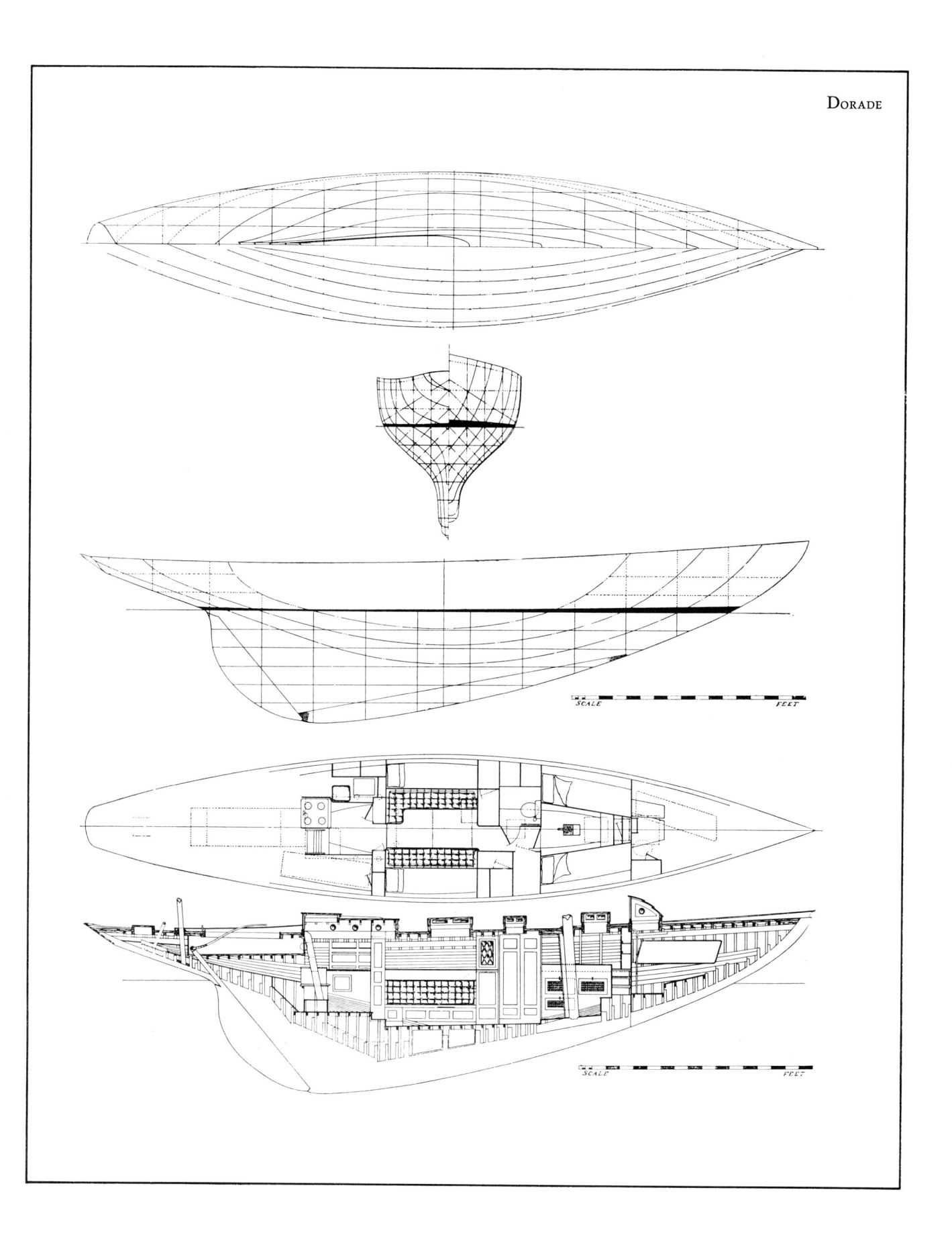

215

*Lüfterkopf
Typ Dorade*

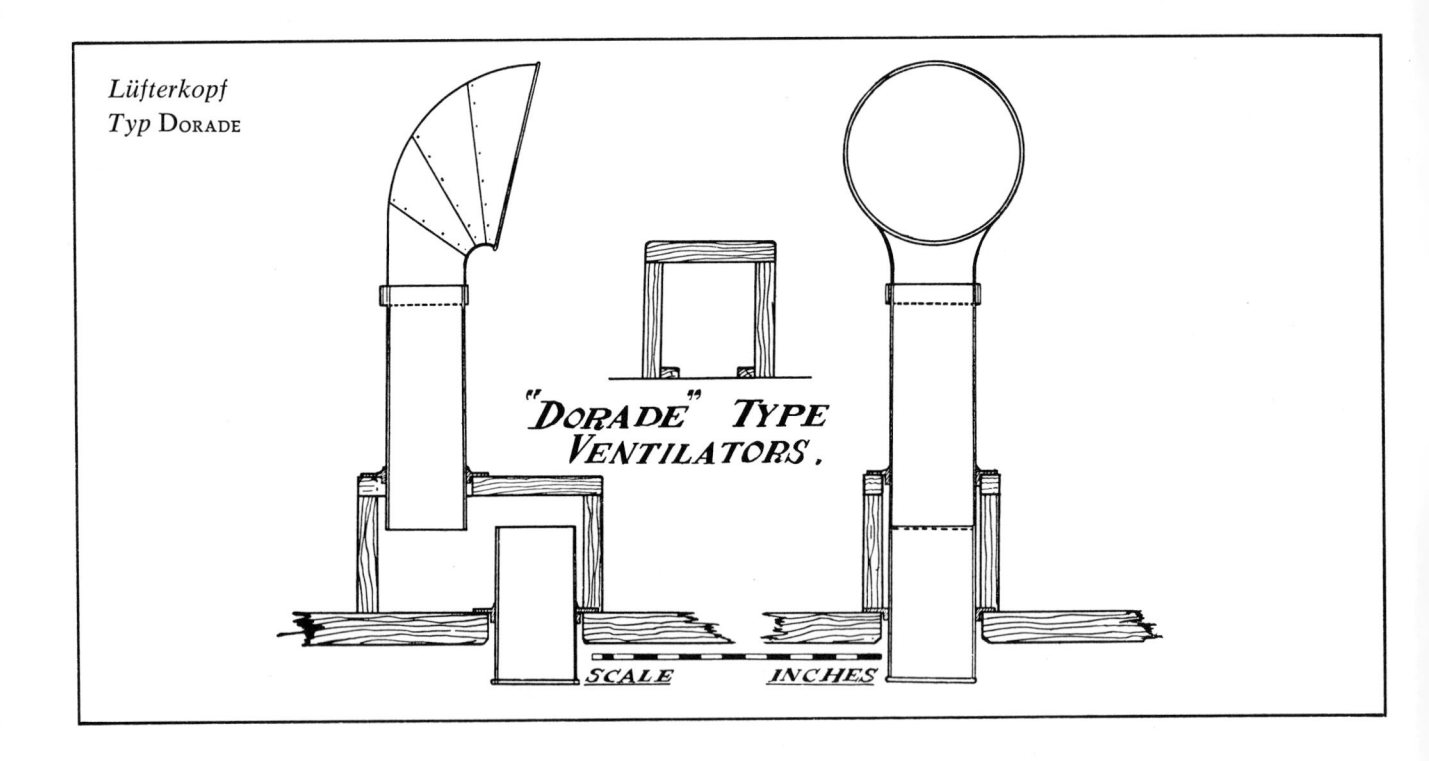

Transatlantikregatta 1933 in Newport, Rhode Island. An diesem Abend waren wir alle bei dem Dinner des Cruising Club of America, und es war George Roosevelt, der mir, als er mich mit seinem Geschwätz langweilte, unter anderem sagte, er könne nicht begreifen, wie der Club ein so gebrechliches Boot wie Dorade überhaupt zu einer Regatta über den Atlantik zulassen könne. Ich war erst zum dritten Male zu Besuch in Amerika, und darum schien es mir wenig taktvoll, einem Mann mit dem Namen Roosevelt gegenüber ungezogen zu sein, und so sagte ich nur ja und nein, wie es mir gerade passend schien. Drei Wochen später, als wir alle in England ankamen, wartete dieses gebrechliche Boot schon auf uns. Dorade hatte alle ihre größeren Konkurrenten um Tage geschlagen und die Transatlantikregatta gewonnen, ohne daß sie ihre Vorgabe in Anspruch zu nehmen brauchte. Danach gewann sie das Fastnet-Rennen 1933 mit fast derselben Leichtigkeit. Nachdem sie bereits das Fastnet 1931 gewonnen hatte, überzeugte sie die Jury, daß die kleinen Boote, wenn sie gut gesegelt werden, sehr viel schneller sind, als ihre Vorgabe es vermuten läßt.

Die Dorade hatte unter der Führung der Brüder Stephens ans Wunderbare grenzende Erfolge wie keine andere Yacht zu ihrer Zeit. Ihre Hauptabmessungen sind:

Länge über alles	15,85 m
Länge Wasserlinie	11,35 m
Breite	3,12 m
Tiefgang	2,43 m
Segelfläche	102 m²
Verdrängung	15 t

Ein sehr schlankes Schiff mit überaus weichen Linien. Die Formen sind ganz einfach. Wasserlinien, Senten und Längsschnitte stimmen praktisch überein, sämtliche Spantschnitte sind einander ähnlich, der Längsriß ist harmonisch. Eine Harmonie, wie sie allein bei dermaßen tiefen Spantschnitten möglich ist. Die Aufkimmung des Hauptspants übersteigt 45 Grad.

Es wäre schwierig, unter den übrigen amerikanischen Yachten eine zu finden, die der Dorade ähnlich wäre. Bei

CARINA

BLUE LEOPARD

ihr kommen einem die Kutter eines halben Jahrhunderts zuvor, die Flame, die Patience in den Sinn. Die europäischen Yachten waren geschlagen worden zu einer Zeit, in der man die Konstrukteure auf den Weg zu volleren, mehr „amerikanischen" Rumpfformen zu bringen versuchte; und zwar von einer amerikanischen Yacht, die tiefer und schmaler war als die tiefsten und schmalsten englischen Yachten und die, allen Vorgaben zum Trotz, alles gewann.

Eine bemerkenswerte Nähe zu englischen Formen mithin; doch muß man erkennen, daß Stephens bei gleichen Maßverhältnissen eine weichere Linienführung, mit glatterem Zu- und Ablauf geschaffen hatte, mit Überhängen, die eine harmonische Fortsetzung des Unterwasserschiffs darstellen, die ohne Schwanken oder Härten im Längsriß verläuft.

Im Rigg viele Neuerungen. Yawl, weil am Besanmast das Besanstagsegel gesetzt werden kann, das von der Vermessung nicht „gesehen" wird. Vorsegeldreieck wie ein Kutter, doch mit der Möglichkeit, ein großes Vorsegel zu setzen, welches das gesamte Vorsegeldreieck ausfüllt (unbequem beim Wenden, es muß zwischen den Stagen hindurchgeführt werden).

Nach Uffa Fox ist die Dorade ein äußerst handiges Boot:

Die Leichtigkeit, mit der die Dorade *sich handhaben läßt, hat mich beeindruckt, als ich im vergangenen Sommer vom Strand der Oyster Bay aus zusah, wie Rod sie allein segelte, sie festmachte, die Segel barg und dann auf den 14-Fußer* Arrow *hinübersprang, den sein Sozius Porter Buck inzwischen (unter Segel) längsseits gebracht hatte, alles in acht Minuten. Und was dem allen die Krone aufsetzte: Die* Arrow *gewann.*

Die Dorade hat im übrigen das Verdienst, als erstes Boot den Lüfterkopf vom Typ „Dorade" gehabt zu haben, der noch offenbleiben kann, wenn die See an Deck steigt. Zwei Jahre lang hatte man sich auf der Dorade mit den normalen Lüfterköpfen abgequält, die gerade dann dichtgesetzt werden mußten, wenn unter Deck gute Lüftung gebraucht wurde, weil sämtliche Oberlichter geschlossen waren. Man benutzte die alten Decksdurchführungen, in die ein kurzes Rohr gesteckt wurde, und versetzt zu

Niña

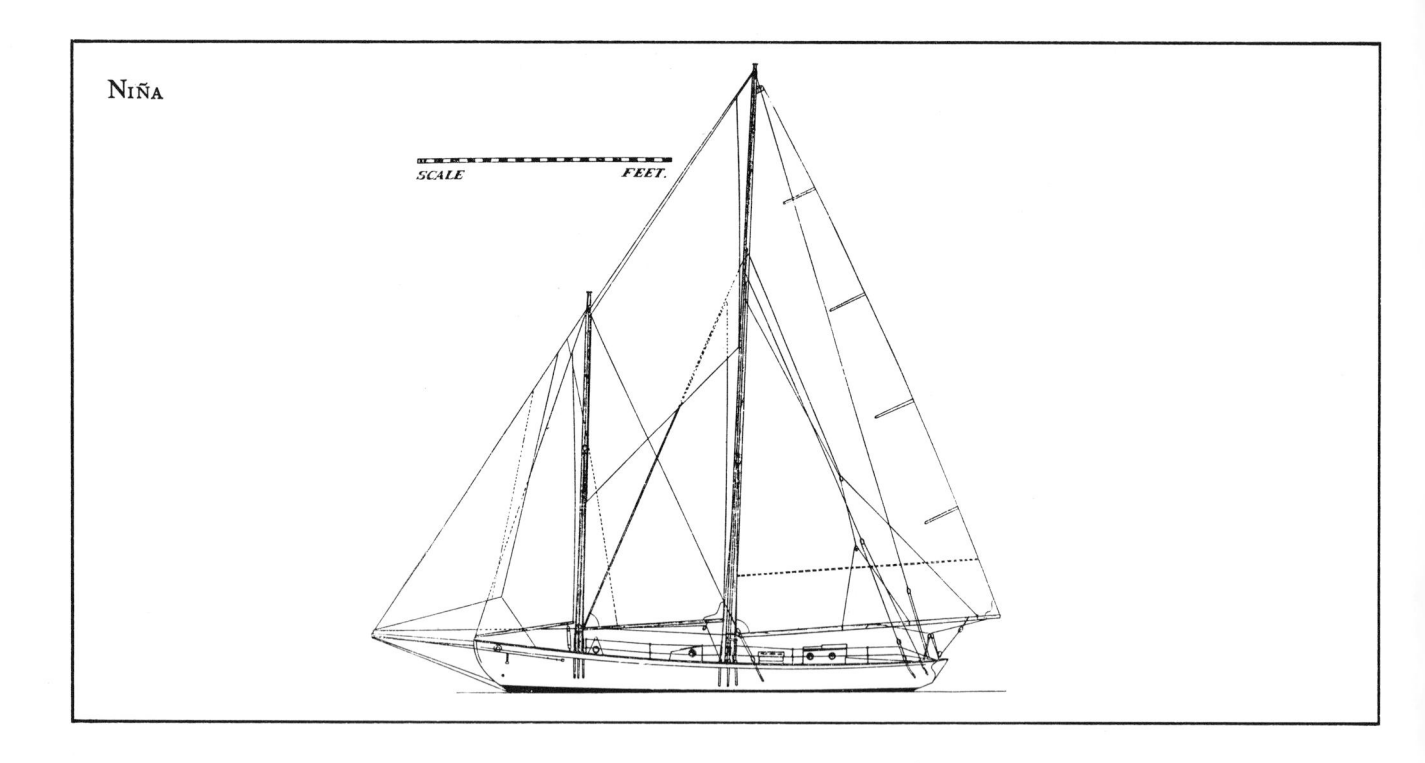

SCALE FEET.

diesen in einem Kasten, dessen Seiten unten Abflußlöcher hatten, wurde der alte Lüfterkopf derart eingesetzt, daß seine untere Öffnung ein paar Zentimeter tiefer lag als die jenes Rohres; siehe Zeichnung auf Seite 216. Bei den Atlantiküberquerungen war es, wie hoch die See auch sein mochte, kein einziges Mal nötig, die Lüfterköpfe dichtzusetzen. Diese gute Erfindung ist inzwischen allgemein eingeführt.

Die erwähnten Siege, dazu die so zahlreichen bei kleineren Regatten, selbst der Sieg bei der Transpazifikregatta 1936 sind vielleicht nicht einmal so wichtig wie das große Unternehmen der Rückreise von Cowes nach Amerika 1933. Zum ersten Male hatte ein Segelboot den Atlantik von Anfang bis Ende am Wind segelnd in dieser Richtung überquert.

Die Rückreise erfolgte bei Wind, der öfter bis Stärke 6 aufbriste, was bedeutete, daß lange Strecken unter Sturmsegeln gelaufen werden mußten. Die gesamte Reise von den Scillyinseln bis Pollock Rip dauerte 22 Tage und 5 Stunden, ein bis heute ungebrochener Rekord über eine lange Kreuzstrecke. Die Durchschnittsgeschwindigkeit auf der abgelaufenen Strecke lag bei 7 Knoten[45].

Es lohnt sich, bei einigen konstruktiven Einzelheiten der Dorade zu verweilen, die auf den Zeichnungen zu erkennen sind. Der Aufbau, 2 m lang, ist nur 25 cm hoch (man versuche, diese Höhe mit der auf einem modernen Boot gleicher Größe zu vergleichen); die Decksbalken sind im Bereich der mittschiffs liegenden Oberlichter nicht unterbrochen, damit die Festigkeit des Decks nicht beeinträchtigt wird.

Die Yacht hat Pinnensteuerung, die unter Deckshöhe aufgesetzt ist, weil anders der Ruderkoker mit dem Besanmast kollidieren würde; an ihr ist eine Klinke befestigt, die auf einem Kreisbogen läuft, so daß die Pinne in jeder Stellung festgesetzt werden kann. In der Vorpiek, vor dem vorderen Schott des Salons, eine Klappkoje; allerdings wurde die Vorpiek nur als Segellast benutzt, es gab an Bord keine „paid hands".

---

[45] Bei Zugrundelegung einer nutzbaren Rumpflänge von etwa 13 Metern ergibt die Durchschnittsgeschwindigkeit ein Verhältnis Geschwindigkeit/Länge von etwa 1,1, was der relativen Geschwindigkeit eines modernen Schnelldampfers entspricht.

Niña

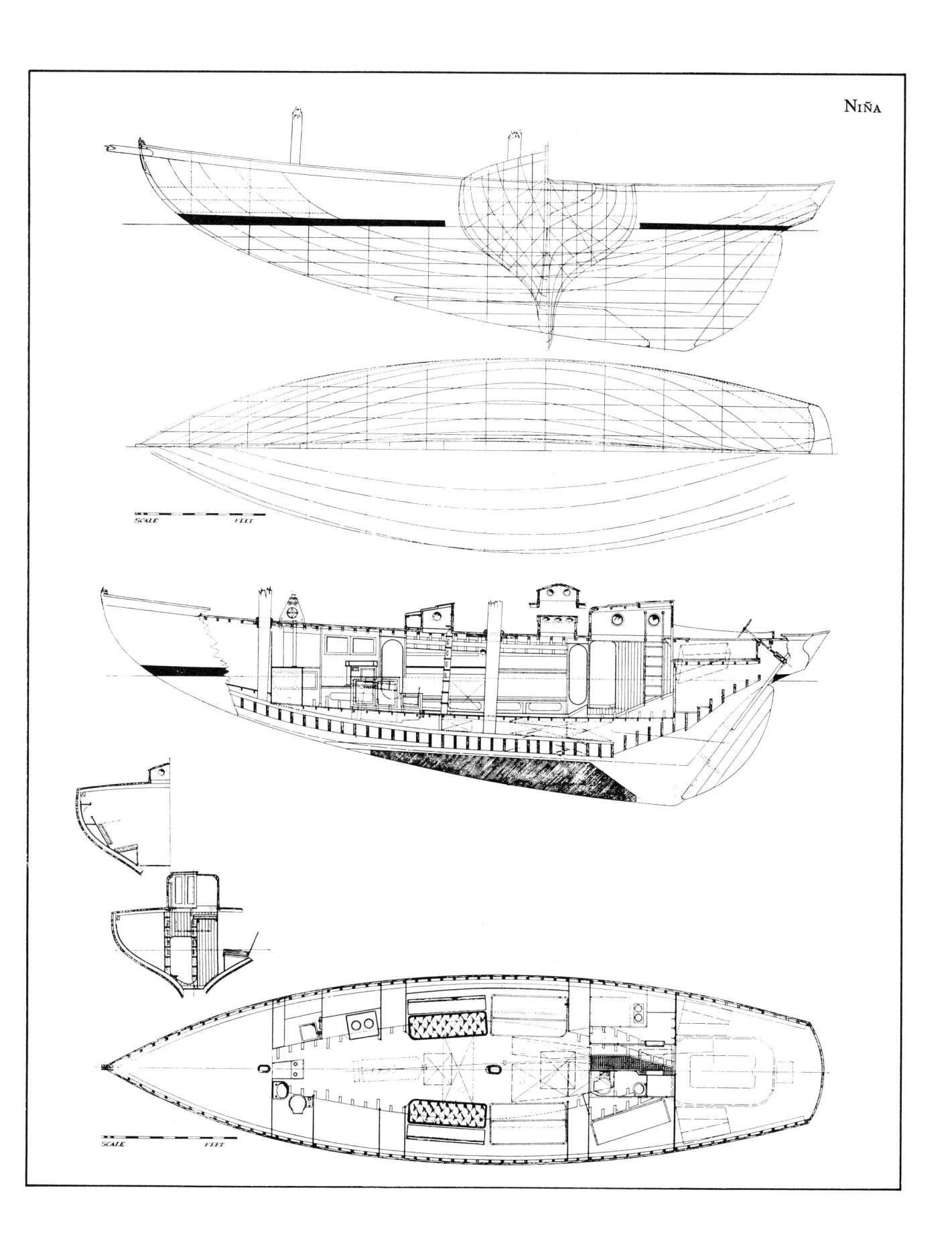

221

NIÑA

Gegenüber der Kombüse befindet sich der Kartentisch und an der Schottwand darüber ein elektrischer Speedometer, vom Rudergänger ablesbar. Uffa Fox erklärt uns, daß es besser sei, den günstigsten Kurs zum Wind durch einen Blick auf den Speedometer zu suchen, statt sich auf das Gefühl zu verlassen und darauf, daß der optimale Winkel bei 4 Strich (45 Grad) zum Wind lag.
Wegen des starken Rollens der DORADE bei achterlicher See hatte man das Großsegel mit einem diagonalen Reff versehen, das vom Hals zu einem Punkt einen Meter oberhalb des Schothorns lief, um so den Baum hochzuhalten und zu verhindern, daß er beim Schlingern eintauchte. Uffa Fox meint, daß die DORADE bei achterlicher See schwer zu steuern gewesen wäre, am Wind dagegen „unvorstellbar köstlich".
Aus den Konstruktionszeichnungen ist auch zu ersehen, daß die DORADE keinen Motor hatte.

Stimmt es, was alle englischen und amerikanischen Geschichtsschreiber behaupten, daß nämlich die DORADE die erste moderne Yacht gewesen sei? Sie ist sehr schlank und tief, mit Maßverhältnissen, wie sie von den Amerikanern nie angewandt wurden und von denen die Engländer sich ein paar Jahre später abwenden sollten.
Das ganze äußere Bild ist neuartig, vornehmlich wegen des Yawlriggs; ihre wunderschönen Linien und Spantschnitte hingegen sind die eines Typs, der im Begriffe steht abzutreten.
Die DORADE ist der letzte „plank on edge".
Wenn man ihre Linien anschaut und dabei bedenkt, was die DORADE geleistet hat, dann kann man einen Begriff davon bekommen, wessen eine Yacht von vor 40 Jahren, schmal und tief, ohne Motor und von Amateuren gesegelt, fähig war.

Letzte Yacht der alten Art, oder erste moderne Yacht?
Der gleiche Zweifel überkommt uns auch bei der NIÑA, dem letzten amerikanischen Rennschoner.
Die NIÑA erschien 1928. Sie kam über den Atlantik und segelte das Fastnet-Rennen mit. Ihr Verhalten war beeindruckend für diejenigen, die sie aus der Perspektive der herkömmlichen Yacht sahen. Kaum ging es an den Wind, lief sie auf und davon mit einer Höhe wie ein R-Boot. Sie rundete Fastnet Rock als erste, hatte auch auf dem Rück-

weg Gegenwind, vergrößerte den Abstand und ging als erste durchs Ziel. Die zweite Yacht, ebenfalls ein amerikanischer Schoner, erreichte die Ziellinie mit 9 Stunden 30 Minuten Abstand. Nach berechneter Zeit kam die Jolie Brise um zwei Plätze vor und wurde zweite, aber immer noch mit weitem Abstand zur Niña.

Nicht einmal die America hatte 1851 einen solch schlagenden Beweis ihrer Überlegenheit geliefert. Dieser Sieg der Niña war der spektakulärste Sieg des amerikanischen Schoners über den englischen Kutter, der letzte Schoner gegen die letzten Kutter.

Die Niña ist ein unmittelbarer Abkömmling der Gloucester-Schoner. Der Konstrukteur, Starling Burgess, war der Sohn eines Konstrukteurs von Fischerschonern, der auch in Kiplings „Captains Courageous" vorkommt. Sie hat die traditionellen Linien mit den Abschnitten, welche die modernen Yachten von den Schiffen der alten Art unterscheiden: weg mit dem Vorfuß, das Ruder sehr schräggestellt, bemerkenswert ausgeprägter S-Schlag beim Übergang vom Rumpf zum Kiel, Außenballast. Die Überhänge sind sehr kurz, wodurch ein, wenn man so will, recht gedrungener Rumpf zustande kommt. Dennoch sind die von Burgess gezeichneten Linien sehr klar. Das Hauptspant ist sehr tief, und diese Tiefe setzt sich bis zu den Schiffsenden fort. Die Niña geht wie ein Keil durchs Wasser, alles ist tief, von vorn bis achtern.

Ihre Formen lassen die Verwandtschaft mit dem Schoner von früher erkennen, und doch ist das Ganze einzigartig neu. Dennoch ist die Niña kein Prototyp geworden, bei keinem neuen Schiff hat man versucht, den ihr zugrunde liegenden Baugedanken aufzugreifen. Ein einmaliges Schiff, in einem Maße anders als alle anderen, daß man nicht sagen könnte, was man bei einer Neuauflage etwa verbessern und was man benutzen könnte. Der Linienriß der Niña ist in seiner Originalität und Schönheit nach meinem Gefühl einer der gelungensten Yachtentwürfe, eine wahre Augenweide für jemanden, der, wie ich, aus Beruf und Passion Boote zeichnet:

Ein Bootskörper, der mit viel Ballast aufrecht gehalten wird. Alle Einzelheiten machen deutlich, daß wir es mit einer Rennmaschine zu tun haben. Der Ballast liegt ziemlich weit achtern, am tiefsten Punkt, dafür ist der Motor zum Ausgleich des Ballastgewichtes vor dem Hauptspant untergebracht. Eine gute Gewichtsverteilung,

LANDFALL

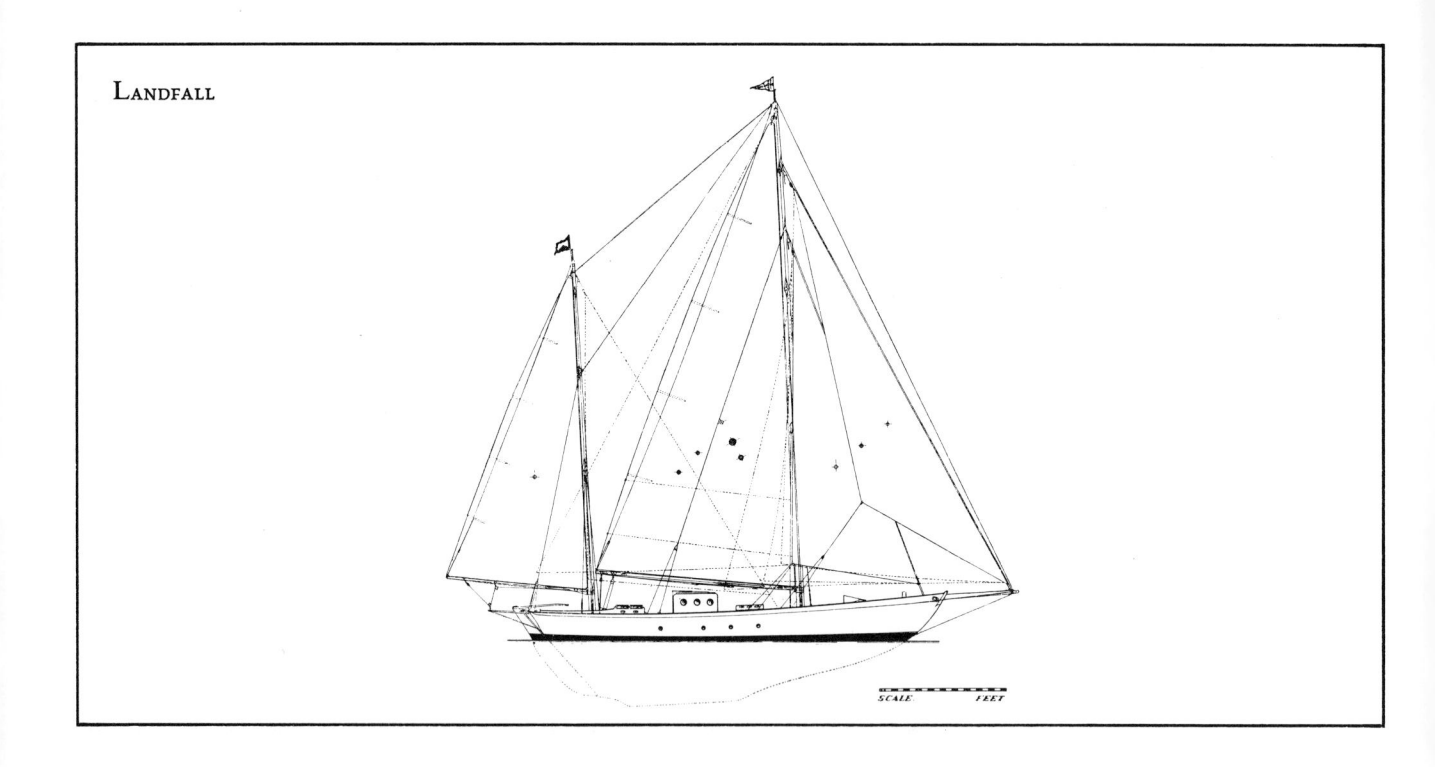

allerdings steht die große Motorhaube mitten in der Kajüte. Doch bemerkt man bei der ganzen Inneneinrichtung nicht die geringste Rücksicht auf Wohnlichkeit. Ein einziger großer Raum zwischen zwei Schotten, die ziemlich weit von den Schiffsenden entfernt eingebaut sind und jenseits derer keinerlei Einrichtung mehr ist. Senkrechte Niedergänge führen vom Deck nach unten, wo sich Kojen, Kombüse und Toiletten gemeinsam in einem Raum befinden. Zu Vor- und Achterpiek außerhalb der Schotten führen nicht einmal Luken. Das Leben spielt sich in der Mitte des Schiffes ab, wo das Gesamtgewicht liegen muß, die Leute, die Segel. Das kompromißlose Innere eines ausgesprochenen Regattaschiffes.

Das Rigg ist raffiniert und setzt eine sehr gut eingefahrene Besatzung voraus. Viele Segel verlangen häufigen Wechsel, um das Boot optimal zu segeln. Das hohe Stagsegel zwischen den beiden Masten, das „fisherman staysail", erfüllt auf der NIÑA die Aufgabe des großen Vorsegels auf einer Slup; es ist das Segel, auf das man bei wenig Wind und in Flauten setzt. Es ist hier riesengroß, und seine Schot ist an das Ende des Großbaums geführt; es überdeckt die gesamte Länge des Bootes. Das obere Stag zwischen den beiden Masten verläuft in Richtung des Klüverstages; es gibt Leute, die meinen, die NIÑA sei eher ein zweimastiger Kutter mit vielen Vorsegeln und einem kleinen Großsegel als ein Schoner mit großem Großsegel.

1928 gewinnt die NIÑA das Fastnet-Race und den Pokal des spanischen Königs für die Transatlantikregatta Sandy Hook – Santander. Das war des amerikanischen Schoners großer Augenblick bei den Hochseeregatten. John G. Alten, der berühmte amerikanische Konstrukteur, hatte eine bekannte Serie von Schonern verschiedener Größe herausgebracht, alle mit dem Namen MALABAR, sämtlich vom traditionellen Typ mit Gaffelgroßsegel. MALABAR IV gewann das Bermuda-Race 1923, MALABAR VII das von 1926. MALABAR X, die in ihrer Klasse 1930 siegte und 1932 Gesamtsieger wurde, war für viele Jahre der letzte Schoner, der sich bei einem Bermuda-Rennen plazieren konnte. Das niedrig geschnittene Vorsegel nahm dem Schoner seine Chance bei leichtem Wind, wenn die Slup und die Yawl mit dem Spinnaker herauskamen. Diese Unterlegenheit verschärfte sich mit dem

LANDFALL

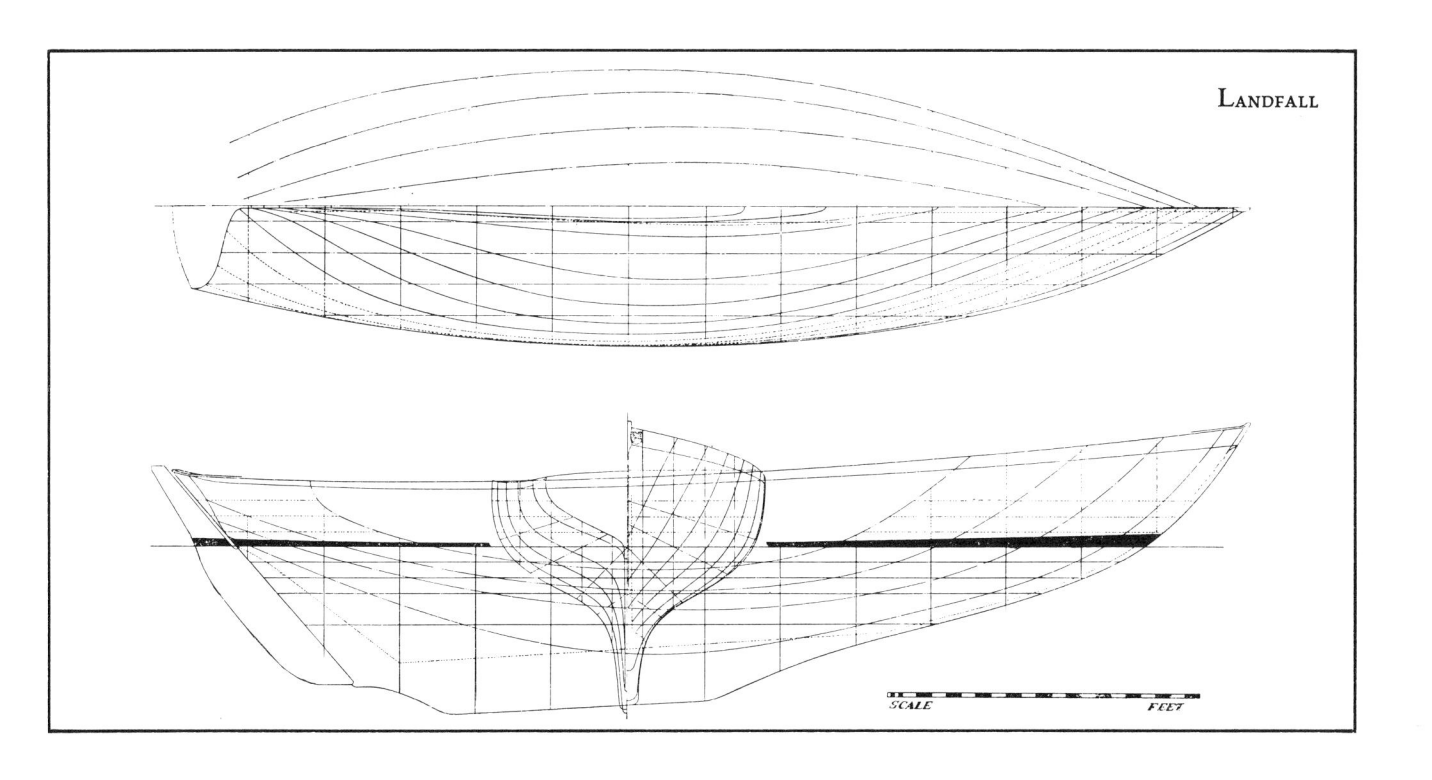

Aufkommen der modernen Topptakelung, bei der der Spinnaker, ebenso wie die Genua, zum entscheidenden Segel geworden war.

Die NIÑA erscheint, als die Zeit des Schoners abgelaufen ist, und siegt. Sie wurde nicht nachgebaut, weil der Typ allmählich überholt war, aber ihre ständigen Erfolge ließen sie immer weiter Regatta segeln, und, ein einmaliger Fall, sie segelt immer noch Regatten und sieht immer noch ebenso aus wie auf den Regattabildern, die vor 40 Jahren aufgenommen wurden. Bei den wichtigsten Regatten ist sie stets unter den ersten zu finden, gegen immer neue Boote, die von Jahr zu Jahr wechseln. Die einzige Änderung der letzten Jahre ist ein etwas höherer Fockmast, um so einen größeren Spinnaker fahren zu können.

Ich glaube, keine Yacht der Welt hat auch nur die Hälfte der Preise gewonnen wie die NIÑA. Man schlage irgendeine Nummer von „Yachting" von 1928 bis heute auf, und es ist so gut wie sicher, daß man bei den Ergebnissen auf ihren Namen stößt. Es gibt zwischen 1928 und heute praktisch kein Jahr, in dem die NIÑA nicht irgendeinen großen Erfolg gehabt hätte. Doch Mode und Geschmack lassen sich nicht aufhalten. Ungeachtet der beständigen Siege, der Größe des Innenraums (eine moderne Slup gleicher Länge mit Überhängen hat gewiß nicht das gleiche Volumen) und der erprobten Seetüchtigkeit brechen das Schonerrigg mit dem über das Heck herausragenden Baum und der lange seitliche Bugspriet den Stab über einem Schiff wie die NIÑA.

Niemand hat ihre Formen nachgeahmt. Man schreibt seit Jahren in den Yachtzeitschriften, daß alles vorübergeht, daß jedes Boot seinen Höhepunkt überschreitet, aber die NIÑA bleibt. Sie ist heute der einzige Schoner, der noch Regatten segelt.

1962 gewinnt die NIÑA das Bermuda-Rennen, sie ist der einzige Schoner, der gemeldet wurde.

Zwischen 1930 und 1940 entsteht die moderne Yacht. Die ersten Boote sind neuartig, ganz individuell wie die NIÑA und die DORADE; dann bildet sich der „ocean racer" heraus, der in seiner Form an die Boote der Meter-Formel erinnert, nur weniger in die Länge gezogen, weniger extrem. Kürzere Überhänge, weniger Verdrängung, meist einmastig, mit dem Vorsegel auf ³/₄ der

Masthöhe (das ist die Slup, nunmehr richtet sich die Bezeichnung nach dem Rigg und nicht mehr nach dem Rumpf) oder als Kutter mit zwei festen Vorstagen und zwei Vorsegeln; weniger häufig als Yawl. Die übrigen Takelungsarten werden immer seltener. Das Gaffelgroßsegel verschwindet. In diesen zehn Jahren werden sehr schöne Boote großer Klasse gebaut. Wahrhafte Vollblüter, bei denen keine Verwandtschaft mehr zu erkennen ist mit den ersten Fastnet-Yachten oder den Booten nach der Meter-Formel. Ausgewogene Überhänge, harmonische Längsrisse, ein schöner Sprung mit kräftigem Ansteigen des Hecks (der sogenannte Entenschwanz, „duck tail"). Kleine Aufbauten, fast wie auf den alten Booten, aber durchlaufendes Setzbord und Relings, die den Eindruck von Sicherheit vermitteln, Platz und Schutz für die, die an Deck arbeiten. Das Rigg betont noch sehr das Großsegel, welches groß ist, jedoch werden die Vorsegel nach und nach wichtiger. Der Weg zu den Proportionen von heute öffnet sich.

In diesen zehn Jahren bildet sich ein neuer Typ heraus mit eigenen Merkmalen und einer ihm eigenen Würde. Der „ocean racer" dieser Jahre ist ein für seine Aufgabenstellung perfektes Boot, so wie es der englische Kutter zwischen 1850 und 1890 gewesen war. Im Gegensatz zum Kutter jedoch, bei dem, als der Typ einmal festlag, das gleiche Thema mit verschiedenen Abmessungen immer neu abgewandelt wurde, gibt es zu unserer Zeit Konstrukteure mit ausgeprägter persönlicher Note, deren Handschrift in ihren Entwürfen deutlich wird; Stephens, Rhodes, Clark, Giles sind Namen, welche die Form der modernen Yacht bestimmt haben.

Die beste Art, diese Zeit lebendig werden zu lassen, ist, Yachten vorzuführen, die etwas bedeutet haben. Zu diesem Zweck werde ich einige der schönsten aussuchen. Viele muß ich weglassen, die jedes für sich ein Kapitel verdient hätten. Wenn es einen Zeitabschnitt in der Geschichte der Yacht gibt, der ein Buch mit Plänen, eine Sammlung von Zeichnungen ohne jeglichen Kommentar verdiente, dann ist es ohne Zweifel jener zwischen dem Auftreten der Niña und dem zweiten Weltkrieg. Fast sämtliche Zeichnungen, die ich in diesem Kapitel bringe, stammen aus den fünf Büchern, die Uffa Fox in diesen Jahren veröffentlicht hat. Inzwischen vergriffen und schwer erhältlich, sind es jene Bücher, die ich als erste denen empfehlen möchte, die Freude an einem schönen Yachtentwurf haben; eine rechte Goldmine für Menschen, denen es Freude macht, dem nachzuspüren, was auf diesem Gebiet zum Schönsten zählt, das je geschaffen wurde.

Die Landfall ist von 1930. Entworfen von Francis Herreshoff, dem Sohn des großen Nathaniel, weist sie Merkmale auf, die sie zu einem einmaligen Boot machen, vergleichbar etwa der Dyarchy von Giles. Dieses Riesenboot hat das Ruder außen am Spiegel, wie sonst nur kleine Boote. Trotzdem, oder vielleicht gerade deswegen, ist das Ganze von großer Harmonie.

Der Grund für ein dergestalt abgeschnittenes Heck lag in der Höchstlänge von 71 Fuß über alles der amerikanischen CCA- und von 60 Fuß Länge in der Wasserlinie der britischen RORC-Formel. Der Auftraggeber wollte eine möglichst große Yacht, und der Konstrukteur kam seiner Aufgabe auf den Buchstaben genau nach. Folgende Maße kamen dabei heraus:

Länge über alles	(71 Fuß) 21,65 m
Länge Wasserlinie	(60 Fuß) 18,30 m
Breite	5,39 m
Tiefgang	3,35 m
Segelfläche	280 m²
Verdrängung	60 t

Die Linien sind sehr fein, der Rumpf ist recht langgestreckt. Gut gelöst die Linien des Achterschiffs, das schlank und oben ziemlich breit ist. Man erkennt die Schule von Herreshoffs Vater an dem schlanken und tiefen Kiel, an der verhältnismäßig geringen Verdrängung und an den oben ausladenden Spantschnitten des Vorschiffs.

Ketschtakelung. Für das Segeln am Wind gab es ein größeres Großsegel ohne Baum, das zur Nock des Besanbaums geschotet war (auf der Zeichnung punktiert angedeutet) und das die Landfall bei leichtem Wind zum Kutter machte.

Streng quadratisch der Aufbau in der Mitte, dennoch verletzt er trotz seiner beträchtlichen Höhe das Auge nicht (da werden uns neuerdings ganz andere Aufbauten zugemutet). An der hinteren Wand des Aufbaus ist ein kleines Ruderrad („wie bei einer Trambahn", meint Uffa Fox, der das Nordatlantikrennen 1931 auf der Landfall mitsegelte), das an das Ruder gekuppelt werden kann. Man benutzte diese Steuermöglichkeit bei mehr als neun Knoten; unter dem Rad ein kleiner, abnehmbarer Holzsitz für den Rudergänger.

Ich habe die Landfall einmal im Hafen von San Remo gesehen. Wir machten gerade klar zur Giraglia-Regatta, und der Hafen war knüppelvoll von Booten, alle modern, der letzte Schrei von Hochseeyacht, ein seltsamer Gegen-

VAMARIE

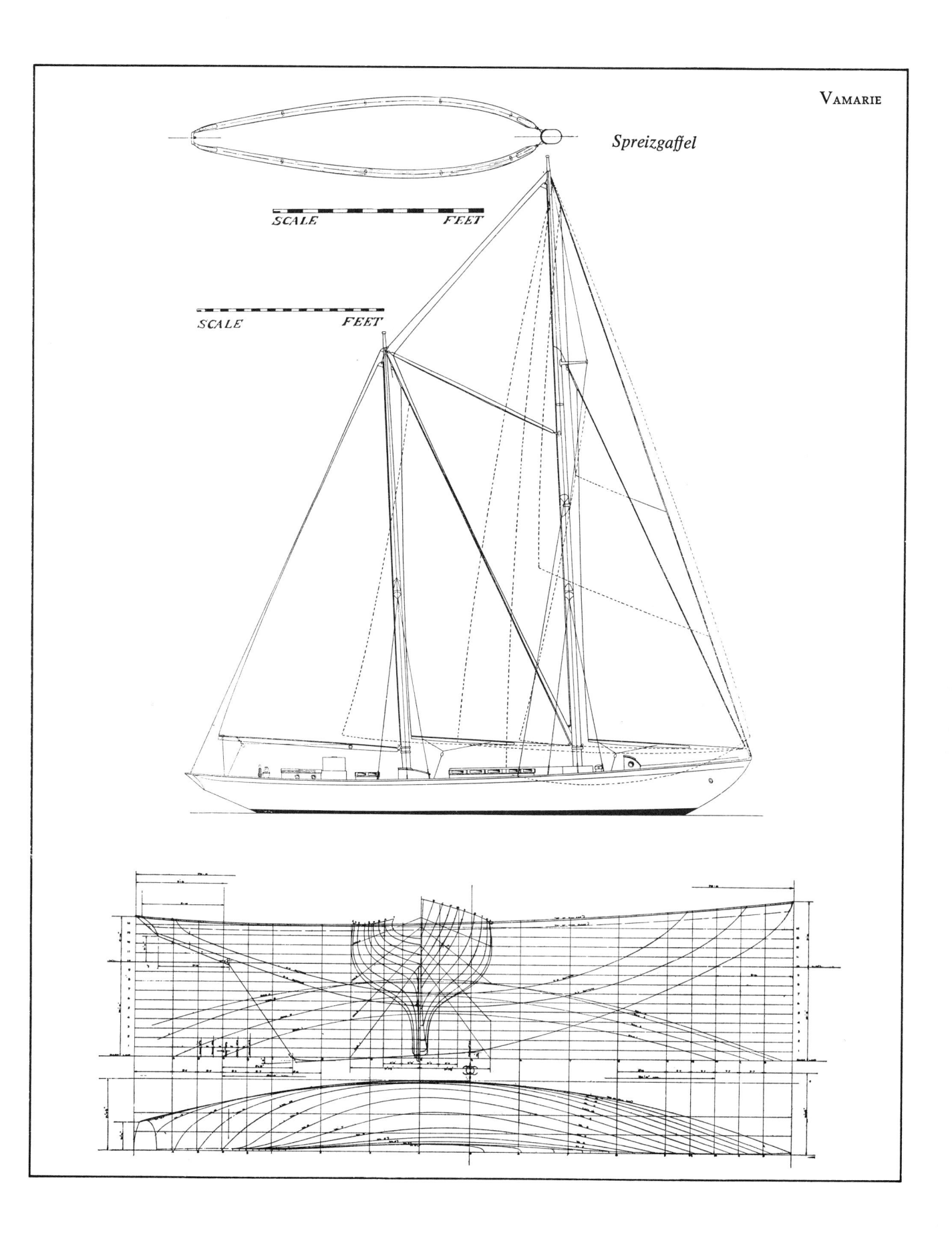

Spreizgaffel

SCALE FEET

SCALE FEET

satz. Einzigartig das endlose Deck, die kleinen, quadratischen Aufbauten, die geraden, weiß kalfaterten Decksnähte, das Rigg mit seinen schmiedeeisernen Beschlägen, dem tiefschwarzen Hanftauwerk, den riesigen Holzblöcken. Eine andere Welt.

Die VAMARIE, amerikanisch, ist von 1933. Entworfen von Cox & Stevens, ein großer Name zu jener Zeit, ist ihr Rumpf ein Ausdruck des gerade entstandenen „ocean racers". Sehr reine Linien, ausgewogen, weniger extrem als die der überschlanken DORADE. Die Abmessungen:

Länge über alles	21,95 m
Länge Wasserlinie	16,46 m
Breite	4,65 m
Tiefgang	3,13 m
Segelfläche	200 m²
Verdrängung	46,8 t

Ein Boot, das großen Erfolg hatte. Im ersten Jahr gewann sie das Miami-Nassau-Rennen und war erste beim Bermuda-Rennen von 1934 und 1936. 1938 schenkte der Eigner sie der Marineakademie.
Sie ist nicht so sehr wegen ihres Rumpfes, der im übrigen sehr schön ist, als wegen ihres „Wishbone-Riggs" (Spreizgaffel) bemerkenswert.
Wir befinden uns noch in der Periode der verschiedenartigsten Takelungen. Auf den Fotos von den Starts zu den Bermuda-Regatten jener Jahre kann man noch Kutter mit Groß- und Toppsegeln sehen, Fisherman-Schoner, Ketschen wie die LANDFALL und „Wishbone-Riggs", Kutter mit Hochsegel und zwei Vorsegeln, Yawlen. Auch hier und da einen Flieger oben am Mast.

„Wishbone", das ist, wie auf dem Segelriß zu erkennen, eine haarnadelförmige Gaffel, an der das am Großmast gefahrene Segel ausgeholt wird. Wörtlich bedeutet der Ausdruck „Wunschknochen"; das ist das kleine Brustbein der Hühner, das genau die Form einer Haarnadel hat und das man, so will es der Brauch, zerbricht, wobei man sich etwas wünscht.
Das „Wishbone-Rigg" hat sich nicht sehr verbreitet, wahrscheinlich weil es ein kompliziertes Rigg ist; doch bietet es die einzige Möglichkeit, mit einer Ketsch gut an den Wind gehen und den Platz zwischen den beiden Masten gut ausnützen zu können, ohne dabei ein so großes Großsegel zu haben wie bei einer normalen Ketsch, auf der man es mit zwei großen Segeln zu tun hat, wenn man die Segelfläche stark verkleinern muß. Das „Wishbone-Rigg" ist ein guter Kompromiß zwischen dem einer normalen Ketsch und dem eines Schoners wie die NIÑA.

1934 baut Olin Stephens die EDLU. Dem Rigg nach ein Kutter mit einem großen Marconi-Großsegel und sehr dicht beieinanderstehenden Vorstagen. Damit will er sicherstellen, daß die Vorsegel besser übergehen als auf der DORADE. Auf dem äußeren Stag wird bei Auffrischen des Windes anstelle der großen Genua eine sehr hoch geschnittene Fock gesetzt, die auch für die späteren Rennkutterriggs kennzeichnend werden soll. Die EDLU ist in jeder Hinsicht der erste moderne Kutter. Mit der DORADE, drei Jahre vorher, hat sie nicht mehr viel gemein. Sie ist viel breiter, mit schönen, weinglasförmigen Spantschnitten und harmonischen Linien. Ihre Abmessungen sind:

Länge über alles	17,23 m
Länge Wasserlinie	12,40 m
Breite	3,97 m
Tiefgang	2,39 m
Segelfläche	135 m²
Verdrängung	21,9 t

Die Abmessungen sind von der Formel für das Bermuda-Rennen diktiert, aber man bemerkt nichts Gewaltsames in den Linien, und die Maßverhältnisse des Bootsrumpfes sind immer noch höchst aktuell.
Die EDLU wird die Yacht des Jahres, sie gewinnt die Bermuda- und andere Regatten. Sie ist das erste im modernen Sinne schöne Boot, ohne irgendwie eigenständig zu sein, ohne jede individuelle Note, die ein jedes der früheren Boote haben konnte. Ein Boot von großer Reinheit.

Das Zeitalter der Yawl beginnt. Die DORADE gewinnt zweimal das Fastnet- und das Nordatlantikrennen. 1935 gewinnt eine andere Yawl von Stephens, die STORMY WEATHER, das Fastnet- und das Nordatlantikrennen. Nach diesen beiden Erfolgen segelt die STORMY WEATHER, allerdings ohne den Rekord der älteren Schwester zu brechen, gegen den Wind in der bemerkenswerten Zeit von 23 Tagen nach Amerika zurück.
Die STORMY WEATHER ist ein ganzes Stück größer als die DORADE, sie stellt die endgültige Form der auf dem Reiß-

EDLU

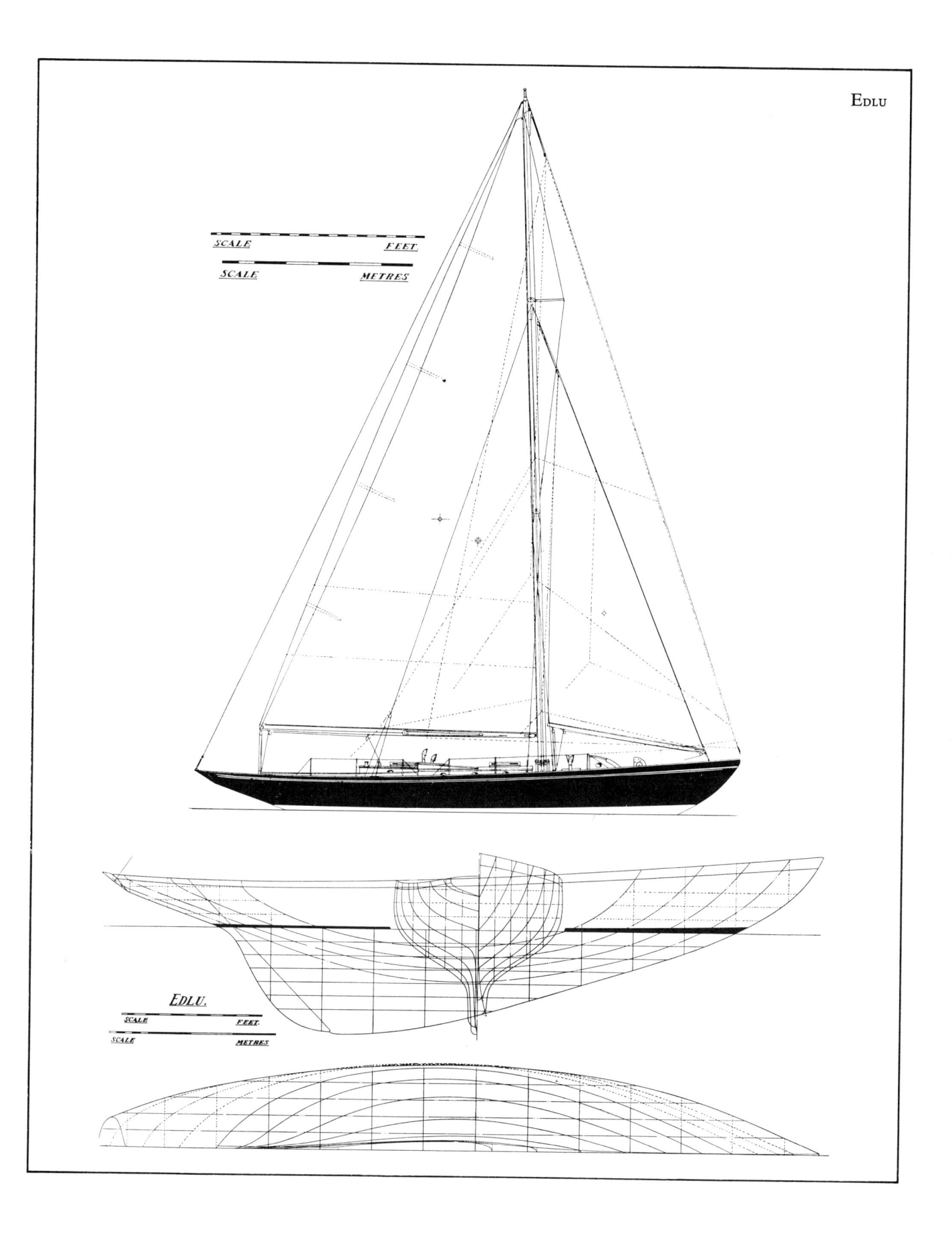

SCALE FEET
SCALE METRES

EDLU.
SCALE FEET
SCALE METRES

brett von Stephens entstandenen Hochseerennyacht dar und ist ganz fraglos eins der schönsten modernen Boote. Ihre Abmessungen sind:

Länge über alles	16,42 m
Länge Wasserlinie	12,08 m
Breite	3,81 m
Tiefgang	2,41 m
Segelfläche	121 m²
Verdrängung	20,40 t

Als Stephens die STORMY WEATHER vor dem Bermuda-Rennen 1936, das sie als erste in ihrer Klasse beendete, in dem amerikanischen Yachtmagazin „Yachting" vorstellte, schrieb er:

Das ist das, was nach meiner Meinung durch die Formel gefördert werden soll. Ihre Überhänge sind kurz, die Breite ist groß, die Verdrängung mäßig. Persönlich hätte ich sie lieber etwas weniger breit.

Man sieht, gefühlsmäßig war Stephens mit der schmalen und tiefen DORADE verbunden. Vielleicht hat er, ohne es zu wollen, mit Hilfe der Formel, die das gar nicht mehr beabsichtigte, in der EDLU und der STORMY WEATHER die moderne Yacht erfunden.
Diese neuen Boote sind voller und haben weniger Tiefgang als die DORADE. Man bemerkt bereits die Tendenz Stephens', die benetzte Fläche immer mehr zu verringern. Vorne gibt es keinen Vorfuß mehr, und die Spantschnitte werden immer runder. Im Längsriß des Unterwasserschiffs der STORMY WEATHER erscheint eine leichte Einbuchtung. Man sieht, daß die Suche nach einem guten Längsriß beabsichtigt ist, selbst um den Preis eines flacheren Vorschiffs, als dies dem logischen Verlauf der Spantschnitte entspräche.
Ein schlankes Eintrittsprofil soll nun zur festen Regel bei den Booten von Stephens bis in unsere Tage werden. Die am meisten zu Buch schlagende Abgabe, die für die Einhaltung dieser Regel zu zahlen ist, besteht in der ungünstigen Anordnung des Ballastes, der dadurch recht viel höher kommt, als man ihn anordnen könnte, wenn man den Längsriß in Höhe des Mastes steiler abfallen ließe und die Grundlinie des Kiels waagerechter legte.
Stephens strebt um jeden Preis schöne Linien mit glattem Verlauf von jeder Richtung her an, mithin auch im Längsriß. Und seine Boote sind auch besonders schön.

Das Vorschiff der STORMY WEATHER ist, wie die Tradition es will, sehr viel kürzer als das Achterschiff, das einen überaus langen Überhang hat; das stark geneigte Ruder setzt das Profil des Rumpfes fort. Das Deck ist sehr glatt, mit Oberlichtern und Lüfterköpfen vom Typ „Dorade". Lediglich über der achteren Kajüte befindet sich ein quadratischer und sehr niedriger Aufbau. Der Niedergang liegt zwischen der Eignerkammer und dem Salon, in dem seitlich an der Bordwand Kojen und davor Sofas mit Oberlicht darüber angeordnet sind. Weiter vorn die Kombüse und die Vorpiek mit nur einer Klappkoje für eine „bezahlte Hand". Außer den Oberlichtern sehen wir an Deck prismatische Glaskörper, durch die Licht nach unten fällt.
Das Ruder mit Pinne und dem Kreisbogen, um es in jeder Stellung festsetzen zu können, ist wie auf der DORADE.
Die STORMY WEATHER ist ein Boot, das man jedenfalls nicht auslassen sollte, wenn man sich ein Urteil über die Schönheit eines neuen „ocean racers" bilden will. Der Vergleich mit ihr wird zur „Probe der Wahrheit", der wohl nur wenige Boote werden bestehen können.

Am ersten Nordatlantikrennen 1866 nahmen drei Schoner teil. Dann kam die Nordatlantikregatta von 1870, die der englische Schoner CAMBRIA vor dem amerikanischen Schoner DAUNTLESS gewann; die von 1877 wurde zwischen zwei amerikanischen Schonern ausgesegelt. Bei der Regatta von 1905, jener, bei der die ATLANTIC siegte, waren unter den elf Konkurrenten acht Schoner.
Die Zeit der Schoner dauerte bis 1928. An dem Nordatlantikrennen um den Pokal des Königs von Spanien, den die NIÑA gewann, nahmen nur drei Schoner teil. 1931 siegte die Yawl DORADE gegen drei Kutter, eine Slup und drei Schoner. Letztes Boot war eine Ketsch.

1935 gewinnt die STORMY WEATHER, wiederum eine Yawl, den Pokal des norwegischen Königs für die Regatta Brenton Reef – Bergen. „First ship home" war die VAMARIE, fünf Stunden vor der um soviel kleineren Yawl. Nach berechneter Zeit siegte die STORMY WEATHER mit einem Vorsprung von beinahe zwei Tagen. Es folgten, in der angegebenen Reihenfolge, zwei Schoner und eine Ketsch. Diese Ketsch, die als fünfte einkommt, ist die STÖRTEBEKER des Kapitäns Ludwig Schlimbach. Ein Boot, das bedeutende Ozeanreisen und berühmte Einhandreisen gemacht hatte und das nun Transatlantikregatten mitsegelt. Das erste deutsche Boot, das in die Welt der Ozeanregatten eintritt.
1936 wird, im Anschluß an die Bermuda-Regatta, eine

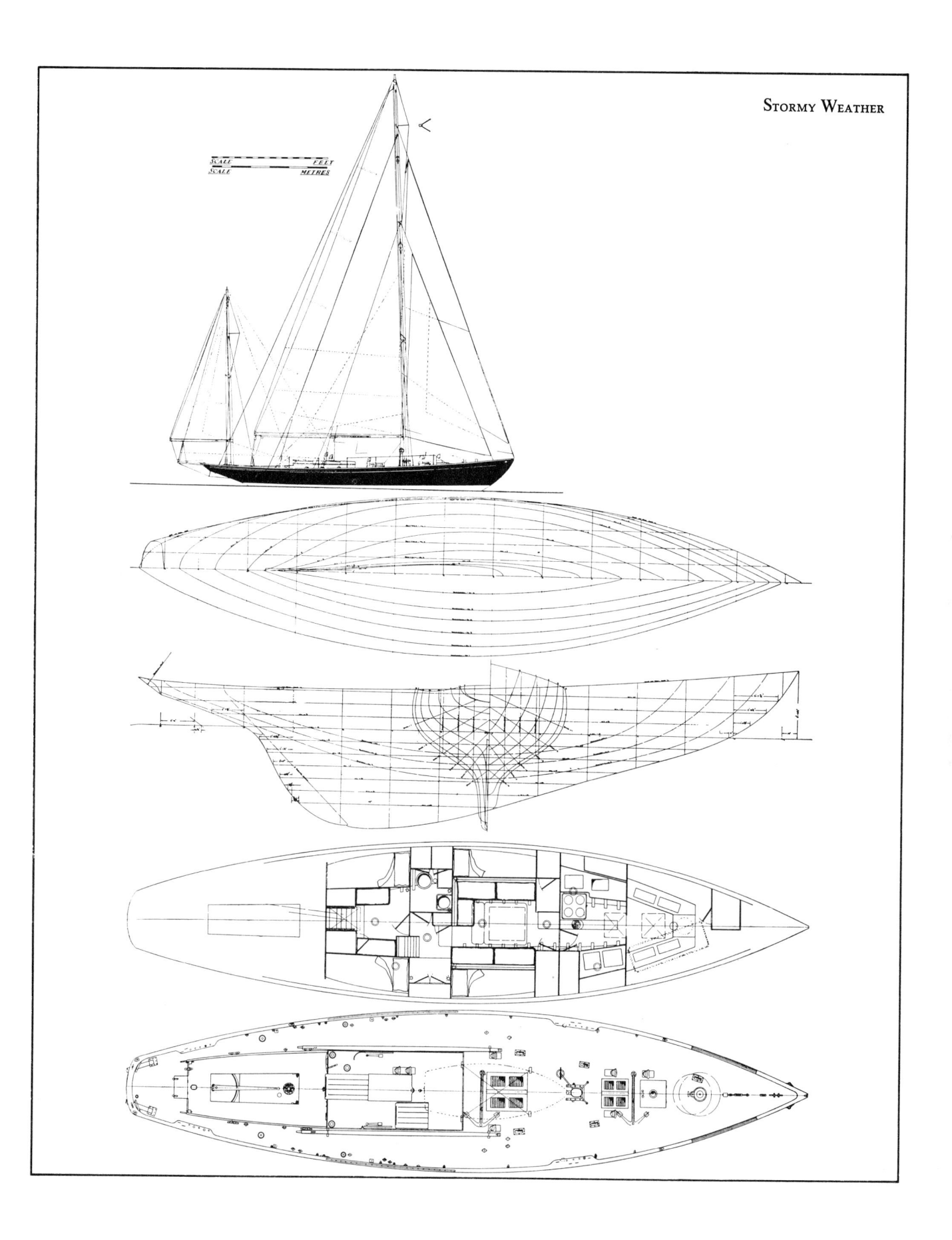

Stormy Weather

Nordatlantikregatta von den Bermudas nach Cuxhaven um einen von Hitler gestifteten Pokal ausgeschrieben. Neun Yachten nehmen teil, acht deutsche und eine holländische. Den Engländern und Amerikanern lag diese Regatta zu dicht hinter jener des Vorjahres; eine Nordatlantikregatta alle vier Jahre genügte, meinten sie. Keine angelsächsische Yacht segelte um Hitlers Preis.

Die ersten sechs im Ziel sind als Yawl getakelt, die letzten drei als Ketsch. Siegerin ist die ROLAND VON BREMEN, eine Yacht, die der Deutsche Henry Gruber eigens für die Regatta gezeichnet hatte.

Sherman Hoyt, ein bekannter englischer Yachtsegler, war auf der ROLAND an Bord (heute würden wir sagen als „Beobachter"), und in seinem Regatta-Tagebuch berichtet er über den hohen technischen Stand des Bootes und das Können der deutschen Besatzung.

In den Linien der ROLAND ist die amerikanische Schule zu erkennen. Gruber hatte in Amerika bei Burgess gearbeitet, und die Schule, welche die NIÑA hervorgebracht hatte, kommt in den Entwürfen von Gruber zum Vorschein. Doch kann man nicht sagen, die ROLAND hätte nicht ihre eigene Individualität, auch wenn die Welt zu erkennen ist, der sie entstammt. Der Längsriß ist schön und erinnert an jenen der Boote von Stephens. Das Vorschiff ist ganz wenig tiefer und das Achterschiff feiner, wahrscheinlich um einen besser ausgewogenen Rumpf zu erzielen, der bei achterlicher Ozeansee leichter zu halten war. Hübsch die Aufbauten an Deck mit dem Wellenbrecher auch um die Masten herum. Es ist eines der schönen, glatten Decks, mit kleinen Oberlichtern dort, wo sie hingehören; das Ganze bietet einen sehr seemännischen, immer seltener werdenden Anblick.

Wieder ein Boot, das man sich auch heute noch hin und wieder ansehen kann, wenn man seinen Augen etwas Gutes tun möchte.

Maße:

Länge über alles	18,00 m
Länge Wasserlinie	13,00 m
Breite	4,10 m
Tiefgang	2,57 m
Segelfläche	135 m²
Verdrängung	26 t

Den Engländern fällt die Trennung von ihrem traditionellen Typ schwerer als den Amerikanern.

Die DORADE, die NIÑA haben nichts mehr von dem „breit und flach" von vor fünfzig Jahren. Das letzte englische Boot, das wir gesehen haben, die PATIENCE, schmal und tief, glich der FLAME von dreißig Jahren zuvor. Nicholson ist konservativ. 1935, 1936 und 1937 baut er das Trio FOXHOUND, BLOODHOUND und STIARNA. Drei praktisch gleiche Boote. Das berühmteste von ihnen ist die BLOODHOUND, die große Yawl, die von 1936 bis in unsere Tage eine der aktivsten englischen Yachten sein sollte.

Ein großes Schiff:

Länge über alles	19,96 m
Länge Wasserlinie	13,72 m
Breite	3,81 m
Tiefgang	2,77 m
Segelfläche	162 m²

Diese Abmessungen sind eine logische Weiterführung der Linie, von der sie stammen. Im Verhältnis sind sie eindeutig schlanker als die der PATIENCE, und sie haben mehr Tiefgang.

Immer noch fast ein „plank on edge". Die Engländer sind konservativ, und Nicholson ist der englische Konstrukteur par excellence.

Interessant, das unterschiedliche Verhalten der Boote des alten Typs, dessen Vertreter die BLOODHOUND ist, mit dem der moderneren Boote zu vergleichen. Die BLOODHOUND zeigte bei leichtem und sehr starkem Wind bessere Eigenschaften, namentlich am Wind. Ein Blick auf ihre Linien genügt, um das zu sehen. Bei leichtem Wind hat ein Boot mit dreieckigen Spantschnitten wenig benetzte Fläche und sehr schlanke Wasserlinien. Aber es krängt schneller, eher als die breiteren Boote, und wenn es sich überlegt, während die übrigen noch aufrecht segeln, ist es im Nachteil. Doch auch gekrängt sind die Linien nach wie vor fein, und da der Ballast zu wirken beginnt, ist das Boot in der Lage, seine Segel weiterzutragen. Bei sehr starkem Wind tritt die Stärke des sehr schlanken Rumpfes mit hohem Ballast zutage, während die breiteren Boote beim Überliegen dazu neigen, hart zu werden, wenn sie mit der Seitenwand ins Wasser kommen. Bei raumem Wind jedoch wird ein vor allem im Bereich des Achterschiffs vollerer Bootskörper größeren Auftrieb haben und bei höherer Fahrt mehr hergeben. Ein Boot ist immer ein Kompromiß, und es ist schwer zu sagen, welcher Rumpf nun der bessere ist.

ROLAND VON BREMEN

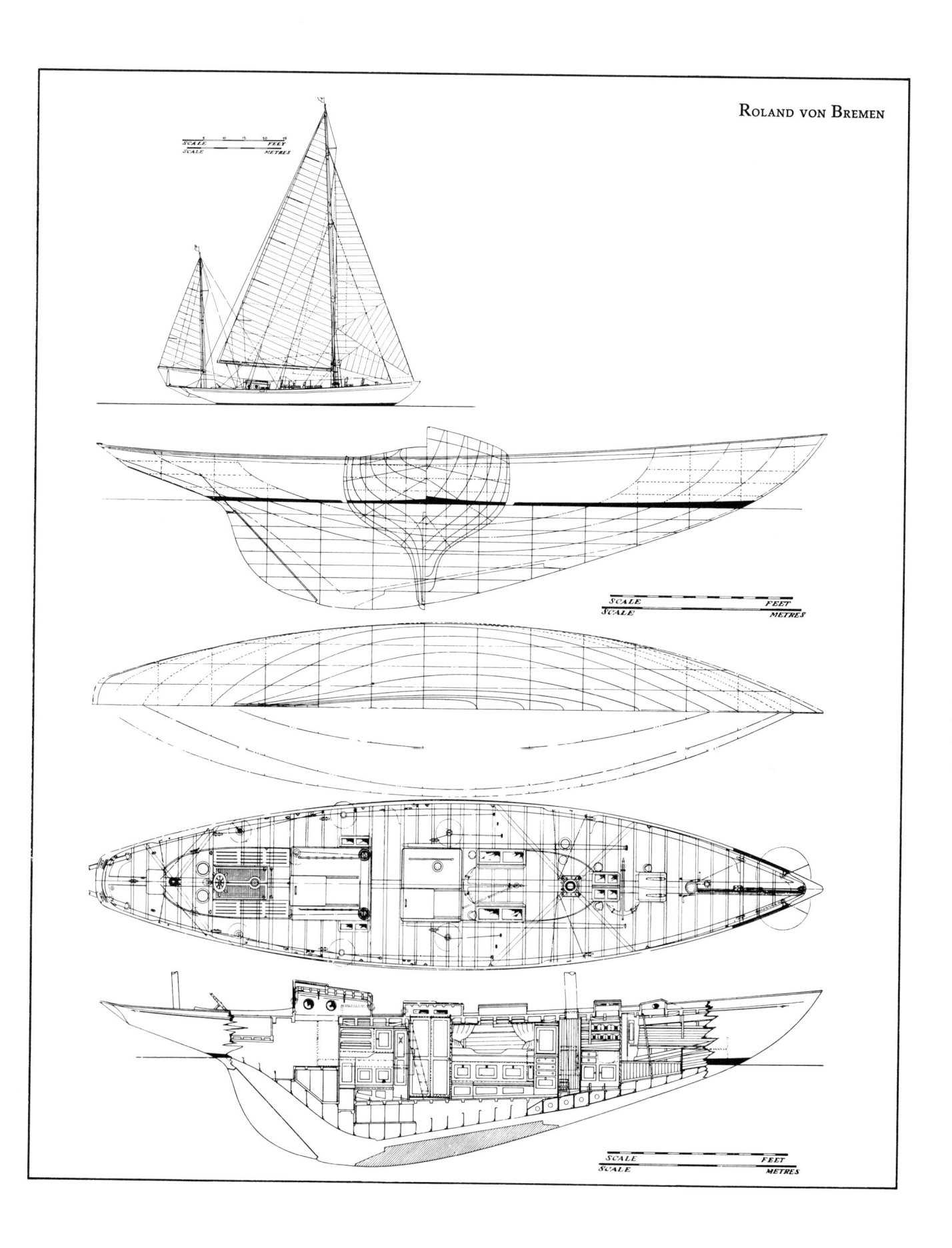

233

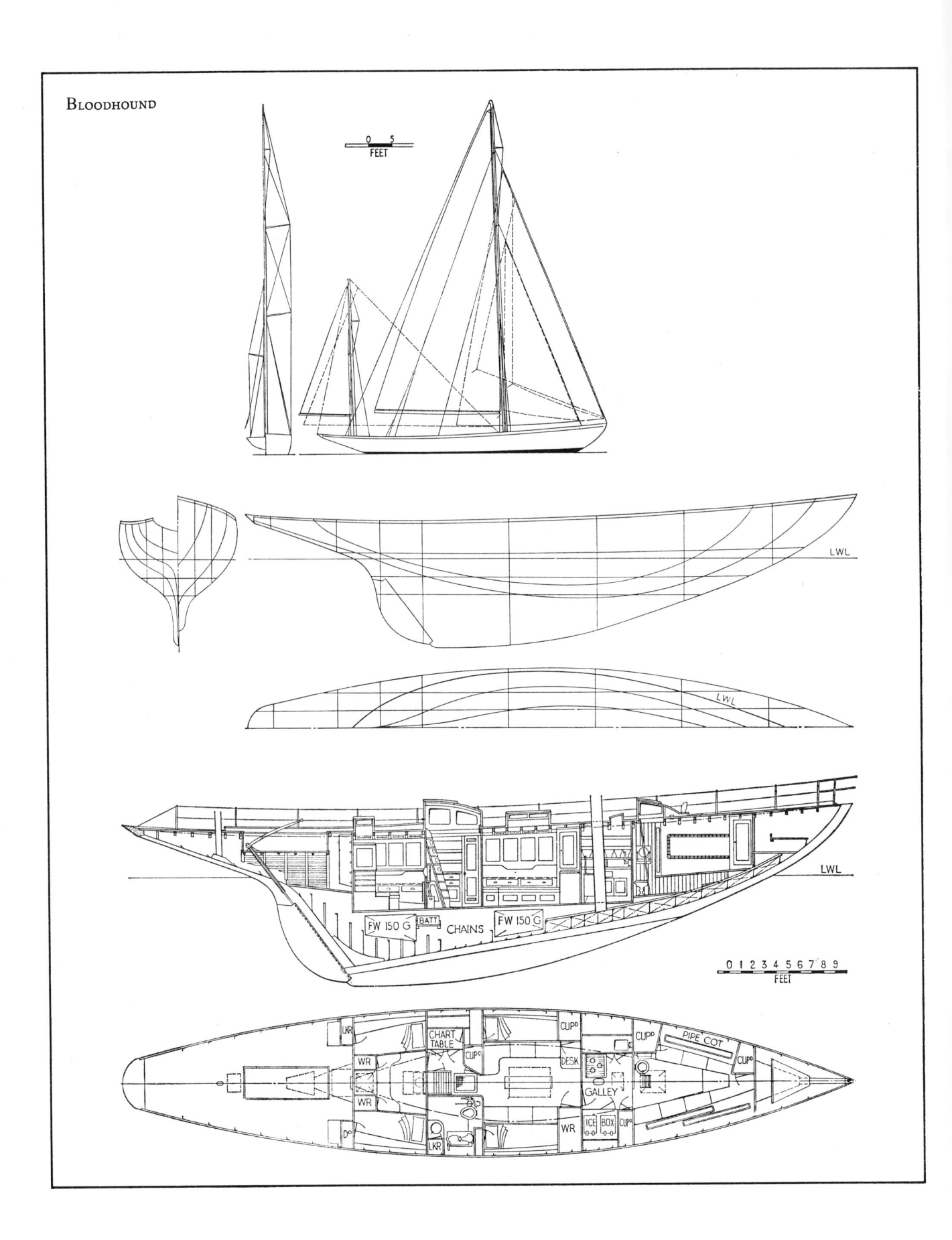

BLOODHOUND

Drumbeat

STORMVOGEL

Die Bloodhound ist kein Boot ganz eigener Prägung, dessen Wert man auch abschätzen kann, ohne die Tradition zu kennen, der es entstammt, wie die Boote von Stephens. Es stellt nichts Neues dar, es drückt aus, was auch andere Bootskörper schon zum Ausdruck gebracht haben. Trotzdem ist es ein Boot von Geschmack, schön und von ausgesprochen eigener Note, vergleichbar jener der Niña und der Dorade.

Mit ihren sehr feinen Spantschnitten und Wasserlinien erinnert sie an die Dorade. Doch läßt sich ungeachtet dieser Ähnlichkeit nicht behaupten, man habe die Dorade im Auge gehabt, als ihre doch so ähnlichen Linien aufs Papier kamen; zu sehr verkörpert der Rumpf englische Gedankenwelt.

Beim Rigg gab es allerdings eine Zusammenarbeit der beiden Konstrukteure. Die Foxhound war als Slup getakelt, für die Bloodhound wurde Stephens gebeten, eine Yawltakelage zu entwerfen, ähnlich jener der Stormy Weather.

Die Yawl Bloodhound vereint in sich englische und amerikanische Auffassungen, praktisch ebenso wie sechs Jahre zuvor die Dorade. Wahrscheinlich war die Bloodhound schon überholt, als sie gebaut wurde, zu einer Zeit, als der englische Kutter im Begriff stand, abzutreten. Man könnte ihren Fall mit dem der Niña vergleichen, jenes Schoners der großen Erfolge, der als letzter seiner Art herauskam. Die Niña in Amerika und die Bloodhound in England sind die letzten beiden Vertreter dieser verschwundenen Yachttypen, und sie segeln auch heute noch intensiv Regatta.

1936 gewann die Bloodhound in ihrer Klasse das Channel Race und siegte 1939 im Fastnet-Rennen, in dem sie auch 1949 in ihrer Klasse Sieger wurde; 1953 holte sie sich den Preis für das erste Boot, das Fastnet rundete. 1952, in Amerika, kommt sie als zweite in ihrer Klasse in Bermuda ein. 1962 umgetakelt, ist sie immer noch ein Preisgewinner. Sie gehört jetzt Königin Elizabeth und dem Herzog von Edinburgh. Mit ihrem schwarzen Rumpf, sehr niedrig, mindestens einen halben Meter weniger breit als jedes andere Boot gleicher Wasserlinienlänge (Boote dieser Größe werden allerdings immer seltener), mit ihrem glatten Deck und kleinem, quadratischem Aufbau, mit dem Ruder mit Pinnensteuerung ist sie das letzte traditionelle englische Boot, das noch bei den modernen Hochseeregatten zu sehen ist.

In der Bloodhound bewahrt sich der alte traditionelle Schnitt von Nicholson, der schmale Kutter, seetüchtig und stark, den wir bereits von seinen früheren Rissen her kennen. Die gleiche, schon bei den alten Booten von Fife sichtbare Linie setzt sich in der Latifa von 1936 fort.

Ein großes Boot von der Klasse, wie wir sie bei ihm gewohnt sind.

Länge über alles	21,33 m
Länge Wasserlinie	15,85 m
Breite	4,72 m
Tiefgang	3,10 m
Segelfläche	205 m²
Verdrängung	41,66 t

Sie ist breiter als die älteren Boote, dazu das bei einem „ocean racer" ungewohnte Kanuheck als Abschluß eines Überhanges normaler Länge. Eine Besonderheit, die mit Geschicklichkeit gelöst ist, und sicher nicht mit der Absicht, den Eindruck schlichter Seetüchtigkeit eines Colin Archer zu vermitteln. Unter der Hand eines Fife erhöht das zugespitzte Heck noch die Eleganz des Bootskörpers.

Die Latifa ist kein modernes, aber ein sehr schönes Boot, und sie wurde viel bewundert, als sie herauskam. Sie ist eine große Yacht, und ungeachtet ihrer moderneren Takelung bringe ich sie in die Nähe der Britannia und der Satanita. Besondere Merkmale: Bugspriet, Oberlichter und der Aufbau mit vielen Fenstern und Sofas für die Gäste, eine große Vorpiek für die Seeleute. Die Latifa ist die letzte große Yacht im Stil der neunziger Jahre.

Sie segelte auf vielen Regatten und gewann zahlreiche Preise für das erste Schiff nach gesegelter Zeit. Auch nach dem Kriege segelte sie noch Rennen; sie wurde sechste ihrer Klasse beim Bermuda-Race 1946 und Siegerin ihrer Klasse beim Fastnet-Rennen 1947.

Uffa Fox rühmt vor allem ihre außergewöhnliche Schönheit.

Die Latifa *ist eines der schönsten Segelschiffe. Ich sehe sie vor mir, wie sie, einem Pfeil gleich, mit einer Nordwestbrise raumschots über den Solent schießt, alle Segel oben, einschließlich des Besanstagsegels, und man hat den Eindruck, als wolle diese ganze Wolke von Segeln das Boot aus dem Wasser heben...*

Die Beschreibung der Gefühle beim Anblick der Latifa ist schon fast lyrisch:

... leicht auf dem Wasser wie ein Vogel, von dem nur die Füße die Wasserfläche berühren ... Wir haben einen Anblick gehabt, der unseren Sinnen wohltut, und finden, daß die Erde ein freundlicher Platz ist, an dem es sich leben läßt.

Die Schönheit der LATIFA und die Emotionen, die sie auslöst, gehören einer anderen Zeit an. Wie die BLOODHOUND ist die LATIFA eine Yacht von einst.

Im Jahre 1937 entstehen in England moderne Yachten, deren Namen zugleich mit denen der Konstrukteure, die sie geschaffen haben, in der Erinnerung bleiben.
Die ORTAC ist der zweite Entwurf Robert Clarks, ein überraschend neuartiges und reifes Boot für einen Anfänger. Mit dem Konstrukteur als Mitsegler gewinnt die ORTAC die erste Regatta gegen 17 Konkurrenten, darunter die Yachten, die wir nun schon gut kennen. Zweite wird die ROLAND VON BREMEN, die LATIFA vierte. Eine große Genugtuung für den, der den Entwurf gemacht hat.
Viele Jahre lang holt sich die ORTAC Preise, und das können, wie wir gesehen haben, nur Yachten, die „richtig" sind, ohne Finessen beim Entwurf, ohne Ausnutzung von „Löchern" in der Formel. 1950 gewann sie den Preis für das beste Boot der Klasse II des Jahres.

Die ORTAC zeigt die Merkmale aller späteren Yachten von Clark, der noch heute einer der meistgeschätzten englischen Konstrukteure ist. Sehr weicher Längsriß, abgerundetes Vorschiff, das dadurch noch kürzer wird im Verhältnis zum Überhang des Achterschiffs, das fein und schlank ist. An Deck hat man wegen des kleinen Spiegels den Eindruck, als liege die größte Breite vor der Mitte, was in Wirklichkeit nicht zutrifft. Die Spantschnitte zeigen deutlich die Hand Clarks. Vorn und hinten sind sie ziemlich kreisförmig, wodurch im Vorschiff kräftige „Schultern" zustande kommen und ein langes und schlankes Achterschiff, das diese Eigenschaften auch bei jedem Krängungswinkel beibehält. Mit der Feinheit des Überganges zwischen Bootskörper und Kiel, der Harmonie des Längsrisses und dem Auftrieb der Spantflächen ist die ORTAC ein Vertreter des wohlausgewogenen Bootsrumpfes, dessen Stärke am Wind liegt.

Als sie erschien, war die ORTAC eine moderne Yacht, vergleichbar nur denen von Stephens. Kuttergetakelt mit bis zum Topp reichender Genua, das Großsegel für jene Zeit verhältnismäßig klein, der Mast auf 40 % der Wasserlinienlänge weiter achtern als damals üblich. 45 % Ballastanteil, was für eine Hochseeyacht ein sehr glückliches Verhältnis ist.

Länge über alles	14,90 m
Länge Wasserlinie	10,68 m
Breite	3,38 m
Tiefgang	2,29 m
Segelfläche	87 m²
Verdrängung	14,22 t

Das Deck sieht sehr modern aus. Im Cockpit sechs Winschen, und das zu einer Zeit, als viele Boote noch gar keine hatten; ein großer Aufbau, in Masthöhe unterbrochen (sehr praktisch für das Arbeiten auf See, wenn man um den Mast herum eine durch Waschborde geschützte Decksfläche hat), zwei Spinnakerbäume seitlich auf dem Vorschiff.

Die späteren Konstruktionen von Clark, die Erfolg hatten (und das sollten viele sein), werden sich nicht sehr viel von der ORTAC unterscheiden.

Die Linien der ORTAC sind, um mit den Schneidern zu reden, von klassischem Schnitt, und wäre nicht der Freibord niedriger als heute üblich, könnte sie ebenso ein um zwanzig Jahre jüngerer Entwurf von Clark sein. Von allen englischen Konstrukteuren hält er am meisten an der Tradition fest, und seine Boote sind unverkennbar. Auch die ORTAC ist eines jener „neuen" Boote, die in diesem Dezennium auf die Welt kommen und die man sich, finde ich, immer einmal wieder ansehen sollte.
Eines von denen, die man sich sogar öfter ansehen sollte.

Der erste moderne Konstrukteur in England ist Laurent Giles. In seinen Yachten, in allen, findet man, wenn man die Entwicklung des Yachtbaus der letzten dreißig Jahre verfolgt hat, „die Dinge, die einmal kommen werden". Als sie erstmals erschienen, beleidigten seine Boote das Auge derjenigen, die an traditionellem Aussehen Geschmack fanden. Doch ein paar Jahre später sind die gleichen Dinge nicht mehr abstoßend, weil sie auf natürliche Weise in den allgemeinen Geschmack eingegangen und stillschweigend sämtlichen Booten eigen geworden sind. Vielleicht ist Giles der einzige Konstrukteur, der über die unerläßliche Fähigkeit hinaus, das zu zeichnen, was ein gut segelndes Boot ausmacht, auch ein Künstler gewesen ist.

Latifa

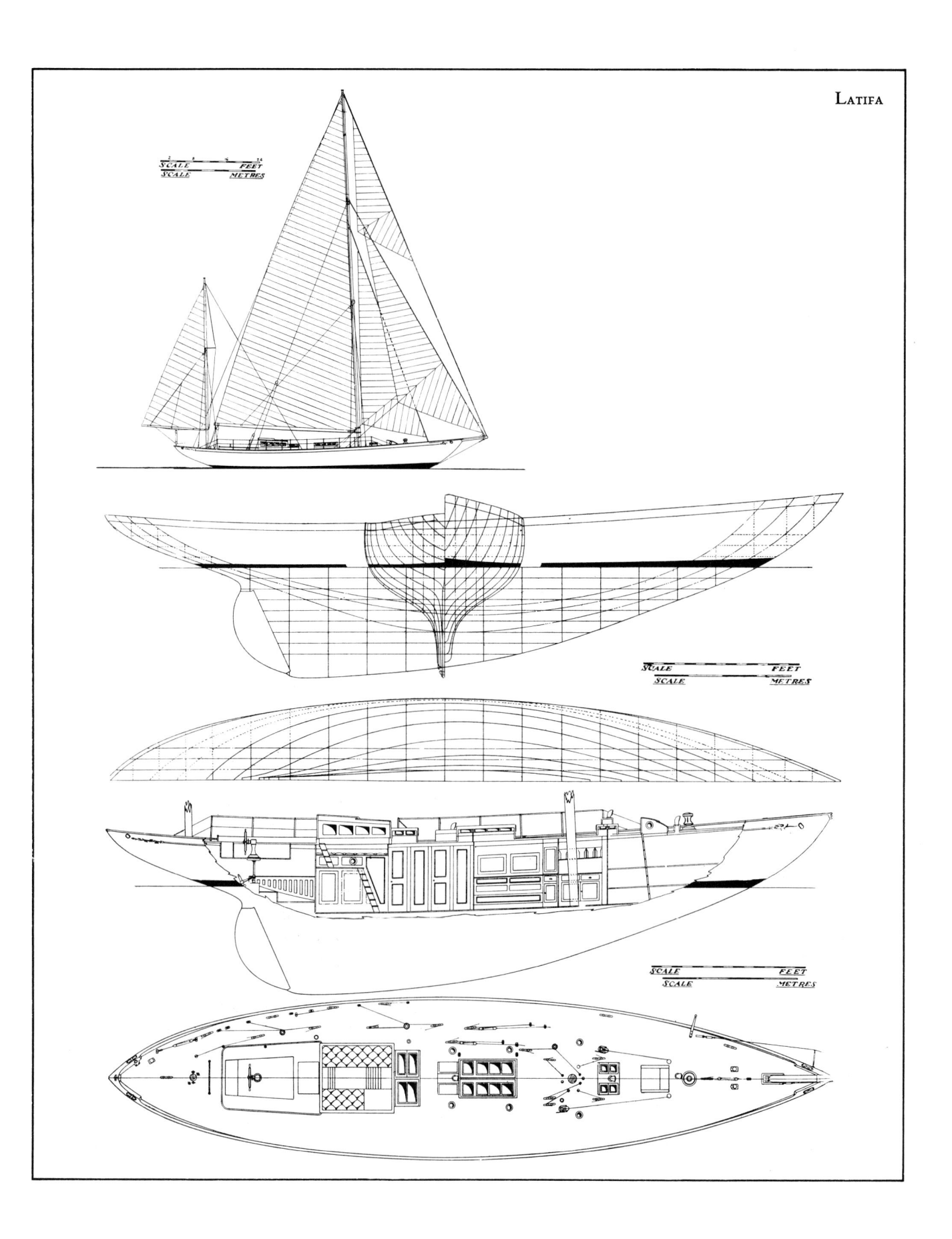

Die MAID OF MALHAM wurde 1937 gebaut, im gleichen Jahr wie die ORTAC und ein Jahr nach der BLOODHOUND und der LATIFA, was man sich vergegenwärtigen sollte, wenn man ihre Zeichnung ansieht.

Abmessungen:

Länge über alles	14,63 m
Länge Wasserlinie	10,68 m
Breite	3,20 m
Tiefgang	2,86 m
Segelfläche	92,15 m²
Verdrängung	13,72 t

Ich glaube nicht, daß die MAID im ersten Jahr ihres Bestehens bei einem Vergleich mit ihren Zeitgenossen gefallen hat. Uffa Fox rechtfertigt die Neuerungen mit sonderbaren Argumenten. Das Heck ist abgeschnitten, indes, der Eigner sei Marineoffizier und an die gleiche Bauweise bei Zerstörern gewöhnt. Vielleicht wäre das Achterschiff mit einem kleineren Spiegel hübscher ausgefallen, doch wäre es bei der gewählten Form des Überhanges äußerst lang und schwer geworden. Und weiter: „Der Konstrukteur der MAID, Laurent Giles, steht in keiner Weise unter dem Einfluß der Tradition und es macht ihm Spaß, unseren Auffassungen von dem, was richtig ist, einen Stoß zu versetzen." 1937 war es nicht einfach, eine MAID erklären zu wollen.

Der Überhang achtern ist niedrig, lang und unvermittelt annähernd senkrecht abgeschnitten. Das gibt einen guten Linienverlauf in Längsschiffrichtung ... Das Vorschiff ist tief, alles ist anders als bei der ORTAC.

Die ORTAC und die MAID waren die zwei „Ungeheuer" des Jahres und teilten die Preise unter sich auf. Sie hatten die gleiche Wasserlinienlänge von 35 Fuß, die man die „magische Länge" des RORC nannte. Es war nämlich die Grenzlänge zwischen der größeren und der kleineren Klasse und erlaubte es, sich die jeweils günstige Klasse auszusuchen. Wir werden noch auf viele gute Boote von 35 Fuß in der Wasserlinie treffen.

ORTAC

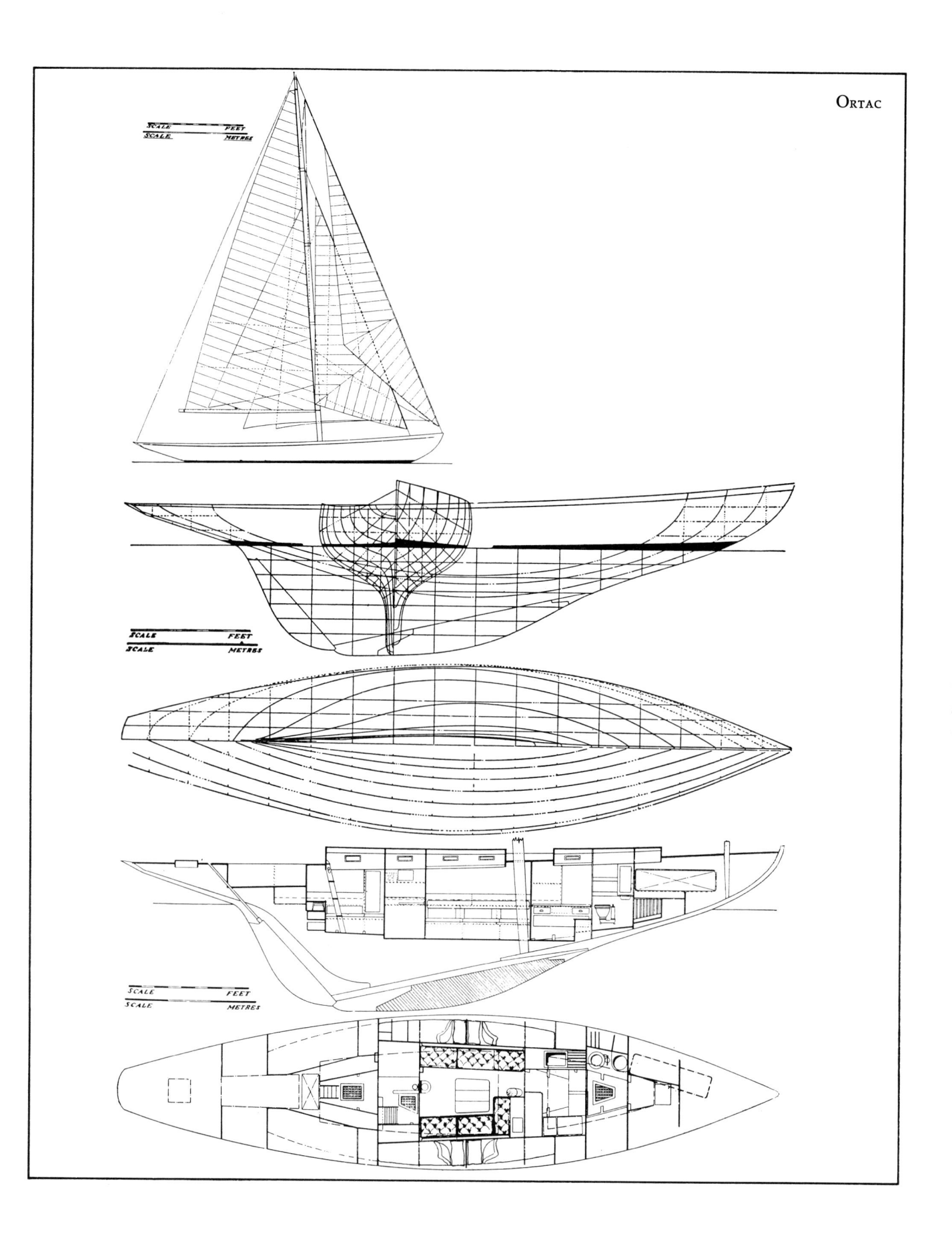

241

Maid of Malham

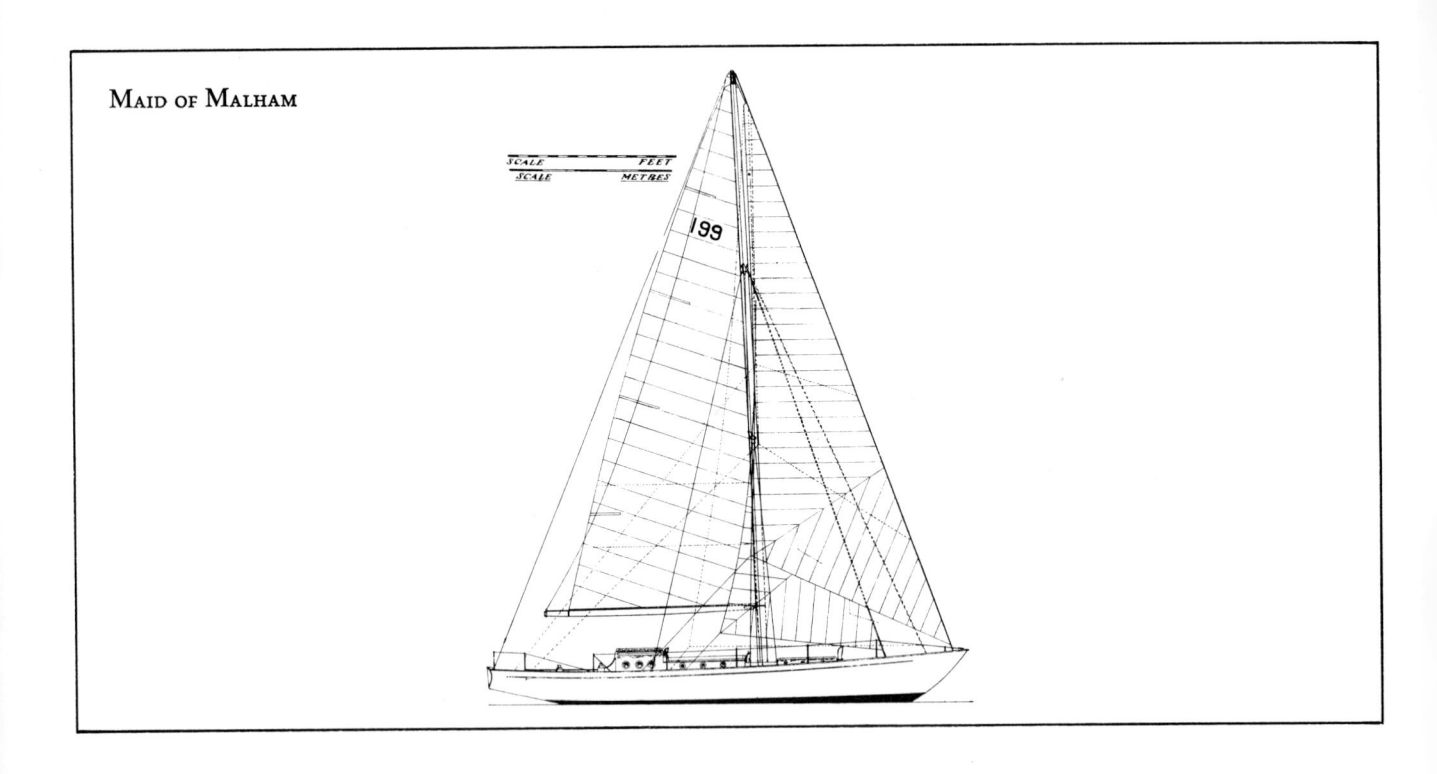

Bei gleicher Wasserlinienlänge ist die MAID das breitere und leichtere Schiff mit mehr Auftrieb im Achterschiff und einem tieferen Vorschiff. Ein mehr für die raumen Gänge geeigneter Rumpf, weniger gut im Gleichgewicht, aber besser bei hohen Geschwindigkeiten. Von der MAID an zeigen die neuen Boote mit jedem Jahr steigende Tendenz in dieser Richtung. Immer breiter und in der Lage, auf raumem Kurs viel mehr zu gewinnen als das, was man auf der Kreuz verlieren kann. Durch die große Breite reduziert sich die Rating; die MAID vermaß günstiger als die ORTAC.

Die modernen Rümpfe sind zwar am Wind weniger gut als die älteren, wie etwa die Boote nach der Meter-Formel oder die BLOODHOUND, die Riggs hingegen werden auf allen Gängen immer wirksamer. An der MAID ist zu sehen, wie ein „ocean racer" in den nächsten zwanzig Jahren getakelt sein wird. Das Großsegel ist kleiner (der Mast steht sehr weit hinten, auf 43 %/o der Wasserlinienlänge), der Baum ist höher, das Segel in der Grundlinie ziemlich kurz. Das Verhältnis zwischen Unter- und Vorliek beträgt 2,7; bei der ORTAC war es 2,4 und bei der LATIFA 2,3. Die Vorsegel werden immer größer, die Grundlinie des Vorsegels zwischen Stag und Mast ist genauso groß wie die Grundlinie des Großsegels, was bedeutet, daß die wirkliche Fläche des Vorsegels unter Einrechnung der Überlappung der Genua über das Großsegel viel größer ist als dieses.

Und noch eine Besonderheit der MAID, die in der Zukunft zur Regel werden sollte: Für das Kreuzen bei frischem Wind kommen die Genuafock und das hochgeschnittene Vorsegel (der Yankee) in Gebrauch, eine sehr wirksame Besegelung.

Eine weitere Neuerung ist die Verstagung des Mastes. Die Oberwanten reichen bis zum Deck herunter, bilden also nicht den für die Takelung der Zeit kennzeichnenden Rhombus.

Alle Einzelheiten deuten auf das Streben nach Leistung hin. Die vorderste Relingsstütze ist nach außen gebogen, um die Genua nicht zu behindern. Der Relingsstander ist an der Stelle unterbrochen, wo die Großschot verläuft.

Die MAID war ein berühmter „rule cheater". Dank der Tatsache, daß die Fläche des Großsegels jener des Vorsegels entsprach, konnten bei flauem Wind zwei gleich

MAID OF MALHAM.

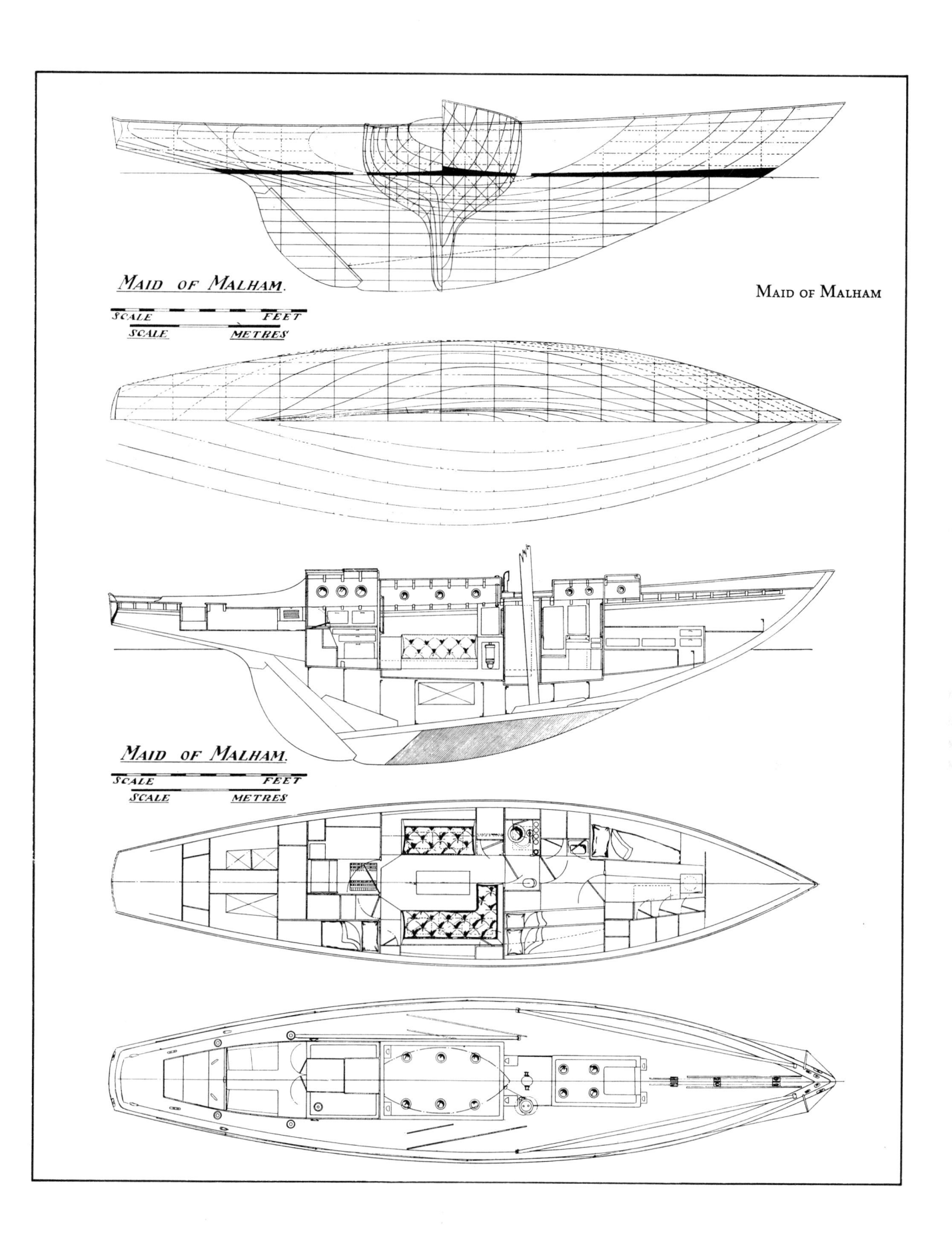

SCALE FEET
SCALE METRES

MAID OF MALHAM

MAID OF MALHAM.

SCALE FEET
SCALE METRES

243

große Spinnaker gesetzt werden; das Großsegel wurde dann geborgen. Einer der Spinnaker galt als Großsegel, weil er ebenso groß war. In der Folge wurde dieser Trick verboten, solange er aber angewandt werden durfte, brachte er der Maid viele Chancen. Der Eigner der Maid, der Giles bei vielen Einzelheiten des Riggs beeinflußte, sollte sich einen großen Namen bei Hochseeregatten machen:
John Illingworth.

Auch an Deck gibt es ausgefallene Dinge, die heute Allgemeingut geworden sind. Das Cockpit ist geteilt, der Rudergänger sitzt im vorderen Teil, getrennt von denen, die achtern an den Vorschoten arbeiten. In Höhe der vorderen Winschen hören die Cockpitbänke auf, Schoten lassen sich im Stehen besser bedienen. Das Deckshaus verläuft nicht in gleicher Höhe; hinten ist es zum „doghouse" ausgebildet, jener Erhöhung des Aufbaus, die sich nach dem Krieg so sehr verbreitet. An Deck auf halber Schiffslänge innenliegende Schienen für die Klüverschoten: Illingworth hat stets die Möglichkeiten des Kutterriggs voll auszuschöpfen gesucht.

Clark und Giles sind in England die Vertreter der neuen Gedanken. Man berichtet von einem Ausspruch Nicholsons: „Das Schlimme bei diesen Jungen ist, daß sie denken, sie wüßten alles; das Schlimme bei uns Alten, daß wir wissen, daß wir alles wissen."

Doch wenn man schon die Bloodhound als Vertreter des veralteten Typs ansieht, dann hatte mit ihr der „ocean racer" zumindest einen großen Schritt nach vorn getan; der wirklich alte Typ war bereits mit der Jolie Brise gestorben. Die Bloodhound war als Hochseeversion einer 12-m-R-Yacht gedacht, schwerer und mit geringerer Segelfläche. Das drückt sich in der Feinheit ihrer Linien ebenso aus wie im Rigg, bei dem noch das Großsegel als das Hauptsegel gilt. Ein bis zum Topp reichendes Vorsegel hielt man noch für eine Tollkühnheit.

Auf der Maid und auf der Ortac gelten die bis zum Masttopp reichenden Vorsegel nicht mehr als Leichtwettersegel, sie werden zum Hauptsegel. Damit kommt man zu immer stärkeren hohlen Masten mit steiferen und widerstandsfähigeren Profilen, eigens entworfen, um unter Belastung nicht nachzugeben, wie das vom Rigg eines Bootes der Meterklasse verlangt wurde. Deren Masten

hatten birnenförmigen oder runden Querschnitt und jenes System von Diamonds und Jumpstagen, durch das die einzelnen Teile eines biegsamen Mastes unabhängig voneinander werden. Mit einem solchen System läßt sich das Biegen des Mastes bewerkstelligen. Für eine gute Wirkung des Großsegels ist ein weicher und biegsamer Mast von Vorteil, der sich am Wind nach hinten und auf raumen Kursen nach vorn biegt; ein großes Vorsegel hingegen kann ein Stag, das bei Beanspruchung nachgibt, nicht vertragen, es verlangt ein steifes Rigg.
Bei dem biegsamen Mast mußte stets Lose im gesamten Rigg sein. Nun setzt sich für das Rigg eine neue Richtung durch.

Der moderne Yachtsegler segelt nicht mehr, um sich zu vergnügen, jedenfalls nicht im vordergründigen Sinne dieses Wortes. Er liebt, er sucht, er verlangt die Leistung, er kennt für sich und die anderen keine Schonung.
Unter dem Ansporn der immer leistungsfähigeren und anspruchsvolleren Yachtsegler erscheint in diesen Jahren die Hochseeyacht neuen Typs, und man wird das Abtreten der „Vollblüter" der internationalen Klassen erleben.

XIX   Das „Vollblut"

MAY BE III

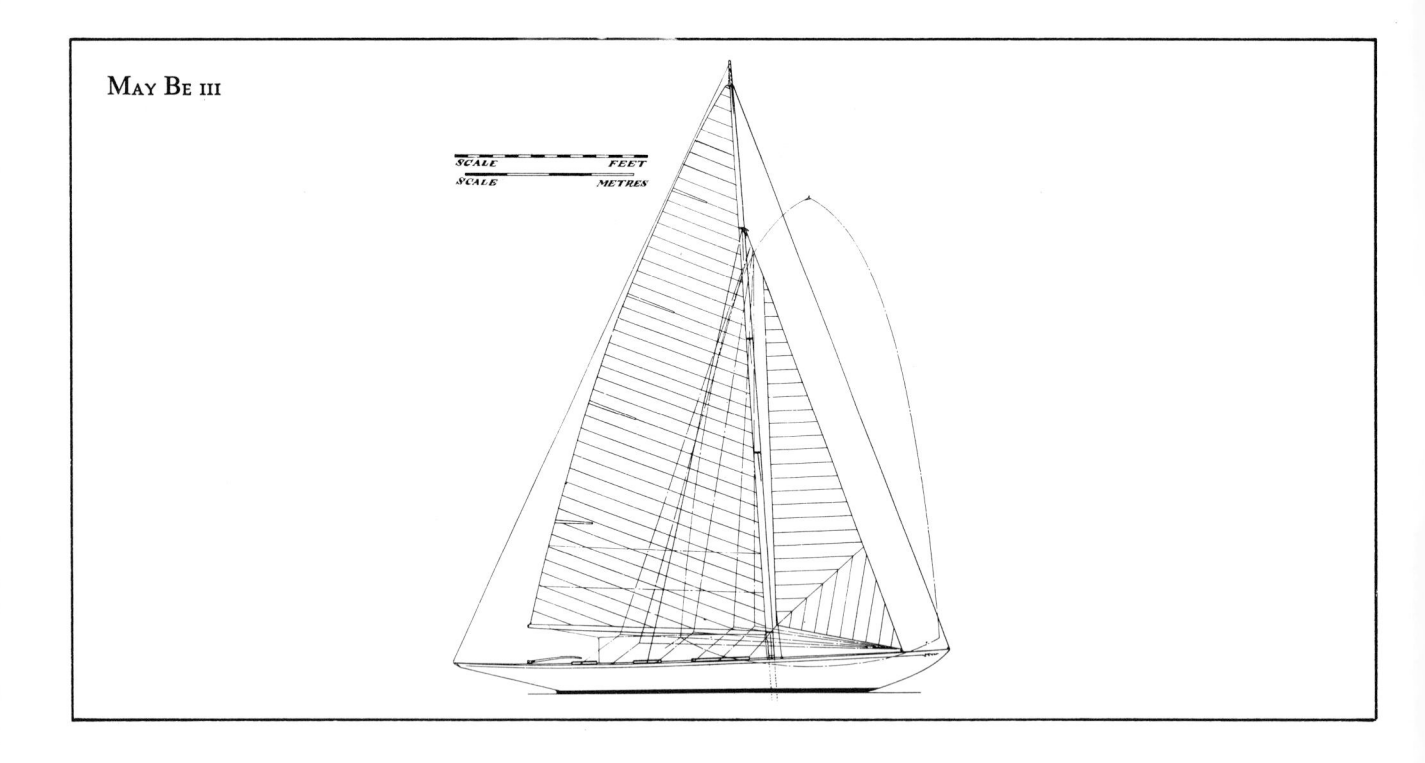

Die bürgerliche Yacht ist da. Sie ist wohnlich, seetüchtig, sicher. Der Eigner-Seemann fährt ernsthaft zur See, überquert Ozeane, repariert selber gerissene Segel, geht seine Rudertörns und reißt Schoten; er kennt sich aus in der Navigation und im Handwerk. Er schätzt die Praxis, die Tüchtigkeit, die der Yachtsegler fünfzig Jahre früher nicht hatte, aber er hat die Eleganz eingebüßt, die sein Vorgänger ihm voraus hatte.
Der Segler der Hochseeklassen, des „offshore", ist kein Aristokrat.

Die Klasse für den Edelmann, der sich dem „yachting" verschreibt, ist das Boot der Dreiecksregatten, das „Vollblut" der Meterklassen und „Universal Rule". Höchstes Ideal der große Kutter, der um den America-Pokal segelt. In den Jahren vor dem zweiten Weltkrieg werden viele Yachten der „Inshore-Klassen", für Küstenregatten, gebaut, mit der gleichen Zweckbestimmung wie seinerzeit die „rater". Dank der besser durchdachten Formeln ist die nach Jahren der Konstruktion entwickelte Regattamaschine ein im höchsten Maße vollkommener Typ und, was immer seltener wird, bei aller Leistung von unerreichbarer Klasse und Eleganz.
Wenn die Yacht ein Segelschiff von schöner Nutzlosigkeit ist, mit dem einzigen Zweck, für die Laune ihres Eigners dazusein, dann ist das Boot der internationalen Klassen der damaligen Zeit mehr „Yacht" als irgendeines sonst.

Das 6-m-Boot ist das kleinste der internationalen Meterklassen. Seine Formel schreibt weder ein selbstlenkendes Cockpit vor noch irgendwelche Inneneinrichtung. Die Abmessungen der Sechser, 1930 festgelegt, verlangen eine Wasserlinienlänge von 7,16 m, Länge über alles um 11,50 m, Breite um 1,83 m, Tiefgang um 1,65 m, Segelfläche etwa 42 m². Verdrängung etwa 4,2 t: 80 % des Gesamtgewichts liegen, weil jegliche Inneneinrichtung fehlt, im Blei des Ballastes. Der „rater" war eine Regattamaschine, der Sechser ein Vollblutrennpferd.
Beim Entwurf von Booten dieses Typs bewährten sich viele Konstrukteure aus den nordischen Ländern. Bekannte Entwürfe der internationalen Klassen für Auftraggeber in aller Welt tragen die Unterschrift von Johan Anker, Knud Reimers und Bjarne Aas.
Die 6-m-R-Yacht MAY BE III stammt vom Reißbrett Tore Holms. Sie ist etwas schlanker und schwerer und wesentlich stärker besegelt als der Durchschnitt.

Im folgenden Jahr wurde für die 6-m-R-Klasse eine Mindestbreite von 1,83 m festgelegt. Der Schweizer Eigner brachte die MAY BE auf den Genfer See. Sie erwies

MAY BE III

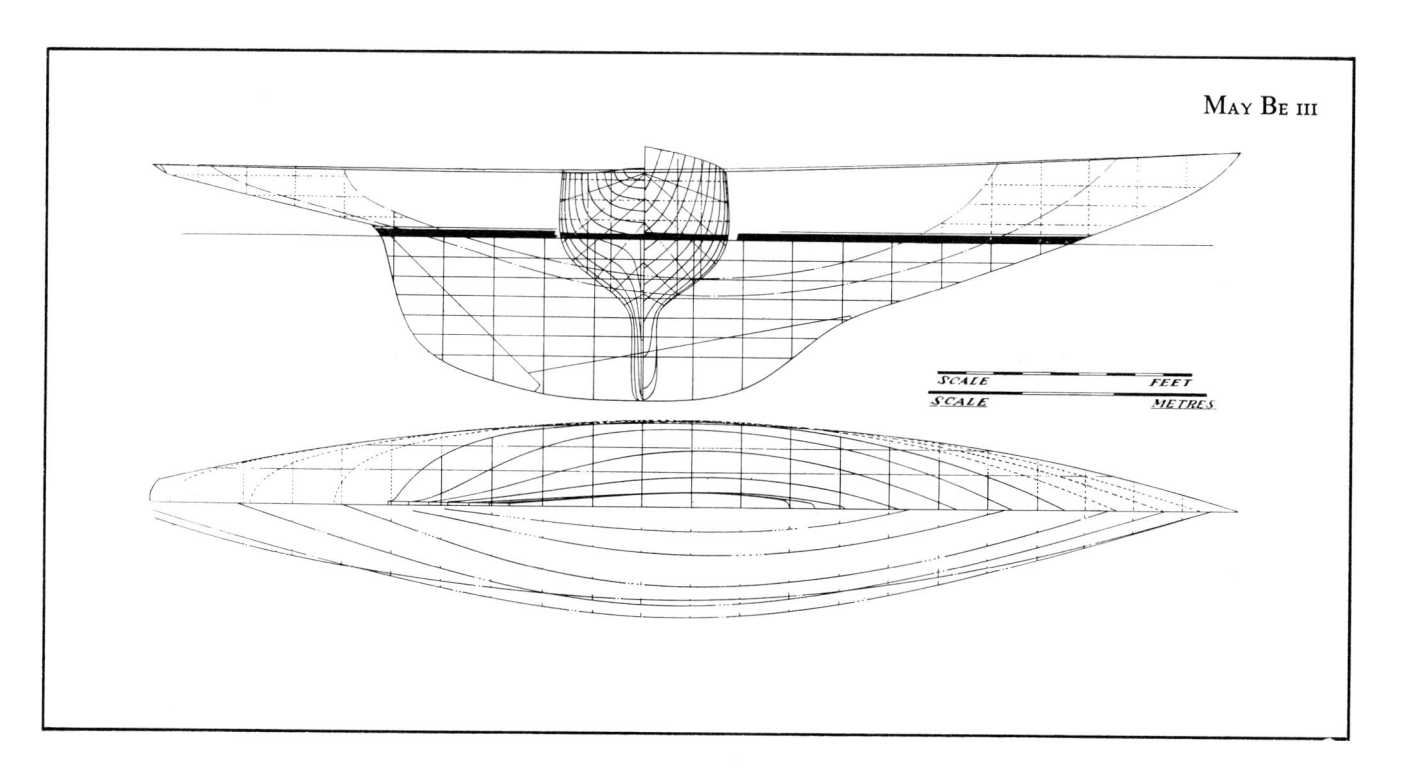

sich dort als unschlagbar. Sie wurde als Schweizer Vertreter für die Olympischen Spiele 1936 ausgewählt und beendete die Regatten als erste, wurde aber disqualifiziert, weil der Steuermann ein Professional war.

Abmessungen:

Länge über alles	11,60 m
Länge Wasserlinie	7,16 m
Breite	1,79 m
Tiefgang	1,63 m
Segelfläche	46 m²
Verdrängung	4,27 t

Die Form der MAY BE stellt das Höchstmaß dessen dar, was vor der Formeländerung von 1934 erreichbar war. Glatter Verlauf des Längsrisses, sehr tiefe Spantschnitte, kaum Formstabilität. Das Blei des Kiels ist es, das den Bootskörper aufrecht hält, und dieser muß die von der Formel verlangte Verdrängung aufweisen und höchst wirksame, vornehmlich für das Segeln am Wind brauchbare Linien, auf die es bei den Dreiecksregatten entscheidend ankommt.

Alles auf einem Sechser ist für das Segeln am Wind ausgelegt. Ein feiner und im höchsten Maße im Gleichgewicht befindlicher Rumpf, mit langen Überhängen, der gekrängt besser segeln soll als aufrecht. Der Mast hat einen starken Fall nach achtern und fährt ein großes Großsegel. Das Hauptsegel des Bootes für Dreiecksregatten ist immer noch das Großsegel. Immerhin erscheinen auf dem Segelriß der MAY BE bereits fünf Vorsegel und der Spinnaker – man beginnt die Bedeutung der Vorsegel zu erkennen.

Die letzten Sechser sehen eigenartig aus. Sie kamen gegen 1932 heraus mit einem annähernd dreieckigen Längsriß; die Verbindungslinie zwischen dem unteren Teil des Ruders und dem Überhang vorn verläuft beinahe in einer Geraden. Ziel war die Verringerung der Kette und des Gurtmaßes, die im Hauptspant abgenommen wurden. Olin Stephens brachte sehr erfolgreiche Boote dieser Form heraus. Die Linien des Sechsers GOOSE wurden häufig nachgebaut. Die BOB KAT von 1934 qualifizierte sich für den Seawanhaka Cup gegen England und siegte in sämtlichen drei Regatten.

Stephens brachte weiter neuartige Boote jeder Art heraus. 1934 war er 25 Jahre alt und hatte auch den Kanada-Pokal mit einem Achter, das Bermuda-Rennen mit der EDLU und Miami-Nassau mit AWEIGH gewonnen.

Bob Kat II

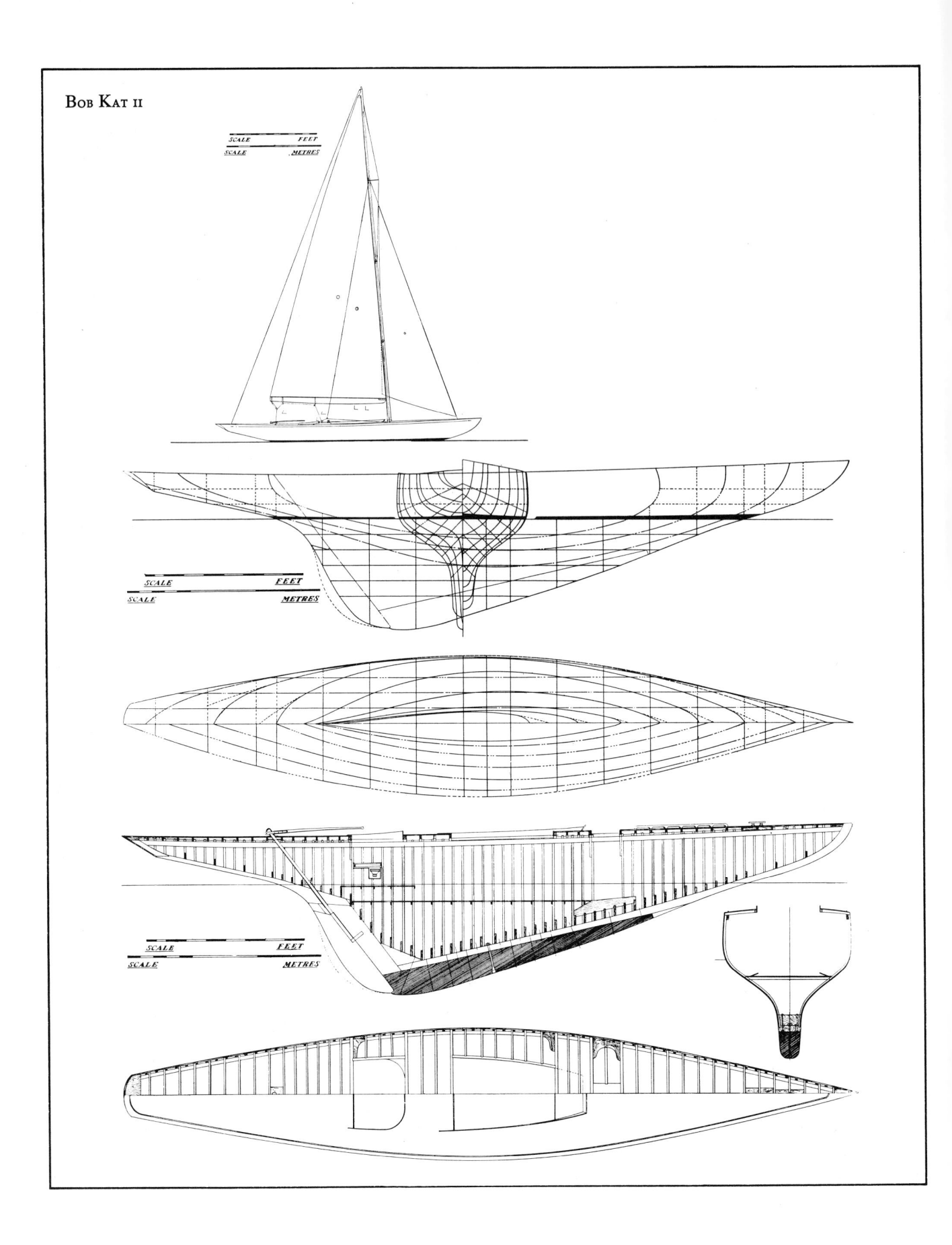

HISPANIA VI

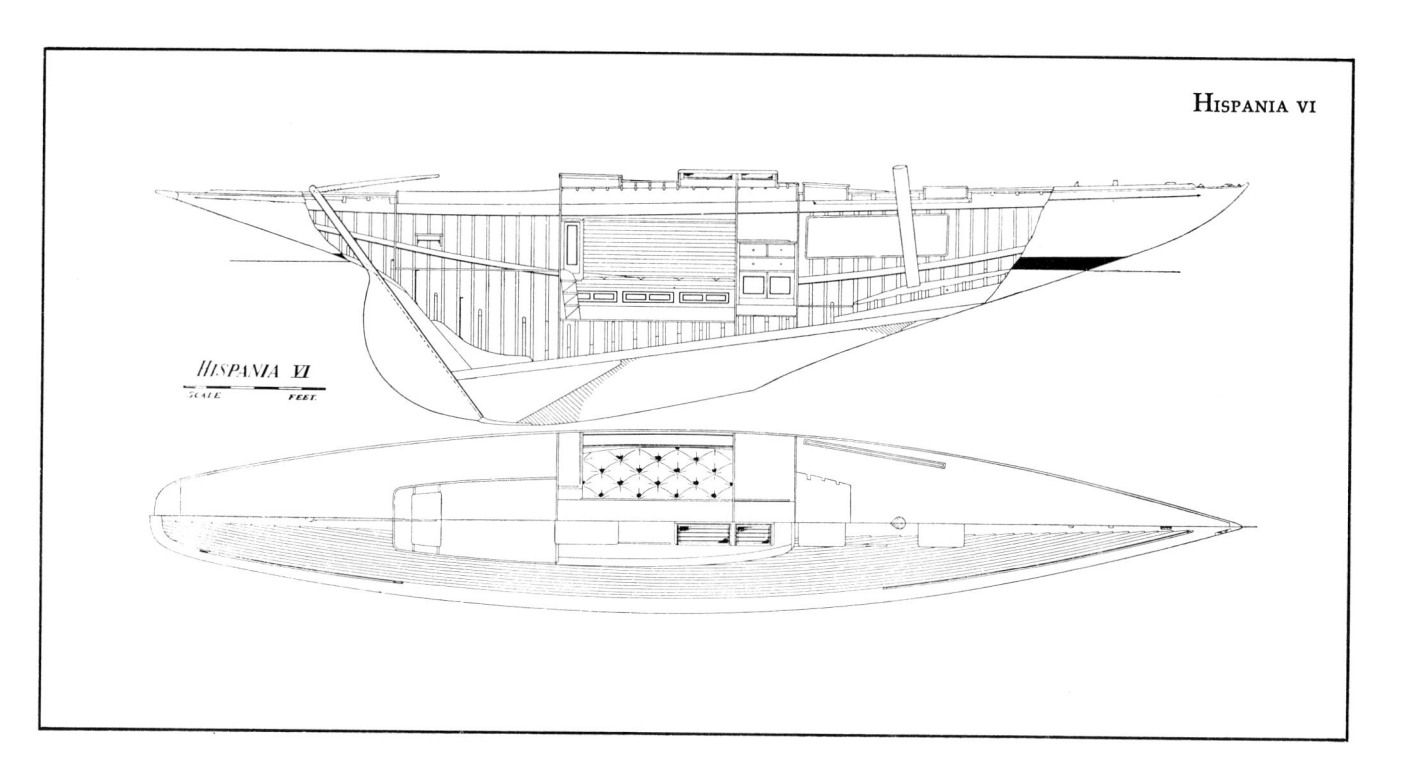

Die Bob Kat ist breiter und schwerer als ihre Vorläufer und weniger besegelt. In der Wasserlinie hat sie die optimale Länge von 7,16 m; über alles 11,17 m, Breite 2 m, Tiefgang 1,63 m, Verdrängung 4,23 t, Segelfläche 41,40 Quadratmeter.

Ein Boot für Starkwind in jeder Hinsicht. Flachere Spantschnitte und eine gewisse Formstabilität, weniger fein verlaufende Wasserlinien, vorn und hinten abgerundet (sie entsprechen den länger ausgezogenen Linien, die gestrichelt angedeutet sind). Ein Boot, dessen wirkliche Länge geringer ist, als sie dem Linienverlauf entspräche, bei dem die Enden abgestumpft sind, um es innerhalb der Formellänge zu halten. Der Weg der Konstruktionsklassen ist immer der gleiche. Jedes Jahr wird etwas herausgefunden, womit sich bei gleicher Vermessung ein größeres Boot bauen läßt. Das kleine Boot schneidet, selbst wenn es mehr Segel trägt, immer schlechter ab als die größere Schwester.

Das Deck eines Sechsers ist so gut wie vollständig glatt. Ein kleines Cockpit für den Steuermann mit querschiffs angeordneter Sitzbank. Die Bob Kat hat einen Kompaß, der auch bei Dreiecksregatten gelegentlich sehr nützlich sein kann. Die Besatzung besteht aus dem Steuermann und vier Mann, die im Mittelcockpit wirken. Das Rigg ist das für Sechser endgültig festgelegte. Ohne bis zum Topp reichendes Vorstag, wird der Mast lediglich durch das Achterstag und ein Jumpstag abgestützt. Das Großsegel ohne viel Rundung mit dem hohen Seitenverhältnis 2,5 – das höchste, was sich auf einem Sechser erreichen läßt.

Die Vorsegel werden immer wichtiger. Acht Stück, deren größtes, die Genua, im Unterliek 7,30 m mißt und beinahe bis zum Baumende reicht. Der Bootskörper ist leicht gebaut, Beplankung 16 mm, Spanten 24 × 28 mm mit 15 cm Abstand.

Der Sechser ist der Windhund in dem großen Rennstall, sehr kurzlebig, fein, nervös, höchst elegant.

Auf dem Achter kann man wohnen; er kommt bis auf zehn Tonnen Verdrängung. Es gibt drei Kojen, Toilette, ein Spind. Nicht gerade viel für seine Größe, aber Wohnlichkeit gehört nicht zu der dem Konstrukteur gestellten Aufgabe. Ein Rassepferd ist kein Lastenträger.

Eine 8-m-R-Yacht ist im Verhältnis etwas schlanker als ein Sechser, die Überhänge entsprechen einander. Ein englischer Konstrukteur, der viele Achter gebaut hat, war Frank Morgan-Giles. Die Hispania VI, die er für den König von Spanien zeichnete, hatte 14,33 m über alles, 9,15 m in der Wasserlinie und war 2,36 m breit. Offenes Cockpit mit nur einem Sitz für den Steuermann; in der

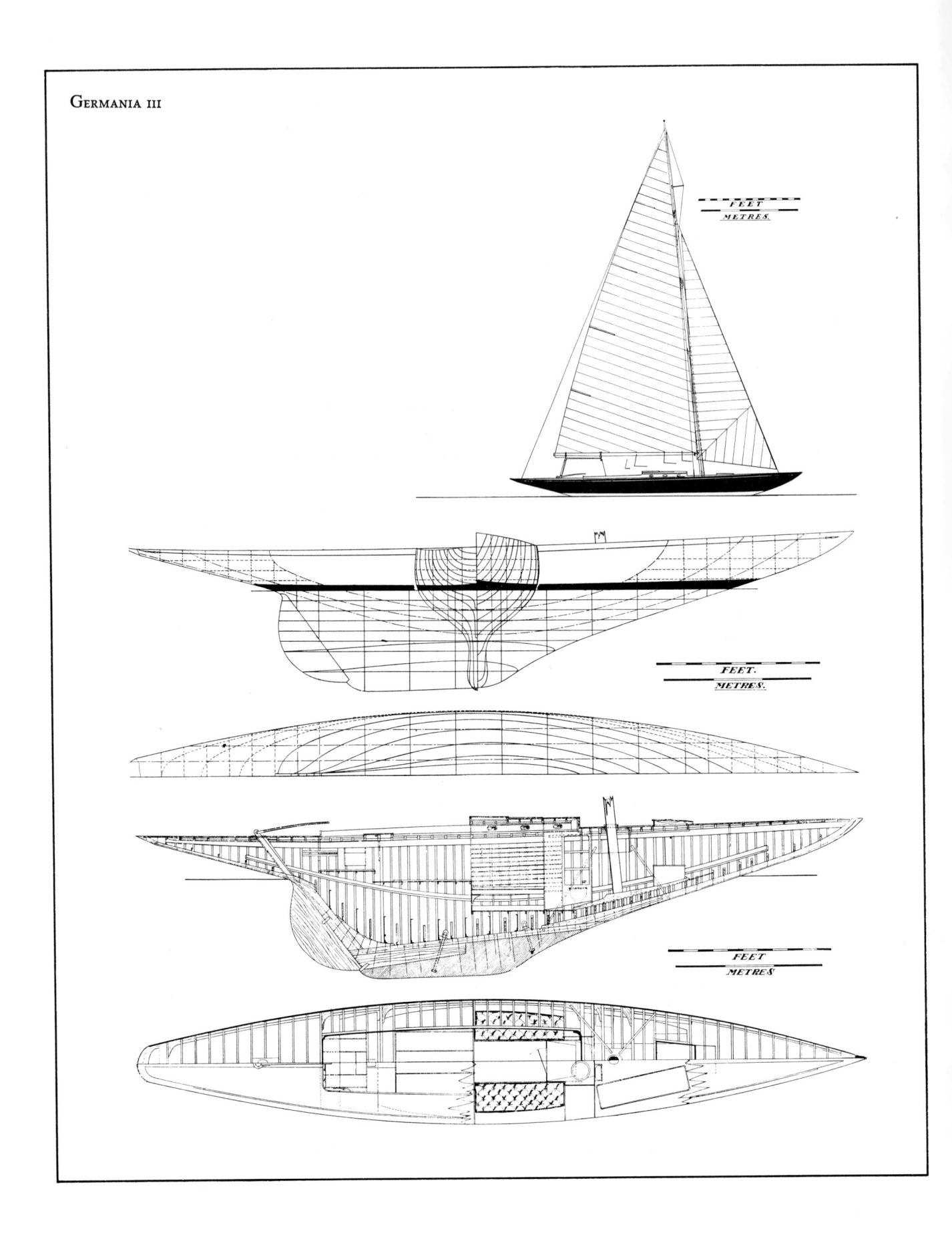

Germania III

Mitte ein kleiner Aufbau mit Oberlicht über den beiden Kojen. Der Mast erheblich nach hinten geneigt, 19 m hoch, 83 m² Segelfläche, fast gänzlich im Großsegel. Ein in jeder Hinsicht aristokratisches Boot.

1937 erfolgte die letzte Änderung der Formel. Auch der Achter ist immer größer und stärker geworden.

Ein Beispiel für den letzten Stand ist die GERMANIA III von 1937, gezeichnet und gebaut von Abeking & Rasmussen in Lemwerder bei Bremen. (Sämtliche Boote, die A & R für die Familie Krupp gebaut hat, tragen den Namen GERMANIA.)

Ihre Abmessungen unterscheiden sich nicht unerheblich von denen der HISPANIA VI:

Länge über alles	15,04 m
Länge Wasserlinie	9,35 m
Breite	2,52 m
Tiefgang	1,99 m
Segelfläche	78 m²
Verdrängung	9,15 t

Alles größer und etwas weniger Segel.

Ein sehr harmonischer Bootskörper verglichen mit dem vieler anderer Boote, die aus der gleichen Formel entstanden. Die auch an den Schiffsenden steilen Spantschnitte geben schöne Wasserlinien. Die Bauweise ist Komposit, viele Bauelemente sind aus Stahl.

Das Cockpit für den Steuermann ist von dem für die Besatzung getrennt. Die Kajüte ist winzig, ein Minisalon von 1,50 m, davor die Tür zur Toilette, die mittschiffs liegt. Die Vorpiek ist durch das uns bekannte volle Schott abgeschlossen, in ihr gibt es eine Klappkoje für den Bootsmann. Das ist nicht viel für eine 15-m-Yacht, aber dem Ganzen liegt ein durchaus eindeutiger Gedankengang zugrunde.

Der Sechser war ein Windhund, der nichts zu schleppen brauchte. Der Achter ist ein überaus kostspieliges Rennpferd, es trägt nur den Sattel und den Jockey.

Der Zwölfer setzt eben diesen Gedankengang fort. Die Boote nach der IYRU sind sämtlich äußerst fein, wunderbar. Ein Zwölfer ist schon ein sehr großes Schiff, das größte der Meterklassen. Als Beispiel für einen Zwölfer habe ich einen amerikanischen Entwurf von Megarel & Gruber ausgesucht. Ich weiß sonst nichts über dieses Boot. Ich bringe es aber wegen der Akkuratesse der Zeichnung, auf der man eine Fülle von Einzelheiten findet.

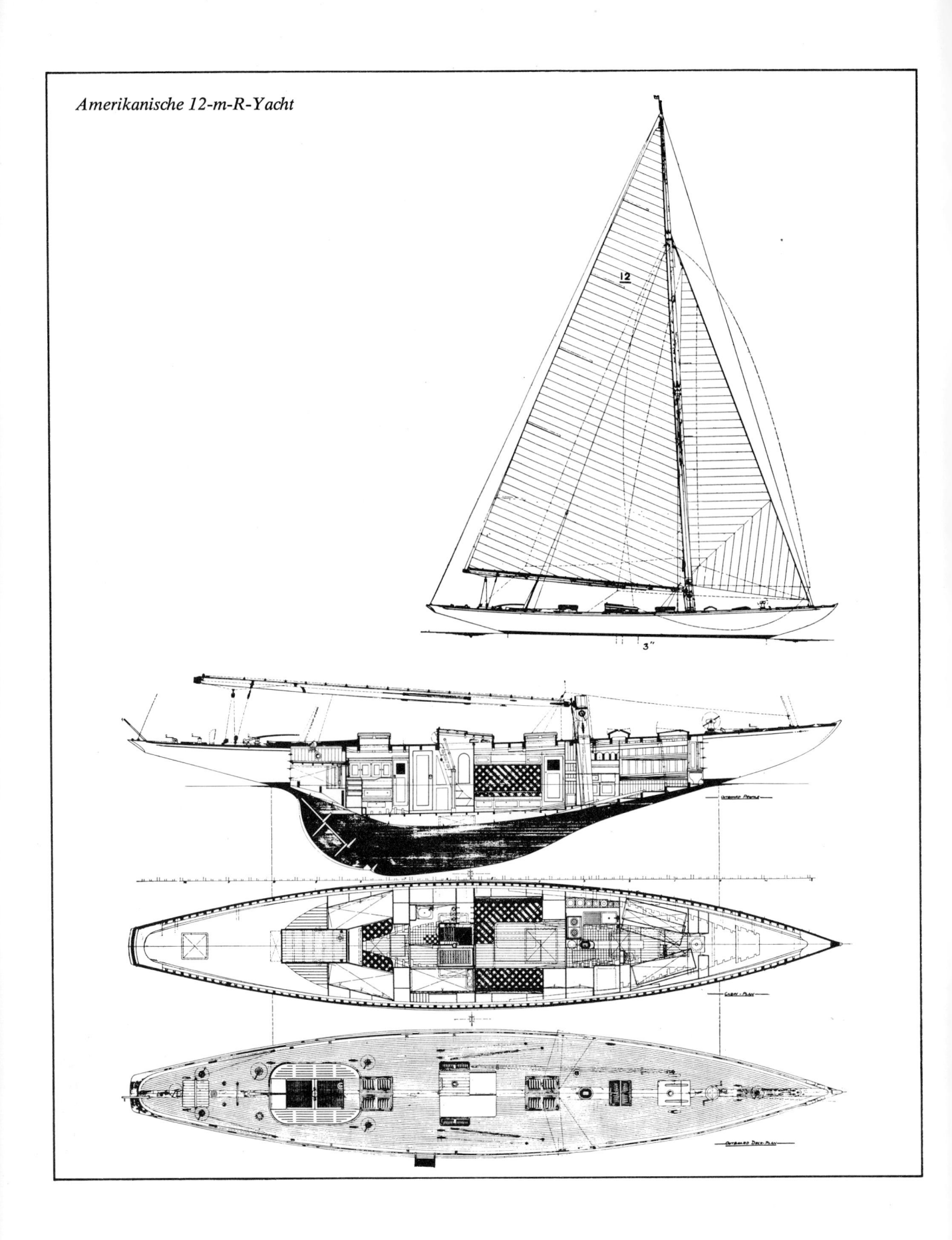

Amerikanische 12-m-R-Yacht

Es gibt größere Zwölfer als diesen, trotzdem sind die Abmessungen eindrucksvoll:

Länge über alles	21,10 m
Länge Wasserlinie	13,20 m
Breite	3,73 m
Tiefgang	2,62 m
Segelfläche	182 m²

Eine große und wohnliche Yacht. Die Inneneinrichtung ist jene der großen Yachten von früher. Die Wohnkammern hinter dem Niedergang, dann der Salon, ein Querschott, Kombüse und Vorpiek. Oberlichter, kleiner Aufbau, Cockpit, Ruder mit Pinne. Ein einfaches und klares Schiff, sauber und hübsch anzusehen, sportlich und elegant.

Ein Zwölfer kann bis zu 30 Tonnen schwer sein. Das Großsegel hat um 125 m². Wir haben es hier bereits mit Größen zu tun, die nicht mehr leicht zu handhaben sind. Der Zwölfer ist die größte Yacht, auf der ich gesegelt bin, und ich habe dabei ein Gefühl für die Größe der Kräfte bekommen, die auf ein Schiff von 22 Metern wirken, das ausgelegt ist wie ein kleines Boot für Dreiecksregatten, nur daß alles in entsprechendem Maße vergrößert ist. Die See, die beim Segeln am Wind über ein dermaßen schlankes Vorschiff bei der Geschwindigkeit eines Bootes solcher Dimensionen rauscht, ist gewaltig und fegt alles beiseite, was ihr im Wege steht. Ich habe gesehen, wie nach einer stürmischen Bora von ein paar Stunden der Bugkorb und die vorderen Relingsstützen aus 30-mm-Rohr durch die Gewalt der See nach hinten umgebogen und im Deck abgeknickt waren. Das Arbeiten auf dem Vorschiff ist eine sehr unsichere Angelegenheit, alles ist groß und schwer zu handhaben. Da ist nichts zum Festhalten, es gibt kein Waschbord und während der Regatten auch keinen Bugkorb und keine Handläufe. Alles ist glatt und exponiert.

Bei den Yachten, die einst um den America-Pokal segelten, gerät man geradewegs ins Monströse. Die größte von ihnen, die RELIANCE, Pokal-Verteidigerin von 1903, die Herreshoff entworfen hatte, war 43,80 m über alles lang und hatte an ihrem einen Mast 1520 m² Segel. Ich kann mir einfach nicht vorstellen, wie da wohl ein Spinnakermanöver gewesen sein mochte, war doch der Spinnakerbaum länger als der Mast eines modernen Zwölfers.

Die Yachten, die in den Jahren vor dem zweiten Weltkrieg um den America-Pokal segelten, waren nicht viel kleiner als die RELIANCE. Ihre Eigner hießen Lipton, Sopwith, Astor, Vanderbilt, Morgan ...

Die Regatten um den America-Pokal vor dem Kriege wurden von Yachten der sogenannten J-Klasse gesegelt. Die Vermessungsformel, aus der sie entstanden waren, kennen wir: Es ist die „universal rule", die Herreshoff 1903 vorlegte, ergänzt um eine Reihe von Verbesserungen für die Koeffizienten, um einige Grenzmaße für die Wasserlinienlänge, bezogen auf die Rating, beim Freibord, der Lage der Schwerter und anderes mehr. Die endgültige Formel kam 1909 heraus:

$$\text{Rating} = 0{,}18 \frac{L \times \sqrt{SA}}{\sqrt[3]{D}}$$

Die Yachten nach dieser Formel wurden in Gruppen eingeteilt mit einem Höchstwert für die Rating. Diese Klassen wurden gemeinhin nach dem Bezeichnungsbuchstaben für jede Klasse benannt, der auf das Segel genäht war, und heute sind uns diese Buchstaben eher ein Begriff als die Rating, nach der die Klassen ursprünglich benannt wurden.

Rating	17 Fuß	S
Rating	20 Fuß	R
Rating	31 Fuß	P
Rating	38 Fuß	N
Rating	46 Fuß	M
Rating	76 Fuß	J

Die America-Pokal-Yachten von 1920, 1931, 1934 und 1937 gehörten zur J-Klasse, mit einem Rennwert von höchstens 76 Fuß also. Die Regatten wurden, sofern die Ratings verschieden waren, mit Handikap gesegelt.
Der Aufbau der Formel legte für jede mögliche Wasserlinienlänge die Werte für die Verdrängung, den Tiefgang, den Freibord, die Segelfläche und die Höhe des Mastes über Deck fest.
Den Gedankengang der Konstrukteure bei der Auswahl der Ausmaße kennen wir. Die ersten Vertreter der J-Klasse waren noch relativ klein und hatten mehr Segel, aber jede Pokal-Regatta zeigte die Überlegenheit der größeren Schiffe. Die Wasserlinienlänge durfte zwischen 73 und 87 Fuß (22,25 und 26,55 m) liegen.
Während der 25 Jahre, in denen die J-Klasse gebaut wurde, bewegten sich die Yachten, jedesmal um ein wenig, von den kleineren zu den größeren Werten hin. Hier die Abmessungen einiger Yachten der J-Klasse:

Jahr		Lüa in m	LWl in m	Breite in m	Tiefgang m	Verdrängung t	Segelfläche m²	Masthöhe m
1920	*Shamrock IV*	33,52 (75 Fuß)	22,90	6,82	4,17	105,5	917	44,20*
1931	*Enterprise*	39,20 (80 Fuß)	24,20	6,74	4,40	130,0	705	46,70
1934	*Rainbow*	38,35 (82 Fuß)	25,00	6,41	4,54	143,0	717	46,45
1937	*Ranger*	41,20 (87 Fuß)	26,50	6,41	4,57	169,0	702	46,60

* Höhe über Deck. Die *Shamrock IV* kam mit Spiere des Toppsegels auf fast 53 m über Wasser.

C. P. Burgess, der Bruder des Konstrukteurs, Pokal-Verteidiger von 1931, 1934 und 1937, hielt nach den Regatten von 1934 vor der American Society of Naval Architects eine Vorlesung über die technischen Gedankengänge, die seinen Bruder bei der Auswahl der Entwurfsmerkmale für die J-Klassen geleitet hatten. Erster und wichtigster Gesichtspunkt war die Wasserlinienlänge. Burgess forderte die meteorologischen Daten für die Regattasaisons der vorangegangenen 20 Jahre von der Wetterstation Block Island an. Daraus errechnete man das Verhältnis zwischen den Windgeschwindigkeiten einerseits und den von den bereits für die Regatten von 1920 gebauten und inzwischen auf Marconi-Rigg umgetakelten Booten der J-Klasse erreichten Geschwindigkeiten andererseits und kam zu dem Ergebnis, daß die Höchstgeschwindigkeit des neuen Bootes um 10,75 Knoten liegen müßte.
Kenneth Davidson und Olin Stephens machten Schlepptankversuche im Stevens Institute in Hoboken, deren Ergebnisse aus dem Diagramm auf Seite 259 ersichtlich sind. Bei geringer Geschwindigkeit hat ein Boot von 73 Fuß einen geringeren Widerstand als eines von 80 und 87 Fuß in der Wasserlinie, oberhalb von 11 Knoten ist es umgekehrt.
Für die ENTERPRISE von 1931 wählte man eine Länge von 80 Fuß. Vier Kandidaten standen für die Pokal-Verteidigung zur Wahl: die ENTERPRISE, die WEETAMOE, die YANKEE und die WHIRLWIND. Die ENTERPRISE war die kleinste und siegte. Sie schlug die SHAMROCK V, die eine um 33 cm längere Wasserlinie, höhere Verdrängung und

weniger Segelfläche hatte. Der Pokal blieb in Amerika. Der Schlepptank hatte recht behalten.

Noch nie hatte man ein dermaßen neuartiges Rigg gesehen wie das der ENTERPRISE. Der 49,50 m lange Aluminiummast wog „nur" 18 Zentner, das sind 25 % weniger als ein gleichwertiger Mast aus Holz. Der Durchmesser unten betrug 46 cm, der Mast verjüngte sich auf 23 cm im Topp. Er bestand aus zwei Schalen, weil man damals noch keine Aluminiumbleche der erforderlichen Größe herstellen konnte. Sie waren mit 80 000 Nieten zusammengenietet.

Eine weitere Neuerung war der „park avenue boom". Er hatte einen dreieckigen Querschnitt, die Spitze unten, und war auf Spanten und mit einer Beplankung gebaut wie ein Schiffskörper. Die Unterlieksrutscher liefen auf Querschienen auf der sehr breiten Oberfläche des Baumes; das Unterliek verlief also in einer Kurve und nicht gerade wie bei den gewöhnlichen Bäumen. Am Wind war die ENTERPRISE haushoch überlegen.

1934 wurden 24 Zentner ohne Beschläge als Mindestgewicht für den Mast festgelegt. Nicholson baute in diesem Jahr den Herausforderer, der dem Sieg näherkam als je ein anderes Boot zuvor: die ENDEAVOUR.

Der Verteidiger, den Starling Burgess in diesem Jahr entwarf, war das Ergebnis von Schlepptankversuchen. Die RAINBOW war 38 cm kürzer in der Wasserlinie als die ENDEAVOUR, um zwei Tonnen leichter und hatte einen Quadratmeter mehr Segel.

Wir wissen, wie die Regatta verlief. Die beiden ersten Rennen gewann der Engländer, das dritte bei sehr leichtem Wind der Amerikaner, der unter diesen Umständen überlegen war. Beim vierten luvte Sir T. O. M. Sopwith, Eigner und Steuermann der ENDEAVOUR, an, als er vorlich und in Lee der RAINBOW stand, um nicht abgedrängt zu werden. Sherman Hoyt, der Steuermann der RAINBOW, luvte nicht mit und lief auf seinen Konkurrenten zu. Um eine Kollision zu vermeiden, fiel Sopwith ab, die RAINBOW deckte die ENDEAVOUR ab und überlief sie. Die ENDEAVOUR ging eine Minute und 15 Sekunden hinter ihrem Konkurrenten mit Protestflagge über die Linie.

Der Protest wurde nicht angenommen. Sopwith hatte zwar Recht, aber nach den Bestimmungen hätte er die Protestflagge unmittelbar nach der Übertretung setzen müssen und nicht erst kurz bevor er die Linie kreuzte, wie es den englischen Vorschriften entsprach[46].

Auch die fünfte und letzte Wettfahrt wurde von der RAINBOW gewonnen. – Die ENDEAVOUR segelte unter einem Reiserigg mit zwei Masten nach England zurück, ohne den Pokal, dessen Gewinn sie so nahe gewesen war. Auch die Amerikaner erkannten die Überlegenheit der englischen Yacht an. Die Niederlage schrieb man lediglich der weniger guten Besatzung zu. Unmittelbar vor dem Auslaufen waren die Berufsseeleute in Streik getreten, und Sopwith mußte mit einer Amateurcrew improvisieren. Überlegen war namentlich das Rigg, bei dem Nicholson erstmalig einen großen Klüver mit zwei Schoten einführte. Die Nachricht von der Erfindung war jedoch bereits vor der ENDEAVOUR nach Amerika gelangt, und beim Start hatte auch die RAINBOW ein solches Vorsegel.

Der größte Unterschied lag im Mast. Der englische bestand aus einem geschweißten Stahlrohr mit 51 cm Durchmesser unten, der amerikanische hatte birnenförmigen Querschnitt, 46 × 64 cm. Der runde Mast war schwächer, aerodynamisch aber besser. Da er nicht von oben kam, reichte seine Festigkeit offensichtlich aus. Interessant ist, daß Nicholson den von Burgess erfundenen „park avenue boom" übernommen hatte, dieser aber bei der RAINBOW zu dem flachen und biegsamen Baum zurückgekehrt war.

Die Bootsrümpfe unterschieden sich im großen und ganzen nicht sehr voneinander, die ENDEAVOUR war länger und hatte achtern mehr Überhang. Das ziemlich schlanke Achterschiff hatte einen größeren Umfang, wodurch die benetzte Fläche vermehrt wurde. Das war wahrscheinlich der Grund, weshalb die RAINBOW bei leichtem Wind gewinnen konnte.

Burgess erkannte die Überlegenheit der britischen Konstruktion an und schrieb sie der größeren Länge zu. Die Wasserlinienlänge von 82 Fuß, ermittelt durch die Schlepptankversuche, genügte nicht. 1937 hatten beide Konkurrenten die höchste zugelassene Wasserlinienlänge von 87 Fuß.

Über die Zweckmäßigkeit von Schlepptankversuchen hat man viel diskutiert. Nach Burgess läßt sich bei den Versuchsbedingungen im Schlepptank der Einfluß des Seegangs nicht darstellen und auch nicht der Einfluß der Gewichtsverteilung an Bord. Das aber sind entscheidende Faktoren für die Geschwindigkeit. Die Versuchsergebnisse sind ohne weiteres gültig für eine theoretische, vollständig glatte Wasseroberfläche. Es läßt sich mit einem Modell nicht darstellen, wie die Stampfbewegungen sein

---

[46] Eine New Yorker Zeitung schrieb damals die geflügelten Worte: „Britannia rules the waves but America waives the rules."

Endeavour

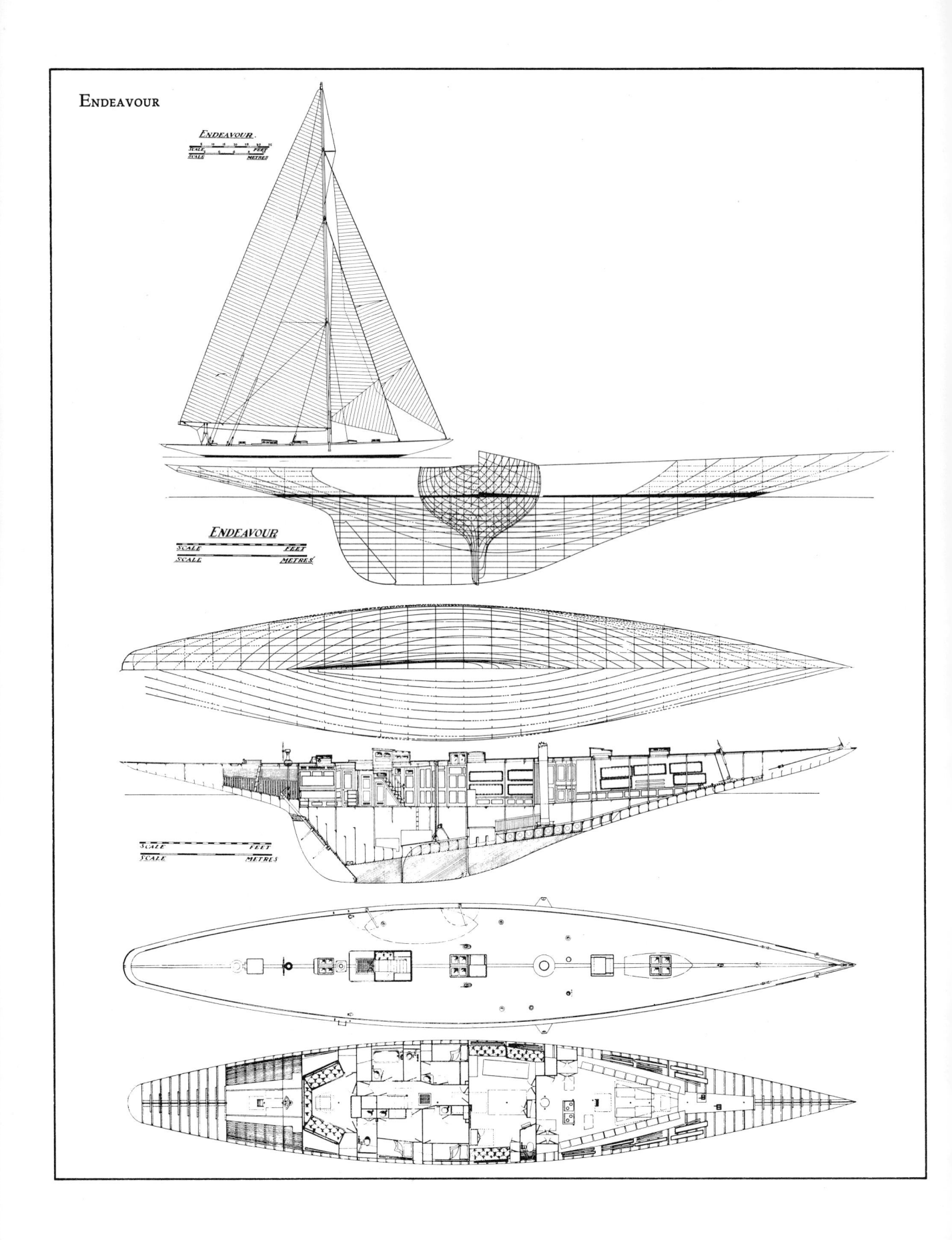

ENDEAVOUR

Geschwindigkeitskurve der J-Klassen-Boote

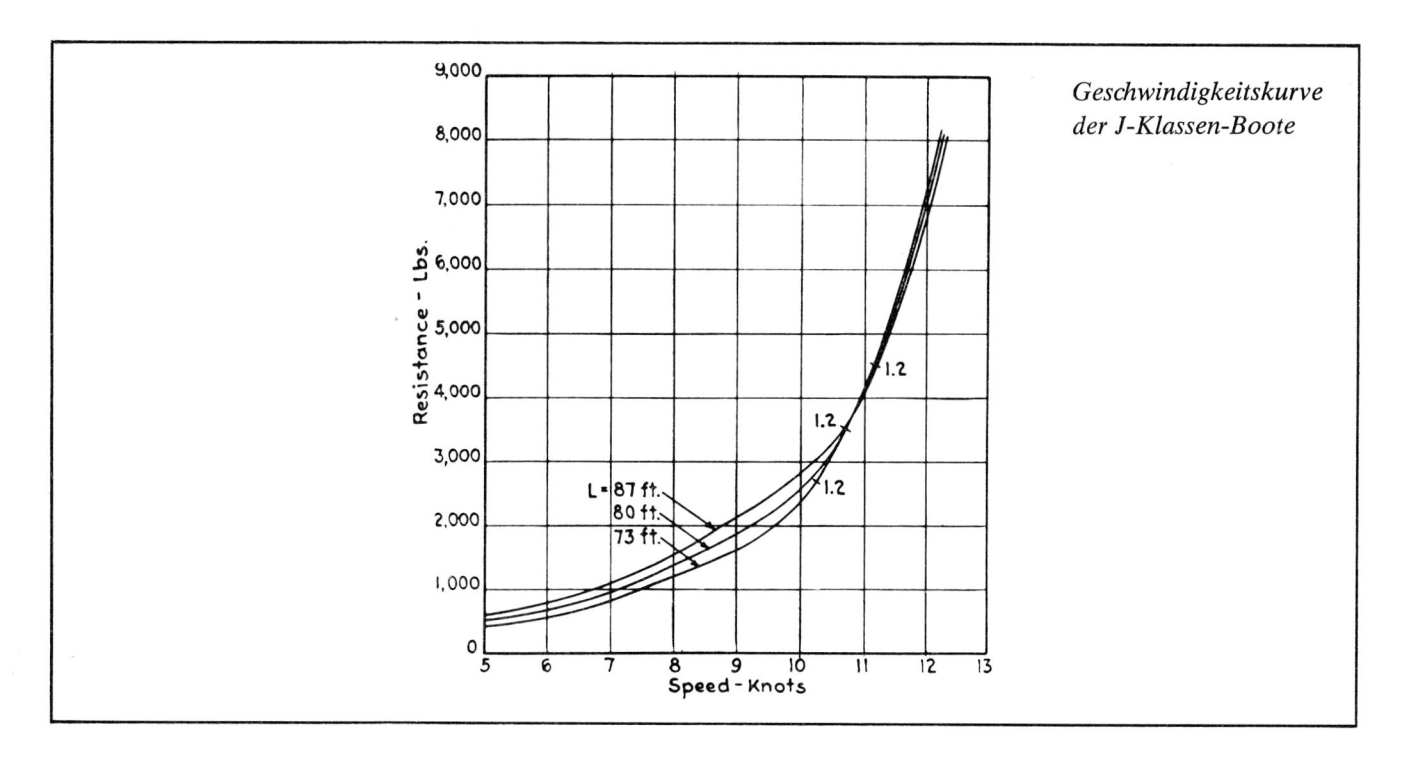

werden, das kann man erst am richtigen Boot im offenen Wasser sehen.

Überliefert ist die bittere Bemerkung Watsons nach den Regatten von 1901, als seine SHAMROCK II, die er nach Schlepptankversuchen gezeichnet hatte, geschlagen wurde von der COLUMBIA von Herreshoff, der nur nach einem nach Augenmaß angefertigten Modell gearbeitet hatte: „Ich wollte, Herreshoff hätte einen Schlepptank!"

Yachten der J-Klasse werden nicht mehr gebaut. Sie sind Dinosaurier, und ihre Art ist ausgestorben. Um den America-Pokal wird heute mit 12-m-R-Booten gesegelt, und um diese ganz klein gewordene Klasse kreist die ebenso klein gewordene Aristokratie des Yachtsegelns.
Vor mir liegt das 1964 erschienene Buch „Sailing for the America's Cup" mit den Fotografien von Morris Rosenfeld. Es hat sich einiges in der Welt der Pokal-Regatten geändert. Olin Stephens ist älter geworden, die Namen der Eigner haben gewechselt, Vanderbilt finde ich nicht mehr, wohl aber noch Astor. Die Engländer haben Eigner-Syndikate, vor den Namen steht „Sir" oder „Viscount".
Das Establishment hat immer noch seine große Regatta.

Burgess hat drei Pokal-Verteidiger gezeichnet; der Pokal, festgebolzt auf dem Tisch des New York Yacht Clubs, blieb in Amerika. Was Burgess' Bruder geschrieben hat, läßt einen bemerkenswerten Skeptizismus durchblicken darüber, welche Moral aus der Geschichte der J-Klasse zu ziehen ist und was die Erfahrung mit ihr gelehrt hat:

In der Satzung des NYYC ist niedergelegt, daß eines der Ziele des Clubs sei, die Wissenschaft vom Schiffbau zu fördern. Man geht davon aus, daß der Fortschritt im Entwurf von Yachten die übrigen Zweige des Schiffbaus befruchten würde. Tatsächlich bestand ein Teil der Arbeit meines Vaters bei der Verbesserung der Fischerschoner von Gloucester darin, daß er dafür die Erkenntnisse benutzte, die er großenteils beim Entwerfen von Rennyachten gewonnen hatte.

Auf der anderen Seite hat der moderne Cup Racer auch nicht die geringste Ähnlichkeit mit irgendeinem nützlichen Fahrzeug auf der Welt; er trägt nicht einmal irgend etwas zur Entwicklung des Yachtsegelns als reinen Sport bei, abgesehen von der Befriedigung einer unverständigen nationalen Eitelkeit.

Doch wenn ich sie schon ablehne, so muß ich dennoch ein tiefes Interesse an den von diesen außerordentlichen Schiffen aufgeworfenen Problemen bekennen.
Sie tragen in sich die Verlockung der Sünde.

XX Die Rumpfform

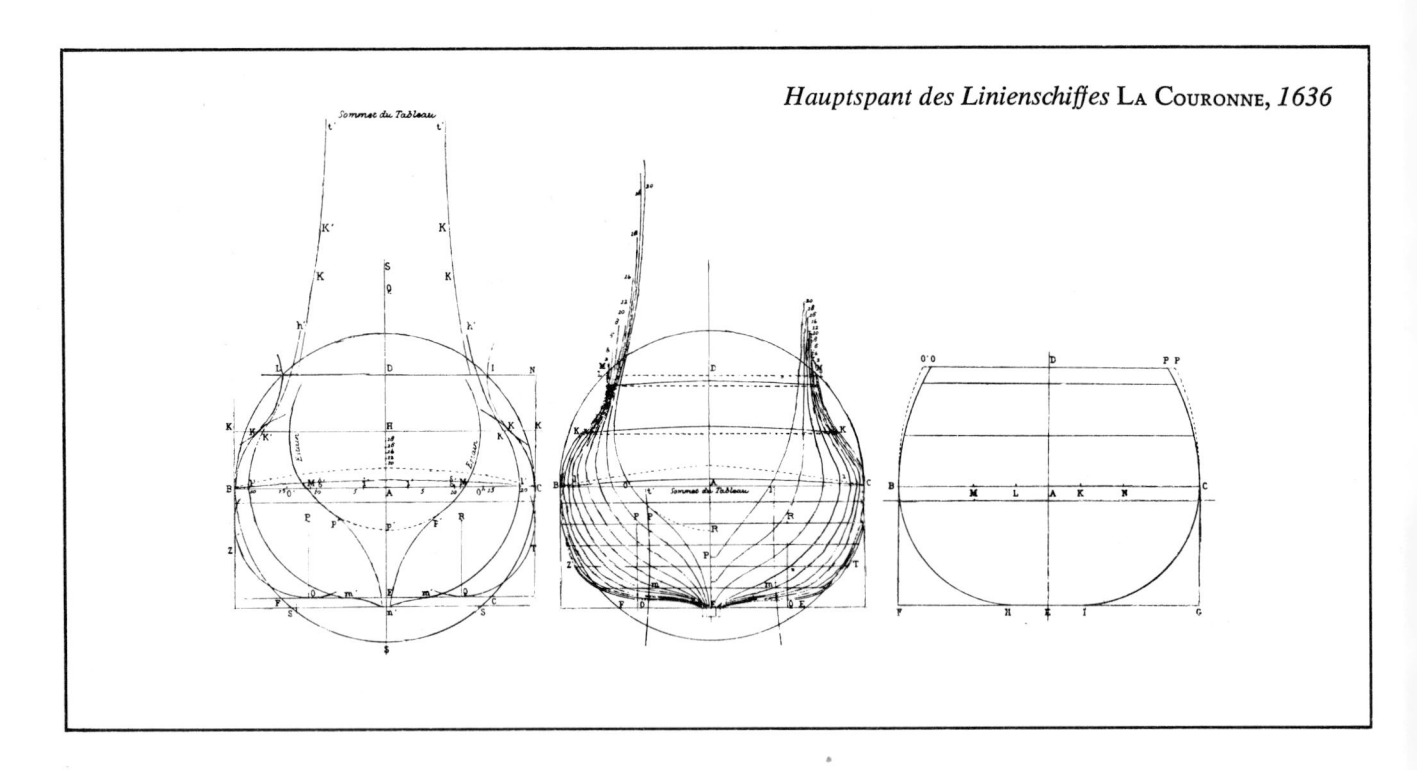

Hauptspant des Linienschiffes LA COURONNE, *1636*

Navis bona est stabilis, et firma, et juncturis aquam claudentibus spissa, ad ferendum in cursum maris solida, gubernaculo parens, velo, et consentiens vento.

Fast alle unsere Erbauer von Schiffen meinen, die Form des Segelschiffes müsse jener des Fisches ähneln, welcher doch am schnellsten schwimme; und insofern ihnen ein solcher Fisch bekannt ist, richten sie ihre Maße nach jenen solchen Tieres. Eine dergestalte Nachahmung könnte sich für eine Galeere als vorteilhaft erweisen, welche stets über den Bug gerudert wird, wesgleichen der Fisch das Wasser mit dem Kopfe teilt. Doch ist solches nicht der Lauf eines Segelschiffes, welches erstlich nach allen Seiten hin fährt und zum zweiten von den Segeln bewegt wird, die es schräg durch das Wasser pflügen machen. Sintemalen es sich hier um den entgegenwirkenden Anstoß von Flüssigkeiten an der Oberfläche handelt und diese Materie von der Geometrie, von der Physik abhängig ist, so haben die Mathematiker sich bemüht, den Schiffbau den Naturgesetzen zu unterwerfen. Für die Lösung sotaner Aufgaben benützt man die transzendente Geometrie. Dessen nicht geachtet, findet sich die Kunst, Schiffe zu bauen, aus mannigfachen Gründen noch immer im Zustande der Unvollkommenheit.

Mit diesen zwei Zitaten möchte ich eine lange Abhandlung darüber einleiten, welche Theorien über die Gestaltung von Yachtrümpfen als Vorläufer der heute gültigen Ansichten über die Form eines Yachtrumpfes Gewicht gehabt haben.

Das erste Zitat stammt von Seneca, er simplifiziert die Dinge einigermaßen: Das gute Schiff muß fest sein und stark, dicht, seetüchtig, gut zu handhaben und schnell, ein guter Segler. Darüber sind wir uns alle mit Seneca einig. Sämtliche Verfasser von Büchern über den Schiffbau haben zu allen Zeiten ihre Abhandlungen so eingeleitet. Schon ewig heißt es so, und es hat an Gültigkeit nichts verloren. Über die letzten Ziele sind alle sich immer einig, ob man die Dinge nun von links oder von rechts betrachtet. Über den richtigen Weg dahin beginnen die Diskussionen und werden die Theorien aufgestellt.

Das zweite Zitat habe ich aus dem „Dizionario Istorico, Teorico e Pratico di Marina di Monsieur Saverien" (1769); es ist die früheste Polemik, die ich finden konnte, mit der ein Wissenschaftler sich gegen den Praktiker wendet, der den Schiffsrumpf gestalten will wie den Körper eines Fisches nach Sprüchen wie: Cod's head and Mackerel's tail, testa grossa e culo piccin', bastimento da cammin'.

Jede seemännische Überlieferung kennt Abwandlungen solcher Sprüche: „Dorschkopf und Makrelenschwanz." Die Fische wechseln, der Grundsatz bleibt.
Was ist nun an dieser Geschichte?

Das mit dem Fisch ist eine Theorie, und zwar eine von den vielen über die Rumpfform eines Segelschiffes.

Die Schiffe, die in den vergangenen Jahrhunderten segelten, waren aus dem Formenbegriff des Schiffbauers entstanden, und sein Gefühl bestimmte bei der Verwirklichung eines aus der Tradition entwickelten Leitbildes die Form des Schiffskörpers.

Es ist ein Verfahren wie jedes andere, und man kann es durchaus auch wissenschaftlich nennen. Der gute Schiffbauer war nicht etwa vom göttlichen Funken beseelt, ihm standen vielmehr die genauen Angaben über sämtliche früher erprobten Formen, auch jener der vergangenen Generationen, zur Verfügung. Mallensätze, Halbmodelle, ausgezeichnete Bezugsgrößen zwischen den Abmessungen wurden vom Vater auf den Sohn weitergegeben. Wir haben gesehen, wie Herreshoff der Welt allein mit dieser Methode neue Wege im Yachtbau gewiesen hat.

Wenn ein Konstrukteur mit Entwurfszeichnungen arbeitet, so ist seine Methode im Grunde gar nicht so sehr anders. Auch er braucht das Rüstzeug dessen, der maßstäbliche Linien zu beurteilen versteht, und das ist nicht so sehr verschieden von der Beurteilung von Schiffsformen nach einem Halbmodell. Es wird ihm sicherlich leichterfallen, die Merkmale seines Rumpfes im Vergleich zu anderen zu analysieren, und es ist einfacher, sich ein wohlversehenes Archiv von bereits – auch von anderen – gebauten Schiffen zu halten als eine Sammlung von Halbmodellen. Auf Grund meiner Erfahrung auf diesem Gebiet möchte ich behaupten, daß man es erlernen kann, eine Zeichnung von Grund auf zu verstehen und in ihr das fertige Schiff zu sehen, und bis zu einem gewissen Grade auch gute Entwürfe zu machen; aber um wirklich konstruktive Halbmodelle herzustellen, die in Form und Volumen genau dem zu bauenden Schiffsrumpf entsprechen, bedarf es mehr als des Studiums eines Lebens, dazu bedarf es der Überlieferung. Das sind keine Redensarten; so ist es bei allen mir bekannten Konstrukteuren, die Halbmodelle zu bauen verstehen. Sie haben angefangen, mit Halbmodellen zu arbeiten, die von anderen stammten, oder die Kenntnis der Herstellung war durch Überlieferung auf sie gekommen, und in dieser Welt erwarben sie mit der Zeit die Fähigkeit, mit einem Modell die Form eines neuzubauenden Schiffskörpers festzulegen.

Jedes Zeitalter schuf sich eigene Systeme für den besten Rumpf in Einklang mit dem Zeitgeschmack. Im 17. Jahrhundert herrschten rein graphische Verfahren für die Festlegung der Spanten eines Schiffes vor; die Rundungen jedes Spants wurden derart in einzelne Teile unterteilt, daß jedes dieser Teile den Bogen eines Kreises bildete. Die Radien und die Mittelpunkte jedes Kreises standen in nach theoretischen Regeln festgelegten Verhältnissen zueinander.

TITANIA

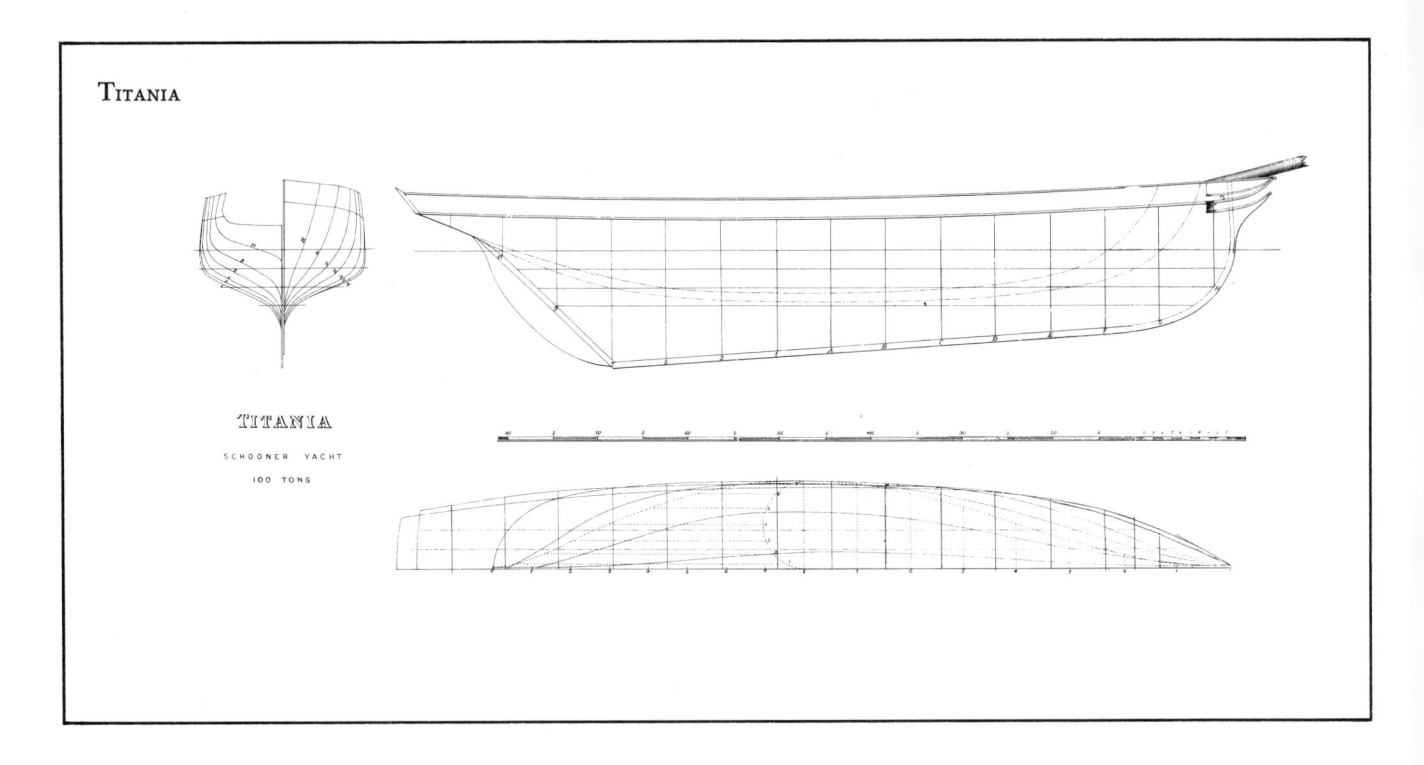

TITANIA
SCHOONER YACHT
100 TONS

Meist findet man in den zeitgenössischen Texten eine Anleitung für das Aufreißen des Hauptspants eines Schiffes. Die bekannte Tafel in den „Souvenirs de Marine" des Admirals Pâris mit der Konstruktionszeichnung des 82-Kanonen-Schiffes LA COURONNE von 1636 zeigt die erste Phase des „Tracé de la maîtresse coste faite à la moderne", mit den verschiedenen Bezugskreisen und der endgültigen Fläche, die auf dem größten Umfang aufgetragen ist.

Die frühesten holländischen Yachten sind wahrscheinlich auf der Grundlage derartiger Theorien entstanden. Es gab noch keine eigenständige Wissenschaft vom Yachtbau, man richtete sich nach den Regeln für den allgemeinen Schiffbau.

Die „Yacht"-Form entstand erst in der Mitte des 19. Jahrhunderts, und die erste Theorie, die ich finden konnte, war die „wave form theory", die Theorie vom Rumpf und der Form der zugehörigen Welle, die so etwas wie ein Glückstreffer war und die fast ein Jahrhundert lang im Yachtbau viel angewendet wurde.

1851 entwarf Scott Russel, ein englischer Konstrukteur, den 100-tons-Schoner TITANIA, indem er die Rumpflinien nach einer von ihm erfundenen Theorie anlegte, welche die von dem fahrenden Boot erzeugte Wellenform zur Grundlage hatte. Das Boot bewährte sich einigermaßen, obgleich wir heute aus der Yachtgeschichte wissen, daß es 1852 in einem privaten Rennen von dem Schoner AMERICA, der über alles um drei Meter länger war, geschlagen wurde. Die Theorie bekam größten Auftrieb, als William Froude auf Grund seiner Modellversuche über den Widerstand seine „Verdrängungskurven" aufstellte und veröffentlichte; Kurven, die das Größerwerden der eingetauchten Spantflächen des Rumpfes darstellten, oder, in anderen Worten, die zeigten, wie ein Schiffsrumpf vorn mit Null beginnend allmählich Gestalt annimmt und im Hauptspant sein größtes Volumen erreicht, um sich dann zum Heck zu im weichen Übergang zu schließen.

Colin Archer, der Schöpfer des norwegischen Rettungsbootes, machte sich diese Theorie zu eigen, überarbeitete sie 1877 und benutzte sie in praktisch allen seinen Entwürfen. Die Form des Typs „Colin Archer" wurde zum Teil von dieser Theorie mitbestimmt.

Der Grundgedanke ist sehr einfach und von bestechender Logik. Der Schiffsrumpf bewegt sich durch das Wasser und ist ganz von den Wasserfäden umschlossen, die ohne augenfällige Begleiterscheinungen am Rumpf entlangfließen. Jetzt spielt die Form des Rumpfes keine große Rolle, denn es ist lediglich der Reibungswiderstand der benetzten Fläche im Spiel; und der Konstrukteur hat dafür zu sorgen, daß keine unnötige Oberfläche geschaffen wird, und beim Bau ist darauf zu achten, daß die Außenhaut so glatt wie möglich wird. Wird jedoch die

Wellenbildung am fahrenden Schiffskörper

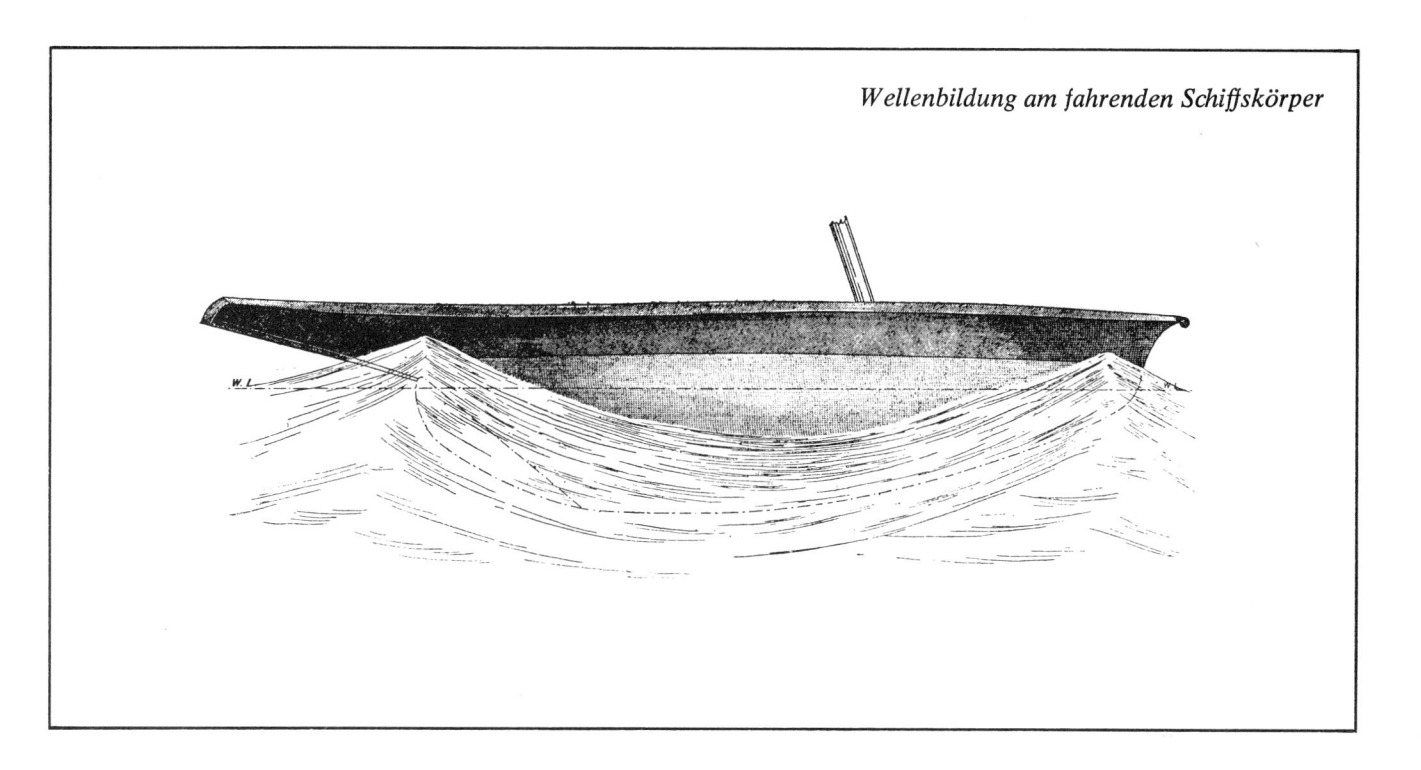

Geschwindigkeit erhöht, dann beginnen sich längs des Schiffskörpers Wellen auszubilden. Das Wasser sinkt in der Mitte ab, wodurch ein Teil des Rumpfes frei wird, der bei geringerer Fahrt vom Wasser bedeckt war. Merkwürdig, aber es ist so. Steckt man seine Hand in strömendes Wasser, dann wird der Druck an den Seiten der Hand geringer sein als in stehendem Wasser, der Wasserspiegel senkt sich, und an die Stelle des Wassers tritt die Luft, deren Druck unverändert geblieben ist und die infolgedessen das Wasser nach unten drückt. Ein paar weitere Beispiele (ich verweile bei dieser Einzelheit, weil sie die am meisten auffallende Wirkung eines in Bewegung befindlichen Schiffsrumpfes aufzeigt): Wenn ein Schiff sehr nahe an einer Böschung vorbeifährt, dann wird infolge Druckverminderung der Wasserspiegel absinken, und das Schiff wird auf die Böschung gezogen. Wenn sich zwei schnellfahrende Schiffe ohne ausreichenden Sicherheitsabstand begegnen, werden sie an der Passierseite einen Unterdruck erzeugen, der sie aneinanderschlagen lassen kann. Also das Gegenteil dessen, was wir als logisch empfänden.

Ebenso wird bei einem Schiffskörper, der mit einer gewissen Geschwindigkeit durch das Wasser fährt, der Wasserspiegel absinken; das Schiff wird sich in das Wellental legen, das sich bei seiner Vorwärtsbewegung gebildet hat. Die Theorie der „wave form" ist klar: Ein Schiffskörper ist vollkommen, wenn er sich mit der von ihm erzeugten Welle „verheiratet". Wenn die „vollen Teile des Rumpfes" den „leeren Stellen" der Welle entsprechen, haben wir die vollkommene Harmonie zwischen den beiden Elementen.

Mit Hilfe des Gesetzes über die Entstehung von Wellen läßt sich die Aufeinanderfolge der eingetauchten Flächen für jeden einzelnen Rumpfquerschnitt bestimmen. Die so entstandene Kurve heißt „Spantflächen"- oder „Verdrängungskurve". Mit ihr überprüft man die richtige Verteilung der Rumpfquerschnitte über die Länge des Schiffes. Bei diesem Verfahren legt man den Verlauf der Verdrängungskurve für eine Welle im voraus fest und bemüht sich, die Fläche eines jeden Spantumfanges so groß zu machen, daß sie der Höhe der Kurve an der entsprechenden Stelle entspricht.

„Es steht fest, daß das von einem fahrenden Schiff verdrängte Wasser mit dem Schiff mitläuft (nicht die gleichen Wasserteilchen, sondern eine entsprechende Wassermenge)", schreibt Colin Archer, „daß dieses Wasser seine Form durch eine Fortbewegungs- oder Übertragungswelle erhält und daß das vom Hauptspant ausgebildete Wellental von einer Welle zweiter Ordnung erzeugt wird – einer Welle wie die gewöhnlichen vom Wind erzeugten Wellen. Daher sollte das Vorschiff in Länge und Gestalt der Länge und Gestalt der Fortbewegungswelle

Sinuskurve und Zykloide

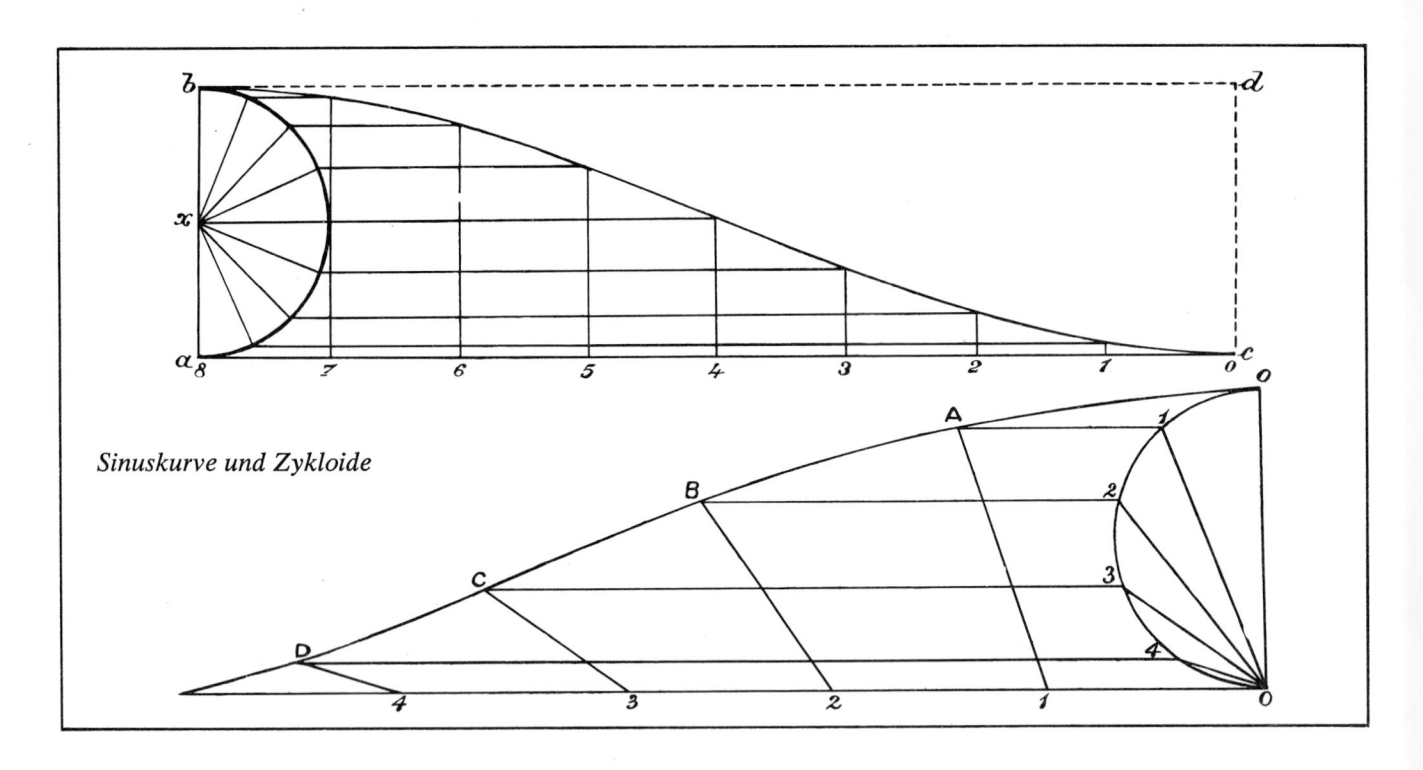

entsprechen, die mit der Fahrt des Schiffes fortschreitet, mithin einer sinusförmigen Welle das Achterschiff dagegen der Länge und Gestalt einer oszillierenden Welle oder einer Zykloide. Ein derart gestaltetes Schiff wird in Bewegung den geringsten Widerstand haben."

Die Konstruktion derartiger Kurven ist auf der Zeichnung oben dargestellt. Man wird bemerken, daß bei der Sinuskurve die untere Fläche der Kurve gleich der oberen ist und das Rechteck a b c d von der Kurve in zwei gleich große Teile geteilt wird. Das bedeutet, daß der Völligkeitsgrad des Vorschiffes stets gleich 0,5 sein sollte. Die Figur zur Konstruktion der Zykloide bedarf keiner Erklärung. Die Segmente 1 A, 2 B, 3 C und 4 D laufen parallel zu den Sehnen O 1, O 2, O 3 und O 4.

Die so erhaltenen Kurven werden im passenden Maßstab vor und hinter dem Hauptspant angebracht, das bei der Titania auf $3/5$ der Wasserlinienlänge lag. (Ein weiterer Beweis dafür, daß seit langer Zeit schon keine Yachten mehr mit dem vollen, fischförmigen Vorschiff gebaut werden.)

Wenn die Fläche des Hauptspants proportional dem Durchmesser des für die Konstruktion der Kurve benutzten Kreisumfanges gemacht wird, dann erhält man die Fläche für die übrigen Spantschnitte, indem man die Höhe der Kurve mißt, die zuvor auf die Konstruktionszeichnung aufgetragen wurde.

Die Theorie von Scott Russel – Colin Archer ist beim Entwurf von Yachten von 1852 bis heute unendlich oft angewandt worden. In den „Elements of Yacht Design", 1927, schreibt Norman Skene, der vielleicht bedeutendste moderne Autor auf dem Gebiet des Yachtbaus:

Die Gestaltung der Verdrängungskurven ist eine Angelegenheit von beträchtlicher Wichtigkeit, da sie zeigt, wie sich die Verdrängung auf die Länge des Schiffes verteilt.

Ein Entwurf kann vollkommen glatt verlaufende Linien haben und dennoch eine ungünstige Deplacementsverteilung aufweisen, und das macht die Verdrängungskurve sichtbar. Die Form dieser Kurve hat zweifellos großen Einfluß auf den Wellenwiderstand, der für eine gegebene Verdrängung und eine gegebene Geschwindigkeit so klein wie möglich sein sollte. In Einklang mit der von Colin Archer 1877 angegebenen „wave form theory" sollte die Kurve derjenigen einer Welle entsprechen ... Zweifelsohne ist eine mit der „wave form theory" übereinstimmende Kurve von großem Vorteil. Allerdings sollte man ihre Bedeutung auch nicht überschätzen, denn an und für sich bringt sie noch kein schnelles Fahrzeug zustande. Im Gegenteil, viele erfolgreiche Yachten besitzen eine Verdrängungskurve, die erheblich von der durch die „wave form theory" vorgeschriebenen abweicht.

SINAH *von Harrison Butler*

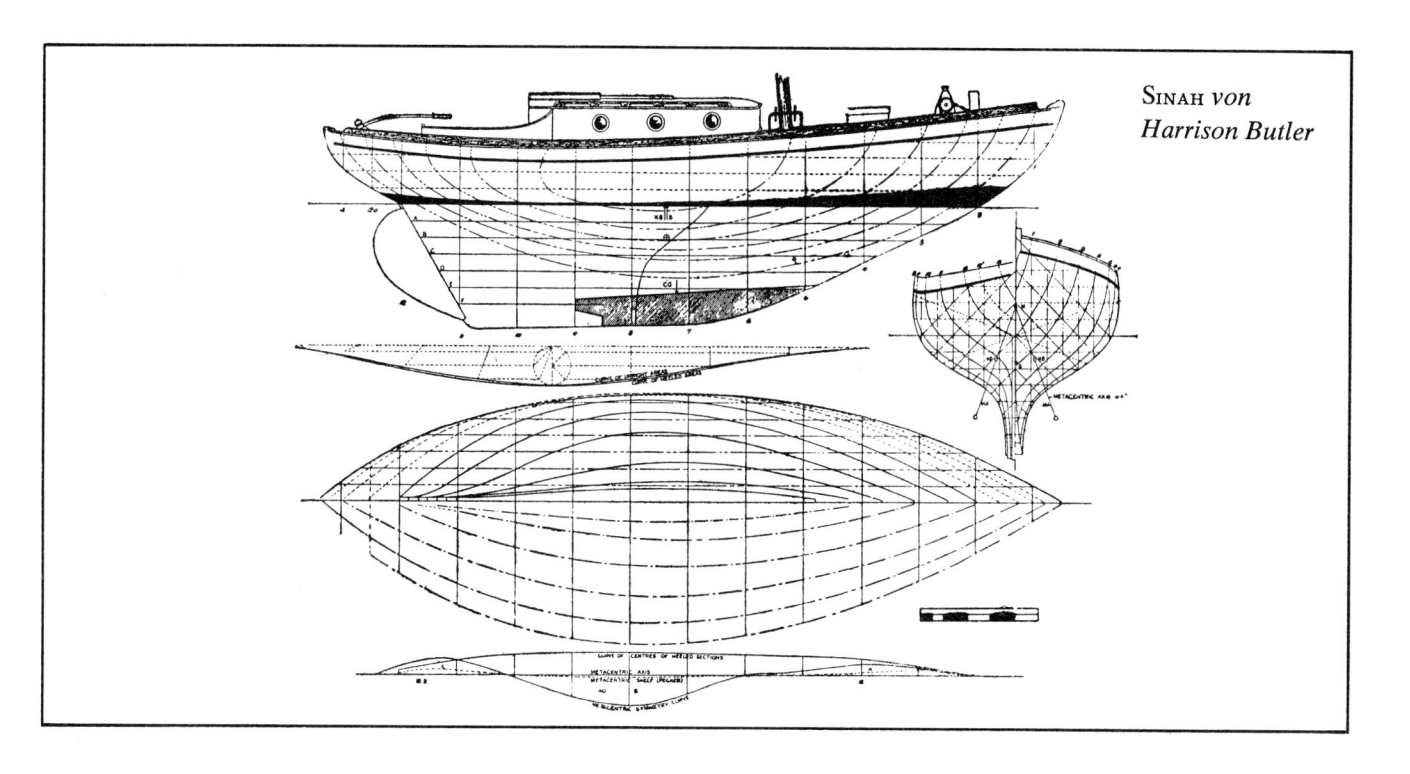

Stimmt nun also die Theorie von Scott Russel oder stimmt sie nicht?

Sie stimmt genau für ein Fahrzeug, das für eine Welle entworfen ist, bei der der Abstand zwischen den Kämmen gleich der Wasserlinienlänge des Bootes ist. Unter dieser Voraussetzung wird sich der Rumpf der Welle anpassen und somit der Widerstand sehr klein sein. (Doch auch hierüber ließ sich streiten, denn die Lage des Hauptspants wird vom Konstrukteur in Übereinstimmung mit der jeweils herrschenden Mode festgelegt.) Unterscheidet sich jedoch die Geschwindigkeit auch nur geringfügig von der dem Entwurf zugrundeliegenden (und bei einer Segelyacht ist es schwierig, eine optimale Geschwindigkeit im Entwurf festzulegen), dann verändert sich die Charakteristik der vom Bootskörper erzeugten Welle, die Rumpfform wird nicht mehr die des geringsten Widerstandes sein.

Die Länge der vom Rumpf erzeugten Welle richtet sich nach der jeweiligen Geschwindigkeit. Ist sie gering, dann wird die Welle kürzer, und das Wellental wandert vorlich des Spants mit dem größten Umfang. Dagegen wandert das Wellental bei höheren Geschwindigkeiten mehr nach hinten, wo der Rumpf schlanker zu werden beginnt, und das geringere Volumen an dieser Stelle läßt den Rumpf in das durch seine Bewegung hervorgerufene Wellental einsinken.

Das wertet jedoch die „wave form theory" nicht ab. Welche Methode man auch zur Festlegung der Form eines Schiffskörpers wählt, er wird immer eine optimale Geschwindigkeit besitzen, auf der er besser ist als auf allen übrigen. Ist die Kurve vor dem Bau bereits festgelegt, dann ist damit die optimale Geschwindigkeit entschieden.

Wie dem auch sei, unendlich viele Boote sind unter Berücksichtigung dieser Theorie entworfen worden oder Nachbauten von so konstruierten Booten. Einer der Konstrukteure, der sie bei allen seinen Entwürfen anwandte, war Harrison Butler, der in seinem 1945 erschienenen Buch „Cruising Yachts, Design and Performance" die bei seinen Entwürfen benutzten Verfahren zur Analyse niedergelegt hat. Die Formen der Butlerschen Yachten und auch dieses Buch hatten einen bemerkenswerten Einfluß auf die Entwürfe zahlreicher Kreuzeryachten.

Butler maß einer anderen, moderneren Theorie große Bedeutung zu, die auch bei heutigen Yachtentwürfen angewandt wird und die in den Jahren vor dem zweiten Weltkrieg ihren Höhepunkt hatte. Es ist die „metazentrische Analyse" des Admirals Turner, durch die ein Bootskörper „metazentroid" gemacht wird und die bei jedwedem Krängungswinkel eine vollständige Ausgeglichenheit sicherstellt.

Drey Dinge sind mir zu wunderlich, und das vierte weiß ich nicht: des Adlers Weg im Himmel, der Schlangen Weg auf einem Felsen, des Schiffes Weg mitten im Meer und eines Mannes Weg an einer Magd.

Harrison Butler, der große Befürworter der Analyse des Gleichgewichts eines Bootskörpers, knüpfte an diese beiden Verse aus den Sprüchen Salomons die Überlegung, wie lange Zeit doch schon sich unser Denken mit den Rätseln der Schiffbaukunst der Hydromechanik befaßt:

Auch heute ist das Problem noch nicht gänzlich gelöst. Der Weg eines Schiffes mitten auf der See steckt voller komplexer Unwägbarkeiten. Das Gleichgewicht eines Rumpfes ist das Aschenbrödel der Schiffbaukunst; wie Aschenbrödel wurde es vernachlässigt und wird es immer noch.

In der Tat kümmert sich der Konstrukteur beim Entwerfen eines Bootskörpers recht selten um eine Analyse des Verdrängungsgleichgewichts bei Krängung mit dem Ziel, einen Trimm zu schaffen, bei dem bei gleichbleibender Segel- und Ruderstellung keine Kursabweichungen auftreten.
Die wichtigste Theorie über das Gleichgewicht wurde von dem englischen Admiral Turner aufgestellt und 1927 erstmalig in den „Transactions of the Institute of Naval Architects" veröffentlicht. Diese Theorie beeinflußte in gewisser Weise die Konstruktion zahlreicher Yachten. Admiral Turner hatte die Möglichkeit zu praktischen Versuchen über das Verhalten der von ihm analysierten Bootsrümpfe. Er baute zu diesem Zweck Modellrennsegelboote und veröffentlichte 1927 seine ersten Ergebnisse. Nach seiner Definition befindet sich ein Bootsrumpf im Gleichgewicht, wenn er bei richtiger Segelstellung seinen Kurs auch bei Änderung des Krängungswinkels beibehält, ohne daß Ruder und Segel neu eingestellt werden müssen.
Nur recht wenige Yachten sind fähig, sich so zu verhalten. Es ist das Verhalten einer Yacht, deren Rumpf sich vollständig im Gleichgewicht befindet, und das Gesetz vom Gleichgewicht ist ein absolut statisches.

Bei einer Yacht von ausgewogener Form, die im ruhigen Wasser nicht von ihrem Kurs abweicht, muß die Summe der Momente der eingetauchten Spantflächen des Vorschiffs in bezug auf eine senkrecht stehende Ebene, die durch das Metazentrum geht und die parallel zur Längsschiffsachse verläuft, wenn das Boot auf ebenem Kiel liegt, die gleiche Größe und das gleiche Vorzeichen haben wie die entsprechende Summe des Achterschiffs, und der Gesamtwert dieser beiden Summen muß bei umgekehrtem Vorzeichen gleich der Summe des Mittelschiffs sein.

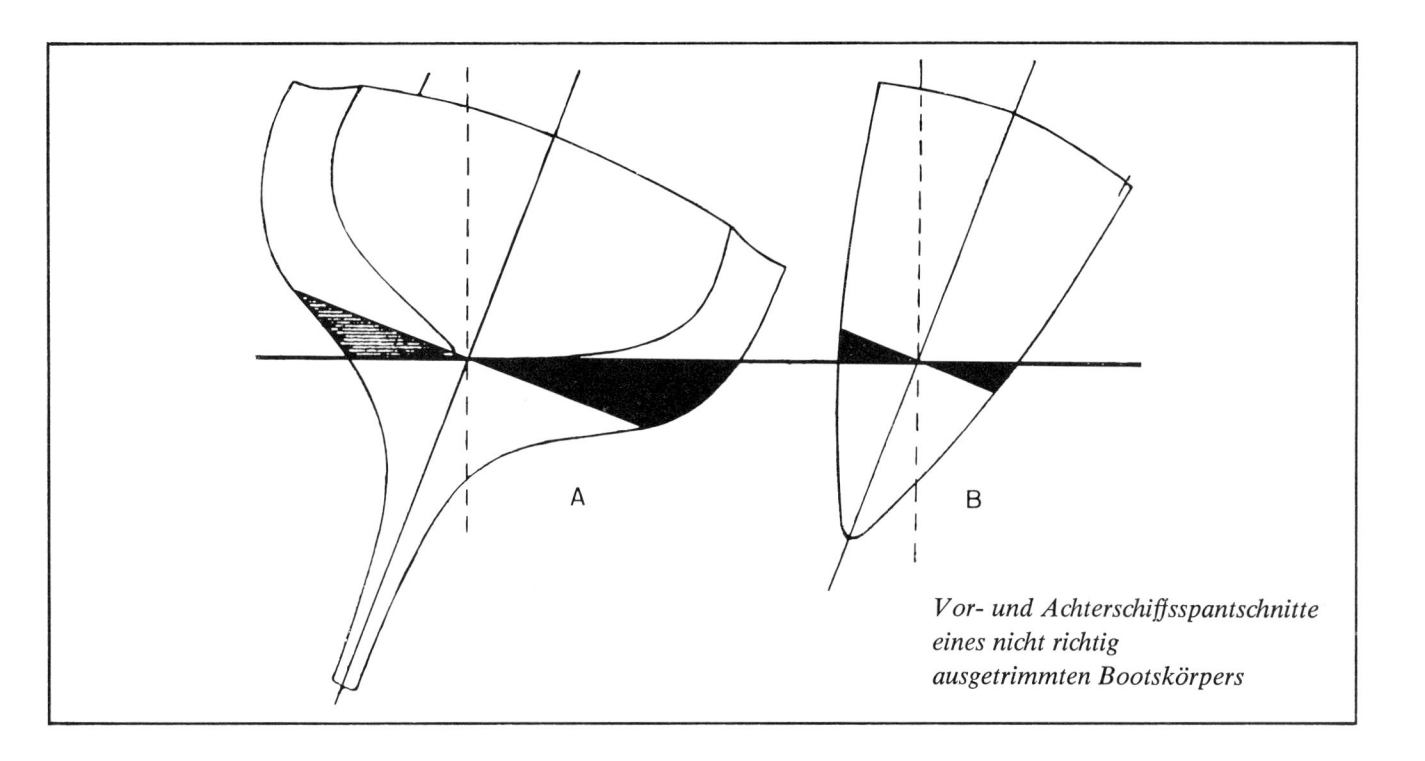

Vor- und Achterschiffsspantschnitte eines nicht richtig ausgetrimmten Bootskörpers

Die Erklärung für das, was hier gesagt wird, ist einfach und durchaus logisch, und man muß sich eigentlich wundern, wieso die Konstrukteure es meistens nicht beachten. Solange eine Yacht auf ebenem Kiel liegt, erhält jeder Querschnitt Auftrieb durch einen senkrechten Schub, der dem Volumen des verdrängten Wassers gleich ist. Die resultierende Kraft greift im Auftriebsschwerpunkt an, und der liegt genau auf der Vertikalen, und zwar meist unterhalb des Gewichtsschwerpunktes, in dem man sich die Summe sämtlicher Gewichte des Schiffes angreifend denkt.

Die Yacht ist mithin im Gleichgewicht, es bildet sich kein Moment aus, sofern nicht weitere Kräfte von außen her ins Spiel kommen, die diese Situation verändern. Sobald aber die Yacht krängt, taucht an der Luvseite ein Teil des Rumpfes aus, und an der Leeseite vergrößert sich das eingetauchte Volumen, freilich nicht überall um das gleiche Maß; bezogen auf den neuen Auftriebsschwerpunkt, werden einige Teile ihren Schwerpunkt weiter in Luv und andere weiter in Lee haben. Wenn bei modernen Booten zum Beispiel der Rumpf sich um eine Achse dreht, von der wir annehmen, sie sei genau die mittlere Längsachse in der Wasserlinie, dann werden die infolge der Drehung eintauchenden Teile des Vor- und Achterschiffs auf der Leeseite viel mehr an Volumen gewinnen, als sie auf der Luvseite verlieren, ihr Schwerpunkt wird sich demgemäß auf die Leeseite der Rotationsachse verlagern. Im Mittelschiff wird der ziemlich tief liegende Ballast sich weit nach Luv verlagern, und sein Schwerpunkt wandert auf die Luvseite der Rotationsachse.

Somit entstehen im Rumpf neue Gleichgewichtsverhältnisse. Angenommen, das Volumen des Mittelschiffs, das auf die Luvseite des Gewichtsschwerpunktes wandert, mache die Hälfte des Gesamtvolumens des Bootskörpers aus, dann müssen das Vor- und das Achterschiff je ein Viertel des Rumpfvolumens haben und um das gleiche Maß nach Lee wandern. Auf diese Weise werden sich die drei Teile im Gleichgewicht befinden. Wenn, wie das bei sehr vielen Booten der Fall ist, das bei der Krängung eintauchende Achterschiff ein größeres Volumen hat als das Vorschiff, dann kann sich ein Gleichgewicht naturgemäß nur einstellen, wenn das Achterschiff, bezogen auf die ursprüngliche Achse, aus- und das Vorschiff um das entsprechende Maß eintaucht, so, daß das Gleichgewichtsverhältnis der drei Volumina wiederhergestellt wird. Dies bewirkt naturgemäß eine Verkleinerung des Lateralplans hinten sowie eine Verlegung der Abflußlinien im Verhältnis zum Verlauf des Kiels, was beides dahin wirkt, daß die Yacht anluvt.

Vereinfacht ausgedrückt ist der im Gleichgewicht befindliche Rumpf einem auf einer längs einer Mantellinie liegenden Ebene abgestützten Zylinder vergleichbar; die Richtung seiner Achse bleibt stets gleich, auch wenn man ihn nach der einen oder der anderen Seite dreht. Läßt

Hauptspant und Metazentrum

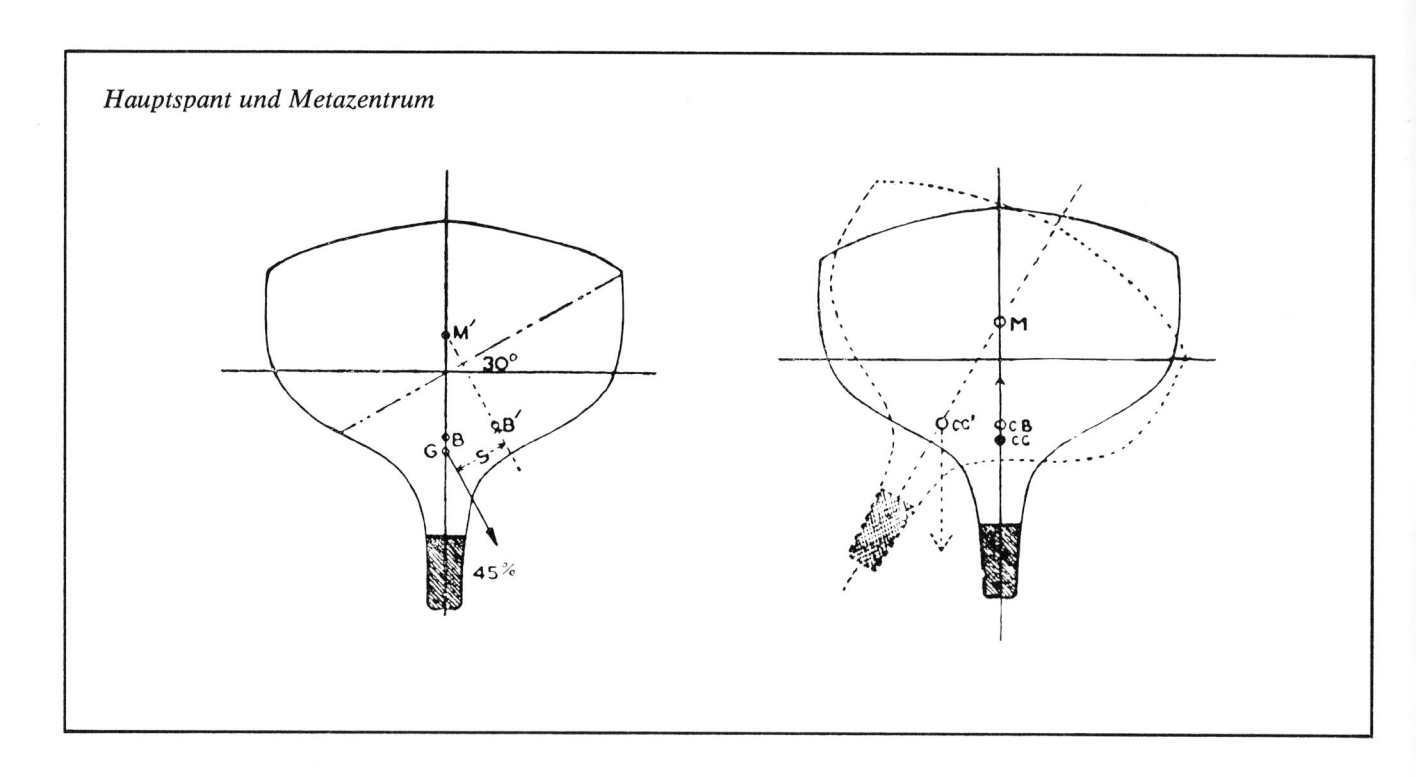

man dagegen einen Kegel auf der gleichen Ebene rotieren – und das entspricht einem nicht im Gleichgewicht befindlichen Schiffsrumpf –, dann wird die Richtung seiner Achse sich bei jedem Winkel der Drehung verändern.

Die Methode zur Erreichung eines ausgewogenen Rumpfes ist im Prinzip sehr einfach, in der Ausführung allerdings ist sie recht mühsam und setzt einige Kenntnisse der Mechanik und der Geometrie von Schiffen voraus, die zusammenzufassen ich jetzt versuchen will.
Sehen wir uns das Hauptspant einer Yacht an, bei dem G der Schwerpunkt sämtlicher Gewichte ist und B der Auftriebsschwerpunkt, das heißt der Angriffspunkt sämtlicher hydrostatischer Drücke von unten nach oben. Dieser Punkt liegt unterhalb des Gewichtsschwerpunktes G. Ungeachtet dieser Verteilung der Kräfte ist die Yacht stabil, denn bereits bei der geringsten Krängung wandert der Auftriebsschwerpunkt von B nach B', während der Gewichtsschwerpunkt G seine Lage nicht verändert. Es entsteht ein aufrichtendes Moment, das gleich dem Produkt der Gesamtverdrängung der Yacht mit dem Abstand der in B' und G angreifenden Kräfte ist. Die Richtung der in B' wirkenden Kräfte trifft die Symmetrieachse des Bootskörpers im Punkte M, das ist der Punkt, um den der Rumpf sich gedreht hat. Diesen Punkt nennt man das „Metazentrum".
Ein Schiffskörper ist mithin nicht nur stabil, wenn G unterhalb von B, sondern auch, wenn G über B liegt, da ja beide Punkte unterhalb von M liegen.
Erhöht sich die Krängung, ergibt sich ein neues B, und es entsteht ein neues M', das sogenannte „falsche Metazentrum", das nicht mit dem Anfangsmetazentrum übereinstimmen kann.
Je nach dem Verhalten von M' zu M teilt Admiral Turner die Schiffskörper in drei Kategorien ein: 1. Rümpfe, bei denen das Metazentrum während der Krängung nach oben wandert („pegtops"); dazu gehören die Rümpfe des alten englischen Typs und deren Abkömmlinge – schmal, tief und mit viel Ballast; 2. solche, bei denen das Metazentrum bei Krängung nach unten wandert, und dazu gehören die Bootsrümpfe des alten amerikanischen Typs und dessen Abkömmlinge („skimming dishes") – breit, mit hoher Anfangsstabilität und geringem Ballast; und 3. schließlich solche, die bei jeder Krängung die gleiche metazentrische Höhe beibehalten, bei denen M nicht wandert. Diese letzteren nennt er die „Metazentroiden", und sie sind die für einen guten Ausgleich idealen Bootsrümpfe.
Die Methode zur Analyse des ausgeglichenen Rumpfes geht nach Turner wie folgt vor sich:
Zunächst ist für jede eingetauchte Spantfläche der neue Auftriebsschwerpunkt für eine Krängung von 30° zu suchen. Ein einfaches Verfahren dazu: Man schneidet den Umriß der Spantfläche in Pappe aus und balanciert

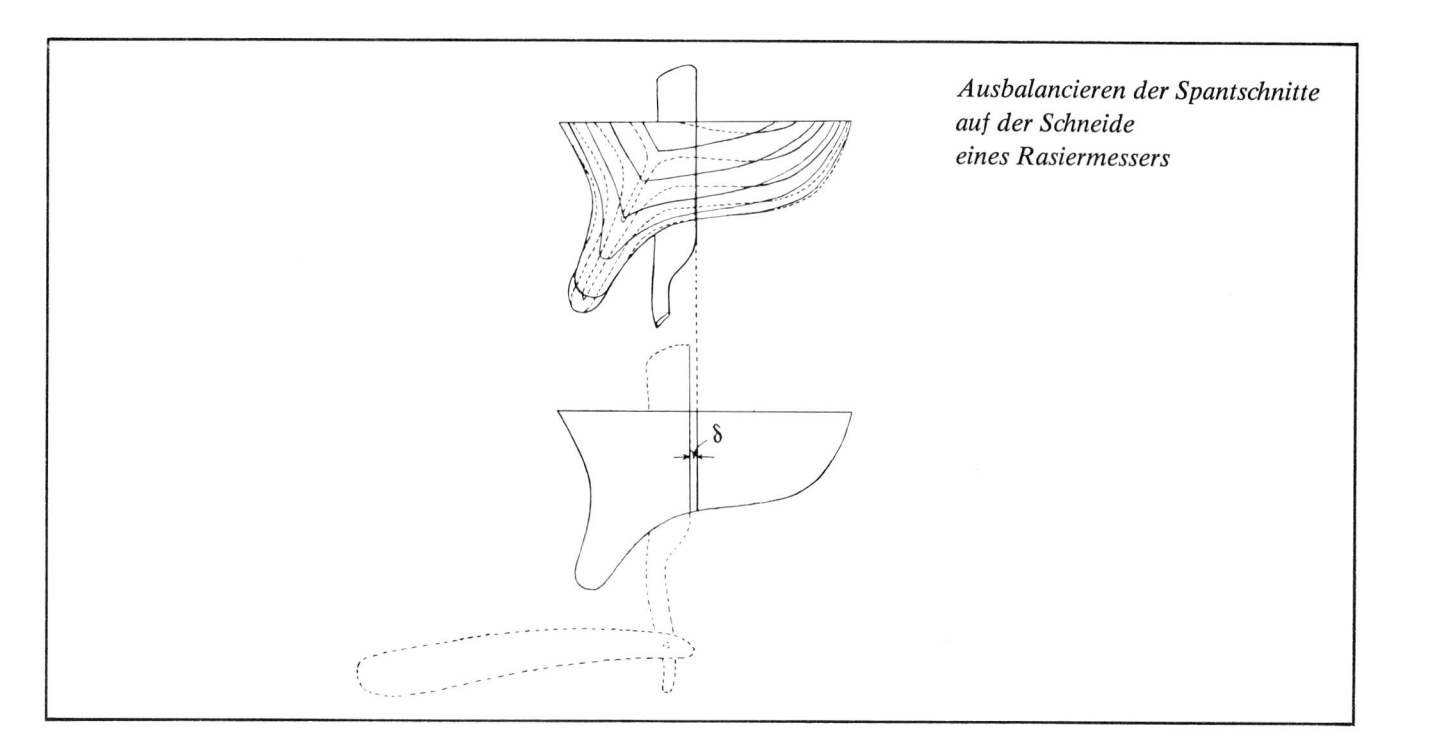

Ausbalancieren der Spantschnitte auf der Schneide eines Rasiermessers

ihn auf der Schneide eines Rasiermessers. Dann findet man die Achse, um die die Fläche im Gleichgewicht ist. (Beachten, daß diese Achse senkrecht zur Wasserlinie verläuft.) Die Achse des Metazentrums findet man, indem man alle Spantflächen übereinanderleimt und auf der Messerschneide balanciert. Der Abstand zwischen der metazentrischen Achse und der Schwerpunktachse des jeweiligen Spants ist der Wert, um den der senkrecht nach oben wirkende Auftrieb an der betreffenden Stelle des Rumpfes nach Luv bzw. nach Lee gewandert ist. Das Produkt der Fläche des Spantschnittes mit dem Abstand δ ergibt die Größe des Moments, das an dieser Stelle des Rumpfes das Gleichgewicht herstellt.

Ich bringe als Beispiel den Entwurf eines Bootes, bei dem die metazentrische Analyse durchgeführt wurde, die ZYKLON von Harrison Butler. Im Maßstab des Linienrisses ist unten die Momentenkurve aus dem Produkt der eingetauchten Spantflächen mit δ aufgetragen. Im Bereich des Vor- und des Achterschiffs verläuft die Kurve oberhalb der Grundlinie und stellt die aufrichtenden Momente dar. Das Moment des Mittelschiffs ist nach unten gerichtet, es ist ein kippendes Moment. Die Kurve schließt praktisch oberhalb und unterhalb der Grundlinie gleich große Flächen ein, die Yacht wird daher bei Krängung ihren Trimm nicht ändern.

Der Konstrukteur schreibt, daß die ZYKLON, von der es rund zwanzig Nachbauten gegeben hat, vollkommen ausgeglichen war: „Die Eigner sagen mir, daß das Boot nicht auf dem Ruder liegt, und einer schreibt mir aus Neuseeland: ‚Das Boot läuft am Wind, ich sitze in der Kajüte und sehe zu, wie die Pinne leicht hin- und herschwänzelt'."

Admiral Turner hat viele Yachten nach seiner Methode analysiert und eine Reihe von Gleichgewichtskurven in seinem Buch veröffentlicht. Der berühmte Schoner AMERICA war vollständig ausgeglichen und ein „Metazentroid". Dagegen hatte die TITANIA eine äußerst schlechte Momentenkurve. Mehr als schlecht war jene der SATANITA, des Riesenkutters von 1893 mit 40 Meter Deckslänge, der bei einer Regatta die VALKYRIE rammte und versenkte, weil sie aus dem Ruder gelaufen war.

Es ist interessant, daß bei einer Yacht alten Typs wie die AMERICA die Kurve umgekehrt verläuft wie bei einer modernen Yacht, sofern sie ebenfalls ausgeglichen ist; und zwar, weil heute der Lateralplan von den Schiffsenden zur Mitte und der flachere Teil von der Mitte zu den Rumpfenden hin verlagert worden ist.

Noch etwas geht aus der Analyse hervor: Das alte schmale und tiefe Vorschiff hat eine die Krängung vermehrende Auswirkung, ein Überhang dagegen wirkt aufrichtend, und zwar um so mehr, je länger und flacher er ist.

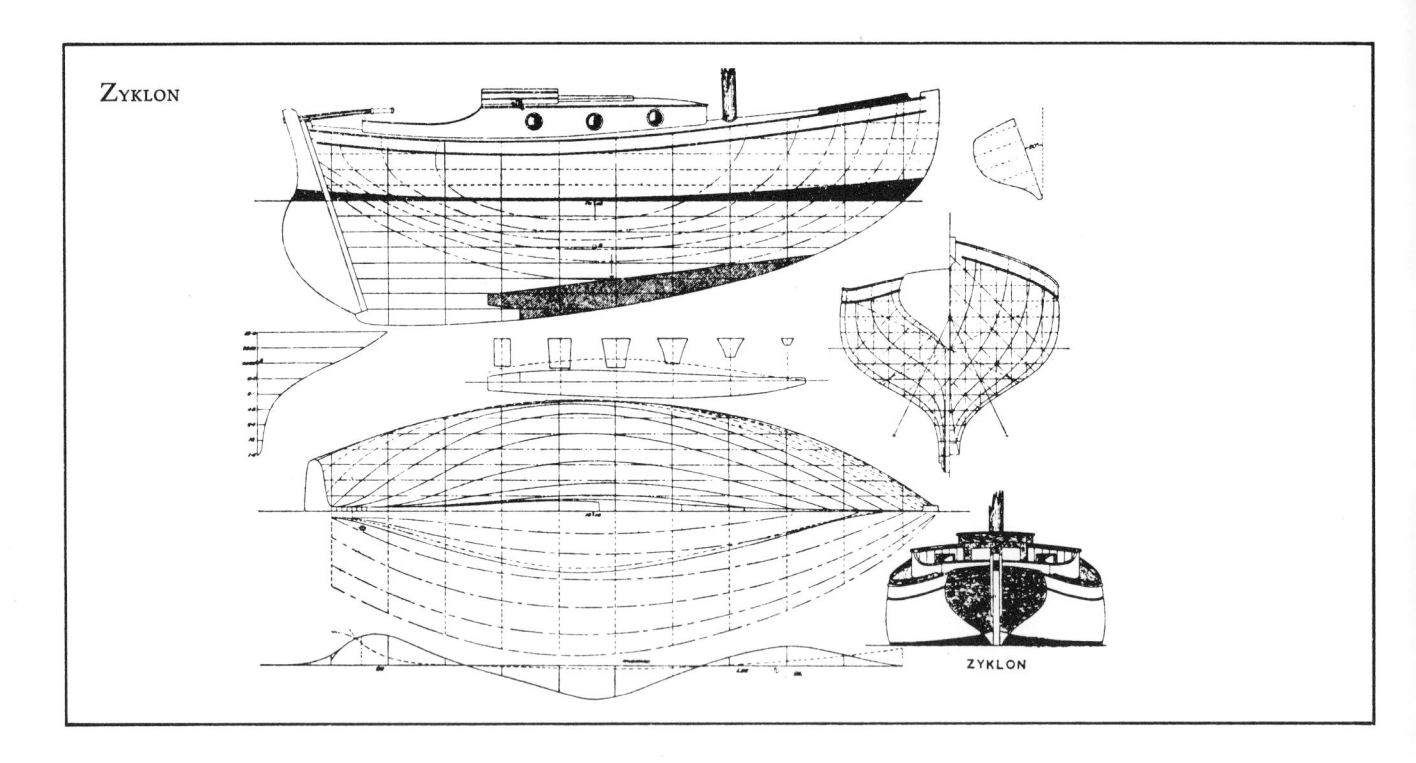

Es kann viel zur Kritik der Theorie des Admirals Turner gesagt werden.

Hauptsache ist, daß die Analyse durchaus statisch ist und die Geschwindigkeit nicht in Rechnung stellt, die ein Schiffskörper annehmen kann. Bei sehr geringer Geschwindigkeit bilden sich keine Wellen aus, und die Theorie ist sehr gut anwendbar. Ab einer bestimmten Geschwindigkeit jedoch, und besonders bei den Bootskörpern, die Turner analysiert hat, wobei er absichtlich die leichten und gleitfähigen Rümpfe ausließ, bilden sich Wellen aus, und an der Stelle der Wellenkämme wird der Wasserspiegel viel höher sein als dort, wo sich die Wellentäler befinden; in keinem der beiden Fälle aber wird er dem anfänglichen Stand bei ruhigem Wasser gleich sein. Damit wird die ganze Regelung der vertikalen Drücke und der sich daraus ergebenden Momente einigermaßen fragwürdig.

Bei jeder Änderung der Geschwindigkeit verändern überdies die Wellenkämme ihre Lage zum Bootsrumpf, und bei jeder Änderung der Krängung verändert sich die Tiefe des Wellentals. Bei einem Rumpf, der sehr unausgeglichen ist, weil sein Achterschiff breit und flach, das Vorschiff aber schlank und tief ist, wird das Wellental genau unten am Heck liegen, wenn er gekrängt hohe Fahrt läuft. Er kann aber einen dieser Fahrtstufe angepaßten Trimm beibehalten, weil der vordere, schlanke Teil des Rumpfes mit dem Wellenkamm und der breitere Teil mit dem Wellental übereinstimmt. Es ist nicht gesagt, daß ein Rumpf von einwandfreier metazentrischer Kurve wie die Zyklon mit ihren mageren Achterschiffsquerschnitten, die zur ausgeglichenen „metazentroiden" Rumpfform gehören, sich ebenso gut benimmt.

Ist also ein nach Turner im Gleichgewicht befindlicher Bootskörper nur ausgeglichen, wenn er still liegt? Und weiter, warum muß er ausgerechnet ein „Metazentroid" sein? Was macht es denn aus, wenn die Stabilität bei Krängung größer oder kleiner wird, solange keine Kursabweichungen auftreten?

Es sind bislang außerordentlich viele Boote nach der Turnerschen Theorie entworfen worden.

K. C. Barnaby, der Autor der grundlegenden „Basic Naval Architecture", bemerkt zur Turnerschen Theorie:

Es stimmt, daß Rasiermesser nicht zur Ausstattung eines Konstruktionsbüros gehören; es steht aber außer Frage, daß beim Entwurf von Yachten ein gut Teil ansehnlicher Arbeit von Nichtfachleuten geleistet worden ist, namentlich bei den kleineren Bootsklassen. Diese Amateurkonstrukteure sind gewöhnlich sehr erfahrene Seeleute. Ihre Theorien dürfen wir mit vollem Recht kritisieren, aber über ihre Ergebnisse sollten wir nicht lächeln. Das gilt auch für die Arbeiten des Admirals Turner.
Wir dürfen die Richtigkeit mancher seiner Schlußfolge-

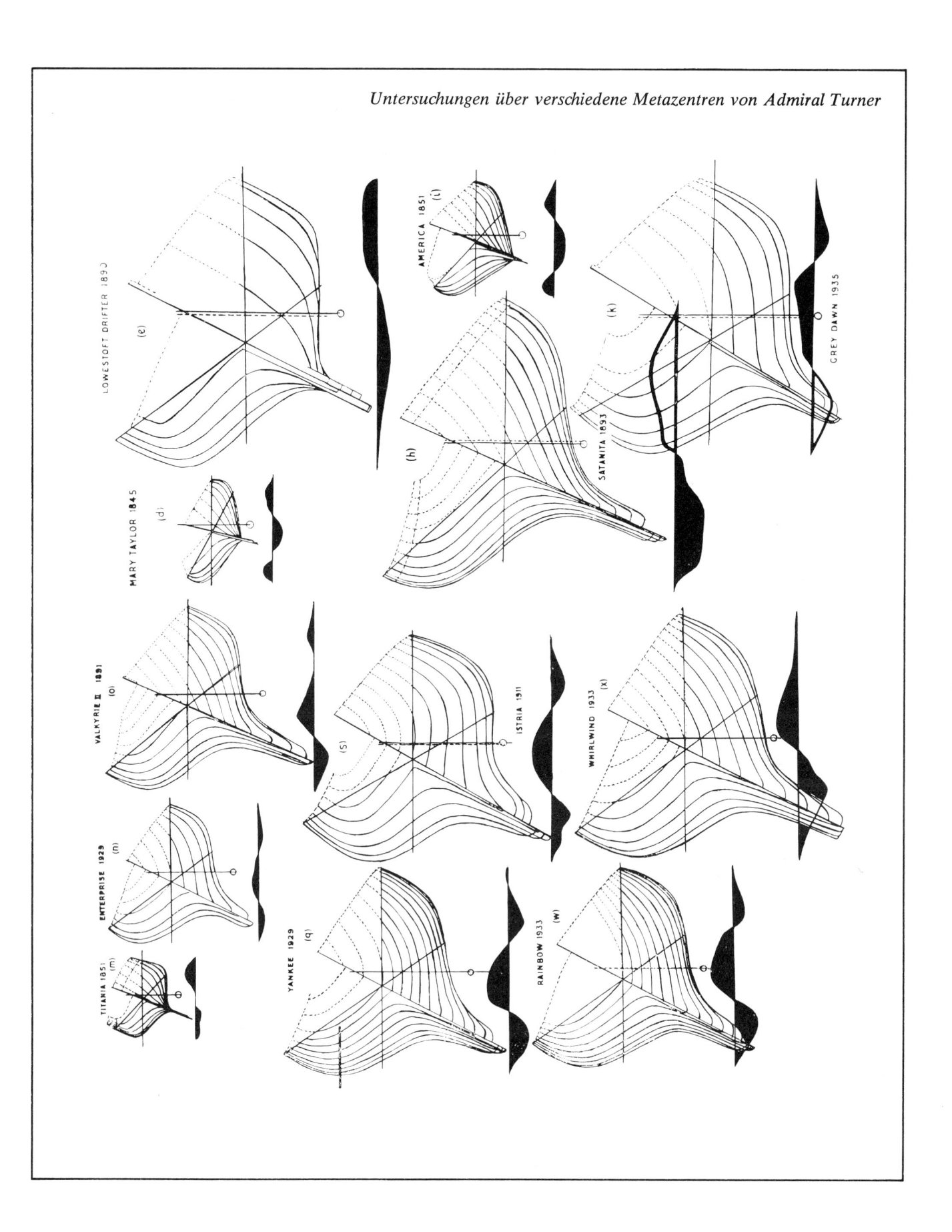

Untersuchungen über verschiedene Metazentren von Admiral Turner

rungen anzweifeln, es bleibt aber Tatsache, daß die nach seinem metazentrischen System ins Gleichgewicht gebrachten Boote dafür bekannt sind, daß sie rätselhafterweise kursstabil sind.

Wir haben die beiden folgenreichsten Theorien bei der Suche nach den besten Formen für einen Yachtrumpf untersucht. Die erste, die von Scott Russel, wurde aufgestellt mit dem Ziel, einen Bootskörper mit dem geringstmöglichen Wellenwiderstand zu finden. Die des Admirals Turner suchte den Bootsrumpf, bei dem die Antriebskräfte des Windes vollständig für den Vortrieb ausgenutzt würden dadurch, daß der Rumpf bereits im Entwurfsstadium ganz ins Gleichgewicht gebracht wurde und dann keinerlei Ausgleich mit Ruder und Segeln mehr brauchte.

Zwei Männer hatten mit gleichem Ziel, nämlich das beste Segelboot zu finden, von verschiedenen Überlegungen ausgehend zu forschen begonnen und dabei fast gänzlich die übrigen Probleme außer acht gelassen, die bei einem Boot unter Segel in Erscheinung treten und die genauso gültig sind wie die von ihnen ausschließlich untersuchten.

Das Gebiet der frühesten Untersuchungen und dasjenige, auf dem am meisten geforscht wurde, waren Modellversuche im Schleppkanal zur Ermittlung des kleinsten Schleppwiderstandes. Auch dieses Verfahren gründete sich jahrhundertelang auf eine Maxime, die ebenso unbestritten ist wie die von Scott Russel und Turner. Dasjenige Modell nämlich, das beim Schleppen die kleinste Zugkraft benötigt, beziehungsweise dasjenige, das bei gleicher Zugkraft die Strecke des Kanals in der kürzesten Zeit zurücklegt, muß die Form haben, die im größeren Maßstab den geringeren Widerstand und mithin den schnelleren Rumpf hergibt.

Man glaubt, daß der Schleppkanal eine sehr alte Einrichtung ist; gesichert ist, daß ein gewisser Samuel Fortrey ihn um die Mitte des 17. Jahrhunderts in England mit hölzernen Modellen benutzte.

Der „Boom" für Modellversuche im Schleppkanal kam im folgenden Jahrhundert, zu der Zeit, als Isaac Newton nach der mathematischen Formel für einen für alle Schiffe idealen Rumpf suchte.

Die ältesten ernst zu nehmenden Angaben stammen von dem schwedischen Theosophen Emanuel von Swedenborg, der 1721 ein lateinisches Traktat über die Anwendung der Grundsätze der Mechanik auf die Formgebung für Schiffe schrieb. Der Autor beschreibt darin sein Verfahren: ein Schleppkanal, an dessen einem Ende ein Pfosten passender Höhe steht, von dem ein Gewicht fallen gelassen wird. Dieses Gewicht hängt an einem Seilzug, der über ein höchst einfaches Rollensystem die Bewegung auf ein im Kanal schwimmendes Modell überträgt. Das derart in Bewegung gesetzte Modell wird je

Schleppversuche in London im 18. Jahrhundert

nach seinem Widerstand den Fall des Gewichtes mehr oder weniger verlangsamen. Mit dieser höchst einfachen Anordnung konnte man die relative Geschwindigkeit verschiedener Modelle gleicher Länge messen.

Besonders viele Modellversuche wurden in Frankreich durchgeführt. Einer der bedeutendsten Experimentatoren war Bouguer, der Verfasser des „Traité du Navire" 1746, des ersten Buches über den Schiffbau. Die Form des geringsten Widerstandes wurde durch Schleppen in einem rund zehn Meter langen Becken festgestellt. Das Becken war der Länge nach durch eine Wand abgeschottet, so daß die Wasserbewegung nicht von der einen auf die andere Seite des Beckens übergreifen konnte. Die Schleppseile liefen in beiden Teilen längs des Beckens, und die Modelle hatten oben Haken, die so angebracht waren, daß ein gerader Lauf der Modelle sichergestellt war. Die Modelle waren 70 Zentimeter lang, die größte Breite betrug ein Drittel der Länge, runde Spanten. Das Hauptspant war an unterschiedlichen Stellen angeordnet. Bei den Versuchen wurde jedes Modell hin und zurück geschleppt, und zwar zusammen mit einem symmetrisch geformten Vergleichsmodell. Es waren sehr akkurate Versuche mit einem eindeutigen und recht genauen Resultat: Die schnellste Form, die mit dem kleinsten Widerstand, war die mit der größten Breite vorn.

Die Wissenschaft folgte recht wunderlichen Regeln. Die Bouguerschen Versuche waren praktische Versuche, die Ergebnisse mithin nicht weiter zu diskutieren: Das Wasser in dem Becken ist blind und taub und gehorcht allein den Naturgesetzen. Überdies hatte Newton schon früher rechnerisch nachgewiesen, daß bei der Form des geringsten Widerstandes die größte Breite vor der Mitte zu liegen hätte, ergo Theorie und Praxis bestätigten einander.

Frederic Chapman war es, der diesen Gedankengängen den ersten Stoß versetzte. Er hatte gegen Ende des Jahrhunderts einen mit dem alten Verfahren des Fallgewichts arbeitenden Schlepptank gebaut. Die Fallhöhe betrug 30 Meter, die Modelle waren 8,50 m lang, aus Holz und hatten Ballast. Das Modell wurde vorne und hinten an dem Zugseil befestigt. Registriert wurden die Laufzeiten über eine Meßstrecke von 22 Meter Länge, deren Endpunkte durch rote Lappen bezeichnet waren.

Chapmans Schlußfolgerung aus den Versuchen war, daß „die Lage des Hauptspants für den kleinsten Widerstand sich mit der Geschwindigkeit verändert".

Das ganze Gebäude der Untersuchungen über den besten Schiffskörper für alle Verhältnisse war damit in sich zusammengefallen. Wir sind bereits im Zeitalter der Aufklärung, und die Dinge konnten nicht lange mehr bleiben wie sie waren. 1778 schrieb König Friedrich II. an Voltaire: „... Die Engländer haben ihre Schiffe mit dem besten Querschnitt nach der Lehre von Newton gebaut, ihre Admirale haben mir indes versichert, daß Schiffe dieser Art nicht so gut liefen wie solche, die nach den Regeln gebaut sind, welche die Erfahrung eingibt."

Es gibt also keine wissenschaftliche Lösung für das Problem des besten Rumpfes, weil nämlich der beste Rumpf überhaupt nicht existiert.

Was es gibt, sind verschiedenartige Formen, die eine optimale Leistung unter den Verhältnissen ergeben, für die sie entworfen sind, sofern der Entwurf etwas taugt. Die Wissenschaft läßt sich also bei den aus der Überlieferung geschaffenen Rumpfformen anwenden, indem man bestimmte Eigenschaften auf Kosten von anderen steigert, oder auch indem man Eigenschaften beseitigt, die der Entwurfsabsicht nicht entsprechen.

Die Suche nach dem unter allen Verhältnissen besten Yachtrumpf erinnert ein wenig an die Suche der mittelalterlichen Alchimisten nach dem Stein der Weisen. Während es allerdings diese Alchimisten nicht mehr gibt, kommt selbst heutzutage, nachdem doch die Ergebnisse bekannt sein müßten, immer wieder jemand mit einer Theorie heraus, mit der er meint, die beste Bootsform entdeckt zu haben. Und vergißt dabei die unendlich vielen veränderlichen und diesem Ziel entgegenstehenden Probleme, die mit der Rumpfform verbunden sind. Das größte Unheil richten dabei gewöhnlich diejenigen an, die an die Fischform glauben, selbst wenn sie noch einigermaßen realistisch sind. Im Grunde haben, obgleich auf sehr viel höherem Niveau, auch Turner und Scott Russel etwas mit diesen Leuten gemein.

Ich denke, es ist nun an der Zeit, die Antwort auf die eingangs gestellte Frage zu geben, ohne noch weitere Theorien zu bemühen. Wie soll die beste Rumpfform aussehen? Die Antwort ist einfach. Der beste Bootsrumpf ist derjenige, bei dem die dem Konstrukteur gestellte Aufgabe am besten gelöst ist. Je nach den Eigenschaften, die man am meisten betont zu haben wünscht, werden sich Formen und Abmessungen voneinander unterscheiden. Die an die Eigenschaften eines Rumpfes gebundenen Formen sind nun schon nicht mehr so geheimnisvoll, und man kann sich leicht den Formen zuwenden, die zu dem, was man haben möchte, am besten passen.

Erstes und Wichtigstes ist, sich zu überlegen, bei welcher Geschwindigkeit der Rumpf die höchste Leistung haben soll.

Es ist sinnlos, einfach nur den schnellsten Rumpf zu wollen und fertig. Denn ein Rumpf, der für sehr hohe Geschwindigkeit entworfen ist, wird bei niedrigeren Geschwindigkeiten einen sehr viel größeren Widerstand aufweisen als ein Rumpf, der gerade für solche Geschwindigkeiten gedacht war und umgekehrt. Es passiert daher sehr leicht, daß ein Rumpf mit der verfügbaren Antriebskraft niemals auf die Geschwindigkeit zu bringen ist, die er erreichen könnte; im Ergebnis muß dann immer ein sehr schlechtes Boot herauskommen.

Es ist höchst wahrscheinlich, daß der Rumpf, der bei den Schleppversuchen von Bouguer am besten abgeschnitten hatte, der schlechteste geworden wäre, wenn das die Geschwindigkeit bestimmende Fallgewicht verdoppelt worden wäre.

Doch können alle diese Überlegungen nichts an der Tatsache ändern, daß der schnellste Rumpf der mit dem geringsten Widerstand ist. Nur mit der Einschränkung, daß der Widerstand sich mit der Geschwindigkeit ändert, und zwar nicht bei jedem Rumpf im gleichen Verhältnis.

Der Gesamtwiderstand eines Segelschiffes ist grundsätzlich auf zwei Faktoren zurückzuführen: den Reibungswiderstand des eingetauchten Teils des Schiffskörpers und die für die Wellenbildung aufgewandte Energie.

Je nach Geschwindigkeit tritt entweder die erste oder die zweite Form des Widerstandes mehr in Erscheinung. Bei sehr niedrigen Geschwindigkeiten bilden sich am Rumpf praktisch keine Wellen, und der Widerstand wird dann fast ausschließlich Reibungswiderstand sein; bei hohen Geschwindigkeiten resultiert nahezu der gesamte Widerstand aus den vom Rumpf gebildeten Wellen, und zwar bis hin zur Grenzgeschwindigkeit, über die hinauszukommen mangels verfügbarer Energie nicht möglich ist.

Der Begriff „Geschwindigkeit" kommt in diesem Kapitel sehr oft vor. Es ist ein Wert, mit dem der Segler gewöhnlich äußerst großzügig umgeht, gar zu oft gibt er sehr wenig wahrscheinliche Zahlen an.

Der Höchstwert für die Geschwindigkeit eines Segelschiffes ist von William Froude, dem englischen Wissenschaftler, der das Gesetz der mechanischen Ähnlichkeit von Schiffskörpern gefunden hat, auf folgende Formel gebracht worden:

$$V \max = 1{,}34 \sqrt{L}$$

V ist die Geschwindigkeit in Knoten, L die Rumpflänge in Fuß. Man kann auch so schreiben:

$$\frac{V}{\sqrt{L}} = 1{,}34 = \text{konstant}$$

Damit ist die mögliche Rumpfgeschwindigkeit ausgedrückt.

Man sieht, die Formel ist eindeutig. Das Verhältnis zwischen der Höchstgeschwindigkeit und der Rumpflänge ist konstant.

Diese Formel, richtig verstanden, sagt viel über die Verhältnisse der Rumpfformen aus. Weshalb aber gerade 1,34? Warum gehört zu einem Segelboot von 25 Fuß eine Höchstgeschwindigkeit von 6³/₄ Knoten, und ein Motorboot von 15 Fuß kann sogar 40 Knoten laufen?

$$\frac{V}{\sqrt{L}} = 1,34$$

ist das Gesetz für die Ausbildung der Wellen. Es ist nachgewiesen, daß ein Wellensystem mit dem Abstand L von Kamm zu Kamm mit einer Geschwindigkeit von $1,34 \sqrt{L}$ fortschreitet. Die vom Wind erzeugten Wellen haben die gleiche Form wie die von einem in Bewegung befindlichen Schiffsrumpf gebildeten, es sind Zykloiden, und für die gilt dieses Verhältnis.

Ein Schiffsrumpf bewegt sich mit gleicher Geschwindigkeit wie die von ihm erzeugten Wellen. Bei niedriger Geschwindigkeit liegt die erste Welle am Bug und die zweite etwas weiter hinten, und solange die Geschwindigkeit dieselbe bleibt, bleibt auch der gleiche Wellenkamm immer an der gleichen Stelle des Schiffskörpers. Nimmt die Geschwindigkeit zu, verlagert sich die zweite Welle mehr nach hinten, bis – und zwar bei Erreichen der Grenzgeschwindigkeit – der zweite Wellenkamm in Höhe des Rumpfendes liegt. Die Fortschrittsgeschwindigkeiten der Welle und die des Rumpfes sind immer gleich, und nunmehr ist auch die Wellenlänge gleich der Länge des Schiffsrumpfes. Das Gesetz von der Geschwindigkeit der Wellen ist daher ebenfalls für die Rumpfgeschwindigkeit anwendbar:

$$\frac{V}{\sqrt{L}} = 1,34$$

L entspricht nun der Wellenlänge wie auch der Rumpflänge. Die Höchstgeschwindigkeit ist erreicht, weil bei weiterer Steigerung der Geschwindigkeit auch die Wellenlänge wachsen würde, sie wäre dann größer als die Schiffslänge, das Achterschiff könnte sich auf nichts mehr abstützen; das Schiff legt sich auf den Abhang des einzigen noch vorhandenen Wellenberges und verliert Fahrt.

Versucht man die Fotos von Segelbooten bei hoher Geschwindigkeit zu analysieren, dann wird man sehen, daß sie sich in dem beschriebenen Zustand befinden. Der zweite Wellenberg liegt unter dem Achterschiff, und das Wellental legt den Rumpf bis hinunter zum Kiel frei; aus der Fotografie läßt sich bei bekannter Rumpflänge die Geschwindigkeit des Segelbootes bestimmen, indem man sie mit dem Abstand der Wellenkämme zueinander in Beziehung setzt, für deren Geschwindigkeit unsere Formel gilt.

Die Wellenhöhe ist dabei ohne Belang, sie hängt vom

Volumen des Schiffskörpers ab, nicht aber von dessen Geschwindigkeit.

Mit Hilfe dieser Formel bildet man sich ein Urteil darüber, ob ein Boot schnell ist. Man kann es schnell nennen, wenn es bei der ihm erreichbaren Geschwindigkeit ein hohes Verhältnis zu $V\sqrt{L}$ hat.

Ohne diese Analyse könnten lediglich die großen Boote als schnell bezeichnet werden, denn sie sind, selbst wenn sie nicht gut geraten sind, stets schneller als ein gutes kleines Boot. Der Hauptfaktor der Geschwindigkeit ist die Länge, sie bestimmt die Leistung des Segelschiffes. Die in Beziehung gesetzte Länge L sagt viel aus. Ein unterhalb von 1,34 liegendes Verhältnis bedeutet, daß die Welle kürzer ist als der Schiffskörper und daß wir uns im Bereich normaler Zustände befinden; ist es größer, heißt das, daß der Rumpf gleitet; er hat sich von dem von ihm erzeugten Wellensystem freigemacht und bewegt sich auf einem einzigen Wellenkamm. Bei den schweren Segelyachten tritt dieser Zustand nicht ein, nur kleine Schwertboote, Katamarane und Motorboote erreichen ihn. Um einen Begriff davon zu geben, welche Größen diese Werte normalerweise annehmen können, möchte ich sagen, daß eine Rennyacht, etwa der 6-m-R-Klasse, bei leichtem Wind Geschwindigkeiten erreicht, die dem Verhältnis Geschwindigkeit zu Wurzel aus Länge von 0,8 entsprechen, und daß es bei frischem Wind maximal bis auf 1,45 herankommen kann. (Dies dank den Überhängen, die L größer werden lassen.) Die Werte für ein Handelsschiff liegen bei Dienstgeschwindigkeit um 0,6 bis 0,7, für ein Passagierschiff bei 1 bis 1,2. Der Aufwand für höhere Werte als 1,34 geht aus der folgenden Tabelle hervor, die für Motorschiffe aufgestellt wurde:

Verhältnis $V/\sqrt{L}$	1	1,2	1,3	1,4
aufzuwendende Leistung	P	2P	4P	7P

Das bedeutet, daß zum Beispiel eine Yacht von 7,50 m Länge in der Wasserlinie eine siebenmal größere Leistung aufbringen muß, um ihre Geschwindigkeit von 5 auf 7 Knoten zu steigern.

Bei niedrigen Geschwindigkeiten, das heißt bis zu einem $V\sqrt{L}$ von etwa 0,8, macht sich die Wellenbildung nicht sehr bemerkbar. Für eine Rennyacht speziell im Mittelmeer sind solche Geschwindigkeiten sehr wichtig. Sie entsprechen beispielsweise bei einem Boot der RORC-Klasse III mit 7,32 m in der Wasserlinie einer Geschwindigkeit von 4 Knoten, das ist etwa die Durchschnittsgeschwindigkeit bei den Regatten. Bei einem Rumpf, der hierbei gute Leistungen hergeben soll, kommt es darauf an, die benetzte Oberfläche weitestgehend zu verringern. Es gilt, eine Form mit Spanten möglichst kleinen Umfangs und mit einem auf das äußerste verkleinerten Lateralplan zu finden.

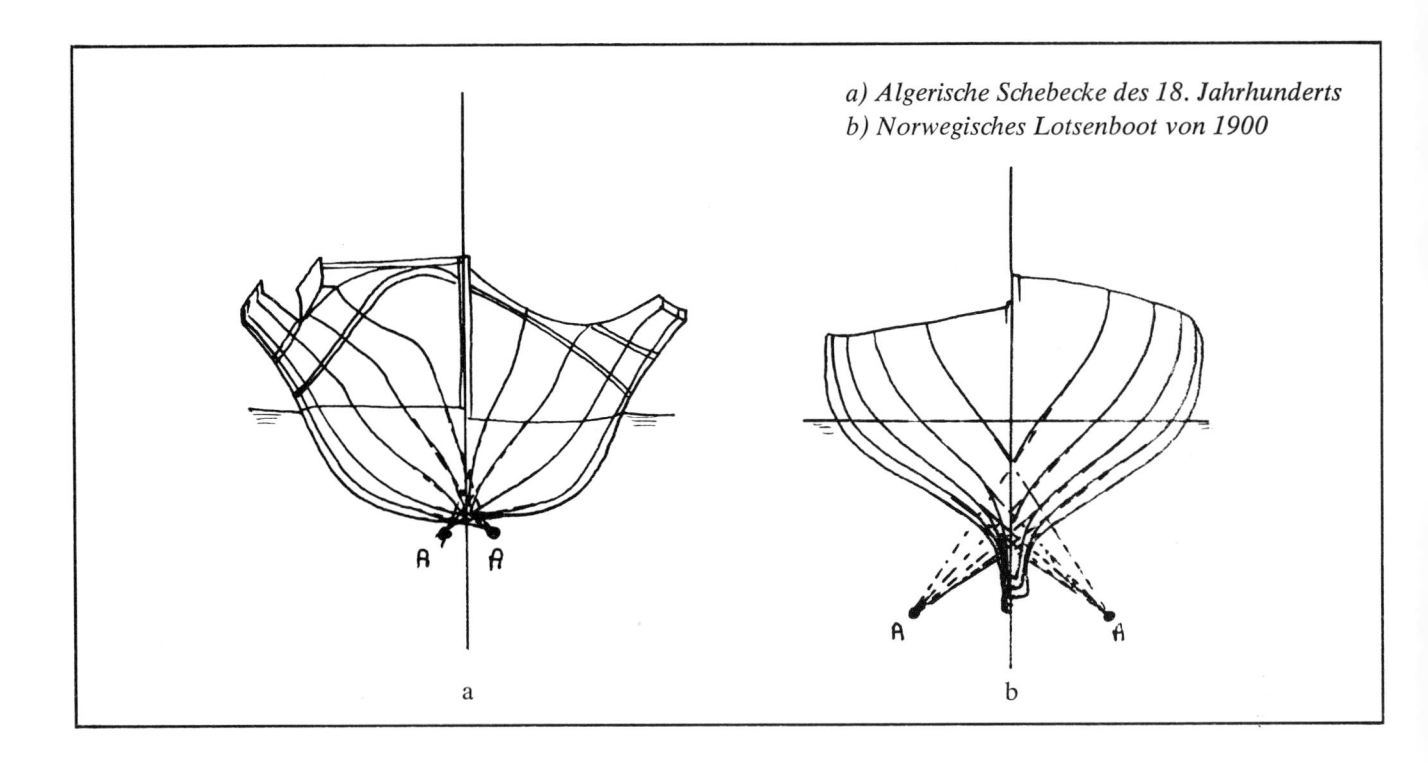

a) Algerische Schebecke des 18. Jahrhunderts
b) Norwegisches Lotsenboot von 1900

Den kleinsten Umfang bekommt man nicht durch halbkreisförmige Spanten, denn der Rumpf eines Segelbootes braucht ja irgendeinen Lateralplan. Vielmehr bieten sich hier dreieckige Querschnitte an, bei denen die größte Breite in der Wasserlinie mit dem am tiefsten liegenden Punkt unten am Kiel durch eine möglichst gerade Linie verbunden ist. Das gibt einen tiefen und schweren Bootskörper, doch wirkt sich bei geringen Geschwindigkeiten die Verdrängung weniger nachteilig aus als die benetzte Oberfläche.

Ich habe oft sagen hören, ein schweres und tiefes Boot sei ein Boot für starken Wind. Es entspricht der Logik zu denken, je schwerer ein Boot sei, desto besser eigne es sich für Schlechtwetter. Das stimmt auch unter mehreren Gesichtspunkten, etwa dem des Verhaltens im Seegang oder dem der Weichheit der Bewegungen. Bestimmt aber nicht unter jenem der Geschwindigkeit – ein tiefer Bootskörper wird nicht gerne Geschwindigkeit aufnehmen, weil seine Verdrängung ihn viel größere Wellen ausbilden läßt, als sie ein leichter Rumpf gleicher Länge erzeugen würde. Eine Rennyacht, die dazu gedacht ist, bei leichtem Wind besonders gut zu sein, muß tiefer sein und mehr verdrängen als eine Yacht, die für starken Wind gebaut ist.

Bei keinem Boot hat man sich weniger um die wichtige Rolle der benetzten Oberfläche gekümmert als bei den Kuttern der achtziger Jahre, als die Begeisterung für die so außerordentlich wirkungsvolle Erfindung des Außenballastes dazu führte, daß man den Ballastanteil immer weiter steigerte, damit man mehr Segel tragen konnte, und das bis an die Grenze des technisch Möglichen. Allerdings erhielt man damit noch lange keine große Verbesserung der Höchstgeschwindigkeit, und zwar wegen der durch die Verdrängung hervorgerufenen starken Wellenbildung; und bei geringen Geschwindigkeiten hat offenbar die enorme Vortriebskraft den Reibungswiderstand nicht fühlbar werden lassen.

Die auf Seite 116 abgebildeten Halbmodelle zeigen die beständige Verringerung der benetzten Oberfläche als Folge der Verkleinerung der Segelfläche nach der Einführung der Dixon-Kemp-Formel. Danach war man unablässig bestrebt, sie weiter zu verringern, und heute sind wir am Minimum dessen angelangt, was noch zu vertreten ist. Kiel und Ruder getrennt wie bei den Ratern.

Übersteigt die Geschwindigkeit das Verhältnis von $V\sqrt{L}$ von 0,9 bis 1, wird der Wellenwiderstand zum größeren Widerstandsanteil; er macht dann mehr als 50 % des Gesamtwiderstandes aus. Es ist daher von grundlegender Wichtigkeit, daß die Gestaltung des Bootskörpers sich vornehmlich auf den Wellenwiderstand ausrichtet, will man bei solchen Geschwindigkeiten gute Ergebnisse erzielen.

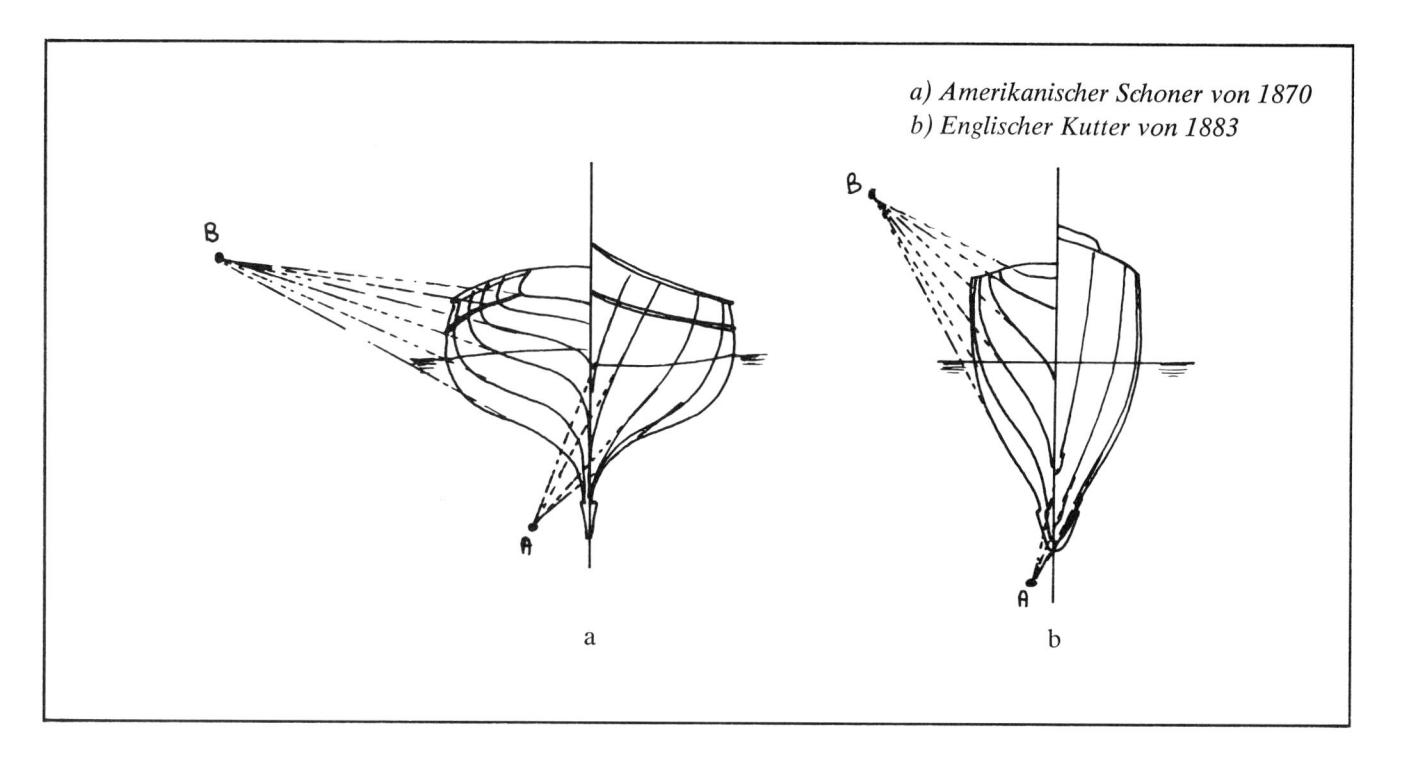

a) Amerikanischer Schoner von 1870
b) Englischer Kutter von 1883

Die Theorie von Scott Russel gründete sich auf eben dieses Prinzip; freilich hatte sie einen grundlegenden Mangel, denn sie betraf ausschließlich eine einzige, nämlich die der Wasserlinie entsprechende Wellenlänge.

Da nun in dem vom Schiffskörper erzeugten Wellensystem jeder Geschwindigkeit einer gegebenen Wellenlänge und damit eine bestimmte Lage der Wellenkämme und -täler zum Bootskörper zugeordnet ist, wird bei einer gegebenen Geschwindigkeit diejenige Rumpfform den geringsten Wellenwiderstand erzeugen, bei der das Wellental im Bereich des breiten Teils des Rumpfes und die Wellenkämme im Bereich der zugespitzten Teile des Rumpfes liegen.

Es erscheint einleuchtend, daß ein guter Rumpf für geringe Geschwindigkeiten die größte Breite genügend weit vorn haben sollte, dort, wo das Wellental liegt. Er wird also „wie ein Fisch" gestaltet sein, und das trifft zu für Ruderboote, für die antiken Handelssegler und die Kriegsschiffe des 17. Jahrhunderts. Bei einer Kreuzeryacht oder bei Regattabooten für leichten Wind dagegen wird das Volumen annähernd symmetrisch verteilt sein, ebenso bei einem Handelsschiff, das für ökonomische Fahrt ausgelegt ist. Bei Rennyachten für starken Wind, Motorseglern, Gleitjollen und Motorbooten wird das Achterschiff immer voller und der Spiegel immer abgestumpfter.

Man kann eine interessante Untersuchung über die in der Vergangenheit entwickelten und festgelegten Rumpfformen auf ihre Brauchbarkeit für ihre verschiedenartigen Verwendungen hin anstellen.

Auf die einfachste Formel zurückgeführt, ist ein Schiffsrumpf ein zum Teil eingetauchter Körper mit einem gegebenen nützlichen Volumen in der Mitte, welcher sich, je nach dem jeweiligen Schiffstyp, nach den Enden hin unter möglichst weich verlaufendem Volumenverlust verringert.

Um das zu erreichen, gibt es zwei Wege, die beide sehr alt sind und die ein unterschiedliches „Schicksal" gehabt haben. Der eine besteht darin, daß Schiffsende immer schlanker und tiefer, also zugespitzter zu gestalten; beim zweiten wird es immer flacher und immer weiter nach oben gebogen, bis es schließlich aus dem Wasser kommt. Bei einer Analyse der beiden Typen, die darin besteht, daß man an die Spantschnitte gelegte Tangenten fächerförmig auf einen Punkt zulaufend aufträgt, sieht man, daß dieser Punkt (A in der Zeichnung) bei dem ersten Typ unterhalb der Wasserlinie und auf der entgegengesetzten Schiffsseite liegt und bei dem zweiten (B) über Wasser und auf der gleichen Schiffsseite.

Bei den Mittelmeer- und den skandinavischen Völkern waren immer spitze Vor- und Achterschiffe gebräuchlich, bei den Engländern und Amerikanern der spitze Bug und das platte Heck. Es gibt aber auch alle möglichen Kom-

281

binationen. Die sonderbarsten waren die holländischen, mit plattem Vorschiff und spitzem Heck.

Wenn wir uns nun wieder der Untersuchung von Schiffskörpern im Hinblick auf ihren Wellenwiderstand zuwenden, dann stellen wir fest, daß Ruderboote und langsame Segelschiffe, kurz alle für niedrige Geschwindigkeit ausgelegten Schiffskörper vorzugsweise das spitze Heck des mediterranen und des skandinavischen Typs haben. Es ist das Achterschiff, das „Wasser las wird", und dahinter stehen alle die Sprüche von der Fischform und von der Kunst der alten Bootsbauer. Solch ein Achterschiff braucht nicht unbedingt ein Spitzgatt zu sein oder ein Kanuheck; zu dieser Art gehört auch das „Flunderheck", das zwar einen kleinen Spiegel hat, bei dem aber unter Wasser die Schnitte fächerförmig um die Schiffsmitte mit Mittelpunkt unterhalb der Wasserlinie liegen.

Das Spitzgatt ist das Heck der Völker, die von jeher das Ruderschiff benutzten, das seinen glanzvollen Höhepunkt in den Zeiten der Galeeren hatte. Und das ist eben die Tradition der Völker des Mittelmeeres und Skandinaviens.

Dem Segelschiff steht fast immer eine viel größere Antriebsenergie zur Verfügung als dem geruderten Schiff, es kann wesentlich höhere Geschwindigkeiten erreichen. Dabei läuft das Schiff auf einer längeren Welle, und das Achterschiff will in das Wellental hineinfallen; daher die Notwendigkeit des flachen, des Achterschiffs der Segler, sei es mit großem Spiegel oder mit langem Überhang, jedenfalls aber mit hohem Auftrieb.

Das flache Achterschiff wird natürlich dem spitzen bei niedrigen Geschwindigkeiten unterlegen sein und umgekehrt. Ist das Achterschiff flacher als das Hauptspant, dann tritt dazu noch der unerwünschte Zustand fehlender Ausgeglichenheit bei Krängung ein – dieses Ungleichgewicht haben wir bei der Turnerschen Theorie untersucht –, während der Rumpf mit ausgeglichenen Schiffsenden den Vorzug hat, bei fast jedem Krängungswinkel kursstabil zu bleiben. Freilich wird er bei diesem Kurshalten gegenüber einem Boot der anderen Art um so langsamer laufen, je stärker der Wind wird; und wenn dann irgendwann die unausgeglichene Yacht ihre Höchstfahrt läuft, die Besatzung wohl schon von den Spritzern durchnäßt, dann hatte wahrscheinlich die ausgeglichene Yacht, der Stolz der rechten Seeleute und die wahre Kreuzeryacht, bereits längst ihre Segel verkleinern müssen, weil ihre Geschwindigkeit für das von ihr erzeugte Wellensystem unerträglich groß geworden wäre. Dafür liegt sie, selbst unter Notrigg, wunderbar beigedreht, sie reitet ganz sicher auf der See, und die Seeleute an Bord sind hoch zufrieden, trocken und sehr langsam. (Diese Boote nehmen kein Wasser über, wenn sie stilliegen.)

Das sind, etwas übertrieben, die Vorzüge und Mängel der beiden Achterschiffsarten.

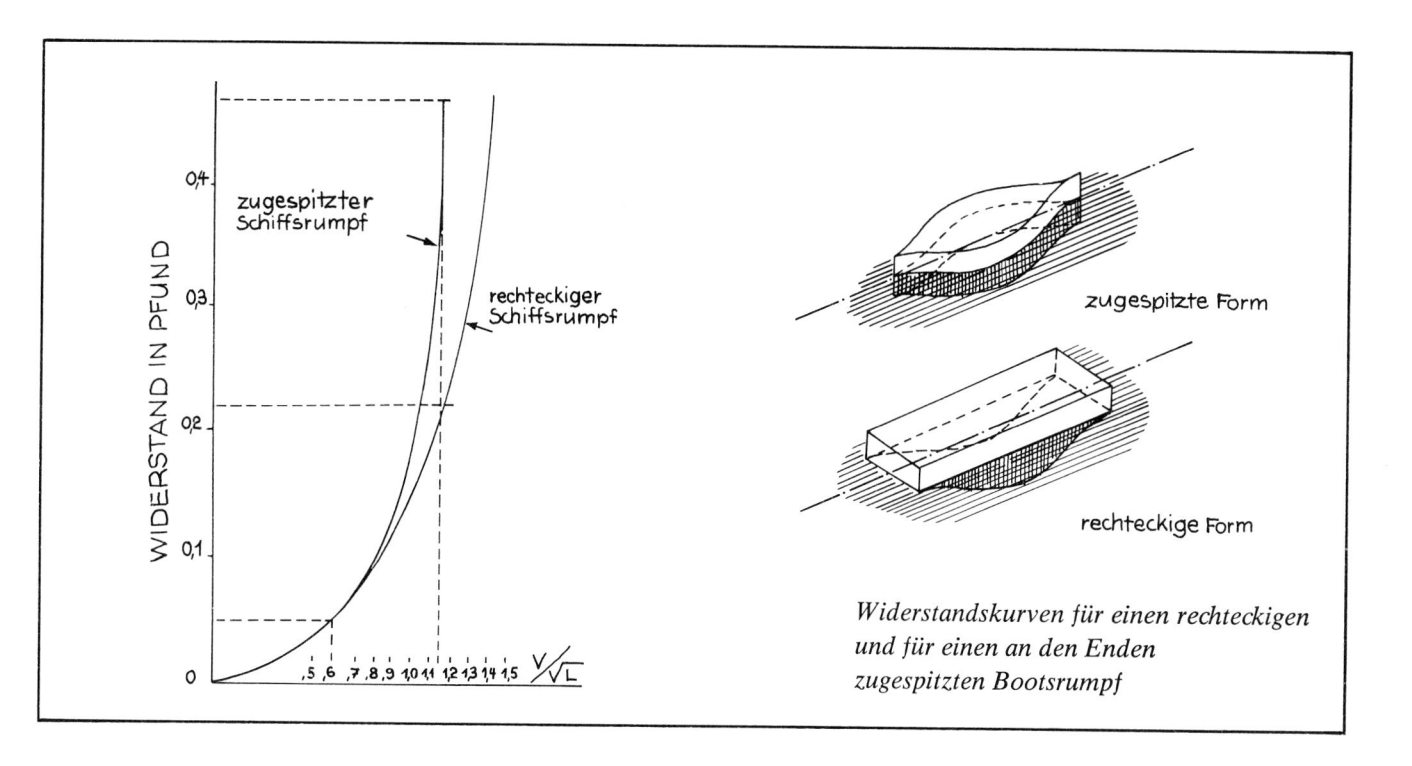

Widerstandskurven für einen rechteckigen und für einen an den Enden zugespitzten Bootsrumpf

Heute gehören die beiden grundlegenden Schlepptankversuche 1934 im Stevens-Tank der Geschichte des Yachtbaus an. Es waren zwei einfache Modelle, bei denen Länge, Verdrängung, Hauptspant und Verdrängungskurve übereinstimmten; das eine war an beiden Enden zugespitzt, das andere flach (also ein Kanu und eine Scow).

Praktisch haben wir es hier mit den Grenzfällen der beiden Formen zu tun, bei denen die Punkte A und B im Unendlichen liegen. Die Modelle wurden mit verschiedener Geschwindigkeit, das heißt verschiedenem $V/\sqrt{L}$ geschleppt und daraus die abgebildete Kurve entwickelt. Es ist hoch interessant, daß der Widerstand der beiden Rümpfe bei niedrigen Geschwindigkeiten annähernd gleich ist, weil die benetzten Oberflächen, obgleich bei dem spitzen Modell ein klein wenig geringer, doch praktisch gleich groß sind. Das bleibt bis zu $V/\sqrt{L} = 0,85$, also solange sich noch keine Wellen ausgebildet haben. Sobald jedoch die Wellen sich bemerkbar zu machen beginnen, ist ihre Einwirkung auf den Rumpf mit den flachen Enden nicht groß, auf den mit den spitzen Enden dagegen erheblich.

Greift man zwei Punkte der Kurve heraus, etwa für die Geschwindigkeitswerte $V/\sqrt{L} = 0,6$ und $V/\sqrt{L} = 1,15$, dann erhält man im ersten Fall für das spitze Modell einen Widerstand von 0,049 Pfund gegenüber 0,053 bei der Scow, im zweiten Fall dagegen 0,46 zu 0,22. Das würde für eine Rumpflänge von sechs Metern bedeuten, daß das spitze Modell bei einer Fahrt von 2,65 Knoten einen um 7,5 % niedrigeren Widerstand hätte, was für ein Ruderboot nicht zu verachten ist; bei 5,1 Knoten wäre der Widerstand des spitzen Rumpfes um 109 % höher als jener der Scow, und das ist außerordentlich viel, selbst wenn man segelt und den Wind umsonst bekommt.

Daraus ergibt sich eindeutig, daß man einem Segelschiff, das möglichst schnell sein soll, platte Rumpfenden geben muß. Selbstverständlich muß man bei einem seegehenden Boot aus einleuchtenden Gründen auf das platte Vorschiff verzichten. Wünscht man sich ein Boot seetüchtig und dabei ausgeglichen, dann muß man es tief machen und die Enden spitz; von einem solchen Boot kann man aber keine überragenden Segeleigenschaften verlangen im Vergleich zu einem Boot gleicher Länge vom anderen Typ.

Der Grenzwert der Geschwindigkeit für eine Segelyacht üblicher Form und Verdrängung entspricht, wie bereits verschiedentlich gesagt, einem Wert von $V/\sqrt{L} = 1,34$. Oberhalb dieser Geschwindigkeit kommt man in den Gleitzustand, was bei nicht allzu großen Segelbooten, sofern sie leicht und richtig entworfen sind, nicht ausgeschlossen ist. Solchen Bootsrümpfen muß man, wie schnellen Motorbooten, eine Form geben, die zu dem bei

Die verkürzte Wasserlinie eines Motorbootes

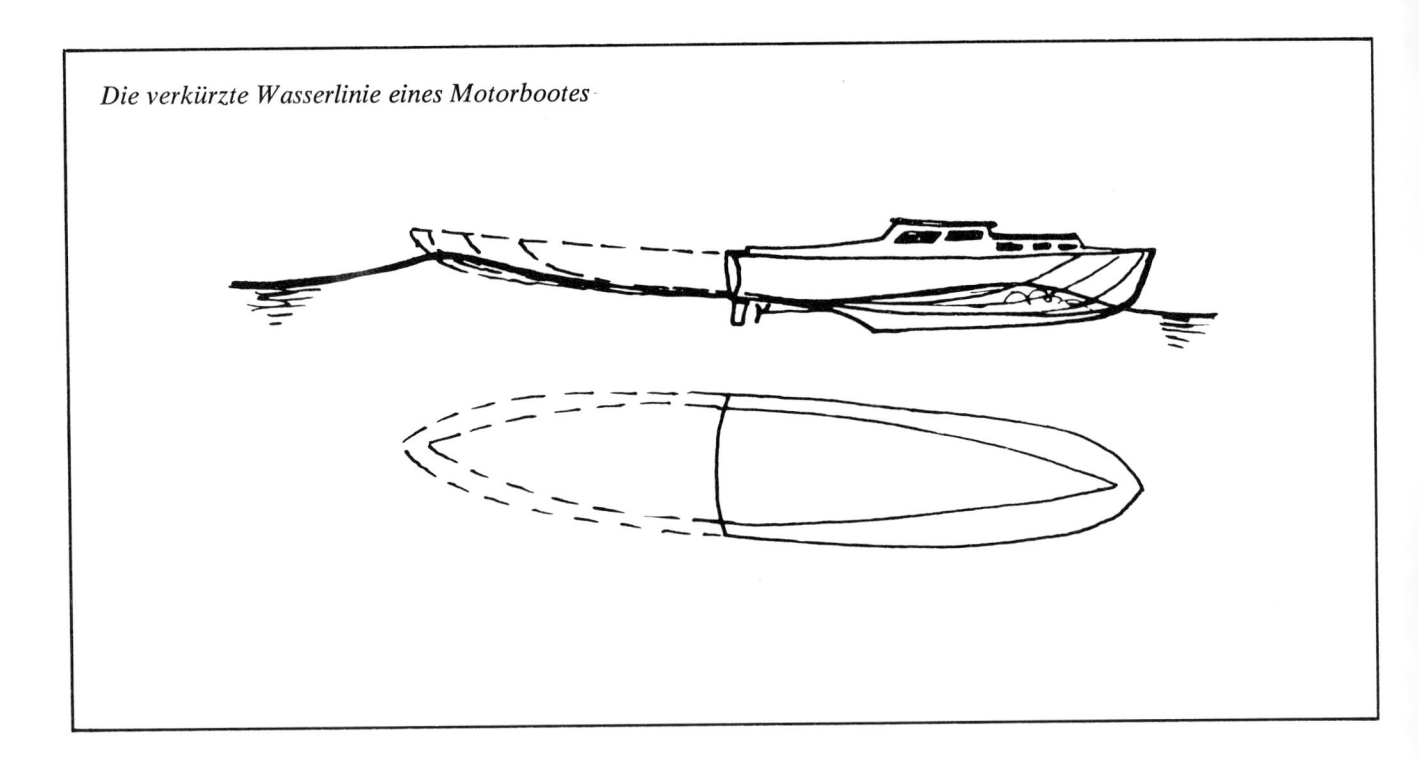

diesen Geschwindigkeiten sich ausbildenden Wellensystem paßt, und da die Wellenlänge größer ist als die Rumpflänge, wird die günstigste Wasserlinie diejenige sein, die ebenso lang ist wie jenes Wellensystem, nur daß sie im Spiegel abgeschnitten ist; mit anderen Worten, man kommt zu einem Boot, das der betreffenden Wellenlänge entspricht, aber vorher abgeschnitten ist. Das ist praktisch der Rumpf der schnellen Motorboote, die für ein Fahren mit ökonomischer Geschwindigkeit enorm lang sein müßten.

Das gleiche Prinzip, wenn auch umgekehrt, gilt für die Handelsschiffe, zum Beispiel die alten Liberty-Schiffe, die man in der Mitte auseinanderschnitt und durch ein Zwischenstück verlängerte; so konnten sie bei gleicher Antriebsleistung mehr Ladung mit höherer Geschwindigkeit befördern. Denn wenn man das Schiff länger macht, fährt man zwar mit höherer effektiver Geschwindigkeit, aber in einem niedrigeren Bereich relativer Geschwindigkeit, also mit einem kleineren Verhältnis $V/\sqrt{L}$, und man braucht somit, um es beizubehalten, weniger PS pro Tonne.

Zurück zur nichtgleitenden Segelyacht von gewisser Verdrängung. Hier grenzt die Wirkung der Überhänge vorn und achtern ans Wunderbare. In der Tat ist bei einer fahrenden Segelyacht nicht etwa die Länge in der Wasserlinie, welche die Hauptgröße bei den Entwurfsberechnungen ist, das wichtigste Maß, sondern ihre größte Länge. Wenn ein Boot eine große Länge über alles hat und eine kleine Länge in der Wasserlinie, dann hat es lange Überhänge. Es kann dann bei niedrigen Geschwindigkeiten vergleichsweise sehr schnell sein, weil die benetzte Oberfläche klein ist, denn es haben sich noch keine Wellen ausgebildet. Sobald sich das aber mit höherer Geschwindigkeit einstellt, kommen die Überhänge zu Wasser, das Boot wird länger, bis das Boot bei hoher Geschwindigkeit mit seiner ganzen Länge im Wasser liegt.

Es wäre absurd, wollte man die Fähigkeit zu laufen oder die Güte eines segelnden Bootes nach der Länge der Wasserlinie beurteilen. Denn dann wäre ein Starboot und eine Snipe gleich groß und die Snipe würde bei einem Vergleich sehr schlecht wegkommen. In Wirklichkeit sind beide sehr gute Segelboote, nur ist die Snipe ein Boot von 4,75 m und der Star eines von 6,95 m Länge; keines der beiden aber ist ein Boot von 4,50 m, und ihre Geschwindigkeiten verhalten sich zueinander wie ihre wirkliche Länge.

Außer dem Verhältnis der Form der Spanten an den Rumpfenden zu jener des Hauptspants ist die Größe des Volumens der Rumpfenden zu jener der Rumpfmitte für die verschiedenen Geschwindigkeiten von Bedeutung.

Völligkeitsgrad

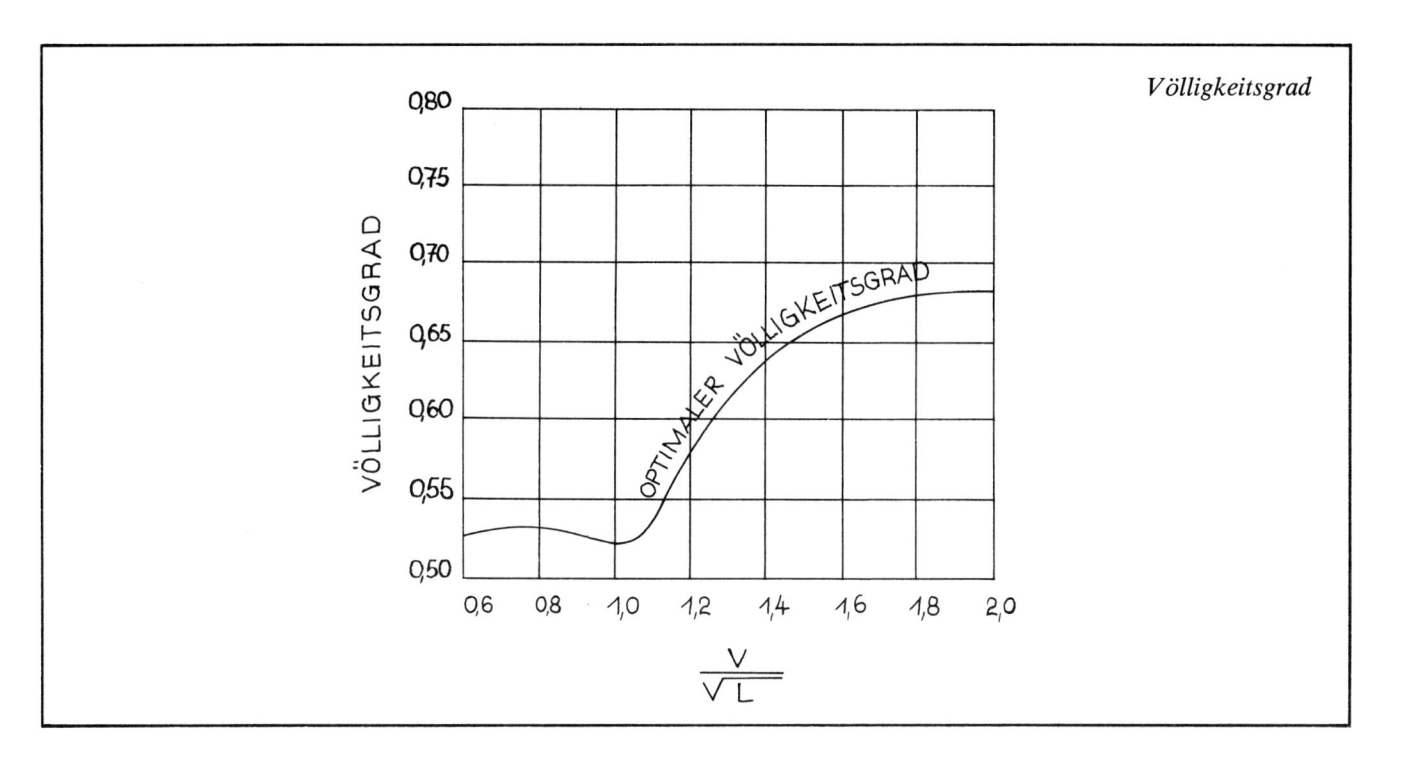

Den Wert für diese Verteilung der Volumina gibt der Völligkeitsgrad an:

$$\delta = \frac{\text{Verdrängung}}{\text{LWL} \times \text{Fläche des Hauptspants}} = \frac{D}{L \times B \times T}$$

Wenn der Völligkeitsgrad mit der Verdrängung über und der Fläche des Hauptspants unter dem Bruchstrich groß ist, dann muß das Hauptspant im Verhältnis zur Verdrängung klein und müssen folglich die Rumpfenden voll sein und umgekehrt.
Damit haben wir einen Begriff von der Volumenverteilung längs des Bootskörpers.

Jeder Geschwindigkeit ist ein idealer Völligkeitsgrad zugeordnet, und es ist interessant, daß dieser um so niedriger liegen muß, je niedriger die Geschwindigkeit ist. Mit anderen Worten: Bei einem langsam laufenden Boot müssen die Rumpfenden schärfer sein als bei einem schnellen.
Das stimmt mit der bereits angestellten Untersuchung über Bootskörper überein. Ein Ruderboot hat sehr scharfe Enden, vornehmlich hinten, ein schnelles Motorboot besitzt, auch wieder vor allem hinten, sehr volle Enden.

Die Kurve oben zeigt die durch Versuche ermittelten optimalen Völligkeitsgrade. Praktisch liegt der beste δ-Wert für eine normale Segelyacht zwischen 0,52 und 0,53; will man jedoch gute Leistungen bei hohen Geschwindigkeiten, muß man mit dem δ-Wert höhergehen.

Es sind nicht die hier abgehandelten Faktoren allein, die bei der Gestaltung eines Yachtrumpfes zu berücksichtigen sind. Nicht besprochen wurde der Einfluß der Verdrängung, der Fläche der Wasserlinien, der Breite, des Tiefgangs.
Meine Ausführungen sollen nur zeigen, daß der unter allen Verhältnissen ideale Bootsrumpf nicht existiert und daß es keinen Sinn hat, danach zu suchen wie Newton und seine Zeitgenossen, wie Scott Russel und Admiral Turner.

Die Wissenschaft hat die von den verschiedenartigen Formen gebotenen mannigfachen Möglichkeiten untersucht und die Ergebnisse in dürren Tabellen zusammengestellt.
Man sollte dabei nicht vergessen, daß dies die Ergebnisse von Untersuchungen dessen sind, was die Vergangenheit im Laufe der Zeit empirisch und experimentell entwickelt hat. Über alles das gilt es sich klar zu sein, wenn man vor der Wahl der Form für einen Bootsrumpf steht.

XXI Das Leichtdeplacement

TRE SANG

Mit dem zweiten Weltkrieg endet die historische Periode. Es sterben die nicht mehr zeitgemäßen Boote, die Meter-Klassen, die großen Yachten der Dreiecksregatten. Vor dem Krieg standen Boote in hoher Blüte, die ich nicht besprochen habe, weil ich sie nie gesehen habe; sie sind verschwunden, ohne eine Spur zu hinterlassen. Sie bildeten im Norden und in Deutschland sehr große Flotten, Klassen wie die 5-m-Klassen nach einer der „International Rule" ähnlichen Formel, oder die 22-, 30-, 75- und 150-m²-Schärenkreuzer. Höchst interessante Boote mit aerodynamisch ausgefeilten Riggs (die Deutschen lieben die Aerodynamik sehr; in ihren Büchern über das Yachtsegeln finden wir häufig mehr Zeichnungen mit Richtungspfeilen und Kraftzerlegung der Windkräfte als solche der Bootskörper), Peitschenmasten, Vorsegel, die über das Baumende reichen. Die Segelfläche war festgelegt, beim Bootskörper gab es Mindestmaße für Freibord, Breite, mittlere Kiellänge und noch ein paar andere Größen, eine einfache Formel. Ergebnis: ein sehr leichter, schlanker Bootskörper mit langen Überhängen.

Ein 30-m²-Schärenkreuzer konnte 12,50 m über alles lang sein, 8,30 m in der Wasserlinie, 2,19 m breit und wog etwa 2750 kg. Ein 75-m²-Schärenkreuzer war rund 20 m lang, weniger als 3 m breit und wog ca. 10 t; ein 150 m² kam auf 24 m und war an 3,30 m breit. Verdammte Torpedos, unerhört leicht; gegen sie sind die Meteryachten gleicher Länge wahre Dickschiffe.

Sie verschwanden alle, die großen und die kleinen. Ein Boot der J-Klasse der America-Pokal-Rennen, vorher zur großen Welt gehörig, wäre nach dem Kriege unangebracht, unzeitgemäß geworden.

Ein paar Boote aus dieser Familie gibt es noch. Die internationale 5,5-m-Klasse wurde 1952 olympische Klasse. Es hat schöne und rassereine Sechser gegeben, aber leichter und mit weniger ausgeprägter V-Form, billiger. Der 5,5er überließ seinen Platz als olympische Klasse 1972 der Soling, einer Einheitsklasse aus Kunststoff. Auch der Drachen, der zu den nordischen Booten mit festgelegter Segelfläche gehört, und der Star, ein Verwandter der Rater von vor 70 Jahren, haben 1972 ihren olympischen Status verloren.

Die moderne Yacht bis zum Inkrafttreten der „International Offshore Rule" (IOR) 1970 ist die nach der RORC-Formel. Sie entstand zwischen 1930 und 1940. Die ORTAC und die MAID OF MALHAM wurden in der gleichen Zeit gebaut wie die 6-m-R-Yachten, aber sie waren die moderneren. Nach dem Kriege setzten sie sich stark durch und wiesen den weiteren Weg. Es war der einzige „richtige" Typ, ohne große Wahlmöglichkeiten. Aber nur für wenige Jahre, bis das Neue herauskam, die Umwälzung, die den Begriff vom „ocean racer" revolutionierte: Die Leichtbauweise wird entdeckt.

1945 kauft ein englischer Yachtsegler, der Oberst H. G. Hasler, einen 1934 gebauten schwedischen 30-m²-Schärenkreuzer. Er riggt das Boot so um, daß es die von der RORC-Formel zugelassenen Segel tragen kann. Das ergibt für ein Boot von 8,28 m in der Wasserlinie den enormen Vermessungswert von 34 Fuß, mehr als die Ortac mit ihren 10,65 m in der Wasserlinie. Die Maße des Bootes sind extrem: 8,28 m Länge in der Wasserlinie, Breite 2,19 m, Tiefgang 1,46 m; geringster Freibord 45 cm, Verdrängung 2,8 t.

1946 segelt die Tre Sang die RORC-Regatten mit und beginnt ihren Siegeslauf. Zu Ende des Sommers ist sie eine der erfolgreichsten englischen Hochseerennyachten. Sie war sicherlich kein idealer Seekreuzer. Keine Stehhöhe innen, spartanisch eingerichtet. Aber sie trug wenig Segel und wurde beim Rennen von zwei, manchmal auch drei Leuten gefahren. Den herkömmlichen Yachten zeigte sie sich nur bei sehr leichtem Wind unterlegen, dafür waren ihre Leistungen bei hohen Geschwindigkeiten außerordentlich.

Sie lieferte den Beweis dafür, daß die Wellenbildung bei einem sehr leichten Boot äußerst gering war und daß das Boot auch bei sehr hoher Fahrt leicht auf dem Ruder lag. Bei frischem Wind besser als die traditionellen Boote, war sie bei gleicher Vermessungslänge praktisch kleiner, hatte weniger Besatzung, weniger Segel und kostete weniger.

Das Beispiel der Tre Sang lehrte viele Dinge.

Das zweite leichte Boot, das von sich reden machte, war die Cohoe. Adlard Coles, ein englischer Segler und Yachtschriftsteller, kaufte sie 1946 und blieb viele Jahre lang mit seinen verschiedenen Cohoes eine der bedeutendsten Erscheinungen des internationalen Hochseesegelns. Wiederum ein Boot aus dem Norden, die größere Version eines Tumlare, der von Knut Reimers entworfenen Regattaklasse. Überaus schlanke Boote mit Spitzgatt, vorgeschriebene Segelfläche 20 m². Ein Tumlare war 8 m über alles lang, 1,90 m breit und wog 1800 kg.

Cohoe

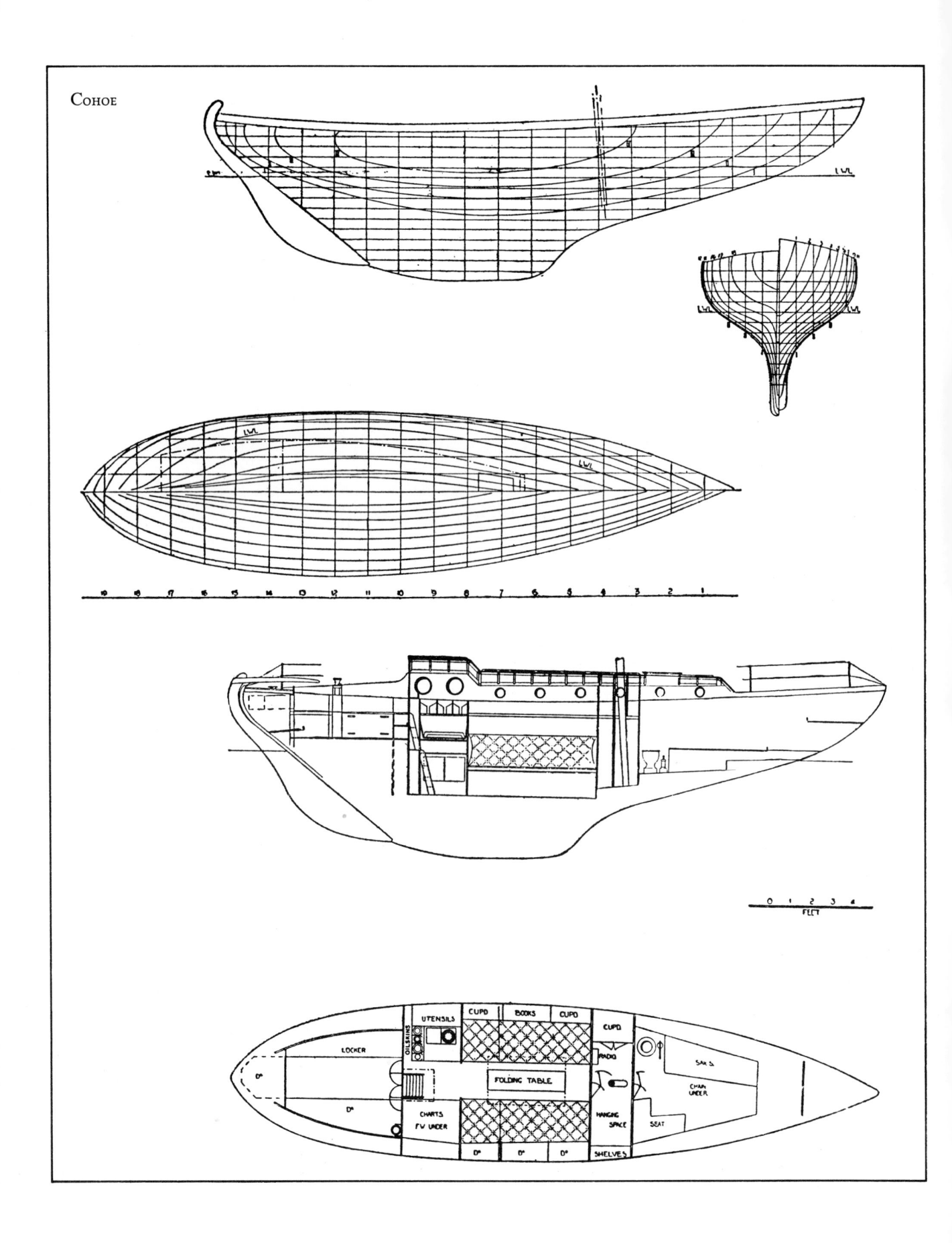

Die Feinheit seiner Linien und die ausgeprägte V-Form seiner Spantschnitte übertrafen noch die 30-m²-Schärenkreuzer[47].

Die COHOE wurde 1937 mit den folgenden Abmessungen entworfen:

Länge über alles	9,78 m
Länge Wasserlinie	7,72 m
Breite	2,24 m
Tiefgang	1,57 m
Segelfläche	30 m²
Verdrängung	3,55 t

Gegenüber dem Entwurf wurden die Seitenwände etwas erhöht, und ein langer Aufbau mit Deckshaus kam hinzu. Die COHOE und ihre Eigenschaften sind in dem Buch von Adlard Coles „Schwerwettersegeln"* sehr anschaulich beschrieben.

---

* Erschienen im Verlag Delius, Klasing + Co, Bielefeld.

Innen hatte man das Gefühl, „in einem Tunnel zu leben". Die Inneneinrichtung brachte die Yacht um mehrere

---

[47] Die nordischen Boote geraten von einem Extrem ins andere; nur schwer findet man eins mit ausgeglichenen Verhältnissen. Entweder sind es „Colin Archer", breit, hoch und schwer, mit vollen Linien und somit von ausgezeichneter Seefähigkeit, dafür aber mit sehr schlechten Segeleigenschaften oder es sind großartige Segler wie die 30-m²-Schärenkreuzer oder die Tumlare, äußerst scharf, niedrig, mit offenem Cockpit und leichtestem Rigg, Boote, die in dieser Form nicht einmal für das Küstensegeln zu empfehlen wären. Vor der COHOE besaß Coles einen Tumlare in der ursprünglichen Ausführung; er beschreibt dessen Verhalten bei einer Reise über offene See. „Das Heck hebt sich unter einer schweren See, die auf das Boot herunterkommt; als die See durch ist, ist das Boot voller Wasser, es hat gehalst und liegt mit backstehenden Segeln quer. Ich wurde mir bewußt, daß es nicht viel mehr war als die mit fröhlichen Farben bemalten Blechboote, mit denen ich als Kind in der Badewanne spielte, und die untergingen, wenn zu viel Wasser hineinkam. Die ZARA war zu schlank und hinten zu scharf, um über einen ungewöhnlich hohen Brecher hinüberzugehen. Man sagt, einer der Vorteile des Spitzgatts sei, daß es die nachfolgenden Seen zerteile und harmlos an den Seiten vorbeilaufen lasse. Aber die gefährlichen Wellen teilen sich eben nicht, sondern steigen über das Heck wie eine Brandungswelle. Gewiß sind solche Seen selten, wenn aber ein Boot schnell genug vor einer solchen See hochkommen und nicht überrollt werden soll, dann muß es achtern einen großen Auftrieb haben."

Myth of Malham

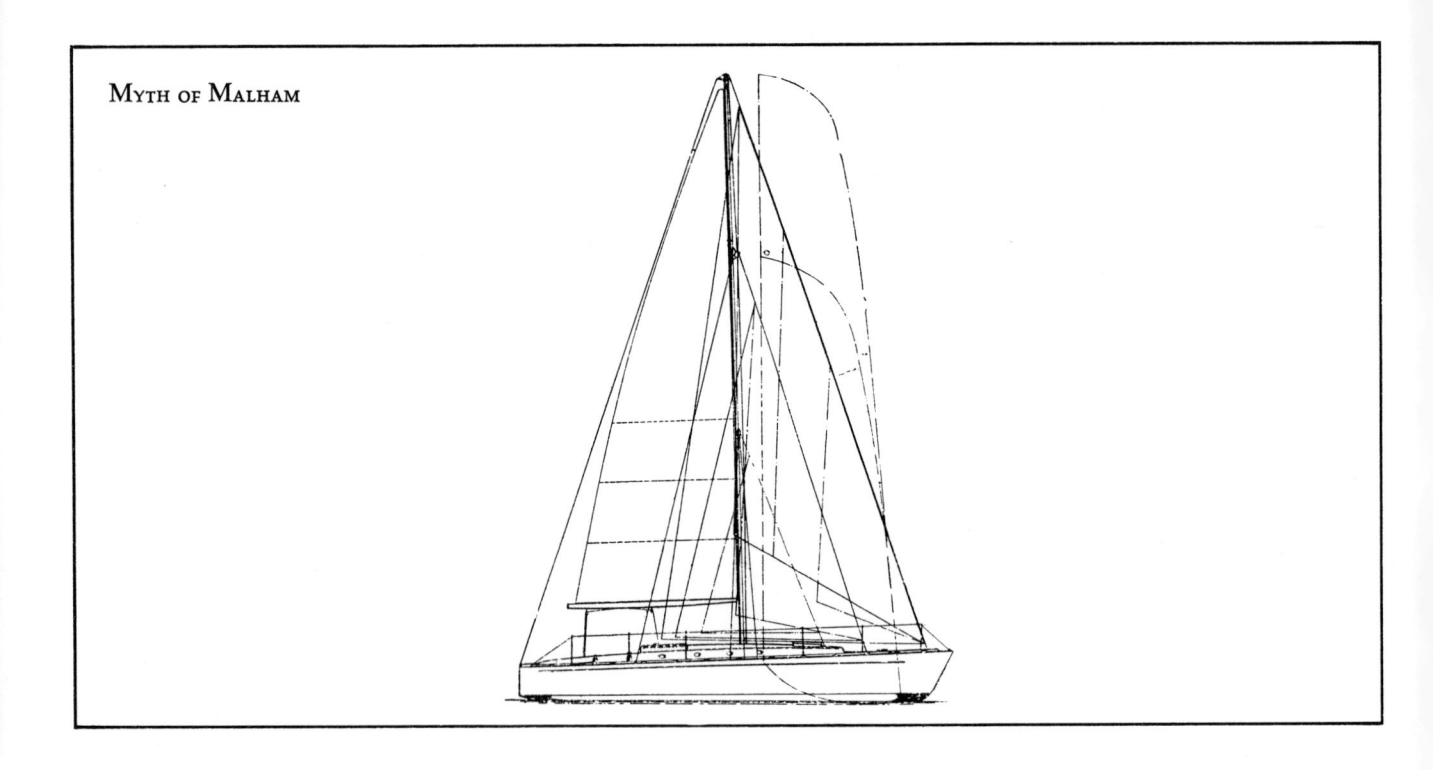

Zentimeter unter ihre Wasserlinie und ihr Gewicht auf 4,5 t. Mit nur 1,8 t kam der Ballastanteil auf 41 %. „Das ist wenig für ein Boot, dessen Breite und damit Formstabilität gering sind." Als sie 1950 in Amerika für die CCA-Formel vermessen wurde, meinte der offizielle Vermesser, ihn wundere, wie die Cohoe es fertigbrächte, aufrecht zu schwimmen.
Das erste Rennen war die 320-Seemeilen-Regatta South Sea – Brixham, mit nur drei Mann an Bord.

Unsere Einteilung war, daß jeder zwei Stunden Ruderwache ging, sich anschließend zwei Stunden unter Deck in Bereitschaft hielt (auf Anruf sprungbereit) und zwei Stunden Freiwache hatte. Ein Boot von der Größe der Cohoe erforderte zu ihrer Handhabung nur zwei Mann, außer beim Setzen und Bergen des Spinnakers. Es war ein gutes System, da jede Wache voll verantwortlich war und das Ergebnis der Regatta von guter Zusammenarbeit abhing; das gibt ein glückliches Schiff. Es war das System, das wir bei allen unseren ersten Seeregatten beibehielten.

Ein leichtes Boot benötigt wenig Besatzung, doch muß jeder wissen, wo er anzufassen hat. (Von der Tre Sang sagte man, sie habe das, was sie gemacht habe, nur schaffen können, weil sie von eisernen Männern gesegelt wurde.)
Bei dieser Regatta starteten 38 Teilnehmer, acht davon in Klasse III. Cohoe war die kleinste von allen.
Auf der halben Strecke kommt das schlechte Wetter.

Um Mitternacht, als Cohoe sich in der Mitte des Kanals befand, hatten alle Yachten ihre Segel gerefft. Als der Sonntagmorgen heraufzog, wehte es noch härter, und es wurde scheußlich ungemütlich an Bord, wie es immer der Fall ist auf kleinen Yachten, die bei rauher See gegenangehen. Der Krängungswinkel der Cohoe war extrem; sie war eine empfindliche Yacht, die sich zunächst leicht weglegte, aber wenn ein bestimmter Punkt erreicht war, sorgte die Hebelwirkung des Kiels dafür, daß sie steif wurde und nicht weiter krängte. Aber es bedeutet harte Arbeit, eine Yacht zu segeln, die sich so schnell aufs Ohr legt. Die Bewegungen waren lebhaft, und an Deck fegte der Gischt in vollen Fladen nach achtern und dem Rudergänger in die Augen. Wir liefen dicht gerefft, und ich schätze den Wind auf 6 bis 7.

Das schlechte Wetter hielt auch am folgenden Tag an. Bei

Myth of Malham

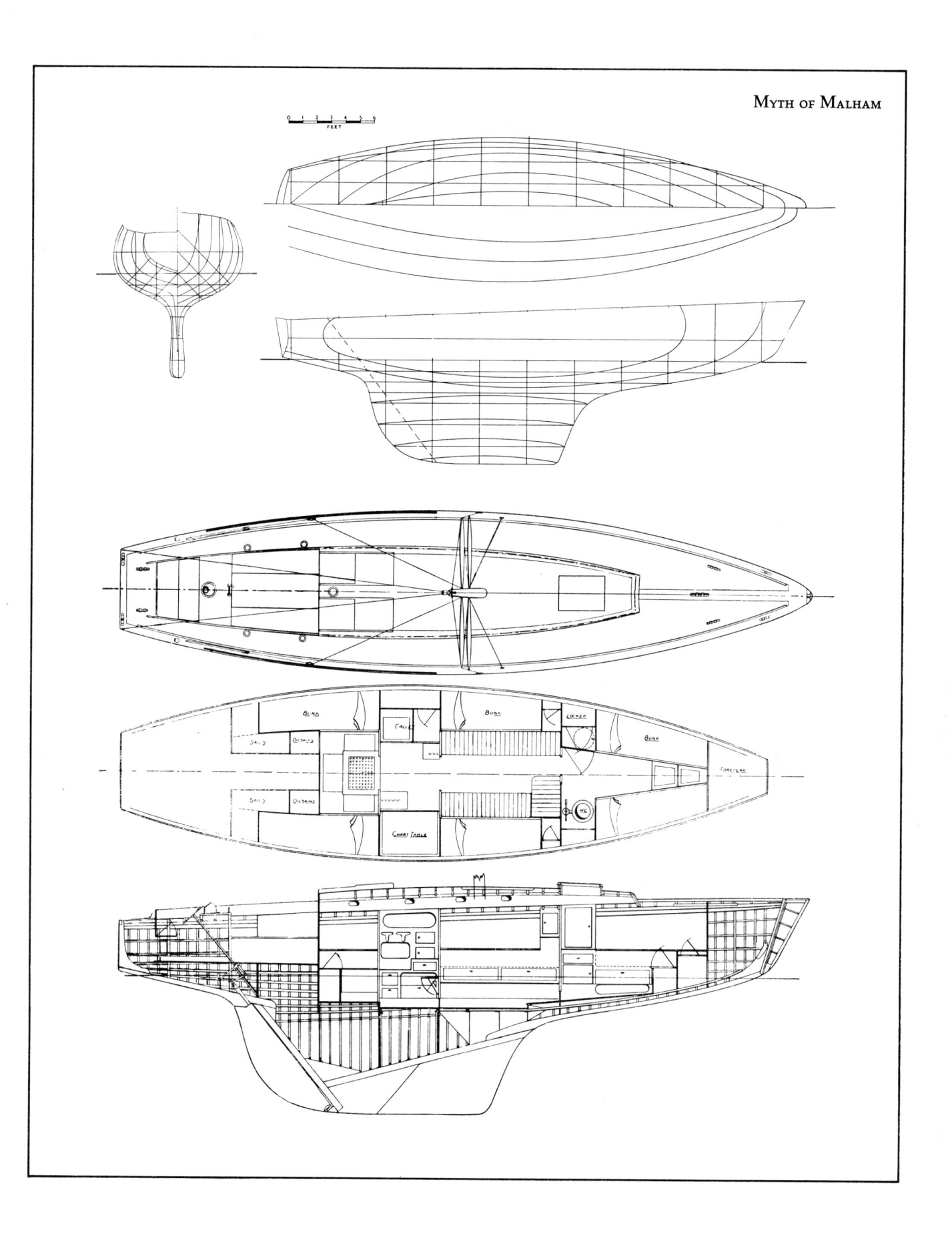

293

einem Schlag unter die Küste, bei dem der beim Kreuzen gewonnene Raum durch den gegenanlaufenden Strom wieder verlorenging, wird geankert. Man kann sich umziehen und etwas Warmes essen, dann geht es weiter.

Inzwischen hatte der Wind nachgelassen; der restliche Teil des Rennens bescherte uns noch eine weitere Nacht auf See, aber wir konnten anliegen. Der Zieldurchgang war jedoch interessant. Als wir einliefen, fühlten wir uns müde und mutlos; wir sahen einen Wald von Masten über dem langen Hafendamm von Brixham aufragen und mußten den Eindruck gewinnen, daß alle unsere Konkurrenten schon eingetroffen waren. Wir ankerten vor dem Yachtclub, und Roger Heron pullte mit dem Dingi an Land, auf die schlimmsten Nachrichten gefaßt.
Als er zurückkehrte, grinste er. „Cohoe hat gewonnen", gab er bekannt, „kein anderes Boot der Klasse III hat die Regatta beendet. Und", fügte er hinzu, „wir haben auch alle Yachten der Klasse II nach berechneter Zeit geschlagen."

Die Cohoe gewann in diesem Jahr die RORC-Meisterschaften und 1950 die Transatlantik-Regatta.
Adlard Coles zieht die Summe aus seinen Erfahrungen:

Diese ersten Seeregatten haben bewiesen, daß eine kleine Leichtverdrängungsyacht unter solchen Schwerwetterverhältnissen, wie man sie gelegentlich unterwegs auf Kreuzfahrt oder Ozeanregatten durchstehen muß, auf See durchaus sicher ist. Es zeigte sich, daß eine kleine, moderne, hochgetakelte Yacht es mit den traditionellen schwer gebauten Yachten wie den Bristol-Lotsenkuttern oder den Brixham-Trawlern mehrfacher Größe aufnehmen und sie sogar Boot gegen Boot ohne Vergütung schlagen kann, vorausgesetzt, daß der Wind stark genug ist und genau von vorne kommt, wobei die gereffte Gaffeltakelage benachteiligt ist. Cohoe war nicht die erste Leichtdeplacement-Yacht, die ihre seegehenden Fähigkeiten unter Beweis stellte, denn H. G. Hasler hatte in vorhergehenden Jahren mit Tre Sang, einer 30-m²-Kielyacht von noch leichterer Bauart als Cohoe, die Klassenmeisterschaft errungen. Weder Tre Sang noch Cohoe haben jemals, außer unter Schwerwetterverhältnissen, eine Hochseeregatta gewonnen.

Das „light displacement" ist da. Die erste Yacht, die eigens nach dem neuen Prinzip gebaut wurde, ein Ergebnis der Zusammenarbeit von Laurent Giles und John Illingworth, dem Schöpfer der Maid of Malham, war die

MYTH OF MALHAM, Baujahr 1947. Ihre Abmessungen:

Länge über alles	11,48 m
Länge Wasserlinie	10,22 m
Breite	2,82 m
Tiefgang	2,21 m
Segelfläche	58 m²
Verdrängung	8 t
Ballast	4 t

Ein neues Boot, bei dem alles darauf angelegt war, mit einem Minimum an Vermessungswert ein Maximum an Leistung herauszuholen. Man nannte sie den „schamlosesten aller rule cheater". Das stimmte, und niemand versuchte das zu verheimlichen. Ihre Rating war 27,84, das sind 83 % der Wasserlinienlänge. Die Yachten waren damals etwas länger als ihre Rating; Grenzfall war die TRE SANG mit ihrer Rating von 125 % ihrer Wasserlinienlänge.

Die Leichtbauweise war die große Neuerung bei der MYTH, doch war das nicht das Auffallendste. Was das Auge beleidigte, war das Fehlen der Überhänge und des Deckssprunges.

Vor allem schockierte der Bug. Gradlinig, ein wenig nach vorn geneigt, mit einer harten Krümmung in der Wasserlinie. Ganz vorne im Vorschiff lag ein kleiner Kollisionsraum mit Luftaustrittsöffnung oben und Wasserablauflöchern unten; er diente zur Belüftung der Vorpiek. Ursprünglich hatte man daran gedacht, ihn leicht abnehmbar zu machen und an seine Stelle zur Anpassung an die amerikanische Formel ein Verlängerungsstück zu setzen[48].

Die Bauweise ist typisch für die leichten Boote von Giles, die sogenannte „Stringer-Konstruktion", bei der die doppeldiagonale Beplankung auf einem Rahmenwerk von Spanten und Stringern befestigt ist. Eine Reihe von Dingen auf der MYTH ist interessant: doppeltes Cockpit

---

[48] Der Trick wurde nie angewandt, konnte aber tatsächlich notwendig werden, um von der englischen auf die amerikanische Formel überzugehen. So wurde auf der COHOE ein neuer, weiter überhängender Bug auf den eigentlichen Bug aufgesetzt, um die für das Bermuda-Rennen verlangte Mindestlänge von 35 Fuß über alles herauszubekommen.

GULVAIN

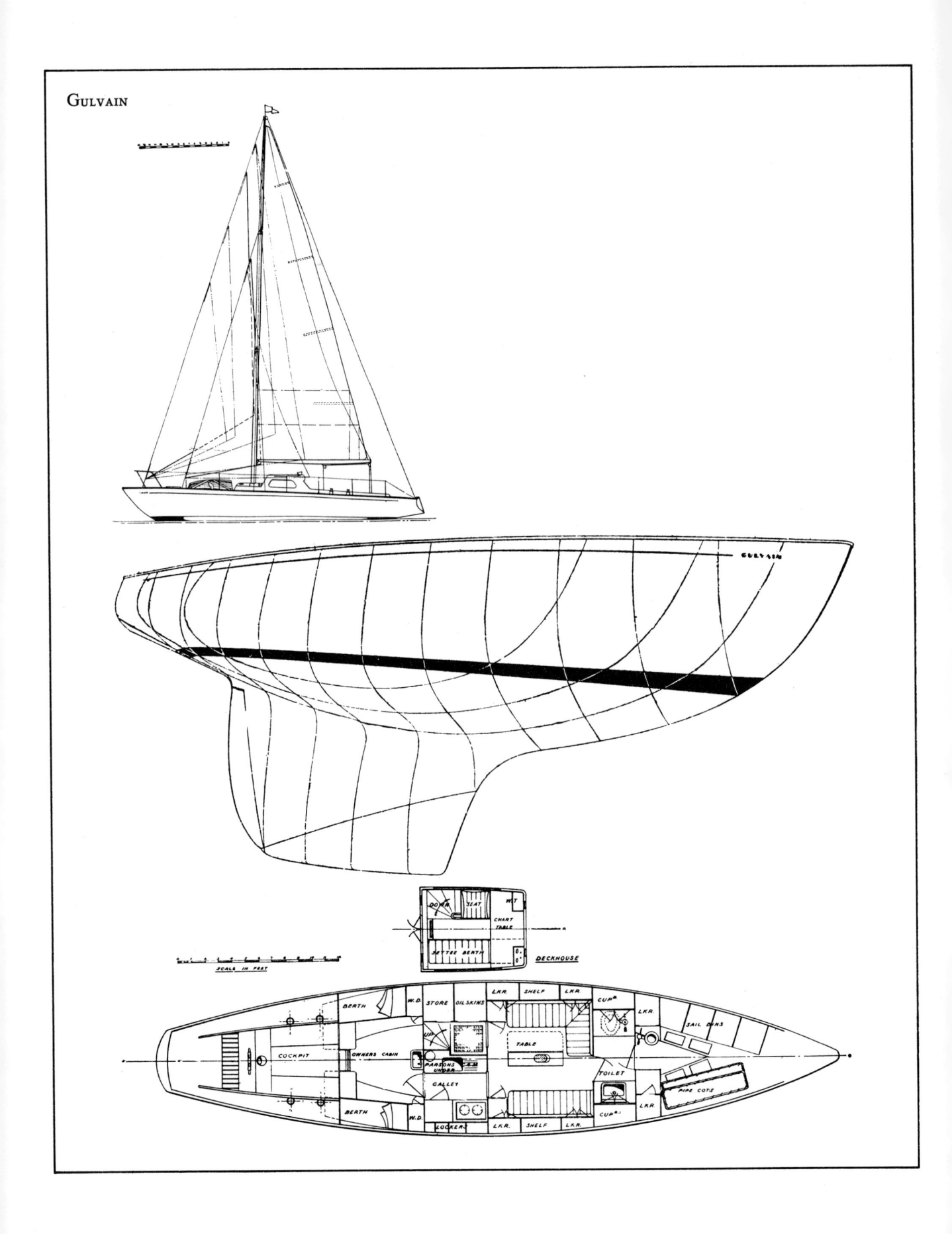

FOUR FREEDOMS

mit zwei Niedergangsluken, vier Winschen an den Seiten und zwei in der Mitte. Der Rudergänger sitzt im vorderen Cockpit, der Kompaß ist zwischen den beiden Niedergangsluken angebracht.
Auf der MYTH ist alles auf das sorgfältigste durchdacht. In dem Buch „Offshore" von Illingworth findet man sehr gute Detailzeichnungen. Leichtes Gewicht geht nie auf Kosten der Leistungsfähigkeit. Auf einer Zeichnung ist zu sehen, daß die Winschhebel eine Reihe von Löchern zur Gewichtsersparnis haben.
Die Linien sind schlank und stark. Die Spantschnitte sind annähernd kreisförmig und in Deckshöhe stark eingezogen; der große Flossenkiel wird nach unten breiter. Er hat eine hart abgeknickte Vorderkante und eine gerade Grundlinie, so läßt sich der Ballast so tief wie möglich legen.
Giles betrachtete eine solche Konstruktion als gewagt.

Als John Illingworth 1966 den Entwurf seines neuen „ocean racers" bei mir bestellte, lag mir viel daran, daß die Verantwortung für das Verhalten des Bootes auf seine Schultern kam. Die MYTH OF MALHAM hat ihn glänzend gerechtfertigt. Auf offener See fühlte man sich auf ihr vollkommen zu Hause.

Illingworth segelte drei Jahre mit der MYTH und gewann sehr viele Regatten. Unter anderem das Fastnet-Race 1947 und 1949.
1949 war das Wetter schauderhaft, es ging bis Windstärke 9. Sämtliche Boote drehten bei, allein die MYTH kreuzte weiter. Im Ziel waren von 29 gestarteten Booten nur die LATIFA und die BLOODHOUND vor ihr.
Ein außergewöhnliches Boot, höchst bedeutungsvoll für die Entwicklung der nächsten Jahre, wegweisend für die Leichtbauweise.

Zum Verständnis dessen, was das Wort „leicht" bei der Verdrängung bedeutet, müssen wir das Verfahren zur Analyse des Gewichts eines Bootskörpers kennen.
Es ist das gleiche wie die Gewichtsanalyse sämtlicher Materialien. Man nennt ein Material schwer, wenn es ein hohes spezifisches Gewicht hat, das heißt, wenn die Volumeneinheit (Kubikdezimeter, Kubikmeter usw.) mehr wiegt als das gleiche Volumen eines anderen Materials. Auch bei einem Schiffskörper wertet man das auf eine Längeneinheit reduzierte Gewicht. Aus praktischen Gründen bringt man die Wasserlinie auf 100 Fuß und erhält dann einen Wert in tons.
Die Formel lautet:

ZEEVALK

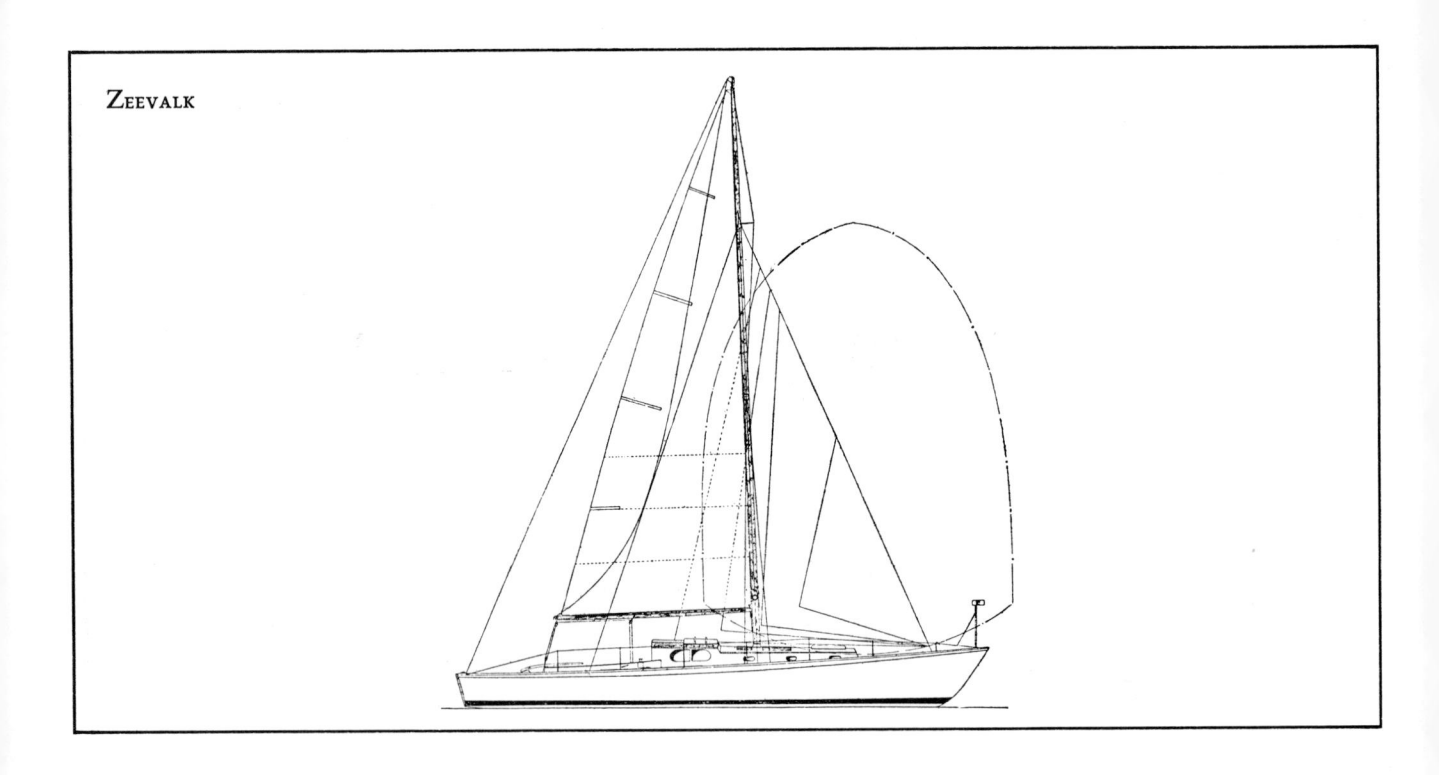

Verdrängung

$$(L/100)^3$$

L ist die Wasserlinienlänge in Fuß und die Verdrängung ist das Gewicht des Schiffskörpers in englischen tons zu 1116 kg.

Bei modernen Booten liegen die Werte meistens zwischen 320 und 370. Die älteren Boote waren sehr schwer, früher baute man stärker.

Unter 300 kommt man in den Bereich des Leichtdeplacements, ab 370 in den der schweren Verdrängung.

Um einen Begriff von der Größenordnung zu geben, hier die Werte für einige bekannte Boote:

JOLIE BRISE	500	sehr schwer
„Colin Archer", PATIENCE	400	schwer
ORTAC, STORMY WEATHER	325	normal
NIÑA	320	heute normal, damals leicht

8-m-R-Boot	310–350	normal
DORADE	290	leicht bis normal
COHOE (Entwurf)	213	sehr leicht
MYTH OF MALHAM	208	äußerst leicht
TRE SANG	137	kein Kommentar

Das Leichtdeplacement hatte viele Anhänger, es war Gegenstand von Polemiken, und es wurde ziemlich viel darüber geschrieben. Eines der stärksten Argumente waren die Kosten. Ein Boot von 24 Fuß in der Wasserlinie wiegt bei einem Wert von 200 drei, bei einem Wert von 400 sechs Tonnen. Wenn das Verhältnis Segelfläche/Verdrängung und Verdrängung/Ballast gleich bleibt, und in der Praxis kommt das annähernd so hin, dann wiegt das schwere Boot genau das doppelte und ist doppelt so teuer. Und was hat man für das doppelte Geld? Ein Boot, das anstrengender zu segeln ist als das andere und von ihm geschlagen wird!

Bei dem leichten Boot bekommt man dagegen für weniger mehr.

Die Gegner sagten, man bekäme eher nichts für wenig: ein schwächliches Schiff, das nur wenige Jahre hielte, das

ZEEVALK

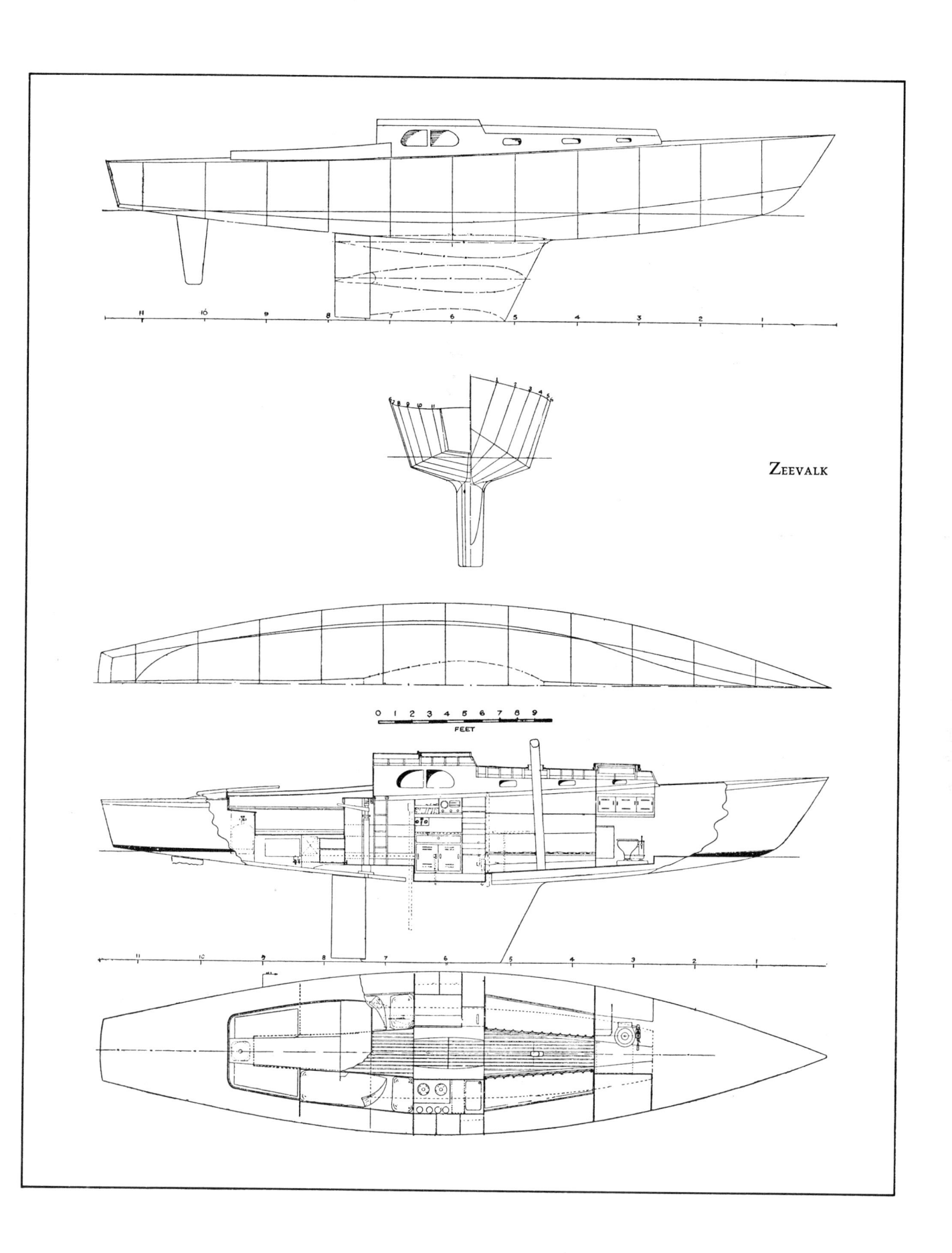

Klassenboot der Pazifikküste

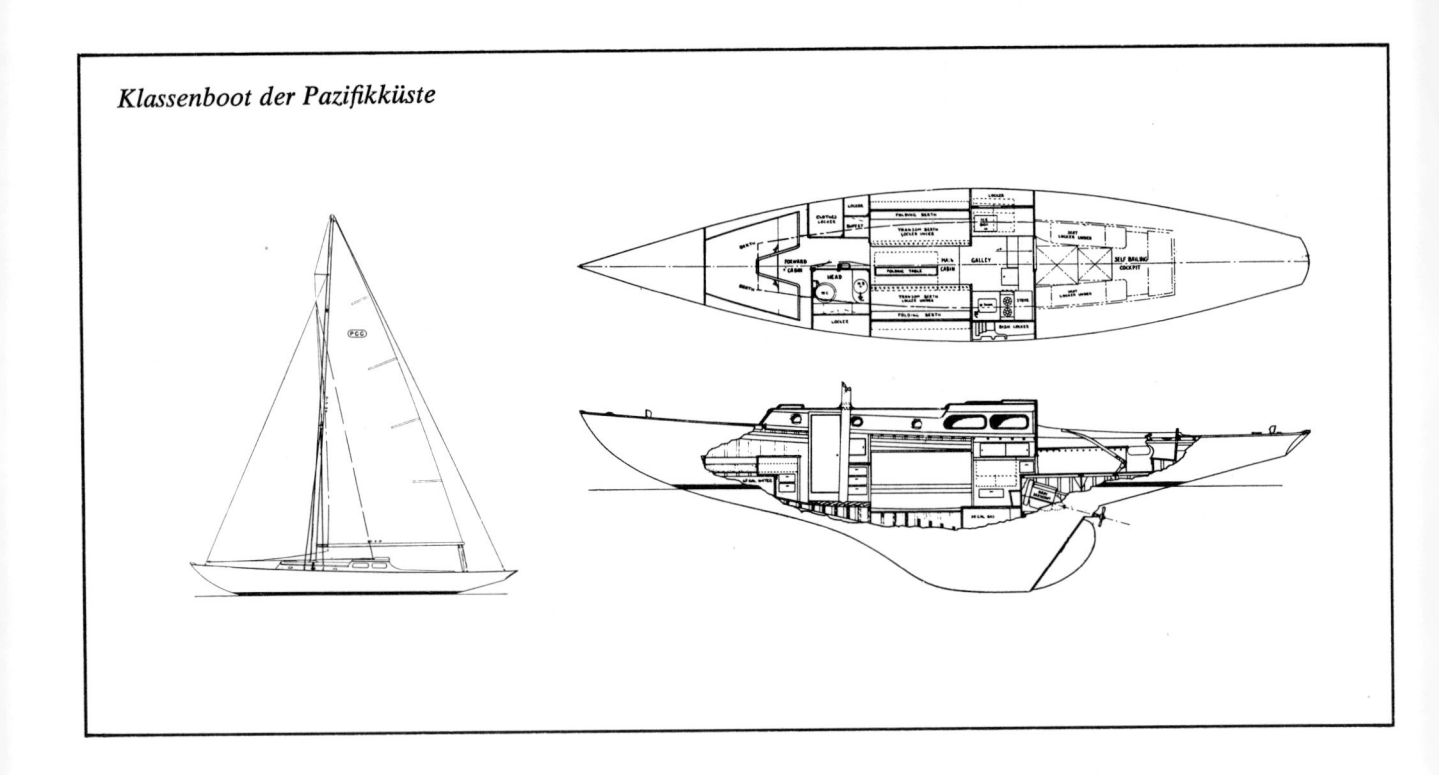

infolge seiner feineren Bauweise pro Tonne auch nicht billiger würde als ein normales Boot, das weniger wohnlich und nicht so seetüchtig sei wie das schwerere. „Nothing for something".
Jeder Leichtbau in den Jahren nach der Myth beinhaltete eine Fülle von Untersuchungen und Erprobungen. Jeder Konstrukteur bemühte sich, Neues zu bringen und die neuen Möglichkeiten auszuschöpfen. Es entstehen in dieser Zeit einige höchst interessante Boote.

Bei dem Entwurf der Gulvain, 1949, ist Giles besonders weitgegangen. Sie war ein überaus aufwendiges Boot, ganz aus Leichtmetall mit 4,8 mm Wandstärke.

Die Abmessungen sind beträchtlich:

Länge über alles	16,78 m
Länge Wasserlinie	13,11 m
Breite	3,54 m
Tiefgang	2,68 m
Segelfläche	108 m²
Verdrängung	16,2 t

Das ist der Grundgedanke der Myth auf ein größeres Boot übertragen. Das gleiche Verhältnis Verdrängung/Länge von 208, die gleichen Spantschnitte und Profile des Unterwasserschiffs. Über Wasser ist sie anders, mehr Überhang vorn, der Spiegel ist nach vorn geneigt. Der erste dieser Art in diesem Buch, eine Sache, an die wir uns von nun an gewöhnen müssen. Die neue Form zeigt sich auch im Sprung. Hier ist man weitergegangen als bei der Myth, die keinen Sprung hatte. Der der Gulvain ist negativ.

Die nach der Myth von Giles neu entworfenen Yachten sind vorzugsweise in der neuartigen Form gebaut, sie werden von aller Welt beachtet. Sie haben mehr oder weniger die Merkmale der Gulvain, nur ist er bei ihnen nicht wieder so weitgegangen. Konstrukteure wie Nicholson nehmen einen Teil der Anregungen auf. Nach einigem Zögern setzt sich die von Giles geschaffene ästhetische Linie überall durch.

Manchem wird die Umwälzung gar nicht einmal bewußt. Bei den Booten von Clark kann man nicht die geringste Unsicherheit entdecken.

Die neuen, sehr viel flacheren Spantschnitte und das geringe eingetauchte Volumen verkleinerten den Innen-

raum. Was hier wegfiel, kam durch größere Seitenhöhe wieder herein, mit dem Vorteil, daß das Boot später mit dem Deck zu Wasser kommt und mithin trockener und stabiler wird. Im Laufe der Zeit wird man schon Gefallen an der Linienführung gewinnen, sagte man sich, ebenso wie einst an der geraden Deckslinie der Meter-Klassen.
Mit 1,60 m ist die Seitenhöhe der GULVAIN sehr hoch (0,50 m höher als bei der BLOODHOUND), das Dach des Aufbaus liegt 2,50 m über dem Wasser.

Die Seitenhöhe des „light displacement" spürt keine Fessel durch die Formel, sie ist an keinerlei Tradition gebunden. Ein Beispiel dafür, wie weit die Konstrukteure glaubten gehen zu können, ist die FOUR FREEDOMS, bei der Seitenwände und Deck ineinander übergehen. Irgendwo wird die Seitenwand zum Aufbau, vermutlich dort, wo die Seitenfenster sind.

Eine neue Schönheit.

Ein holländischer Entwurf ist 1949 die ZEEVALK von Van de Stadt, ein neuer Mann, der in Zukunft noch viel zu sagen haben wird.

Länge über alles		12,50 m
Länge Wasserlinie	(35 Fuß)	10,68 m
Breite		2,72 m
Tiefgang		1,80 m
Verdrängung		4,77 t
Verhältnis Verdrängung/Länge		112

Der Eigner, ein bekannter Yachtsegler von großer Erfahrung, war Sperrholzfabrikant, und er wollte ein Boot, dem die Möglichkeiten seines Materials zugute kommen sollten.
Es kam ein äußerst schlanker Bootskörper mit harter Kimm heraus, mit einem merkwürdig breiten Flossenkiel – ein Sechstel der Gesamtbreite. Praktisch war es ein regelrechter, unter dem Bootsrumpf angebrachter zweiter Bootskörper aus Sperrholz, der sogar sein eigenes Ruder hatte. Van de Stadt war der Erfinder des Trimmruders, das zwanzig Jahre später die große Neuerung unserer Tage werden sollte. In dem Kiel der Motor als Teil des Ballastes. Der Rumpf ist durch tragende Schotten versteift. Innen ist nicht viel: Die Bootsenden sind leer, vier Kojen und ein WC, Stehhöhe nur im Bereich

Flying Scotsman

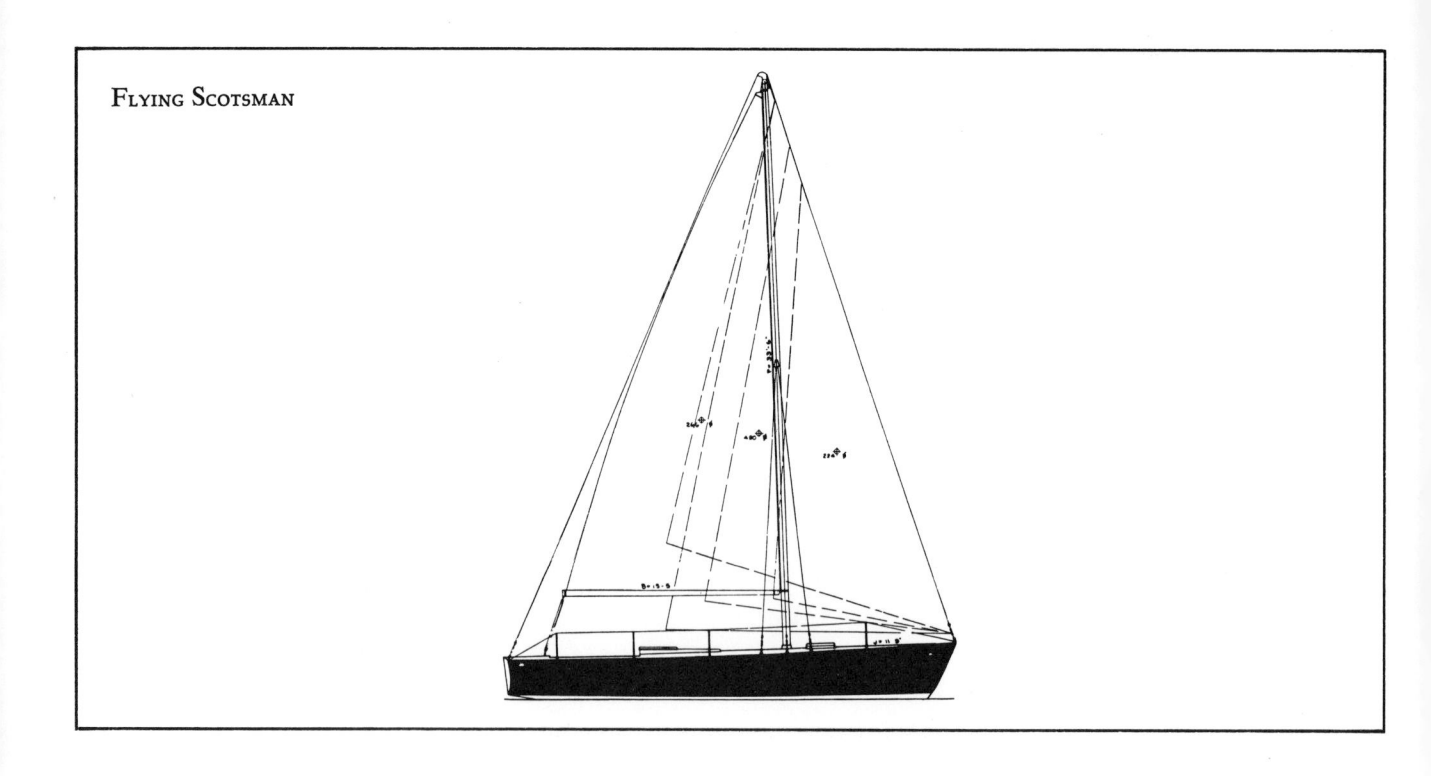

von Kombüse und Kartentisch (im Grunde die einzigen Stellen, wo man Stehhöhe braucht), dort, wo der Bootsboden in den Kiel hineinreicht.

Die Zeevalk ist ein reines Regattaboot. Sie hat alles, was man dafür braucht. Wenig Segel, wenig Boot und so lang. Sie wiegt ein Drittel des normalen 35-Fußers.

Das Experiment Zeevalk war ein Erfolg. Sie wurde beim Fastnet-Rennen 1951 unter 29 gestarteten Booten zweite nach gesegelter Zeit hinter der Yeoman von Charles Nicholson.

Ein guter Platz. Die Presse ließ den Sieg der Circe, einem Entwurf von Olin Stephens, die von seinem Bruder Rod gesegelt wurde, nicht gelten. Rod Stephens war auf einem Boot von seinem Bruder noch niemals anders denn als erster durchs Ziel gegangen.

Die Zeevalk war, seien wir ehrlich, ein sehr häßliches Boot, doch immerhin und wahrscheinlich das „richtigste" von sämtlichen „light displacements". Wenn die Aufgabe ein wettbewerbsfähiges Boot war, das nicht viel kosten sollte, dann wurde sie hier optimal gelöst. Van de Stadt war immer ein genialer Schöpfer von Ungeheuern, und in diesem seinem alten Entwurf – wahrscheinlich die erste Yacht mit Knickspant nach der RORC-Formel –

hat er jene verschmitzte Schlauheit bewiesen, die so sehr in seinem Wesen liegt.

1950 ist die Leichtbauweise noch ein die segelnde Welt bewegendes Ereignis. Auch die Amerikaner beginnen leicht zu bauen. Die gleiche Leier. Einige Boote, die leichter sind als normal, machen von sich reden.

Eine kleine Yacht, die Kitten, gewinnt Los Angeles – Honolulu 1949. Die Kitten gehört zur „Pacific Coast Class" (eine Einheitsklasse) von Georges Kettemburg, der an der Pazifik-Küste ein Begriff ist. Die PCC ist eine Version der „Pacific Coast One Design Class" von 1930 vom gleichen Konstrukteur, eine schlanke Yacht mit klassischen Linien; sie liegt etwa auf der Mitte zwischen dem 6-m-R-Boot und dem 30-m²-Schärenkreuzer. Die amerikanischen Yachtzeitschriften dieser Jahre berichten über die Ergebnisse der Kämpfe zwischen den PC und den 6-m-R-Booten. Der PC besaß die uns bereits bekannten Eigenschaften; er war dem Sechser bei leichtem Wind unterlegen, und bei frischem Wind kam er vor den 6-m-R-Booten, die gewöhnlich fünf Minuten vorher starteten, durchs Ziel. Der PCC war das gleiche, nur vergrößerte Boot. Er war 14,18 m über alles lang, 9,76 m in der Wasserlinie, 2,90 m breit und verdrängte 9 t. Er war gemäßigter Leichtbau, das Verhältnis Verdrängung/Länge betrug 271. 1946 entstanden, hatte er sehr gute Plazierungen in vielen Regatten und wurde in den amerikanischen Yachtzeitschriften jener Zeit häufig genannt.

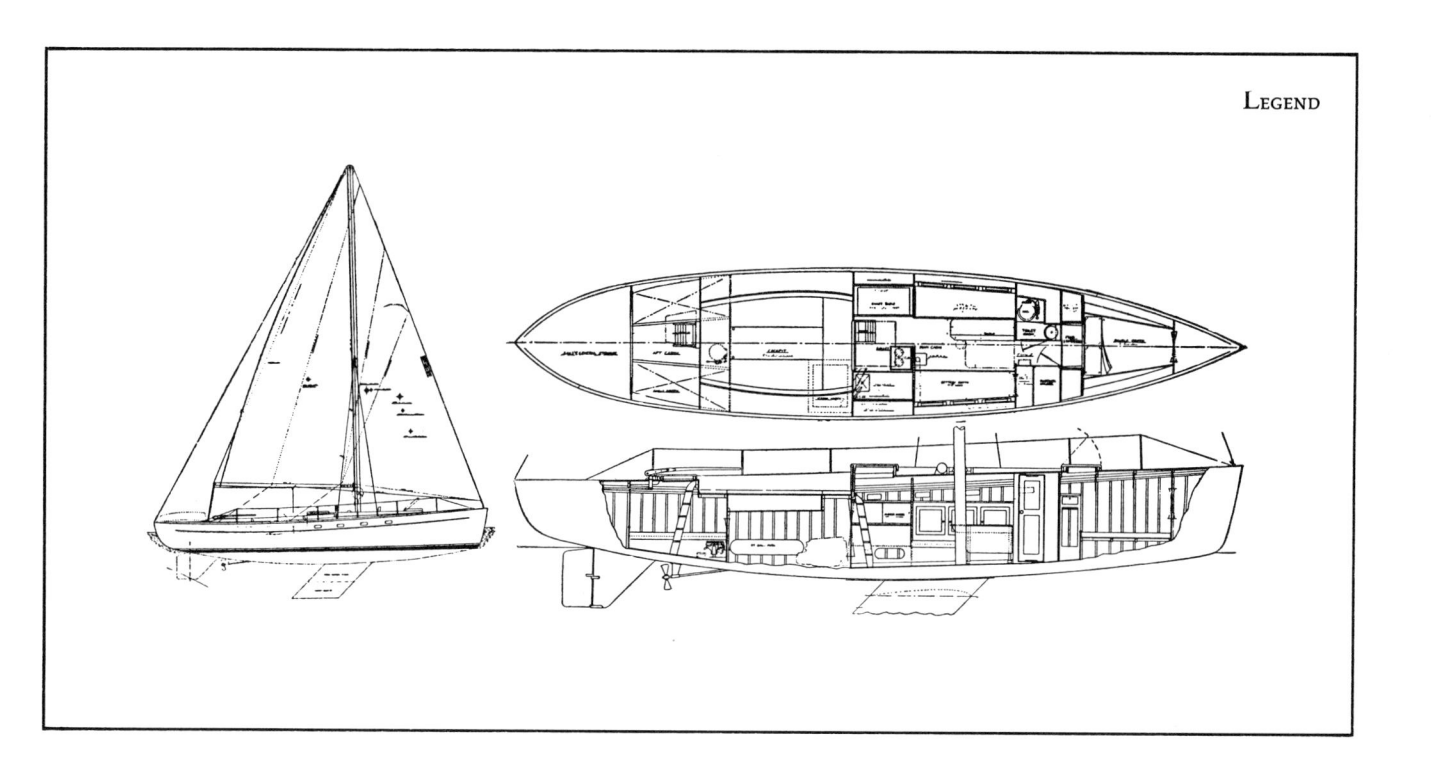

1948 kam die MYTH OF MALHAM nach Amerika, mit einer guten Besatzung, darunter die besten englischen Segler. Sie gewann zwei Regatten und nahm am Bermuda-Rennen teil. Sie erreichte einen befriedigenden Platz, den vierten in ihrer Klasse. Sie begeisterte Alfred Loomis, einen bekannten amerikanischen Yachtsegler, der in „Yachting" eine Kampagne für den Leichtbau und den neuen in England entstandenen Yachttyp lanciert hatte.
(Die „cutter crancks" waren wieder da!)

Der Sieg der KITTEN brachte das Faß zum Überlaufen. Die Zeit war reif, das „light displacement" explodierte förmlich. Es wurde in allen nur möglichen Typen gebaut. Die Neuerung hatte namentlich an der Pazifikküste Erfolg, wo neue, besonders interessante Boote gebaut wurden.
Der Amerikaner von der Atlantikküste, der Neuengländer, ist das Konservativste auf der Welt; er wird sich nicht mit solchem Elan auf Neues werfen. Selbst ein Olin Stephens sollte die Neuerungen, die überall aufblühten, nicht zur Kenntnis nehmen.

Eine der ersten ist die FLYING SCOTSMAN. Von William Lapworth in Los Angeles entworfen, war sie für die Regatta nach Honolulu gedacht, bei der raume Winde vorherrschen. Sie war aufs Surfen ausgelegt.

Länge über alles	9,87 m
Länge Wasserlinie	8,54 m
Breite	2,75 m
Verdrängung	2,99 t
Verhältnis V/L	147

Sehr flach, mit Flossenkiel und getrenntem Ruder. Sie wog $1/3$ der KITTEN, die soeben noch der letzte Schrei gewesen war und als Leichtbau gegolten hatte. Kein Aufbau, die Niedergangskappe aus Segeltuch, das einzige, was über das Deck herausragt.
Wahrlich, eine Rennmaschine.

ROCKING CHAIR

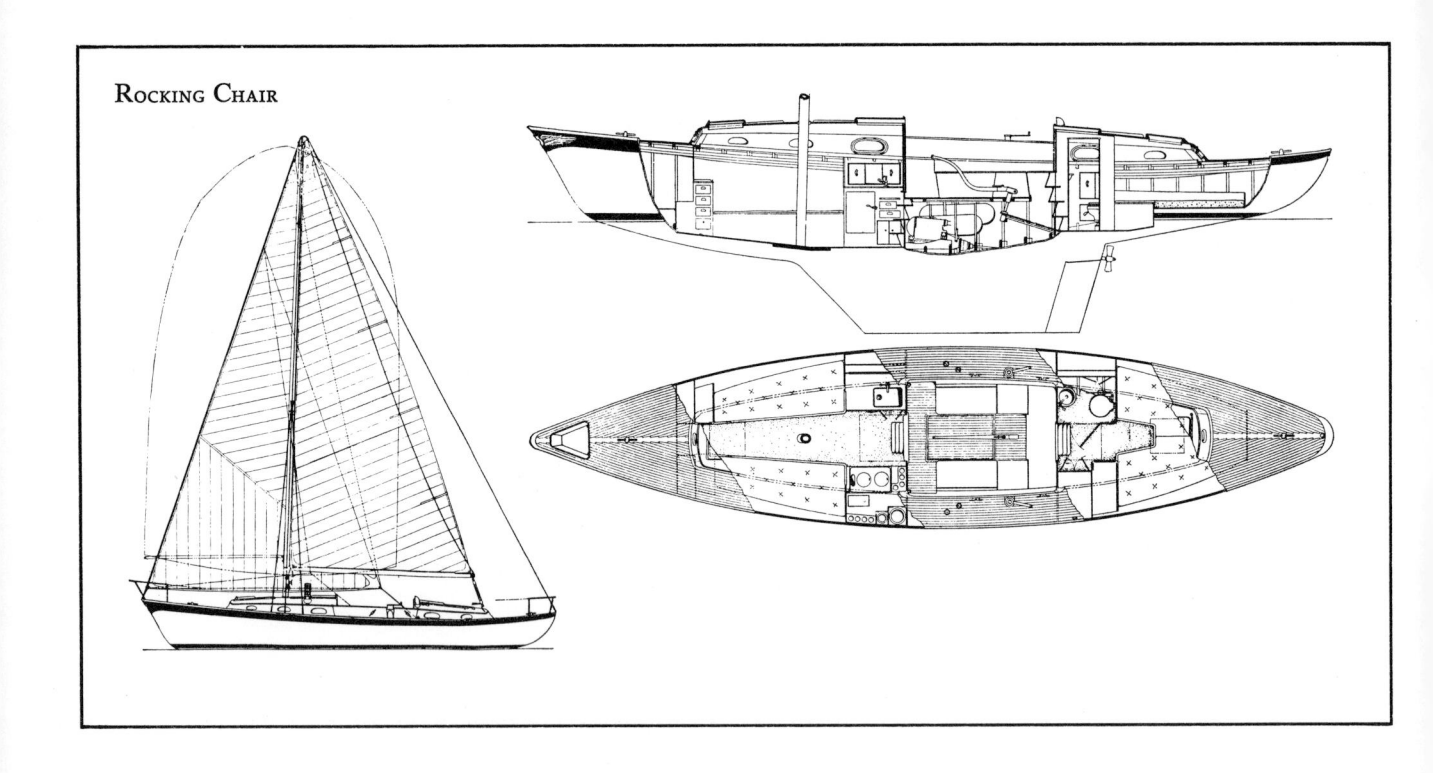

Die Legend, von W. Calkins entworfen, verdankt ihr Aussehen den Anforderungen ihres Eigners, Mr. Ulmann aus Los Angeles, der eine Achterkajüte brauchte, um seine beiden unbändigen Kinder soweit wie möglich vom elterlichen Ehebett entfernt unterzubringen; dazwischen alles, was man braucht. Preiswert, die geringen Instandhaltungskosten, das Ganze ohne Beeinträchtigung der Regattaeigenschaften für das Honolulu-Rennen.

Das Ergebnis ist nicht sehr schön und entspricht auch nicht dem Üblichen, aber das Boot ist in Ordnung. Geringe Verdrängung, kleine Segelfläche, große Seitenhöhe, aber kein Aufbau, Mittelcockpit.

Abmessungen:

Länge über alles	15,24 m
Länge Wasserlinie	13,10 m
Breite	3,16 m
Verdrängung	11,16 t
Verhältnis D/L	139

Die Legend war keine Enttäuschung, sie gewann eine Regatta Los Angeles – Honolulu.

Eine weitere Yacht aus Kalifornien ist die Rocking Chair II. Sie erwies sich als gutes Boot, einfach und leistungsfähig. Ich finde sie ziemlich häßlich, weniger wegen ihrer Linien als wegen gewisser Einzelheiten: der Adler am Vorsteven am Ende des dunklen Streifens, die beiden Deckshäuser, die dem Deckssprung entgegengesetzt verlaufen und bei denen die Vorderkante des vorderen nach vorn und die des hinteren nach achtern abfällt; der Vorsteven, der unten als Löffelbug und oben als Klippersteven ausgebildet ist, das Spitzgattheck, das aber abgerundet ist. Strittig die harte Kimm am Kiel, die Pinne, die über das ganze Cockpit reicht, das WC in der Achterkajüte. Dieses WC ist offenbar nur allein für den Eigner.

Einem Leichtbau ist manche Freiheit hinsichtlich der Ästhetik erlaubt; man verlangt nur ein „drohendes Gesicht".
Die Rocking Chair hat das nicht, und das ist unverzeihlich; im Vergleich zu ihr ist die Zeevalk ein echter Vollblüter.

DIRIGO

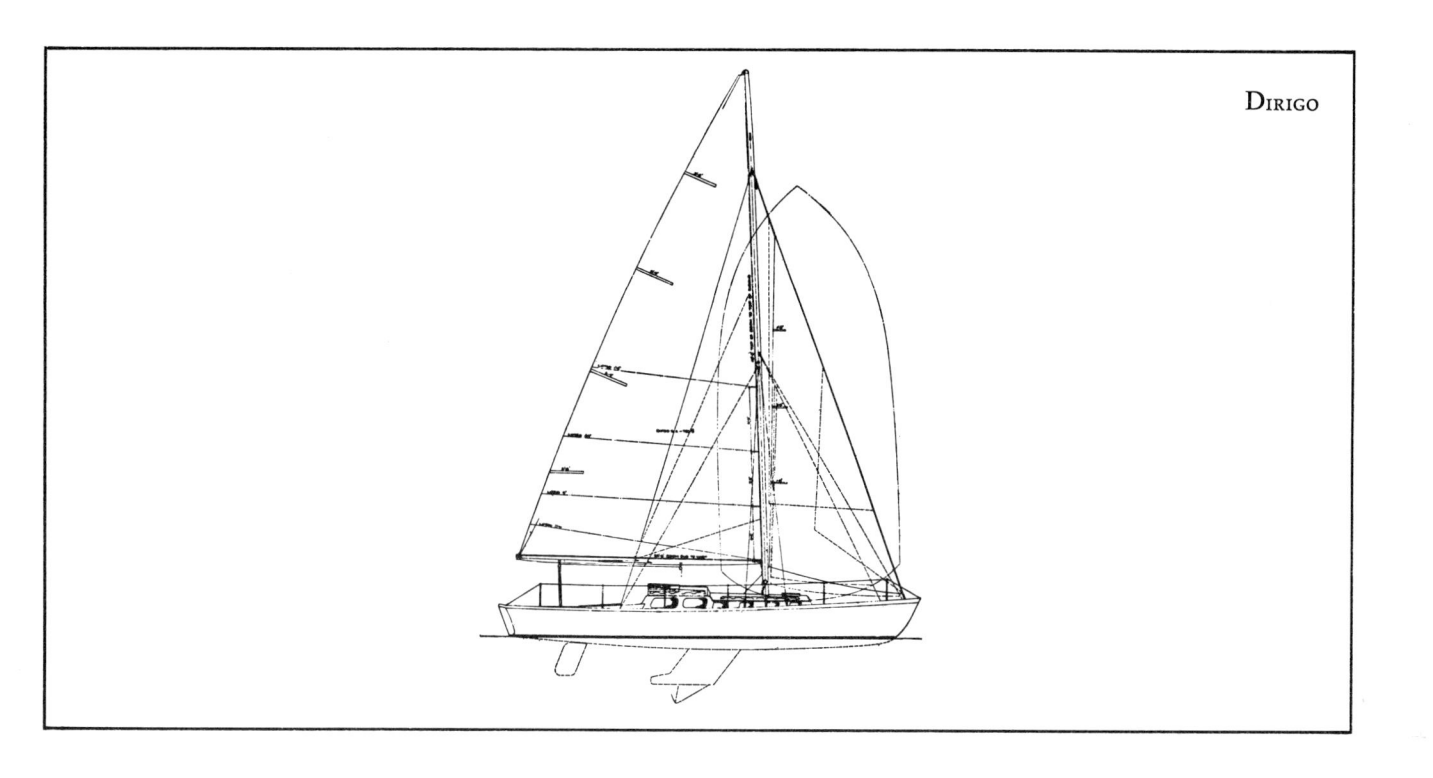

Länge über alles	12,20 m
Länge Wasserlinie	9,75 m
Breite	2,83 m
Tiefgang	1,68 m
Verdrängung	5,8 t
Verhältnis D/L	174

Ein Boot, das Aufsehen erregte, war die DIRIGO.

Länge über alles	12,20 m
Länge Wasserlinie	11,75 m
Breite	3,20 m

Nirgends ist in den Zeitschriften die Verdrängung angegeben; sie muß sehr gering gewesen sein. Das Boot ist eine vergrößerte Version der Rennjolle RAVEN von 7,30 m, einem sehr guten Gleiter.
Die DIRIGO erhielt wegen der Stabilität einen Flossenkiel, darin ein Schwert. Sehr flache Spanten mit abgerundetem Knickspant. Das Rigg ähnelt dem der Rennjollen, kleines Vorsegel und großes Großsegel, flexibler Mast. Mit Backstagen und ohne Achterstag. Die Konstrukteure, Cary & McAleers, trauten der DIRIGO beim Gleiten 15 und mehr Knoten zu.
Wahrscheinlich ist sie das optimalste „light displacement" gewesen.
Die Stunde der Wahrheit kam beim Bermuda-Rennen 1950, GULVAIN, COHOE, FLYING SCOTSMAN und DIRIGO segelten mit. Das Achterschiff der FLYING SCOTSMAN – mit 35 Fuß das kleinste Boot – hatte man mit einem falschen Achterschiff verlängert, wobei das richtige drinnen gelassen wurde; eine einfachere Lösung als bei der COHOE, bei der beide Enden verlängert wurden.
Am Start waren 54 Yachten – die besten der Amerikaner. Die Engländer hatten sechs Yachten geschickt, bis auf eine modern (die KARIN III, ein „Colin Archer", die ganz schlecht abschnitt), alle mit guten Besatzungen und vorzüglich im Trimm.
Das Rennen war schnell, meist mit raumem Wind und wenig Kreuz. Die normalen amerikanischen Boote, die immer diese Regatta gewonnen hatten, gewannen auch dieses Mal.
Die englischen Boote und die amerikanischen „light displacements" gewannen nicht einen einzigen Preis.

XXII Neue Hochsee-Regattayachten

BOLERO

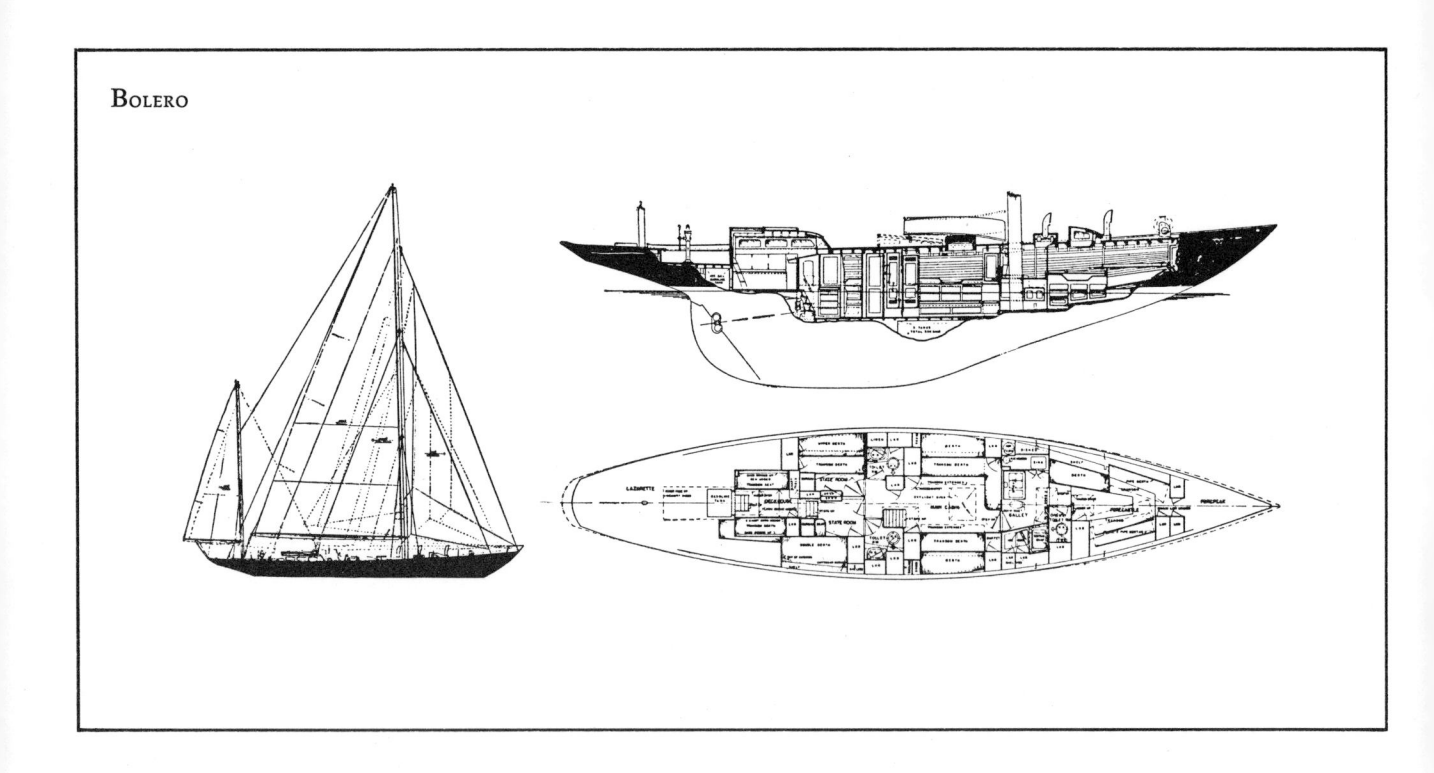

Die Leichtbauyacht verdrängte das traditionelle Boot nicht. Zwar konnte sie sich beim Bermuda-Rennen 1950 nicht gut plazieren, doch kann man nicht sagen, dieses Neue sei ein Fehlschlag gewesen. Die MYTH hatte echte, unbestreitbare Siege errungen. Der Leichtbau wurde einfach nur auf den ihm zustehenden Platz gewiesen. Er war eben nicht das Boot der Zukunft, sondern repräsentierte einen der vielen Wege, die beim Entwurf eines Bootes offenstanden.

Die dem Leichtbau eigenen Vorzüge und Mängel haben wir bereits besprochen. Bestens bei starkem Wind, weniger Segel zu bedienen, billiger (dieses allerdings umstritten). Bei leichtem Wind unterlegen, weniger Innenraum, weniger angenehme Bewegungen, häßlicher.

Nach 1950 wurden noch viele Leichtbauyachten gebaut, und einige waren sehr erfolgreich. Die MOUSE OF MALHAM von Illingworth, ein Boot der Klasse III von 2,4 Tonnen, gewann 1955 das Fastnet-Race in ihrer Klasse, und die ARTICA II, eine größere Ausgabe der MOUSE, für die italienische Kriegsmarine entworfen, hatte viele Erfolge.

Das „light displacement" ist der sportliche „ocean racer".

Beim Bermuda 1950 kam die GULVAIN von 18 Booten in der Klasse A als neunte an, die COHOE in der Klasse C als elfte von 17 Booten. Sieger in diesen Klassen waren sehr schöne traditionelle Boote. In der großen Klasse siegte die ARGYLL, die nach berechneter Zeit vor BOLERO lag, dem ersten Schiff im Ziel. In der Klasse der COHOE gewann die LOKI. Alle drei Yawls von klassischen Linien, Entwürfe von Olin Stephens.

Die BOLERO ist ein großes Schiff, das die Linie der Boote aus den vierziger Jahren fortführt. Sie gehört zum besten, was der amerikanische Yachtbau zu geben vermochte. Von Sparkman & Stephens entworfen, bei Nevins gebaut, doppelte Außenhaut, Aluminiummasten.

Abmessungen:

Länge über alles	22,35 m
Länge Wasserlinie	15,50 m
Breite	4,80 m
Tiefgang	2,80 m
Segelfläche	237 m²

Wahrlich ein großes Schiff, schön und rein, bei dem jeder Kommentar überflüssig ist. „Yachting" nannte sie die „Miss America der ocean racer".

Argyll

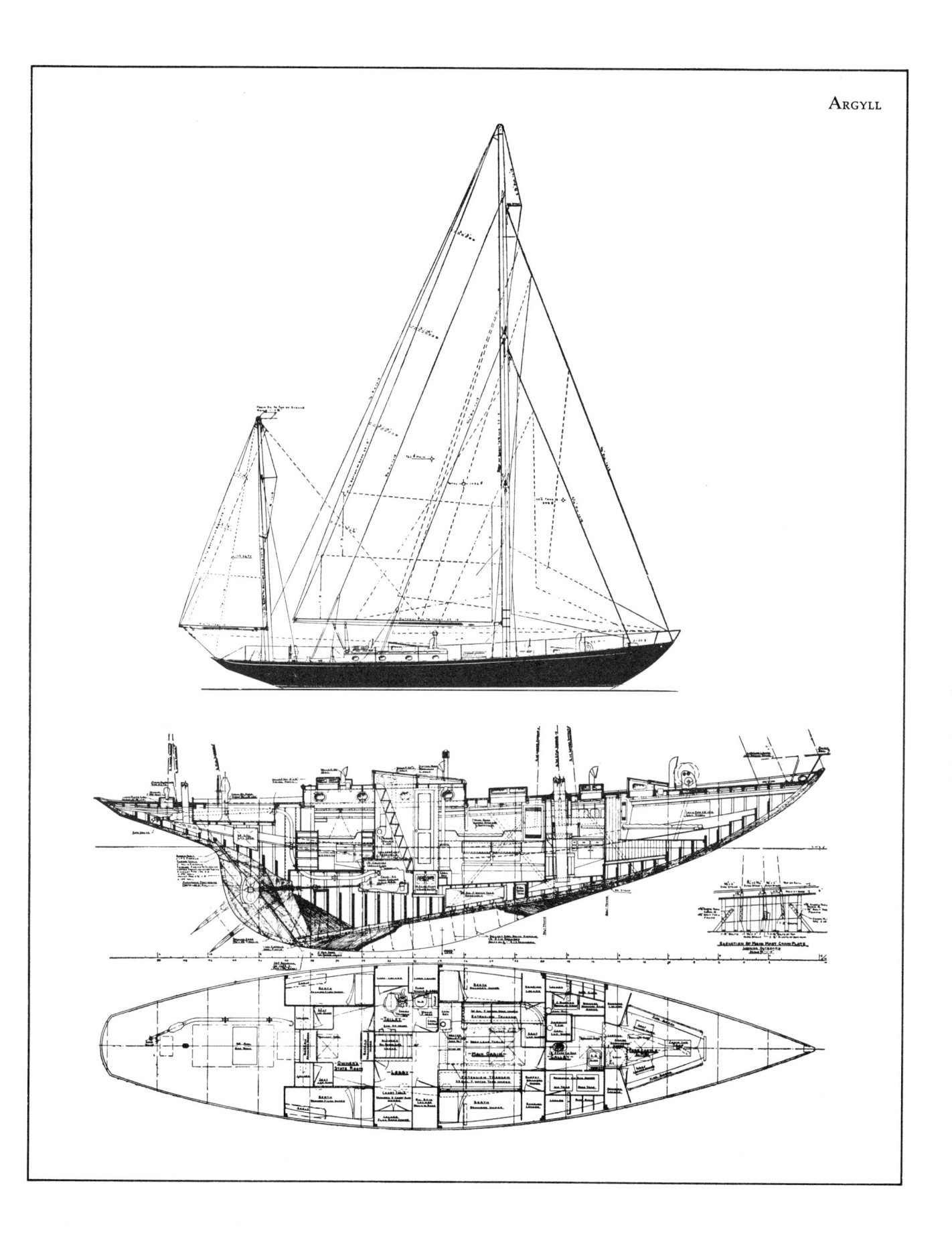

LOKI

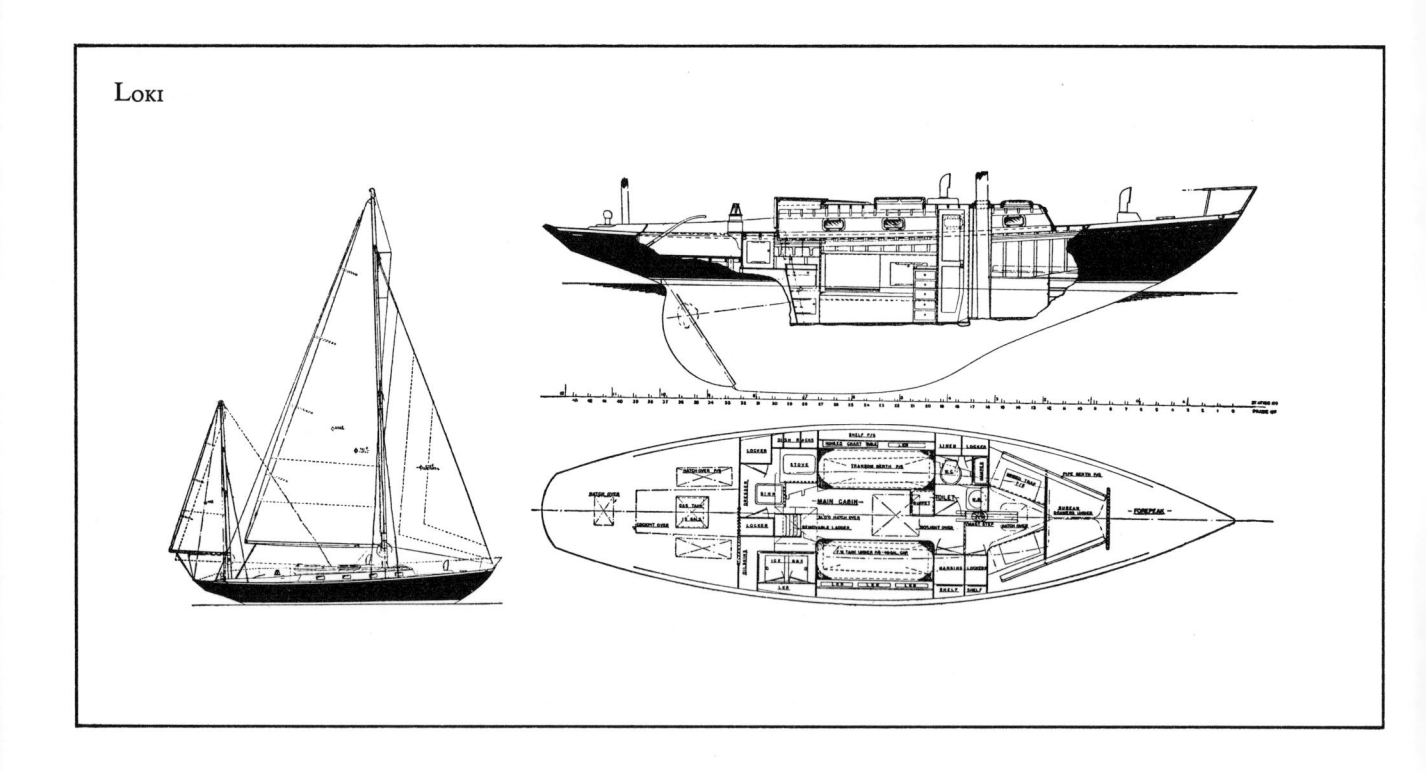

Die ARGYLL wurde 1947 gebaut. Stephens stellt sie als eine Neuauflage der GESTURE vor, einer von ihm entworfenen Yacht, die das Bermuda-Rennen 1946 gewonnen hatte, im Deck ein wenig breiter und mit einer um Geringes kleineren benetzten Fläche. Dahin geht das stete Streben der Konstrukteure, es ist die Linie, die man verfolgt. Besseres Verhalten bei starkem Wind dank der größeren Breite und bei leichterem Wind dank der Verringerung der benetzten Fläche. Außerdem ist das Rigg anders als das des Champions von 1946. GESTURE war eine Slup, das Rigg der ARGYLL ähnelt dem der BOLERO. Zwei Backstagen dort, wo die beiden Vorstagen ansetzen; das innere Vorstag kann losgemacht werden, wenn nur die große Genua gefahren wird – eine erhebliche Erleichterung bei der Handhabung.

Die Inneneinrichtung ist besonders gut durchdacht. Der Motor steht in der Mitte, unter den Bodenbrettern der hinteren Kajüte, der Raum Vorkante Plicht ist Segellast. Die Eignerkammer liegt in der Mitte. Um den Niedergang herum angeordnet sind das WC, der Kartentisch und ein Ölzeugspind. Ein zweckmäßiger Arbeitsbereich, wo man das nasse Zeug bequem ausziehen kann, ohne damit in die Wohnräume zu müssen. Hübsch das Sofa in der abgerundeten J-Form in der großen Kajüte. Man beachte den Ofen mit Schornstein an Deck. Glattes Deck, viele Oberlichter und Lüfterköpfe.

Ein schönes Boot in der gewohnten Handschrift von Stephens.

Länge über alles	17,50 m
Länge Wasserlinie	12,20 m
Breite	3,89 m
Tiefgang	2,44 m
Segelfläche	136 m²

LOKI ist die typische kleine amerikanische Yacht. Breit, schwer, bequem und fähig, Regatten zu gewinnen. Abmessungen:

Länge über alles	11,60 m
Länge Wasserlinie	7,92 m
Breite	2,92 m
Tiefgang	1,73 m

Die LOKI ist der am schlanksten geratene Vertreter ihres Typs. Die Kielschwerter vom gleichen Typ können über 30 cm breiter sein.

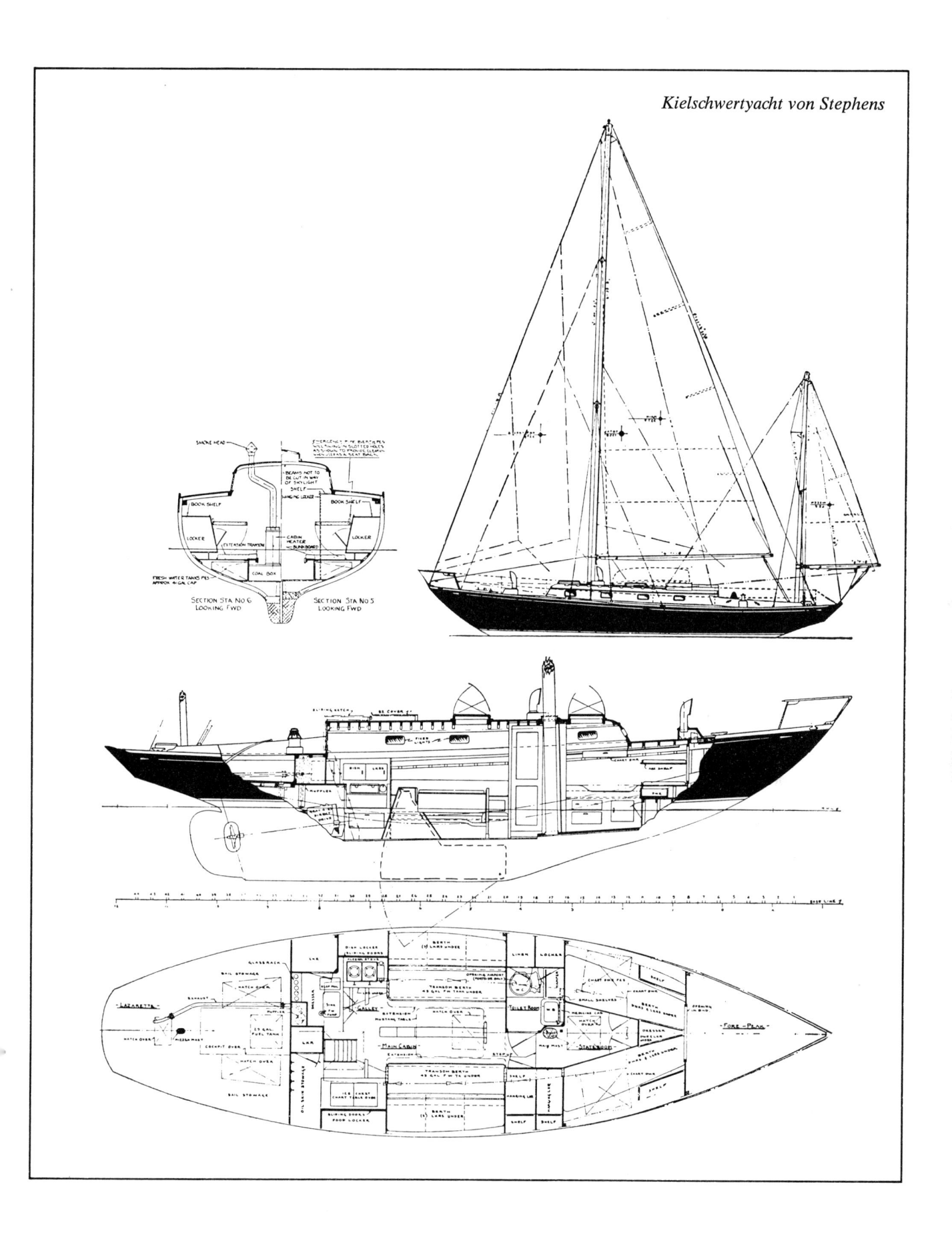

Kielschwertyacht von Stephens

Die Loki ist von 1949, sie hat keinen Motor. Ein ausgezeichnetes Boot, das verschiedene Regatten gewonnen hat. Von diesen Booten wurde eine ganze Serie gebaut; Zeichnungen davon auf nebenstehender Seite.
Innenaufteilung und -einrichtung sind das bei den kleineren amerikanischen Yachten Übliche. Kommt man herunter, findet man gleich an Backbord die Kombüse, der Kühlschrank ist an Steuerbord, das Abwaschbecken neben dem Niedergang, der nicht in Bootsmitte liegt, und dahinter das Ölzeug; kein Kartentisch (er ist über der Backbordkoje in der Kajüte hochgeschlagen), in der Kajüte zwei Kojen und Spinde an der Bordwand. In Anbetracht der Breite kann man Jahr für Jahr mehr Kojen in der Bootsmitte unterbringen; heute hätte man in solch einem Boot bis zu vier. Weiter vorn befindet sich ein WC, gegenüber Spinde und im Vorschiff zwei Kojen.

Die Anordnung der Inneneinrichtung ist umgekehrt worden. Der Eigner schläft nun vorn, die übrige Besatzung in der Kajüte; die Kombüse ist hinten, die Segel sind von ganz vorn nach ganz achtern seitlich des Cockpits gewandert. Wir werden sehen, daß immer größere Boote in dieser Art eingerichtet werden.
Auf der Loki gibt es nur vier Kojen, von denen die beiden im Vorschiff auf See kaum benutzbar sind. Das ist für ein Boot dieser Größe nicht viel. Bald wird in immer kleinere Boote immer mehr hineingepackt. Heute grenzt die Ausnutzung des Innenraums ans Wunderbare.

Das Rigg ist das einer Slup mit einem winzigen Treibersegel von zweifelhaftem Nutzen, doch läßt sich am Treibermast immerhin ein respektables Besanstagsegel setzen.
Um auf die neue Welt des Yachtseglers zurückzukommen: Hier haben wir ein erstes Beispiel für die kleine bürgerliche oder, wenn man so will, die bürgerliche kleine Yacht – hier gibt es absolut keinen Berührungspunkt mehr mit den 6- oder den 8-m-R-Booten oder mit den aus den Gebrauchsfahrzeugen hergeleiteten Yachten.

Klein, innen bequem, sicher, seefähig, tüchtig, neu, praktisch. Es wäre verwegen, die Loki eine preiswerte Gebrauchskreuzeryacht zu nennen, kostete sie heute doch an die 200 000 DM. Trotzdem ist Loki in mehr als einer Hinsicht die wirtschaftliche Yacht der Zukunft.

Der Kielschwerter ist in Amerika stets beliebt gewesen. Er ist mit der Rennslup von 1880 nicht zu vergleichen, der „ocean racer" mit Schwert ist ein Boot mit Außenballast wie alle modernen Yachten und mit dem gleichen Verhältnis Verdrängung/Länge.

Die moderne Hochseerennyacht mit Schwert ist eine typisch amerikanische Schöpfung, die von Stephens zu hochgradiger Leistungsfähigkeit gebracht wurde. Groß ist der Abstand zu der ehemaligen Slup ohne Außenballast. Der „ocean racer" dieser Familie hat etwas weniger Ballast und etwas mehr Verdrängung als das übliche Boot. Tatsächlich ist er auch größer im Vergleich zu einem schlankeren Boot der gleichen Länge.

Der Riß auf Seite 311 ist ein Stephens-Entwurf von 1955, abgeleitet von der berühmten FINISTERRE, der Gewinnerin von Bermuda und zahlreichen anderen Regatten. Es ist ein guter Vertreter der amerikanischen Yacht, mit viel Innenraum, reichlicher Breite, ein Boot, das gewinnt. Die Einteilung innen ist die der LOKI, allerdings wurde der gegebene Platz besser ausgenutzt.

Über dem Kühlschrank befindet sich der Kartentisch, in der Kajüte sind vier Kojen, die unteren ausziehbar, die oberen an der Bordwand befestigt. Auf der Querschnittszeichnung ist zu sehen, wie die vier Kojen auf diesem Boot auch noch angeordnet werden können; man erhält die Oberkojen durch Anheben der Rückenlehnen der Sofas. Auch auf diesem Boot der Kohlenherd mit Schornstein. Der Tisch liegt auf dem Schwertkasten.

Verglichen mit der LOKI ist dies freilich ein größeres Boot, es mißt 8,40 m in der Wasserlinie, ist 3,43 m breit und geht mit aufgeholtem Schwert 1,19 m tief. Dank der großen Überhänge wirkt die Deckslinie nicht plump, was bei dem Verhältnis Wasserlinie/größte Breite von 2,44, das gleiche wie bei der FINISTERRE, naheläge.

Dieser Bootstyp von unleugbaren Qualitäten ist stets ein rein amerikanischer geblieben. Wahrscheinlich war es geringes Zutrauen zu einem Bootskörper dermaßen geringen Tiefganges oder auch zu den mit der Bedienung eines Schwertes verbundenen Problemen, die die Europäer abgeschreckt haben[49].

Bei dem Bermuda-Rennen 1959, das ich so häufig als

---

[49] Die mit einem Schwert verbundenen Probleme sind sehr unangenehm. Früher oder später wird jeder hölzerne Schwertkasten vom Bohrwurm befallen. In „Yachting Monthly" habe ich das Rezept der Engländer gegen den Holzwurm gefunden: „Bei Niedrigwasser, kurz bevor Ihr Boot aufsetzt, gießen Sie etwa eine Gallone Creosot, Petroleum oder einer anderen konservierenden Flüssigkeit, die auf dem Wasser schwimmt, von oben in den Schwertkasten und lassen Sie es so. Sobald das Boot aufsetzt, wird das fallende Wasser die Flüssigkeit allmählich im Inneren des Schwertkastens mit nach unten nehmen, und die Flüssigkeit wird sich so vollständig auf den Wänden absetzen, daß nur ganz wenig aus den Kiel austreten wird, wenn das letzte Wasser daraus abfließt." Um aufzusetzen, muß man selbstverständlich während des Niedrigwassers auf Grund bleiben; bei uns sollte man etwas erfinden, um das Boot langsam zu heben. Auf der FINISTERRE und anderen amerikanischen „Luxusbooten" sind Schwert, Schwertkasten, Bodenwrangen und Mastfuß aus wasserbeständiger Bronze.

„RNSA 24"

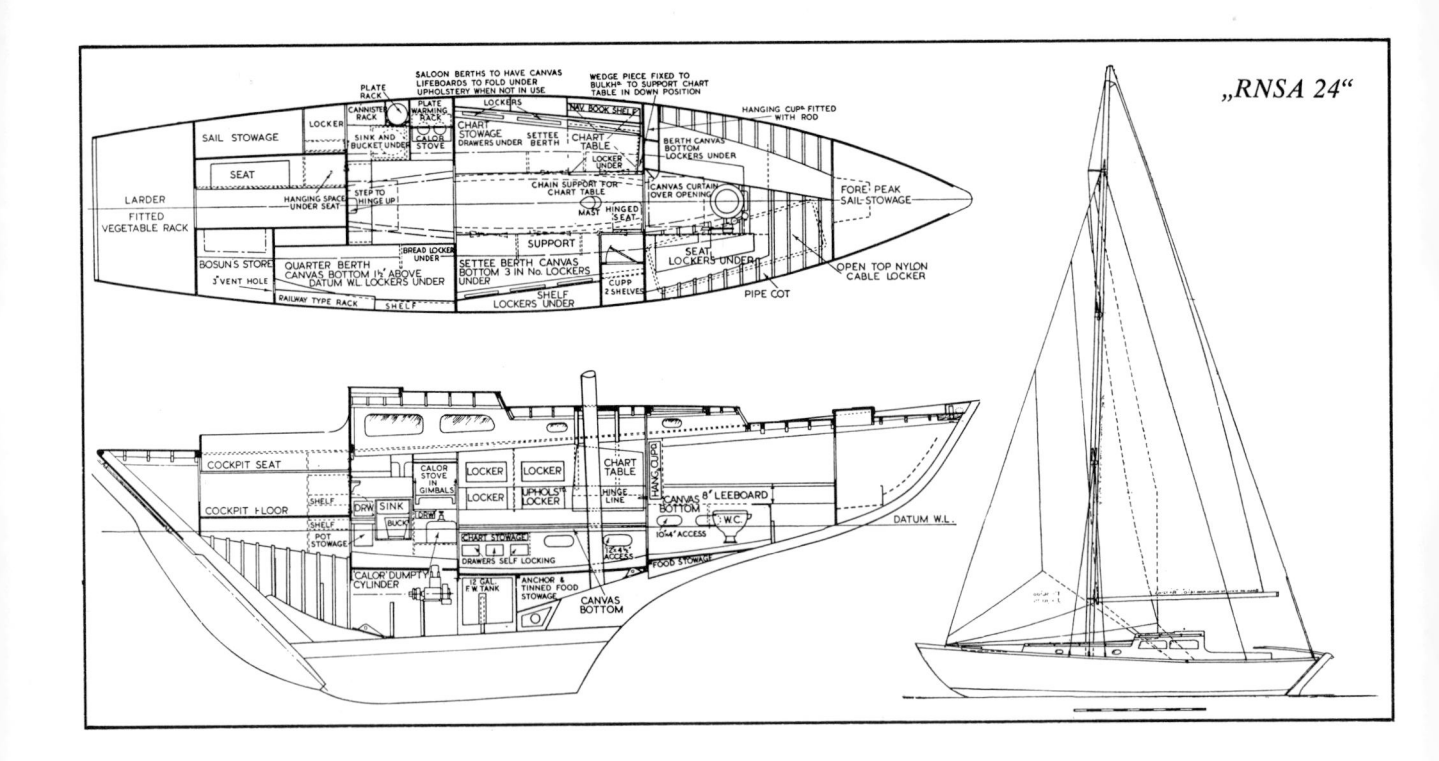

Vergleichsgrundlage herangezogen habe, gab es die besten Plazierungen für die englischen Yachten in der kleinsten Klasse, jener der Loki. Galway Blazer wurde vierte, Samuel Pepys achte; es waren zwei Schwesterschiffe, das erste ketschgetakelt, das andere als Slup der Klasse „RNSA 24", ein Boot nach RORC-Klasse III mit 24 Fuß Länge in der Wasserlinie, ein Giles-Entwurf von 1949 für die Marine (RNSA gleich Royal Navy Sailing Association). Mit ihnen sollte eine möglichst preiswerte Einheitsklasse zur Teilnahme an den RORC-Regatten geschaffen werden. Das Rigg stammt von John Illingworth, der bei gleicher Vermessung von 24 Fuß verschiedene Varianten vorschlug.

Sie waren sehr erfolgreich und gewannen viele Regatten. Im Schnitt waren die slupgetakelten am besten, die Samuel Pepys gewann das Transatlantikrennen 1953 und die erste Giraglia-Regatta.

Es sind Boote von mittelgroßer Verdrängung, kurz und sehr schlank, ohne das geringste Zugeständnis an hübsches Aussehen; sie wirken steif. Angehängtes Ruder und sehr breiter Spiegel, dies auch, um für die Genuaschot gute Breite zu haben. Der Kiel mit stark betonter scharfer Kante, die Wände des Aufbaus ganz senkrecht.

Die Minx of Malham von Illingworth ist mehr als spartanisch eingerichtet. Kommt man in das Deckshaus, ist an Steuerbord eine Segeltuchkoje mit Borten und Schubladen darüber und darunter. Der Kartentisch befindet sich an der Bordwand und wird zum Arbeiten mit Ketten an die Decksbalken gehakt. Vorn eine weitere Segeltuchkoje und mittschiffs ein WC. Das Ganze sehr sportlich.

Länge über alles	9,46 m
Länge Wasserlinie	7,32 m
Breite	2,28 m
Tiefgang	1,78 m
Verdrängung leer	4,45 t
Verdrängung mit Regattabeladung	5,02 t

Der Vergleich eines Bootes von Giles mit seinem Gegenstück von Clark drängt sich auf. Die Favona entsteht 1953, ebenso wie das RNSA-24-Programm, als eine Serie von preiswerten Booten mit 24 Fuß in der Wasserlinie. Sie ist den 24-Fuß-Booten von Giles ähnlich, nur ist der Überhang hinten länger.

Also ein wenig breiter und mit längerem und schlankerem Achterschiff. Das Rigg ist das gleiche. Etwas mehr Segelfläche.

Die Abmessungen der Favona sind:

FAVONA

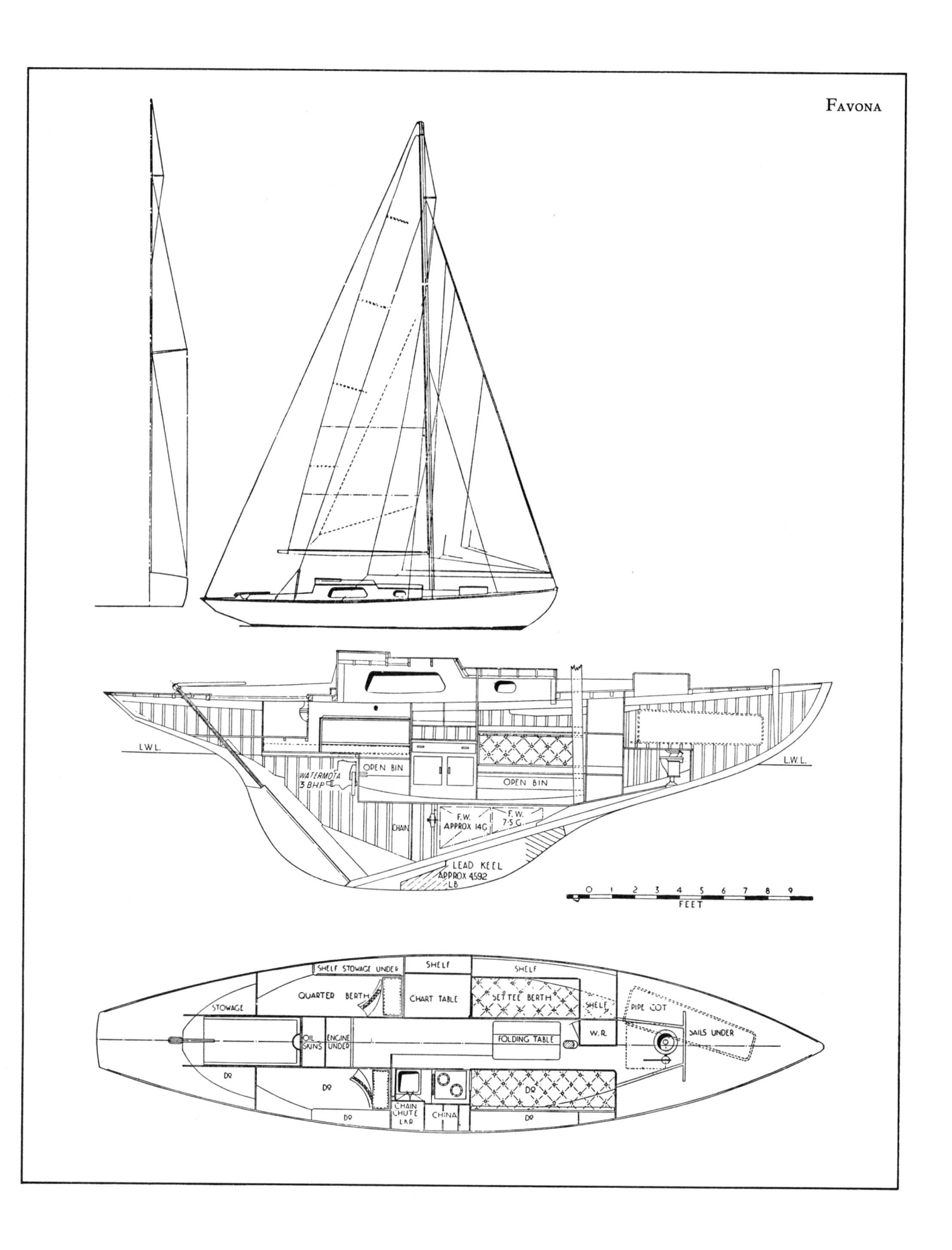

JOCASTA

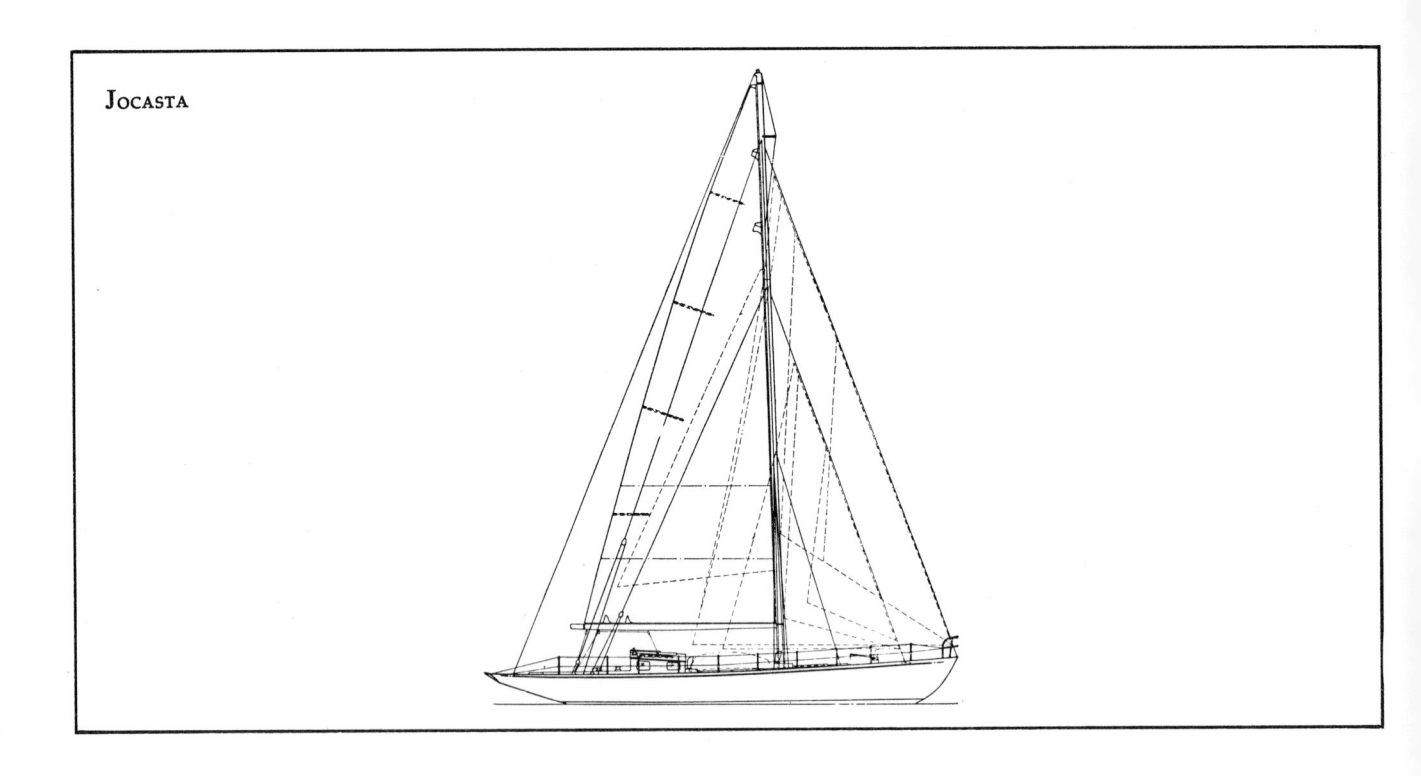

Länge über alles	9,91 m
Länge Wasserlinie	7,32 m
Breite	2,44 m
Tiefgang	1,78 m
Verdrängung	5,08 t

Die Inneneinrichtung ist die auch bei größeren Booten in England übliche. Zwei Hundekojen, dann Kombüse und Kartentisch (meist ist die Kombüse an der Backbordseite), in der Mitte zwei Kojen und der Klapptisch, WC und eine Segeltuchkoje vorn. Ein 3-PS-Hilfsmotor und spärliche hundert Liter Wasser. Ein kleines Boot, nicht mit der LOKI zu vergleichen, die für die Amerikaner die kleinste Yacht ist. Damit erhält der kleine, hinter dem Mast unterbrochene Aufbau mit dem Deckshaus seinen Sinn, ebenso wie die geringen Ausmaße der Bodenfläche im Bereich der Stehhöhe.

Das Aussehen des Bootes ist ganz Clark, es gefällt mir besonders gut. Sehr weicher Längsriß, niedriger Freibord, der Löffelbug merkwürdig kurz; ein solches Boot kann man gern haben, ein kleines und sportliches Boot, in dem es sich bei nicht zu großen Ansprüchen leben läßt.

Die FAVONA hatte in ihrem ersten Jahr überraschende Erfolge. Die Wettfahrtleitung für die Fastnet-Regatta hatte entschieden, auch die Yachten der Klasse III zuzulassen, zum Teil auf amerikanischen Druck hin. So konnte in diesem Jahr auch die LOKI teilnehmen, die dritte wurde. FAVONA gewann in ihrer Klasse und wurde Gesamtsieger. Mit weiteren Siegen in dieser Saison gewann sie auch noch die englische Meisterschaft der RORC-Klasse III.

In Klasse I gewann ebenfalls eine Konstruktion von Clark, die JOCASTA. Sie bietet ein gutes Beispiel für die Clarksche Auffassung vom großen „ocean racer". Der Linienriß ist harmonisch und verläuft glatt, wie bei allen seinen Yachten. Ebenso wie bei den Entwürfen von Stephens ist hier zu sehen, daß ein schön verlaufender Längsriß nicht allein aus Gründen der Ästhetik angestrebt wurde. Die Form des Kiels beeinflußt selbstverständlich das Verhalten eines Bootes, freilich ist es schwierig, die Größe dieses Einflusses bereits im Entwurfsstadium zu erkennen. Jeder Konstrukteur sucht von einem Boot zum anderen einen Gedankengang fortzusetzen, der ihm durch kleine, nach und nach erfolgende Veränderungen aufzeigt, was einem bestimmten Bootskörper am besten bekommt. Das Fehlen jener scharfen Kanten, die gewiß eine wirksame Unterbringung des

JOCASTA

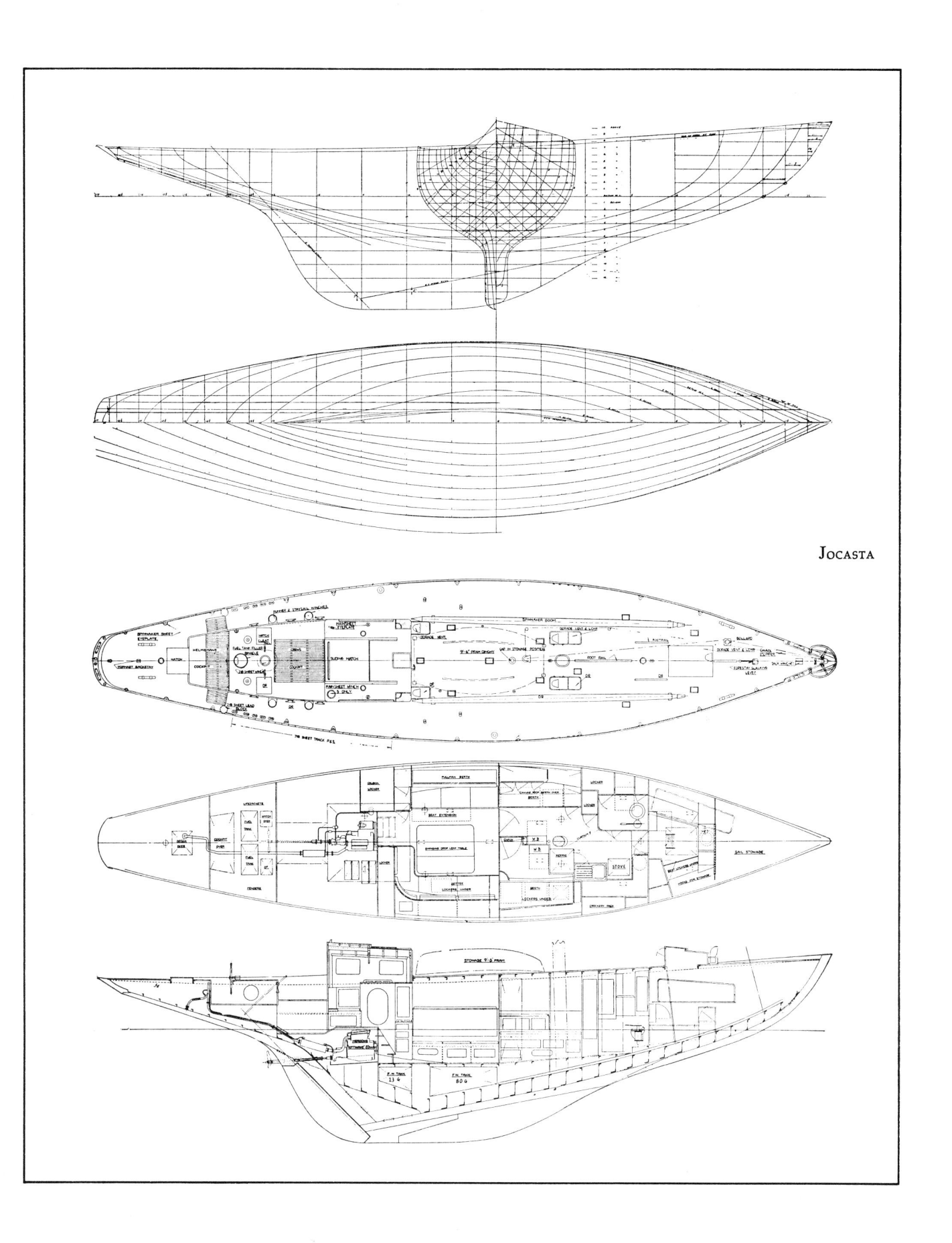

Phizz

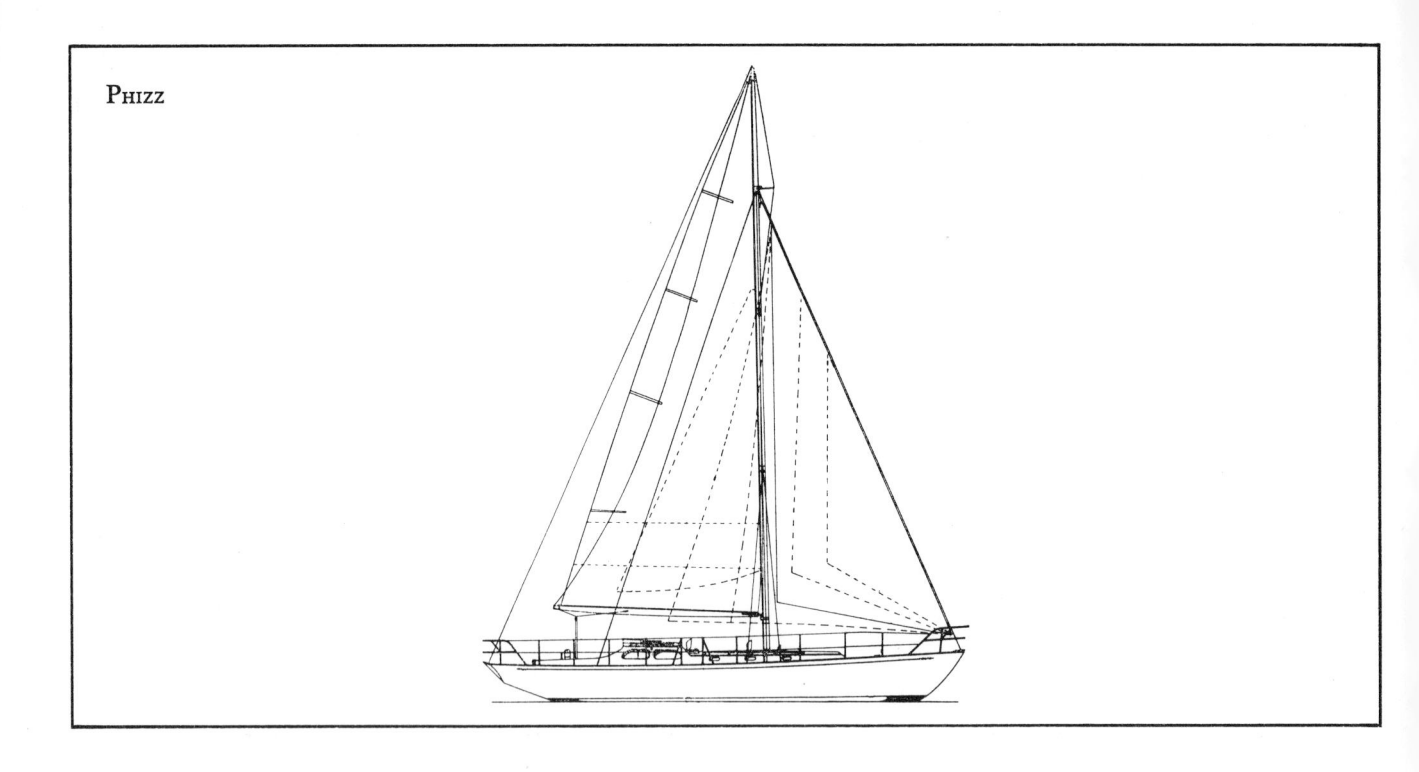

Ballastes ergeben, zeigt, daß manche Konstrukteure die Harmonie sämtlicher Linien, einschließlich derer des Kielprofils, als einen Faktor für die Geschwindigkeit betrachten.

Die Linien der Jocasta sind fein und kraftvoll. Die Form ist noch jene der Ortac. Die Spantschnitte sind eher rund, die Formen von Vor- und Achterschiff befinden sich miteinander im Gleichgewicht. Ein Boot zum Kreuzen.

Das kurze Vor- und das sehr langgezogene Achterschiff gefallen mir nicht schlecht; sie haben eine lange und ruhmvolle Tradition im englischen Yachtbau.

Auch das Deck ist erbarmungslos traditionell. Das kleine, vierkantige Deckshaus und das Luk auf dem Vorschiff sind das einzige, was sich über das Deck erhebt. Vorkante Mast sind Halteleisten für die Füße angebracht; praktisch ist die Unterbringung des Beibootes in Fortführung des Deckshauses (so war es auf der Dyarchy und auf der Bloodhound) oder die Lagerung der Spinnakerbäume. Das Boot ist kuttergetakelt mit dem Vorsegel auf $9/10$ der Masthöhe. Um einer zu starken Mastbiegung vorzubeugen, befindet sich zwischen dem Deck und dem untersten Mastbeschlag ein Zwischenstag. Mit den Backstagen, die weit nach achtern führen, ist das Rigg im ganzen fast schon etwas zu kompliziert. Die Circe von Stephens, die zum Fastnet 1951 nach England kam, fuhr einen Mast, der ohne Backstagen stand, er hatte lediglich eine Saling und ein einziges Vorstag zum Masttopp. Das machte Eindruck auf die Engländer, und die Neuerung wurde in ihren Fachzeitschriften viel kommentiert. (Auch dieses Fastnet-Rennen wurde von der Jocasta gewonnen.) Die Jocasta ist ein Kompositbau mit Spanten aus Leichtmetall. Der Innenraum ist nicht gut ausgenutzt. Im Vorschiff Unterbringung für einen Bootsmann, eine Kammer mit einer Koje, das Weitere wie üblich, eine Kajüte und die Kombüse.

Ein gutes Beispiel für den englischen „ocean racer" von vor 20 Jahren.

Länge über alles	16,80 m
Länge Wasserlinie	12,20 m
Breite	3,61 m
Tiefgang	2,52 m
Verdrängung	20,3 t
Verhältnis D/L	320

1954 war eine von Frederic Parker entworfene Yacht, die Norlethe, in England sehr erfolgreich. Bei 13 Regatten der Cowes-Woche gewann sie sechs erste und drei zweite Preise. Die Norlethe war eine in vieler Hinsicht neu-

PHIZZ

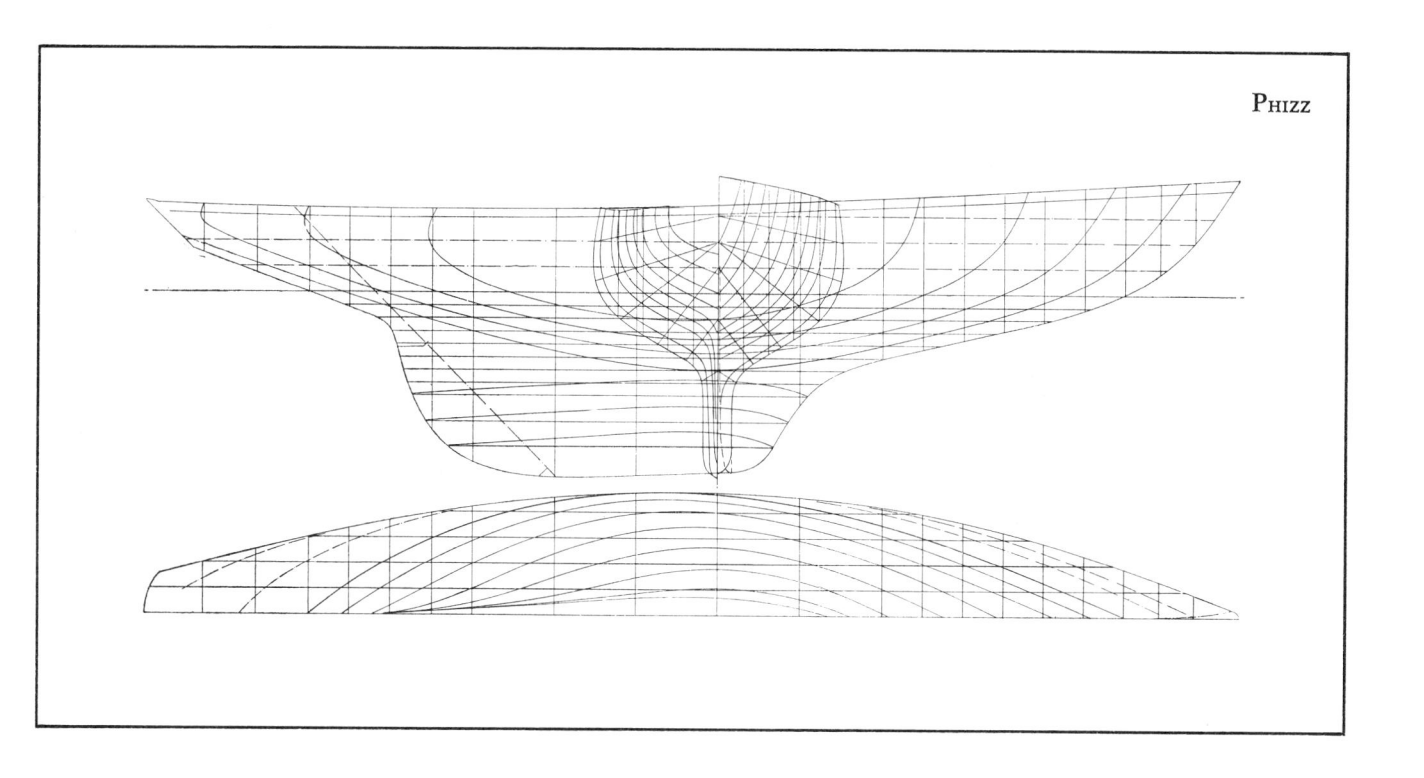

artige Yacht. Geringe Überhänge, mäßige Verdrängung, ein sehr feines Achterschiff (es hätte Turner gut gefallen), ausgesprochener Flossenkiel, doch ohne die harten Kanten von Giles. In „Yachting Monthly" stellt Phillips-Birt die NORLETHE als ein Beispiel für die von der englischen Yacht einzuschlagende Richtung vor.

Parker brachte viele Boote von 30 bis 35 Fuß in der Wasserlinie mit den Linien der NORLETHE heraus. Ihre Stabilität und Manövrierfähigkeit wurden sehr gelobt. Der Ballastanteil hielt sich zwischen 45 und 47 %, und das Verhältnis Verdrängung/Länge lag zwischen 310 und 320. $^7/_8$ Rigg; mäßige Segelfläche.

Die PHIZZ von 1955 ist ein gutes Beispiel für diese Serie.

Länge über alles	13,30 m
Länge Wasserlinie	9,90 m
Breite	3,05 m
Tiefgang	2,18 m
Verdrängung	11,15 t
Ballast	5 t

Die englische Yacht hielt sich nicht auf dem von der NORLETHE eingeschlagenen Weg. 1956 wurde die RORC-Formel abgeändert, und es verschwanden die Vorteile des kurzen Vorschiffs, jenes Kennzeichen der englischen Boote. Längere Überhänge vorn und größere Breiten waren nun günstiger. So kam man dem amerikanischen Typ näher. Die amerikanischen Yachten hatten in England zu viele Regatten gewonnen, um daraus nicht die eine oder andere Lehre zu ziehen.

Bei den Regatten 1955 in England gab es nur eine bemerkenswerte Yacht. Es war ein amerikanischer Kielschwerter, die Yawl CARINA.

Die zweite ihres Namens (eine frühere berühmte CARINA desselben Eigners war verkauft worden und hatte ihren Namen gewechselt) war von Philip L. Rhodes für Richard Nye, einen erfahrenen und guten amerikanischen Segler, entworfen worden. In Rekordzeit in Deutschland gebaut, wurde sie mit einem Dutzend Werftarbeitern an Bord nach Amerika verschifft, um noch zu der Transatlantikregatta nach Schweden zurechtzukommen.

Die Zahl der von der CARINA in ihren ersten Jahren gewonnenen internationalen Regatten ist einmalig. Kein Boot hat je in einer so kurzen Zeit so viel erreicht. 1955 gewinnt sie das Transatlantikrennen, die drei wichtigsten Preise der Cowes-Woche und das Fastnet; 1956 das Bermuda in ihrer Klasse; 1957 das Transatlantikrennen nach Spanien, das Channel Race in ihrer Klasse und das Fastnet.

Diese aufsehenerregende Siegesserie brachte die englische Yachtwelt zu ernsthaftem Nachdenken. Das Fastnet 1955 war hauptsächlich mit raumem Wind gesegelt worden, aber bei dem von 1957 konnten die Boote an einer Kreuz, bei der es ungewöhnlich viele Havarien gab, zeigen, was sie konnten. Die Regatta begann mit einer äußerst harten Kreuz im Kanal, ein Boot nach dem anderen gab auf. Nach der Kreuzstrecke waren von 45 gestarteten Yachten noch zwölf im Rennen.

Der Vizekommodore des RORC, Guingand, schilderte seine Erlebnisse an Bord der CARINA während der Regatta. Die Besatzung ist tüchtig und unermüdlich:

Der Hals der Fock reißt aus, aber kaum ist der Schaden bemerkt, wird in wenigen Minuten ein neues Segel gesetzt, ohne daß die Fahrt des Bootes sich während der Arbeit merklich verringert. Die Männer, die auf dem Vorschiff arbeiten, sind vom Cockpit aus oft nicht zu sehen, wenn das Boot die Nase ins Wasser steckt und die Spritzer von Luv überkommen. Der frühere Zwölfer VANITY *lag etwas vor uns, und wir sahen ihn aus dem Wasser springen; ich übertreibe nicht, wir konnten seinen Kiel ein paar Fuß hinter dem Mast sehen.*

Auch die CARINA, zu hart geknüppelt, hat Seeschäden. Das Vorschiff wird weich, und das Boot fängt an, Wasser zu machen. Man mußte sich durch die ganze Regatta hindurchpumpen. Die Durchschnittsgeschwindigkeit lag ständig zwischen 6 und 7 Knoten.
Auf der Rückfahrt nach Runden von Fastnet kommt das Boot bei starkem achterlichem Wind regelrecht ins Surfen.

Die nun folgenden Stunden brachten das schönste Segeln der Regatta. Bei den Scillyinseln liefen wir 8 bis 8,5 Knoten, manchmal beim Surfen auch 9,5. Wind und Seegang nahmen auf Stärke 7 und bis auf 8 zu. Regenschauer verringerten die Sicht manchmal auf weniger als eine Meile, und als wir einmal bei einem Wechsel der Genua ohne Vorsegel liefen, machten wir noch gute acht Knoten nur mit Großsegel und kleiner Fock.

Ab Fastnet war die Durchgangsgeschwindigkeit bis zum Ziel 8,3 Knoten. Beim Zieldurchgang tat der Eigner die berühmte Äußerung: „Okay Boys, laßt den verdammten Kahn absaufen!"
In ihrer Klasse hatte die CARINA vier Boote hinter sich: die schwedische KAY von Stephens, JOCASTA, die LUTINE von Giles und die BLOODHOUND.
In Klasse II gewann die MYTH OF MALHAM, gefolgt von den amerikanischen WHITE MIST und FIGARO und zwei englischen Booten. In Klasse III beendeten nur zwei Yachten das Rennen, die Yacht COHOE III, der neue Riß von Adlard Coles, und die schwedische Yacht ELSELI IV.

Eine breite Yacht mit geringem Tiefgang hatte jene des englischen Typs geschlagen, und das unter Verhältnissen, die für den nationalen Typ günstig waren. Die CARINA wurde unerhört gut gesegelt, und das macht viel aus. Es läßt sich über die Vorzüge und die Siegesaussichten der einen oder anderen Bootsart streiten, unbestritten aber ist, daß eine Yacht vom breiten amerikanischen Typ innen mehr Platz hat. Und das wird in der Zukunft ein immer wichtigerer Faktor werden.
Die CARINA ist eine ungewöhnlich schöne Yacht; es ist ein glücklicher Umstand, daß wir gerade die CARINA mit allen ihren Erfolgen als das Beispiel für die neuen Wege im Yachtbau auswählen konnten.

Allerdings werden, abgesehen von der Breite, die Merkmale des Bootes den heutigen Auffassungen nicht mehr entsprechen, und wir werden sie bei den kommenden Yachten nur noch selten antreffen.

Das Schwert, wie sie es hat, zog Bestrafung für den Tiefgang nach sich. Beim Fastnet-Race lief die CARINA mit teilweise aufgeholtem Schwert und verlor damit einen Teil der Wirksamkeit eines Lateralplans mit hohem Seitenverhältnis. Auch das niedrige Deckshaus, das glatte Deck und das große Oberlicht mittschiffs sind Bestandteile einer Eleganz, an der immer weniger Leute Interesse finden werden.

Abmessungen:

Länge über alles	16,06 m
Länge Wasserlinie	11,04 m
Breite	3,96 m
Tiefgang	1,82/3,04 m
Verdrängung	14 t
Ballast	6,32 t

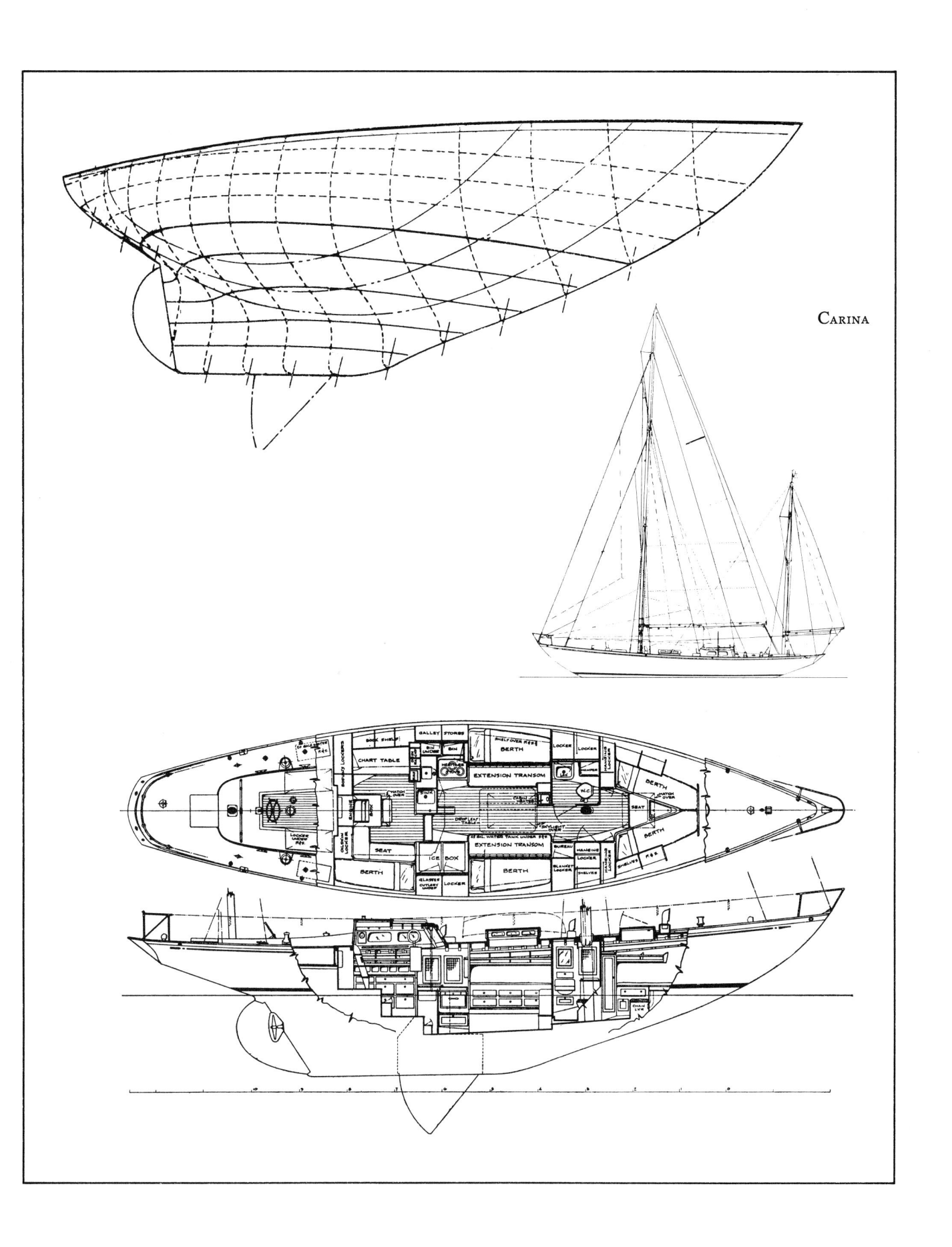

Carina

XXIII Moderne Vermessungsformeln

Die Yacht von heute hat nach den bisher behandelten Regatten ihre endgültige Form gefunden. Man könnte sagen, die historische Periode endet hier.

Die Entscheidung, welche Boote ich zeigen sollte, war für mich nicht einfach. Die Auswahl ist zu groß, und je mehr die Boote in ihren Merkmalen sich einander annähern, desto mehr Material steht zur Verfügung.

Wir haben noch nicht von der Vermessungsformel für die Hochseeyachten gesprochen. Wenn keine klare Vorstellung über das System für die Vermessung eines Bootsrumpfes besteht, und wenn man sich vor Augen hält, daß diese Tatsache sich im Bau des Bootes niederschlagen mußte, dann läßt sich im Grunde kein Urteil über seine Form abgeben. Darüber haben wir bereits gesprochen, doch sollte dieser Hinweis niemals fehlen, wenn von Regattabooten die Rede ist.

Bis 1970 gab es drei wesentliche Formeln für Hochseeregattaboote (siehe dazu Anhang 3: Die IOR-Vermessung): die Internationale Cruiser-Racer-Formel, die amerikanische CCA- und die englische RORC-Formel. Eine Yacht nach der CR-Formel konnte, sofern sie die vorgeschriebenen Sicherheitsanforderungen erfüllte, auch nach den beiden anderen Formeln vermessen werden.

Die RORC- wie die CCA-Formel wollten keinen Einfluß auf die Typgestaltung nehmen, sondern lediglich ein wirksames System aufstellen, nach dem jedes Boot, gleich welcher Bauart und Takelung, einen Rennwert erhielt, der den Möglichkeiten dieses Bootes beim Regattasegeln gerecht wird.

In Wirklichkeit ist das nun nicht ganz so gelaufen, man erkennt sofort, nach welcher Formel ein Boot gebaut wurde; trotzdem kann gesagt werden, daß die modernen Formeln eine gewisse Wahl offenließen.

Die Internationale Cruiser-Racer(CR)-Formel ist in England ziemlich verbreitet, namentlich bei der noch recht lebendigen 8-CR-Klasse. Diese Formel erinnert in ihrem Aufbau an die uns bekannte Internationale Formel. Sie enthält im wesentlichen lineare Werte. Es gibt eine Mindest- und eine Höchstwasserlinienlänge (eine 8-CR-Yacht muß eine Wasserlinie zwischen 8 und 8,35 m haben), eine Mindestverdrängung, die Wurzel aus der Segelfläche; Abweichungen von den vorgeschriebenen Werten sind zugelassen, sie werden bestraft.

Die nach dieser Formel gebauten Boote sind sehr elegant, gewissermaßen RORC-Boote mit einem Zug zu den alten internationalen Klassen. Reichliche Überhänge, einigermaßen großes Großsegel und $^7/_8$ Vorsegel, klassische Proportionen für Freibord und Sprung.

Zwei 10,5-CR-Yachten mit einer Wasserlinienlänge von rund 35 Fuß, von Robb entworfen und 1954 in Venedig gebaut, gehören zu den schönsten Hochseeregattabooten, die ich kenne.

Nach der Formel des Cruising Clubs of America (CCA) wurden die Yachten für das Bermuda Race und auch bei anderen amerikanischen Regatten vermessen.

Die CCA-Formel ist eine lineare Formel vom Typ der CR, der Meter- und der Rater-Formel.

$$\text{Rated length (R)} = 0{,}95 \, (L \pm Bm \pm Dra \pm Disp \pm S \pm F) \times \text{Stab. F.} \times \text{Prop.}$$

L ist die gewertete Länge und entspricht der Wasserlinienlänge. Bm ist die Breite, Dra der Tiefgang, Disp die Verdrängung, S ist die Quadratwurzel der vermessenen Segelfläche, F der Freibord; das Ganze wird multipliziert mit den Ausgleichswerten für die Stabilität und dem Propellerfaktor.

Absicht dieser Formel ist, eine Methode zur Verfügung zu stellen, um die potentielle Geschwindigkeit normaler Segelyachten, die nach den Abmessungen und nach den Proportionen unterschiedlich sind, im voraus zu bestimmen und Zeitberichtigungsfaktoren aufzustellen, mittels derer die Ausgleichswerte in Übereinstimmung mit den Tabellen der NAYRU und den Tabellen des NYYC oder sonstiger Vorgabesysteme aufgestellt werden können.

Die „Rating" oder der „Rennwert" ist demgemäß eine theoretische Rumpflänge, die einen hohen Wert haben wird, wenn das Boot nach den Begriffsbestimmungen der Formel eine hohe potentielle Geschwindigkeit erreichen kann und umgekehrt. Faktoren, welche die Rating verringern, sind die Breite, die Verdrängung, der Freibord, ein Eisenballast anstelle von Blei, eine große Schraube. Der Tiefgang, die Segelfläche, das Verhältnis Verdrängung/Ballast erhöhen die Rating.

Die Ausgleichswerte pro Meile auf die gesegelte Zeit sind vorberechnet und in Tabellen zusammengefaßt. Der Vergleich von einem Boot zum anderen ergibt sich aus der Differenz der Werte, die mit dem Ausgleichswert der Tabelle pro Meile der Bahnlänge für jedes Boot errechnet werden. Gewöhnlich werden die Ausgleichswerte auf das Boot mit der höchsten Rating bezogen; dieses bekommt von keinem anderen Boot Vorgabe und hat den Namen scratch- oder Null-Boot.

Es gibt keine festen Klassen, weil die Rating sämtliche Siegeschancen auf einen Nenner gebracht hat. Bei Regatten mit vielen Teilnehmern, wie das Bermuda, fassen die Amerikaner die Yachten in Gruppen zusammen, die durch Buchstaben bezeichnet werden (Klasse A, B, C und D). Das Boot mit der geringsten berechneten Zeit ist, unabhängig von seiner Zugehörigkeit zu einer Klasse, der Gesamtsieger.

Das Arbeiten mit der amerikanischen Formel ist eine verwickelte Angelegenheit. Da sind nicht fest definierte Werte wie die Verdrängung und das Verhältnis Verdrängung/Ballast, die zwar an sich präzise, aber dennoch schwer zu erfassen sind. Entweder muß man dem Konstrukteur glauben, oder das Boot wiegen oder aber seine sämtlichen Maße aufnehmen und das Volumen neu errechnen. Zur Ermittlung des Stabilitätsfaktors muß durch Krängungsversuch das aufrichtende Moment bei einem bestimmten Krängungswinkel ermittelt werden.

Die extremen Boote nach CCA haben bestimmte Merkmale, die sofort erkennbar sind. Sehr breiter und namentlich hinten voller Rumpf, geringer Tiefgang und hohe Verdrängung, niedriges Verhältnis Verdrängung/Ballast. Sehr große Großsegel mit langem Baum, viele Vorsegel, weil in praxi deren Fläche unabhängig von ihrer Form vermessen wird, so daß je nach Windrichtung und -stärke Vorsegel mit mehr oder weniger hochliegender Schot gefahren werden können. Es sind durch und durch amerikanische Boote, die moderne Ausgabe des nationalen Typs.

Boote mit Schwert und sehr kleinem Tiefgang wie die FINISTERRE sind das typische Ergebnis dieser Formel, doch auch so sehr stilreine Schiffe wie die BOLERO und die CARINA.

Die in Europa überwiegend angewandte Formel war die RORC-Formel, auch für die kleineren Seekreuzerklassen, die unter der Mindestlänge von 24 Fuß (7,32 m) liegen und in küstennahen Regatten (Klasse C) laufen.

Diese bis vor kurzem benutzte Formel stammt aus dem Jahre 1931. Die Regeln für ihre Anwendung sind verschiedentlich geändert worden, doch wesentliche Änderungen ergaben sich dadurch nicht.

$$R \text{ (Rennwert)} = 0{,}15 \frac{L \sqrt{S}}{BD} + 0{,}2 (L + \sqrt{S})$$

L = Länge, B = Breite, D = gewertete Tiefe, S = vermessene Segelfläche

Vor 1931 hatte man verschiedene Formeln ausprobiert, und bei einem Bermuda-Race hatten die Amerikaner die RORC-Formel benutzt. Man stand kurz vor einer internationalen Formel. Sie sollte auch die Verdrängung berücksichtigen und ähnelte der Universal Rule von Herreshoff. Die endgültige Annahme der RORC-Formel verbaute die Möglichkeit, mit den Amerikanern übereinzukommen, die von jeher gern die Verdrängung als den entscheidenden Bestandteil der Formel angesehen haben. CCA lief 1932 vom Stapel, und abgesehen von wenigen Änderungen ist die amerikanische Formel bis zu ihrem Ende gleich geblieben.

Die RORC-Formel ist ein System zur Errechnung einer theoretischen Länge, die – ebenso wie alle übrigen Formeln – einen Ausdruck für die Güte einer Yacht im Rennen geben soll. Ihr Aufbau erinnert im ersten Teil an die „Universal Rule" und im zweiten an die lineare Formel. Allerdings, und das ist etwas Neues, wird an die Stelle der Kubikwurzel der Verdrängung als Ausdruck für das Rumpfgewicht die Quadratwurzel von $B \times D$, nämlich das Produkt aus Breite und Raumtiefe, gesetzt.

Ziel der Formel war, die für die Geschwindigkeit ausschlaggebenden Werte wie Länge und Segelfläche vermessen und auch das Rumpfvolumen erfassen zu können, wenn das Boot regattaklar im Wasser liegt, ohne daß man auf die Konstruktionszeichnungen zurückgreifen oder das Boot wiegen muß.

Alan Paul, Sekretär des RORC, gibt die Begründung für diese Wahl:

Bei Schaffung dieser Formel kam es uns vor allem darauf an, ein Boot im Wasser und in jedem Trimmzustand vermessen zu können, ob es aus Frankreich, Holland, aus

Amerika oder sonstwoher kommt, und für das es unmöglich ist, Unterlagen zu bekommen. Oft ist es schwer, eine Yacht ohne weiteres zu vermessen. Sie kommen im letzten Augenblick, und es gibt Eigner, die nicht die geringste Ahnung von den einzelnen Daten ihres Bootes haben.

Dies war die Stärke der RORC-Formel und der Grund dafür, daß sie sich auf der ganzen Welt mit Ausnahme der USA immer weiter verbreitet hat.

In den ersten Zeilen der Einleitung zu den Formel-Bestimmungen wird eine allgemeine Begründung gegeben:

Ziel dieser Bestimmungen ist es, Yachten von unterschiedlichem Typ und Abmessungen, die in offenem Wasser miteinander Regatta segeln, mit Hilfe eines Zeitberichtigungskoeffizienten auf ein gleiches Maß zu bringen.
Absicht ist, die Anwendung des Abschnitts 2 (b) der Clubsatzungen zu fördern, nach dem der Entwurf und der Bau von Yachten anzuregen ist, bei denen sich Geschwindigkeit mit Seetüchtigkeit verbindet, ohne damit irgendeinen Bootstyp zu begünstigen.

Soweit das Programm. Sehen wir nun, welche Bootstypen im einzelnen praktisch begünstigt worden sind.

Die letzte Revision der Formel war 1957. Vorher wurde das Hauptmaß der Formel, L, zwischen zwei Gurtmeßstellen genommen, die vorn und achtern von der einen zur anderen Decksseite, von Scherkante zu Scherkante liefen, und zwar dort, wo die Länge des Gurtes die Hälfte bzw. 3/4 der größten Bootsbreite betrug; D, die Raumtiefe, wurde in Schiffsmitte innen vom Kiel bis zum Deck gemessen.
Diese beiden Maße führten zur MYTH OF MALHAM. Die äußerst kurzen Überhänge der Leichtbauboote verkleinerten den Abstand zwischen den Gurtmeßstellen und senkten somit das L, der negative Sprung und der innen sehr tief gelegte Kiel vergrößerten das D, und das ergab eine sehr große Innenhöhe. Zweck des Produktes B × D ist, einen Wert für die Fläche des Hauptspants als Anhalt für das Volumen des Rumpfes zu erhalten. Bei einem runden Spantschnitt, der zum Deck hin stark einfällt, entspricht der Wert B der Breite in einem einzigen Punkt, und zusammen mit der Deckshöhe in der Mitte eines negativen Sprungs und des im Bootsinneren tief nach unten reichenden Hohlraums eines Flossenkiels konnte D außerordentlich groß werden.

Ziel der Änderung von 1957 war, die Vorteile, die sich aus einem solchen „Loch" ziehen ließen, zu beschneiden; die Folge war, daß weniger Leichtbauboote gebaut wurden. Doch auch nach der Änderung wird die Länge zwischen zwei Gurtmeßstellen genommen, und von diesem Wert wird die „Komponente für Überhänge" abgezogen. Diese erhält man aus zwei weiteren Gurtmaßen, die weiter zur Mitte hin abgenommen werden. Es ist günstig, wenn diese neuen Gurtmaße möglichst weit von den erstgenannten entfernt liegen und wenn der Freibord an diesen Stellen nicht zu knapp ist. Also hohe und überhängende Schiffsenden.
Die Überhänge wurden zwar begünstigt, waren aber nicht frei. Geschenkt wurde nur der außerhalb der Gurtmeßstellen liegende Teil. Daher wurden die Schiffsenden Jahr für Jahr mehr „gekniffen", das heißt, die Spantschnitte bei den Gurtmeßstellen wurden immer schmaler und V-förmiger.
Nach der Mitte zu wurden die Boote sehr viel breiter, damit B nur an einer Stelle groß ist. Außerhalb der Gurtmeßstellen soll der Rumpf sich so langgestreckt wie möglich fortsetzen, den Achtersteven machte man von außen her gesehen konkav und den Vorsteven so lang und fein wie es ging wie ein Schnabel.

D wurde bei der letzten RORC-Formel an zwei Punkten außerhalb der Mitte auf der Hälfte der Länge und auf ein Viertel vom Vorsteven unterhalb der Wasserlinie gemessen. Es kommt nicht mehr darauf an, daß das Deck an dieser Stelle hoch ist, sondern vielmehr darauf, daß das Boot unter Wasser tief ist. Also einen breiten Hauptspant und tiefen Hauptspant, den Bootskörper am besten aus Metall, weil dann, dank der geringen Stärke der Außenhaut, die Innenhöhe noch größer werden kann. Vorn war der Spantschnitt so tief wie möglich.
Damit verschwanden Knickspantboote von der Art der ZEEVALK, bei denen die Innenhöhe von der Wasserlinie nach unten recht gering ist. Dafür erschienen die ganz leichten Boote mit noch härterer Kimm, die in der Mitte annähernd plattbodig sind, während das Knickspant an den Stellen, an denen die Innenhöhe gemessen wird, steil angestellt ist. Dadurch geringe wirksame Fläche des Spantschnitts, dafür maximale lineare Werte an den

Stellen, wo die Breite und die Innenhöhe gemessen werden.

Einen kräftigen Bonus zum Vermessungswert erhielt man ebenfalls, wenn man mit der Schraube und mit dem Bau-Material operierte. Die Belohnung für eine außermittig liegende Schraube war erheblich. Es zahlte sich aus, sie außermittig zu legen sowie eine Faltschraube zu verwenden.

Die Belohnung für starke und schwere Bauweise war groß. Es wurde das Gewicht der Spanten, der Decksbalken, der Außenhaut und des Decks berücksichtigt. Die AL NA'IR IV von Stephens, 22 Fuß, hat eine Außenhaut von 35 mm und hat innen drei Längsstringer 28 × 300. Der Kiel dagegen ist nur 82 mm stark.

Die augenfälligste Weiterentwicklung hat es wohl beim Rigg gegeben. Die Großsegel wurden immer kleiner, und die Zahl der Vorsegel nahm zu. Die Segelfläche schlug in der Formel stark zu Buche, ganz besonders die des Großsegels. Für ein Boot der Klasse III bedeuteten drei oder vier m² weniger Großsegel einen Fuß weniger Vermessungslänge, und das war in Sekunden je Meile schon ein entscheidender Vorteil. Mithin kleine Segelfläche mit großem Vorsegel aus unterschiedlicher Tuchstärke, um die Möglichkeiten des Riggs bis ins letzte auszuschöpfen. Wenn nur wenige Quadratmeter Segel verfügbar sind, dann muß eben aus diesen Quadratmetern alles herausgeholt werden.

Auch diese Formel hat den uns bekannten Entwicklungszyklus beschrieben. Die ersten Boote sind noch herkömmlich; sie ähneln denen der vorhergehenden Formel. Sie sind reichlich besegelt, und ihr Vermessungswert, in Fuß, Metern oder Tonnen ausgedrückt, entspricht ungefähr der wahren Größe des Bootskörpers. Dann werden die Rümpfe immer länger, und im Verhältnis dazu vermindert sich die Segelfläche.

Die ersten 6-m-R-Boote hatten etwa sechs Meter Wasserlinienlänge, die letzten 7,16. Die Segelfläche des modernen 6-m-R-Bootes ist um zwei oder drei Quadratmeter kleiner als die der älteren Boote, die in der Wasserlinie um zweieinhalb Meter kürzer waren.

Bei einem Vorkriegs-RORC-Boot entsprach die Rating ungefähr seiner Wasserlinienlänge. Vor ein paar Jahren betrachtete man dagegen ein Boot als nicht mehr konkurrenzfähig, dessen Rating nicht mindestens um 10 % kleiner war als seine Wasserlinienlänge.

Zum Schluß kam ein 22-Fuß-Boot auf 8,35 m Wasserlinienlänge, 27,5 Fuß, das sind etwa 17 %. Die Segelfläche ist die gleiche geblieben.

Wir können nunmehr die Diagnose vornehmen.
Die Formel war müde geworden, eine andere mußte her.

Olin Stephens war der wichtigste Mann in dem internationalen Ausschuß, der die „International Offshore Rule (IOR)" für Hochseeyachten 1970 in Kraft gesetzt hat.

Die Grundlage der neuen Formel ist für den Bootskörper die des RORC, mit Änderungen bei der Festlegung der Breite, der Gurtmaße, der Innenhöhe, des Propellerfaktors und des Materials in der Absicht, „abgekniffene" Schiffsenden und ähnliches nicht mehr lohnend zu machen. Die Formel ist mit Hilfe moderner Verfahren aufgestellt worden, aufgebaut auf Kurven, die aus einer großen Zahl von möglichen Bootskörpern gewonnen wurden, um so dem *rule cheater* das Leben schwerzumachen.

Das Vermessungsverfahren für die Segel ist das nach CCA. – Die RORC-Formel ist um die Stabilitätsprobe (Krängungsversuch) erweitert worden. Auf diese Weise soll das Gewicht des Bootskörpers in die Rechnung eingehen und verhindert werden, daß lediglich die vermessenen Bauteile verstärkt werden.

Mehr über die IOR-Vermessung in Anhang 3.

Die neue Formel ist in allen ihren Bestandteilen inzwischen vervollständigt worden. Ihr vornehmstes Ziel ist eine Rating, die der Wasserlinienlänge einigermaßen entspricht; sie will Boote mit großer Segelfläche, namentlich beim Großsegel.

XXIV Die neuen Kreuzeryachten

Nach dem Krieg entfernt sich die Kreuzeryacht von der Linie, der wir nachgegangen sind, und gerät auf Abwege. Wir werden uns damit nicht weiter befassen. Die Kreuzeryacht geht eine Verbindung mit dem Motorboot ein und wird zum „motor sailer". Ein sehr „richtiges" und praktisches Fahrzeug mit voller Existenzberechtigung, doch würde es das Thema dieses Buches sprengen. Der Entwurf eines Motorseglers ist eine Sache für sich, und der Entwurf von Motorbooten ist wieder etwas anderes.

Die Grenzlinie zwischen Segelboot und Motorsegler ist nicht eindeutig. Alle Segelboote haben heute einen Motor, alle Motorsegler haben Segel. Für mich ist ein Boot dann ein Segelboot, wenn es auch ohne Motor noch sinnvoll ist, ein Boot also, von dem man sich vorstellen kann, daß es mit Hafenmanövern, mit einer Kreuzstrecke, mit leichtem Wind und schlechtem Wetter unter Segel fertig wird.

Viele Boote, die den Anspruch erheben, Kreuzer-Segelyachten zu sein, sind in Wirklichkeit Motorsegler mit zu knapp bemessener Maschinenleistung oder solche mit einem Bootsrumpf, der mit Motor zu langsam ist, weil man ihnen kein der installierten Maschinenleistung angemessenes Achterschiff geben wollte, aber auch keinen reinen Segelbootsrumpf.

Der erfahrene Yachtsegler, der eine Kreuzeryacht haben möchte, verlangt fast immer nicht das Modernste, denn das Regattaboot des Augenblicks, das die neusten Ideen verkörpert, ist für ihn nicht gut, es hat jene Eigenschaften als seegehendes Boot eingebüßt, welche die Boote zehn, zwanzig Jahre früher hatten, auch die Regattaboote. In jeder Epoche ist das das gleiche.

Die gute Kreuzeryacht *muß* von gestern sein.

Die letzte reine Kreuzeryacht, die wir gesehen haben, war die DYARCHY von 1937. Ein großartiges Boot. Stellt man sie jedoch neben die anderen Yachten dieser Zeit (wir befinden uns im Jahre der ORTAC und der MAID OF MALHAM), dann gibt es keine rechte Begründung mehr für dieses Boot, so sehr es im einzelnen in der Eleganz und seinem seetüchtigen Aussehen unsere Bewunderung herausfordert. Die DYARCHY wäre ein wunderbares Boot gewesen, um mit JOLIE BRISE und TALLY HO die erste Fastnet-Regatta zu segeln.

Das gilt für jede Zeit. Die FLAME, jene Kreuzeryacht von vor 60 Jahren, besaß die Formen der Kutter 25 Jahre vor ihr, welche die Segler von damals ablehnten, und die wiederum schwärmten für die Lotsenkutter.

So geht es eben mit dem Geschmack der Segler, denen, die Regatten und denen, die Fahrten segeln. Der eine hat es zu eilig, der andere will es gemütlich.

Das gilt vor allem für die Boote, die nur fahrtensegeln. Die große Erfahrung eines Eigners wird zum Festhalten am Alten, und an jeder Einzelheit erkennt man die Suche nach dem, „wie es immer war".

Wer zur See fährt, trifft seine Wahl nur zu oft nach mehr ideologischen, denn nach praktischen Erwägungen.

Heutzutage ist der Abstand zwischen der reinen Rennyacht und einem Regattaboot, das auch für Fahrtensegeln annehmbar ist, immer kleiner geworden. Wahrscheinlich deshalb, weil zunehmend Leute hineinkommen, die in der Sache nicht so erfahren sind wie diejenigen, die wirklich ein Fahrtenboot haben wollen.

Überspitzt ausgedrückt möchte derjenige, der durchaus keine Erfahrung hat, entweder ein hochmodernes Boot vom fortgeschrittensten Typ (und wehe, wenn es aus Holz ist, denn Holz muß ja gepflegt werden und die anderen Baustoffe nicht), oder er will sein Boot „traditionell", und dann muß es zwei Masten und einen Klipperbug sowie eine Galionsfigur, Webeleinen usw. haben.

Die Welt der Boote, die man heute als Fahrtenboot bezeichnet, ist, leider, eine Welt, die überwiegend von häßlichen Konstruktionen beherrscht wird, mit überhohen Seitenwänden, mit Aufbauten, die mit jedem Jahr größere Höhen erreichen, wie sie noch ein paar Jahre zuvor unvorstellbar gewesen wären.

Macht nichts, der Motor schiebt alles voran.

Die Boote dieser Richtung könnten ein Buch für sich füllen. Es kämen darin viele Boote mit zwei Aufbauten und einer Mittelplicht vor, überragt von einem großen „doghouse" mit riesigen Fenstern. Sehr breite und hohe Aufbauten, nichts mehr von freiem Deck. Das größte Lob für eine Fahrtenyacht ist, daß sie „bequem" ist, und darunter versteht man das Gefühl, bei sich zu Hause zu sein, wenn man an Bord ist. Ein bürgerliches Ideal, aber im Grunde nicht einmal so verkehrt. Nur wenn man das auf einem Segelboot verlangt, dann verschwindet das Segelboot und übrig bleibt der Motor-Segler, der, was Wohnlichkeit anbelangt, schlechter ist als eine Motoryacht, aber immer noch besser als ein reines Segelboot.

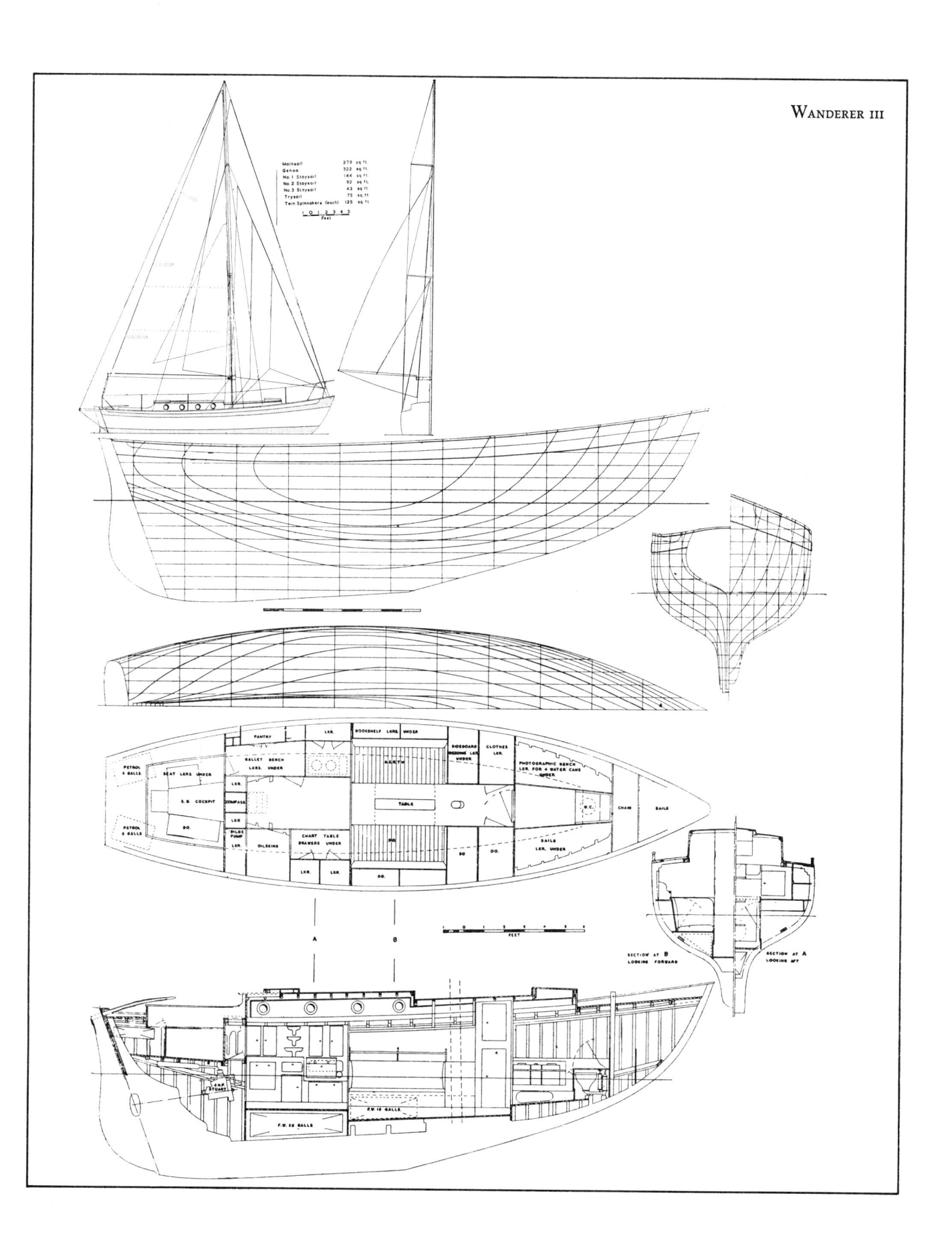

Wanderer III

Mainsail	270 sq ft
Genoa	322 sq ft
No. 1 Staysail	144 sq ft
No. 2 Staysail	92 sq ft
No. 3 Staysail	43 sq ft
Trysail	75 sq ft
Twin Spinnakers (each)	125 sq ft

Ketsch von Arthur Robb

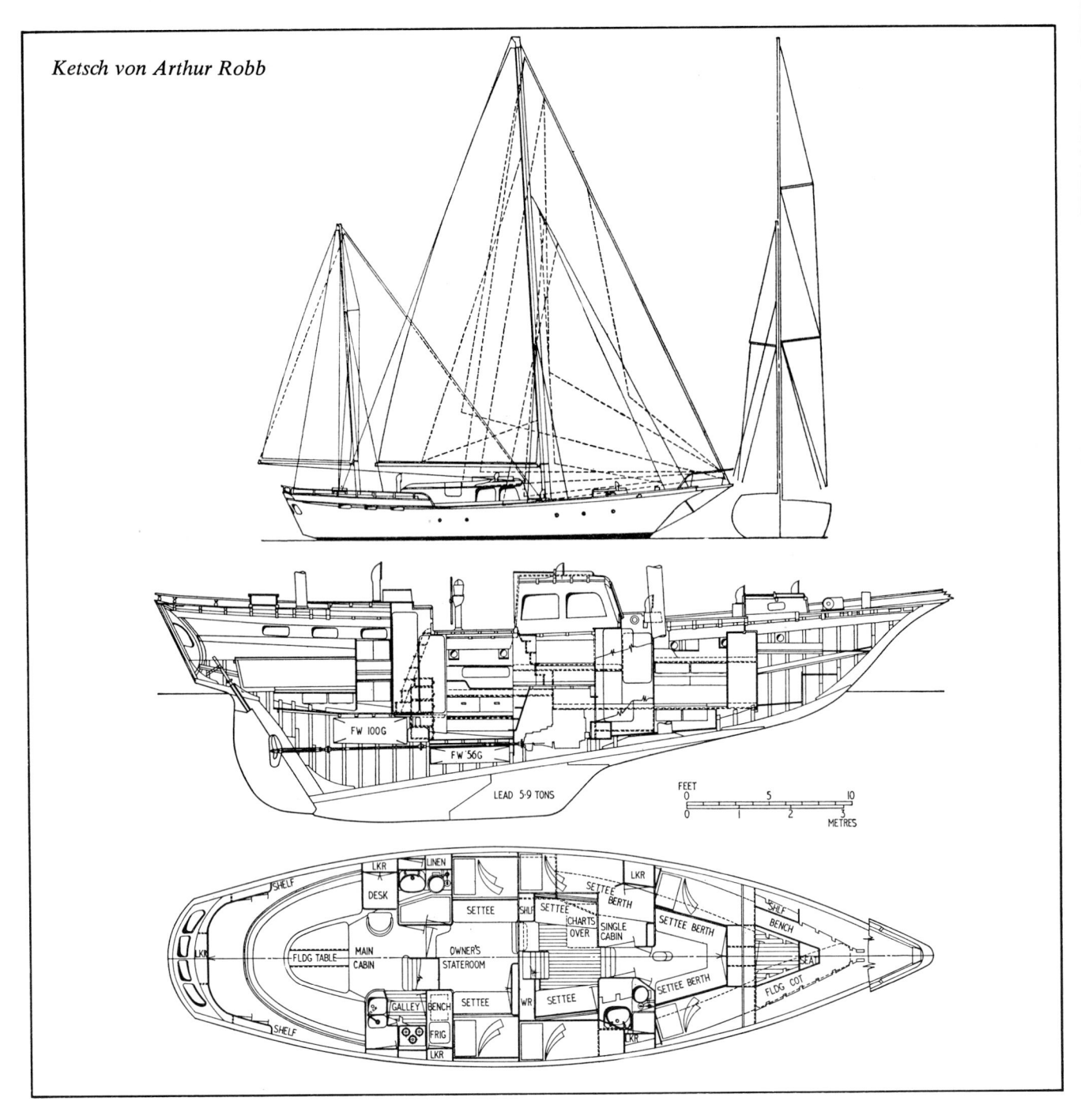

Zu dieser Art von Booten gehört die WANDERER III nicht. Giles hatte sie für das Ehepaar Hiscock entworfen. Die beiden hatten auf WANDERER II, einem kleinen, gaffelgetakelten Kutter von 7,30 m, der 1936 ebenfalls nach einem Entwurf von Giles gebaut worden war, im Jahre 1950 eine Reise zu den Azoren gemacht.

Der neuen WANDERER von 1952 lag der gleiche Gedanke zugrunde, allerdings war sie größer, weil die Hiscocks große Pläne hatten. Sie machten mit diesem Boot ihre Weltumsegelung. Panama, die Inselwelt des Pazifik, Neuseeland, Indischer Ozean, Kap der Guten Hoffnung.

Eric Hiscock hat Bücher über das Fahrtensegeln geschrieben, die zu den maßgebendsten und vollständigsten über dieses Thema gehören[50]. Die Maße der WANDERER III sind:

8,23-m-Schoner

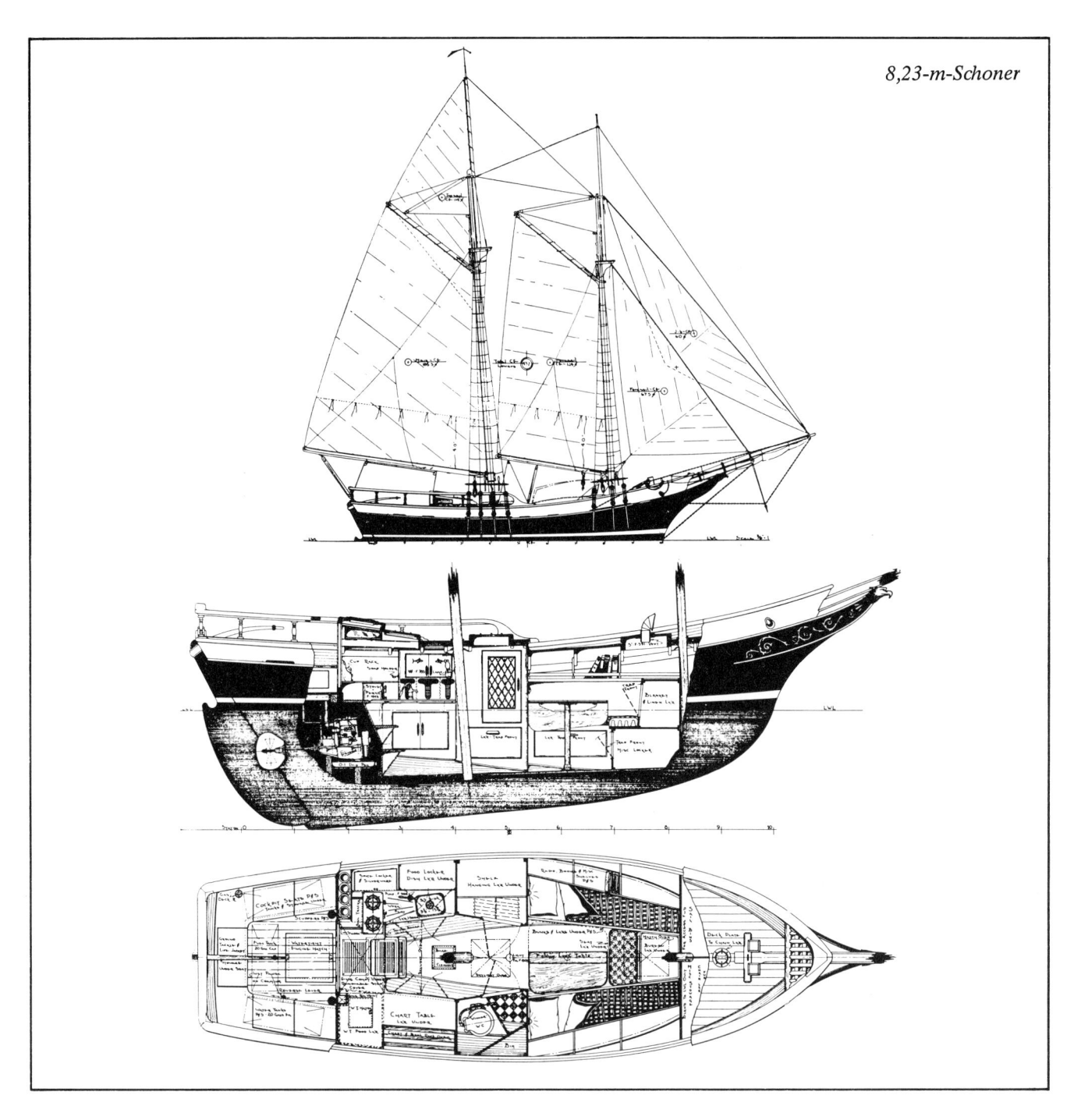

Länge über alles	9,20 m
Länge Wasserlinie	8,03 m
Breite	2,56 m
Tiefgang	1,52 m
Segelfläche	56 m²
Verdrängung	7,10 t

Bei Festlegung dieser Maße sprachen auch die großen Erfahrungen der Hiscocks mit, die sie auf dem vorherigen Boot gesammelt hatten, mit dem sie sehr zufrie-

---

[50] Eric C. Hiscock: „Segeln in Küstengewässern", „Segeln über sieben Meere", „Atlantik-Kreuzfahrt mit Wanderer III", „Zu fernen Küsten" – alle im Verlag Delius, Klasing + Co., Bielefeld.

Schoner von William Garden

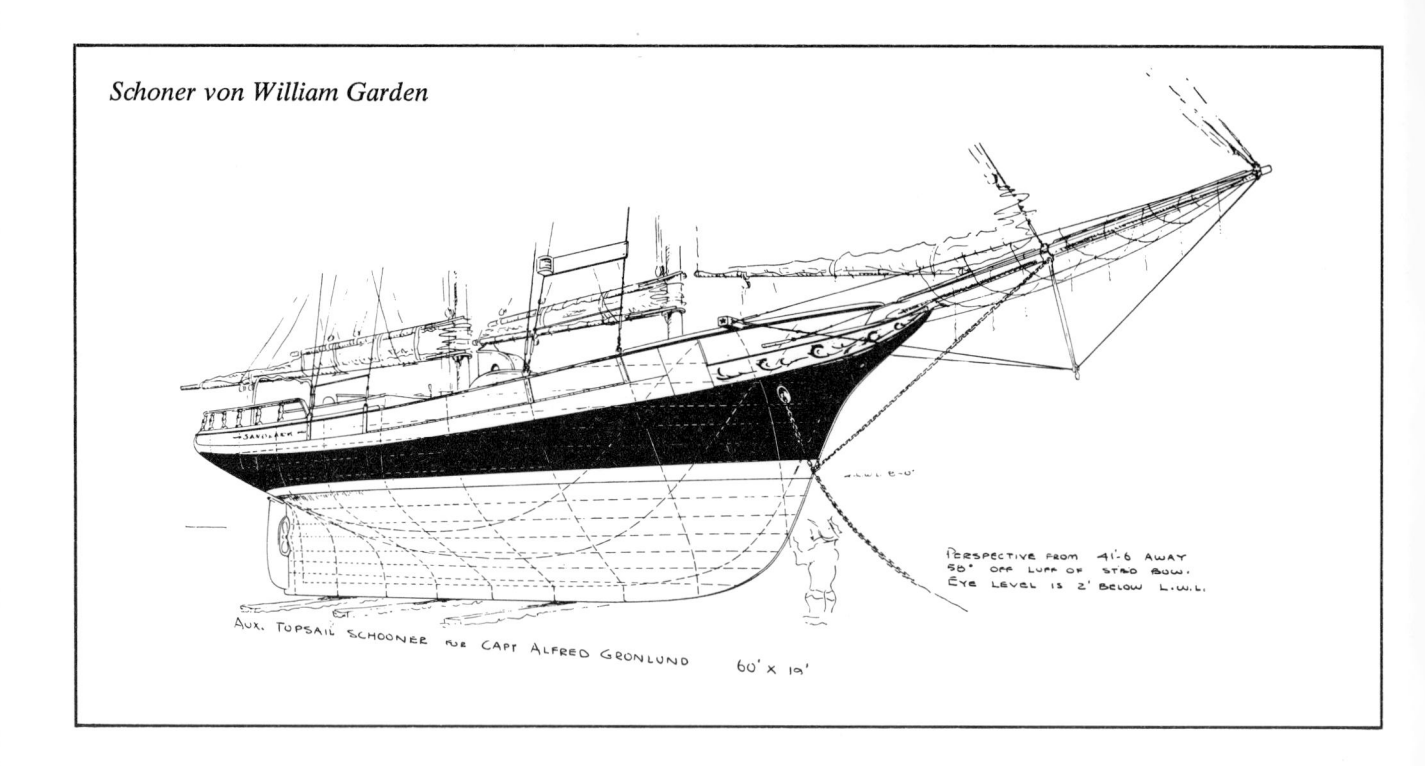

den gewesen waren. Die WANDERER III war in der Wasserlinie 1,70 m länger; sie gehörte zu dem Typ, den Giles den Fahrtenseglern mit Vorliebe empfahl: ein Boot wie die DYARCHY oder die VERTUE.
Das Boot ist ziemlich schlank; Hauptgrund dafür ist die Themse-Formel, nach der die englischen Bootsbauer noch heute den Preis schätzen. Einen halben Meter mehr Breite, und das Boot wäre von acht auf zehn Tonnen gekommen, mit entsprechender Erhöhung des Preises.

Vieles andere wurde von den Hiscocks bestimmt. So der annähernd vertikale Achtersteven – dadurch wurde der Kiel länger und die Kursstabilität besser; so die schwere Bauweise (Verhältniszahl 380), der hohe Freibord, um die Ausrüstung für Langreisen besser zu tragen. „... wenn wir sie für eine lange Reise beladen, taucht sie um 5 Zoll tiefer als die 5 Fuß des Entwurfs."
Sluptakelung, es kann aber ein bis zum Topp reichendes Vorsegel gefahren werden, desgleichen Doppelfocks für lange Strecken mit achterlichem Wind.
Die Inneneinrichtung ist Maßarbeit. Nur zwei Kojen, eine Kombüse von 1,90 m und viel Platz für alles, was man braucht. Ein Minimotor von 4 PS.
Hiscock lobt die Segeleigenschaften des Bootes, ist freilich von seinem Verhalten in offener See nicht ganz befriedigt, „was meiner Meinung nach hauptsächlich an der geringen Größe des Bootes liegt".

Wir sind nach drei Jahren wieder nach Hause gekommen. In dieser Zeit hat unser kleines Schiff an die 32 000 Meilen zurückgelegt, ohne daß wir je einen ängstlichen Moment gehabt hätten. Es ist ein feiner kleiner Kreuzer. Ich meine aber, etwas mehr Breite und größerer Tiefgang würden ihre ziemlich harten Bewegungen etwas dämpfen; etwas mehr Segelfläche wäre ebenfalls nicht schlecht und ein stärkerer Motor.

Das ideale Boot wird in einem Artikel des „Yachting World Annual" 1959 unter der Überschrift „Wenn ich noch einmal bauen würde" beschrieben.
Einen Meter und etwas länger (das kennen wir schon), entsprechend breiter, aber wenig Tiefgang, „um noch dahin zu können, wo auf der Karte ein Faden (1,83 m) steht". Kurze Überhänge, das Deck hinten hochgezogen, um achtern mehr Auftrieb zu haben, „damit der Rudergänger nicht zu oft naß wird".
Die Hochtakelung und die feinen Linien brachten bei den Ozeanüberquerungen keinen Nutzen. Ausgezeichneter Am-Wind-Segler bei wenig See, kam das Boot draußen bei Gegenwind zwischen 4 und 6 praktisch nicht höher

Schoner von William Garden

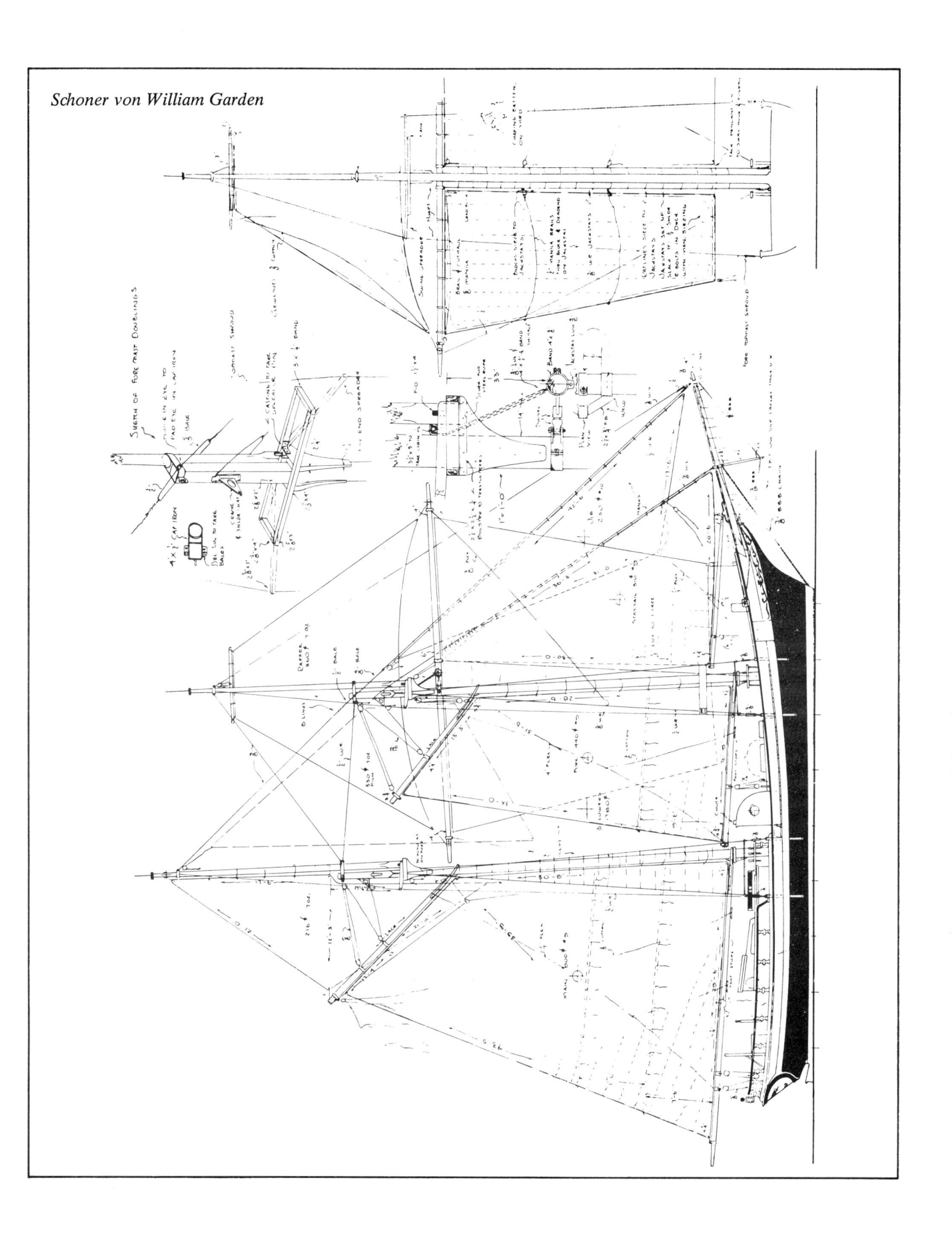

ALGAIOEA II

als 6 Strich, das sind etwa 70° an den Wind, und das ist auch nicht besser als das, was ein breiteres Boot mit Gaffelrigg geleistet hätte. Daher sollte das neue Boot getakelt sein wie die DYARCHY. Ein Rigg mit langer Grundlinie, um auch bei nicht so hohem Mast eine gute Segelfläche zu haben. Ein Kutter mit zwei Vorsegeln, Bugspriet, zwei Vorstagen, Gaffelgroßsegel und großem Toppsegel. Ein Marconi-Segel für Langfahrten muß aus starkem Tuch sein, schmal und ohne Rundung im Achterliek. Besser ein niedriges, noch schwereres Gaffelsegel, das man immer fahren kann, und oben ein leichtes Toppsegel, das bei leichtem Wind besser steht und leicht geborgen werden kann, wenn das Rigg gut durchdacht ist.
Die Boote von vor 25 Jahren sind immer noch die besten, um zur See zu fahren.

Ein Boot, das dem Ideal vieler Segler und wohl auch dem der Hiscocks sehr nahe kommt, ist von Arthur Robb gezeichnet worden. Von dem englischen Konstrukteur Robb habe ich bis jetzt noch nichts gezeigt, er hat aber einen sehr guten Namen als erfolgreicher Konstrukteur von Rennyachten nach RORC, CR und von 5,5ern. Er hat viele Boote nach der CCA-Formel gezeichnet, die in Amerika großen Erfolg hatten. Nun, da ich zu den Regattaergebnissen der fünfziger Jahre komme, stoße ich immer häufiger auf seine Lion-Klasse, konzipiert für die RORC-Klasse III.

Diese Konstruktion ist in ihrer Entstehung ein Fall für sich. Der Konstrukteur hatte keineswegs die Absicht, traditionell nachzubauen; er gab ihr vielmehr die dem beabsichtigten Zweck entsprechenden Eigenschaften. Hohes Achterschiff, wie das Hochdeck einer Galleone, Fenster im Spiegel, an Deck eine Reling mit kleinen, gedrechselten Holzstützen. Klipperbug mit Bugspriet.
Diese Besonderheiten sind die logische Folge aus den Rumpfabmessungen. Es gibt keine bessere Art, um den Platz hinten auszunutzen. So ist ein wunderbarer Salon mit Hufeisensofa, einem Tisch in der Mitte und zehn Fenstern entstanden. Vor dem Hochdeck das Ruderrad und ein hohes Deckshaus, so daß der Motor unter den Bodenbrettern Platz findet. Der Klippersteven ist für ein Boot mit Bugspriet am besten, wenn man feine Vorschiffslinien und eine leichte Handhabung des Ankers haben möchte.

Diese Fahrtensegler-Konstruktion von Robb hat viel Beifall gefunden, und der Entwurf ist oft nachgebaut worden. Eine optimale Lösung von einem tüchtigen

NAUSICAA

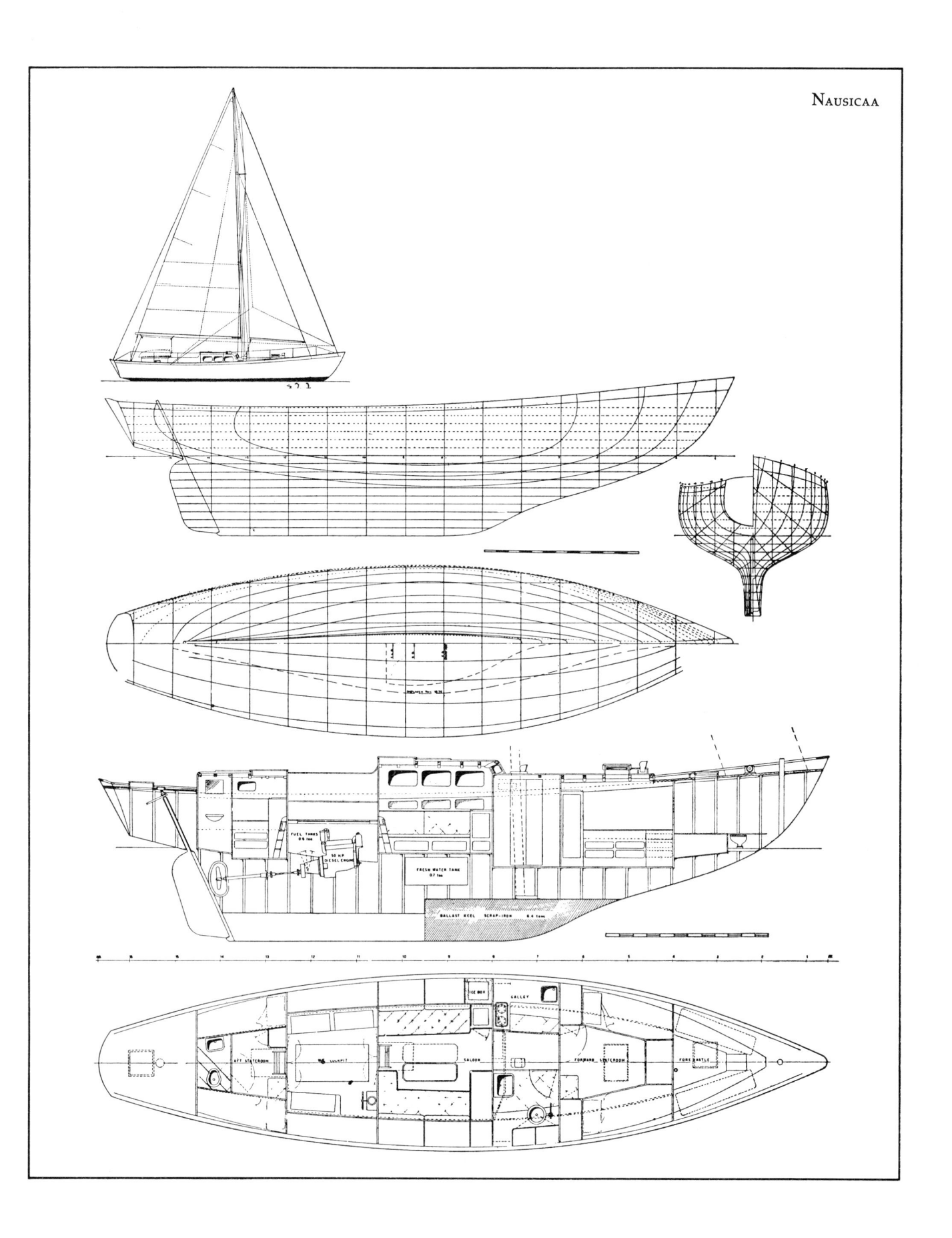

BLUE LEOPARD

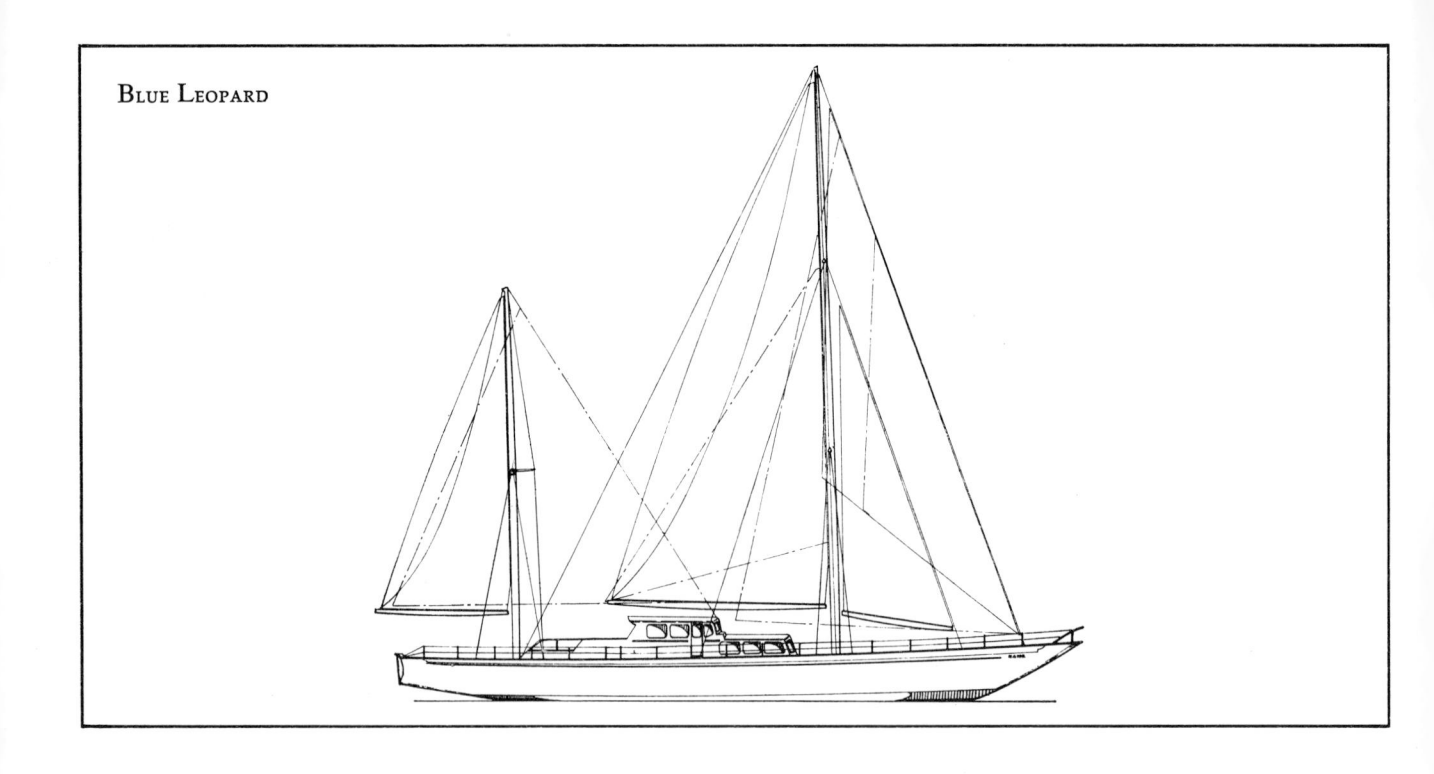

Fachmann, die den Wünschen einer starken Gruppe von Seglern entgegenkommt.

Länge über alles	14,50 m
Länge Wasserlinie	11,28 m
Breite	3,89 m
Tiefgang	2,26 m
Verdrängung	16,4 t

Geht man den Weg des traditionellen Geschmacks, der nun aber erklärte Absicht ist und nicht nach einer technischen Rechtfertigung sucht, wie Robb das bei seinem „Galleone-Klipper-Motorsegler" getan hat, bis zu Ende, dann gelangt man zu den kleinen Schonern von William Garden. Garden ist ein amerikanischer Konstrukteur, der Handelsschiffe und Sportboote jeder Art entworfen hat. Die Mannigfaltigkeit amerikanischer Kreuzeryachten ist überwältigend. Ich schreibe das nieder, während ich die Ausbeute von Entwürfen durchblättere, die vor zehn Jahren in „Universal Motor" unter der Überschrift „Boats Today" veröffentlicht wurden. Der kleine Kutter mit Bugspriet, Gaffel, Großsegel und zwei Vorsegeln ist für den amerikanischen „boatman" keineswegs etwas Umwerfendes. Die Neuauflagen früherer Berufsfahrzeuge eröffnen muntere und malerische Möglichkeiten. Ein „bateau", als „bugeye" getakelt, 14,30 m lang, plattbodig, das bei aufgeholtem Schwert 95 cm tiefgeht; ein „gundalow" mit quadratischem Vorschiff von 11 m Länge, 3 m breit, das 65 cm Tiefgang hat, mit Lateinersegel und Seitenschwertern; jede Menge „catboats" mit einem Mast oder als Schoner getakelt, Scharpies mit plattem Boden, Gloucester-Schoner, die über alles 10 m lang sind. Dann gibt es ein ganz breites und hohes Fahrzeug, das zu einer „neuen Arche für einen modernen Noah" erklärt wird. Bei den Motorbooten finden wir kleine Kriegsschiffe und kleine Transatlantikdampfer mit falschen Schornsteinen, alles um die zehn Meter lang.

Aus der Masse springen die Boote von Garden ins Auge. Sie werden uns in einer ganz persönlichen Note vorgestellt; zum Entwurf gehört immer eine absichtlich flüchtig hingeworfene, aber höchst wirkungsvolle Zeichnung im Stil eines guten Comic Strips; es ist eine perspektivische Ansicht des ganzen Schiffes, eine muntere Mischung von technischer Zeichnung mit überaus akkuraten Rumpflinien und – man weiß nicht recht, soll man es malerisch oder geschäftstüchtig, gerissen oder geistreich nennen, jedenfalls aber ist es sehr amerikanisch –

BLUE LEOPARD

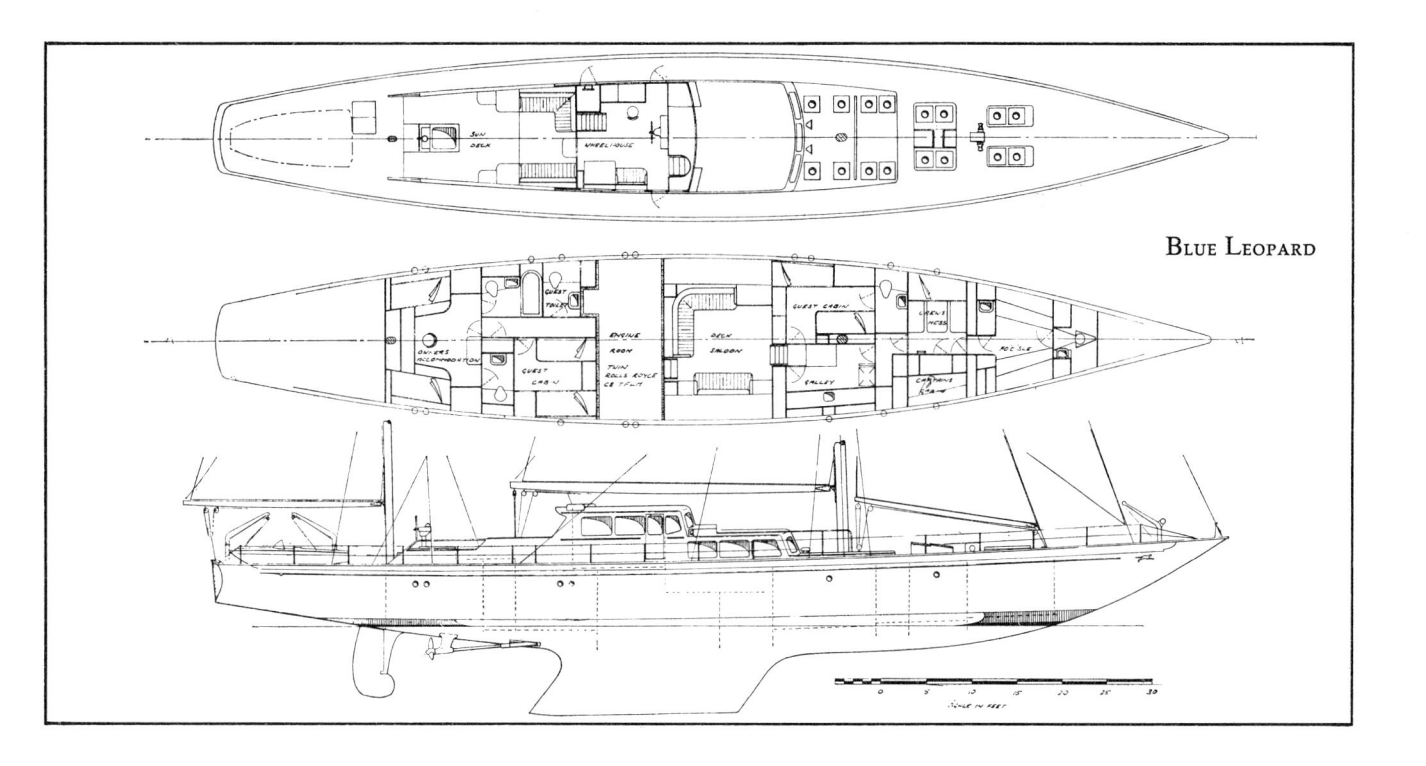

festgemachten Segeln, Webleinen, herunterhängenden Enden. Und nie fehlt er: Irgendwo steht ein kleiner Mann mit Pfeife.

Diese Boote sind manchmal sehr klein. In der erwähnten Sammlung hat ein Schoner mit Gaffelgroßsegel und Toppsegel am Großmast, Stengen am Großmast, Bugspriet mit Klüverbaum, darunter ein Wasserstag (Kette), die folgenden Maße: Länge über alles 8,23 m, Länge in der Wasserlinie 6,90 m, Breite 2,74 m.

Der Schoner, dessen Segelriß ich bringe, ist allerdings nach europäischen Maßstäben ein großes Boot: Deckslänge 18,30 m, Breite 5,80 m. Er wird als „romantic topsail schooner" vorgestellt. Garden schreibt dazu:

Dies ist das normale Modell des Handelsschoners mit seinem für Langfahrten gut geeigneten Rigg. Die perspektivische Zeichnung gibt einen guten Begriff von dem Schiff, das viele aus dem Clan der Langfahrtsegler anspricht.

Die Einzelheiten des Riggs werden den interessieren, der die Arbeitsweise einer Rah mit Rahsegeln nicht kennt. Das Segel wird mittels Ausholern gesetzt und ausgespannt gehalten. Das war das Verfahren auf verschiedenen Viermastschonern von der Pazifikküste, die nach Australien und den Südseeinseln fuhren.

Stellen sie sich das Echo vom Klirren der Ankerkette zwischen den Bananenstauden vor, und die Eingeborenen springen in ihre Kanus aus ausgehöhlten Baumstämmen, um uns lärmend willkommen zu heißen. Auf dem Vorschiff stapeln sich die Tauschwaren; und das Ganze im Jahre 1880.

Bruno Veronese aus Genua hat eine Reihe von Mittelmeeryachten verschiedener Größe gezeichnet, alle nach einem Grundgedanken, der von Boot zu Boot weiterentwickelt und der jeweiligen Bootsgröße angepaßt wird. Charakteristisch ist der Sprung mit dem tiefsten Punkt ziemlich in Bootsmitte. Dadurch kommt das Heck sehr hoch, fast so hoch wie der Bug, die Spantflächen sind weitestgehend ausgeglichen, die Grundlinie des Kiels ist fast immer waagerecht. Die Linien, die eine Hand aufs Papier bringt, sind wie eine Handschrift, sie haben etwas ganz Persönliches, das man in allen Entwürfen des Betreffenden immer wiedererkennt.

Veronese zeichnet mittelschwere und schwere 10- bis 12-m-Boote mit ausgeprägtem V-Spant, die er nach der Turnerschen Methode ausgeglichen hat. Bei einem kleinen Fahrtenboot hat man oft das Problem einer geringen oder improvisiert zusammengestellten Besatzung, daher ist Ausgeglichenheit eine sehr nützliche Eigenschaft. Der

Motor ist sehr klein, es sind in jeder Hinsicht echte Segelboote.

Bei etwa 15 Metern kehrt sich dieser Gedankengang um. Langer und leichter Bootskörper, wenig Tiefgang, ziemlich volles Achterschiff. Von einer großen Kreuzeryacht verlangt man, daß sie „Weg macht", der Eigner will auch mit einer guten Geschwindigkeit unter Motor rechnen können. Allein bei leichtem Bootskörper und langem, wenig tiefgehendem Kiel lassen sich bei einem Segelbootsrumpf gute Leistungen unter Motor herausholen. Der Auftrieb der Achterschiffsschnitte wird durch extrem U-förmige Spantflächen erreicht, die gewählt wurden, um das Achterschiff nicht so breit machen zu müssen wie bei den Motorseglern, denn das würde, wenn die eine Seite beim Segeln eintaucht, die für den Rumpf erforderliche Ausgeglichenheit unter Segel zum Verschwinden bringen.

Die abgebildete NAUSICAA wurde 1955 in Italien gebaut und gehört dem eben beschriebenen Typ an.

Länge über alles	16,00 m
Länge Wasserlinie	13,00 m
Breite	3,95 m
Tiefgang	2,00 m

Die Verdrängung beträgt 18,5 t, das gibt ein Verhältnis Verdrängung/Länge von 242. Ein leichter Rumpf mit 34 % Ballastanteil. Mit einem 52-PS-Motor, für heutige Begriffe keineswegs übertrieben stark für ein 16-m-Boot, kommt die verfügbare Leistung auf 2,8 PS/t und damit auf eine garantierte Geschwindigkeit von acht Knoten; das entspricht dem Wert für einen Motorsegler bei einem Rumpf, der ohne weiteres auch vorzügliche Leistungen unter Segel hergeben kann.

Ein weiterer Vorzug des Leichtbaus. Man könnte ausgiebig über seine Vorteile für reine Segelboote streiten, will man jedoch gute Motorleistungen, dann gibt es nur diese Wahl. Vom Standpunkt des Motors sind große Hauptspantfläche, steil aufgekimmte Spantschnitte, unnötig schlanke Überhänge und großer mitgeschleppter Ballast negativ zu werten. Wir haben gesehen, daß das „light displacement" bei starkem Wind und raumem Kurs unerhört stark ist, und eben das sind die Bedingungen bei Motorfahrt, wenn hohe Leistung zur Verfügung steht.

In der NAUSICAA haben wir ein ausgezeichnetes Beispiel für einen gelungenen Ausgleich zwischen der traditionellen Segelyacht, bei der Rumpf, Rigg und Gestaltung der Aufbauten hübsch aussehen, und ganz zeitgemäßen, aus den Anforderungen und Möglichkeiten der Technik geborenen Merkmalen. Bootskörper aus Stahl, Leichtbauweise und gute Geschwindigkeit auch bei Motorfahrt.

Heute würde kein Mensch mehr bereit sein, die geringe Bequemlichkeit der großen Schonerkreuzeryacht um die Jahrhundertwende in Kauf zu nehmen; man verlangt wohnlichere Kammern und einen geschützten Steuerstand (wir leben nicht mehr in der „deck chair era"), man will nicht mehr auf eine große Besatzung angewiesen sein, und man wäre mit ihrer geringen Geschwindigkeit unter Motor nicht mehr zufrieden. Bei der großen Motoryacht von heute, wie teuer sie auch sein mag, ist nur noch recht wenig geblieben von der klassischen und unvergänglichen Schönheit ihres segelnden Gegenstücks von vor 50 Jahren. In den Häfen der Riviera oder der ligurischen Küste, wo sich die dicken Yachten drängen, wirken sie wie der normale, anonyme, stets mit Aufbauten überladene kleine Dampfer, der nicht selten „verschönt" ist durch Stromlinienfenster und Aufbauten, die den Eindruck von Schnelligkeit und Rasanz machen sollen, denen aber jede Berechtigung fehlt angesichts der Geschwindigkeiten, die das Schiff in Wirklichkeit erreichen kann.

Das kann man nun gewiß weder von der BLUE LEOPARD, 1963, noch von der LAMADINE, 1966, sagen; beides Entwürfe von Giles, die man schon eher mit den SHAMROCKS und der J-Klasse vergleichen könnte als mit einem modernen Motorsegler. Giles hat, das kann man wohl sagen, mit diesen Entwürfen den Motorsegler von großer Klasse erfunden, die große Yacht, die mit modernen Parametern an die Stelle der großen Yachten von vor 70 Jahren getreten ist.

Ein Vergleich zwischen den Hauptmerkmalen der BLUE LEOPARD und der BRITANNIA von 1893 macht den Unterschied zwischen dem klassischen und dem modernen Bootstyp deutlich.

Das Verhältnis Segelfläche/Tonne von 3 m² ist bei der BLUE LEOPARD das gleiche wie bei der reinen Segelyacht BRITANNIA. 1933 wurde die BRITANNIA auf Marconi-Takelung umgerigt, wodurch die Segelfläche auf 860 m² verkleinert wurde.

Das bedeutet weniger Besatzung. Yachten wie die BRITANNIA hatten bis zu 50 Mann bei gleicher potentieller Geschwindigkeit. Die BLUE LEOPARD ist unter Segel auf 15 Knoten gekommen.

Bei einer Regatta mit leichtem Wind hätte die Britannia ohne Schwierigkeiten gewonnen, wenn das auch aus dem reinen Verhältnis der beiden Segelflächen nicht so ohne weiteres ersichtlich ist. Nur, wo ist heute der Yachtsegler, der mit einem solchen Schiff bei leichtem Wind segelt? Mit ihren 760 Pferden ist die Blue Leopard auf 15 Knoten gekommen; bei frischem Wind unter Segel und Motor hat sie mit 16 Knoten ihre Höchstfahrt hergegeben.

Solche Geschwindigkeiten kann man von einem klassischen Bootskörper nicht verlangen. Wir befinden uns bereits im Gleitzustand; 15 Knoten bei einer Wasserlinienlänge von 91,5 Fuß bedeuten ein $V/\sqrt{L} = 1,6$, und das gibt es allein beim Leichtdeplacement.

	Britannia	Blue Leopard
Länge über alles	37,20 m	34,00 m
Länge Wasserlinie	26,50 m	27,90 m
Breite	6,47 m	5,80 m
Tiefgang	4,47 m	2,90 m
Segelfläche	1000 m²	326 m²
Verdrängung	156 t	51 t

Die Lamadine hat 29,60 m Länge über alles, 20,75 m in der Wasserlinie, Breite 5,31 m. Der gleiche Baugedanke hat bei ihr Pate gestanden, sie ist jedoch etwas kleiner und hat ein größeres Verhältnis Verdrängung/Länge. Der englische Konstrukteur Alan Buchanan hat die Algaiola II nach dem gleichen Grundsatz gezeichnet, das Boot wurde 1967 in Triest gebaut.

Ihre Daten sind die der Lamadine, die Verdrängung ist ein wenig größer. Das Verhältnis Verdrängung/Länge beträgt 209 gegen 137 bei der Blue Leopard (das ist nicht sehr realistisch, man dürfte es kaum schaffen, das Boot seemäßig ausgerüstet dermaßen leichtzuhalten), dem Extrem des Typs nach der anderen Seite.

Ich habe ihre Linien vor mir liegen. Sie zeigen einen Rumpf von großer Stärke, sehr feines Vorschiff (Winkelhalbierende des Eintrittswinkels 18°), die Spantschnitte im Achterschiff sind praktisch halbkreisförmig mit gestrecktem und glattem Sentenverlauf.

Der Längsriß mit dem überhängenden Vorschiff und dem fast senkrecht abgeschnittenen Heck sowie das freistehende Ruder geben dem Rumpf ein sehr modernes Aussehen. Bei näherer Untersuchung zeigt sich allerdings, daß diese Modernität vor allem scheinbar ist. Wir haben einen langen und schlanken Schiffskörper mit runden Spantschnitten, leichtem Deplacement und wenig Tiefgang vor uns. Mithin die Daten der großen Motoryacht, fast hätte ich gesagt: Dampfyacht, die zu ihrer Zeit eher durch die Größe und Feinheit des Schiffskörpers denn durch hohe Motorkraft zu sehr guten Geschwindigkeiten befähigt war.

Das ist das alte Rezept für hohe Marschgeschwindigkeiten. Wenn man in die Größenordnungen dieser Yachten eintritt, dann ist die allein von der Größe her gegebene Geschwindigkeit bereits gut, und sie ist vor allem bei jedem Seegang durchzuhalten.

Es macht Spaß zu hören, was ihr Erbauer Mariano Craglietto über die Probleme einer dermaßen gewaltigen Yacht wie die Algaida II und über seine Empfindungen bei der Jungfernfahrt zu berichten hat.

Alles ist irrsinnig hart, schwer, enorm. Auf den Schoten, die ein paar Zoll über dem Deck laufen, kann man entlanggehen, sie geben nicht nach, kommen nicht auf das Deck herunter. Das Gewicht und die Kraft des Menschen sind nichts, alles muß mit Maschinenkraft getan werden. Eine Riesenarbeit, bei frischem Wind die große Genua auf das Vorschiff zu holen. Man muß in den Wind gehen, damit das Segel von selber an Deck fällt, und wehe, jemand ist darunter!

Das niedergeholte Großsegel festzumachen ist eine Arbeit für vier bis fünf Leute. Die große Genua hat 164 m², das Großsegel 129.

Man macht sich von der Geschwindigkeit keinen richtigen Begriff. Bei ganz leichtem Wind sollten vom Motorbeiboot aus die ersten Aufnahmen des Schiffes unter Segel gemacht werden. Das Beiboot läuft mit äußerster Kraft, aber es bleibt zurück; man muß versuchen, langsamer zu segeln, um es wieder aufzunehmen. Man sieht so gut wie kein Kielwasser. Krängung ist nicht zu bemerken. Fahrt sieben Knoten.

Auf einmal ein Vorfall, der fatal hätte enden können. Der achtere Umlenkblock für die Schot des Yankee-Vorsegels, ein Klappblock, springt auf, die Schot schießt nach vorn. Das erste, was sie trifft, ist das Setzbord auf dem Schutzdach des Steuerstandes an Deck, das 5 cm stark ist. Sie reißt das Schutzdach aus lackiertem Teak weg und hinterläßt tiefe Spuren auf dem massiven Holz, wie ein schwerer Axthieb.

Ein zu großes Schiff, mit Problemen, die mit einer solchen Größe einhergehen. Ein würdiger Nachfolger der großen Yacht von einst. Giles hat einen originellen, modernen Yachttyp von großer Klasse geschaffen.

XXV Yachten von heute

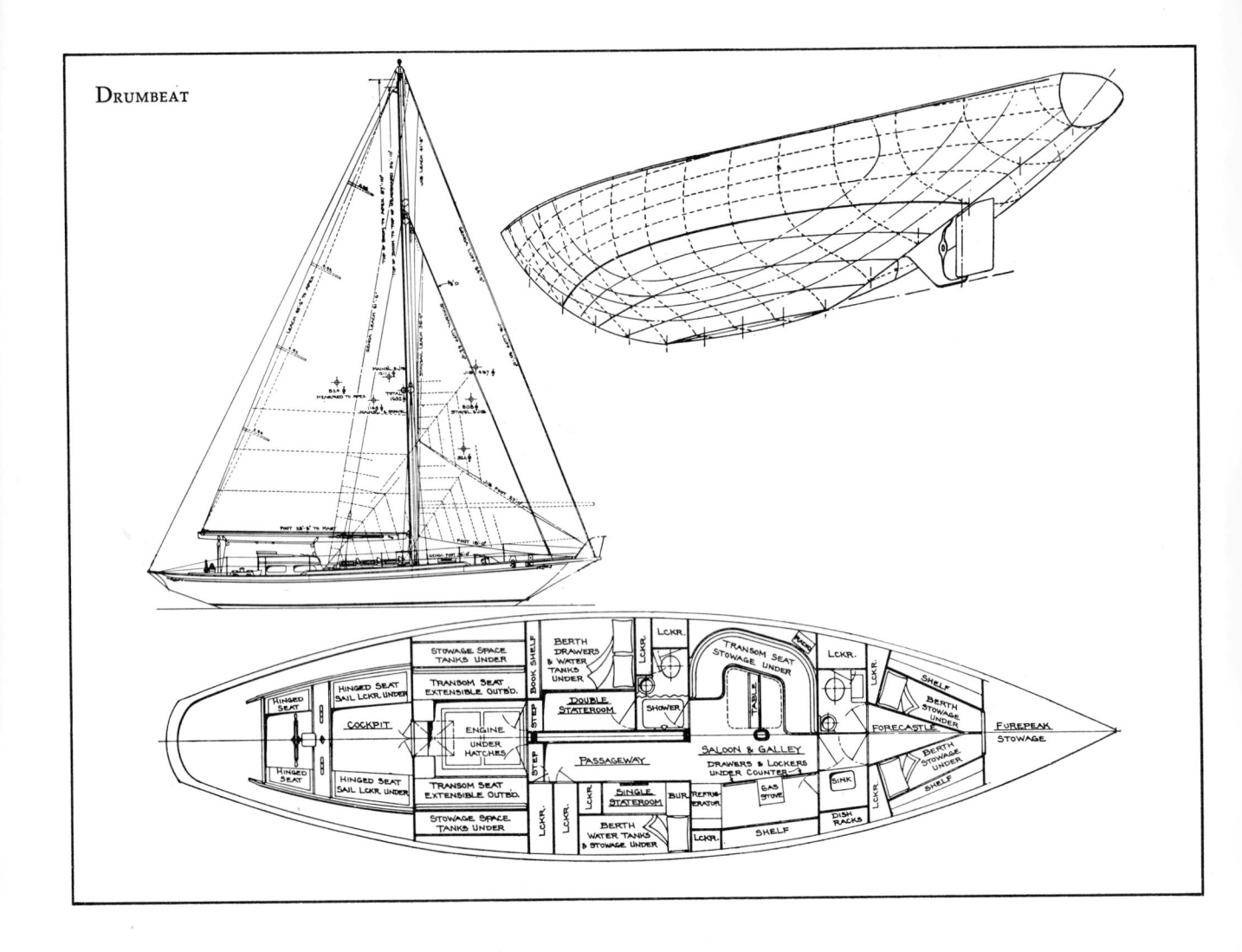

Die Yacht von heute ist nach der Änderung der RORC-Formel von 1957 entstanden. Noch keine 20 Jahre, Jahre allerdings, die eben erst hinter uns liegen, und – so geht es, wenn man den Dingen sehr nahesteht – zwischen einem Boot, das zehn Jahre alt ist, und einem von heute scheint ein Abgrund zu liegen.

In der Tat läuft die Zeit, wie auf allen Gebieten, so auch für die Yacht sehr schnell. Freilich hat sie das für die Rennyacht von jeher getan. Es ist sogar zuzugeben, daß es manche Zeiten gegeben hat, da sie schneller enteilte als gerade heute. Wenn ein Flossenkieler oder eine Scow nach einem Jahr keine Regatten mehr gewann, war das Boot nutzlos geworden. Dem gegenüber ist eine 8-m-R-Yacht schon fast ein Fahrtenboot; und trotzdem ist sie immer noch nicht einem RORC-Boot vergleichbar, selbst einem ganz extremen. Ein solches Boot, selbst wenn es keine Regatten mehr segelt, bleibt immer noch ein gutes Boot, mit vorzüglichen See-Eigenschaften und guter Wohnlichkeit. Niemals lagen die Segelrennyacht und die Segelkreuzeryacht so dicht beieinander wie heute.

In Wahrheit will heutzutage so gut wie niemand mehr die reine Segelkreuzeryacht, und die Hochseerennyacht ist derart gut zum Fahrtensegeln geeignet, daß jemand, der nicht häufig Regatta segelt, in ihr ein im Prinzip ideales, aber nicht ganz gelungenes Fahrtenboot sehen kann.

Die Väter der RORC-Formel, die Yachten wollten, bei denen sich „Schnelligkeit mit Seetüchtigkeit paart", dürfen durchaus zufrieden sein, wenn sie aus einem gewissen Abstand das Ergebnis ihrer Bemühungen, eine moderne Yacht zu schaffen, mit ihrem Wunschbild vergleichen.

Betrachtet man sie mehr aus der Nähe, wird freilich nicht gerade jedes Boot eine Augenweide sein, und man könnte

STORMVOGEL

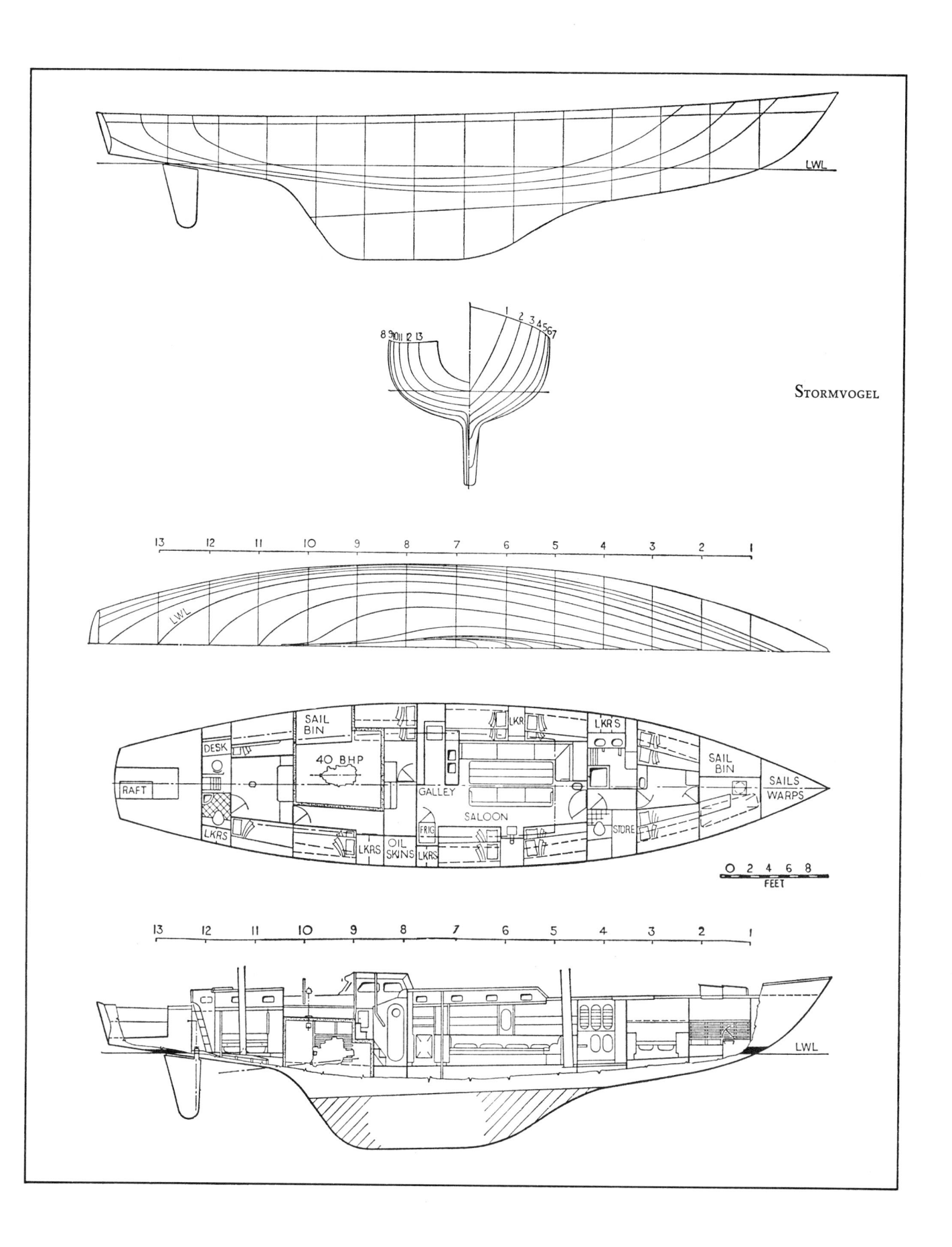

ONDINE

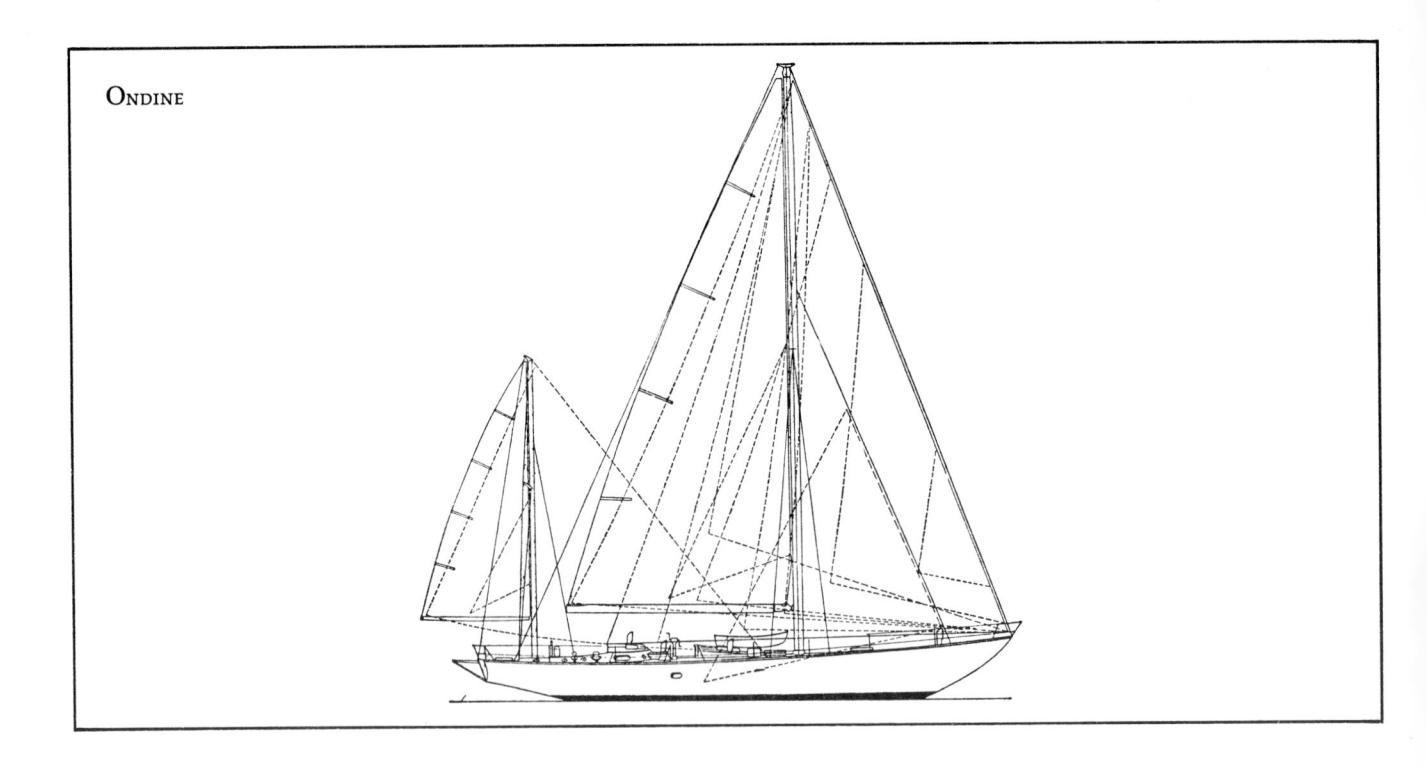

versucht sein, denjenigen recht zu geben, die protestieren und die Rückkehr der Zeiten besserer Moral heraufbeschwören.

Solche Zeiten waren jene, die uns die BOLERO, die STORMY WEATHER, die JOLIE BRISE, die BRITANNIA und die AMERICA bescherten. Das sind dann aber auch die Zeiten der MYTH OF MALHAM, der J-Klasse, der 30-m²-Schärenkreuzer, der INDEPENDENCE und der MARIA. Die Geschichte ist ein zweischneidiges Schwert.

Mit einer RORC-Yacht kann man fahrtensegeln, und sie bleibt auch noch sehr gut, wenn man nicht mehr Regatta segelt. Heute, da immer mehr Serienboote gebaut und als vollkommene Kreuzeryachten angepriesen werden, ist das erfolgreiche Regattaboot das marktkonforme Modell.

Wir sind nun bei der Gegenwart angelangt. Der geschichtliche Teil ist zu Ende, und dem Trend der Yachtzeitschriften folgend, stelle ich Entwürfe von modernen Booten vor, die etwas auszusagen haben. Eine sehr schwierige Auswahl angesichts des enormen Materials, das zur Verfügung steht. Heute sind sie modern, doch werden wahrscheinlich nur wenige davon noch aktuell sein, wenn dieses Buch herauskommt. Schicksal der Bücher, die von technischen Dingen handeln.

Die DRUMBEAT wurde 1957 von Raymond Hunt, dem vielseitigen amerikanischen Konstrukteur, dem Schöpfer der berühmten Rumpfform für Hochseemotorboote, für englische Rechnung entworfen. Obgleich ein paar Jahre alt, bringe ich den Riß dennoch, weil ich ihn wegen der Originalität und Kühnheit als einen Entwurf von heute ansehe. In seiner Grundkonzeption erinnert das Boot etwas an die MARIA von 1847, an den alten amerikanischen Baugedanken der Rennslup: breit, stark besegelt, große Verdrängung und mit Schwert, ein Gedanke, der heute wieder aktuell wird. Möglicherweise bewegt sich die Hochseerennyacht in Richtung auf einen mit Bajonettverschluß einholbaren Außenballast hin, auf ein Schwert, welches das gesamte Ballastgewicht aufweist. Ein recht kompliziertes und kostspieliges System.

Viel verwickelter als auf dieser Slup ließe sich die Vorrichtung für das Schwert kaum ersinnen. In dem in Schiffsmitte liegenden Schwertkasten, der bis an das Oberdeck heranreicht, befinden sich zwei bewegliche Schwerter mit Bajonettverschlüssen, die mittels hydraulischer Winden gehoben werden. Die aufrechtstehenden Winden sind seitlich des Schwertkastens angebracht. Die beiden Schwerter haben unsymmetrische Profile der-

ONDINE

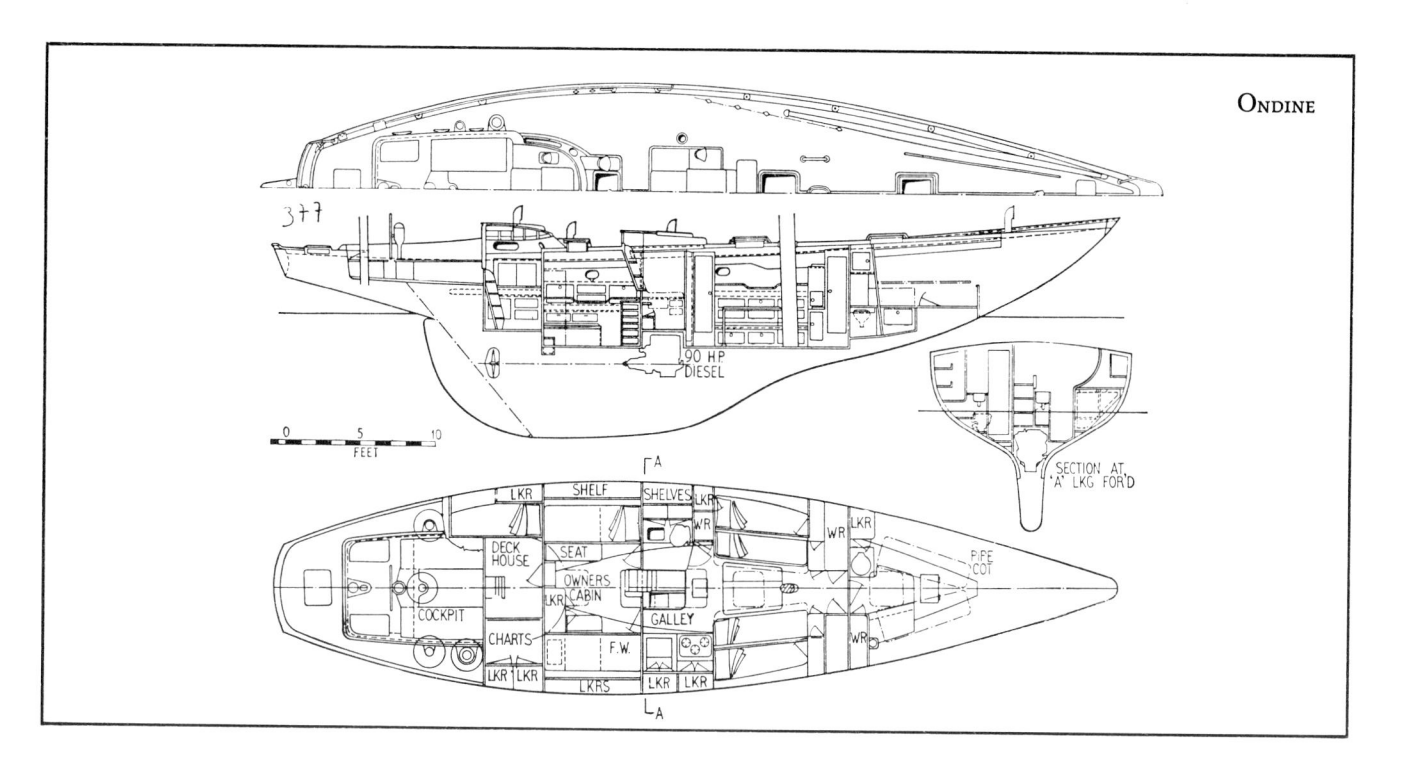

gestalt, daß zwei Tragflügelflächen entstehen, für jeden Bug eine. Am Wind wird nur das Schwert gefiert, das Auftrieb nach Luv erzeugt, und bei raumem Wind, wenn beide Schwerter oben sind, wird der Rumpf der DRUMBEAT zu einer riesigen Rennjolle. „Mit den Schwertern oben gibt es nichts, was dieses Boot halten könnte", so war es 1958 in der „Yachts and Yachting" zu lesen, als das englische Boot für das Bermuda-Race gemeldet wurde.

Die DRUMBEAT kam dabei von 30 in der Klasse A gestarteten Booten auf einen guten fünften Platz. Unter den vier vor ihr liegenden Konkurrenten waren zwei alte Bekannte, die ARGYLL und die STORMY WEATHER. Vor dem Start wurde ein geändertes Schwert eingebaut, das zwei Tage zuvor bei einer amerikanischen Werft bestellt und gebaut worden war. Es war ein einziges großes Schwert aus Holz mit Metallbekleidung anstelle des bisherigen doppelten. Es wurde keinerlei Verschlechterung der Leistung festgestellt; auf der anderen Seite war es gewiß eine große Erleichterung, daß nun nicht mehr bei jedem Wenden die Schwerter gewechselt zu werden brauchten.

Echt amerikanisch ist der Bugspriet aus Stahlrohr, die neue Ausgabe eines alten Gedankens. Er ist kurz, in Form eines großen lateinischen A, vom Bugkorb eingefaßt und mittels einer Gräting aus Teakholz begehbar.

Das Rigg ist für Europa ungewöhnlich: ein Großsegel mit langem Unterliek und einem Seitenverhältnis von 2:1. Ein solches Rigg wird von der CCA-Formel begünstigt, es ist von der Art, wie sie die IOR-Vermessung später belohnen sollte. Auch das Deck der DRUMBEAT ist eine Sache für sich. In Schiffsmitte ist es hochgelegt, das gibt ein großes Innenvolumen. Dieses in zwei verschiedenen Höhen verlaufende Deck ist glatt, abgesehen von dem kleinen Aufbau (er wurde dann größer als der auf der Zeichnung, auf Aufnahmen des Bootes sind drei Fenster auf jeder Seite zu sehen).

Ein Erfolgsboot, das viele Preise gewonnen hat.

Länge über alles	17,70 m
Länge Wasserlinie	12,20 m
Breite	4,57 m
Tiefgang	1,22/2,90 m
Verdrängung	22,7 t

Springtime

Eine weitere große Yacht aus Amerika ist die Ondine von William Tripp, ein amerikanischer Konstrukteur, der viel Erfolg mit Schwertbooten des sehr breiten und wenig tiefgehenden nationalen Typs gehabt hat. Charakteristisch für diese Boote von Tripp ist das immer weit nach hinten gelegte Hauptspant und bei den größeren Booten das glatte Deck mit einem winzigen, abgerundeten Aufbau mit abgeschrägter Vorderkante.

Die Ondine ist eine internationale Version dieses Baugedankens. Sie hat ein harmonisch verlaufendes Unterwasserschiff, wohlgeformte Überhänge und den traditionellen Sprung. Einzigartig ist die Form des Decks, die einem Bootskörper entspricht, dessen Hauptspant ungewöhnlich weit nach achtern, auf etwa dreiviertel der Wasserlinienlänge, gelegt ist. Dadurch wird das Vorschiff zu einer ganz langen und sehr schlanken Nase mit stark abgerundeter Spitze, ganz anders also, als das sonst in Amerika üblich ist, wo man eine Vorliebe für ganz bis oben sehr scharf zugespitzte Vorsteven hat, während die Engländer es damals vorzogen, den Vorsteven wulstförmig und mit weitem Übergang zum Vorschiff zu bauen.

Das Modell der Ondine wurde im Stevens Institute geschleppt; Aufgabe war zu ergründen, was sich an Leistung aus 38 Fuß Wasserlinienlänge herausholen ließ. Das Ergebnis enttäuschte nicht. Die Ondine kam 1960 zu Wasser und heimste in wenigen Jahren nahezu ebensoviele Preise ein wie zu ihrer Zeit die Carina. Sie war ein beständiger Sieger, dabei 1960 das Transatlantik in der Klasse A, 1963 in allen Klassen, 1961 in der amerikanischen RORC-Meisterschaft.

Aluminiumrumpf, 4,8 mm stark, ein kleines Trimmschwert im Kiel, in dem auch die Brennstoffbehälter untergebracht sind. Glattes Deck mit zwei kleinen Aufbauten wie auf den alten Booten. Vom Aufbau in der Mitte führt der Niedergang zwischen Kombüse und WC nach unten, hinten in die Eignerkammer, vorn in die Kajüte mit Mitteltisch, dann das Schott und die Vorpiek. Die uns bereits geläufige Einteilung. Vom Cockpit aus kommt man in den achteren Aufbau, darin der Navigationsraum, Kartentisch und eine Koje. Eine auf See höchst praktische Anordnung.

Das Deck ist ganz frei und schier; zur Sicherheit der Besatzung auf dem Vorschiff niedrige Griffleisten sowie zwei hohe neben dem Mast, die auf der Deckszeichnung zu erkennen sind. Sie sind rund einen Meter hoch aus zweizölligem Stahlrohr mit abgerundeten Ecken.

Firebrand

Astarte

SPRINGTIME

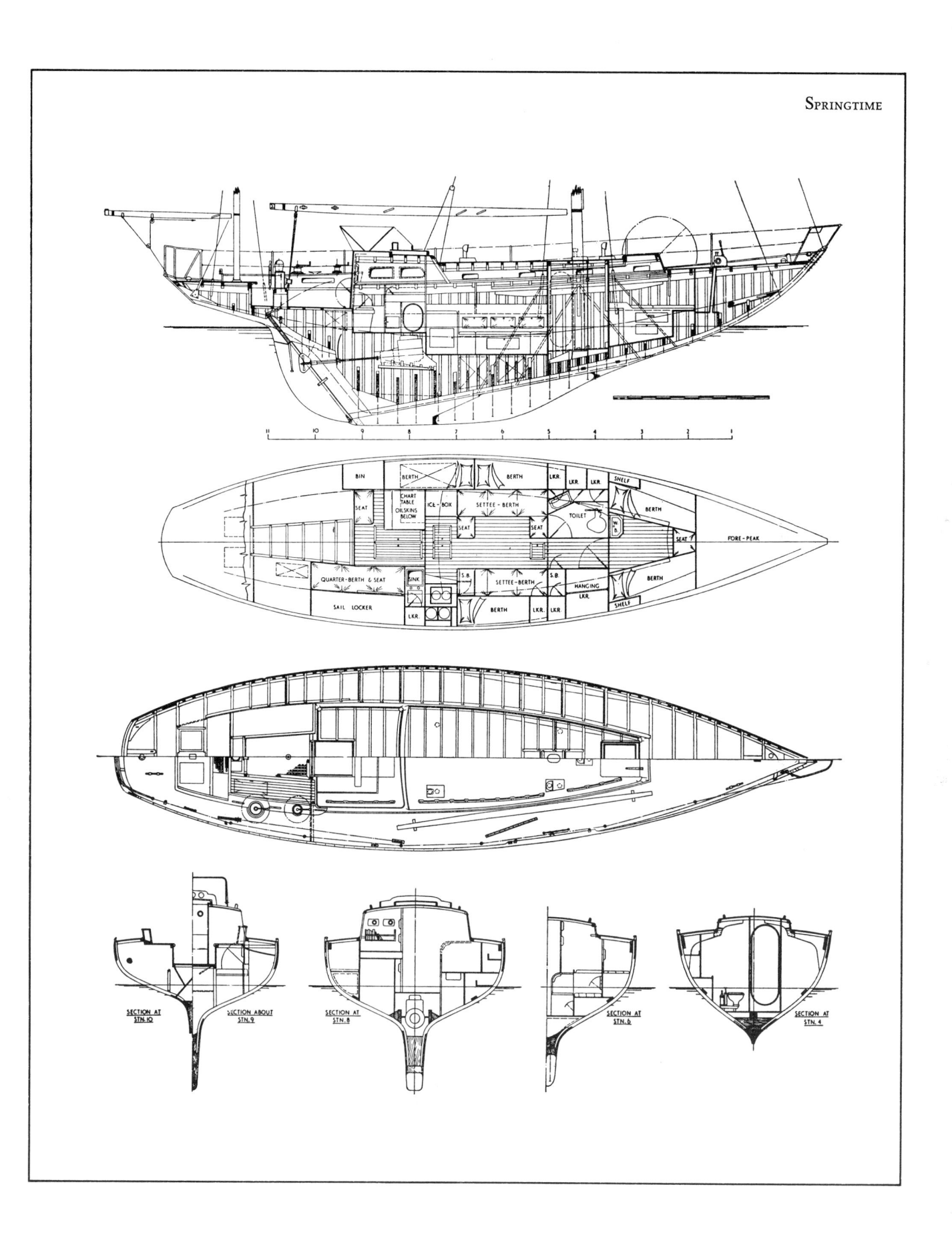

351

OUTLAW

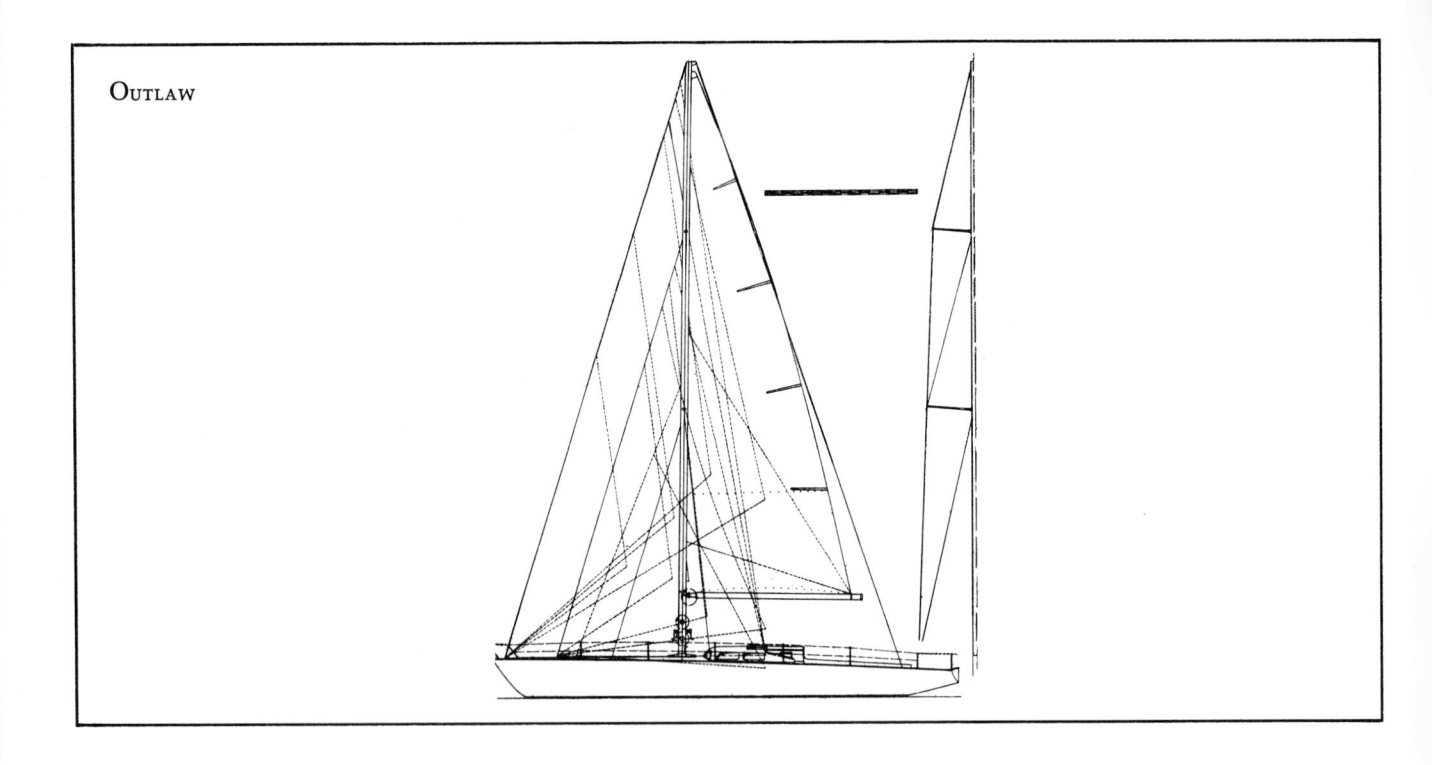

Aus dem Längsriß allein ist zu erkennen, daß man ein sehr kraftvolles Schiff vor sich hat. Nach den Abmessungen gehört die ONDINE zu den sehr breiten Booten, das Verhältnis LWL/größte Breite ist 2,71. Das liegt bereits im Jollenbereich, doch sind die Formen dank der Länge des Vorschiffs nicht so voll, wie bei diesem Wert zu vermuten wäre.

Die ONDINE gehört zu den amerikanischen Yachten, die ganz besonders schön waren, wie die BOLERO, die ARGYLL, die CARINA.

Länge über alles	17,55 m
Länge Wasserlinie	11,58 m
Breite	4,27 m
Tiefgang	2,46 m

Die STORMVOGEL von 1961 ist ein extremer Leichtbau, Verdrängung/Länge = 149. Sie wurde für C. Bruynzeel, dem Eigner der ZEEVALK, von einem Team entworfen: Van de Stadt zeichnete Linien und Einrichtung, Giles auf Grund seiner großen Erfahrung im Leichtbau die Verbände und Illingworth, der Erfolgsyachten von berühmten Zeichenbrettern höchst fortschrittlich geriggt hatte, den Segelriß.

Namen von Klang, und die STORMVOGEL wurde auch ein Schiff, das aus dem Rahmen fiel. Man kann nicht gerade sagen, sie sei schön (die Handschrift von Van de Stadt ist unverkennbar), aber sie ist außerordentlich tüchtig. Eine sehr große Yacht, ohne Überhänge, alles nutzbare Länge. Bei einem Leichtbau bringen Überhänge keinen Nutzen; ein platter Rumpf mit geringer Verdrängung bildet keine Wellen aus, die Wasserlinie reicht bis weit an die Schiffsenden heran, und diese sind infolgedessen abgestumpft. Über 18 m in der Wasserlinie, wenig benetzte Fläche, Flossenkiel und freistehendes Ruder, sehr schlankes Vorschiff und Auftrieb achtern. Der Rumpf der STORMVOGEL ist zu außerordentlicher Geschwindigkeit fähig.

Seit Jahren ist sie beständig „first ship home" bei allen Regatten, doch hat sie äußerst selten ihre Zeit gegen Konkurrenten mit niedriger Rating heraussegeln können. Ich kann daher nicht recht verstehen, wieso diese Yacht als ein Erfolg gilt; auf jeden Fall aber ist und bleibt sie bemerkenswert. Ein paar Konstruktionsangaben: Kiel und Steven sind aus Schichtholz, die Flosse ist ein mit Blei ausgegossenes Stahlgehäuse, die Außenhaut

OUTLAW

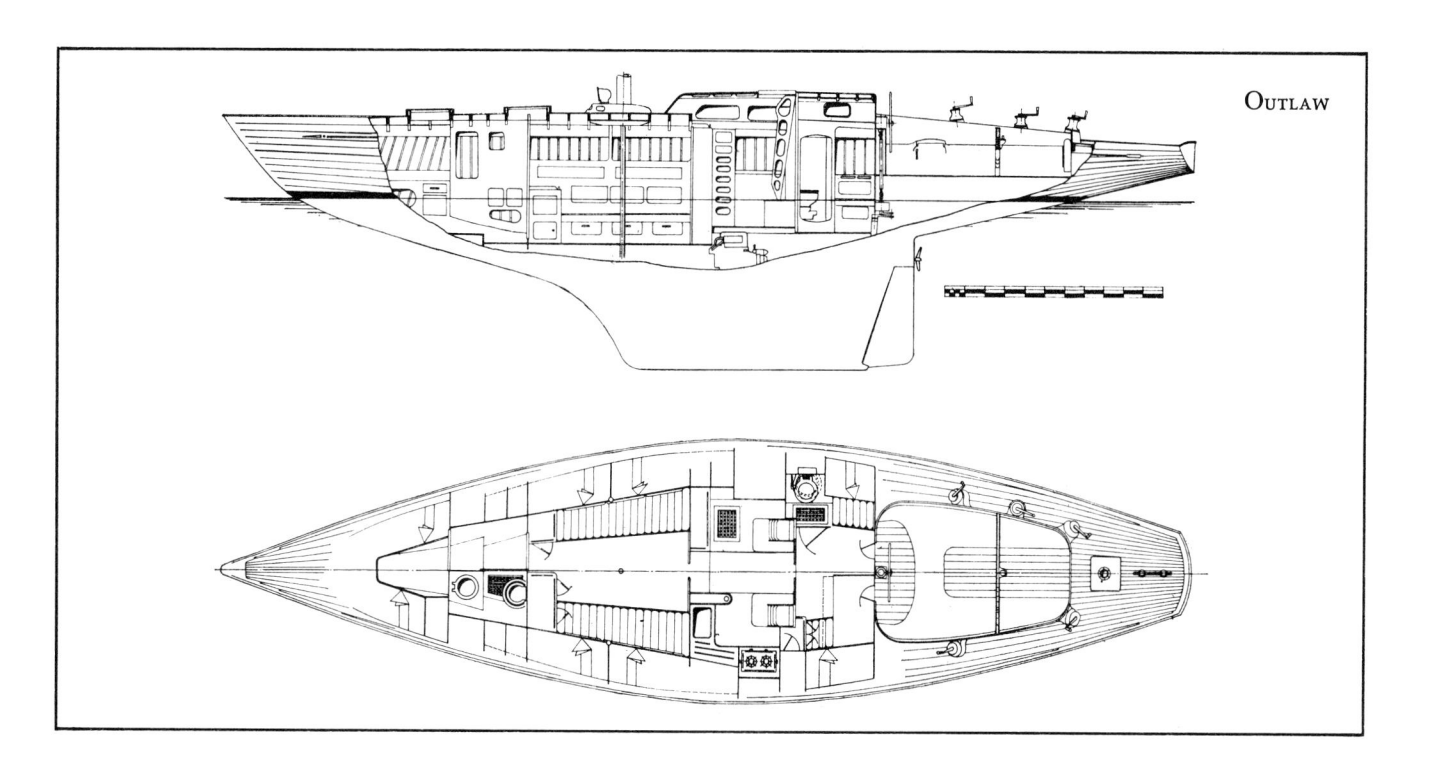

besteht aus vier Lagen, davon die beiden äußeren karweel, die inneren beiden diagonal, das Deck in Sandwichbauweise, die obere und untere Schicht Sperrholz, die mittlere Füllholz. Die Inneneinrichtung: ein Mosaik von Kammern, 19 Kojen. Ketschtakelung, die bei einem so langen Boot berechtigt ist. Viele verschiedene Vorsegel auf zwei Stagen. Das ist der Stil von Illingworth.

Die STORMVOGEL erscheint sehr häufig in den Yachtzeitschriften. Die Aufnahmen bei starkem Wind sind beeindruckend, von hinten sieht das Schiff aus wie ein starkes Motorboot im Gleitzustand. An Bord hat man das Gefühl, auf einer äußerst sensiblen, sonderbar langen und gestreckten kleinen Jolle zu segeln.

Länge über alles	22,70 m
Länge Wasserlinie	18,10 m
Breite	4,88 m
Tiefgang	2,81 m
Verdrängung	31,7 t

C. R. Holman hat vor mehr als zehn Jahren eine Reihe von Yachten herausgebracht, die amerikanische und englische Bauvorstellungen in sich vereinen. Sie sind nach den seinerzeit herrschenden englischen Begriffen breit und von geringem Tiefgang; freilich ging man auf der anderen Seite des Atlantiks darin noch weiter. Die Grundlinie des Kiels verläuft gerade und macht auf der Hälfte des Ballastes einen allerdings sehr weichen Knick, Mittelweg zwischen den beiden Extremen Giles und Stephens, aber wohl letzterem näher. Die Boote sind geschmacklich harmonisch ausgewogen; wohlgeformte Überhänge, traditioneller Sprung, gut durchdachte Inneneinrichtung. Hätten sie nicht auch oft Regatten gewonnen, könnte man sie als Beispiel für die vollkommene Kreuzeryacht vorstellen.

In der Tat ist es offenbar ein gutartiges Boot. Holman ist ein Vorläufer gewesen; die Boote, die er geschaffen hat, sind denen von heute ähnlicher als irgendeinem von früher. Die Merkmale seiner Bootskörper entsprechen dem, was die RORC-Formel will; die Regattaboote von heute haben Maßverhältnisse, wie sie Holman schon lange verwandte. Seine Boote unterscheiden sich im Aussehen von den modernen, doch trügt der Schein, ihre Abmessungen sind die gleichen.

Der Längsriß sähe heute ganz anders aus, und der fällt als Unterschied am meisten ins Auge; jetzt hätten diese

Firebrand

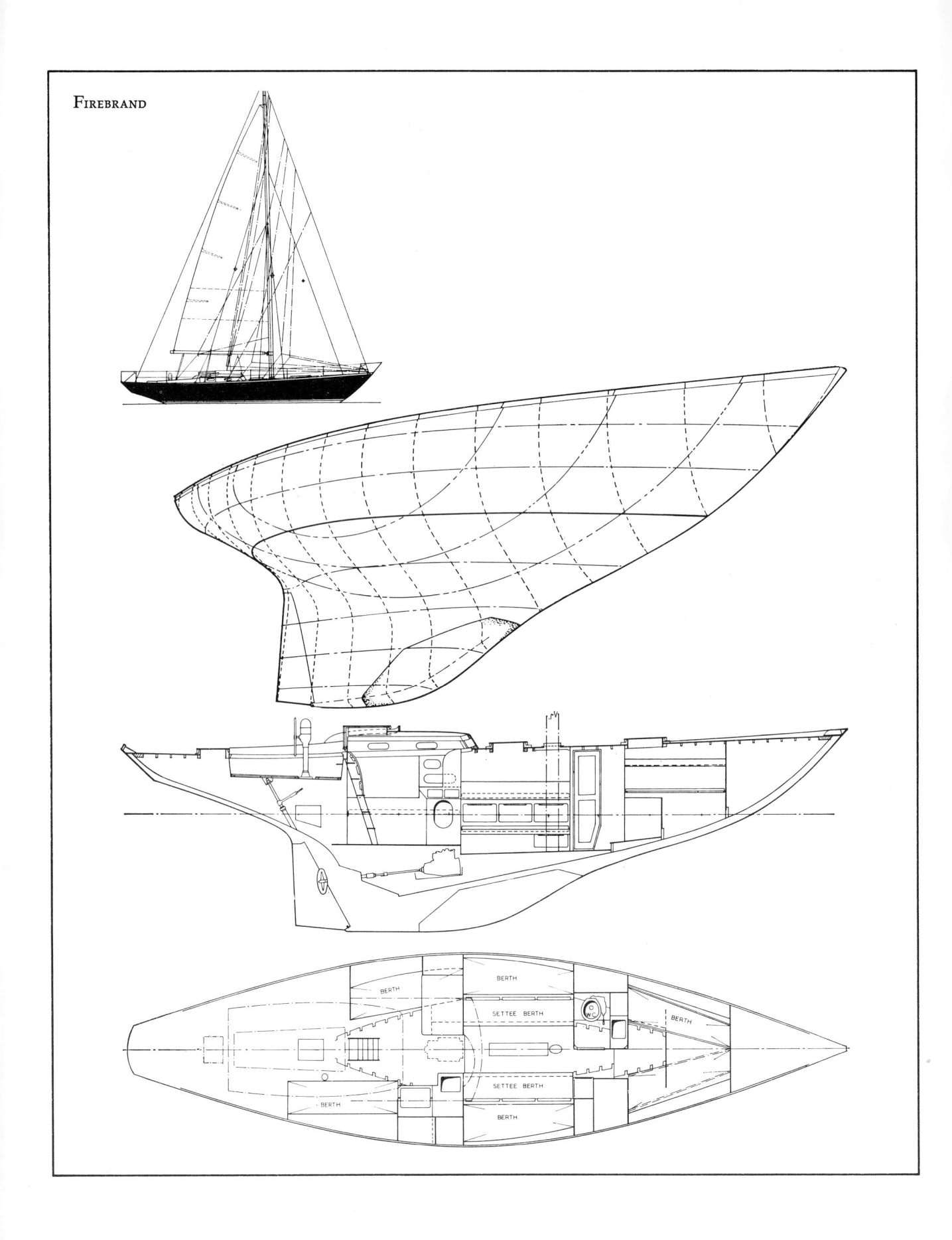

Boote ein getrenntes Ruder, wie es das ständige Streben nach kleinster benetzter Fläche will. Holman hat durch den geringen Tiefgang seiner Rümpfe wahrscheinlich eine ebensolche Verkleinerung der benetzten Fläche herausbekommen wie andere mit einem getrennten Ruder. Mit ihrem längeren Kiel sind diese Boote, wie bereits erwähnt, auch ausgemachte Kreuzeryachten.

Typischer Vertreter dieser Boote ist die SPRINGTIME von 1962. Von allen Konstruktionen Holmans steht sie wahrscheinlich den amerikanischen Booten am nächsten, war sie doch im Hinblick auf die Teilnahme am Bermuda-Rennen projektiert worden.

Sie ist eine reichlich besegelte Yawl; es können zwei verschieden große Großsegel gefahren werden, das größere für Regatten nach CCA. Der Kopf des RORC-Großsegels liegt viel tiefer als die Fallscheibe; so konnte man die Fläche des schwer auf der Rating lastenden Großsegels verringern und brauchte trotzdem den Mast nicht zu verkürzen, was große Vorsegel und Spinnaker möglich machte. Solch ein Kunstgriff wäre ein paar Jahre später nicht mehr durchgegangen, denn der Abstand zwischen den schwarzen Marken, welche die vermessene Länge des Großsegels bezeichnen, durfte nach der Formeländerung ein bestimmtes Verhältnis zur Gesamtlänge des Mastes nicht unterschreiten. Man ist unterwegs zu den Booten, die nur noch Genua sind, mit jedem Jahr wird das Großsegel kleiner.

Die Inneneinrichtungen von Holman sind sehr praktisch. Wenn man vom Deckshaus herunterkommt, findet man eine Hundekoje, den Kartentisch mit Sitz (gepolstert), Kombüse und Kühlschrank, davor die Kajüte mit Sofakojen und festen Kojen an der Bordwand, WC und gegenüber ein Kleiderspind, dann die Vorpiek mit zwei Kojen. Diese Einteilung war auf der LOKI erstmalig eingeführt worden, sie ist die einzig praktische Lösung für Boote zwischen acht und zehn Metern in der Wasserlinie. Kartentisch und Kombüse beim Niedergang, Kajüte, WC, Wohnkammern vorn, weitere Einrichtung je nach Größe des Bootes.

Länge über alles	14,18 m
Länge Wasserlinie	9,92 m
Breite	3,61 m
Tiefgang	2,06 m
Verdrängung	13,7 t

Die Boote von Holman sind sehr „richtig"; es sind Boote, die man jedem ohne viel Worte empfehlen kann, und man braucht es später nicht zu bereuen.

Nach der DRUMBEAT ließ sich ihr Eigner, Sir Max Aitken, nach Entwürfen von Illingworth & Primrose eine neue große Regattamaschine, die OUTLAW, bauen. In jeder Hinsicht neuartig, ist das Boot von der DRUMBEAT so weit entfernt, wie man sich das nur vorstellen kann. Das neue Boot ist ein Leichtbau, dem die Erfahrungen mit der MYTH und der GULVAIN, auf die neue Formel zugeschnitten, anzusehen sind.

Es ist kein extremer Leichtbau, das Verhältnis Verdrängung/Länge liegt bei 249. Ein dermaßen breiter Bootsrumpf muß, wenn er leicht gebaut wird, sehr flach werden. Daher wird die extreme Leichtbauweise der fünfziger Jahre bei den neuen breiteren Rümpfen immer seltener. Das letzte sehr leichte, schlanke Boot, das wir kennengelernt haben, ist die STORMVOGEL. Ein höchst leistungsfähiges Boot, wenn man so will, doch wie wir wissen, kein sehr erfolgreiches Regattaboot.

Die OUTLAW ist das erste „aktuelle" Boot, das ich bringe. Die Konstrukteure haben die Löcher in der neuen Formel entdeckt. Das Hauptspant ist breit und tief, die Spantschnitte der Bootsenden sind an den Gurtmeßstellen „abgekniffen" und geben der Decksaufsicht jene Rombenform, an die wir uns nachgerade gewöhnt haben. Das Rigg ist ein Kutterrigg mit vielen ganz tiefen Focksegeln und ganz hohen Yankees, die Illingworth so sehr liebt. Man sieht am Segelriß, daß das Schothorn der größten Yankeesegel derart hoch liegt, daß der Holepunkt ein ganzes Stück hinter das Heck fallen würde. Die Schoten laufen durch zwei der Höhe nach einstellbare Blöcke, die an den beiden Achterstangen angebracht sind.

Die OUTLAW ist in jeder Einzelheit sehr gut durchdacht, man sieht, daß alle einzelnen Teile ganz und gar auf Verwendung nur auf dieser Yacht zugeschnitten sind.

Das Cockpit für den Rudergänger befindet sich vor dem Bedienungscockpit mit den Winschen; es gibt zwei Niedergangsluken (auch das eine Vorliebe von Illingworth), sie liegen etwas vorlich des Ruderrades. Das Deckshaus ist abgerundet, es geht weich ins Deck über – auch das ein Merkmal, das wir immer öfter finden werden.

Die Kammer an Achterkante Niedergang ist eine „Regattaversion" der Eignerkammer. Die beiden Kojen liegen unter den Cockpitbänken, das WC ist winzig; groß ist allein der Kartentisch. Wenn man herunterkommt, seitlich der Niedergänge Kombüse und Segellast, nach vorne zu dann die übliche Einteilung, wenn auch

355

QUIVER IV

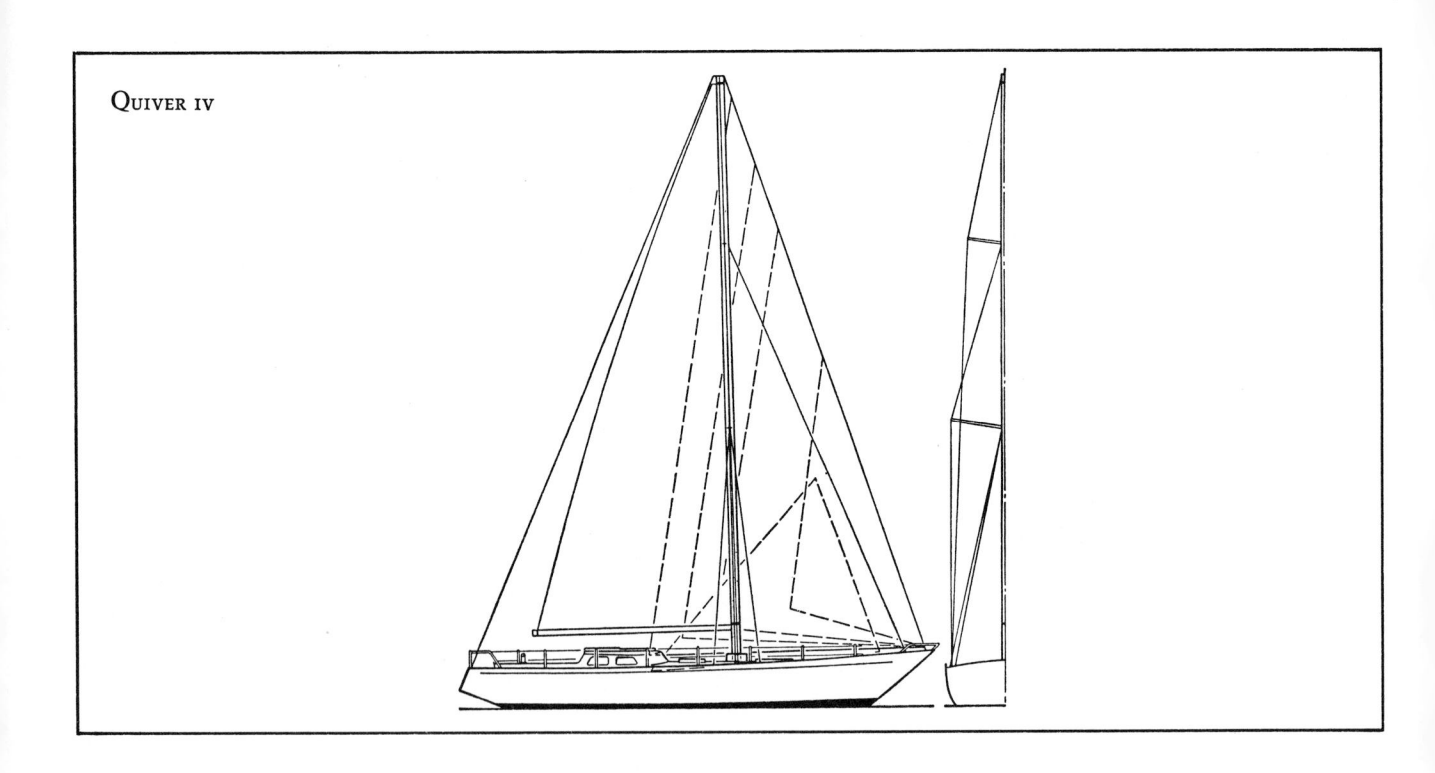

aufs äußerste vereinfacht. Das WC liegt im Mittelgang, die Bordwände sind nicht abgewegert, die Spinde haben keine Türen.

Länge über alles	14,80 m
Länge Wasserlinie	11,82 m
Breite	3,97 m
Tiefgang	2,50 m
Verdrängung	14,75 t
Außenballast	7,4 t

Am Längsriß erkennt man das Streben nach einer neuen Form, bei der sich Kursstabilität und gute Verteilung des Ballastes mit möglichst geringer benetzter Fläche verbindet, die man Jahr für Jahr zu verkleinern trachtet. Das Ruder liegt sehr weit vorn und, um auf den raumen Gängen ein gutes Kursverhalten sicherzustellen, ist an dem hinteren Überhang ein um einen Zapfen schwenkbares Schwert einbezogen.
Die OUTLAW ist ein Sperrholzbau, die Außenhaut besteht aus acht Lagen von je 3 mm Stärke (diese Bauweise nennt man „cold moulding", Kaltverformung). Kiel,

Steven, Spanten und Decksbalken sind ebenfalls laminiert. Bisher der größte in dieser Bauweise ausgeführte Rumpf.
Die Maschine OUTLAW war vollkommen, und in den richtigen Händen hat sie sich immer sehr gut bewährt. 1963 gewann sie die RORC-Meisterschaft, und sie ist auch heute noch ein gefürchteter Gegner.

Die QUIVER IV, 1965 Gewinnerin der RORC-Meisterschaft in Klasse I, ist eine Vertreterin der Formvorstellungen Peter Nicholsons, des Erben der Tradition von Camper & Nicholson, die er Jahre hindurch bei vielen Yachten von seiner Werft verwirklicht hat. Volles Vorschiff und feines Achterschiff mit ziemlich steiler Aufkimmung, eine Rückkehr zum alten Baugedanken. Er rechtfertigt diese Wahl nicht, indem er sie mit der guten alten Fischform begründet, seine Überlegung ist viel einleuchtender. Heutzutage spielt das Vorsegel die Hauptrolle. Will man also die Genua noch fahren, wenn die anderen sie schon fortnehmen müssen, dann braucht man vorn viel Schiffskörper. Nach dieser Idee hat Nicholson sehr viele erfolgreiche Yachten mit guten Am-Wind-Eigenschaften bei starkem Wind gebaut. Diese Form haben die beliebten Serienboote Nicholson 32 und 36,

QUIVER IV

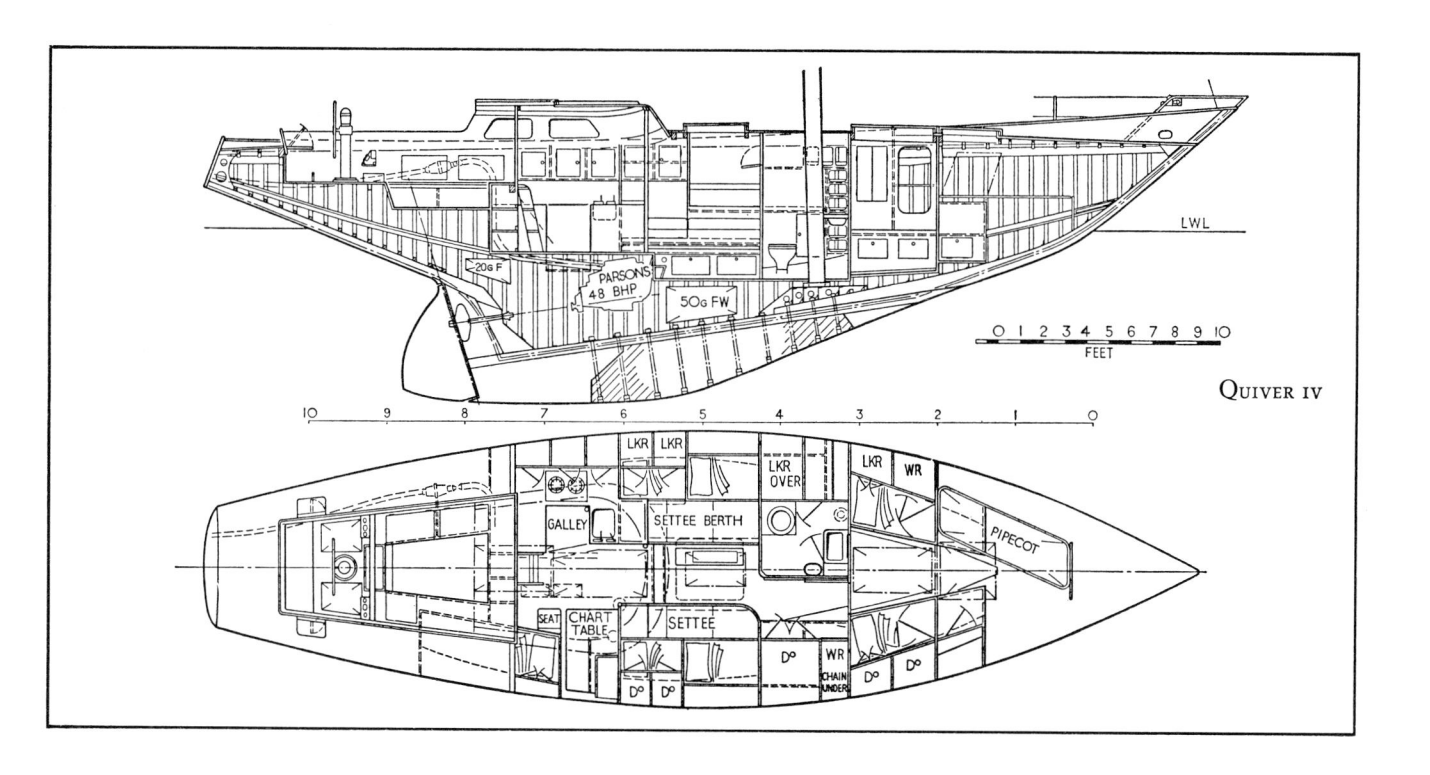

die Vorgängerinnen der QUIVER, und eine ganze Reihe von Erfolgsyachten[51]. Während alle anderen das Achterschiff immer voller machten, um das Verhalten des Bootes bei hoher Geschwindigkeit zu verbessern, blähte Nicholson das Vorschiff auf – und gewann. Sein Weg führte nicht in die Richtung des Bootskörpers geringstmöglichen Widerstandes, und das sind sicherlich Boote mit schlankem Vorschiff; sein Ziel war vielmehr ein Rumpf, der dadurch, daß er mehr Segel tragen konnte, eine größere Leistung aufnehmen konnte.

Der Längsriß der QUIVER IV folgte mit dem möglichst weit nach vorn gelegten Ruderkoker dem gleichen Gedankengang wie jener der OUTLAW; und man erprobte das in diesem Jahr beim Hochseerennboot. Vorn ein weicher Übergang mit geringstem Widerstand; die Achterkante des Ruders, eine Eigenart Nicholsons, steigt von dem am weitesten hinten liegenden Punkt der Unterkante im Bogen nach vorn an. Das ist die Rückkehr zu den „Fischflossen"-Profilen wie bei der DACIA von 1892.

---

[51] Es ist eigenartig, aber wenn eine Form sich auf eine überzeugende Überlegung stützen kann, dann funktioniert die Sache. In den Jahren, die wir nun behandeln, fand man in den Yachtzeitschriften Erwägungen, warum breite Yachten mit wenig Tiefgang am Wind überlegen wären. Bis dahin hieß es, ein schlankes und tiefes Boot sei am Wind besser, denn es zöge eine tiefe Furche durch das Wasser und ginge nicht seitlich weg, und bei den flacheren Booten sei es umgekehrt. Dann hieß es, je flacher eine Yacht gebaut sei, desto weniger kränge sie, und desto besser könne sie ihren Lateralplan zum Tragen bringen; die schlanke Yacht sei hingegen immer stark gekrängt; damit büße der Kiel an Wirkung ein, und das Boot gehe seitlich weg.
Daß Technik sich auf den Glauben an eine Idee stützt, hat es zu jeder Zeit gegeben. Um die Engländer zu schlagen, haben die Amerikaner die AMERICA schlanker und tiefer als jeden der Schoner von New York gebaut, die Slup für den America-Pokal war ein „compromise type", die DORADE war ein „plank on edge"; die Engländer glaubten an die Furche des tiefen Bootskörpers, und wenn man mit ihnen Regatta segeln wollte, mußte man ihr Spiel mitmachen.

Länge über alles	14,07 m
Länge Wasserlinie	10,67 m
Breite	3,66 m
Tiefgang	2,29 m
Verdrängung	14,6 t

Es gibt charakteristische Einzelheiten. Das auf dem Vorschiff sehr hohe Waschbord, das um den Mast herum freie Deck, der runde Aufbau, der gerade, für den Kon-

strukteur typische Vorsteven. Die MUSKETEER von Nicholson, im Jahr zuvor Gewinnerin der RORC-Meisterschaft, hatte einen prächtigen Klipperbug ohne Bugspriet.
Innen ist das Boot ziemlich vollgepackt und sehr unübersichtlich. Auf den Nicholsonschen Konstruktionen gibt es immer eine Menge schrecklich kleiner Dinge. Das ist typisch englisch.

Bei seiner FIREBRAND berücksichtigte Stephens das, was die Formel jener Jahre hergab – wir haben die Lösungen von Illingworth und Nicholson gesehen. Was Stephens daraus machte, ist wie immer wunderbar. Die FIREBRAND ist einer der schönsten modernen „ocean racer".
Sie ist ausgelegt für die Teilnahme an den Regatten des Admiral's Cup. Dieser Pokal ist ein Teampreis – Höchstteilnehmerzahl drei Boote je Land –, der in einer vom RORC veranstalteten Regattaserie in England ausgesegelt wird.
Die schwere Bauweise, Verhältnis 370, ziemlich breit und mit den modernen Merkmalen: die Schiffsenden immer weiter zugespitzt, das Ruder sehr weit vorn, das Achterschiff unten hohl, das Vorschiff sehr langgezogen. Trotz alledem kann man die FIREBRAND ein Boot „von klassischem Schnitt" nennen.
Einige Einzelheiten des Decksplans sind für den Stephens jener Jahre bezeichnend. In der Mitte liegt das Setzbord nicht in der Verlängerung der Seitenwand, sondern ist kräftig nach innen gebogen und fällt nach den Schiffsenden zu wieder nach außen. Auch das Waschbord um das Cockpit hat einen ungewohnten Verlauf. Es ist weniger breit als das Deckshaus und zum besseren Schutz gegen Seegang und wegen der leichteren Anbringung der Spritzkappe höher und weiter nach vorn gezogen als das Niedergangsluk.
Das Deckshaus ist winzig klein, das Deck ist glatt – auf einem so kleinen Boot eine Seltenheit. Stephens hat dazu geschrieben:

Die Tatsache, daß das Boot innen nicht die sogenannte Stehhöhe hat, bedeutet keinen Rückschritt. Was immer das Gewicht nach unten bringt, gereicht zum Vorteil, und das freie Deck macht sich trotz der geringeren Bequemlichkeit im Hafen bezahlt. Früher gab es nur ganz wenige Fischerboote doppelter Länge mit Stehhöhe. Stehhöhe ist ein moderner Fetisch, beim Segeln ist sie bestimmt ohne den geringsten praktischen Nutzen. Dabei hat man im Deckshaus sogar Stehhöhe, und unten sind es 1,68 m bis zu den Decksbalken; das ist mehr, als Nelson auf der VICTORY hatte.

Acht Kojen sind in der einfachen und verständigen Weise angeordnet, die wir schon kennen. Zwei im Deckshaus – dort sind auch Kartentisch und Kombüse untergebracht –, zwei an der Bordwand (Segeltuch) und zwei Sofakojen, WC und Spinde, zwei Kojen vorne, tadellos. Man halte die Inneneinrichtung der QUIVER IV dagegen.
Das Großsegel schrumpft immer weiter, die Vorsegel werden immer wichtiger. Auf dem Segelriß gibt es acht davon.
Die perspektivische Zeichnung zeigt die Form des Rumpfes, eines sehr schönen Rumpfes, über den man nicht viel zu sagen braucht. Die FIREBRAND ist eine der letzten Yachten der traditionellen Form.

Länge über alles		13,15 m
Länge Wasserlinie	(30 Fuß)	9,15 m
Breite		3,43 m
Tiefgang		2,04 m
Verdrängung		10,16 t

Bei den kleineren Booten kommt es immer viel leichter zum Wechsel: Die Richtung, in die eine Formel jeweils führt, macht sich zuerst in der Klasse III bemerkbar. Das gilt heute, galt freilich nicht immer. Jede Zeit hat ihr eigenes Maß, und nach diesem richtet es sich, ob man ein Boot groß oder klein nennt. Heute ist ein Boot der Klasse II schon groß und eines der Klasse III nicht eigentlich klein. Vor dem Kriege mußte ein Boot mindestens zwanzig Meter und vor 1914 dreißig Meter haben, um groß genannt zu werden. Es ist unausbleiblich, daß sich alles nach dem gerade gültigen „richtigen" Maß richtet. Ein „rater" für Dreiecksregatten vor 70 Jahren war eine BRITANNIA im kleinen, ein 6-m-R-Boot war ein Zwölfer en miniature. Heute sehen die RORC-Boote der Klasse I immer mehr aus wie vergrößerte Klasse-III-Boote.
Die Form der Yacht von morgen ist die der Klasse III von heute.

Das erste moderne Boot der Klasse III war 1958 die PYM von Robert Clark. In der neuen Formel nimmt sie den Platz der 24-Fuß-Boote in der alten ein. Die Grenz-Rating liegt bei 24 Fuß, und die PYM ist das äußerste, was in diesem Jahr herauszuholen war.

Sie ist eine Neuauflage der FAVONA, allerdings ist dieses neue Boot der Klasse III viel größer.

PYM

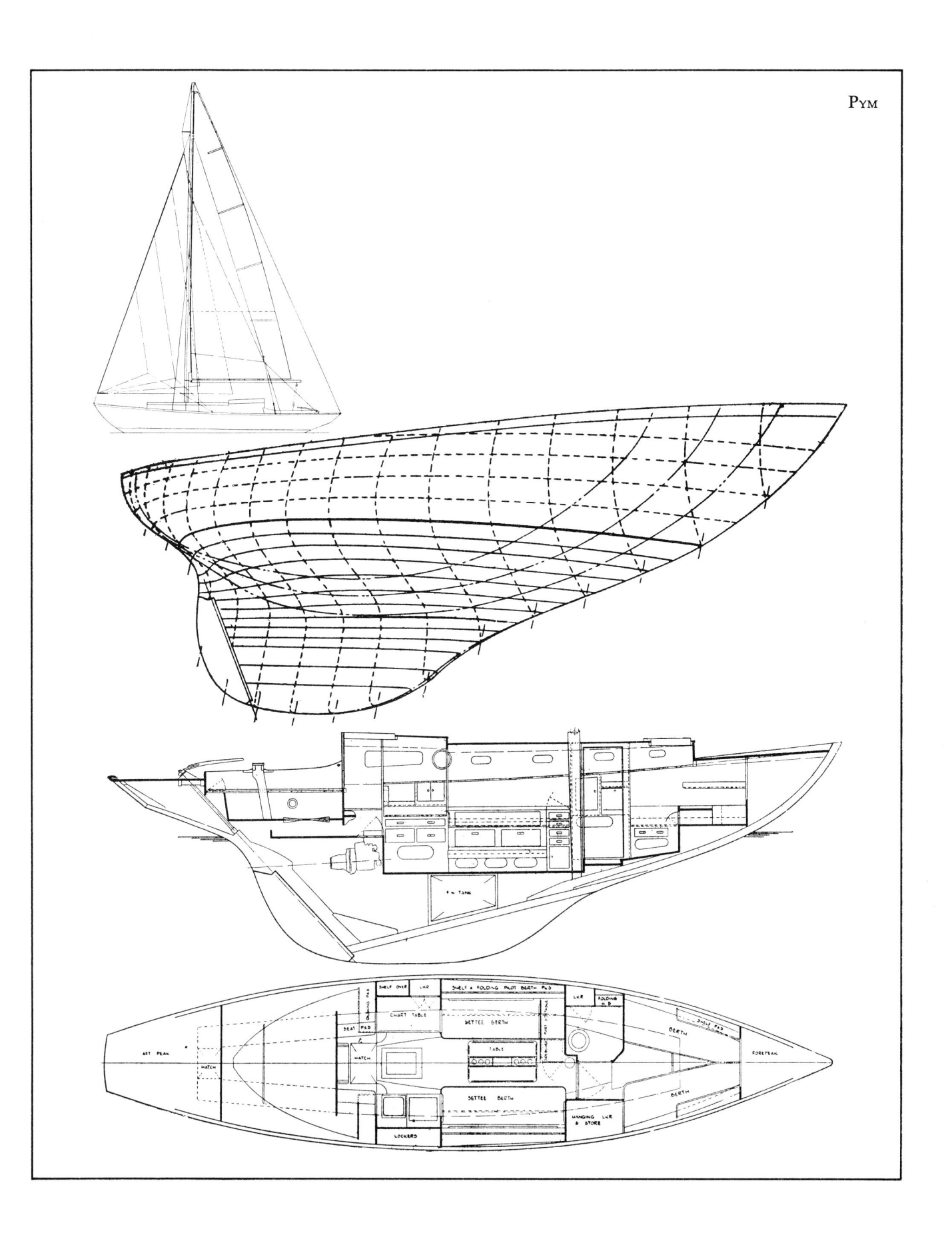

AGLAJA

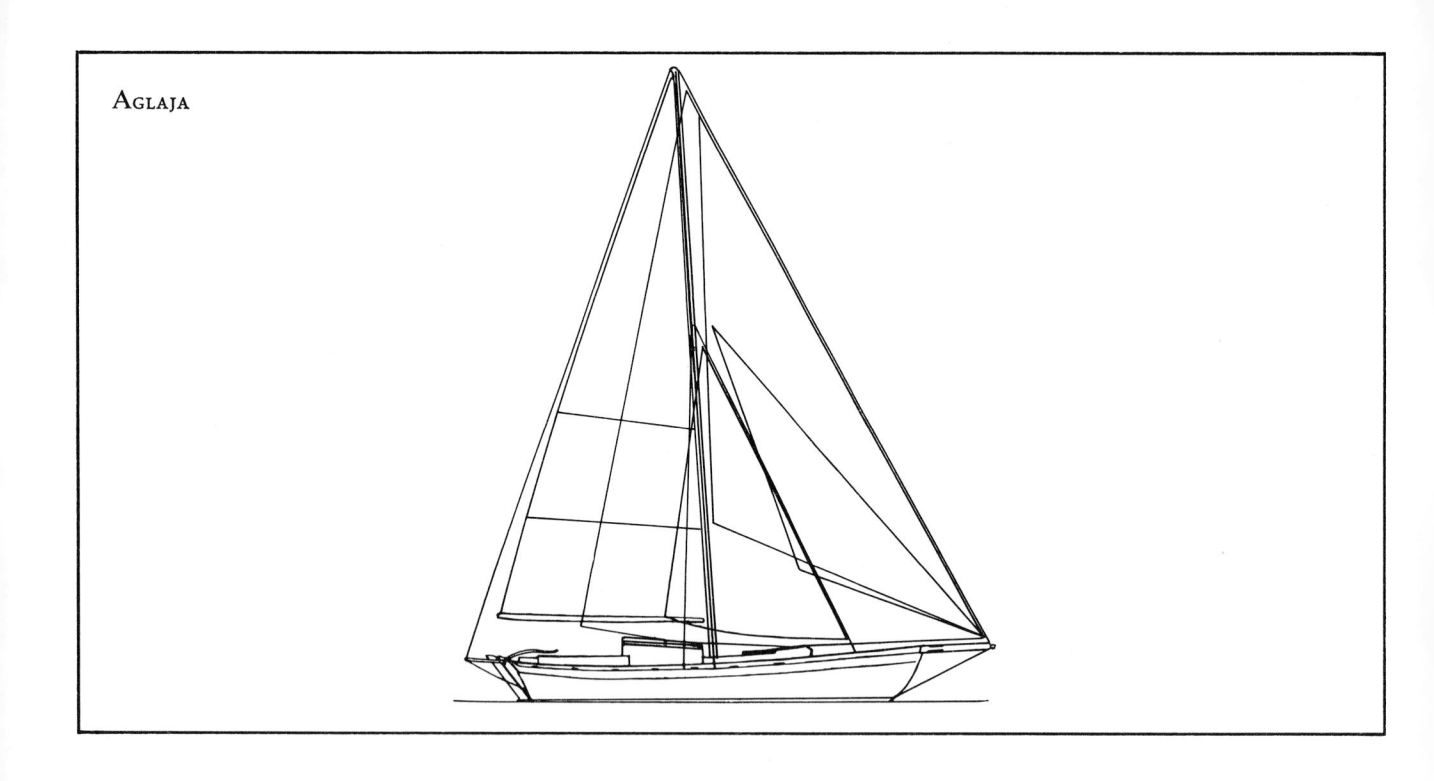

Länge über alles	11,35 m
Länge Wasserlinie	8,23 m
Breite	2,74 m
Tiefgang	1,91 m

Ihre Form kennen wir bei Clark bereits; wie immer bei ihm, ist sie ein schönes Boot.
Drinnen ist sehr viel untergebracht, nicht zuletzt wegen des ziemlich großen Deckshauses. Es ist das moderne Einrichtungsschema, wie wir es ungefähr schon von der LOKI her kennen. Vorn eine regelrechte Wohnkammer mit zwei Kojen, abgetrenntem WC und Kleiderspind; in der Kajüte zwei Sofakojen, Rückenlehnen als Oberkojen, in der Mitte ein Klapptisch (man beachte die Löcher für die Gläser in der Mittelleiste, zu benutzen, wenn das Boot krängt und die Seitenbretter heruntergeklappt sind). Achtern Kombüse, Kartentisch und Ölzeugspind.
Die Abmessungen sind so groß, daß das Boot eben noch in die Klasse III hineinpaßt. Mit ihren 27 Fuß Wasserlinienlänge ist die PYM ein „Toppboot" ihrer Art.
Sie war großartig gelungen, und die Zahl ihrer Siege ist außergewöhnlich. Sie gewann die RORC-Meisterschaften der Klasse III in den Jahren 1958, 1959 und 1960.
Bei der Meisterschaft 1961 wird sie von der VASHTI besiegt, einer von Alan H. Buchanan gezeichneten Yacht der Klasse III von gleicher Form und Abmessungen. Das waren die Boote, mit denen sich zu jener Zeit das meiste aus der Formel herausholen ließ.
In der Adria habe ich einen Nachbau der VASHTI gesehen, die MARTIN PESCATORE, jahrelang Gewinnerin in Klasse-III-Regatten; und zwar unter den gleichen Verhältnissen wie nach englischen Yachtzeitschriften die PYM. Bei leichtem Wind lag dieses Boot der Klasse III mitten zwischen den Booten der Klasse I und war jenen mit 6 bis 8 Fuß größerer Rating durchaus ebenbürtig.

Die AGLAJA ist eine Yacht der Klasse III, das ich 1965 für den Rechtsanwalt Antonio Fioretti aus Vicenza gezeichnet habe. Man könnte sie ein „character boat" nennen, hat sie doch viele traditionelle Züge – Bugspriet, erhöhtes Setzbord, Vierkanten-Aufbau, Oberlicht – und hätte nicht die RORC-Formel bei dem Entwurf Pate gestanden.
Bei der AGLAJA ist der Baugedanke der NIÑA auf die Klasse III abgewandelt, jenes Schoners, der zu jeder Zeit

fähig war zu gewinnen; das Bild dieses Schiffes hatte mir schon immer vorgeschwebt. Ihr Rigg gleicht dem der Niña, bei dem das Stag zwischen den beiden Masten die Verlängerung des von der Spitze des Bugspriets kommenden Vorstags bildete; hier freilich ohne den Fockmast. Sinn dieser Anordnung ist, die enorme Genua fahren zu können, wie sie auf dem Segelriß zu sehen ist, ein Segel, auf das man bei den häufigen Flauten der Adria gern zurückgreift. Der Spinnaker ist ein Riese von fast 120 m². Für starken Wind gibt es die beiden Vorsegel der Illingworthschen Kutter.

Das solchermaßen altertümlich wirkende Aussehen der Yacht paßte sich vortrefflich dem gestellten Thema an; sie sollte möglichst klein sein, mit geringem Tiefgang für die italienischen Adriahäfen, mit reichlich Platz an Deck, handig zu segeln und zu manövrieren, großes Oberlicht für gute Lüftung unter Deck, ein Rigg mit viel Segelfläche für Flauten, aber auch den dort auftretenden plötzlichen Böen gewachsen. Nach Bergen der Genua ist die Aglaja nur noch wenig besegelt, ihr Mast ist viel niedriger als üblich. Man hatte die Niña einen Kutter mit zwei Masten genannt, die Aglaja ist ein Schoner mit einem Mast.

Es ist ein Boot eigener Prägung, eines von den wenigen, die man auf See von weitem erkennen kann, denn heutzutage sehen die Yachten von fern alle gleich aus. Auffallend das sehr feine Vorschiff, das sonderbare Rigg – das Ganze ist doch recht ungewohnt. Sehr weiche Bewegungen, ausgeglichen im Ruder, bei leichtem Wind sehr schnell.

Gestalt gewordene Vorstellung, ein Boot, wie man es nur einmal baut.

Die Vorstellung stimmte, die Aglaja gewann 1966 die Adriatische Meisterschaft in der Klasse III.

Länge über alles	8,70 m
Länge Wasserlinie	7,32 m
Breite	2,48 m
Tiefgang	1,50 m
Verdrängung	4,47 t
Ballast	2,15 t

1966 wird die Klasseneinteilung der RORC geändert; Vashti und Pym kommen in die Klasse II.

Die Yachten wurden zu groß für ihre Vermessungsgröße,

AGLAJA

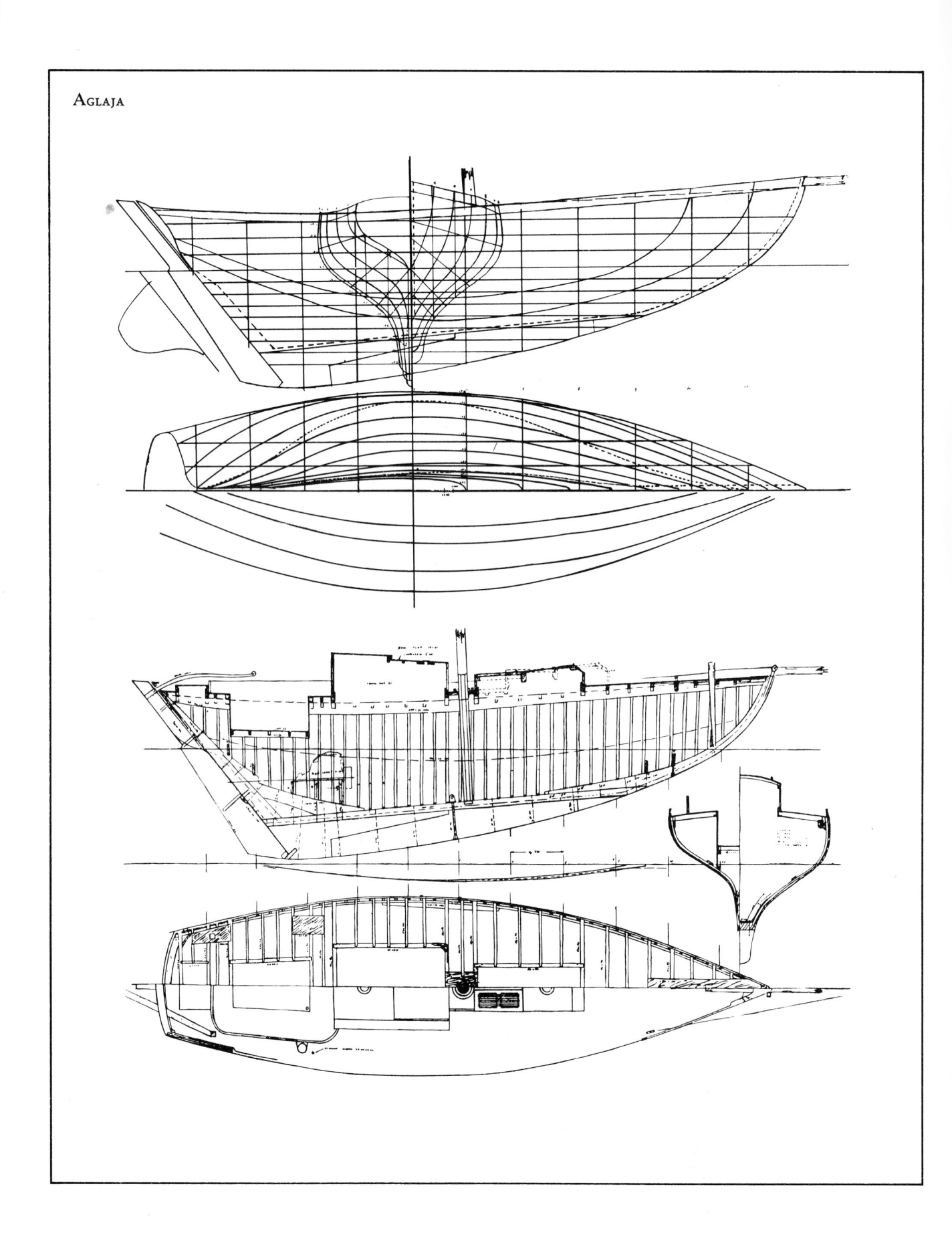

namentlich in der Klasse III, wo ein Boot von etwa 24 Fuß Rating in der Wasserlinie um ungefähr einen Meter länger war als ein Boot gleicher Rating vor der Formeländerung von 1957. Der Unterschied zwischen einem 24-Fuß-RNSA und einer Pym war zu groß geworden.
Die folgenden Grenzmaße wurden festgelegt, um einigermaßen gleichartige Boote in jeweils einer Klasse zusammenzufassen:

Klasse I	Vermessungslänge 29 bis 70 Fuß
Klasse II	Vermessungslänge 22,5 bis unter 29 Fuß
Klasse III	Vermessungslänge 19 Fuß bis unter 22,5 Fuß
Mindestgröße: 7,315 m (24 Fuß) Wasserlinienlänge	

Ein weiterer Vertreter der Klasse III ist die Astarte, die ich 1966 für Professor Mandruzzato in Triest unter Berücksichtigung der Verhältnisse in der Adria gezeichnet habe. Aufgabe war ein einfaches, leistungsfähiges Boot, das auch – vor allem am Wind – ein guter Flautenläufer sein sollte.
Die obere Grenze der Klasse bei 22,5 Fuß machte es sehr schwierig, ein Boot für leichten Wind mit großer Segelfläche zu entwerfen. Unter den gegenwärtigen Klassenvorschriften lassen sich Boote der Klasse III kaum über 50 m² vermessene Segelfläche bringen. In dieser Klasse gibt es bei den Abmessungen der 22-Fuß-Boote große Unterschiede, die Verdrängung variiert zwischen 4 und 7 t, die Segelfläche dagegen nur zwischen 46 und 52 m².
Auch die Astarte liegt mit ihren 48 m² in diesem Bereich.

Ich habe versucht, dem Rumpf möglichst gute Am-Wind-Eigenschaften zu geben, ausgeglichene und der Kreisform angenäherte Spantflächen, einen kurzen Kiel und glatten Linienverlauf vorn, ferner mittlere Verdrängung und Überhänge in der Art der Boote der Meter-Klasse. Viel Ballast im Kiel, 50 %. Kleines Deckshaus, innen das, was man braucht. Ein einfaches und handiges Boot, sehr beweglich unter den wechselhaften Bedingungen der Adria.
Die Erwartungen haben sich erfüllt; nie habe ich ein Boot gesegelt, das derart gut am Wind liegt. Die Astarte hat in der Klasse III RORC die Adria-Meisterschaft in den Jahren 1967 und 1968 gewonnen.

Der Eintonner war das RORC-Klasse-III-Boot par excellence.

Länge über alles	10,80 m
Länge Wasserlinie	7,32 m
Breite	2,70 m
Tiefgang	1,60 m
Verdrängung	5 t
Ballast	2,45 t

Der „One Ton Cup" wurde 1898 von einer Gruppe von Mitgliedern des Cercle de la Voile de Paris für Yachten der „Ein-Tonnen-Klasse" gestiftet. Viele Jahre lang waren es 6-m-R-Yachten, die um ihn segelten, und als diese Klasse zurückging, wurde der Preis neu ausgeschrieben für RORC-Yachten von höchstens 22 Fuß Rating, deren Inneneinrichtung den Mindestanforderungen für 8-m-R-Boote entsprechen mußte.

Es werden zwei Dreiecksregatten und eine Seeregatta gesegelt, bei letzterer zählen die gewonnenen Punkte doppelt. Keine Vorgabe, bis zu drei Teilnehmern je Land.
Wir wissen, zu welcher Bedeutung dieser Wettkampf für die Klasse III gediehen ist. Die ausdrücklich für diese Regatta gedachten Boote stellen den am weitesten fortgeschrittenen Entwicklungsstand der Hochseeyacht dar.
Der 1965 neu gestiftete und ausgesegelte Eintonner-Pokal wurde von der dänischen Diana III, einem Entwurf von Stephens, gewonnen. Zweite wurde ebenfalls eine Stephens-Konstruktion, die holländische Hestia, gefolgt von zwei Giraglia-Booten, französische Leichtbauten, danach zwei englische Boote. Zehn Teilnehmer.
Die Überlegenheit der Stephens-Risse war offensichtlich. Die Hestia, 1961 gebaut, hatte bereits durch ihre Erfolge in England von sich reden gemacht. Die Diana III war eine Weiterentwicklung. Wie die Pym gehören beide noch zu den klassischen Konstruktionen; freilich sind bereits die ersten Tricks zu bemerken, um den Bootskörper größer zu machen, ohne die Rating zu erhöhen. Ein bißchen breiter, doch ist das Verhältnis von größter Breite zur Seitenhöhe äußerst klein, die Bootsenden sind zugespitzt. Etwa ebenso lang wie die Pym und dabei eine fast zwei Fuß kleinere Rating.
Nicht ganz so rein gestaltete Bootskörper, wenn man so will, aber viel stärker für ihre Rating.
Nach dieser Regatta setzt eine Blütezeit für ausdrücklich als 22-Fußer konzipierte Boote ein. Die Entwürfe kreisen um die Abmessungen des Siegers letzter Ausgabe. Die Wasserlinien liegen um 7,75, die Breite um 2,90 m,

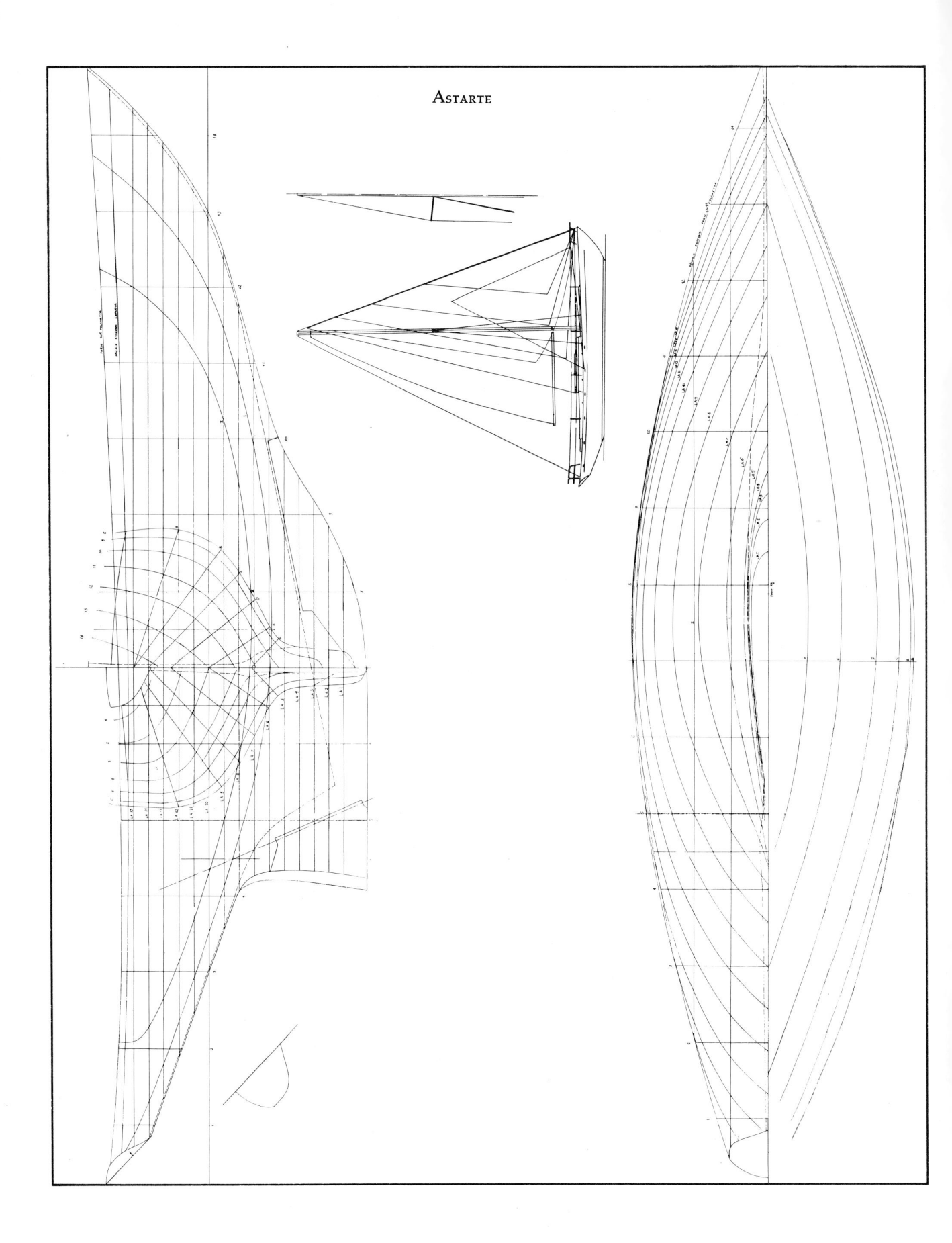

Astarte

Hestia

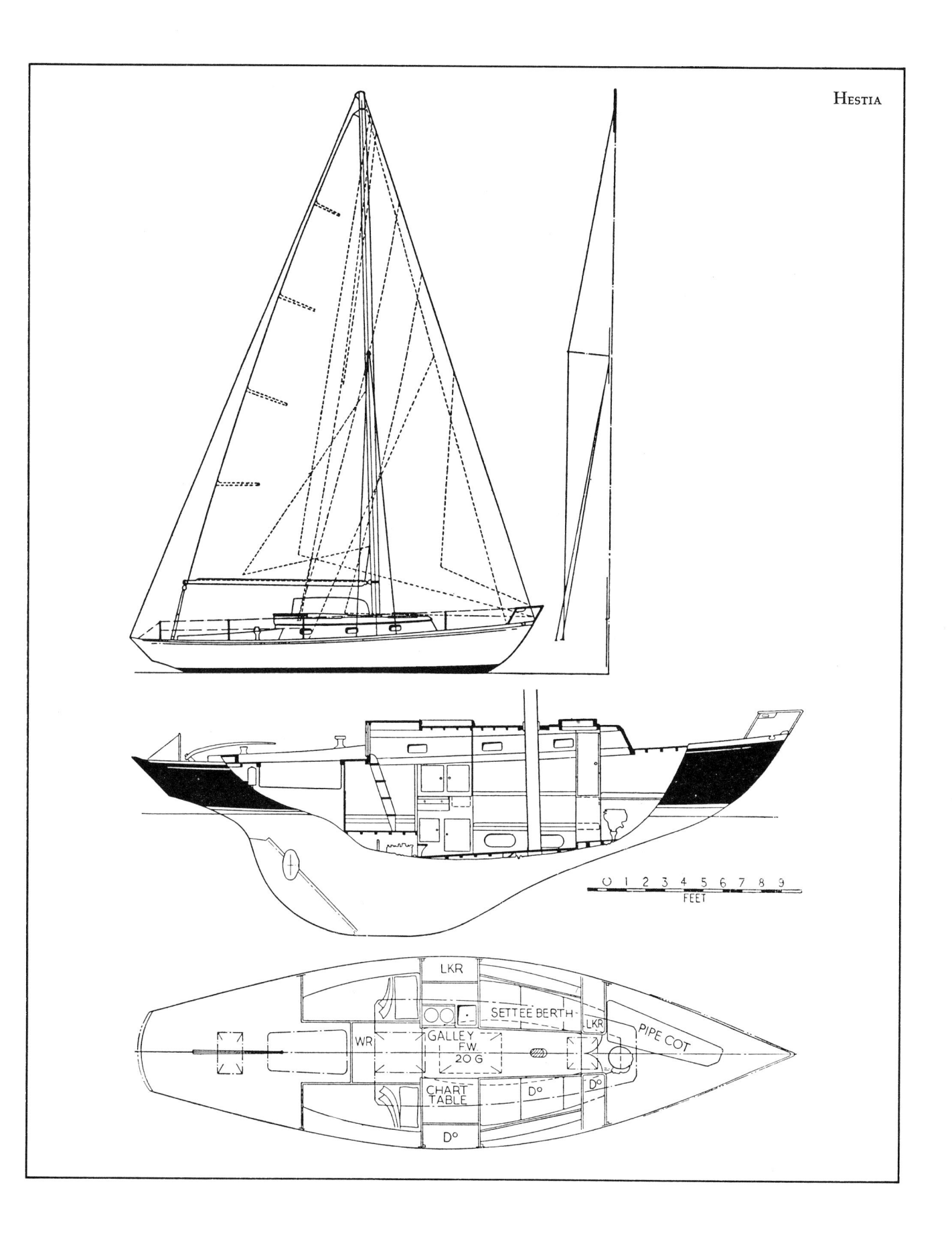

die Verdrängung zwischen 6,5 und 7 t; es sind ziemlich schwere Boote. Die Segelfläche beträgt etwa 52 m².
Weiche Eintrittslinien, das Ruder mit scharfer Kante und der Spiegel nach vorne geneigt. Die Boote der Klasse III sind 1965 so gebaut wie die Diana III und die Hestia.
1966 kommen weitere, eigens für diese Regatten gedachte 22-Fußer heraus, die etwas ganz Neues darstellen. Es sind die „Monstren", hat man doch gelernt, aus einer Rating von 22 Fuß Bootskörper von außergewöhnlicher Leistung herauszuholen.
1966 gewinnt die amerikanische Tina den Eintonner-Pokal.
Sie ist die zweite Yacht ihres Konstrukteurs Dick Carter. Seine erste, die Rabbit, erscheint 1965. Ein kleines Klasse-III-Boot, 7,36 m in der Wasserlinie, sehr breit, aus Stahl; die Form ist die einer vergrößerten Rennjolle, aber mit normaler Verdrängung, mit Flossenkiel und getrenntem Ruder. Die Rabbit gewinnt in jenem Jahr das Fastnet-Rennen, als einziges Boot der Klasse III hinter der Favona.
Die Tina ist nach den gleichen Grundsätzen gebaut wie die Rabbit, ihr Kiel ist zur Verbesserung der Am-Wind-Eigenschaften ausgeprägter. Die abgebildeten Linien zeigen ein seltsames und neuartiges Boot. Es sind die Gedanken eines van de Stadt, von amerikanischer Hand neu gezeichnet.
Das Verhältnis LWL/B von 2,47 ist das der Kielschwerter nach CCA, das Verhältnis Verdrängung/Länge ist 322. Die Spantflächen sind annähernd kreisförmig, am Kiel ein Trimmruder. Die Tina ist ein schweres „light displacement".
Ein einfaches Boot, naiv im Gedankengang, ein zufälliger Volltreffer, könnte man sagen. Doch hält es jeder Betrachtung stand. An den Gurtmeßstellen vorn und hinten hat das Boot wenig Körper, die vermessene Breite ist außergewöhnlich, aber dank der häßlichen, weinglasförmigen Spantschnitte verringert sich diese Breite in der Wasserlinie um rund einen halben Meter. Minimale benetzte Fläche, der Rumpf ist abgerundet und der Kiel sehr klein.
Der Rumpf ist aus Stahl, das gibt eine kräftige Belohnung für das hohe Rumpfgewicht, ohne daß die Raumtiefe dadurch geringer wird. Die Tina hat 3 mm Außenhaut, das gleiche Gewicht in Mahagoni gäbe nicht weniger als 4 cm.
Das sehr weit nach hinten gelegte Ruder erleichtert das Kurshalten auf raumen Gängen. Das Trimmruder wird bei einem so wenig ausgeglichenen Bootskörper wie diesem häufig benutzt werden, kann man mit ihm doch das Hauptruder entlasten. Am Wind kommt der durch das Legen des Trimmruders nach Lee erzeugte Bremsverlust durch die nach Luv gerichtete Querkraft wieder herein.
Das Großsegel ist ganz klein, sehr schmal, ein wahres Messer. Jedoch muß ja eben dieses Segel auf einem breiten Boot bei starkem Wind als erstes gekürzt werden. Hier ist es bereits klein, und die Vorsegel sind die Hauptsache. Ein Boot dieser Art braucht eigentlich kaum noch ein Großsegel. Es läuft auch unter Vorsegel allein gut am Wind.
Die Stärke eines solchen vergrößerten Rennjollenrumpfes liegt, trotz des messerförmigen Großsegels und des Trimmruders, nicht am Wind. Es ist vielmehr ein Bootskörper, der hohe Geschwindigkeiten erreichen und sogar zum Gleiten neigen kann, sofern er aufrecht gesegelt wird, denn er hat weder eine lange Seitenfläche, auf die er sich abstützen kann, noch hat er ausgeglichene Spantflächen, die bei allen Krängungswinkeln gleichermaßen gut arbeiten. Immerhin übertrifft aber seine Wasserlinienlänge den Wert der Rating um 25 %, und daher ist es ein ungemein starkes Boot.
Ein Boot wie die Pym müßte, um auf 22 Fuß zu bleiben, rund einen Meter kürzer in der Wasserlinie werden, und wenn sie auch am Wind dank ihrer besseren Linien trotzdem wahrscheinlich noch besser wäre, bei raumem Wind wird die Tina ihr bemerkenswert überlegen sein, und das um so mehr, je schneller gesegelt wird. Bei leichtem Wind bliebe das Ergebnis offen, die traditionellen Linien sind für geringe Geschwindigkeit immer noch die besseren.
Immerhin hat aber die Tina 1966 den Eintonner-Pokal gewonnen, und die deutsche Optimist, eine leicht vergrößerte Auflage des gleichen Entwurfs, gewann ihn 1967 und 1968.

Länge über alles	11,25 m
Länge Wasserlinie	8,13 m
Breite	3,29 m
Tiefgang	1,86 m
Segelfläche	49,00 m²
Verdrängung	6,20 t

Die 22-Fuß-Monstren von Stephens haben in diesen Jahren beim Eintonner-Pokal kein Glück gehabt.
Die ersten beiden gut bekannten Yachten sind die englischen Clarionet und Roundabout, die bei sämtlichen Regatten vorher abwechselnd erste und zweite

AL NA'IR IV

ASTARTE II

TINA

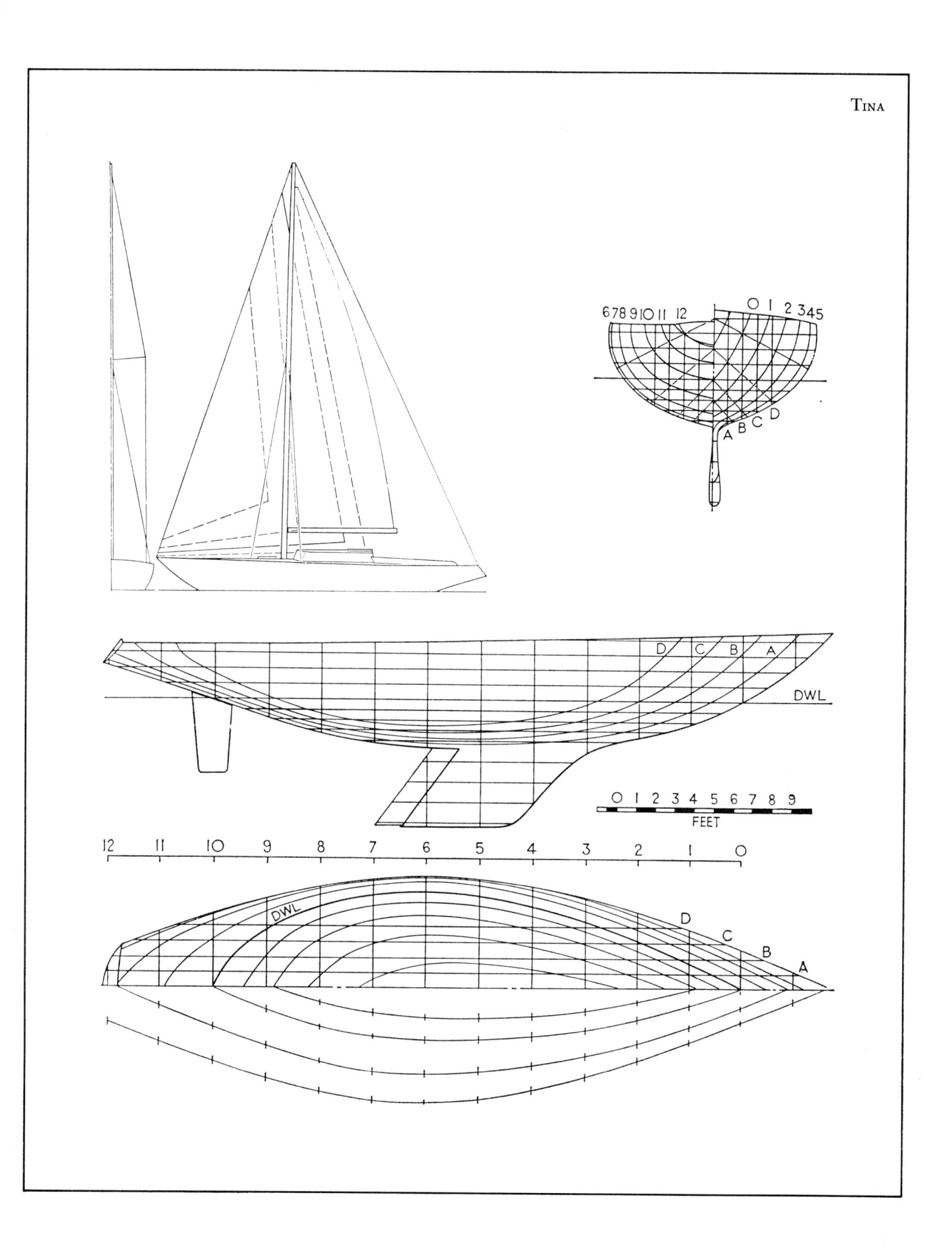

369

gewesen waren und von denen man sich viel versprechen konnte.

Das beste Einzelergebnis beim Eintonner-Pokal 1966 war ein erster Platz der Roundabout bei der ersten Regatta; im Endergebnis kam Clarionet bei 24 Teilnehmern knapp auf den 5. Platz und Roundabout auf den 6.

1967 war die französische Cybele mit dem dritten Platz das Boot von Stephens, das noch am besten abgeschnitten hatte. Erste wurde Optimist, gefolgt von Tina. 21 Teilnehmer.

Bei der ersten Regatta machte die italienische Al Na'ir IV, das letzte Boot der Eintonner-Serie von Stephens, mit Rod Stephens an Bord ihren berühmten Fehler. Vom Strom mitgenommen, berührt sie mit der Bordwand die Startboje, sie wird disqualifiziert, segelt das Rennen außer Konkurrenz mit – und geht 20 Minuten vor dem ersten über die Ziellinie!

Der Fall wurde in den Yachtzeitschriften ausgiebig erörtert und kommentiert. Es wurde auch angeregt, statt einer Disqualifikation eine Zeitstrafe zu verhängen, sofern ein absichtlicher Verstoß sich nicht nachweisen ließe. Auf Grund eines derart leichten Verstoßes wurde ein hervorragendes Boot praktisch aus dem Rennen geworfen, bevor noch die erste Regatta begonnen hatte.

1968 gewinnt wiederum die Optimist bei 22 Teilnehmern. Zweite, dritte und vierte werden Stephens-Konstruktionen.

Es wäre gewagt, wollte man anhand der Ergebnisse des Eintonner-Pokals behaupten, die 22-Fußer von Stephens seien denen von Carter unterlegen. Ich habe bei der Giraglia 1968, die ich auf der Astarte mitsegelte, ihr Verhalten aus der Nähe beobachtet. Zunächst hatten wir frischen raumen Wind, der bis zur Giraglia durchhielt. Die besten Boote waren die vom Typ Tina; ich sah, wie ruhig sie in der See lagen, und langsam liefen sie an allen Booten der Klasse III vorbei. Beim Kreuzen gegen Mistral von zehn Windstärken jedoch lief die Al Na'ir eine wunderbare Höhe und gewann mit sicherem Vorsprung. Am Wind erwies sich ihr Typ als entschieden überlegen.

Das Aussehen dieser Boote ist neuartig, vorher hatte Stephens so nicht gebaut. Neu sind der Knick im Vorsteven dicht unter der Wasserlinie, das Trimmruder, das getrennte Teilbalanceruder mit davorliegendem Skeg.

Die Rumpfformen bringen allerdings nichts Neues. Es sind Boote der Art wie Diana III und Hestia, bei denen zur Verringerung der benetzten Fläche der zwischen dem Ballastkiel und dem Ruder liegende Teil des Lateralplans weggefallen ist. Und da das Ruder getrennt ist, konnte es weiter nach achtern rutschen und senkrecht gestellt werden, womit bei der geringsten Größe des Ruderblattes ein Höchstmaß an Leistung erzielt wird.

Bemerkenswert am Längsriß ist, daß der untere Teil des hinteren Überhanges nicht in Verlängerung des Kiels zwischen dem Trimmruder und dem Hauptruder verläuft.

Der S-Schlag des Achterschiffs ist dadurch nicht berührt, man hat lediglich den dünnen Teil, das reine Füllstück zwischen Ballastkiel und Ruderkoker, weggelassen. Der Höcker unter Wasser vorn gleicht diese zusätzliche Fläche hinten aus.

Bei einem Rumpf mit dem herkömmlichen Übergang zwischen Kiel und Ballast (die Tina dagegen hat zwischen Kiel und Rumpf fast einen Knick) verringert sich der Völligkeitsgrad, wenn man das Hauptspant unverändert läßt und aus den Schiffsenden Volumen herausnimmt, wie bei diesen Booten geschehen. Man erhält dann ein Boot, das bei hoher Geschwindigkeit weniger gut ist, das das ganze Volumen in der Mitte hat und dazu neigt, ein Wellensystem zu erzeugen, bei dem die Wellenhöhe viel größer ist als bei einem traditionellen Rumpf gleicher Länge und Verdrängung. Daher hat man die Aufkimmung im Achterschiff ebenso belassen, wie man das Vorschiff unterhalb der Wasserlinie tiefergebracht hat.

Die Yachten von Stephens sind Weiterentwicklungen der vorhergehenden Konstruktionen, ein logisch richtiges Vorgehen eines Mannes vom Fach, der bei gleicher Segelfläche die Wasserlinie länger machen will, ohne die benetzte Fläche zu vergrößern. Nicht, indem er irgendeinem Hindernis aus dem Wege geht, sondern durch Verbesserung jeder Einzelheit hat Stephens ein raffiniertes Boot geschaffen, das gut gesegelt werden muß, will man alles aus ihm herausholen.

Ich habe eine Reise gemacht auf einem Boot dieser Serie, das bei Carlini in Rimini gebaut worden war. Die Inneneinrichtung ist bequem, ohne daß Zugeständnisse bei nicht unbedingt nötigen Gewichten gemacht wurden. Die Spindtüren bestehen aus Segeltuch, die Schiffsenden sind leer, das gesamte Gewicht befindet sich in den Bauteilen, die vermessen werden, und im Kiel, der 48,5 % des Gesamtgewichts ausmacht.

Das Rigg ist weit entwickelt; Al Na'ir hat profilierte Wanten, Clarionet das vorn abgerundete Deckshaus;

AL NA'IR IV

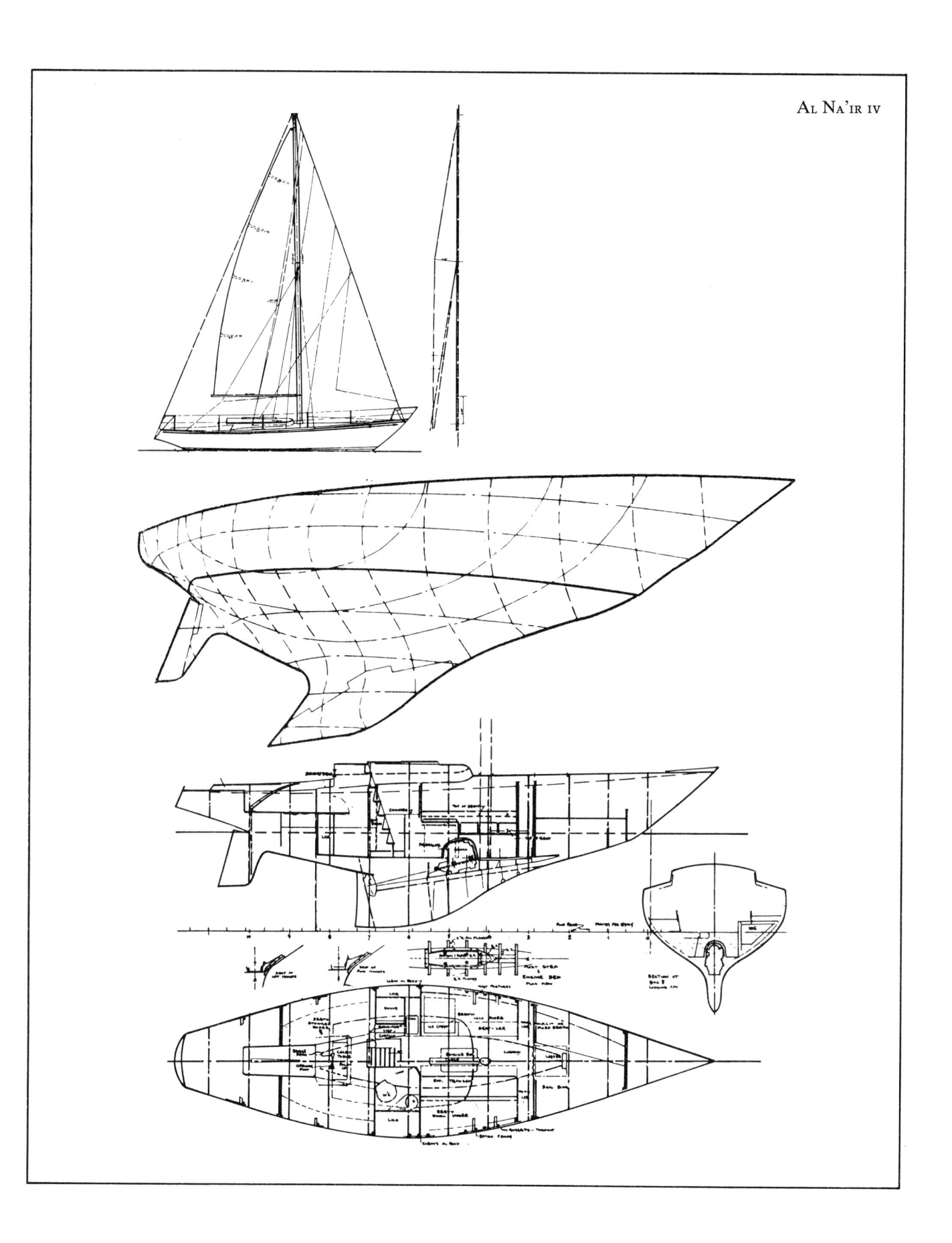

auch der Windwiderstand ist ein nicht zu unterschätzender Faktor.

Man segelt nach Instrumenten, und nicht nur für den Kurs. Rod Stephens kommt, um den Trimm zu besorgen, stellt den Mast ein, bestimmt die Spannung der Verstagung. Ist das erledigt, muß man sich nach den Tabellen richten. Die Instrumente zeigen die Windgeschwindigkeit, die Fahrt des Bootes und den Einfallswinkel des scheinbaren Windes an. Mit diesen Werten geht man in die Tabellen, welche die Nummer des zu benutzenden Segels angeben. Ändert sich die Anzeige der Instrumente, dann wechselt man das Segel. Es gibt zwei Schotschienen für die Vorsegel, eine äußere und eine innerhalb der Seereling. Die Löcher für die Feststellung des Schotblocks sind durch eingeschlagene Zahlen bezeichnet, und auch diese Stellungen sind den Tabellen zu entnehmen. Nichts bleibt dem Zufall und dem Belieben der Besatzung überlassen. Der Großbaum ist platt und biegsam, die Schot ist unter ihm vielfach geführt. So kann man den Baum biegen und schwenken; zwar ist das Großsegel klein, aber maximal wirksam.

Das Ganze sehr amerikanisch, der Computer hat gedacht, der Skipper führt aus.

Länge über alles	11,24 m
Länge Wasserlinie	8,14 m
Breite	3,09 m
Tiefgang	1,89 m
Verdrängung	6,55 t
Ballast	3,18 t

Sollte ich zwischen einer Tina und einer Al Na'ir wählen, ich nähme die letztere.

Es ist ein ausgeglichenes Schiff, und ich verstehe es. Mir gefällt ein Boot, das am Wind segelt. Dies ist freilich eine etwas antiquierte Wertvorstellung; heute gewinnt, wer gleitet, aber ich liebe nun mal die alten Dinge.

Heute sind die mit den Eintonnern erstmalig aufgekommenen Baugedanken auf immer größeren Booten zu erkennen. Die Yachten von 30 Fuß in der Wasserlinie für den Admiral's Cup werden den Eintonnern des vorhergehenden Jahres immer ähnlicher.

Die „Nicholson 43", 1969 vorgestellt, ist ein Boot von 30 Fuß in der Wasserlinie, das serienmäßig hergestellt wird. Jedes Jahr, das vergeht, bringt größere Boote im Serienbau.

Den von Nicholson gewählten Längsriß kennen wir schon, gerader Vorsteven, aber mit dem Höcker unterhalb der Wasserlinie, das Ruder mit Skeg und die steile Aufkimmung zwischen Kiel und Ruder. Diese Anordnung setzt sich wegen der besseren Kursstabilität neuerdings weiter durch, auch die Boote der Tina-Serie haben das Skeg, das sich nach vorn in einer kleinen, hervorstehenden Rippe fortsetzt.

Die Inneneinrichtung ist die kleinerer Boote mit etwas mehr Bequemlichkeit. Die Vorderseite des Aufbaus ist schräg nach hinten geneigt, das Rigg kennen wir: Das Großsegel wird immer kleiner, die Vorsegel immer größer.

So sieht der „ocean racer" heute aus.

Schnell, zuverlässig, bequem, leistungsstark, in Serie gebaut und aus Kunststoff.

Länge über alles	13,20 m
Länge Wasserlinie	9,15 m
Breite	3,51 m
Tiefgang	2,06 m

Wir sind nun in der Gegenwart; wir haben viele Boote Revue passieren lassen, und doch konnten wir lediglich anhand der wichtigsten und für die jeweilige Zeit repräsentativsten Yachten den Gang der Entwicklung aufzeigen. Die einzelnen Typen stehen in Zusammenhang miteinander, sind sie doch dadurch entstanden, daß eine gedankliche Vorstellung von dem jeweils herrschenden Zeitgeschmack und den Erfordernissen des Augenblicks geprägt wurde.

Viele mußten außenvor bleiben, alle die kleinen Boote für Dreiecksregatten, die Kreuzerrennyachten der Klasse C. Auch die reinen Fahrtenboote hätten es verdient, häufiger genannt zu werden.

Und die Katamarane oder jene so überaus häßlichen französischen Boote, die aussehen wie vergrößerte Spielzeuge und die dem, der gegen sie segelt, so viel zu denken geben; und die olympischen Klassen.

Groß ist die Welt der Segel, und ein Buch reicht nicht aus, sie zu beschreiben. Meine Absicht war es, die Entwicklung der Segelyacht nachzuzeichnen, indem ich dem Weg folgte, der über die bedeutsamsten Beispiele führt.

Wir sind nun am Ziel, der Weg ist gegangen.

Die Aufgabe, die ich mir mit diesem Buch gestellt hatte, ist erfüllt. Die Arbeit aber geht weiter. Was nun an Neuem kommt, bringen uns die Yachtzeitschriften.

"Nicholson 43"

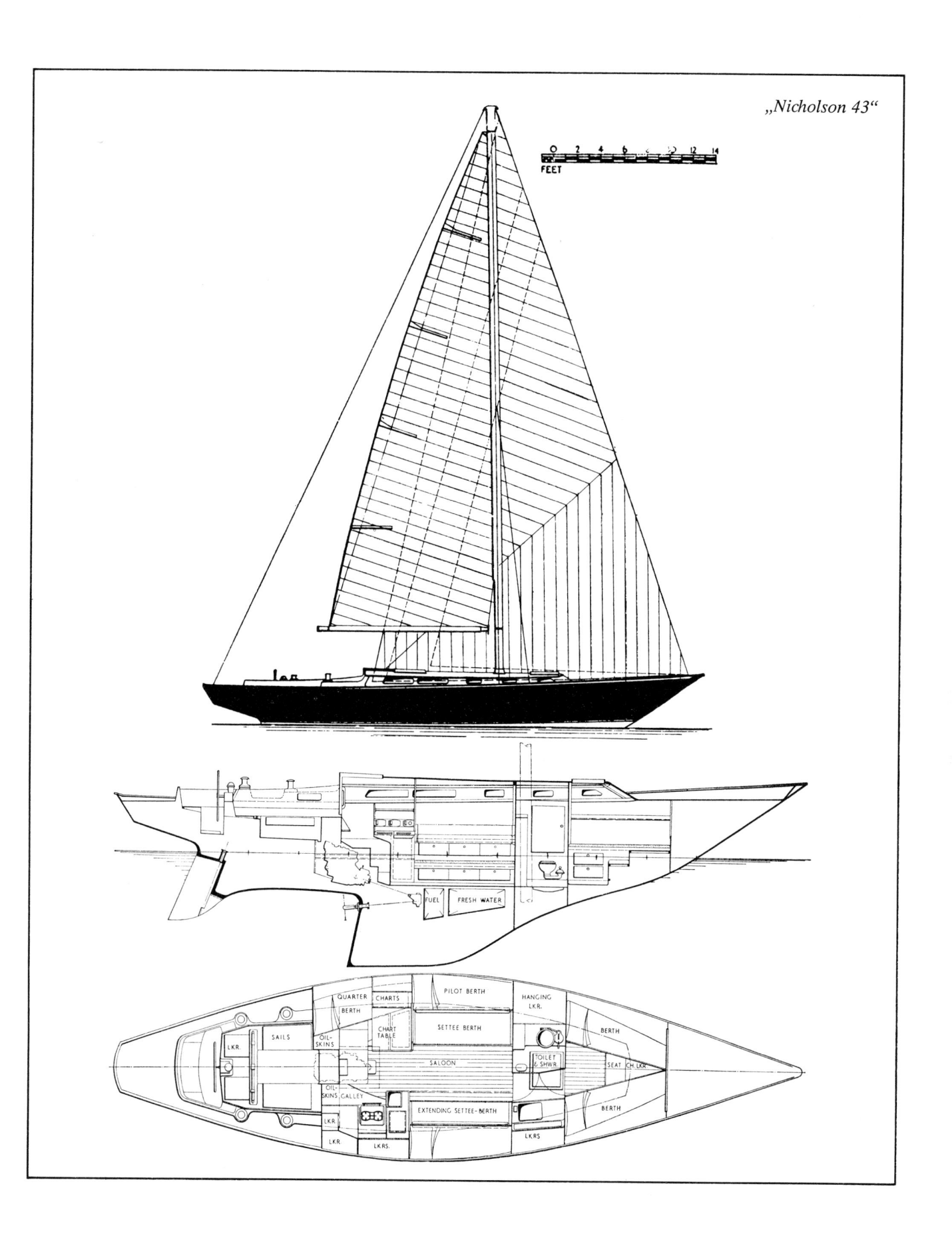

6-m-Boot

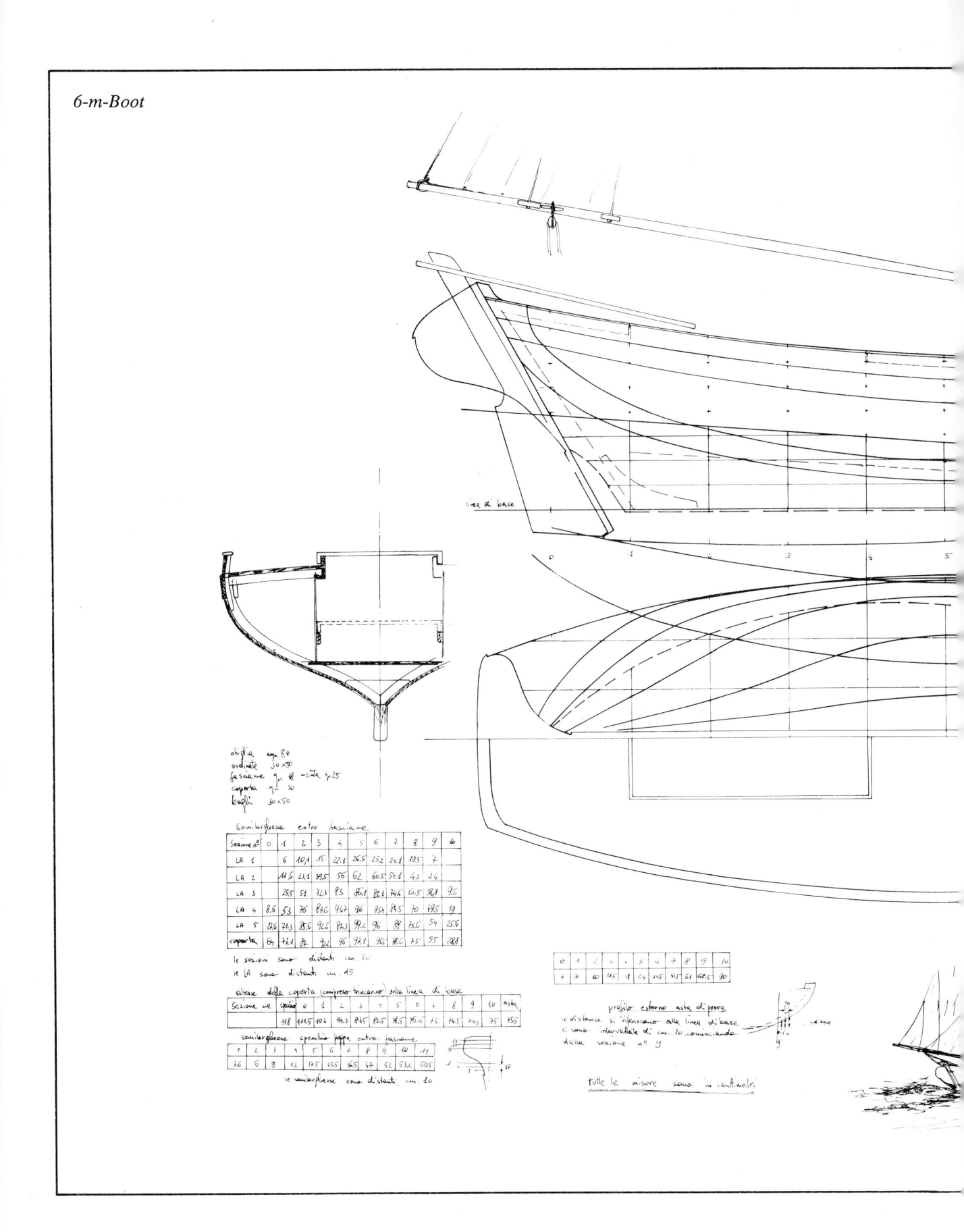

Scala 1:10

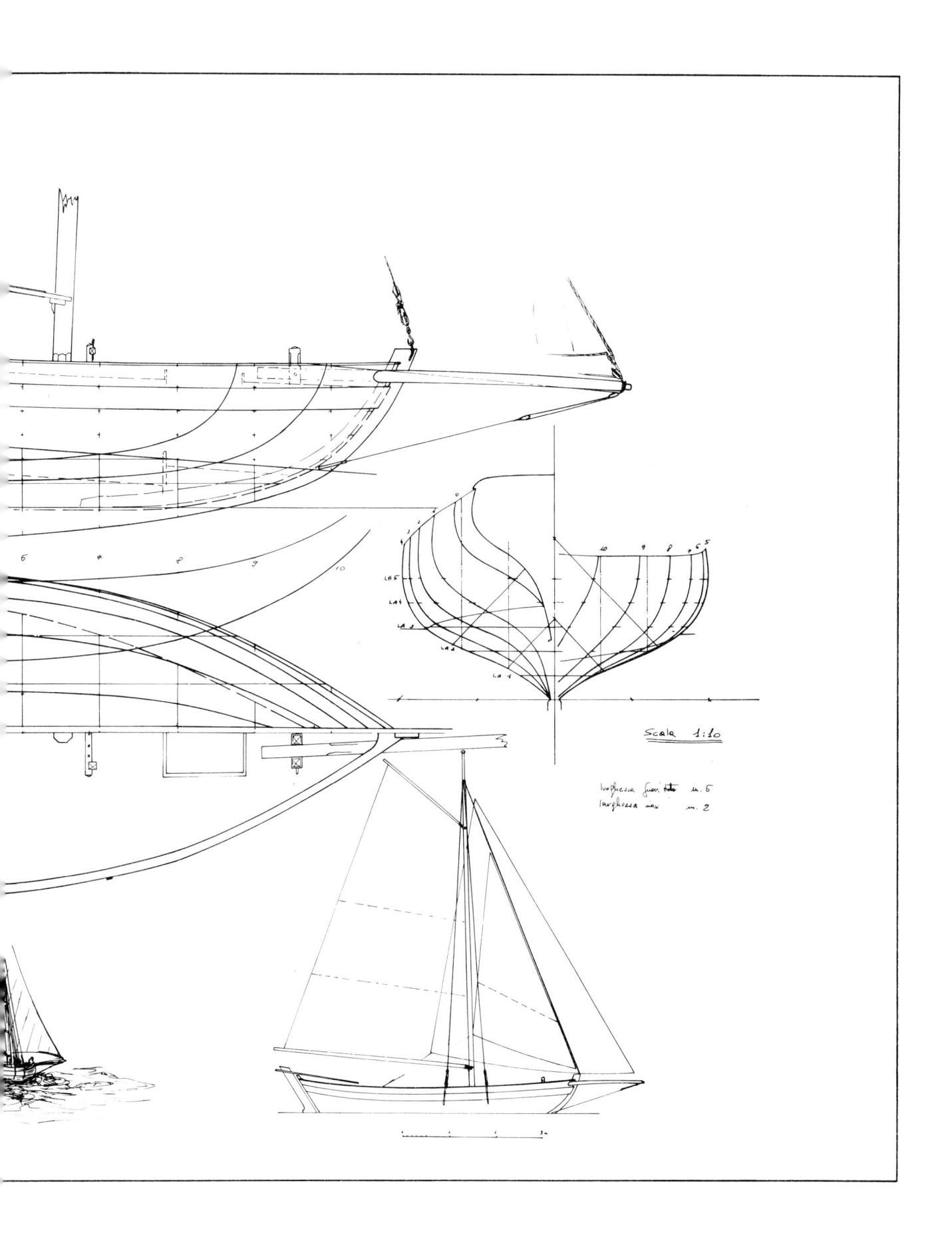

lunghezza fuori tutto m. 6
larghezza max m. 2

Adria II
Linien

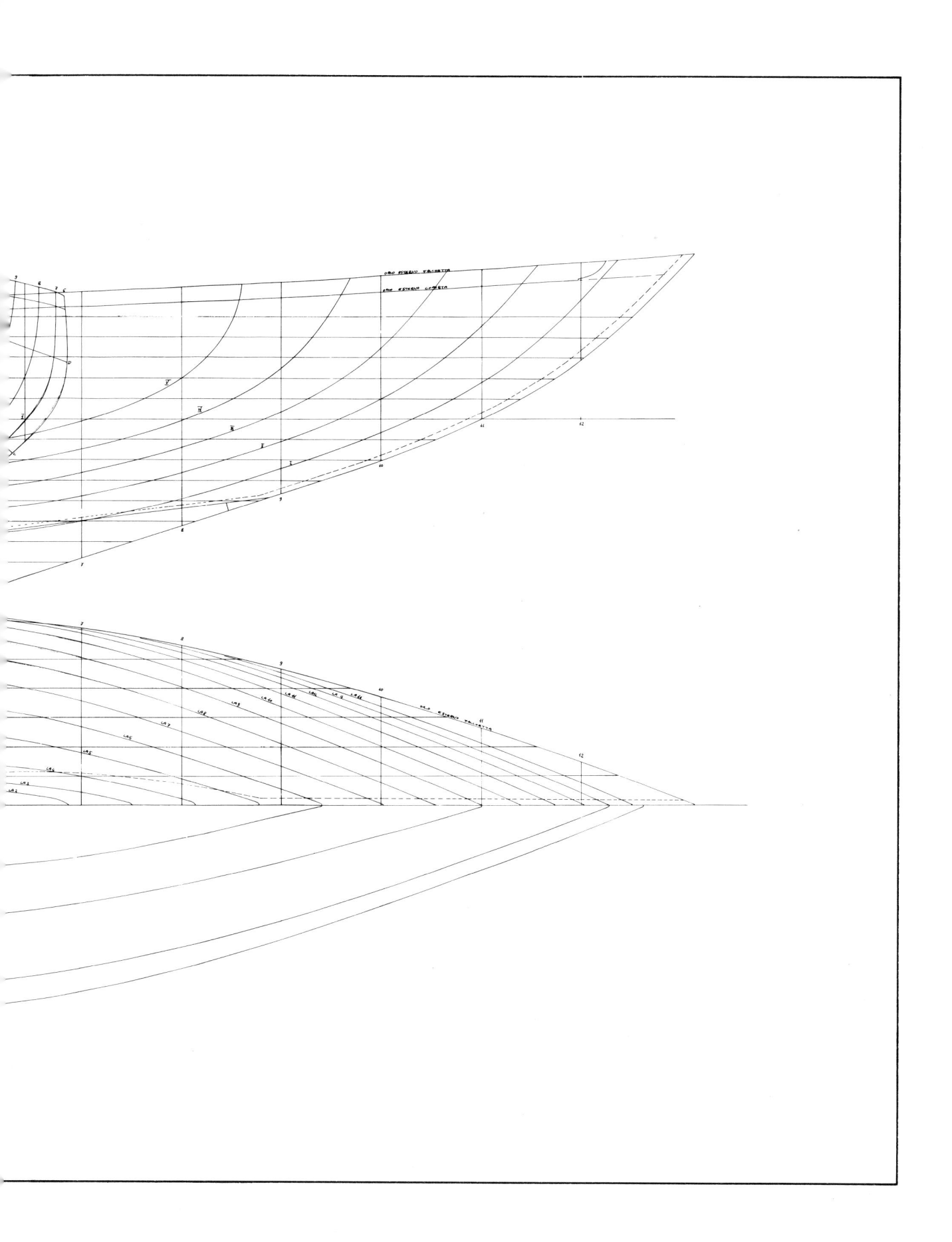

Adria II
Holzplan

379

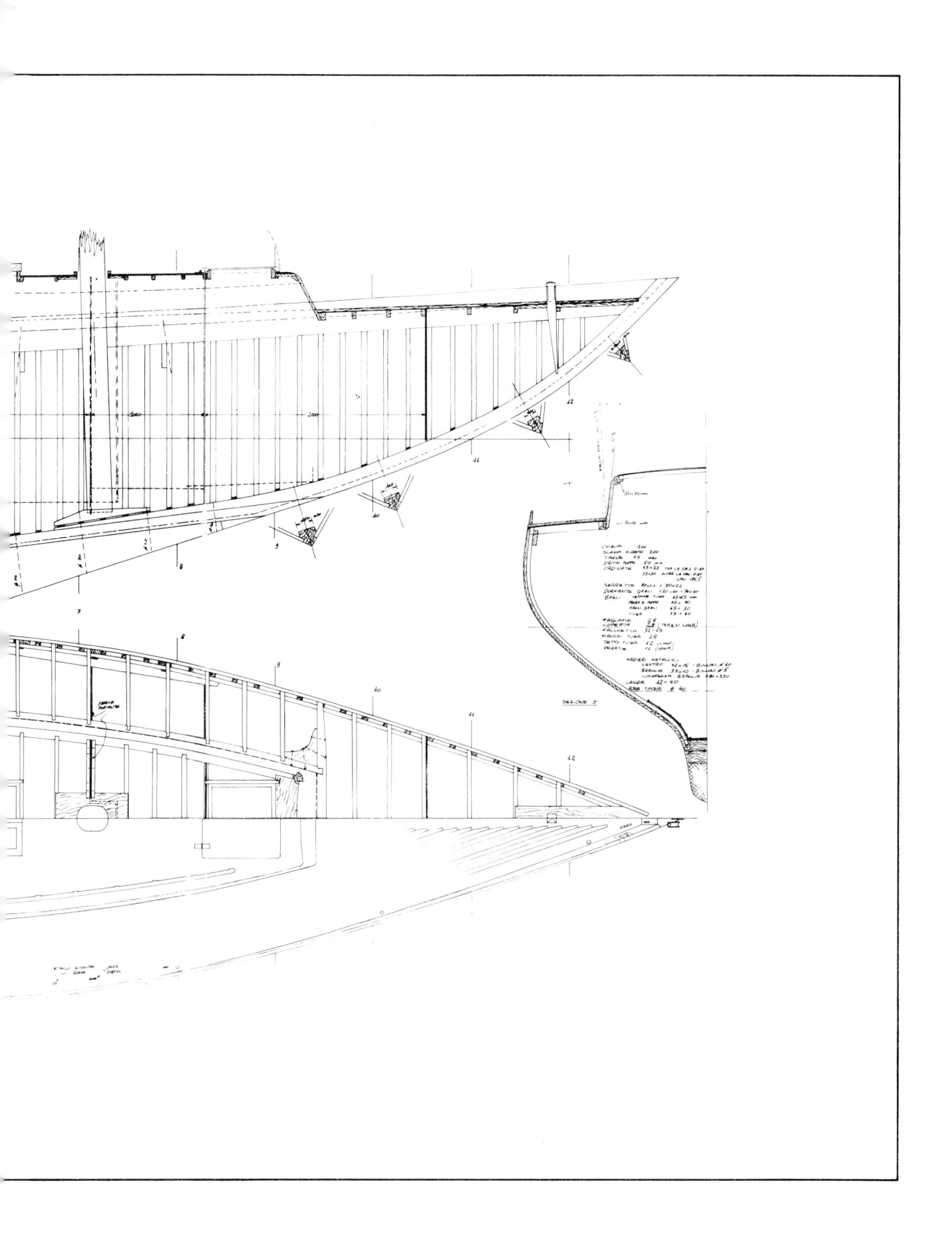

Adria II
Inneneinrichtung

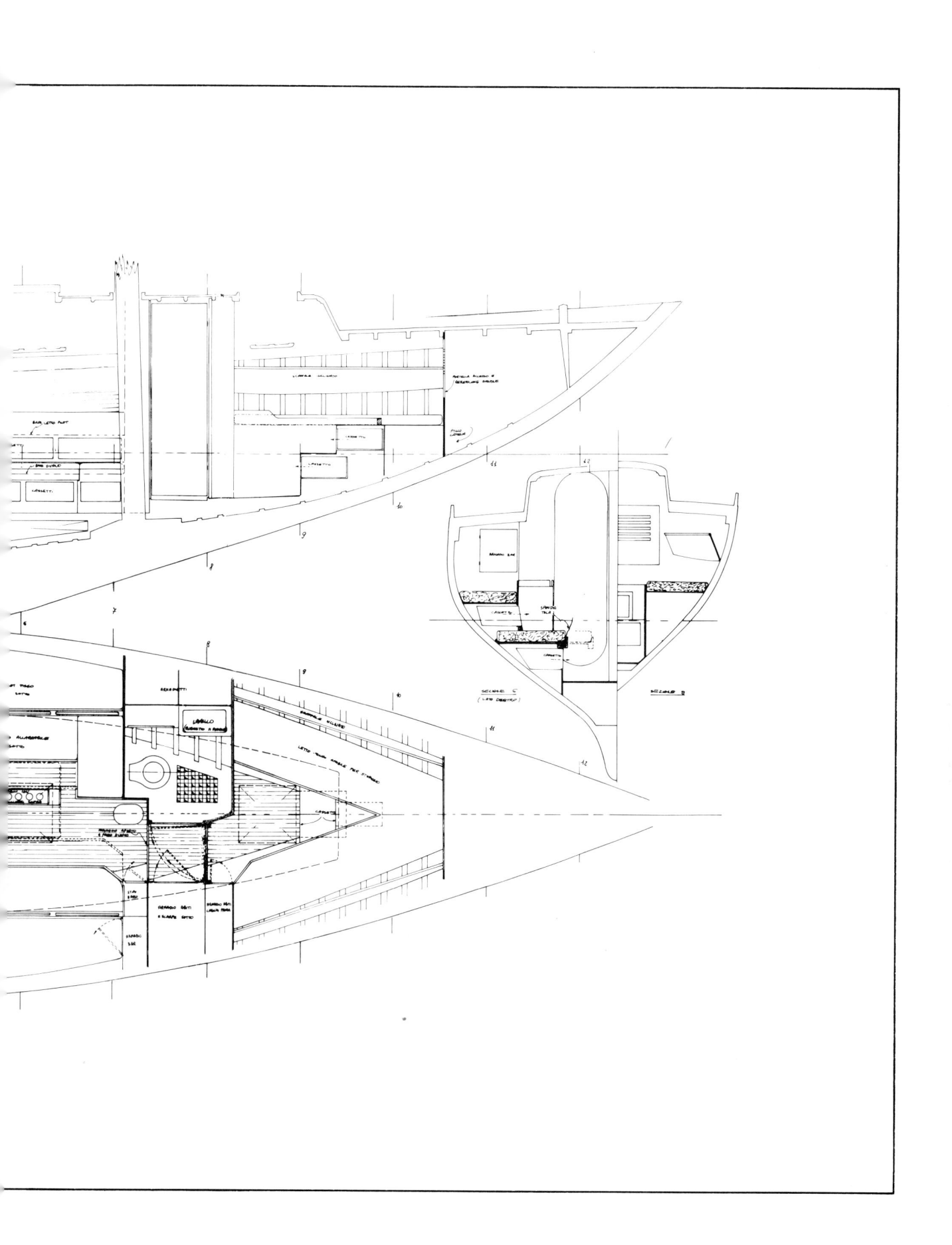

Anhang 1 Linienrisse und Konstruktionspläne

Den wichtigsten Teil dieses Buches bilden die Zeichnungen und Risse. Die Entwicklung von Formen und Typen, die Geschichte gemacht haben, schlägt sich ohne weitere Erklärungen in der Folge der Konstruktionspläne von einem Zeitabschnitt zum anderen nieder, und wer Linienrisse zu lesen versteht, begreift einen Bootskörper besser als bei Betrachtung einer Fotografie oder irgendeiner zeichnerischen Darstellung. Wenn man genügend Praxis darin hat, sagt die Analyse des Projekts wesentlich mehr aus als das gleiche Boot, wenn es auf dem Lande vor einem steht.

Die Linienrisse definieren einen Bootskörper vollständig. Man sieht ihn in allen seinen Teilen. Es ist mir nie eingefallen, Änderungen an Einzelheiten des Bootskörpers oder des Riggs vorzunehmen, wenn ich ein Boot im Bau habe und sehe, wie es ganz allmählich seine Form annimmt. Wenn ich auf der Werft um das Boot herumgehe, sehe ich es nicht im ganzen, ich habe nie die rechten Proportionen vor mir, weil ich mit einem Blick immer nur Teilstücke erfassen kann. Allein am Zeichentisch kann man mit dem Rechenschieber und dem Kurvenlineal und durch Vergleichen der Merkmale des Entwurfs mit denen bereits gebauter Boote immer noch besser zu einem Urteil kommen als in einem engen Raum, wo man niemals das ganze Boot aus ausreichendem Abstand überblicken kann. Ich meine, daß jeder, der eine Passion für Boote hat, Gefallen daran findet, ihre Konstruktionszeichnungen anzusehen. Ich bin sicher, daß die vielen Zeichnungen und die wenigen Fotos in diesem Buch auch denjenigen nicht gelangweilt haben, der mit dem Entwerfen von Yachten wenig vertraut ist.

Im folgenden bringe ich einige Erklärungen über die wesentlichsten Merkmale der wiedergegebenen Entwurfsunterlagen. Ich fasse mich dabei kurz, denn es handelt sich um ein in zahlreichen anderen Büchern ausführlich behandeltes Thema; und es gibt ausgezeichnete moderne Bücher über den Entwurf und Bau von Yachten[52], auch in den Veröffentlichungen der Schiffbauinstitute.

Doch braucht man, um das zu werten, was in diesem Buch wiedergegeben ist, nicht zu sehr in die Tiefe zu gehen. Im Gegenteil, es ist möglicherweise sogar besser, das nicht zu tun. Man schätzt vielleicht eine Konstruktionszeichnung am meisten, solange die Begeisterung noch anhält, man aber bereits einiges weiß; und dieses Wissen bereitet viel Freude; man bemerkt, daß es noch viel anderes, Neues, Wunderbares gibt, das zu entdecken sicherlich noch mehr Freude macht.

Die Darstellung eines dreidimensionalen Körpers geschieht überall in der Technik mittels dreier Ansichten; bei sehr einfachen Körpern genügen zwei Ansichten. Ist er komplizierter und reichen auch drei Ansichten nicht aus, hilft man sich mit Schnitten. Die Formen eines Bootskörpers sind in jeder Richtung gekrümmt, die drei Ansichten genügen nicht mehr, um ihn zu bestimmen. Man kann sich mithin nicht mit Quotenrechnungen behelfen, und es gibt auch keine mathematischen Formeln, die den Gang der Krümmung an einem Bootskörper ausdrücken. Die einzige Methode, seine Form aufs Papier zu

---

[52] Marconi: „Wie konstruiert und baut man ein Boot", Verlag Klasing + Co. GmbH, Bielefeld

bringen, ist, die Linien zu zeichnen, die auf der Oberfläche des Rumpfes entstehen, wenn man durch diesen Schnitte in allen Richtungen legt, auch durch das tote Werk.

Auch ein Linienriß besteht aus drei Ansichten. Der Längsriß oder die Seitenansicht des Bootskörpers zeigt den äußeren Umriß und die Linien, die entstehen, wenn man parallel zu Mittellängsachse verlaufende Schnitte legt.

Darunter ist die Draufsicht oder der Wasserlinienriß, von dem lediglich die Hälfte dargestellt wird, weil der Bootskörper seitengleich ist. In dieser Ansicht erscheinen der Umriß des Decks und die Linien, die entstehen, wenn man parallel zur Ebene der Wasserlinie liegende Schnitte durch den Bootskörper legt. Diese Linien heißen „Wasserlinien". Eine davon ist besonders wichtig: die Konstruktionswasserlinie, die man kurz „Wasserlinie" nennt (die übrigen sind Hilfswasserlinien).

Die dritte Ansicht zeigt die Linien, die entstehen, wenn man senkrecht zur Längsachse liegende Schnitte durch den Bootskörper legt. Diese Umrißlinien heißen gewöhnlich Spantschnitte oder noch zutreffender „Spanten".

Zur Kontrolle des Verlaufs dieser Linien legt man noch schräg bzw. diagonal zur Längsebene verlaufende Schnitte als Verbindungslinien zwischen den Wasserlinien und den Linien des Längsrisses. Diese Linien heißen „Senten". Man versucht, die Ebene der Senten möglichst in einen rechten Winkel zu den Spantschnitten zu legen, so daß sie grob angenähert die Linien darstellen, an denen das Wasser am Rumpf entlanglaufen wird. Diese Linien werden in der Zeichnung neben den Wasserlinienriß der einen Bootsseite gelegt.

Die Gesamtheit dieser Linien legt den Bootskörper fest, und der Verlauf der Kurven von einem Spant zum nächsten zeigt die den Formen zugrunde liegenden Gedankengänge auf und sagt dem geschulten Blick im voraus, wie sich das Boot unter Segel verhalten wird.

Die ältesten Pläne, die wir in diesem Buch gesehen haben, sehen sehr viel anders aus als die übrigen. Das Heck erscheint in den Seitenansichten wie in den Spantschnitten immer viel höher als der Bug, auch wenn das Boot im Wasser liegend ganz anders aussähe. Das kommt daher, daß der Kiel die Grundlinie ist. Die Zeichnung folgt damit der während des Baus geltenden Überlegung. Denn der Kiel wird nach der Wasserwaage waagerecht gelegt, und sämtliche Maße werden von der „Grundlinie" aus genommen, der Linie, die entlang des Kiels in dem Punkt verläuft, wo die Spanten ansetzen, das heißt entlang der innenliegenden Kante der Sponung.

Auf diese Weise ist die Zeichnung der 6-m-Yacht auf der ersten Ausklappseite angelegt, die ich als ein Beispiel des alten Verfahrens bringe. Es handelt sich um ein kleines gedecktes Boot ohne Aufbauten, für kurze Fahrten in See, zum Spazierensegeln. Die Aufgabe, die ich mir damit gestellt hatte, war ein Boot, mit dem nicht ein ganz bestimmter Typ nachgebaut werden, sondern das eben die Merkmale eines Bootes von ehedem aufweisen sollte, weil es auf einer Fischerbootswerft gebaut wurde. Das Ergebnis war ein sympathisches und fröhliches und dabei noch recht schnelles kleines Boot. Ein Divertimento über das Thema „Bauen im alten Stil".

Man sieht, daß die Grundlinie waagerecht liegt und der oberen Fläche des Kiels entspricht. Darüber werden die Spanten mit dem Lot ausgerichtet und befestigt. Man beachte, daß die Linien den Bootskörper „Innenkante Außenhaut" darstellen. Der Spantenplan stellt die zu bauenden Spanten dar, von denen die Stärke der Außenhaut nicht mehr abgezogen zu werden braucht. Das fertige Boot ist dann um diese Stärke größer, als es auf der Zeichnung erscheint.

Diese Art von Zeichnung wird so angelegt, daß damit die Hauptprobleme für das Anreißen gelöst werden.

Ein weiterer Bestandteil des alten Verfahrens ist das „Hauptspant", das größte von allen Spanten, innerhalb dessen sämtliche anderen liegen. Auf den Zeichnungen von Chapman wird es durch ein ⊕ oder auch durch ein + hervorgehoben; das allgemein übliche Zeichen ist ⊗.

Auf meinen Zeichnungen sind die Spantschnitte vom Spant Null am Heck ausgehend numeriert; gebräuchlicher ist aber, das Hauptspant als Null-Spant zu nehmen und die Spanten nach hinten mit Zahlen und nach vorn mit Buchstaben zu bezeichnen, oder auch nur mit Zahlen. Auf italienischen Zeichnungen sieht man in diesem Fall häufig die Bezeichnungen AD und AV (hinten bzw. vorn).

In den meisten Fällen liegt die Wasserlinie nicht parallel zum Kiel und folglich auch nicht senkrecht zu den Spanten, sie erscheint daher auf dem Längsriß gekrümmt, und zwar verläuft sie gegen den Bug hin nach unten und gegen das Heck hin nach oben. Die Wasserlinien der Zeichnung liegen nicht parallel zur Schwimmlinie; die gestrichelt angedeutete Wasserlinie zum Vorschiff hin hat für den Bau keinerlei Bedeutung, sie zeigt lediglich an, wie weit die Unterwasserfarbe reichen soll. Auf den alten Zeichnungen sind immer die Einzelheiten angegeben, auf die es dem Konstrukteur ankommt, etwa das erhöhte Setzbord, das Ruder, die Betinge, das Bugspriet und ähnliches.

Mit dieser Zeichenmethode kam man lange Zeit auch für den Bau viel größerer Schiffe aus; die Bauweise war bei den einzelnen Typen nicht sehr unterschiedlich, und bei jedem Typ folgte man dem Herkömmlichen, wie übrigens in allen anderen Künsten und Handwerken auch.

Wer Schiffe baute, kannte sein Handwerk, tat er es doch schon seit Generationen.

Die Pläne Chapmans zeigen den vollständigen Bauplan; die Inneneinrichtungen sind aufgezeichnet, die Aufbauten, die Dekorationen. Er hat dazu Stabilitätsberechnungen aufgestellt, was bei modernen Yachten nur recht selten geschieht. Die beiden kleinen, durch eine senkrechte Linie verbundenen Kreise, die im Mittelpunkt der Seitenansichten erscheinen, sind der Auftriebsschwerpunkt, und das Metazentrum, die Strecke, die sie verbindet, ist der Radius des Quermetazentrums.

Auf einer modernen Zeichnung ist die Wasserlinie die wichtigste Linie, und das hauptsächliche Maß für einen Rumpf ist seine Länge in der Wasserlinie. Die statischen Berechnungen für den Bootskörper werden stets auf diesen Wert bezogen, ebenso praktisch auch alle Koeffizienten und Verhältnisse[53].

Die Wasserlinie ist zugleich die Grundlinie der modernen Zeichnung. Der Kiel kann bei Bootskörpern mit Außenballast, der sich dem Umriß des Rumpfes anpaßt, nicht als Bahn für die Helling dienen, denn er ist, bezogen auf die Wasserlinie, zu stark geneigt. Die Spanten werden stets rechtwinklig zur Wasserlinie gesetzt, die mit der Wasserwaage ausgerichtet wird.

Es gibt auf der Zeichnung kein Hauptspant, keiner der Spantschnitte umfaßt mehr sämtliche anderen. Das breiteste Spant ist niemals auch das tiefste und auch nicht das mit der größten Fläche. Zuweilen wird, allerdings nicht ganz berechtigt, der Ausdruck Hauptspant zur Bezeichnung desjenigen Spantes benutzt, bei dem die größte Breite liegt.

Als Beispiel für eine moderne Zeichnung habe ich die ADRIA II aufgenommen (siehe Ausklappseiten), ein Boot der RORC-Klasse II, 1969 in Triest gebaut. Das Boot hat geringen Tiefgang, um die Adriahäfen benutzen zu können. Es gewann 1970 die Adria-Meisterschaft der IOR-Klasse IIa.

Auf der Zeichnung zeigt der Vorsteven nach rechts, wie auf fast allen Zeichnungen, die wir gesehen haben. Nach dieser Regel richtet man sich vornehmlich in Europa; die Numerierung der Spanten zählt vom Heck aus. Auf amerikanischen Zeichnungen ist das bisweilen umgekehrt. Wer an Zeichnungen mit Bug rechts gewohnt ist, bekommt dann nicht den richtigen Eindruck von den Linien; er wird bemerken, wie sehr sich das ändert, wenn er die Zeichnung in einem Spiegel betrachtet.

Die Wasserlinie ist in zehn Abschnitte unterteilt, und diese Einteilung setzt sich auch in den Überhängen fort. Man verfährt meist danach, es ist so für das Auf-Stapel-Legen erforderlich. Es gibt auch Zeichnungen mit dichter beieinanderliegenden Abschnitten oder mit Zwischenabschnitten zwischen den an den Schiffsenden gelegenen Spanten dort, wo sich die Form am stärksten ändert.

Die Zeichnung enthält noch weitere für den Bau benötigte Linien; gestrichelt den äußeren Rand der Sponung, wo die Außenhaut endet, die Grundlinie des Kiels, wo der eigentliche Bootskörper aufhört, den Außenballast, das Schandeck und das Setzbord.

Eine moderne Zeichnung ist immer „Außenkante Außenhaut"; in dem Verlauf der Spanten sieht man nicht mehr die Kerbe an der Verbindungsstelle zwischen Kiel und Spanten wie auf den alten Zeichnungen; beim Bau ist darauf zu achten, daß die Stärke der Außenhaut abgezogen wird, um auf die effektiven Maße für die Spanten zu kommen.

In dieser Zeichnung liegen die Senten soweit wie möglich senkrecht zu den Spanten; vielfach ist es üblich, zahlreiche parallel zueinander liegende Senten zu zeichnen, alle auf 45°, das heißt auf Zwischenebenen, die genau auf der Mitte zwischen den Wasserlinien und den Längsschnitten liegen; ein nicht unlogisches Verfahren.

Ich meine, viel mehr braucht dem Betrachter der Zeichnungen für eine Yacht nicht gesagt zu werden. Die Linien sprechen ihre Sprache, und sie sagen mehr als jede Erklärung.

Heute genügen zum Bau eines Bootes nicht mehr wie früher allein die Linien. Es gehören noch dazu die „Tafeln der halben Breiten" und alle die anderen Werte, die für das Anreißen in natürlicher Größe erforderlich sind. Und diese beiden Pläne zusammen stellen erst den Anfang dar. Es folgen der „Holzplan" bzw. bei Metallbooten der „Eisenplan" mit den tragenden Verbänden des Rumpfes, die Einrichtungszeichnungen, der Segelriß, das Gußmodell für den Außenballast, die Zeichnungen für die Spieren, die Beschläge an Deck und im Rigg, die Installationen usw.

Ein kompletter Entwurf kann bis zu 30 und mehr Zeichnungen umfassen.

---

[53] Man spricht bei Beziehungen zwischen Fläche und Volumina von Koeffizienten und bei linearen Maßen von Verhältnissen.

Anhang 2   Das Kutterrigg

Es gibt eine Menge verschiedener Meinungen über das beste Rigg für eine Hochsee-Kreuzeryacht. Nachdem ich eine Ketsch, zwei Yawls, einen Schoner und mehrere Kutter besessen habe, bin ich in den Grenzen meiner Erfahrung davon überzeugt, daß kein Rigg jenem des Kutters zwischen 15 und 60 Tonnen gleichzukommen vermag. Mehr noch als der Wirkungsgrad, das geringe Gewicht von Mast und Spieren im Verhältnis zur Segelfläche, die günstige Lage des Mastes nahe dem Zentrum des Bootskörpers – alles Punkte zugunsten dieser Takelungsart – sprechen für das Kutterrigg die einfache Handhabung, die relative Leichtigkeit, mit der sich Verschleißerscheinungen begrenzen lassen, und die Bedienungsmöglichkeit mit Hilfe der Gaffel.

Worte von Claude Worth, welche die Gedanken widerspiegeln, die man früher in England über die Takelung von Yachten hatte.
Nichts ist besser als der Kutter, und das nicht nur für Regatten.
Der Segelriß auf dieser Seite ist dem 1895 erschienenen „Manual of Yacht and Boat Sailing" von Dixon-Kemp entnommen. Es ist der Kutter der Zeit zwischen der Mosquito und der Genesta, und die mit Ziffern bezeichneten Einzelheiten werden in einem langen Kapitel über das „equipment" einer Yacht erläutert.
A ist das Großsegel mit losem Unterliek; das Schothorn wird mittels einer Talje ausgeholt, die unter dem Baum zu erkennen ist. Das Auge des Schothorns ist an einem eisernen Schäkel (a) angeschäkelt, der seinerseits über einen Kettenstander mit der Talje verbunden ist. Die Gaffel hat zwei Fallen, das Klaufall (14) und das Piekfall (15), außerdem einen Niederholer (37), um zu verhindern, daß die Gaffel beim Fieren außenbords geht.
B ist die Fock, die am Stag angeschlagen ist, mit dem Fall (19) und der mit einer Talje versehenen Schot (20). Später zog man es allgemein vor, an das Schothorn einen Stander anzuschlagen und die Talje hinter den Umkehrblock zu setzen.
Das Großsegel und die Fock, die als Schwerwettersegel zum Reffen eingerichtet sind, werden am Untermast gefahren. Mast (1) wird lediglich der Untermast genannt, der mit seinen Wanten (1) und dem Vorstag (4) der einzige feste Bestandteil des Riggs ist. Alles übrige kann eingeholt werden.
Der Klüver (C) kann auch gesetzt werden, wenn die Stenge (2) gestrichen ist; deshalb geht sein Fall (22) von einem Stropp aus, der ebenfalls um den Mast herum-

Kutter von Dixon-Kemp

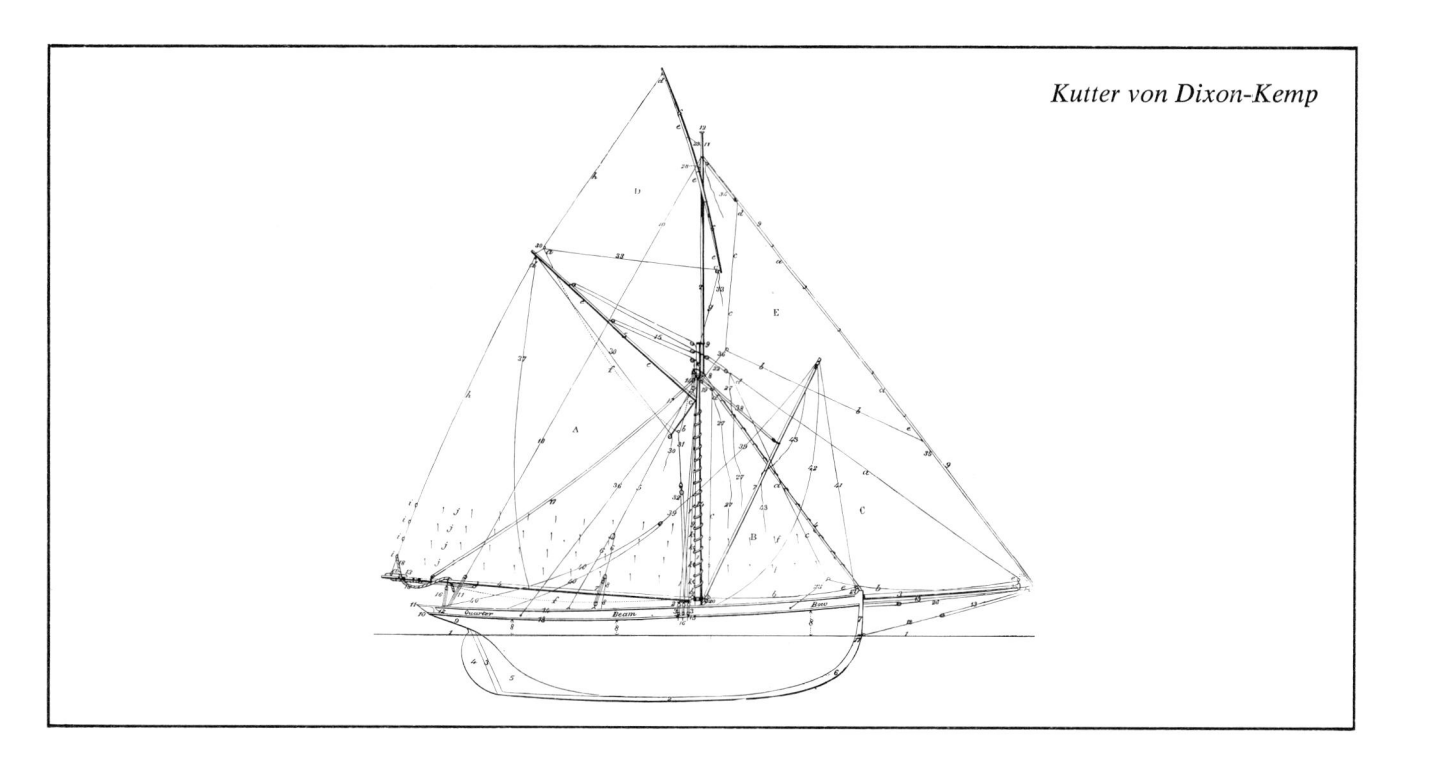

gelegt ist. Die Stenge wird mittels eines eisernen Schlosses an ihrem unteren Ende gehalten, das auch von Deck aus bedient werden kann. Sie geht nach unten, ohne die Bedienung der am Mast gefahrenen Segel zu stören.
Gleiches gilt für den Bugspriet (3). Wasser- und Seitenstagen sind auf Taljen geschoren und werden je nach Stellung des Bugspriets durchgesetzt. Der Hals des Klüvers ist an einem Rigg (25) befestigt, der von Deck aus mit einem Ausholer bedient wird.
Aus „American Yachts and Yachting" habe ich die abgebildete Zeichnung der Oriva aus New York, einem der in Amerika gebauten englischen Kutter unter Sturmsegeln. Die Stenge ist gestrichen, der Bugspriet eingeholt, die Verstagung ist noch einmal steifgeholt worden.
Eine hübsche Zeichnung, Cozzens ist immer ohne Fehler. Das Deck ist überspült, die Männer haben ihr Ölzeug angezogen. Eine lange, eiserne Ruderpinne mit Geien, die an der Verschanzung befestigt sind. Es gibt ein kleines, rundes Cockpit für den Rudergänger, das auf der Zeichnung geschlossen ist. Alles an Deck ist festgezurrt, die Spieren für die Toppsegel, der Spinnakerbaum, der Bugspriet. Das Boot segelt hoch am Wind, mit sehr kleinen Segeln, es arbeitet schwer, und die See steigt an Deck.

D auf der Zeichnung des Dixon-Kemp-Kutters ist das Toppsegel von gleicher Art wie das der Mosquito. Es ist ein Vierkanttoppsegel mit Spiere; es wird von Deck aus, von wo es vollständig bedient werden kann, gesetzt und geborgen. Es hat zwei Fallen (28 und 29), eine Schot (30), die entlang der Gaffel und des Mastes läuft, einen Hals, der auf eine Talje (32) gehakt wird. Es gibt auch noch ein Geitau (33), das zum Schothorn läuft.
Der Flieger (E) ist am Stag angeschlagen, und wenn er geborgen wird, kann er nicht eingeholt werden. Man muß Leute auf den Bugspriet schicken, um ihn festzumachen. Keine einfache Sache.
Es war auch notwendig, nach oben zu gehen, um das Toppsegel fertig zu setzen. Aus den Zeichnungen aus der Zeit ist zu sehen, daß die Kutter bei Regatten Reihbändsel längs der Stenge hatten, die nur angeschlagen werden konnten, wenn das Segel oben war. Ich bringe noch zwei weitere Zeichnungen von Cozzens, die er bei den America-Pokal-Regatten von 1886 gezeichnet hat. Der englische Herausforderer Galatea ist beim Setzen des Toppsegels. Es ist ein sogenanntes „club topsail", das größte Toppsegel, es hat auch am Unterliek eine Spiere. Man erkennt die Fallen für das Toppsegel, den Hals, der an Deck heruntergegeben wird, wo die Seeleute

ORIVA

Fred. S. Cozzens
86

am Mastfuß das Segel heißen. Drei Mann sind im Mast. Der am weitesten oben macht die Reihleinen für die Stenge klar; weiter unten ist die gleiche Arbeit schwieriger, das Segel ist zu weit vom Mast ab. Der zweite Mann bekommt es nur zu fassen, indem er sich von den Wanten entfernt und einen Fuß auf einen Mastring setzt, wobei er sich am Segel festhält. Der dritte steht noch auf den Wanten und hält den zweiten am Bein fest.
Der Rudergänger führt die Pinne und hält dabei die Gei an der Luvseite in der Hand. Er sieht nach oben, wo gearbeitet wird.
Die MAYFLOWER, die Verteidigerin, ist auf der Abbildung bereits mit Segelsetzen fertig und läuft prachtvoll am Wind. Alles ist im Trimm, es fehlt nur noch der Flieger. Am Mastfuß stehen mehrere Seeleute klar bei Fall und Schoten, ein Mann ist auf dem Bugspriet und macht den Flieger los, der teilweise noch aufgetucht ist.

Es gab viel Handarbeit auf den Kuttern und kaum mechanische Erleichterungen. Tauwerk und Blöcke und weiter nichts. So war es zur Zeit der MOSQUITO. Zur Zeit der GENESTA hatte sich darin schon einiges geändert. Es ist die Zeit des Übergangs von der Nelsonschen Takelage zum Material von heute.

Beim stehenden Gut weicht das geteerte Hanftauwerk dem verzinkten Stahldrahttauwerk, die ersten Drehreffs erscheinen und die ersten Fallwinschen.
Das Eisen tritt, wo das möglich ist, an die Stelle des Holzes und des Hanfs.
Der Hersteller landwirtschaftlicher Geräte, der Engländer Bental, der den Yachtbau mit der JULLANAR revolutionierte, erfand auch viele mechanische Hilfsmittel für die Takelage, Fallwinschen, originelle Eisenbeschläge.
Die Zeichnungen auf der nächsten Seite zeigen den Lümmelbeschlag, den Spinnakerbaum und die Gaffelklau der JULLANAR.

Gegen Ende des 19. Jahrhunderts ersetzen geschmiedete Eisenbeschläge am Mast das alte System der über „Mastkälber" gelegten Augen an den oberen Enden der Wanten und Stagen.
Die Zeichnung auf Seite 390 zeigt den oberen Teil eines Mastes nach dem alten System. Der Mast wird von normalen Wanten (shrouds) abgestützt, ein Paar auf jeder Seite. Diese sind aus einem einzigen Ende gefertigt, dessen oberer Tampen zu einem Auge zusammengebändselt und an den Stellen bekleidet ist, wo er am Mast anliegt.

GALATEA   MAYFLOWER

Dieses Auge liegt passend über den Mastkälbern. Die zum Topp des Untermastes führenden Oberwanten, eine auf jeder Seite, sind dagegen an den Beschlag am Eselshaupt angeschäkelt und laufen durch die Saling hindurch nach unten.

Die Salinge haben zwei feste Toppnanten (B); durch die äußeren Enden der Salinge laufen die Stengeoberwanten.

Das Vorstag liegt auf einem der Augen (C) für das Piekfall. Die Blöcke für das Klaufall werden mittels des vom Mast abgesetzten Augbolzens (H) von der Saling freigehalten.

E und F sind Scheiben für das Klüver- bzw. Fockfall. Sie sind seitlich des Mastes angebracht, damit die Stenge, die lediglich durch das Schloßholz am unteren Ende in ihrer oberen Stellung festgehalten wird, am Mast entlanglaufen kann. Wird das Schloßholz gelöst, kann sie frei nach unten gleiten.

Die Wanten wurden mit Spannschrauben oder auf die alte Art über Jungfern auf Zug gebracht. Beide Systeme waren gleichwertig, da kein starker Zug benötigt wurde. In den Fachbüchern wird immer wieder davor gewarnt, das Rigg zu steif zu machen. Ein bißchen Spiel überall gibt mehr her, die Segel stehen besser, das ganze Rigg ist „lebendiger".

Das ist so geblieben bis zum heutigen Tage.

Um die Wanten eines Kutters genügend weit zu spreizen, half man sich mit Rüsten in Höhe des Oberdecks, und für die Seitenstagen des Bugspriets waren aus dem gleichen Grunde zwei eiserne Ausleger in Höhe des Vorstevens angebracht. Lag der Bugspriet nicht in Schiffsmitte, mußte der Ausleger auf der Seite, wo er lag, länger sein. Das Deck eines Kutters bot bei dessen Schlankheit eine nur bescheidene Grundfläche für eine dermaßen umfangreiche Takelung.

Ein hübscher Stich aus dieser Zeit zeigt uns den Kutter PHANTOM unter Regattasegeln bei raumem Wind. Die Abbildung stammt aus dem „Manual" von Dixon-Kemp, und was er dazu schreibt, ist die allgemeine Ansicht seiner Zeit:

Von allen Takelungsarten, die der Menschengeist erdacht hat, kommt keine dem Kutter gleich, weder um Höhe nach Luv zu gewinnen, noch bei halbem Wind, noch um vor dem Wind zu laufen.

Jullanar – *Lümmelbeschlag des Großbaums*

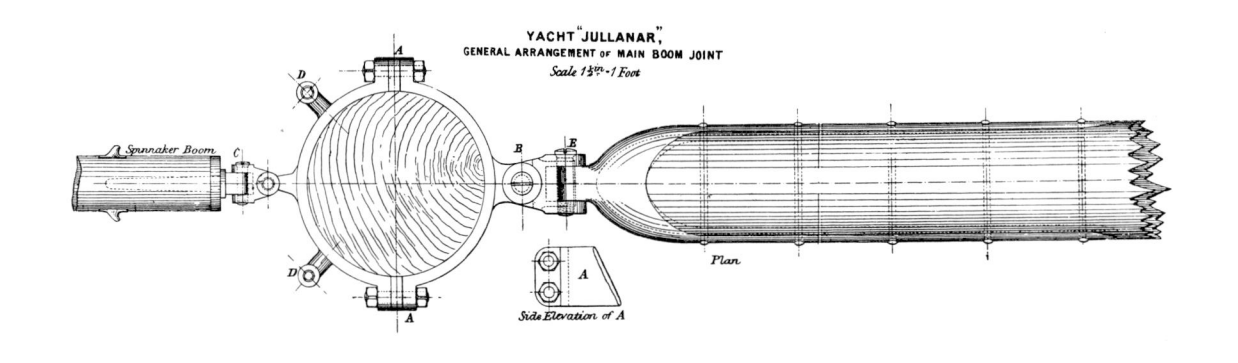

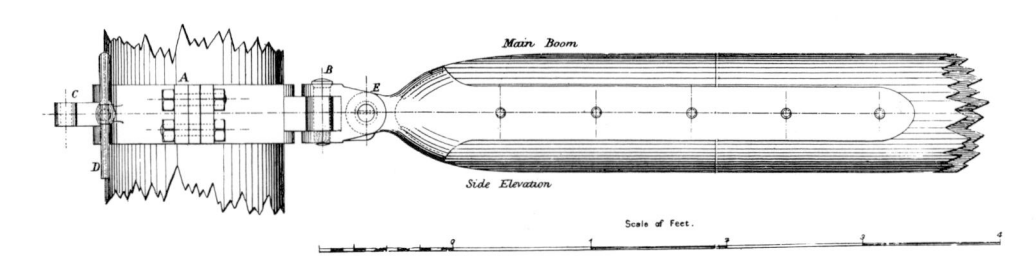

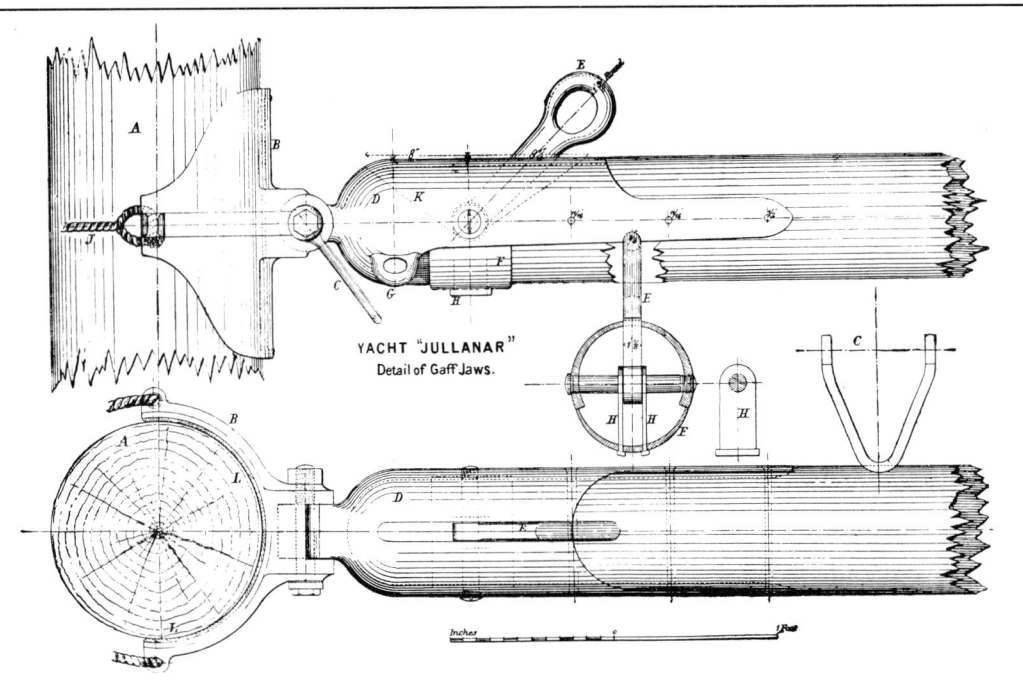

Jullanar – *Gaffelklau*

Masttopp

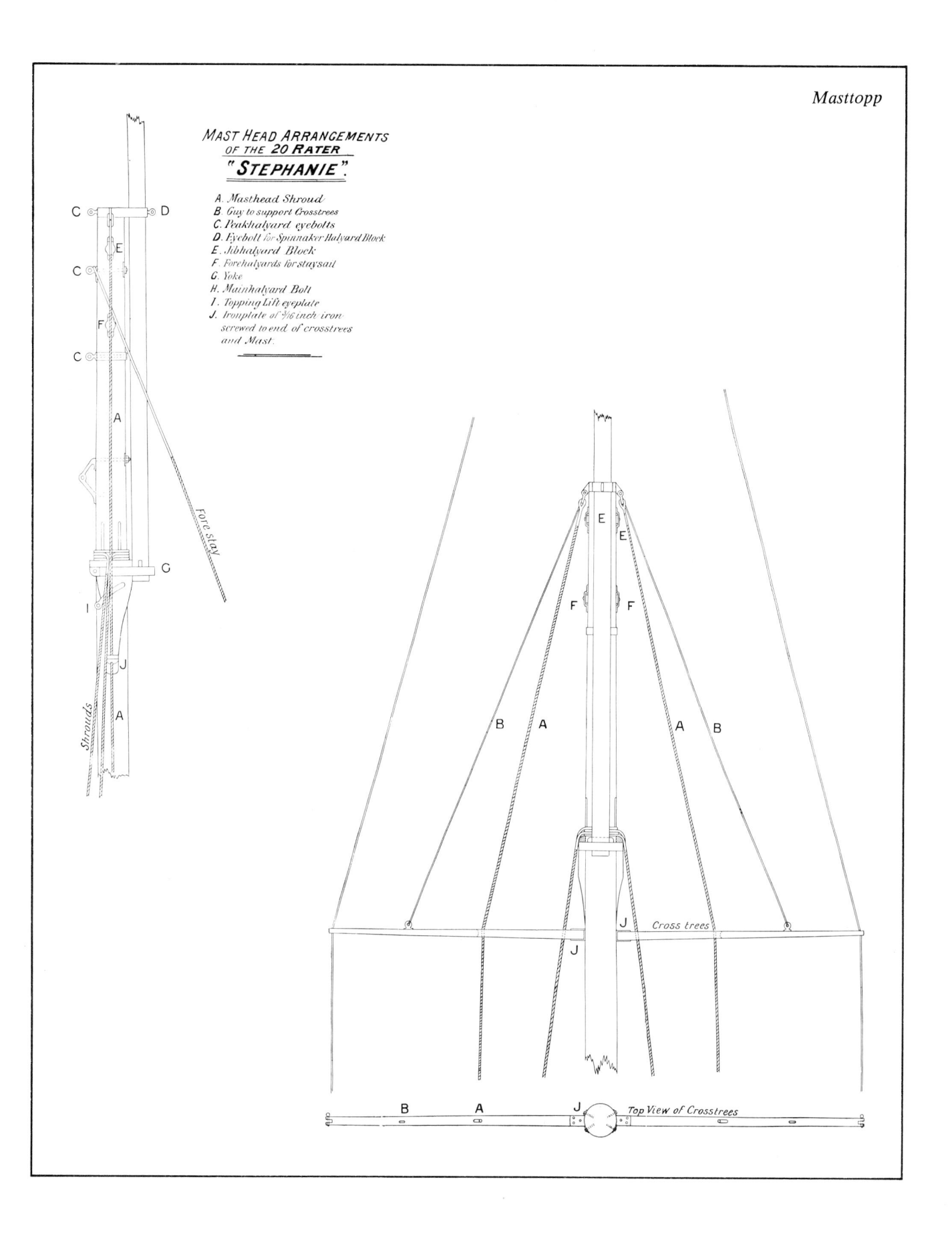

MAST HEAD ARRANGEMENTS
OF THE 20 RATER
"STEPHANIE".

A. Masthead Shroud
B. Guy to support Crosstrees
C. Peakhalyard eyebolts
D. Eyebolt for Spinnaker-Halyard Block
E. Jibhalyard Block
F. Forehalyards for staysail
G. Yoke
H. Mainhalyard Bolt
I. Topping Lift eyeplate
J. Ironplate of 9/16 inch iron screwed to end of crosstrees and Mast.

Fore stay

Shrouds

Cross trees

Top View of Crosstrees

Kutter Phantom

Anhang 3 Die IOR-Vermessung

IOR bedeutet International Offshore Rule, Internationale Hochsee-Rennformel. Sie ist mit Beginn der Segelsaison 1970 in Kraft getreten.

Die Formel ist aus der RORC- und der CCA-Formel hervorgegangen. Ihr Ziel ist es, eine möglichst große Zahl von Löchern zu schließen, die es in den alten Formeln gegeben hatte und die in immer höherem Maße „typbestimmend" geworden waren. Mit äußerster Behutsamkeit suchte man nach Verfahren für die Vermessung und für die Ausarbeitung von Charakteristiken für den Rumpf, aus denen sich das Verhalten der Yacht ableiten ließ, ohne damit praktisch eine einzige Lösung nahezulegen, wie das bei den vorhergehenden Formeln stets der Fall gewesen war.

Der bedeutendste unter den Schmieden der neuen Formel war Olin Stephens, Präsident des ITC, des Internationalen Technischen Ausschusses, der die Regeln aufstellte. Der endgültige Text kam nach zwei Jahre währenden wiederholten Überarbeitungen des 1968 und 1969 nach und nach erschienenen provisorischen Textes heraus.

Der Geist der Formel spricht aus jeder Definition der zu messenden Größen, aus den Anweisungen über das Vermessungsverfahren an die Vermesser. Deutlich wird die Abwehr gegen möglichen Mißbrauch, gegen den die früheren Formeln ihre Wehrlosigkeit erwiesen hatten.

Der Ausschuß soll den Sinn der vorliegenden Bestimmung nicht darin sehen, auf Entwicklungen zur Erhöhung der Geschwindigkeit von Yachten abschreckend zu wirken, sondern in der Einschränkung der Anwendung von Maßnahmen mit dem Ziel, den Rennwert künstlich zu verringern.

Die ersten drei Ausdrücke in der Formel entsprechen dem Aufbau der RORC-Formel. Dazu werden DC und FC, die Korrekturfaktoren für den Tiefgang und den Freibord, addiert, und das Ganze wird mit der Motor- und Propellerkorrektur (EPF) mit einem Verhältniswert für die Stabilität (CGF, Gewichtsschwerpunktfaktor) und mit dem Faktor für bewegliche Teile unter Wasser (MAF) multipliziert. Im zweiten Teil entsprechen die Werte denen der amerikanischen CCA-Formel. Seit Januar 1973 – in den USA seit April 1972 – lautet die Grundformel:

$$R = 0{,}13 \frac{L \times \sqrt{S}}{\sqrt{B} \times D} + 0{,}25\,L + 0{,}25\,\sqrt{S} + DC + FCJ \times EPF \times CGF \times MAF$$

Die am Rumpf zu messenden Größen sind praktisch die der RORC-Formel mit geringfügigen Abänderungen in Einzelheiten, die bei RORC einen Zwang in Richtung auf bestimmte Formen ausübten.

Die bewertete Breite wird nicht auf der Hälfte des Freibords abgenommen; sie wird vielmehr in der Spantebene der größten Breite durch einen Punkt gemessen, der um ein Sechstel der größten Breite unterhalb der Scherkante liegt. Dies, um der Tendenz zu Rümpfen mit oben stark eingezogenen Seitenwänden und mit sehr schlanker Wasserlinie entgegenzuwirken; je breiter das Boot ist, desto weiter unten wird B gemessen.

Die bewertete Tiefe ist die gleiche wie früher, sie entspricht der Tiefe des Rumpfes unterhalb der Wasserlinie an zwei verschiedenen Punkten, die außerhalb der Mittellängslinie liegen. Sie wird außen abgenommen, um nicht die metallenen Boote zu begünstigen, bei denen bei gleichem Gewicht die Stärke der Außenhaut erheblich geringer ist.

Im höchsten Maße ausgefeilt ist die Formel für die achtere Überhangskomponente AOC. Der größte Trick bei den Rümpfen nach RORC bestand darin, die Rumpfenden kräftig zu „bekneifen", vornehmlich hinten. Mittels dieses Kniffs kamen die „Ketten", die Gurtmeßstellen vorn und hinten, dichter zusammen, und dadurch ergab sich eine günstigere bewertete Länge LGB (Länge zwischen Gurtmeßstellen).

Nunmehr erhält man die Korrektur der bewerteten Länge, soweit die Form des hinteren Überhanges dafür bestimmend ist, aus der folgenden Formel, die ein wahres Meisterstück ist:

$$Aoc = 0{,}5 \frac{GSDA\,(FA - VHA - 0{,}018\,LBGC)}{VHAI - VHA + FA - FAI} + \frac{GSDA\,(FA - 0{,}375\,B - 0{,}5\,GD + 0{,}2\,BA)}{0{,}0625\,B + FA - FAI - 0{,}2\,BAI + 0{,}2\,BA}$$

Die einzelnen Faktoren dieser Formeln sind dergestalt ausgewählt, daß sie einander in jedem Falle ausgleichen. Ist beispielsweise ein Achterschiff im Deck sehr eingezogen, dann ist GSDA, der Abstand zwischen den beiden Gurtmeßstellen am Achterschiff, groß; BA dagegen, die relative Decksbreite, ist klein, und ASBD, die Differenz zwischen den Breiten, welches im Nenner steht, ist groß.

Hintere Überhänge unterschiedlicher Form bei sonst gleichen Rümpfen, von den stark abgekniffenen nach RORC bis hin zu den ganz breiten nach CCA, die sich bei der RORC-Formel sehr fühlbar auf die bewertete Länge und damit auf die endgültige Rating auswirkten, verschieben das Ergebnis nur ganz geringfügig. Im Endergebnis steht es jetzt jedem frei, die Achterschiffsform ganz nach seinem Belieben zu wählen.

In der Praxis ist das breitere Achterschiff leicht begünstigt. Die bewertete Länge wird in jedem Fall größer als nach RORC, weil die aus der Formgebung der Überhänge achtern und vorn zu erlangende Vergütung nur geringfügig ist.

Die Korrektur für den Freibord beruht auf dem Vergleich mit einem Basisfreibord FB. Ist der Vermessungs-Freibord größer als dieser Wert, wird die Differenz über den Faktor 0,15 vom Rennwert abgezogen, ist sie kleiner, wird sie über den Faktor 0,25 zugezählt. Gleiches gilt für den Tiefgang. Auch hier ein Basistiefgang, der sich nach der Vermessungslänge richtet, und es gibt eine Belohnung, wenn der Tiefgang gegenüber diesem Wert geringer ist.

Die Motorvergütung berücksichtigt auch die Lage des Motors zur Vermessungshauptspantebene; für den mittschiffs liegenden Motor, der sich, auch bei kleineren Booten, immer mehr durchsetzt, gibt es eine geringere Vergütung. Der Propellerfaktor berücksichtigt die Propellertauchtiefe, die Flügelform, den Propellertyp, ob im Brunnen oder mit langer, freiliegender Welle. Der Faktor wird nur angewandt, wenn die Anlage das Boot bei ruhigem Wasser auf mindestens 1,36 $\sqrt{L}$ Knoten (L in Metern) bringen kann. Es gibt keine Vergütung mehr für einen schweren Motor ohne Propeller oder für eine große Schraube mit unendlicher Steigung. Nach Mark III ist neuerdings ein Wellenbock vorgeschrieben.

Die große Neuerung ist der Krängungsversuch. Die Vergütung für starke Bauart ist weggefallen, kein Bauteil des Rumpfes wird mehr vermessen. Das war eine der Schwächen der RORC-Formel, aus der sich Vermessungsunterschiede bis zu 10 % für Yachten gleicher Merkmale herausholen ließen, wenn die durch das Verfahren für die Materialvergütung gebotenen Möglichkeiten gut genutzt wurden.

Man mißt die Anfangsstabilität mit Hilfe eines Krängungsversuchs, indem man die Yacht im Vermessungstrimm krängt. Dazu müssen Groß- und Besansegel auf ihren Bäumen aufgetucht, die übrigen Segel hinter den vordersten Mast auf dem Kajütboden liegen und die Tanks normalerweise leer sein. Alle Kajüts- und Pantryausrüstung an ihrem Platz, ebenso wie Rettungsinsel und eventueller Ballast, ohne Proviant und persönliche Ausrüstung.

In der Formel erhält man das aufrichtende Moment für eine Krängung von 1°. Auf diese Weise wird die Verteilung der Gewichte an Bord besser berücksichtigt als durch irgendeine Teilvermessung von Bauteilen des Rumpfes. Allerdings wird im Extremfall nicht mehr als 3,2 % Vergütung gegeben.

Eine nach IOR entworfene Yacht zeigt im Rigg gegenüber einer extremsten RORC-Konstruktion einen auffallenden Unterschied. Das Rechenverfahren für die vermessene Segelfläche ähnelt jenem nach CCA.

Die vermessene Segelfläche des Vorsegeldreiecks (RSAF) wird nach der folgenden Formel berechnet:

$$RSAF = 0{,}5\ IC \times JC\ (1 + 1{,}1\ \frac{LP - JC}{LP}) + 0{,}125\ JC\ (IC - 2JC)$$

IC ist die korrigierte Vorsegeldreieckshöhe, JC ist die korrigierte Basislänge des Vorsegeldreiecks, LP ist das längste auf das Vorsegelvorliek fällbare Lot, das mindestens 1,5 IC betragen muß.

Der eigentliche Sinn dieser Beziehung ist nicht ohne weiteres augenfällig, doch zeigt die Tatsache, daß man den Wert der Senkrechten LP und nicht jenen der Grundlinie des größten Vorsegels als Maß gewählt hat, daß es nicht auf die Form des Vorsegels ankommt, sondern allein auf dessen Fläche, die gleich dem Produkt aus der Höhe des Dreiecks mit dem Abstand des Schothorns vom Stag ist. Das heißt, da die Grundlinie und die Höhe des Dreiecks gegeben sind, darf man bei gleicher Fläche dem Segel die Form geben, die man haben möchte. Das gestattet Vorsegel mit hochliegendem Schothorn, wie sie bei aufgefierten Schoten sehr vorteilhaft sind.

Der Faktor 0,125 (IC-2JC) wurde eingeführt, um die nach und nach immer mehr in die Höhe gezogenen Segel zu bestrafen. (IC-2JC) ist gleich 0, wenn die Höhe nicht mehr als das Doppelte der Grundlinie des Dreiecks beträgt. Bei gleicher tatsächlicher Fläche wird die vermessene Fläche daher kleiner sein, wenn das Vorsegeldreieck niedriger ist.

Der gleiche Faktor findet sich in der Formel für die Berechnung der vermessenen Fläche des Großsegels (RSAM):

$$RSAM = 0{,}35\ (EC \times PC) + 0{,}2\ (PC - 2E)$$

EC ist die korrigierte Fußlieklänge, PC die korrigierte Heißhöhe des Großsegels.

Bei dem Seitenverhältnis zwischen der Höhe und der Grundlinie der Großsegel der letzten Eintonner wäre die Bestrafung für das übermäßig schmale Großsegel schwer gewesen. Bei einem Seitenverhältnis von 2,5 kommt die vermessene Segelfläche auf 78 % der Fläche, die das halbe Produkt der beiden Maße ergibt; bei einem Seitenverhältnis von 3 käme sie auf 83 % und bei einem von 3,3 auf 86 %.

Mit einem Segelriß nach IOR kommt die vermessene Fläche des Großsegels auf etwa $^1/_3$ der vermessenen

Gesamtsegelfläche, während sie nach RORC in der Nähe der Hälfte lag. Das heißt, das Großsegel schlägt weniger zu Buch, und zwar um so weniger, je länger es im Unterliek ist.

Zusammenfassung:

Eine Yacht, die nach IOR vermessen wird, wird einen um rund 25 % höheren Vermessungswert haben als eine nach RORC. Die Merkmale, durch die sich eine 22-Fuß-RORC- von einer 27,5-Fuß-IOR-Yacht unterscheidet, sind größere Segelfläche, weniger abgekniffene Schiffsenden, ein im Deck breiteres Achterschiff und ein größerer Freibord. Bauelemente weniger massiv; Schluß mit den Stärken von 35 mm für Außenhaut und Deck, weg mit den falschen Stringern innen, die die vermessene Stärke der Bordwand erhöhen sollten; der hölzerne Mast, für den es keine Belohnung mehr gibt, wird durch einen aus Aluminium ersetzt. Die ideale Rumpfkonstruktion ist nunmehr die Sandwichbauweise: eine Schale aus Balsaholz, innen und außen mit Kunststoff beschichtet. So erspart man sich sämtliche tragenden Bauteile innen, alles wird so leicht und fest, wie man es sich nur vorstellen kann.

Die Pläne auf den folgenden Seiten zeigen die ASTARTE II, die 1969 auf der italienischen Werft Craglietto gebaut wurde.

Sie ist einer meiner Entwürfe nach der neuen Formel, die mit einem Blick auf die IOR-Vermessung revidierte Version eines Eintonners.

Länge über alles	11,27 m
Länge Wasserlinie	8,00 m
größte Breite	3,08 m
Tiefgang	1,75 m
Verdrängung	6 t
Ballast	2,9 t

Aus der neuen Formel hätte sich freilich eine leichtere Yacht mit breiterem Achterschiff herausholen lassen, die höhere Höchstgeschwindigkeiten laufen könnte.

Die Linien sind feiner, klassischer gehalten, um auch bei leichtem Wind gute Leistungen zu bekommen. Sie ist erheblich stärker besegelt als ein 22-Fuß-Boot nach der alten Formel, 15 bis 20 % mehr Segelfläche, dabei ist sie 10 bis 15 % leichter. Das Achterschiff ist ein wenig breiter, das Vorschiff etwas „bekniffen".

Das Deck besteht aus Sperrholz ohne Teakbelag, der Spantabstand ist ziemlich groß (40 cm). Die Spanten sind über Sperrholzknie mit den Decksbalken verbunden; man benötigt dann keinen Decksstringer, es gibt innen keinen Bauteil, die Schotten sind so leicht wie möglich.

Die vorgesehene bewertete Länge beträgt etwa 27 Fuß, das sind 3 % mehr als die Länge in der Wasserlinie.

Die ASTARTE II hat 1970 die Adriatische Meisterschaft in der IOR-Klasse IIIa gewonnen.

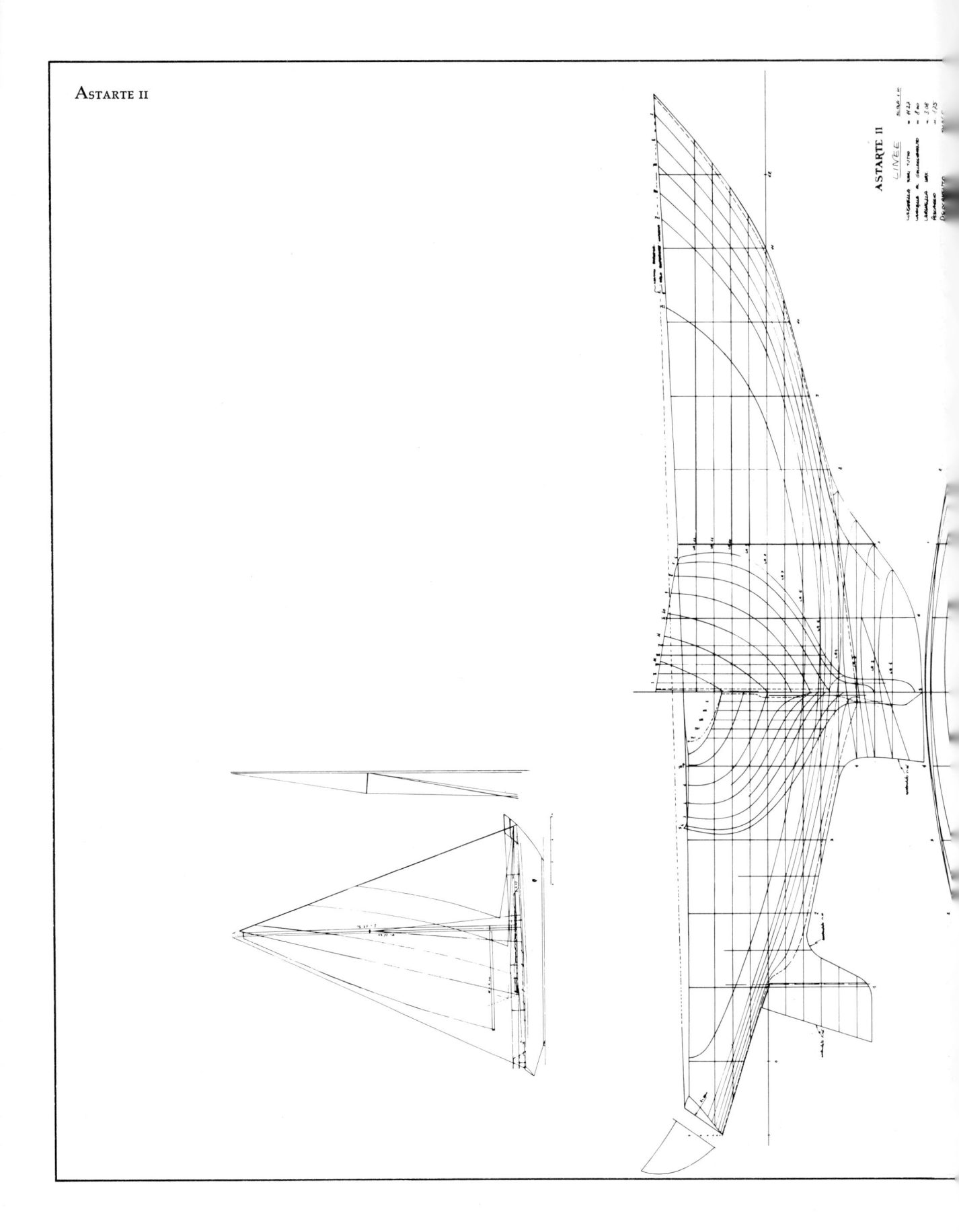

Astarte II

399

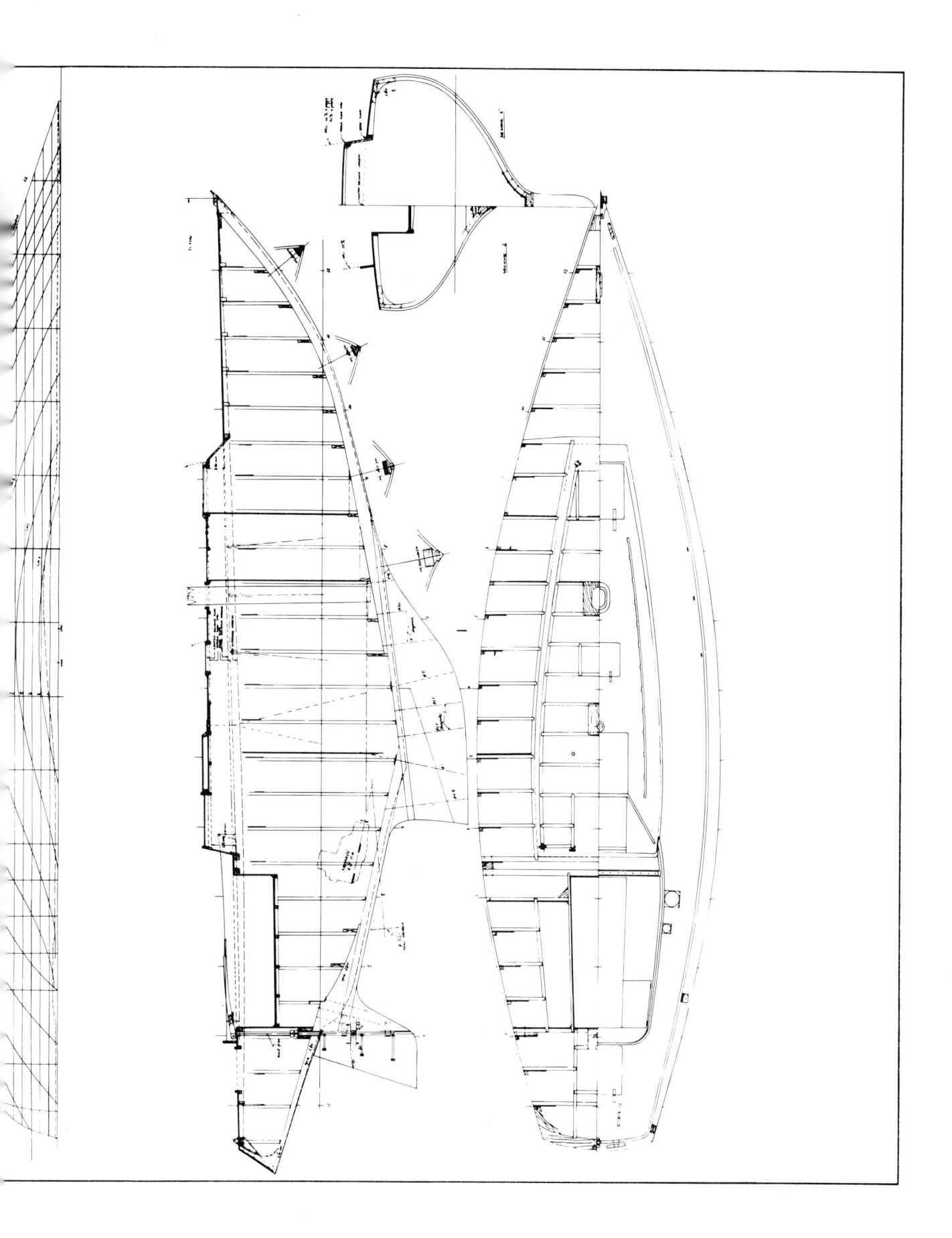

Anhang 4   Die Konsumyacht

Dieses Buch wurde im Winter 1968/69 geschrieben und zeigt die Entwicklung der Yacht bis zu diesem Zeitpunkt. Doch in unserer schnellebigen Zeit veraltet eine Yacht in einem Jahr mehr denn je. Der Fortschritt wird immer rasanter, die Werte schwinden immer eiliger dahin, verzehren sich. Die Yacht, wir haben es gesehen, ist ein Kind ihrer Zeit und nun nicht mehr bürgerlich. Sie ist zur „Konsumyacht" geworden.

Die Konsumyacht wird industriell produziert und bei den Bootsausstellungen ausgestellt. Hamburg, Paris, London, Genua.

Der „Konsument", der sein Schiff „wechseln" möchte, sieht sich die Neuheiten an, die auf den verschiedenen Ständen „präsentiert" werden. Er sammelt kilogrammweise Werbeschriften und schätzt vornehmlich den Verkäufer, der sich darauf einläßt, daß er sein Boot „in Zahlung gibt", und denjenigen, der ein Paket Wechsel akzeptiert.

Eine Bootsausstellung ist ein Schlaraffenland für den Yachtsegler; alles ist schön und glänzt vor Neuheit, und der alte wie der neue Segler stellt fest, daß die Konstruktion von Yachten im abgelaufenen Jahr wieder einen außergewöhnlichen Sprung nach vorn gemacht hat. Er trägt seine Packen bunter Faltblätter nach Hause, und beim Durchblättern fühlt er sich in dem Gedanken bestätigt, daß die neuen Boote in jeder Hinsicht „mehr" sind. Sie sind größer, haben mehr Platz, mehr Breite, mehr Schnelligkeit, mehr Stabilität, mehr Ballast, mehr Kojen, mehr Toiletten – alles mehr.

Zumal die kleineren Boote. Das technische Problem, wie ein Bootsmann im Vorschiff eines kleinen Bootes unterzubringen sei, ist nicht dazu angetan, allgemeines Interesse zu wecken. Aber ein Familienboot herausgebracht zu haben, das wenige tausend Mark kostet, zwei Kammern und abgetrenntes WC hat, das ist wahrer sozialer Fortschritt.

Kein Zweifel, es gibt Fortschritte. Das kleine Boot ist

erheblich besser geworden. Man braucht nicht sehr weit zurückzugehen, vor wenig mehr als zehn Jahren galt es als ausgemacht, daß eine kleine Yacht keinen abgetrennten Raum für ein WC haben könne, keine Stehhöhe, und unter klein verstand man ein Boot von drei bis vier Tonnen. Man legte an die Yacht noch einen Maßstab, der sich nach den Lösungen auf der größeren Yacht richtete.
Traditionalistisch und aristokratisch, mithin immobil. Zwanzig oder auch sechzig Jahre früher hatte es ganz ähnliche Probleme zu lösen gegeben.

Die Boote der Klasse C, die auf den Ausstellungen des Jahres 1970 zu sehen waren, können alles sein, nur eines nicht: Aristokraten. Sie repräsentieren die Welt des Konsums in ihrer freiesten Ausprägung. Sie haben gegenüber allem, was überkommen ist, nicht die geringsten Hemmungen. Die Konstrukteure befinden sich in einem mehr als lebhaften Zustand kreativer Gärung, vor nichts machen sie Halt.

Ein Überfluß geistreicher Ideen.
Hoch die Koje und heraus kommt ein WC; weg den Kartentisch und, schwups, wieder eine Koje; hoch den Reißverschluß und das Klo ist verschwunden, runter den Niedergang und – sieh einer an – die Kombüse...

Nichts ist dem Zufall überlassen, in wenigen Metern Boot gibt es einfach alles. Bei diesem Abmontieren und Wiedereinsetzen kommt man sich ein bißchen so vor wie jemand, der bei Tisch ein Klappmesser mit zwölf Klingen anstelle eines Bestecks benutzen soll: weg das Messer und heraus mit dem Flaschenöffner, weg den Flaschenöffner und her mit dem Gäbelchen, weg das Gäbelchen – zack – da ist ja schon der Löffel, nein, Vorsicht, das ist ja die Nagelfeile...

Im Grunde ist das eine Frage der Anpassung, und wenn einer erst einmal in den Sinn der Sache eingedrungen ist...

Gewiß, ein Silberbesteck ist und bleibt ein Silberbesteck,

aber das würde einen Camper stören, drum: Es lebe das neueste Klappmesser mit zwölf Klingen!

Diese neuen kleinen industriegefertigten Kreuzeryachten sind schrecklich, vergleicht man sie mit ihresgleichen von vor nur zehn Jahren. Sie haben ungemein hohe Seiten, negativen oder bestenfalls gar keinen Sprung, Riesenfenster im Aufbau (oder in der Seitenwand?) und so wenig Segel. Unten dann ihr Profil ist schauderhaft, Flossen wie ein Haifisch und so große Ruder.
Alles ist neu, Vergleiche sind schwierig.
Sie sind schwierig, weil die Grundlagen für die Verhältnisse sich geändert haben. Der Preis einer Yacht ist von jeher eine Funktion ihrer Verdrängung gewesen, ihres wahren Gewichts, wöge man sie auf einer Waage. Höheres Gewicht, höherer Preis, soundsoviel pro Tonne. Je höher das Gewicht, um so größer das Boot. Je größer das Boot, desto bequemer ist es. Das galt bis vor ein paar Jahren; das Verhältnis Preis/Tonne ist heute sehr hoch geworden, aber die Boote haben nicht mehr die gleiche Anzahl von Kojen und WCs pro Tonne und auch nicht die gleiche Tonnage, bezogen auf ihre Länge. Man muß die Werte neu setzen.

Die wahre Neuerung der industriell gefertigten Yacht liegt in der Verdrängung. Sie wiegt weniger. Das freistehende, vom Kiel abgesetzte Ruder und das Trimmruder sind normale Bestandteile des Lateralplans für einen Rumpf geworden, der flach ist und im Wasser wenig Volumen hat und der daher nicht im Gleichgewicht sein kann. Wenn er krängt, wird er luvgierig, und dem muß kräftig entgegengewirkt werden. Da unten nichts ist, müssen die Seiten hoch werden, um die Inneneinrichtung unterzubringen. Einst, bei den Teakdecks, hätte das heillos hochliegende Gewichte bedeutet. Doch wer denkt heute noch im Traum daran, Teak auf das Deck eines Klasse-C-Bootes zu legen?

Jedes Jahr leichter. Das ist der Gang, den die Industrie entschieden hat. Jedes bei einer Serienproduktion eingesparte Kilogramm ist ein Vorsprung im Wettlauf mit der Konkurrenz. Das ist das Gesetz, das schon lange die Automobilproduktion beherrscht und nun auch die der industriell gefertigten Boote. Wenn es weniger wiegt, kann die Segelfläche kleiner werden, der Mast, der Ballast. Mit geringerem Materialaufwand läßt sich ein besseres Verhältnis von Gewicht zu Leistung erzielen und ein Boot in herkömmlicher Handwerksbauweise, das mehr gekostet hat, schlagen. Das Leichtdeplacement, das vor zwanzig Jahren Gegenstand von Diskussionen war, weil es eine Alternative darstellte und dazu zwang, eine Wahl zu treffen, ist es heute nicht mehr. Man spricht nicht über die Politik der Autofabriken, man spricht über dieses oder jenes Modell. Autos werden gekauft und damit genug, und nach ein paar Jahren gibt es ein neues. Sie sind so leicht oder so schwer, wie die Produktion es will, wie sie es für richtig befindet. Die Konsummaschine hält nicht an.

Die Yacht von heute, die Konsumyacht, ist ein Leichtbau, sie wird nur nicht mehr so genannt, denn sie ist zur einzigen Möglichkeit geworden und nicht länger eine Richtung unter mehreren.

Die ersten Leichtbauboote kamen auf Werte, die sämtliche Yachtzeitschriften als extrem herausgestellt hatten. Zwei der bekanntesten waren die Myth of Malham, 1947, und die Gulvain von Giles, 1948, mit einer Verhältniszahl von 208. Sie kämpften mit wechselndem Glück gegen die „normalen" Boote, die ungemein unterschiedliche Werte hatten. Gleichermaßen erfolgreiche Boote, die Carina von 1955 und die Drumbeat von 1957, hatten ein Verhältnis von 350.
Die letzten normalen Werte sind die der ersten Eintonner-„Monstren" von 1966. Die Al Na'ir IV hat das Verhältnis 340, die Tina 322.

Für heutige Begriffe liegen diese Werte sehr hoch. Für neue Normalboote liegen sie um 300, und niemanden wundert das. Die „Mabelle" hat 303, die „Swan 43" 296.
Der Stephens-Eintonner „Swan 37", der 1970 herausgekommen ist, hat ein Verhältnis von 304, das sind 10 % weniger als bei der ihm gleichwertigen Al Na'ir IV vier Jahre vorher. 6300 kg auf 8,35 m in der Wasserlinie, davon 52,4 % im Kiel.
Ich habe Rod Stephens gegenüber meine Zweifel darüber geäußert, daß er innerhalb der im Prospekt angegebenen Werte bleiben könne. Er hat mir in aller Ruhe geantwortet, er habe das bereits in Rechnung gestellt, das fertige Boot würde bestimmt mehr wiegen.

Warum, fragte ich mich bis vor kurzem, denn ich wußte ja, daß die in der Werbeschrift genannten Gewichte nicht stimmten, warum zeichnet man dann nicht gleich einen Rumpf mit mehr eingetauchtem Volumen so, daß das Boot richtig schwimmt? Jetzt weiß ich es! Wenn das Boot ganz leer ist, dann läuft es auf der Konstruktionswasserlinie, und die ist sehr fein, gehört sie doch zu einem Boot, das nur „wenig im Wasser" hat. So läuft es bestens und kann gewinnen. Aber für eine Serie genügt es, daß ein einziges Boot gewinnt, und die Produktion läuft. Wer dann ein Boot bestellt, will die Version mit Dinette, mit abgetrennten Räumen und mit der „Wärme" von Teak überall. Damit kann er keine Regatta segeln, denn das Boot ist um 5 cm tiefer getaucht, aber er kann damit angeben, Eigner zu sein einer „Regattamaschine für die Familie, die Regatten gewinnt".

Die kleinen Boote sind den übrigen immer ein bißchen mehr voraus und zeigen die „Form der Dinge, die kommen".

Auch ich habe meine braven Faltblätter von der Bootsausstellung in Genua bekommen und finde darin die Verhältniszahlen für ein paar Boote im Jahre 1970:

Sciacchetrà von Harlè	231
Samourai von Bigoin	229
Brigand von Nicholson	220
Christina von Santarelli	207
Listang von Felz	140

Grundlage der Errechnung dieser Werte ist die Verdrängung, hinsichtlich derer, wie im Falle der „Swan 43", ein Vorbehalt bleibt. In vielen Fällen wird dieser ohne weiteres ausgesprochen. Man findet jetzt auch oft, daß nicht die Verdrängung, sondern das „Normalgewicht" angegeben wird. Wie auch immer, die ersten vier Beispiele zeigen die normalen Werte, und die „Listang", die 1969 den Vierteltonner-Pokal für die Bundesrepublik gewonnen hat, den extremen Wert.

Zwischen einem normalen und einem extremen Boot besteht also jetzt der gleiche Abstand wie vor zehn Jahren, nur hat das Normalboot von heute die Verdrängung des Leichtdeplacements von gestern.

Bei diesen Klasse-C-Booten kommt es auf jedes eingesparte Kilogramm an, wenn sie in allem leicht genug ausfallen sollen, um Regatten von einiger Bedeutung segeln zu können. Angenommen, ein Boot dieser Art habe drei Meter größte Breite, dann wird es in der Wasserlinie über einen halben Meter schmaler sein. Wehe, wenn es ein paar Zentimeter tiefer eintaucht! Dann wird es ganz schwerfällig und ist nicht mehr konkurrenzfähig. Auf Fotografien von einer Halbtonner-Regatta ist zu sehen, daß auf der Scampi, die gewonnen hatte, die Lukendeckel an Deck für die Regatta abgenommen waren. Man stelle sich vor, was ein Skipper, der es wagt, in diesem Zustand auf eine Seeregatta zu gehen, wohl mit der Kombüse und mit dem WC getan haben mag.

Solche Übertreibungen sind kein Irrsinn. Auf der „Listang" mit ihren 1200 kg bedeutet ein Mensch mit einem Körpergewicht von 75 kg 6,25 % der Verdrängung und 18,75 % des Ballastes.

Will man Regatten gewinnen, muß man in diesem Stil mithalten. Um bei der „Listang" zu bleiben: 100 kg lassen das Schiff soviel tiefer eintauchen, daß die benetzte Fläche um wenigstens $1/3$ m² vergrößert wird. Das bedeutet in praxi, daß man mit einer um einen Quadratmeter kleineren Segelfläche läuft, das sind 4 % einer Gesamtsegelfläche von 20 m².

Auf der anderen Seite sind diese industriell gefertigten kleinen Boote ganz auf Fahrtensegeln eingestellt (jetzt nennt man das auch gern „Wassercamping", und so lassen sich die Einschränkungen rechtfertigen). Die Seitenhöhe zusammen mit der Kajüte von durch Vorurteile nicht belastetem Zuschnitt macht die phantastischen Inneneinrichtungen möglich, die wir gesehen haben. Was das Rigg anbelangt, gibt es keine Vergleiche. Ein kleines Boot ist heute unvergleichlich viel besser ausgestattet als früher, alles ist im Verhältnis zur Verdrängung sehr viel stärker. Bei bewegter See kann man infolge der Leichtigkeit kein Verhalten erwarten, das jenes Gefühl der Sicherheit vermittelt wie ein Bootskörper traditioneller Bauart. Das Boot springt und schlägt, man denkt, alles ginge zu Bruch, aber erstaunlicherweise läuft es und wird mit allem fertig. Bekanntlich ist die berühmte „Listang" nach einer Schwerwetter-Regatta siegreich, aber mit sichtbaren Beulen in der stählernen Außenhaut in den Hafen gekommen.

Doch im Grunde sind das Bewährungsproben, nach denen der Yachtsegler des neuen Typs, den man auch den „mittelständischen Konsumenten" nennen könnte, gar nicht verlangt. Wenn jemand einen Motorroller kauft, hat er keine Expedition in ein unerforschtes Land im Sinn. Sehen wir die Dinge, wie sie sind: Wer ist heute noch ohne Motor unterwegs? Wie viele Leute boxen unter Segel gegen Seegang 6 oder 7 an? Wer nimmt wohl silbernes Besteck zum Camping mit?

Daher: Es lebe die Konfektion in Kunststoff für das Yachtsegeln!

Fachwörterverzeichnis

Abdrift Durch Wind und/oder Strom hervorgerufene seitliche Bewegung eines Schiffes über Grund.

Abfallen Den Kurs eines Bootes so ändern, daß der Wind voller, das heißt achterlicher in die Segel fällt.

Achterstag Abstützung des Mastes von hinten, die fest ist.

Am-Wind-Segeln In möglichst spitzem Winkel gegen den Wind segeln.

Anluven Den Kurs des Bootes so ändern, daß der Wind spitzer von vorn kommt; auch „an den Wind gehen".

Anschlagen Zwei Gegenstände miteinander verbinden; z. B. ein Segel mit dem Mast, mit dem Baum oder mit dem Stag.

Aufbau Über dem Deck eines Schiffes liegender geschlossener Raum.

Aufkimmung Das Maß, um welches die im Querschnitt gesehene Bodenlinie eines Schiffes gegenüber einer an die Oberkante des Kiels gelegte Waagerechte mehr oder weniger schräg nach oben abweicht.

Auftuchen Ein Segel an seinem Baum oder an seiner Rah festmachen, wenn es nicht gebraucht wird.

Backstag Abstützung des Mastes von seitlich-achtern. Muß auf der jeweiligen Leeseite lose sein, um dem Baum Bewegungsfreiheit zu geben; es ist daher losnehmbar und muß nach dem Setzen gespannt werden.

Bahnen Tuchstreifen, aus denen das Segel zusammengenäht wird.

Baum Rundholz, an dem das Unterliek, der untere Rand eines Segels befestigt ist.

Beidrehen Beiliegen den Kurs und die Segelführung eines Segelschiffes so einrichten, daß es, ohne Fahrt zu machen, schräg gegen die See liegt. Zweck: schlechtes Wetter sicher zu überstehen.

Beplankung Außenhaut eines Bootes.

Besan Auf mehrmastigen Schiffen der achterste Mast und das an ihm gefahrene Segel.

Beschläge Aus Metall gefertigte Bauteile am Rumpf, an Deck und in der Takelage. Sie dienen zur Verbindung, zur Befestigung und zur Bedienung.

Beting Kräftiger, fest eingebauter Pfosten an Deck zum Belegen von Leinen.

Bilge Die tiefste Stelle im Schiff, auf Yachten unterhalb der Bodenbretter mittschiffs über dem Kiel.

Block Gehäuse für eine oder mehrere Seilscheiben, meist aus Holz oder Kunststoff. Größere Blöcke bestehen ganz aus Stahl.

Bodenbretter „Fußboden" in einem Boot über der Bilge, die zwischen der Außenhaut und den Bodenbrettern liegt.

Breitfock Einfaches Rahsegel am vordersten bzw. dem Mast von sonst nur mit Schratsegeln ausgerüsteten Fahrzeugen. Ist auf Yachten heute durch den Spinnaker ersetzt.

Bugspriet Rundholz, das nach vorne aus dem Schiffskörper herausragt und die Vorsegel trägt.

Bugstag Seitliche Abstützung eines Bugspriets bzw. Klüverbaums.

Cockpit s. Plicht.

Decksbalken Er trägt das Deck und verbindet die oberen Enden der Spanten miteinander.

Dirk Ein Ende (Tau), das von der Nock des Baums

zum Topp des Mastes läuft. Es dient zum Auftoppen (Anheben) des Baumendes, der Baumnock.

Dory Kleines, flachbodiges Beiboot der amerikanischen Fischerfahrzeuge.

Eselshaupt Beschlag, der die Verbindung zwischen Mast und Stenge bildet.

Fall 1. Das Tau, mit dem Segel oder Rahen vorgeheißt werden. – 2. Die Neigung des Mastes gegen die Senkrechte nach hinten.

Flieger Am Masttopp gefahrenes kleines, dreieckiges Vorsegel.

Fock Auf Yachten das vor dem Mast stehende Segel. Von einer gewissen Größe an nennt man diese Segel Genua.

Fockmast Auf mehrmastigen Segelschiffen und auf Schonern der vordere Mast.

Freibord Höhe des Rumpfes über dem Wasser.

Fußpferde Unter Rah oder Baum angebrachte Taue, auf denen man bei der Bedienung der Segel steht.

Gaffel Spiere, an der der obere Rand, das „Oberliek", eines hinter dem Mast gefahrenen Segels angeschlagen ist.

Galionsfigur Schmuckfigur am Vorsteven eines Schiffes.

Gedecktes Boot Vorn und hinten ganz, an den Seiten teilweise mit einem Deck versehenes Boot.

Gei Ein auf einer Talje laufendes Ende.

Genua Großes Vorsegel, das auf den modernen Yachten einen Teil des Großsegels überdeckt.

Großsegel Das hinter dem Großmast oder bei einmastigen Booten hinter dem Mast gefahrene Hauptsegel.

Grummet Aus Tauwerk gefertigter Ring.

Hals Die vordere, untere Ecke eines Segels zu dessen Befestigung am Baum oder an Deck.

Handlauf In Längsrichtung des Schiffes angebrachte Griffe zum Festhalten.

Hoch an den Wind gehen Den Wind so spitz von vorn nehmen, wie es möglich ist. Übertreibt man es, so daß das Boot kaum noch Fahrt läuft, nennt man das „kneifen".

Jumpstag Ein Stag, das über eine kurze, längsschiffs stehende Spreize vom Topp zum unteren Teil des Mastes zurück läuft. Es soll ein Durchbiegen des Mastes an der betreffenden Stelle verhindern.

Jungfer Eine runde Holzscheibe, die durch ihre Löcher das Ende einer Talje nimmt. Diese Talje wurde z. B. an den Wanten angesetzt, wo wir heute eine Spannschraube fahren.

Kalfatern Abdichten der Nähte durch Einstemmen von (geteertem) Werg zwischen die Planken.

Kartentisch Tischartige Platte zum Arbeiten in der Seekarte.

Karweel Die Planken der Außenhaut sind dergestalt nebeneinandergelegt, daß eine glatte Außenhaut entsteht; sie liegen mit ihren Kanten aufeinander.

Ketsch Yacht mit Großmast und innerhalb der Konstruktionswasserlinie stehendem Besan.

Kiel 1. Flossenkiel = der tief unter den Rumpf reichende flossenförmige Ballastkiel. – 2. Wulstkiel = unter flache, jollenförmige Rümpfe gebolzte senkrechte Platte, die unten den wulstförmigen Ballast trägt (das Starboot ist ein Beispiel für einen Wulstkieler).

Kielgang Die beiden neben dem Kiel liegenden, meist stärkeren Planken der Außenhaut eines Bootes.

Klau Das klauenförmige Ende der Gaffel, das den Mast umfaßt. Hier greift das Klaufall an, am äußeren Ende der Gaffel (Piek) das Piekfall.

Klinker Bauweise der Seitenwand eines Schiffes, bei der die Planken dachziegelförmig übereinandergelegt sind.

Klüver Das am weitesten vorn stehende Vorsegel.

Kompositbau Bauweise eines Schiffes aus verschiedenen Grundmaterialien, z. B. Holz und Eisen bzw. Stahl.

Konstruktionswasserlinie Schwimmlinie eines Schiffes auf der Konstruktionszeichnung.

Koker Schacht, in dem der Ruderschaft liegt.

Kreuzen Sich am Wind gegen den Wind hocharbeiten, indem man den Wind in möglichst spitzem Winkel abwechselnd von der einen und der anderen Seite einkommen läßt.

Laschen Zusammenbinden zweier Gegenstände durch Leinen oder Bändsel, die mehrere Male fest herumgelegt und verknotet werden; auch: zusammenlaschen.

Lateinersegel Dreieckiges Segel mit sehr langer Rah am oberen Liek; auf dem Mittelmeer gebräuchlich.

Lee Das Gegenteil von Luv; die Seite, zu der der Wind hinweht.

Lümmel Der senkrechte Bolzen, um den sich ein schwenkbarer Baum dreht.

Luggersegel Primitives Segel in Längsrichtung, dessen Oberliek an einer Spiere angeschlagen ist, die nicht wie eine Gaffel am Mast endet, sondern neben dem Mast liegt.

Luk Verschließbare Öffnung im Deck.

Luv Die Seite, von welcher der Wind herkommt.

Marconi-Mast Der (meist lange und schlanke) Mast, der bei der Marconi- oder Hochtakelung gebraucht wird.

Oberlicht Ein Fenster im Deck oder im Aufbau, durch das Licht in das Schiffsinnere fällt. Meist in einem kleinen Aufbau dachartig angeordnet.

Piek Kleiner Raum an den Schiffsenden zur Unterbringung von Segelgerät oder Vorräten.

Piekfall Das Fall, das am äußeren Ende der Gaffel angreift; meist mehrfach geschoren. – Am inneren Ende greift das Klaufall an.

Pinne Auf das Ruder aufgesetzte, längsschiffs liegende Stange, mit der das Ruder bewegt (gelegt) wird. Gegensatz: Ruderrad.

Plankennaht Die Verbindung von zwei nebeneinanderliegenden Plankengängen in Längsschiffsrichtung. Bei Holzplanken wird diese Naht kalfatert, d. h. mit einer Dichtungsmasse ausgefüllt.

Plicht Der gegenüber dem Deck vertiefte, offene Sitzraum für die Besatzung einer Yacht, auch Cockpit genannt.

Rah Waagerechte, am Mast der großen Segelschiffe befestigte Spiere, die das viereckige Rahsegel trägt. Auf einem Großsegler gibt es an jedem Mast fünf bis sechs übereinander angeordnete Rahen.

Raumtiefe Die Tiefe des Innenraums eines Schiffes. (Nicht zu verwechseln mit Tiefgang.)

Reffbändsel Kurze, in Reihen auf einem Segel befestigte Taustücke zum Zusammenbinden des Segels beim Reffen.

Reffen Ein Segel durch Zusammenbinden bzw. Zusammenrollen eines Teiles seiner Fläche verkleinern.

Reihbändsel Kurze Taustücke, mit denen ein Segel „angeschlagen" oder ein Bezug (Persenning) zugebunden wird.

Relingsstütze An Deck befestigte senkrechte Stütze, durch die der Handläufer der Reling hindurchläuft.

Rigg Ausdruck für die Takelage, die Takelungsart eines Segelfahrzeuges.

Rüste Waagerechte starke Planke an der Außenhaut in Deckshöhe zum Spreizen der Wanten. Wird heute nur noch selten gebaut.

Saling Querschiffs am Mast beiderseits angebrachte kurze Stange, welche die vom Topp herabführenden Wanten abspreizen und dadurch dem Mast besseren Halt geben soll.

Schäkel Ein durch Bolzen verschließbarer Eisen- oder Metallbügel; dient als Verbindungsglied von Takelageteilen, Ketten usw.

Schot Tau zum Einstellen des Segels zum Wind. Die Schot greift an der freien unteren Ecke des Segels, dem Schothorn, an.

Schott Wand im Schiffsinneren, vielfach wasserdicht.

Schratsegel Sammelbezeichnung für alle Segel, die längsschiffs stehen.

Schwert Platte, die in der Längsschiffsrichtung durch einen vom Schwertkasten umgebenen Schlitz des Kiels gesteckt wird (Mittelschwert) oder seitlich an der Bordwand angebracht ist (Seitenschwert). Bildet bei Jollen und flachbodigen Fahrzeugen den Lateralplan und vergrößert ihn bei Kielbooten (Kielschwerter).

Setzbord Senkrecht zum Deck stehende und außen um das Deck bzw. um das Cockpit herumlaufende Erhöhung zum Schutz. Auch Waschbord genannt.

Skeg Vor einem freistehenden Ruder angebrachte, feststehende Flosse.

Spannschraube Zum Steifsetzen vor allem von stehendem Gut verwendete Schraubvorrichtung mit zwei gegenläufigen Gewindezapfen.

Spant, hier Querspant Querverbandsteil in einem Schiff oder Boot, vergleichbar der Rippe im Brustkorb.

Spiegel Die querschiffs angebrachte Abschlußplatte am Heck eines Schiffes, das nicht rund oder spitz ausläuft.

Spill Eine Winde mit senkrechter Achse zum Aufholen des Ankers oder Durchholen von Leinen.

Spitzgatt Spitz zulaufende Heckform.

Sponung Am Steven und am Kiel eingearbeitete Vertiefungen zur Aufnahme der Planken.

Sprietsegel Viereckiges, in Längsschiffsrichtung stehendes, hinter dem Baum gefahrenes Segel, das durch eine schräg verlaufende Spiere, den Sprietbaum (gleich Spreize), ausgespannt wird.

Sprung Verlauf der Deckslinie im Seitenriß. Der Sprung ist positiv, wenn die Schiffsenden höher liegen als die Mitte, negativ, wenn das Deck nach vorn und hinten abfällt.

Stag Ein Teil des stehenden Gutes, heute aus Stahldraht-Tauwerk, das den Mast von vorn oder hinten abstützt: Vorstag, Achterstag.

Stander 1. Für einen bestimmten Zweck nach Länge genau zugepaßtes Stück Tauwerk oder Kette. – 2. Dreieckige Flagge mit einem Verhältnis Höhe zu Länge von 2:3 (Abzeichen der Segelvereine).

Stell Satz, Garnitur.

Stenge Oberer Teil eines Mastes, wenn dieser aus zwei oder mehr Stücken besteht.

Steven Bauteil, der das Schiff nach vorn und hinten begrenzt. Der Steven steht mehr oder weniger senkrecht auf dem Kiel, mit dem er durch das Stevenknie verbunden ist.

Stevenrohr Rohr, durch das die Schraubenwelle aus dem Bootskörper heraustritt.

Strecken Durchsetzen oder Steifsetzen, bedeutet starkes Anspannen von Tauwerk durch Zug, z. B. Schoten, Fallen, Festmacher und ähnliches.

Streichen Herunternehmen, Wegfieren; z. B. die Stenge an einem Mast usw.

Stringer Längsträger, die innen auf der Außenhaut entlanglaufen.

Talje Flaschenzug.

Tiefgang Maß des Eintauchens eines Schiffsrumpfes ins Wasser.

Topp Das obere Ende eines Mastes oder einer Stenge.

Toppnant Das Tau, das vom Topp eines Mastes oder einer Stenge zur Nock eines Baums oder einer Rah läuft.

Toppsegel Ein ganz oben (im Topp) gesetztes Segel; bei Gaffeltakelung steht es oberhalb der Gaffel. Leichtwettersegel.

Überhang Das Maß, um das ein Schiff über Deck länger ist als in der Wasserlinie. Es gibt einen vorderen und einen hinteren Überhang.

Verdrängung Das Gewicht des von einem Schiffskörper verdrängten Wassers. Dasselbe wie Deplacement.

Verstagung Die seitliche und Längsabstützung eines Mastes durch unter Zug stehendes Drahttauwerk (Wanten und Stagen = stehendes Gut).

Vollschiff Segelschiff mit drei oder mehr Masten, die Rahsegel tragen.

Want Seitliche Abstützung des Mastes.

Waschbord s. Setzbord

Wasserlinie Die Linie am Bootskörper, die auf dem Niveau der Wasseroberfläche liegt.

Wasserstag Verstagung, die den Bugspriet nach unten hält.

Webeleinen Zwischen den Wanten waagerecht derart gespanntes dünnes Tauwerk, daß eine Art Strickleiter entsteht.

Yawl Eineinhalbmastiges Segelboot, bei dem der Besanmast außerhalb der Konstruktionswasserlinie steht und das Besansegel sehr viel kleiner ist als das Großsegel.

Zeising Kurze Bänder aus Segeltuch oder Tauwerksstücken, mit denen z. B. ein geborgenes Segel zusammengebunden wird.

Stichwörterverzeichnis

Die kursiv gesetzten Seitenangaben verweisen auf Abbildungen

Adria II. 367
Adriana 205
Acte Perennius *183,* 183, *184,* 185
Aglaja *350,* 350, *351,* 352
Ailsa 150, *196,* 196
Alarm 40, *41,* 43, 71
Algaiola II *330,* 350
Alive 91
Al Na'ir IV 315, 358, 359, 360, 362, 384
America 43, 66, 67, 68, 68, 79, 70, 71, 72, 72, 73, 73, 74, 75, 79, 80, 87, 88, 90, 91, 92, 99, 113, 127, 210, 251, 260, *261,* 334, 345
Ann Maria 79
Argyll 295, 296, *279,* 335, 337
Arrow 41, 43, 44, 71, 72, 73, 74, 75, 104, 219
Artica II 295
Astarte 363, *364,* 370
Astarte II 397, *398*
Atlantic 204, *206,* 207, 208, 230, 199, 220
Aurora 43, 78, 99
Aweigh 249

Bedouin 103, 98
Berbice 33, 34, 34, 76, 78, 33, *34*
Bloodhound 232, *234,* 237, 238, 240, 242, 244, 287, 301, 318, 320
Blue Leopard *338, 339,* 340, 341
Bluenose 168, 169, *170,* 170, 171
Bob Kat II 249, *250,* 251
Bolero 308, 308, 310, 325, 346, 352
Brenda 82
Brigand 403
Brilliant 73
Britannia 121, *122, 123,* 123, 124, 125, 126, 133, 134, 145, 150, 154, 237, 340, 341, 346, 358

Cambria 94, 95, 105, 230
Cariad *161,* 162
Carina 319, 320, *321,* 325, 348, 352, 402
Carrie E. Phillips 86, 88, 90, *91*
Cicely 154, *155, 156,* 157, 173
Circe 302, 318
Clara 103
Clyde 72, 140
Clarionet 366, 370
Clytie 96, *98*
Cohoe 289, *290,* 291, 292, 294, 295, 298, 305, 308
Cohoe III 320
Colin Archer 298
Columbia 57, 89, 259
Condor 94
Coquette 63, 81, 82, 85
Corsaro *109,* 109
Christina 403
Cybele 370
Cygnet 82
Cymba 50
Cynthia 43

Dacia 135, *136,* 357
Dart 82
Dauntless 207, 230
Davy Crockett 74
Defender 105
De Groene Draeck 13, *14*
Delawana 169
Diana III 363, 366, 370
Dilemma *126,* 134
Dirigo 305

Discovery 194, *196,* 197
Dorade 211, *214,* 214, *215, 216,* 216, 219, 222, 225, 228, 230, 232, 237, 298, 357
Dream *81,* 81
Drumbeat *344,* 346, 347, 355, 402
Dyarchy (1901) *160,* 162
Dyarchy (1937) 199, *200,* 200, 291, 226, 318, 330, 334, 336

Edlu 228, *229,* 230, 249
Elseli IV 320
Elsie 168, *169,* 169
Endeavour 257, *258*
Enterprise 256, 257
Esperanto 169
Eva 96
Experiment 57

Faith 162, *163*
Fanny *60*
Favona 314, *315,* 316
Figaro 320
Finisterre 313, 325
Firebrand *354,* 358
Firecrest 189
Flame 197, *198,* 210, 211, 219, 232, 330
Fleetwing 204
Flying Fish 87, 88, *89,* 90
Flying Scotsman *302,* 303, 305
Foam 109, *110*
Four Freedoms *297,* 301
Foxhound 232, 237

Galatea 49, 105, *108,* 109, 110, 387, *389*
Galway Blazer 314

409

Genesta   *45,* 67, 51, 46, 104, *105,* 105, 121, 386, 388
Germania III   250, 253
Gesture   310
Gimcrack   81, 82, 91, *93*
Gloriana   *125,* 125, 134
Goose   249
Governor   *27*
Gracie   *63,* 64, 67
Great Britain   37
Groote Beer   *16, 15,* 13
Gulvain   *296,* 300, 301, 305, 308, 355, 402

Hamburg   *205,* 207
Harry Belden   89
Haze   *190,* 193
Henrietta   204
Henry Ford   171, 173
Hesper   80, 85, 86, 87, 88, *88*
Hestia   363, *365,* 366, 370
Highland Light   211
Hilda   *117,* 119
Hispania VI   *251,* 251, 253
Hornet   *81,* 81, 82, 91
Huron   103

Independence   *127,* 127, 346
Ingomar   168, *168*

Jocasta   *316,* 316, *317,* 318, 320
Jolie Brise   *207, 208,* 209, 210, *214,* 223, 244, 298, 330, 346
Jullanar   *118,* 119, 121, 131, 388, *390*

Kariw III   305
Kay   320
Kitten   302, 303
Kon-Tiki   161
Kriemhilda   *44,* 46

Lady Washington   57
La Couronne   *262,* 264
Lady Franklin   72
La Goleta   *209,* 210
Lamadine   340, 341
La Mascotte   *48,* 48
Landfall   *224, 225,* 226, 228
Latifa   237, 238, *239,* 240, 242, 297
Legend   *303,* 303, 304
Lexia   164, *167,* 197
Listang   403
Loki   308, *310,* 310, 312, 313, 314, 316, 348
Lutine   320

Madcap   *64,* 64
Madge   43
Madge (Kutter)   *102,* 103, 104, 105
Madge (Slup)   96
Magic   96, 99, 105
Maid of Malham   240, *242,* 242, *243,* 244, 288
Malabar IV   224
Malabar VII   224
Malabar X   224
Maria   61, *62,* 63, 82, 92, 119, 346
Martin Pescatore   360
Mary   10, 21
May Be III   *248,* 248, *249,* 249
Mayflower   103, 105, 388
Memphis   74
Minna   82
Minx of Malham   314
Mist   81, 82
Mohawk   96, 98, 99, 133
Mosquito   *42,* 43, 44, 49, 73, 75, 103, 113, 131, 137, 387, 388
Mouse of Malham   308
Muriel   103
Musketeer   358
Myth of Malham   *292, 293,* 294, 295, 297, 298, 300, 303, 308, 320, 326, 330, 346, 355, 402

Nausicaa   *337,* 340
Navahoe   123
Nicaor   210
Nicholson   43, *372, 373*
Nina   *220, 221, 222,* 222, 223, 224, 225, 226, 228, 230, 232, 298, 360, 361
Niobe   50
Norlethe   318, 319

Oinara   94
Ondine   *346, 347,* 347, 348, 352
Onkahye   90, 91, *92,* 119
Optimist   366, 370
Oriva   387, *388*
Ortac   238, 240, *241,* 242, 244, 298, 318, 330
Outlaw   *352, 353,* 355, 356, 357

Palmer   93
Parole   *58*
Patience   210, *211,* 211, 219, 232, 298
Pearl   *31,* 33, 34, 41, 43
Pearsall   82
Peter und Paul   13
Pfeil   207

Phantom   51, 389, *392*
Phizz   *318, 319*
Princess Augusta   25
Puritan   *67,* 67, 86, 103, 104, *105,* 105, 125
Pym   *359,* 360, 361, 363, 366

Quiver IV   *356,* 356, *357,* 357, 358

Rabbit   366
Rainbow (Schoner)   207
Rainbow (Slup)   256
Ranger   256
Raven   305
Reliance   255, 256
Resolute   169
Rob Roy   188, *188,* 190,
Rocking Chair   *304,* 304
Roland von Bremen   232, *233,* 238
Romp   87
Roundabout   366, 370
Royal Sovereign   36

Samourai   403
Samuel Pepys   314
Sappho   93, 94, 95, *96,* 96, 97
Satanita   *120,* 121, 123, 133, 150, 152, 154, 237, 271
Scampi   403
Schemer   103, 104, 105
Sciacchetrà   403
Seabird   208
Seafarer   *172,* 173, 189
Seal   193, 194, *194, 195*
Shamrock II   259, 340
Shamrock IV   169, 256, 340
Shamrock V   256, 340
Sinah   267
Siren   82
Spankadillo   43, *47,* 48, 110, 111, 112, 188, 189
Sphinx   50
Spray   *54,* 54, 161, 189, 197
Springtime   *348, 351,* 355
Stiarna   232
Stiletto   125
Stormvogel   *345,* 352, 355
Stormy Weather   228, 230, *231,* 237, 238, 346, 347
Störtebeker   230
Stranger   103
Susie, S.   60
Swan   43, 403

Tally Ho   *209,* 210, 330
Thetis   103
Thistle   105, *119,* 119, 121, 133
Tilikum   161
Tina   366, *369,* 370, 372
Titania   73, 264, 271
Tre Sang   *288,* 289, 292, 294, 295, 298

Una   61
Union   57

Valhalla   *205,* 207
Valkyrie II   105, 150, 151, *152,* 152
Valkyrie III   105
Vamarie   *227,* 228, 230

Vanity   320
Vashti   360, 361
Vertue   334
Vesta   204
Victoria and Albert   37, 73, 358
Vigilant   105, 123, 127, 151
Vindex   103
Volante (Kutter)   43, 73
Volante (Schoner)   82, 86
Volunteer   101, 105, 115, 119

Wanderer   92, 93, *94, 95,* 160
Wanderer II   332
Wanderer III   *331,* 332, 333, 334
Wave   103

Weetamoe   256
Wenonah   103
Whirlwind   256
White Mist   320

Yankee   256
Yeoman   302
Yolande   103

Zaca   *173,* 173
Zara   291
Zeevalk   *298,* 299, 301, 302, 304, 326, 352
Zoe   57
Zyklon   271, *272,* 272

Yachtsport in Bildern

Peter Heaton

In diesem Bild-Text-Band wird dem Leser die Entwicklung des Yachtsports in den drei großen Zeitabschnitten von 1838 bis 1919, von 1919 bis 1939 und nach 1945 vollständig und lebendig vor Augen geführt. Begeisternde Bilder, zum Teil farbig und großformatig, und ein interessanter Text berücksichtigen alle Arten des Yachtsports. Bedeutende Ereignisse, Männer und Boote, die ersten Yachtclubs und Formeln – alles, was den Bootsport geformt und beeinflußt hat, fand hier seinen Niederschlag.
Zum ersten Mal sind der Segel- und der Motorbootsport in einem solchen Werk gemeinsam dargestellt. Die Anhänger beider Sportarten kommen voll auf ihre Kosten. Wer gern lebendige und eindrucksvolle Bilder betrachtet und etwas aus der Geschichte seiner und der ihr verwandten Wassersportrichtung erfahren möchte, hat an diesem Buch viel Freude.

160 Seiten mit 55 farbigen und 155 einfarbigen Abbildungen, z. T. großformatig und herausklappbar, Format 24×31,5 cm, Ganzleinen DM 48,–

Die große Zeit der Galeeren und Galeassen

Edmond Pâris

Dieses Buch enthält eine erste Auswahl aus dem berühmten Tafelwerk „Souvenirs de Marine". Edmond de Pâris hatte es sich zum Ziel gesetzt, alles zusammenzutragen und der Nachwelt zu erhalten, was an Originalen, Manuskripten, Zeichnungen und anderen Unterlagen über die historische Schiffahrt in aller Welt vorhanden und erreichbar war. Für unseren Band wurde aus diesem Werk entnommen, was aus der Zeit der Galeeren und Galeassen darin enthalten ist. Alle Texte wurden ins Deutsche übersetzt, ebenso die Auszüge aus der „Science des Galêres" von Barras de la Penne (1697), die zusätzlich darin aufgenommen wurden.

96 Seiten und 7 Ausschlagtafeln mit 311 Abbildungen, Format 25×35 cm, Ganzleinen DM 60,–

**Verlag Delius Klasing + Co
Bielefeld Berlin**

Hendrik Doncker

Der See-Atlas oder die Wasserwelt II

10 Karten aus dem Jahre 1669

Vor 300 Jahren sah die Erde für die damals Lebenden sehr viel anders aus als heute für uns. Die 10 Seekarten dieser Mappe – entnommen dem 1669 erschienenen „See-Atlas", dem berühmtesten Seekarten-Werk seiner Zeit – zeigen den Unterschied. Und wo heute Leuchtfeuer und Wasser farbig angedeutet sind, waren es früher Länder und Inseln, auch die Titel der Karten waren schmuckreich ausgestaltet. Solche alten Karten zu betrachten, ist auch heute noch eine Freude, wenn sie originalgetreu (in Faksimiledruck) wiedergegeben sind wie die unserer Mappe. Sie sind 58×50 cm groß. Eine Textbeilage berichtet aus der Entdecker- und Handelszeit vor 300 und mehr Jahren. Die Mappe enthält Karten aus verschiedenen Gebieten der damaligen Welt.

10 handkolorierte Seekarten im Format 58×50 cm mit 1 Textbeilage in repräsentativer Mappe DM 54,–

Verlag Delius Klasing + Co
Bielefeld Berlin

SEEFAHRT
Nautisches Lexikon
in Bildern

Dieses Werk ist auch ein Wörterbuch oder Lexikon, jedoch ganz anderer Art. Es erklärt nicht mit Worten, sondern durch Bilder. Über 1570 Zeichnungen von Schiffen und ihren Einzelheiten – zum großen Teil farbig – bilden den Ausgangspunkt und zeigen diese selbst sowie alle seemännischen und nautischen Ausrüstungen mit rund 5000 Namen, Bezeichnungen und Ausdrücken. Sie sind in folgende Abschnitte unterteilt: Rumpf, Takelage, Segel, Maschine, Fischerei, Segelsport, Bewaffnung und Navigation. Jedem Abschnitt ist ein einführender Text vorangestellt. Ein Stichwortverzeichnis und ein illustrierter Index ermöglichen das Auffinden jedes Begriffes. Das Werk ist 1963 zum erstenmal erschienen und jetzt in einer besonders preisgünstigen, aber ungekürzten und unveränderten Sonderausgabe lieferbar.

Ungekürzte Sonderausgabe. 280 Seiten mit 1570 ein- und mehrfarbigen Zeichnungen, Format 28×30,5 cm, Ganzleinen DM 58,–

Verlag Delius Klasing + Co
Bielefeld Berlin

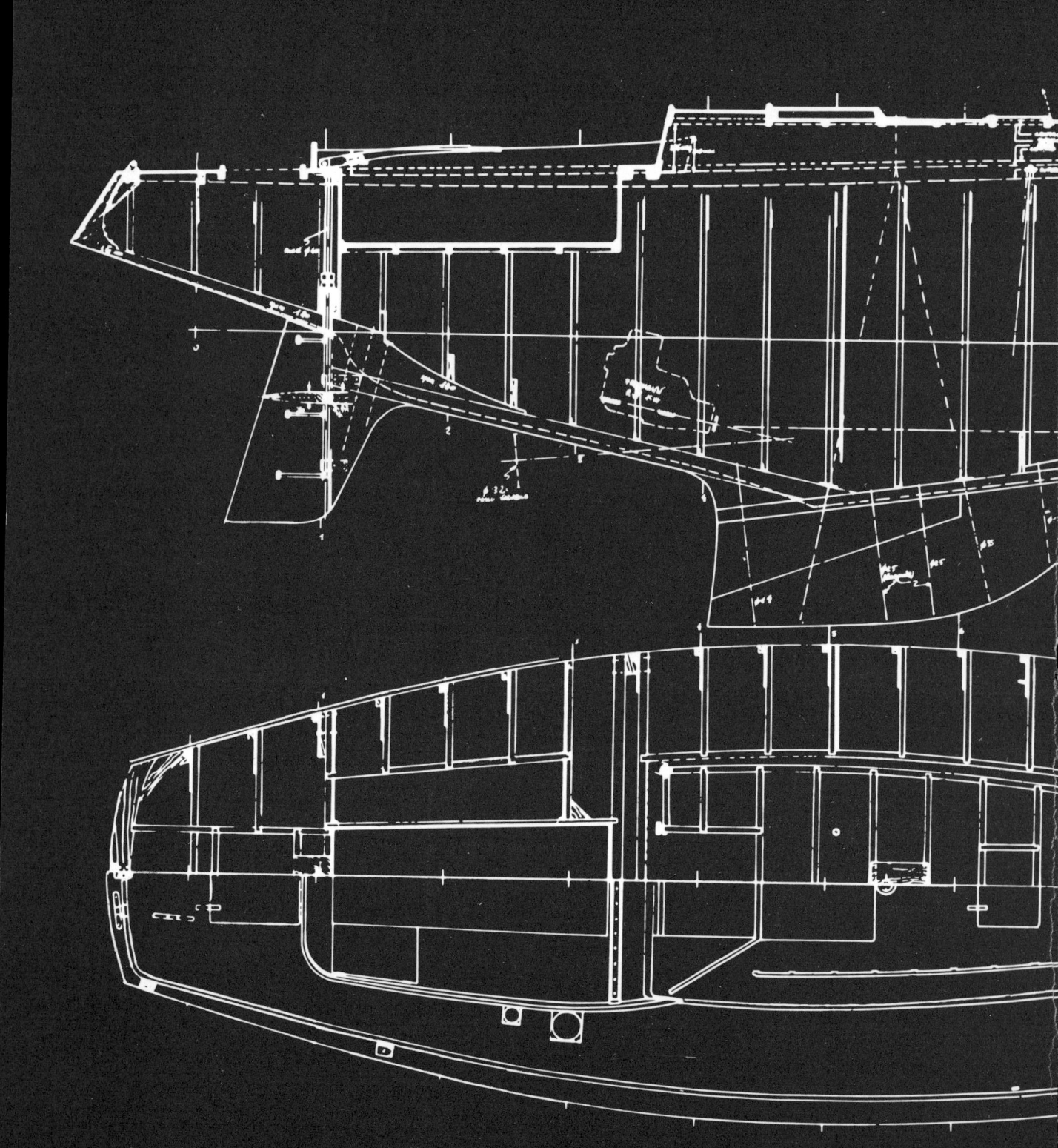